U0154383

民主治理【第三版】

公共行政與民主政治的制度性調和

陳敦源 著
by Don-yun Chen

Democratic Governance

An Institutional Reconciliation of Public Administration and Democracy

五南圖書出版公司 印行

本書獻給兩位啟蒙老師

徐振國教授與 Professor William H. Riker

感謝他們的憐憫與激勵

引領我進入學術的廟堂

Thanks and I really enjoy it！

序一

開創解決價值衝突的治理

在民主多元的社會裡,政治系統的有效治理以實踐回應、責任及課責三類核心價值的追求,滿足主權者的權力委付想望,本是政治系統責無旁貸的使命。不過,這三種價值之間非但在範圍上有所重疊,而且在本質上又有衝突的陰影所在。而這項價值重疊及衝突的管理,向為學者用心要解決的課題,並針對在不同政經社文的環境制約下,提出對應性的方策,用以解決衝突,而致使政治系統在運營上的順遂,在政策上的形成,在執行上的成功。這本是民主治理研究的重點,更是行政實務致力追求的境界。

民主治理在西方學界雖已鑽研多時,並已累積一定的知識成果,國內亦有些許的踏足,產出一些點滴性的發現,但始終未能建構較為全局的觀念,整理出合適又妥當的分析架構,作為引領學子賡續研究的指針。如今這項學術距隙已由「民主治理」一書來加以填補,並啟動未來的研究連鎖效應,因為有了研究的針對性議題,當可吸引更多有識者投入這項知識產出與傳承的工程。

這本書不僅為價值競逐或衝突直接提供解決的處方,並備妥系統性的架構引領實務界的衝突處理。蓋其強調公共行政與民主政治的制度性調和,致使二者之間的不連續現象得以消除,所以是一本前述雙用合一的著作,殊值得學術界及實務界的關注與吸收,茲以六大特色的鋪陳來為本書價值所在的註腳。

　　一、概念的釐清：學術園地的擴廣與創意研究的產出，清晰的概念為首要的前提。蓋研究問題的陳述，假設的提出與驗證，莫不以概念作為底盤結構，從中導出研究的核心，引領學子的研究行動。本書在這個工程著力甚深，尤其為民主治理的定義，建構實體的內容，澄清制約的環境，提出必要建立的機制，設定運作的核心過程，及指出追求的果效。

　　二、取向的鎖定：欲求研究成果的顯著，選定對應研究議題的取向，本是至為關鍵性的抉擇。本書之所以有體系地開展知識創造的旅程，乃運用公共選擇途徑作為研究的指引，解譯的依據，分析的定向，逐步佈局各章節的內容，不致迷失議論的焦點，要談的中心劇本。

　　三、架構的建置：本書由於旨在探討公共行政與民主政治的制度性調和機制，以邁向民主治理的終極目標，這樣的學術使命本非容易達成，但在建置各個相關的面向，及其間的互動關係之後，就產出民主治理的豐富知識，進而可以之作為實務的運用。

　　四、議題的設定：學術研究的可貴，就在重要議題的設定，再以相關理論、研究發現及經驗數據來加以解析，以引領讀者進入知識的饗宴。本書扣緊民主治理的議題，再由政治經濟學及應用公共選擇理論來敘述各項議題，得出新治理的相關知識。

　　五、價值的管理：公共行政在民主政治要求的環境制約下，對於回應、責任及課責等三項核心價值的追求，難免會遇到互相競逐或衝突的窘境，如未能對之進行有效的管理，就無法達到民主治理的可欲境界。不過，經由本書的審慎處理及知識建構，業已提供清晰的路徑或策略圖案，以供各方的按圖索驥，漸進排除前述的競逐窘境。

　　六、本土的相映：在地個案或議題的分析，本較易導航本土學子的登堂入室，進而傳承嶄新的研究領域。本書除了在引介西方理論及文獻外，更加入本土的重大個案或議題，逐步建立在地化的知識，驗證西方知識，究竟有哪些面向，在本土社會滋生了水土不服現象，有待在地知識來銜接或彌補，本書在相映本土的工程上，展現了輝煌的佳績。

　　本書在前述六大特色的襯托下，構成台灣公行研究的關鍵學術資產，或引人涉入民主治理鑽研的行列，充分發揮公共行政及民主政治在制

度上的調和，引出化解價值衝突或競逐的方向，並於公行實務上教誨職司者如何倚賴制度性機制，調和回應、責任及課責的價值追求，不致過於偏向哪一個單一價值的執著，而盡可能取得三者的均衡，同時滿足各方的利害關係人。

　　本書在出書前，識者有先睹為快的榮耀，從中學習良多，打開個人踏入這個研究領域的機會窗，裨益個人選擇的研究視框。在慶幸公行界擁有承先啟後的菁英，願為本序介紹本書，並希學術界、實務界及在學生好好研讀，進而開創知識的生產與應用。

林水波識於台大社科院研究室

國立台灣大學政治學系教授　林水波

民國98年10月16日

台灣民主治理研究的未盡之路

　　當敦源兄拿著本書邀請我寫序時，我一方面受寵若驚，同時心中也感慨萬千。敦源兄與我系出同門，都在羅徹斯特大學（University of Rochester）政治系攻讀博士並先後修習於William H. Riker教授的門下，算是同門師兄弟。我較敦源兄虛長幾歲，也曾試想就「民主政治中的議題操控」作更深入的研究並寫出一本類似的書，但過去十年來，因緣際會進入政府服務後在公務繁忙下而無法如願。如今看到師弟能有如此功力與成就，佩服之餘心中亦不免感慨；有機會為此書作序，除了感謝敦源兄的盛情外，個人亦深感榮耀。由於我深知此書的價值，相信其在將來會對台灣學術及實務界有一定的影響力，因此藉著本書序之一角，一方面簡介之，二方面則抒發自己對於台灣民主治理的一些觀察，也算是沾上本書的一些光彩。

　　本書的取材範圍相當廣泛，由政治學研究方法論、政治與行政之間的關係、民主制度下的公共治理問題、官僚的角色與行為、到行政管理中的專業主義、課責與績效等課題，都有相當深入的討論。但皆不外乎由理性選擇學派的觀點及分析工具出發，針對台灣民主治理的相關問題進行分析。並回過頭來由台灣民主治理的經驗出發與西方民主理論進行對話。

　　台灣的民主在歷經兩次的政黨輪替後，似乎至今未能充分滿足人民對於良好治理的期待。民進黨八年的執政在人民對陳水扁總統貪腐的質疑中結束；而再次得到執政機會的國民黨亦在極短時間內即失去了很大一部分

民眾對它的信心。到底台灣的民主出了什麼樣的問題？本書在探詢「有效治國能力」過程中深刻指出了台灣「聖人期待」、「官僚鞭撻」與「科技主義」的錯誤歸因，並認為台灣過去過於重政治而輕行政，必須在理論思考上回到政治與行政並重的路子。

　　本書有三大特點，其一，它是國內公共行政及政策研究界少數由理性抉擇途徑出發，透過演繹假設，並試圖在現實世界中得到經驗驗證的努力；其二，它環繞著台灣民主治理的經驗主題，卻有著非常明確的方法論及理論上的問題意識；其三，它是作者長達十年時間持續研究的累積，其中雖然借重了許多西方的理論成果，卻不斷將其放在本土的政治行政生態中予以驗證，有突顯的理論與實務獨特貢獻，不同於坊間一般較易看到「教科書」式的著作。

　　理性抉擇在社會科學研究的興起，在西方始於二次大戰後的經濟學，而後逐漸擴及政治學及公共行政之研究。其特徵是將理論奠基於「理性行為」的公設（Axiom）上，透過形式符號化的演繹邏輯推演，形成假設（proposition），然後將其運作化（operationalization），形成觀察實證現象的基礎，算是國內較為冷門的研究方式，同時是一條較漫長而艱苦的探索之旅。要能長期堅持此方面研究，必須能忍受孤獨，並對學術有相當的使命感。理性抉擇學派在戰後五十年中於民主理論的研究中有著特別卓越的成就，其中就民主操控對於民主政治的影響尤其提出了深刻的反省，同時也引發了學界廣泛的討論與批評。有一些學者特別對理性抉擇做為此方面問題的研究途徑則顯示了相當的質疑。本書在第五章中特別透過回顧學界在理性抉擇途徑運用於政治及公共行政的質疑，並一一予以回應。

　　而台灣的民主治理則是一個大家都關注，卻充滿爭議的議題。台灣在「民主治理」上的討論，由於涉入了國家認同與政黨競爭的問題，已使在西方的民主過程中視為共識基礎的討論，在台灣成了黨同伐異的藉口。台灣的政黨（藍綠）競爭關係，似乎已逐漸轉變成「民主內戰」式的「敵我關係」。這種「敵我關係」輕則對不同的人給予不同的價值標準與行為的詮釋，重則倒轉是非，完全無視對方作為政黨競爭對手，同時也是同一塊土地上共同生活的「人」的價值，而只是將對方當成「敵人」。因而縱使

對學術中的討論容忍空間也不大，在此生態環境中，本書作者願意面對敏感問題，而又保持中道，往往必須同時面對來自兩邊的敵意，殊為不易。

難得的是本書集結了作者過去十年來在此領域有計劃的探索結果。幾乎每章主要內容都曾在國內外主要學術刊物上發表過，不但點出台灣「民主改革過程中公共行政黑洞」的核心問題，並將其分為「回應」、「責任」及「課責」三個主要課題，深入分析之。因此，全書的結構相當嚴謹，同時，展現了以台灣民主治理經驗反饋西方民主理論的雄心，未來若能進一步整理成英文予以發行，應可成為台灣此方面研究與國際民主研究學術界對話的重要代表。

不過，台灣的民主除了一般民主國家所面對的問題外，還有許多獨特的問題。例如，如前所言，台灣政治上藍綠陣營的對立不只是政治競爭而已，它還涉及了國家認同；又如台灣民主社會多元價值分化而相互制約的程度亦不足，這就使得西方民主治理過程中的某些重要元素，例如學界或媒體界的自主性與獨立批判能力在台灣大為缺乏，不但無法制約台灣政治與治理的亂象，反而成為其推波助瀾的力量。

反之，美國媒體在探討公共議題時，雖然在不同記者或組織會有不同的立場，但卻有共同的「行為準則」（behavioral codes）；並對於不同準則的行為會擔負較嚴重而具體的壓力。例如擔任NBC主播二十多年的丹拉瑟，在一次不實報導之後，使得其主持的新聞時段收視率大為下降，並受到知識界極為負面的評價，最後不得不在極大社會壓力下辭職。而美國媒體因為不實報導造成傷害而受鉅額罰款的例子亦時有所聞，因而使得其新聞製作單位必須審慎為之。反之，媒體人一旦建立信譽，則可受到極高的社會尊敬。經過這種「市場試煉」而存活下來的新聞媒體，自然對於政治與政策會有較持平卻可能更深遠的正面影響。

其次，美國的學界在各領域中，亦有較強的領域邊界與獨立自主性。亦即各領域學界人數雖然不多，但其中個人一生的「榮辱進退」卻可大致在此領域中得以實現。若其因領域外因素提出不符本業專業行為準則的意見與評斷，則較易在回到本身領域中受到極大的負面評價。因此，美國的民主過程中學界人士面臨「道德危機」的情境較少。

　　是故，台灣民主治理除了有「公共行政黑洞」的問題之外，還有涉及政治、社會和經濟誘因機制的生態環境因素。台灣的新聞媒體面臨一個類似「小選區、多席次、相對多數決」的市場競爭環境，因此都競相以符合自己基本支持群眾的內容及言論來鞏固自己的基本支持者。而其只要如此，即可存活，無視於任何其他方面而來的批評。面對這種「區隔性的媒體」，台灣的知識界與民眾似乎也沒有制約的動機與能力，甚至成為這種「區隔性」結構原因的一部分。

　　由此觀來，台灣民主治理中「回應」、「責任」與「課責」的問題所涉及之範疇，可能不只是「公共行政黑洞」現象所能涵蓋，還有公私跨域關係中其他「黑洞」的存在，相信應都在敦源兄後續研究的「偵測範圍」之內。也期待公共行政及政策學界能有更多研究力量的投入，以明確的問題意識、嚴謹的方法、實證的精神共同努力。

國立台北大學公共行政暨政策學系教授

吳秀光於台北大學

中華民國100年6月

序三

民主行政本土理論研究的亮點

　　為人寫序嚴格來說應該是一件大事。有資格寫序的人，在我認為，一定要具有相當的資歷與輩份。以我與本書作者陳敦源教授的關係，我自認完全不夠資格也不適合幫他的大作寫序。因此，在本書初版一刷前，我婉拒了他多次的邀請，「無奈」本書太過暢銷，一轉眼又要二版，這一次，我實在拗不過他的堅持，終於應允為本書寫序，做了這件「越位」的事情。

　　陳教授一直希望我能幫這本書寫個序，是與我們早年的一段互動對話有關。1997年本書作者陳敦源博士從美國學成返國，到世新大學行政管理學系任教，我們除了一起為這個新興的學系努力打拼之外，更時常討論時事、切磋學問。有一次，他向我表示對民主政治與台灣公務體系互動關係有濃厚興趣，想請教我在美國唸書時有沒有接觸過政治與行政關係的文獻。我當下從書架上拿了一本1990年由Charles H. Levine, B. Guy Peters與Frank J. Thompson合著的*Public Administration: Challenges, Choices, Consequences*，表示這是我最喜歡的一本公共行政教科書，建議他參閱第五章（The Faces of Administrative Politics）與第八章（Administration and Democracy）。同時，我也順便提起自己在美國喬治亞大學研究所的課堂上，曾經批評Dwight Waldo所提「先希臘、後羅馬」的美國國家行政機器發展模式，並不適用於全世界，指出台灣的發展路徑恰好與美國相反，是

先有官僚體系，爾後再發展出民主政治，希望我們大家要能多留意民主行政理論本土化的問題。

　　沒想到的是，陳教授以非常嚴肅的學術態度來看待我們當時的對話。十餘年後，在這本《民主治理：公共行政與民主政治的制度性調和》的專書中，我看見陳教授具體而微地將我們當時的對話，落實在研究台灣民主轉型與公共行政相關理論的建構。本人一方面對陳教授鑽研民主行政議題的執著感到佩服，另一方面也為台灣公共行政研究能有這樣一本兼具本土實務與國際視野的學術專書感到驕傲。特別是台灣近年來，高等教育過度重視SSCI期刊論文的發表，相對輕忽全觀型學術專書或教科書的出版，這樣的趨勢與風氣令人憂心。因此，我對陳教授能投入研究時間，處理本土理論研究的重大議題，出版這本學術專書，亦感到十分欣慰。

　　台灣民主化之後，國家與社會之間的關係產生很大的變化，我們可以將政治體系與行政體系分開來看。首先，台灣政治體系從1990年代開始，歷經許多重大的變革，從修憲、國會改革、總統直選、到政黨輪替，在這個過程中，行政體系的穩定，扮演了十分重要的角色。然而，這個看似穩定的行政體系，在經歷了台灣民主轉型的浪潮後，似乎逐漸失去了它的專業，在民主治理的汪洋中，既無力划槳，亦不能掌舵。隨著選舉頻繁、媒體開放和網路普及等客觀因素，形成對行政部門落實主權在民的壓力，現今行政體系的角色與功能亟待重新定位與整建。模仿公共行政學之父威爾遜的名言：「行憲比制憲更為困難」，台灣現在所處的環境，是一個「治國比選舉更為困難」的時代。特別是如何在民主政治的環境下來治國，更是一個重要與迫切的研究課題。可惜的是，台灣學界對於民主政治與公共行政的相關研究，似乎是落後於政治與行政的實務運作，其主要原因，可能是過去在威權體制的年代，行政學界並沒有討論相關問題的背景與需要。因此，陳教授在2002年所出版的《民主與官僚：新制度論的觀點》一書，就顯得彌足珍貴。該書是陳教授升等副教授的代表作，也是台灣學界第一本探討民主行政的完整論著。這次2009年出版的《民主治理：公共行政與民主政治的制度性調和》一書，基本上是在相同的理論方向上，做更為精深探討的論著。

　　本書以「民主治理」為核心概念，探討公共行政與民主政治制度調和的三個主要價值：回應、責任與課責，希望能幫助讀者「尋找治國能力的秘密」。全書共分四篇十五章，第一章「前言」概述本書緣起、問題、目的與內容，其後四篇分別探討民主治理的範圍（第二、三章）與方法（第四、五章）、回應（第六至八章）、責任（第九至十一章）與課責（第十二章至十四章），最後第十五章以結局未定的探索為「結語」，展現作者將「來往追尋」（research）當其一生志業的信念。全書內容雖然大多是作者在過去十餘年在各期刊、書籍或研討會上的發表，但是統整起來卻一氣呵成，可見作者在駕御理論的功力上，的確有其過人之處，也顯示過去作者在學術研究歷程上，心中是有一盞指引方向的明燈，使其看似多元發展的論文，最後終能匯流而成今日之巨著。

　　整體而言，本書是民主行政本土理論研究的亮點，其出版對豐富國內政治與公共行政的文獻甚有貢獻，更為台灣學術界與實務界提出一個重要的發展方向：行政與政治並重的治理年代，是一本值得高度推薦的學術著作。期盼讀完本書之讀者，能更嚴肅地看待與思考台灣民主行政的問題。我相信，唯有能做到公共行政與民主政治的制度性調和，台灣才有可能繼經濟奇蹟與政治奇蹟後，創造出下一個階段的治理奇蹟。我期待，陳敦源教授與公共行政學界夥伴們，繼續引導台灣，探索公共行政與民主政治調和的本質。

世新大學行政管理學系教授
余致力於世新大學
中華民國100年8月

三版序

想讓民主有品質地存活下去，我們需要更重視治理的知能

　　距離本書首次出版（2009）已經超過十年，應出版社要求發行第三版的當下，我發現十年間本書的內容變化不大，但外在世界的面貌卻已有很大的不同。最主要就是以美國為首民主國家，近年所掀起的反建制（anti-establishment）民粹風潮，對民主政體帶來不穩定的影響。然而，外在世界這些年來的變化，反而更能證明民主如想在人類文明中有品質地存活下來，從公共行政學門出發的民主治理相關知能，而不是政黨選舉下誰能預言那位會當選總統的科學能力，應該是意圖良善治理國家的有識之士，要轉頭仔細斟酌並且學習的。本書經過十年的錘鍊，可以證明從象牙塔內傳出的微聲，是有意義的。

美國式民主的盤整與重生？

　　2016年川普上台後，哈佛大學著名的國家競爭力專家Michael Porter與他的幾位同事，發表了一篇名為「懸而未決的問題與一個分裂國家」（Problem Unsolved and A Nation Divided）的報告，雖然Porter本身經營的公司破產了，但是這一波美國知識分子（比方說，Francis Fukuyama）對本國民主的反思，是有愈來愈烈的趨勢。試舉一些美國學界對其民主運作的研究，即可知道民主政治已經進入一個重要的知識盤整期。

　　首先，Christopher Achen與Larry Bartels的2016年專書 "Democracy for Realists: Why Elections Do Not Produce Responsive Government"，基

本上挑戰人民主權這個因為民眾投票而產生回應性價值的羅曼蒂克想法，Bartels是我博一時的統計學老師，他們用大量的資料告訴大家，民主政治理論的基礎不是「人民統治」，因為人民不會也無法經過選票來指揮公共政策的方向，而真正在推動民主進程的力量是「政黨競爭」與「社會認同」，這兩項可能造成對民主政治運作傷害的主導力量，卻一直無法得到大眾應給予的關注。

第二，一直致力研究民主政治資訊（專業）不對稱的University of Michigan政治學者Arthur Lupia於2015年出版的一本名為 "Uninformed: Why People Seem to Know So Little about Politics and What We Can Do about It"，他認為「選民無知」是一個事實，政治資訊提供者要如何提供簡單事實（Fact）提升其認知能力才是民主運作的重點；因此，真正該教育的不是民眾，而是提供資訊的人（educator）；當然，本書的書評都提到Arthur所指的「教育者」（educator）通常是有選票意圖的政治人物，而重大的公共政策往往牽涉預測未來，未來會是什麼可能連專家都不確定！（英國脫歐會如何？誰知道？）

第三，兩位實證政治學者Gary J. Miller（WUSL）與Andrew B. Whitford （UGA）2016年發表的Above Politics: Bureaucratic Discretion and Credible Commitment，認為民主國家的政府如要追求穩定的經濟發展，必須要讓文官與不穩定的政治「絕緣」（be insulated），但是，要如何讓文官一方面自主，但又能夠受控制，制度設計有二：一是與文官簽訂長期契約（但嚷著要打倒永業制的人不在少數），另一是在文官體系建構專業、中立，以及自我效率追求的組織文化。當然，不論是美國還是台灣，掌權的政黨通常只想掌控官僚為己所用，推動官僚體系政務化不遺餘力，但卻不會思考太多到國家系統性的專業需求，要如何長遠保存的制度性基礎建設的相關問題。

治理品質與選舉政治的不相容性？

回到Porter的報告，其主旨在闡明知識菁英喜歡將「（有缺陷的）民

主本身當作所有公共問題答案」的想法，基本上是需要重新思考的。但是，將民主當作萬靈丹，的確可以簡化選民對國家所面臨問題的解決期待，對於選舉時刻圈票是有作用的，如果再加上社群網路讓民眾自己給自己洗腦，國家真正面臨的問題，當然不會出現好的解決方案；或許，文青愛笑海濤法師的「鴕鳥心態」，難處理的事（wicked problem）都是「假的」，但是，看看台灣的政治環境，魯迅的精神勝利法則是否已成為主流氛圍？政治人物對人民說的並不是「這事該如何做」，而是類似教宗手諭的「請相信XX」？民主選舉對公共治理的無能為力，可以藉由Porter報告中的一段話，讓大家看見其部分的面貌：

> 「2016年的美國總統大選對美國經濟的未來並沒有提出什麼願景上的協助⋯⋯反而，候選人常常製造出更多的迷惑，要不是只提出在某些政策領域微不足道且不完整的細微步驟，就是鼓動簡單、幾乎是卡通化的口號，而完全沒有看見行動的計畫。」（"The 2016 presidential race has done little to improve the discourse and shed light on the future steps we need to embrace,... Instead, too often, the candidates create greater confusion and propose small, partial steps on some policy areas, or espouse simple, almost-cartoonish slogans without a real plan of action." p. 40）

當然，民主與治理兩者之間，目前似乎走在一個衝突而非協力的方向上，更重要的，中國以其非民主選舉導向的威權政體，在經濟與國際政治上看起來反而遊刃有餘，這個「比較優勢」激起西方國家有識之士內外夾擊的憂慮，這也是2018年開始中美貿易戰的導火線之一。我不是國際關係的專家，回到國家治理的問題，2016年Taylor and Francis 特別針對中國國家治理所發行的國際期刊Journal of Chinese Governance，顯示治理理論的學術圈，對於政府運作的討論，已經開始將治理與民主這兩個概念做理性的區隔，並且將中國當作一個不同於民主的政府運作模式進行研究，跳脫傳統中國研究只對有效領導的情報蒐集有興趣，也離開了以民主作為單一

價值標準，並將該標準當作學術研究前提的錯誤，而能真正進入政府功能性概念的比較研究。

然而，本書自2009年出版以來，個人就一直想將標題的最後一個詞「調和」（reconciliation），好好地展開來研究研究；因為，推動公共事務最難的地方不是政治人物愛選票，那是制度誘因，沒有也不行；但是，過去十年台灣社會政策爭議的情勢（比方說，同婚議題），問題是握有選票的民眾，他們彼此之間價值觀（value）的根本性差異，反而是最難進行政策調和的民主痛點；當然，調和那最難調和的多元價值或許就是民主治理研究與實務最重要的目標，正因為民主政治一方面要維繫多元包容的價值體系，另一方面又必須展現公權力運作的秩序與效能，而產生許許多多不易調和的公共政策與行政管理問題，我們更當想方設法進行新制度的設計、實驗與改革，讓Dwight Waldo口中「人們對民主的渴望以及對權威的需求」，可以在現實世界裡得以被調和且一同落實。

非民主國家的治理績效算不算績效？

事實上，Woodrow Wilson早在他1887年的名著The Study of Public Administration當中，就用「殺人犯與菜刀」的比喻，討論公共行政專業獨立於政治以外的價值，因為，治理的現實不只存在民主國家，也存在非民主國家；因為，從人類政治發展史來看，早在民主成為主流政府形態之前，治理的問題及其解決方案就已然存在了；因此，民主這個概念是否應該成為治理的前提，除了要跳脫台灣政治現實的論述需要之外，我們還要能夠從理論上承認，相對於國家主權，公共行政有其獨立功能性的一面，它有時必須超越政治。然而，台灣與大陸到底有什麼不一樣？我們除了民主人權可以完勝以外，台灣有意願與大陸進行治理品質的競賽嗎？比方說，從「執法」的角度來審視，總不能說大陸執行力較強是因為不民主，因此台灣政府執行力耗弱是優良的治理品質吧？Wilson曾經這樣說：

「如果我看見一個殺人犯善於磨刀，我可以借助他磨刀的技能，

但卻不用學習他用刀殺人的意圖；因此，如果我看見一個君主能將公共官僚體制監管得宜，我可以從他學習管理的方法，但卻不用同時改變我們的共和政體於一絲一毫。」（If I see a murderous fellow sharpening a knife cleverly, I can borrow his way of sharpening the knife without borrowing his probable intention to commit murder with it; and so, if I see a monarchist dyed in the wool managing a public bureau well, I can learn his business methods without changing one of my republican spots. p. 220）

　　因此，台灣眼前需要充實民主治理知能的思想關卡，在於檯面上的有識之士對於「政治上的民主／非民主之辨，可否影響國家治理的品質？」這個關鍵問題的看法，如果在民主進步論者的腦中，老早就有答案了，民主是獨一的真神，權力追求者的聖杯，其他行政治理都是雕蟲小技，沒有什麼好研究的；但是除非我們可以證明，World Bank的六項Good Governance指標的第一項「Voice and Accountability」是其他五項指標的「母指標」，不然，非民主國家的治理創新，沒有理由應該被忽略。有趣的是，2019年7月間，中國大陸的指標期刊收錄系統CSSCI，首次將台灣數十種社會科學期刊納入，其中政治學門只有政大公行系的《公共行政學報》被納入，引起台灣政治學門嘩然，但對熟悉兩岸公共管理交流的人士來說，對岸搞治理不搞民主的政治選擇，早就存在。

　　更重要的，近來網際網路的發達，因為金素梅、黃國昌與呱吉的帶動，將議會質詢的影片剪接成一齣齣嚴肅版的「伯恩夜夜秀」，議員咄咄逼人配上官員啞口無言的影像不斷被放大，本來就帶著點秀場成分的質詢，因著Web 2.0的發達，使用者不需再看傳統媒體的臉色，自己小編製播的政治「豬哥亮訪問秀」可以天天上架，結果就是議員除了有傳統議場這個實境的戰地之外，網路空戰也是打得令行政官員毫無招架之力；因此，行政首長一聲令下，機關部會不但對假新聞的回應列為首要政務，部會大員上網直播與網民交心，不但唱起了卡拉OK、抱著充填寵物與年輕網友談理想、更選擇去找滿嘴髒話的網紅一起「討論」國家大事；雖不

敢説這是民主的逆流，民粹本身並無原罪，但政治上只想民粹，並不斷打壓政府官員長期專業思考的時間與意願，那民主就有可能會衰敗（decay）。

結語

最後，想像民主治理實務發展的下一個十年，我們沒有過度樂觀或悲觀的權利，然而，陽光底下沒有新鮮事，今天民主運作雖有Web 2.0這個新的元素，但許多治理原則上的衝突與爭議，早就存在這個世界上了，就看大家想不想去重視它而已。讓我們回到1887年Woodrow Wilson那篇The Study of Public Administration的重要講章，裡面早就談到目前美國及世界其他民主國家所面對到至高無上的人民主權，是否會自我毀滅它的問題。他在一百多年前就這樣説：

「（國家運作）需要防備什麼東西的破壞呢？我想，主要就是人民主權！在民主體制中比起君主政體，公共行政的組織運作是更困難的。我們過去最驕傲之民主成就，剛好就是讓我們國家治理受虧欠的地方，我們將民意放上了主權王座，但是，就是這個王掌權之後，我們對於任何自稱可以快速引導民眾理解行政專業或是政府功能平衡的作法，無法抱著任何希望！因此，（民主治理的）真正實況是，我們盡力落實人民主權的本身，卻讓人民主權的治理工作益加困難。」（What, then, is there to prevent? Well, principally, popular sovereignty. It is harder for democracy to organize administration than for monarchy. The very completeness of our most cherished political successes in the past embarrassed us. We have enthroned public opinion; and it is forbidden us to hope during its reign for any quick schooling of the sovereign in executive expertness or in the conditions of perfect functional balance in government. The vary fact that we have realized popular rule in its fullness has made the task of organizing that rule just so much the more difficult. p. 207）

　　弔詭的是，本書雖然提出不少的解決方案的想像，但民主政治與治理專業不調和的本身，似乎是人類選擇民主政治之後，一種命定的基因缺陷，端看我們願不願意承認而已；在過去，民主模範生美國民主運作雖有問題，但其強國態勢，還讓美國向世界輸出民主至上論的聽眾熱情不減；直至2016年美國人用選票將爭議性的川普總統送上總統寶座之後，我們才開始體會到Woodrow Wilson所說，人民主權可能對國家治理所造成的潛在傷害。就在這個當下，民主至上論者需要停下腳步來學習民主治理所揭櫫的調和性改革大計，不敢說Woodrow Wilson在一百多年前所掀起的公共行政專業革命，是一種匡正民主基因缺陷的先知性作為，因為，聖經中的先知從來都只有被逼迫的份，但是，在希望薄弱的世代裡，繼續為民主可能的公共行政救贖途徑而發聲，甚至不用管願意聽的人是多是少，真的是一種奇蹟。

　　本書能夠順利進入第三版，首先要感謝五南圖書的劉靜芬副總編輯，沒有她的催促，在我滿出來的行程中要完成這事是不可能的；另外，學界與實務界不特定的人士對本書的支持與回饋，也是本書能夠續刷一版的重要原因；接著，家人尤其是老婆無怨無悔地做後勤支援，讓我可以無後顧之憂地探索學術風華，除了感謝之外我還承諾會繼續努力到退休那一天。最後，聖經中著書的「著」字，與上帝創造天地的「創造」一詞是同一個字根，因此，我相信當一本書出版的那一天，就開始有了自己的生命；而上帝呼召我當學者的生涯中，包括著書會產生什麼樣的影響力，全都是掌握在祂的手中，這樣，本書接下來的十年，就懇請擁有起初創造力的上帝，親自開啟它應該被開啟的影響力，並且讓讀過它的閱聽人，都能得到他或她應有的學習與啟發，不多也不少，阿門。

2019.7.24於指南山下新光路上的蝸居書房

二版序

公共行政需要民主化的寧靜革命

　　2012年3月28日，本書二版準備接近尾聲的時候，台北市發生士林苑的都更強制拆屋事件，引起軒然大波，就在專家、政治人物、社會運動人士以及中央地方官員在媒體上一團混戰中，我注意到幾位小警察受到懲處的新聞，理由是他們之間用臉書（facebook）的對話賈禍，特別從網路上找到懲處的報導放在下面*：

　　……，有員警在臉書上發布「好帥喔……拆一個小屁孩」以及
　　「那麼多記者在又不能直接槌他們」等等不當言論，經追查後發
　　現是大安分局的陳姓員警所為，但他不是執行拆遷專案的人員。
　　但是由於行為經媒體報導後，已經嚴重的影響警察形象，因此給
　　予記過1次的加重處分。
　　有4名員警回應該員警的言論，雖無任何不當留言，但卻是在執
　　勤時間以手機上網張貼臉書訊息，造成事端。經調查後，對大同
　　分局陳姓員警處以申誡2次；大安分局林姓員警，申誡1次。

　　從這幾位小員警的境遇來看台灣公務體系的民主化問題，我們發現公

---

* 原文網址：文林苑執法失當！6員警遭懲處｜社會新聞｜NOWnews今日新聞網http://www.
　nownews.com/2012/03/30/138-2800147.htm#ixzz1r3RWK8xu。

務人員面對變化多端的大環境，內心存在極大的價值矛盾，在做與不做以及要如何做的考量中，多了許多困惑與無奈，急待當代台灣公共行政領域誠實面對，有兩點可以在此深入討論一下：首先，台灣民主化對行政部門產生最麻煩的結果，就是失去一個方便的最高指導原則或領袖，由於公共議題的爭議大多牽涉到各方價值的衝突，當「公共利益」成為人人可用的廉價口號，而媒體在商業邏輯下以「做好應該、打破要賠」的眼光來處理與政府運作有關的新聞，使得台灣的公務人員處理社會爭議事件的時刻越來越進退失據；再者，公務人員對於身處民主大環境中的倫理角色與自我認知，也產生「舊的無效、新的不明」的窘境，由於我國民主化的過程，並沒有如德國統一時將東德文官體系「打掉重建」的決心，面對威權體制下官僚體系的轉型正義問題，導致台灣公務人員的核心價值從「主義、領袖、國家、責任、榮譽」轉換到「廉正、忠誠、專業、效能、關懷」的過程中，缺乏調和民主治理環境中各種管制與服務價值的能力與認知，進而影響到這群國家重要菁英的工作意願與滿足感，嚴格說起來，這看似無關痛癢的價值調和焦慮，事實上已經危及國人追求政府效能提升最重要的基礎。因此，這些發生在週遭的事件，一次又一次地告訴我，本書真正價值事實上是一個表態，展現台灣公共行政學界已經開始去面對並處理這個複雜但重要的「民主治理」問題。

　　本書出版兩年後要刷第二版，有幾個原因。首先，本書是作者教授升等的主要著作，2010年秋獲得通過，書內的職銜需要做改變，這是最簡單的原因；再者，當初出版社為了配合升等時程，第一版只刷了五百本，一下子就賣完了，由於市場上對本書有教科書的需求，五南急著要再刷應市，這是外部的壓力；接著，不少學生與同僚讀本書第一版之後，發現許多文句錯誤，感謝他們據實以告，為此，我發動前助理呂季蓉、現任助理孟憲均展開接力挑錯的工作，幾個月下來找出兩百多處的錯字與贅句，這成了對讀者負責不得不改的理由；更重要的，本書新納入淡江大學公共行政學系曾冠球老師寫的一篇書評導讀，讓讀者可以更快進入本書的內容，當然，本書也加上了林水波老師、吳秀光老師，以及余致力老師的推薦序，也算是另一個更新的理由；最後，本書在2011年通過國科會人文社會

科學補助專書出版審查，所獲經費五南將出版精裝書，因此，以二版的名義再版更為適當。

　　最後，雖然老套，但我想要好好感謝我的父母，他們雖然不知道這個當教授的兒子真正在做什麼，有時看見新聞上出現兒子的名字，不論是涉入了政治上、社會上或是專業上什麼複雜難解的漩渦，打電話來關切時常常都只說出「好好照顧身體不要太累」的老詞，但我感受得到他們擔憂這個兒子過度涉入政治而偏離正業的憂慮，或許本書二版出版時才回頭獻給他們有些矯情，可是我願意用這個書來告訴父母，您們的兒子仍然花了許多的時間，在做一個教授在社會上最應該做的研究工作；當然，本書或許也是一個承諾，告訴自己未來在學界的下半場時光中，仍然應該像上半場一樣，努力在天父智慧的引領下，藉由研究工作更加在屬靈的光景中自我進深！共勉之。

國立政治大學公共行政學系教授

陳敦源

2012.8.22於政大綜合院館十一樓辦公室

作者序

求上帝賜給我平靜的心去接受無法改變的事、
賜給我勇氣去改變可以改變的事、
並賜給我智慧去分辨前面兩者的不同。

—— Reinhold Niebuhr[1]

　　十三年前（1997）學成歸鄉的時候，正是台灣民主化高潮的前奏，
2000 年的首次政黨輪替，對長期關心台灣民主發展的人士而言，其重要
性不言可喻；然而，後政黨輪替時代的台灣走得並不順遂，國家運作的
結果如經濟遲滯、族群衝突、貪污腐化、道德淪喪等等的亂象，讓人忍
不住緬懷威權時代（包括日本殖民統治時代）的單純與穩定；2008 年二
次政黨輪替之後，治理績效的問題日益重要，大多數的人會將國家治理績
效不彰指向政黨惡鬥、轉型正義以及民主素養的問題，然而，對一位研究
公共行政的學者而言，台灣治理績效的疲弱，還有一個重要但一直被忽略
的因素，就是「國家」在政黨輪替之後，「民主治理機制」（democratic
governance mechanism）成形過程中，「民主回應」（democratic respon-
siveness）與「專案責任」（professional responsibility）兩種價值在制度上
調和的問題，這是一個全新的、重要的、但是較少人注意到的面向，而這

1　Niebuhr Reinhold（1892-1971），美國二十世紀政治哲學家及神學家，這篇禱詞通常被稱為
　「平靜禱詞」（serenity prayer），原文如下："God grant me the serenity to accept the things I
　cannot change; courage to change the things I can; and wisdom to know the difference."

就是本書所處理最主要的議題。

　　嚴格來說，本書是作者學成歸國後「認同危機」（identity crisis）下的產物。身為正統政治學科班出生，十餘年前進入公共行政學門的初期，一方面因為管理學（如組織理論）相關知識的欠缺，常有身為「異類」的孤獨感，但是另一方面，因為政治學近半世紀的科學化努力，面對公共行政學的實務導向作風，又會有「較進化」的優越感，雖然在國科會的學門分類中，公共行政學是屬於政治學門下的一個次學門，但是個人非常清楚，在許多「正統」政治學者們的內心深處，公共行政不會被當作一個「嚴肅」的研究領域來看待，或許，個人研究被公行學者與實務工作者視為太過理論，又被政治學門的同儕視為不夠理論的雙重壓力下，反而成為一種進步的動力，驅策自己必須超越認同的悲情，脫離研究領域「血統論」的泥沼，以「雙重局外人」的視角，走出一條結合國際理論與台灣實務的公共行政研究之路。

　　感恩的是，上天在經歷上也給予自己充分的機會，歸國的前六年半，有幸在台灣公共行政學界最有行動力的世新大學行政管理學系接受裝備，向許多志同道合的先進與同儕們學習公共行政研究的新趨勢，之後，承蒙許多人的幫助，進入台灣公共行政學界近半世紀居於領導地位的政治大學公共行政學系服務，深入台灣公共行政學門的核心機構，第一手了解學門的發展現況與瓶頸，十年一覺新潮與傳統的學術之旅，讓作者有機會建構出對於台灣公共行政研究發展的核心看法，這些經年累積的想法也被用來回答本書兩個最基本的研究問題：第一，為何以及如何以「民主治理」來研究公共行政？第二，實踐民主治理的機會與挑戰為何？本書的架構與內容，是作者過去十餘年所找尋到的部分答案，雖然還不完全，但是已經達到階段性可以完整呈現的時機，是為本書出版的基本動機。

　　本書將獻給影響作者最深的兩位老師。第一位是東海大學政治系求學時的啟蒙老師徐振國先生，目前任教於東吳大學政治學系，徐老師是作者 1982 年大一政治學的授課老師，他本人可能不清楚，在課堂上公開稱讚自己一篇「日本第一」的讀書心得報告有思想深度，對我的一生有多大的影響；至今，那種被肯定的感覺依然鮮明，也屢屢轉化成自己在學界紅

塵中，遭遇困境時的前進動力。學成歸國後，雖然與徐老師分屬不同的方法論學派，但是，學問上的切磋卻從來沒有停滯過，看見老師在量化研究風行的學界中，堅持詮釋學歷史研究的孤獨風骨，讓我對學術崗位上「成功」的定義有反思的機會，也更堅定自己將「來往追尋」（re-search）知識當作一生志業的信心。

另一位本書要獻給的恩師是作者在美國羅徹斯特大學（University of Rochester）求學時期（1989-1997）的教授 William H. Riker 先生。嚴格來說，是Riker教授帶我真正開始思考民主政治的本質，以及作為一個政治學研究者的樂趣到底是什麼；更重要的，Riker 教授作為一位政治學理性選擇理論學派（rational choice theory）的開山祖師，他絕對有資格被放在「神格」的地位上來崇拜，但是，他的親切和藹、風趣機智以及願意幫助學生的態度，卻又讓學生有「神與人同在（以馬內利）」的驚喜與溫暖。還記得剛進 Rochester 博士課程的時刻，因為不習慣大量閱讀與聚焦思考的美式讀書風格，遭遇了許多學習上的挫折，Riker 教授得知之後，居然願意花課外的時間陪我修改課堂報告，並且面對面地討論一些研究與寫作的問題，讓我獲益良多，這也是目前作者教學、研究與服務工作再忙，也願意花時間陪同學討論各種問題的動力源頭。

2003 年 9 月 28 日的教師節，作者參與由政治大學政治學系所主辦「政治經濟學：哲學、制度與政策的對話」研討會，發表回顧 William H. Riker 一生學術成就的專文（本書第四章的主要內容），當時剛好是 Riker 教授辭世十週年紀念（William H. Riker, 1920-1993）；更巧的是，當天還與徐振國老師同台發表論文，記得在論文結論的時刻，作者曾經感性地表示，那天是我一生中度過最有意義的一次教師節，因為兩位協助我成長的恩師都在身邊，落筆至此，感受仍然相同，也願意將本書未來所延伸出來任何實質的影響都歸功給他們。

十年說長不長、說短不短，本書的出版除了前面兩位恩師之外，有更多的人需要感謝。台灣大學政治系的林水波老師，在過去十年將作者當作自己學生一樣的呵護，這次協助引介五南圖書公司出版本書，在此獻上最誠摯的感謝；另外，政大同僚江明修教授，對本書的架構以及書名的建

議，讓本書的意向更為明確，五南圖書公司的編輯劉靜芬小姐、李奇蓁小姐以及決策主管在行政上的協助，在此一併感謝；再者，學界當中許多曾經協助作者的先進以及學生，特別是與本書形成過程有關的包括：中央研究院政治所的林繼文研究員、台灣大學政治系的蘇彩足教授、蕭全政教授、彭錦鵬教授、政治大學公共行政學系的孫本初教授、吳瓊恩教授、詹中原教授、施能傑教授、黃東益教授、蕭乃沂教授、政治大學政治學系的湯京平教授；台北大學公共行政暨政策學系的周育仁教授、吳秀光教授、林鍾沂教授、中山大學政治經濟所吳英明教授、政治所廖達琪教授、世新大學行政管理學系的余致力教授、徐仁輝教授、彭文賢教授、許濱松教授、黃榮護教授、郭昱瑩教授、陳俊明教授、葉一璋教授、東吳大學政治學系的黃秀端教授、蔡秀涓教授等；博士學生李仲彬、王光旭、呂佳螢、林靜美、林靜玫、張智凱；碩士學生劉省作、李菈蒂、陳麗娟、郭政瑋、廖豐億、郭思禹、黃文彥、陳明育、黃汎如等，還有就是隨傳隨到的專任助理呂季蓉小姐，感謝他們在過去十年當中在不同時間點上的支持與協助。

　　最後，妻子妍蕙無怨無悔地支持這種全年無休的研究生活，並且盡心盡力撫養是祈、是語和是寧三個孩子，是作者最該感謝的「後勤司令」，我唯一可以承諾的，就是全書付梓以後，週六能夠「儘量」隨全家一起出遊。研究工作固然有趣，成就的果實雖然甜美，但知識的創造不完全是個人的努力而已，聖經上說：「敬畏耶和華是知識的開端」（詩篇 111:10），這樣看來，有些時候人類追尋知識所能付出最積極行動，是在 Reinhold Niebuhr「平靜禱詞」心境下耐心的等候，當然，我們並非單純期待被牛頓的蘋果砸到，而是何時能體會出自己的有限，何時精采的學問就會自然湧現！

國立政治大學公共行政學系副教授

2009.8.31 於指南山麓化南新村宿舍書房

導讀
確保公共官僚組織成為民主的守護神*

曾冠球
淡江大學

　　本書以「民主治理」概念為主軸，貫穿深究「民主政治」與「公共行政」之間複雜而多元的互動關係，核心問題在探討制度上如何確保公部門官僚組織及其人員足以扮演民主守護神的角色，這背後涉及價值衝突與權衡的難題。對於民主治理一詞，作者個人的界定是：「當代民主制度在多元（去中心）化統治以及有效性環境之中，從公共課責機制建立的角度切入，找尋價值衝突制度性調和的一種過程，其目的是試圖藉此獲致良好的治理績效」（p. 36）。全書共分為四篇十五章，第一篇主要是建構民主治理研究的範圍與方法，包括民主治理的理論內涵（第二、三章），以及研究方法選擇的正當性論述（第四、五章）兩大部分。

　　作者開宗明義表示：民主政治不應該與投票政治劃上等號關係，是故，欲提升民主治理品質，單僅著眼於選舉制度設計是不足的。儘管選舉結果可以懲罰表現不佳的政治人物，但在民主鞏固過程中，以選舉等同於民主政治的「選舉主義」（electionism）卻是一大偏差。當政見的落實最終必須仰賴官僚機器，國家「公共行政機制」在選舉之間對於政策決定與治理績效的落實，因而扮演舉足輕重的影響；揭開選舉政治與政策執行紐帶的面紗不僅有助於「尋找治國能力的秘密」（p. 5），也是台灣民主鞏固首須面對的課題。遺憾的是，政治學者向來關注民主政治中「偏好加總」這類制度性議題，卻忽略了政府治理運作的組織基礎議題，政治學與行政學的學門間隙，衍生對民主制度與治理組織之間的認知落差，作者反思指出：缺乏公共行政研究的政治學，忽略政治目標的實現問題；相對

* 本文的修正版本將會在《公共行政學報》以書評的方式刊出。

地，缺乏政治學論述的公共行政，在民主理論與政治哲學上缺乏公共議題本質的反思能力，也無法面對改革的政治現實問題，而民主治理概念的導入將有助於正視學科分化危機和日後重建合作關係的必要，無論是在研究方法、議題與價值等層面。本書另一特色是引入公共行政領域「理性選擇理論」（rational choice theory）的分析架構，這是國內、外相對少見系統性介紹之專書（例外者如 Horn, 1995; Knott and Miller, 1987），且觸及或應用層面非常寬廣。相對於過去民主行政的討論，多偏重在行政哲學或比較行政範疇，本書則是致力於建構理性選擇制度論觀點。該理論在政治學領域的重新詮釋，對於民主政治從個體偏好到集體民意之間矛盾的本質，有助於我們洞悉民主治理的運作本質，而作者延續這套理論優勢來協助行政改革問題的詮釋工作，讓公共行政對政治與行政介面的討論，能夠增添理論上新意。為了鞏固這套理論在公共行政學門應用的正當性，作者花了一些篇幅提出辯護：以公共性議題為例，作者認為公共選擇理論雖然隱含個人主義的思維，但並非代表去個人化就能造就公共性，反而可能使公民意識走進集體主義傾向；而以方法論上個體主義為基礎，理性選擇理論更能剖析溝通效應與參與成本等現實問題。此外，有關認識論層次「理性內涵」的爭辯也是該學派屢受針砭之處，但若對「人性是趨利避害的」達成共識，該理論在研究民主治理中的角色，自然將任何行政改革作為導向於「管理誘因」基礎上，而誘因結構之下的預期行為，就是民主治理制度設計時最關鍵的考量因素。

「價值衝突」是民主治理制度設計者首要面對的問題，作者指出若想滿足公共行政特殊的實務關聯性要求，在學術研究的論證上就必須滿足不同價值的精神（如官僚順服與課責、文官中立、官僚回應），以及考量諸多影響治理績效的因素。概念上，民主治理的主要價值衝突來自於民意的「代表性價值」（選舉參與）與文官的「專業價值」（文官制度），兩者透過「政務領導價值」（層級節制）加以連結，因此，政治與行政的互動以及價值衝突的倫理困境是兩個重要焦點。本書第二篇以後內容便是以代表性價值所對應的「回應」（responsiveness）、中立能力所對應的「責任」（responsibility）價值，以及政務領導所對應的「課責」

（accountability）價值，討論民主治理的機制與運作的相關議題。其中，第二篇第六章到第八章是討論民主治理價值中「回應」的面向，如「民意」、「顧客導向」及「公民參與」。第三篇第九章到第十一章是討論民主治理價值中「責任」的面向，如「中立性」、「知識管理」及「政治可行性」。第四篇第十二章到第十四章是討論民主治理價值中「課責」的面向，如「透明性」、「績效管理」及「考績」。

　　公共行政學者對於政治與行政關係議題，典型是建立在規範性討論基礎上，試圖為公共行政尋找合理的價值定位。舉例而言，「新公共行政」（new public administration）對於效率價值獨大的反動，建議將社會公平性列入公共行政應該追求的基本價值；「黑堡宣言」（Blacksburg Manifesto）也提倡公共行政在民主社會的獨立性價值與正當性角色，並不受限於「監控民主」的框架，甚或期待文官扮演「賢民少數」的呼籲。然而，制度上提供文官何種能力以確保此等角色足以落實？理性選擇理論又可給予我們什麼啟示？基本上，政治與行政的合作關係主要表現在國家意志的貫徹，因此，官僚「順服」與「控制」是非常重要的課題，但兩者之間的緊張關係，也可能基於文官專業主義而展現出某種「自主」或「抗衡」（如揭弊）行為。晚近公共行政與管理尤其強調回應、透明與課責等價值，這意味著行政的政治或行政的民主，至少包括「對上」（如政治上司）與「對外」（公民）兩個層面，經濟學的理性選擇信奉者把制度視為一種「策略均衡狀態」，而「誘因相容」（incentive compatibility）設計乃確保上述多元價值得以兼容的重要途徑。本書章節安排係按照價值體系進行闡述，但可歸結為以下主題析評：

一、資訊透明與官僚控制

　　資訊透明是官僚控制的核心議題，官僚體系擁有先天的專業優勢，政務人員在治理過程中出現「資訊不對稱」（information asymmetry）的現象，易導致官僚體系的政治控制出現不完全的結果。作者認為民主與專業之間的連結關係，長久以來存在急須填補的「失落環節」（missing link），而該環節的關鍵內涵，就是官民之間因為施政的透明化，以及資訊透明的內涵大眾化，從而降低「專業不對稱」的阻礙，讓人民駕馭政府的成本降低。反過來說，扭轉官民信任關係的關鍵，在於政府藉由施政透明化以重建官民之間民主課責的關係。過往公共行政學界與實務界對於「課責」（accountability）與「透明」（transparency）的行政改革方向，多落在規範色彩濃厚的「行政倫理」範疇進行討論，本書第十二章則是從「資訊經濟學」（economics of information）的角度，聚焦在課責與透明兩個概念的連結上，描繪這個失落環節的制度性內涵。民主制度必須藉由授權來運作，而「資訊不對稱」則是這類授權與控制的主要挑戰。以行政程式法制化為例，其乃各國建立有效課責機制的重要步驟，而行政程式控制的透明原則，乃強迫行政部門在決策程式上提出「事前承諾」，以防止程式上的濫權，兼可降低統治成本，也是公共行政領域在保障民權方面最可能之貢獻所在。

　　民主課責也表現在績效管理運動的蓬勃發展。儘管績效管理熱衷於「控制」機制的設計與執行，但長期以來並未將制度設計最重要的元素：「資訊」列為考量核心。除了「霍桑效應」（Hawthorne effect）之外，「資訊不對稱」與「價格系統匱乏」是政府部門推動績效管理的先天限制。基此，本書第十三章作者點出績效制度的三個基礎設計，第一，在資訊不對稱環境（如逆選擇）中「分辨」機制的重要；第二，在策略互動環境中的「誘因相容」機制與「自我執行」（self-enforcing）；第三，在價格系統不存在環境中「內化」代理成本的機制。作者建議只有誠實面對誘因與機制設計難題，方能創造出貼近績效制度設計者需求的績效管理理論。與此相關者，作者在第十四章中從「有限理性」的決策模型上，討論我國績效制度改革的問題。延續理性選擇論者的立場，「制度設計者的任務是引導慣例形成的過程，以產生『自我執行的有效慣例組合』」（p. 394）。有限理性下的組織可以被視為一種「不完全契約」（incomplete contract）的環境，這是績效管理制度存在「非正式」制度的原因。組織內部的績效管理制度也經常遭遇「資訊不對稱」、「權威獨占」以及「團隊生產外部性」等潛在管理問題，作者從組織經濟學者討論績效誘因設計

的「誘因報償」模型中，擷取演繹出四項設計原則（如適切資訊、誘因強度、監控強度、報償平衡），以此討我國績效管理制度的改革策略。

二、專業倫理與民主穩定

　　官僚順服與控制是確保民主治理品質一個重要面向，但政治與行政之間並不是垂直的機械式連結關係，文官的專業角色與能力扮演著重要角色。由於民主過程未必可以產生正確民意，民眾也可能因為能力不足而對自己權益無知，官僚體系有憲政層次的責任，以其專業能力維護民眾權益；其次，政府失靈可能扭曲資源配置，或者，政治不確定性也有賴官僚體系以專業與依法行政來穩定之。官僚體系在民主政體中的主要價值，就是展現其中立能力，包括專業的發揮，平衡民主決策中政策資訊的不充足，以及面對不同政黨執政，官僚體系都給予相同的專業服務。也因此，官僚體系的中立能力價值，必須受到相關法令的保護，以取得民主與專業的平衡，這涉及機制設計的核心問題。整體而言，民意的展現有其民主理論上的缺陷，致使官僚體系在民主治理運作中的角色絕非只是聽命的僕人而已，還有獨立的專業責任要負擔。

三、公民導向的政治管理

　　公民參與是當代公共管理者的責任，公共管理者如何成功扮演「輔助者」（facilitator）角色，以引導民眾實踐公民權力？首先，民意未必能夠被清楚地掌握、客觀地衡量出來。從「投票循環」（voting cycle）的困境出發，民意獲得過程中，制度或議程設定權力具有關鍵影響力；其次，民意的形成並非主動與客觀的，往往是被動與主觀的，因此，本書第六章作者認為公共管理者其實是站在引導民意的一個關鍵位置，只要運用得當，因勢利導，民意反而會成為公共管理者增強其自主性的利器。由於具備專業與穩定特質，作者建議公共管理者不如積極地拾起議程設定的權柄，扮演引導人民偏好形成的資訊提供者。

　　其次，民主治理到底是著重程式參與，還是引導正確決定的價值？兩者的爭點體現在：「正確的決定不一定是民之所欲」的這個焦點上，亦即作者所謂的「治理知識的困境」，這背後涉及民主理論中「程式性民主」（procedural democracy）與「認識性民主」（epistemic democracy）的相容性問題。就前者而言，民意的產製不是客觀的，不同的議程切割往往帶給民主社會「諸多全民意志」（general wills）之難題；就後者而言，儘管存在參與成本問題，但「三個臭皮匠勝過一個諸葛亮」，民主參與本身就是一項真理。認清知識的社會建構本質，以及公共管理者的優勢條件之餘，作者於第十章提出公部門「參與式知識管理」（participatory knowledge management）的概念，其優點如下：其一，降低外部成本、追求共識統治的正當性；其二，獲致更接近正確決策結論的目的；其三，從程式性民主的批判中，公共管理者站在知識轉化成為權力的關鍵位置上，應該顧及平等參與、對話學習、審議判斷、效率平衡，以及透明課責等原則，以防止專家宰製問題形成。

　　復次，倘若民眾無意參與公共事務，縱使公共管理者信任民眾、鼓勵公民參與，以及具備回應公民的意願，恐無從建構民主治理的正當性。本書第八章作者以政治經濟學過去半世紀「誰來參與投票」（Who votes?）的研究為例，指出民眾參與動機主要涉及成本效益的計算。縱使近年來被視為公民參與救星的資通科技（information and communication technologies, ICTs），證據顯示對於公民參與的改革似乎只能扮演輔助性角色；況且，電子參與的普及化對於當前代議政治運，也會帶來一定程度衝擊，此即所謂的「中間人弔詭」（middleman paradox, p. 227）。

　　歸結言之，如何建構適當的公民社會環境，以提升民眾參與的制度誘因才是問題關鍵。倘若公民是在下列三個狀況下參與政府決策，包括：（一）被迫負擔大量決策成本以致於影響參與意願；（二）缺乏相關決策資訊，或是只擁有統治菁英所提供經過自利篩選的資訊；（三）沒有參與議程設定的決定權，則這樣的民眾參與是形式意義大於實質意義的。

　　最後，當有越來越多民眾關心公共事務，公共管理者必須同步強化「政治可行性評估」，以期弭平政策「可欲性」及「可能性」之間的鴻

溝。在第十一章中,作者從公共管理者作為政策分析與規劃的角度,討論
「政治可行性評估」作為一種融合民主回應與專業責任的可能性與意義。
作者引介「政策空間分析」(policy space analysis)具備的理論優勢與定
位,以及將這套工具應用在政治可行性評估上的潛在限制,並以「利害關
係人分析」(stakeholder analysis)為例,討論執行上的相關議題,包括:
政策空間化及政策判斷標準問題、制度安排的研究與模型化,以及利害關
係人與其偏好的指認。作者總結這套「政治可行性評估」方法容或有堅實
的理論基礎,但是對於應用到實際的案例中,仍有待後續學者努力。

四、制度是行動者之間策略均衡狀態

　　一如私有市場運作,民主政治也需要零交易成本的保護,一旦交易
成本無法為零,就少不了官僚體系這類仲介組織,但相對的控制問題也應
運而生。從民主行政或授權政治的角度,代理人理論在公共行政學界的風
行,象徵著公共行政理論回歸「監控民主」(overhead democracy)的傳
統思維,其精義是行政體系的運作需要接受民主政治的指揮,人民與行政
體系是主僕關係。弔詭的是,官僚體系帶給民主治理的穩定與專業功能,
並無法以簡單的「命令與控制」的思維簡化之,換言之,委託人─代理人
理論隱含某種黑暗面(Knott and Miller, 2008: 391)─民選官員未嘗不會
因自肥而有傷害公共利益之虞,基此,較佳的途徑應該是尋求作者指稱的
「機制設計」(mechanism design)作為,亦即在善用官僚組織的利益與
監控其行為的成本之間設法取得一個平衡。

　　　治理機制的設計必須在治理行動層面找到定位。從台灣過去政黨
　　輪替所出現「新政府、舊官僚」的爭議看來,文官中立是一超黨
　　派的制度性議題。文官中立性不僅止於「去政治化」的行政改革
　　理念,而是隱含文官體制與民主政治尋找最適磨合的過程。當向
　　政治上司負責與專業責任之間沒有政策衝突,文官中立性的須要
　　被民主價值所吸納;當兩者發生衝突(如政治上司為了選舉利

益，違背公共利益），文官則必須有「勇於任事」的誘因結構，
方能真正落實文官中立；同時，中立性的制度保障亦須避免淪為
文官自利（如規避責任）的藉口（pp. 266-267）。

第九章作者指出在制度誘因上，除了文官制度性保障（如功績制、永
業制、政治中立法制、依法行政規範等）是不可或缺之外，文官專業能力
也是確保其中立性的必要條件，其指文官能夠蒐集、分析並表達具有「循
證基礎」（evidence-based）的政策論述，提供政治任命者有關公共決策資
訊之參考。由於民主政體免不了政黨輪替，文官體系在政策領域上的獨立
與法制保護，將有助於維繫政權穩定─任何在現狀遊戲規則之下失敗的政
團，不會因下臺而失去全部或遭受政治清算，進以解決民主政府「可信承
諾」（credible commitment）的問題。

作者直指台灣的國家發展是依循「先羅馬，後希臘」的路徑，基此，
台灣民主的價值如何在行政體系業已習慣於非民主的規範與認知系統中，
找到消極配合觀點之外的正當性基礎，堪稱是台灣行政民主化改革的關
鍵起步（p. 8）。基此，另一相關問題是：儘管協力或參與式治理蔚為風
潮，但文官進用卻毋庸歷經民意考驗，公共管理者有何「制度誘因」去鼓
勵公民參與？對此，作者於第七章提供的答案是：民主國家的誘因結構設
計有助於文官對民眾做出回應。何以如此？一個與顧客導向誘因相容的官
僚體系，必須植基於一個權力分立與政黨競爭的民主政治環境當中，這是
作者認為當今台灣民主化後「顧客導向」與過去威權時代「為民服務」的
差異。其次，誘因相容的官僚體系也要能解決一連串「委託人與代理人」
關係的管理問題（如建立長期互動機制、創造良好的溝通管道、提出有效
的賞罰方式等）。再者，行政程序法制化也是控制官僚體系的重要手段，
使官僚體系的權力運用能夠依照人民付託而行。最後，「沒有滿意的員
工，就不會有滿意的顧客」，完整的顧客導向誘因結構，應該建構官僚體
系外部公民回應與內部顧客關係管理之間連結的一種結構。

傳統公共行政領域文獻多以「官僚」、「規範」為出發點探討組織變
革，但本書則是建立在「民主」、「制度」為中心的行政改革論述。有關

以「民主」為中心的論述，建議從「官僚控制」、「公民參與」角度解析行政改革的方向；至於以「制度」為中心的論述，建議從「理性選擇」途徑剖析公部門組織與管理的挑戰，並在認清現實與限制問題後，尋求最佳（或次佳）的制度安排。將經濟學原理應用在公共行政與管理問題，無論是文官制度設計、鼓勵公民參與，問題核心在於指認包含公民、政治人物及常任文官在內主要利害關係人的主觀偏好與客觀價值，並且進行最適化的安排，以達到所謂的「誘因相容機制設計」目標。

　　評論者不確定作者是否是「單一典範」堅定信奉者，或未來有朝向「折衷典範」的意圖，也不確定「理論導向」與「問題導向」的研究鴻溝能否與如何密合本身，是否為公共行政領域研究者應該處理的大問題，可以肯定的是，作者向來站在經濟學理性選擇學派角度分析公共問題，但行動者怎麼個理性法遂變成是一耐人尋味的問題，除了確立趨利避害的假定外（pp. 126, 142），行動者究竟「趨什麼利、避什麼害」仍有討論空間，此牽涉到學科本身的基礎研究工作（如政府員工工作動機），最典型的莫過於Downs（1967: 88-89）所提出的五種類型官僚人格，而這無疑影響到後續制度選擇的方向。舉例而言，除非公部門管理者本人深信做好績效管理是一件要務，此際資訊落差不利於績效測量的推論方有實益，但真實世界裡，一如所知，更多情況可能是：績效管理者根本沒打算把績效管理做到好，這背後也許出於組織行為上「跨文化差異」（如人情文化重於美式績效文化），也許涉及到制度演化過程的「路徑依賴」（如管理者的產生？過去執行慣例？配套措施為何？），或與管理者性格、價值觀與認知（如怎麼處理可以更為圓融？認真執行公部門績效管理又能改變什麼？）有關。顯然地，此等圖像將超出資訊經濟學者可以回答的範疇，亦非有限理性一詞所能涵括處理的，「資訊」恐不全然是績效管理實務的優先障礙了。就此而言，「制約的選擇」（choice-within-constraints）變得令人難以忽視！「經濟學是有關個人如何做決定，社會學則是關乎個人為什麼做不了決定」（Miller, 1992: 206），市場消費行為應該十分適用優雅的方法論上個人主義的理性選擇分析框架（相對於臃腫的「濃描述」），但公共組織生活委託人或代理人個人效益評估與策略均衡狀態將變得十分多樣。整

體而言，除了趨利避害的定調工作外，經濟學理性選擇制度論者如何汲取
社會學或組織行為學者的長處，並持續應用在行政改革相關議題的詮釋，
自當期待作者另一巨作的誕生。

　　無論如何，本書作者除了以廣義的「理性選擇」理論（如公共選擇、
賽局理論、代理人理論、資訊經濟學等）來重新詮釋行政改革相關議題
外，也突顯政治-行政互動與民主鞏固及良善治理之關聯，而「民主治
理」一詞恰可統括這層互動關係。誠如作者所說：「學者最主要的社會功
能就是面對難以討論的問題，提出討論的方向，面對看似矛盾的論述中，
尋找知識昇華的路徑」（p. 416），相較於其他作品，作者對於民主治理
提出一套完整論述，不僅引介新觀點、運用少見的演繹邏輯，系統性詮釋
政治－行政關係與相關組織管理議題存在的價值競逐問題，更將其連結
到民主政治/良善治理可欲結果的討論，進而提出理性選擇制度改革的良
方，讓讀者頗有「耳目一新、暢快人心」的感受，厥為最大貢獻所在。

曾冠球（2004）。〈立法授權的政治：交易成本之觀點〉，《東吳政治學
　　報》，第 19 期，頁 151-185。

Downs, A. (1967). *Inside Bureaucracy*. Boston: Little, Brown.

Horn, M. J. (1995). *The Political Economy of Public Administration:
　　Institutional Choice in the Public Sector*. Cambridge: Cambridge
　　University Press.

Knott, J. H. and Miller, G. J. (1987). *Reforming Bureaucracy: The Politics of
　　Institutional Choice*. Englewood Cliffs, N.J.: Prentice-Hall.

Knott, J. H. and Miller, G. J. (2008). "When Ambition Checks Ambition:
　　Bureaucratic Trustees and the Separation of Powers." *The American
　　Review of Public Administration* 38: 387-411.

Miller, G. J. (1992). *Managerial Dilemmas: The Political Economy of
　　Hierarchy*. New York: Cambridge University Press.

目錄

第參篇　責任 Responsibility

圖目錄

表目錄

第一章　前言：探索治理績效的秘密

比勝選更重要的事是治理一個國家，那才是一個政黨最關鍵且最
終的考驗，當選舉的激情消逝，選舉旗海與鎂光燈逐漸暗淡的時
刻來到，不可規避的責任就橫在我們的眼前。

—— Adlai Stevenson[1]

第一節　緣起：只會選舉、不會治國？

2000 年 7 月 22 日，嘉義縣與嘉義市交接處八掌溪河床上 4 名工人
（劉智，男，嘉義縣人，模板工人；吳梅貴，女，嘉義縣人，模板工人；
林中和，男，台南縣人，泥水工人；楊子忠，男，台南縣人，泥水工人）
於河床上遭突如其來的洪水圍困，從下午 5：10 承包商報案到 7：08 的兩
個小時中，四人苦等救援不得後體力不支而不幸滅頂。該事件透過媒體全
程 SNG 實況報導，震驚台灣社會，以台灣民主化首次政黨輪替而執政的
民主進步黨，面對輿論與反對黨國會議員排山倒海而來的批評，不但當時
總統陳水扁先生民調劇降約 20 個百分點，最後還導致當時任行政院副院
長兼行政院災害防救委員會主任委員的游錫堃先生自請辭職獲准，成為為
該事件負責下台的最高官員，事後包括嘉義縣、消防署、警政署、國防部
等數十位官員受到彈劾與起訴，該事件暴露出台灣防災與救災系統在協調
上的重大缺失，也成為台灣在之後防災救災的經典案例。

2009 年暑假，莫拉克颱風於父親節襲台，造成南部自五十年前 87

1　美國民主黨總統候選人 Adlai Stevenson 於 1952 年 7 月 26 日代表大會上接受提名演說內
容，轉引自 Starling（2005: 1）。原文如下："Even more important than winning the election
is governing the nation. That is the test of a political party... When the tumult and the shouting die,
when the bands are gone and the lights are dimmed, there is the stark reality of responsibility."

水災以來最大的颱風災難，約 160 人死亡，490 人失蹤，以及 45 人受傷
（大多是土石流所造成）；一年前以二次政黨輪替再次風光上台的國民
黨，面對國際金融風暴所提出「聞聲救苦」的口號猶言在耳，因為救災速
度緩慢與官員處置發言不當引發巨大民怨，最後由民調降至兩成多的馬英
九總統啟動了內閣改組，救災不力的風波才逐漸緩和下來。近年來，「只
會選舉，不會治國」的說法已經成為超越藍綠的現實，當選舉激情與感動
的人潮逐漸退去以後，治理國家的問題給執政者帶來真正的考驗，即便政
治人物在選舉舞台上再會鼓動風潮獲取人氣，這些激情並不能直接轉換成
處理如麻國事的能力，得天下與治天下之間，存在知識與實務上的鴻溝，
其中，要如何領導國家的公務體系解決公共問題，成為最重要的治國技
巧。

　　誠如比較政治學者Guillermo O'Donnell 在 2006 年國際政治學會上的
專題演說「民主的危機」（Crisis in Democracies）所言：「民主的本質永
遠將會在某種危機的狀態中……民主常常同時給我們希望與不悅[2]。」民
主政治的運作好像是一種危機處理，一方面需要不斷以改革迎向未來，另
一方面以制度鞏固過去所建構的成果，這其中除了選舉相關的制度之外，
還有許多其他應當關注的制度建構面向。早在 2000 年政黨輪替前的 1999
年，前中央研究院院長李遠哲先生在一場媒體所主辦的討論會上有如下的
一段談話[3]：

> 最近幾年，台灣人民可以經由選票選出總統或民意代表，政府也
> 一再向國際社會炫耀台灣有多民主。但即使這樣，為什麼政治上
> 還有那麼多亂象？……台灣過去長期為威權統治，現在雖然走入
> 民主社會，但是由於發展的時間不夠長，所以人民還學不會自行
> 決定自己想要做的事……人民納稅讓政府得以運作，因此有義務

---

[2] 2006 年國際政治學會（IPSA）上所發表的專題演講，英文："democracy is and always will be in some kind of crisis. …democracy always projects both hope and dissatisfaction."（O'Donnell, 2007）。

[3] 李遠哲的談話是取自他於 1999 年 9 月 19 日，參加「再造台灣新社會」主題對談上的談話，與談人有前暨南大學校長李家同、作家柏楊。中國時報，1999 年 9 月 20 日，版 3。

監督政府將錢花到哪裡去，而不是選出民意代表，讓這些人為所欲為。……政府花人民一百元，竟然只作五、六十元的事，這是很不合理的，人民應該用選票來修正。……現在的台灣社會還不是很理想，國家主人應繼續努力。

李前院長的疑惑是，人民都可以自己選總統了（指 1996 年第一次總統直選），但是治理亂象卻不見稍緩，他提及人民還要努力的概念，希望人民應該從一次又一次的選舉當中，歸納更精準的選擇技巧，但是這樣「民粹」的解決方案之外，我們還需要對台灣治理亂象改革系統性的認知，也就是說，台灣民主政治的運作除了選舉以外，還需要建構更多配套機制，協助民眾取得他們所要的政策結果。2000 年總統大選之後的第一次政黨輪替，打破歷史「治亂循環」的鐵律，國民黨和平地將政權轉交民進黨，國際輿論也給予高度的評價；但是，住在台灣的人大多心中明白，近年實施民主之後的治理結果並不理想，因此形成台灣民主發展「內冷外熱」的現象，我們一方面在國際上因民主化而賺足了面子，但另一方面，民眾又對於民主化的成果充滿無力感，甚至有一點怨懟。從這一點來檢視我們的民主發展，事實上已經走到了一個發展瓶頸，急需民主改革新方向的指引；2008 年政黨再次輪替之後，台灣雖然已經滿足了民主鞏固兩度政黨輪替的要件，但是隨著國際經貿情勢的持續惡化，國內社會福利措施的財政壓力，以及兩岸和解共生的緩慢變化，政府的治理績效並沒有如「馬上好」的選舉廣告立即展現，反而，從諸多的前政府弊案的查處過程中，發現我國民主治理機制中的司法體系、立法體系及官僚體系，不論從制度或是心態上，都還沒有「準備好」發揮統合的力量，成就民主政府整體的治理績效。

第二節　問題：民主政治之下的公共行政黑洞

面對前述民主政治的治理績效問題，回顧近二十年台灣民主發展進程，學界主要將焦點集中在民主（轉型）鞏固、憲政改革、政黨與選舉等

制度轉換的議題之上；也就是說，這個變動過程中，台灣民主改革的言論市場產生憲政、國會及選舉制度改革獨占的現象，然而，以人民「偏好聚合」（preference aggregation）制度為主的改革，並沒有解決民主政治運作從結果導向（outcome-based）而來治理績效的問題，民眾除了要擁有投票的權力以外，他們投票的目的是想得到良好的治理績效：路燈亮、水溝通、道路平、不塞車，但是一次又一次的選舉，並無法回答民眾心中「政府為何老是慢半拍」的問題，相反的，選舉導向的治國方針，造成「蚊子館」林立的現象，有限資源的偏差配置，葬送了政策的長期效果（如治水防洪），因此，台灣已經到了必須處理「只會選舉，不會治國」之民主發展瓶頸的關鍵時刻。

美國著名的保守派學者 Francis Fukuyama 曾在 1993 年《歷史的終結》一書中倡言民主政治的歷史性勝利，但是，這樣的宣稱並沒有讓關心民主發展的人士得到安息，主要的原因是全球進入 21 世紀之後，除了新興民主國家持續掙扎求生之外（Diamond, 2008; Knight and others, 2002），老牌的民主國家也面臨民眾對民主信心大幅滑落的問題（Pharr and Putnam, 2000; Putnam, 2001; Skocpol, 2003），似乎民主政治除了程序上開放以外，無法解決諸多社會衝突以及滿足民眾的需求，因此，有識之士開始思考這個在 19 世紀設計出來的治理機制，是否能夠應付 21 世紀的諸多挑戰？之後，Fukuyama 在 2004 年出版一本名為《強國論》（*State-building*）的書中提出了解答，他認為 21 世紀的世界秩序，取決於我們如何弭平國家中的「公共行政黑洞」（the black hole of public administration），這個黑洞的核心，就是如何制度性地處理「授予裁量權」（delegated discretion）的議題，讓人民的意志可以有效地貫通到政策的績效產出；比較政治學者 G. B. Powell（2004）認為，民主「回應」（responsiveness）的授權鏈關係中，從選民的偏好到政策產出之間，需要跨過許多制度性的步驟，民眾真正要的是政策而不是選舉的結果，但是這些授權鏈關係中的機制設計問題，在當代政治與公共行政二分的學門結構中，一直看不到一個完整的圖像；當然，這想法也是比較公共行政學者 Aberbach、Putnam 與 Rockman（1981）在 1970 年代，從政治人物與

官僚人員自我角色定位異同的角度，關心民主國家「公共政策回應性」（policy responsiveness）議題的主要原因，學者 Ronald Baker（2002: 7）就認為，不論是實務界或是學界都低估了官僚改革在轉型過程中的重要性，他說：

> 有一種流行的想法是認為官僚體系就是一種聽話的機器，因此，只要民主出現了，官僚體系就會作出「民主的事」，當然，這是一個錯得離譜的想法……結果就是，在轉型過程中，官僚體系的改革一直沒有獲得它應得的注意[4]。

本書認為，選舉（人民意志表達）只是民主政治過程中的環節之一而已，雖然選舉肩負懲罰表現不佳政治人物的工具性作用（Besley, 2006: 36），但是民主鞏固過程中，以選舉等同於民主的「選舉主義」（electionism）偏差，必須要導正，回頭承認民主運作的路徑中，國家「公共行政機制」在選舉之間，對政策的決定與治理績效的落實，具有重大的影響；這是台灣民主轉型與鞏固必須面對的核心制度建構問題，也是本書最重要目的所在：「尋找治國能力的祕密」。然而，台灣近年民主化之後，舉國搜尋有效治國能力的過程中，往往會陷入三種迷思：聖人期待、官僚鞭笞與科技主義。

其一，「聖人期待」：處理治理問題的第一個迷思就是如果能找到「聞聲救苦」的領導人就沒有問題了，台灣民間因為傳統文化的關係，這種依靠「偉人」的治國邏輯仍然鮮明，但是這樣的想法，並無法完整呈現治國績效背後複雜的因果關係，因為再偉大的人也沒有辦法在有限的資源以及預定的制度環境中扮演全知全能的上帝，事實上，政治人物為了選舉目的自我形塑「救世主」形象的結果，就是在緊急狀態中提高人民的期待，其後果就是帶來人民更大的失望與反彈。

其二，「官僚鞭笞」：處理治理問題在台灣的第二個迷思，就是治

---

4 原文如下：“There may well, also, be a tendency to think of the civil service simply as a machine that does what it is told, and therefore the very presence of democracy will, somehow, assure that it 'does democratic things.' …Reform of the bureaucracy has, consequently, not always received the degree of attention it deserves.”

理的問題往往被簡單歸因為「官僚無能」；但是，這種說法常是政務人員平息民怨的作法，八掌溪事件發生時的一則新聞報導：「行政院副院長張俊雄昨天以八掌溪事件為例，痛批這就是官僚心態的麻木不仁、傲慢、推諉。他說，如果不能改革，人民會問新政府和舊官僚又有何不同？他強調新政府必須以『不做就錯、勇於任事』的心態來參與人民的苦痛[5]。」然而，行政體系的運作必須是一體的，政務人員公開以事務人員為卸責墊背的同時，預告了政府運作官僚專業縮手的命運，反而造成治理績效必然低落的後果。

　　其三，「科技主義」：處理治理問題最後的一種迷思，就是官員們的失敗是因為少引進了某種新興科技的工具，或是對於這樣新興工具的無知，九二一地震的救難犬、八掌溪事件的拋繩槍，甚至是八八風災的美國超級直升機等，這種科技治理論的背後，就是複雜的治理問題可以切割成為不同項目的工具性問題，而治理問題的解決，就是引進或開發更多具有針對性的工具，然而，科技主義最大的問題，就在於忽略這些科學技術產品，無法自動運作，再好的科技發明仍然需要組織與人際的運作方能產生效果，也就是說，人的因素往往與科技產生協調問題，無法忽視。

　　面對這些不論是在民眾或政治人物心中的治國迷思，身為學術社群一員的我們不禁想問：「民主時代公共事務運作真正的問題在哪裡呢？」或許不同專業領域的人士會有不同的說法，但是身為一個熟悉政治理論的公共行政學者，本書提供解開民主國家「治理績效秘密」的鑰匙，是建構一個跨領域的「民主治理」（democratic governance）理論，從理論與實務上來調和政治與行政關係中價值衝突的問題，讓政府持續性的治理任務，可以和變動的民主政治建立有效的連結，這是一個講求過程與結果並重、價值與制度調和、既屬政治又屬公共行政的研究領域，在這個重要但年輕的領域中，學者必須回答下面兩個重要的研究問題：其一，「民主治理的本質是什麼？」其二，「實踐民主治理的機會與挑戰為何？」第一個問題牽涉到理論與方法的層面，它也可以視為去回答「為何以及如何以『民主

5　聯合報 2000.8.13，版四。

治理』來研究公共行政」的問題，本書將在前五章當中提供一個包括理論
與方法論的答案；而第二個民主治理實踐的機會與挑戰的問題，本書將以
「理性選擇理論」（rational choice theory）為基調，配上傳統公共行政對
「政治與行政」互動介面的價值分類，作為主要的架構來討論民主治理的
相關議題，本書六到十四章中作者將從「回應」、「責任」與「課責」等
三大價值面向提出答案。

第三節　目的：邁向行政與政治並重的治理年代

　　本書最主要的目的，就是試圖補實台灣過去二十年推動民主改革過程
中，一直忽略「公共行政」議題的現象，並且希望協助台灣民主政治的發
展，可以順利進入一個行政與政治並重的治理年代。這樣的觀點主要來自
於作者對台灣民主發展過程中公共行政角色定位的三項看法：「政治與行
政二分的本土應用」、「先羅馬，後希臘的發展路徑」與「民主化過程的
公共行政缺空」。

　　第一，「政治與行政二分的本土應用」：1949 年國民政府隨內戰失
利遷台之後，前輩學者們追隨美國的公共行政傳統，建構屬於台灣的公共
行政學門，我們從美國公共行政開山祖師 Woodrow Wilson 所撰之〈行政
學的研究〉（The Study of Public Administration）的啟發中，逐步發展具本
土意涵的行政與政治分野，值得注意的是，美國政治與行政二分的議題，
是鑲嵌在其進步年代（progressive era）民主改革的框架之中，那是民主與
行政雙元價值相互影響之下的產物，因此，當時缺乏民主經驗的台灣，在
威權體制下所接收的美式政治與行政二分理念，巧妙地轉變成在地文官系
統順服政治上司領導的意義，政治是超穩定的決策體系，行政專業化的目
的是服務政治上司，達成統治的目的，官僚是統治階層的一員；事實上，
不論學界還是實務界，面對民主化翻雲覆雨地轉型，台灣公共行政領域的
改變並不大，好的方面說是延續性高有助民主轉型過程中政府運作的穩
定，但是不好的方面就是，舊有的制度或是倫理框架已經明顯無法負荷當

代民主政治的動態需求了。

第二，「先羅馬，後希臘的發展路徑」：民主政治是西方文明重要的發明，而維繫東方文明的重要發明卻是官僚體系，在中國黃河文明很早就已發展出功能完整的行政體系（科舉、品位……），台灣的公共行政體系承襲日本殖民統治以及國民政府來台威權統治長達一個世紀（1895-1996），相對於清末民初內戰連年的中國大陸，在這一個世紀中，台灣行政體系的運作與建構是相對較為完備的（比方說，公共衛生體系），然而，指揮並形塑台灣行政體系的力量，不論是日本殖民政府或國民黨威權政府，都是非民主的政權，換句話說，台灣行政體系從來沒有與民主政治互動的經驗。從美國公共行政發展「先希臘（民主），後羅馬（行政）」的角度來看，台灣的國家發展是依循「先羅馬，後希臘」的路徑，事實上，包括歐洲老牌民主國家和民主新興國家在內，都是這樣的發展途徑，美國反而是一個例外了[6]；面對這樣的一個發展路徑，台灣民主的價值要如何在行政體系已經習慣於非民主的辦事結構中，找到除了「迫於現實而不得不」的消極配合觀點之外的正當性基礎，這是台灣行政民主化改革最重要的思想起點。

第三，「民主化過程的公共行政缺空」：1990 年代初期一連串民主化的改革作為，從根本上改變了台灣國家的內在本質。1996 年以後，上到總統，下到里長，都必須經過選舉產生，人民成為國家形式上的「頭家」；對任何政黨而言，除非不斷贏得選舉，沒有任何一個政黨可以像國民黨過去一樣，持續執政半個世紀以上；如果以政治學為主的看法，民主深化就是民眾學習內化民主價值，政黨在歷次選戰中累積執政與在野經驗，以及相關選舉制度環節的鞏固，然而，官僚體系重新定位的制度性議題，往往被放在次要的地位看待，這樣的認知落差，源於公共行政傳統在政治學領域中的從屬地位，但是，對照世界上過去十年興起追求「善治」（good governance）的風潮，這種看法已經到了需要反省的時刻，對官僚

---

[6] 這就是所謂的「美國例外主義」（American Exceptionalism; Lipset, 1997），意指美國雖然是社會科學界被研究最多的個案，但是她基本上是一個大例外。

體系來說，政治上司輪替的時代來臨，忠誠轉換成為必要，回應、責任以及課責三種價值之間，產生複雜的互動問題，也需要相關制度規範之。

　　事實上，公共行政之所以在政治學門中被邊緣化，主要是因為公共行政好像「老闆娘」持家，低調、細瑣與經驗的本質，讓她沒有辦法如總統大選或制憲這般耀眼奪目，成為眾所關心的國家大事。然而，如果「老闆娘」突然病了，我們才會恍然大悟，再高票當選的總統、再好的憲法版本，都沒有辦法讓國家順利運作。這就是為何公共行政學的鼻祖、美國第28 任總統 Woodrow Wilson 嘗言：「行憲比制憲困難多了」（It is getting harder to run a constitution than to frame one）。「老闆娘」比不上老闆耀眼，是一種宿命，但是，我們千萬不能認為，辦完了一次總統大選、或是制定了一個新的憲法，國家運作就自然上軌道；事實上，當代所謂的政治改革，如果忽略了公共行政的重要性，都註定要失敗的。的確，「老闆娘」對國家運作，低調但重要的影響，是值得當代「重政治，輕行政」的改革人士細細體會的[7]。

　　讓有識之士回歸政治與行政並重的改革眼光，是作者期望本書對理論與實務界能夠產生貢獻的地方。當然，政治與行政無法並重的眼光至少有兩種，一種是認為政治改革必定凌駕行政改革，另外一種則是行政改革應該與政治分離，但是，行政學大師 Dwight Waldo 曾經說：「政府必要的成分就是行政，而且行政是政府最大的部分，我們怎麼能夠忽略它呢[8]？」，另外，研究民主政治學的泰斗 Robert A. Dahl 也曾經說：「『公共』行政作為一個走向科學化的學門所必須面對的基本問題，比簡單的『行政』要寬廣得多了[9]。」剛好為本書畫出一個跨越政治學與公共行政學領域的範圍。

---

[7]　本段論述節自陳敦源（2003）為《公共行政之政治經濟學：公部門的制度選擇（The Political Economy of Public Administration）》一書的引介文，該書作者為 Murray J. Horn，由浩平、蕭羨一翻譯，商周出版。老闆娘的比喻，是受到社會學者高承恕教授針對台灣本土企業「頭家娘」研究的啟發，請參高承恕（1999）。

[8]　請參 Waldo（1990），原文如下："An administrative component is necessary for there to be a government, and since it is quantitatively the largest part of a government, how can it be ignored?"

[9]　請參 Dahl（1947: 2），原文如下："The basics problems of public administration as a discipline and as a potential science are much wider than the problems of mere *administration*."（斜體乃原作者所加）。

第四節　內容：論述起源、章節安排與思維發展

　　本書在寫作上，有三項特色，其目的是要將這樣一個特別的領域描繪得更加清晰。首先，本書以「民主治理」為核心概念，主要討論民主政治與官僚體系互動介面的制度改革問題，它是跨越政治與公共行政學門的領域，是關心台灣民主深化改革者，不可或缺的治理基礎知識；再者，本書以從經濟學方法發展出來的當代政治經濟學為理論主軸，包括公共選擇理論、交易成本經濟學以及賽局理論等，對於有意連結當代理論發展與在地改革議題的研究者，應該是具有新意的啟發；最後，本書總共分為四篇十五章（如圖 1-1），第一篇主要是建構民主治理研究的範圍與方法，包括民主治理的理論內容（第二章與第三章）以及研究方法選擇的正當性論述（第四章與第五章）等兩個部分；接下來的三篇則以前面的理論與方法為基礎，圍繞民主政治與官僚體制之間三個主要的價值構面討論民主治理在台灣的相關議題，它們是回應（responsiveness）、責任（responsibility）以及課責（accountability）等三個面向，這些議題之間不

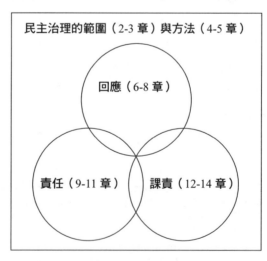

圖表來源：作者自繪。

圖 1-1　本書的章節安排

但相互交疊，還存在價值競合的關係，雖然分為三個部分討論，但是彼此之間是相互呼應的。

一、理論與方法

　　本書除了前言與結論兩章之外，都有些值得記錄的思想軌跡以及該感謝的人，接下來將逐章論述之。第一篇第二到第五章的目的是理論範圍與方法論的梳理，第二、三章將民主治理的概念進行定位，第四、五章為本書論述的基調進行辯護，可以說是本書論述工程的四個理論的「房角石」。首先，第二章「民主治理的本質與挑戰」是本書最重要但是最新寫成的章節，事實上，作者民主治理研究的啟蒙老師是 Dwight Waldo，他的一句「民主行政理論的核心問題，是如何去調和人們對民主的渴望，以及對權威的需求」的話，讓我找到回國二十餘年研究的重心，本章的內容主要是要將民主治理的研究範圍清楚描繪出來，民主治理一詞包含兩個社會科學界中最複雜的概念：「民主」與「治理」，然而，我們當然也不能因為概念的複雜就不去面對處理，本章從諸多不同的領域研究中，找出一條討論這個議題的框架，主要是以「回應」、「責任」與「課責」這個三合一的價值框架為核心，當然，這個架構也是本書要以三篇九章的篇幅來逐一討論的。

　　再者，第三章「政治與行政的分與合」較早的內容，曾經於 2004 年11 月以「政治學是如何忽略公共行政：為何它是個問題？」為題，以 PPT檔口頭發表於台灣大學政治學系，感謝蘇彩足教授、黃長玲教授與陶儀芬教授的提問與指正，之後本章部分內容與江明修教授共同發表於「且讓井水通河水：政治學方法論的拓展與改善」研討會（2005 年 5 月 14～15日，台北：文化大學城區部）。本章修改過程中感謝江教授的諸多指正，成章過程中修改最多的地方就是釐清政治與行政二分的概念，以及這樣的概念與台灣民主治理現況的接連，當然，文章中諸多統計資料，也要感謝政治大學博士班李仲彬同學的協助。接著，第四章「當代政治經濟學」較早版本曾經發表於國立政治大學政治學系所主辦「政治經濟學：哲學、制

度與政策的對話」學術研討會（台北市：政治大學綜合院館國際會議廳，
2003 年 9 月 27-28 日），現場感謝台灣大學王業立教授（時任東海大學
政治系教授）、政治大學黃東益教授、世新大學黃德北教授的修改意見，
爾後該文又與台北大學吳秀光教授，以〈理性選擇、民主制度與「操控遊
說」：William H. Riker 新政治經濟學的回顧與評述〉共同發表於《台大
政治科學論叢》第 26 期，感謝兩位匿名審稿人所提供寶貴意見，本章初
稿在 Riker 教授逝世十週年（2003）完成，是為了向這位曾經啟發我們研
究政治興趣、打開我們觀察民主政治眼光的學術導師，獻上最誠摯的懷念
與謝意，當然，Riker 教授的學術思維是個人研究公共行政最核心的架構
與動力，感謝秀光學長願意讓我放入成為本章的核心，也珍惜每一次聊起
在 University of Rochester 求學的日子，我們眼中所共同泛出的亮光。最
後，第五章「經濟學帝國主義？」內容第一版是發表於中央研究院社科所
2002 年 5 月 13 日所舉辦之「政治經濟學研討會」的一篇論文。感謝中研
院社科所林繼文研究員、經濟所楊建成研究員、美國 Duke University 牛銘
實教授、世新大學余致力教授等人的評論意見；本文經修改之後，曾經發
表於台北大學 2005 年《行政暨政策學報》的第 40 期，其間兩位匿名審稿
人的改進建議，以及王光旭與李歷芬同學的協助，在此一併感謝。本章與
前一章都應該算是本書中「學術行銷」的文章，延續作者回台到現在所從
事「理性選擇理論」推銷員的工作，當然，產品的效果有時不是嘴巴說說
而已，還需要行銷者自己試用的證明，這或許也可以說明過去這些年學術
研究上努力背後的真正動機，就是要推廣理性選擇理論在公共行政領域的
應用，它雖不是唯一，但也不應該被貶低與忽視。

二、回應價值

　　本書第二篇第六到八章是討論民主治理價值中「回應」的面向，這
三章主要是討論民主回應的三個基本概念「民意」、「顧客導向」及「參
與」，他們除了是學者的研究焦點以外，對於當代的公共管理者而言，如
果能夠深刻了解這三項概念與公部門運作調和的機會與挑戰，並且在工作

上竭力落實之，基本上可以算是具備民主素養的現代公共管理者了。首先，第六章「民意與公共管理」應該算是本書所有章節中最早成文的一章，第一版發表於由黃榮護所主編的《公共管理》（1998）一書，該書是十年前世新行政管理學系成員所集體創作的一本教學用書，也是作者學成歸國之後參與的第一個著書計畫，本人必須承認，以當時對公共行政內涵陌生的景況下，寫作的過程中，承蒙台灣大學林水波教授、中山大學吳英明教授、世新大學余致力教授、黃榮護教授等人的諸多啟發，以及謝仁和教授在編輯上的協助，必須獻上感謝。

　　十年間，本章所論之內容在台灣的重要性與日俱增，編入時修改時變動不大，可見當時編者的遠見，當然，持續從公民參與、服務輸送、公共政策形成、績效管理及監控民主的角度來關心民意與公共管理的相關議題，是作者將來會持續深入的領域。再者，第七章「顧客導向的誘因結構」是一篇從經濟學的基本假定討論公共行政流行諺語的論文，個人到現在都還認為，「民主回應性」是需要誘因機制的支持，才有可能落實的。為文過程中感謝台灣大學林水波教授、東吳大學陳勝仁教授（已退休）、人事行政局顏秋來副局長，以及時任行政院研考會的葉維詮先生等，於 1998 年 3 月 27 日世新大學所舉辦的「建構企業型政府」學術研討會上的批評與指正。另外，世新大學的黃榮護、余致力、徐仁輝等教授，台北大學黃朝盟教授（時任世新大學），以及最後該文最後發表於國立空中大學 1999 年《空大行政學報》的第 9 期，期間兩位匿名審稿人的審查意見，在此特別感謝他們。最後，第八章「誰來參與公共事務？」的論述核心是來自發表於 2000 年《民意研究季刊》的一篇名為〈人為何投票？理性選擇觀點的緣起與發展〉的文章，該文寫作意念的成形，是在美國唸博士的時候就開始了，當時是想從理性選擇理論的角度，以中文介紹選舉研究中投票動機的問題；感謝在 University of Rochester 讀書時 David Austen-Smith、Jeffery Banks（已過世）、Randall Calvert、James Johnson 以及 William H. Riker（已過世）教授們在這領域的啟發。該文成文過程中，感謝政大選研中心游清鑫教授、天和水行銷顧問公司徐永亮先生、劉念夏先生所提供的相關資料；更要感謝世新大學余致力教授與郭昱瑩教

授、政治大學黃東益教授（時任世新）與一位匿名審稿人的寶貴建議。另外，本章前後的部分內容，分別來自於台北市政府公訓中心的《鮮活管理電子報》第 29 期，一篇名為〈面對民眾參與：21 世紀公共管理者的必修課〉短文，電子化參與的部分，則是來自於 2009 年 7 月份國家文官培訓所《T&D 飛訊》中的一篇名為〈民主治理與電子化參與〉的短文。

三、責任價值

　　本書第三篇第九到十一章是討論民主治理價值中「責任」的面向，這三章主要涵蓋了文官專業責任的三個基本概念「中立性」、「知識」以及「政治可行性」，這三項概念與前一項的回應價值常常出現本質性的衝突，因此，了解回應與責任價值之間調和的機會與挑戰，是公共管理者在民主環境中解決價值矛盾與倫理困境的主要起點。首先，第九章「中立性與官僚責任」初稿發表於 2006 年孫運璿基金會「文官中立：文官制度的建立」座談會「12 月 16 日（六）上午，台北市：遠東國際大飯店」，當時的題目是大會給的「論文官中立」。感謝台灣大學政治系彭錦鵬教授、政治大學公共行政學系施能傑教授、前立法委員林濁水先生等的評論意見，寫作過程中也感謝博士班研究生林靜玟、呂佳螢以及碩士研究生黃汎如的協助；本章後半段的分析部分，是節自另一篇發表於 2004 年台灣公共行政暨事務系所聯合會（TASPAA）名為〈行政中立與政黨輪替：台灣官僚自主性變遷的空間理論分析〉的論文。中立性應該算是作者十年來思想掙扎最久的一個概念，即便本章已經成形，但過程中不斷遇見討論中立性議題的新面向，因為出書時間的壓力，不得不放棄挺進，有待以後再回頭來探索。

　　再者，第十章「民主治理的知識困境」較早版本，曾經發表於 2004 年行政院研考會現已停刊的《國家政策季刊》第 3 卷第 1 期中、名為〈人民、專家、與公共政策：民主理論下的「參與式知識管理」〉的論文，本章可視為作者第六章「民意與公共管理」一文的「二部曲」，更深入地討論公共管理者面對同時完成「回應」與「責任」兩大任務的工作困境，通

常這個困境會以「專家 vs. 民眾」的對立形式出現在許多新聞及評論中，本章統整理性選擇理論對這個問題的看法，最後提出「參與式知識管理」概念的五個原則，作為下一篇「三部曲」當中，評估各式公部門政策知識管理參與機制的標準。本章成文過程中，感謝台灣大學林水波教授、世新大學余致力教授、政治大學黃東益教授、蕭乃沂教授以及兩名匿名審稿人的寶貴修改意見。

最後，第十一章「政治是一種專業嗎？」較早版本發表於民國 2001 年 3 月 23-24 日，由世新大學行政管理學系所主辦的「政策分析的理論與實務」學術研討會。作者除了要感謝台北大學周育仁教授、台灣大學林水波教授、世新大學余致力教授、兩位匿名審稿人的指正之外，也要感謝空中大學李允傑教授與警察大學李宗勳教授在研討會當天發言的啟發與鼓勵。作者承認本文最初的寫作動機，只是想藉由自己所熟悉的空間理論（the spatial model），來討論公共行政學界較少討論的政治可行性評估的問題，想不到 2000 年加入行政院二代健保規劃小組的主要工作，就是應用「利害關係人分析」（stakeholder analysis）來針對改革方案進行預評估，這篇理論的文章還真的用上了；近年民主治理大環境的劇烈轉變，也讓公共行政學界中「政治管理」（political management）的需要逐漸浮上檯面，因此，本章成形過程中，加入更多當代公共管理者必須培養「面對政治」專業的論述，其目的是要讓民主回應成為一種可以落實的公共行政價值。

四、課責價值

本書第四篇第十二到十四章是討論民主治理價值中「課責」的面向，課責性的概念可大可小，大起來可以將之視為把前面兩個價值的某種制度性的統合，縮小起來則可以化約為「聽上級命令」的概念，本書取其中道，將之定義為一種工具性的價值，在「理性選擇新制度論」（rational choice institutionalism）的概念引導下，將「資訊」（information）當作制度設計的關鍵元素，因此，這三章的討論不論是治理的「透明原則」還是

「績效制度」，都是圍繞資訊的蒐集、轉化與應用的問題，是為本書對課責價值的核心理念。

　　首先，第十二章「課責與公開透明」較早版本發表於由 2003 年 4 月 11 日由法務部、台灣透明組織以及世新大學行政管理學系所主辦的「反貪倡廉與行政透明」學術研討會，感謝台灣大學政治學系蕭全政教授的評論，當時蕭老師對該文有許多深入評論，其中「腦爽」一詞一直深深刻在心中，讓作者這幾年不斷地提醒自己，研究不能「腦爽」就好，還必須要與實務上產生有意義的聯接與影響，或許研究必須是一種「有意義的腦爽」；相隔 6 年之後，該文送審修正後發表於 2009 年《文官制度季刊》第 1 卷第 2 期，感謝兩位匿名審稿者的指正，收入本書的版本，是修改後的第三版，將來在相關領域的研究，主要還是針對民主治理中資訊不對稱的問題，找出制度上的解決方案、評估台灣在行政程序法與政府資訊公開法等傳統解決方案的成效，以及新興的網路和資訊通訊科技（Information and Communication Technologies; ICTs）對解決這個古老問題所帶來的希望與限制。

　　再者，第十三章「績效管理的資訊問題」寫作動機是起源於聽到課堂上來自實務界的碩班同學談論考績制度種種「荒謬」的運作內容，當時自己剛好同時接觸 1927-1932 年間由 George Elton Mayo 教授所領銜「霍桑實驗」（Hawthorne Experiment）的文獻，其中最引起作者注意的就是受測者有意識的策略行為效果，另外，資訊經濟學的相關文獻，也引導往同一個方向，剛好當時有研討會的邀稿，就順勢將這樣的感受聯接在一起寫出來。該文初版發表於世新大學行政管理學系 2002 年 6 月 1 日「知識管理與政府績效」研討會。作者感謝世新大學徐仁輝、郭昱瑩、黃朝盟（台北大學）、蕭乃沂（政治大學）教授在寫作過程中提供寶貴意見及資料，而時任行政院研考會朱楠賢處長、政治大學施能傑教授、警察大學朱金池教授、與時任行政院衛生署繆柏齡先生在研討會上所提供的修正意見，也應一併致上謝意，本文修正版本曾經發表於台北大學 2002 年《行政暨政策學報》的第 35 期，感謝兩位匿名審稿人的指正，本章編入本書修改時變動不大。

最後，第十四章「考績是怎麼打的？」最早的寫作動機是與系上博士生林靜美同學上課時的對話所產生的，主要是想從「有限理性」（bounded rationality）的觀點，討論實務上首長打考績行為與考績制度運作的關聯性問題，記得剛好 2005 年考試院的考詮季刊社來邀一篇有關考績制度的稿件（據說是編者看見作者前一章在台北大學期刊上的發表），由於上課討論已經有了具體的方向，努力一下很快就寫出一篇名為〈有限理性下的不完全契約：公部門績效管理制度的反思〉的文章，之後刊載在第 34 期上，過程中要感謝兩名匿名審稿者的建議，以及林靜美同學在連接本文理論與實務上的努力。這篇文章雖然不是 TSSCI 的論文，但在作者「公共行政的政治經濟學」課堂上提供實務界學生作為教材之後，發現本文頗能具體描繪台灣目前考績制度運作的現狀，也解開這些實務工作者長年目賭打考績行為面的種種疑惑，或許文中的建議還太過於理論化，但本章是作者未來研究台灣行政體系課責制度的開始。

第五節　小　結

本書內章節寫作的年代，跨越作者回台灣的第一個十年，可說是諸多研究興趣中，延續性最強的一項；有趣的是，這些章節都雖然是在過去十年間分開創作而成的，但是，統整起來的時刻，卻發現自己心中存在一個對「政治與行政調和」議題十年未變的終極關懷，這樣的關懷之所以會長時間的聚焦，現在回想起來可以歸納為三個方面的原因：其一，作者剛回國的時候受到 Levine、Peters 和 Thompson（1990）以「回應」、「責任」與「課責」三合一的價值框架討論政治與行政關係的影響，過去十餘年來以此架構來關照每一篇討論行政與民主關係的文章，逐漸形成某種核心思維架構；其二，台灣行政體系在過去這十餘年歷經兩次政黨輪替，作者躬逢其盛且有幸觀察到政治與行政的介面產生前所未有的重組壓力，在不同的事件中，作者不斷以前述三合一的價值框架來解讀這些時事，每每都有不錯的收穫；其三，作者最早在 2005 年產生集結成書的異象，只不過動

手組合的過程中，一方面還沒有想到以民主治理這個概念為主軸，另一方面有些章節還需要補強創作才可能成書，期間時作時停，約有三年的時間，直到一年前民主治理的主調輪廓浮現時，才有更大的動力推動完成本書；當然，更重要的，作者應用「理性選擇理論」來協助這種行政改革問題詮釋的工作，讓公共行政對政治與行政介面的討論，能夠增加許多理論上的新意，這種新穎的論述組合的確有助於台灣廣大公共行政學門的參與者，開始重視這一個重要的議題。相信未來作者還會在這個領域中繼續耕耘，以期能提供學術界與實務界更多相關的知識結晶。

接下來，作者誠摯地邀請讀者耐心地展開本書各個章節中的論點路徑，並從中與作者一起探索治理績效的秘密，當然，享受理論論述簡潔之美的同時，也不要忘記與複雜的本土經驗世界展開對話，讓民主治理的領域，可以同時延續政治學門的理論化努力與公共行政關注實務問題的精神，讓兩者之間趨向完美的調和。

第壹篇

民主治理的政治經濟學
The Political Economy of Democratic Governance

第二章 民主治理的本質與挑戰

正如所有民主政治的理論一般,民主行政理論的核心問題,是
如何去調和人們對民主的渴望,以及對權威的需求[1]。

—— Dwight Waldo（1952: 102）

（民主）制度必須是「涵容」的,它必須能夠連接到所有的利
益、理念與認同,……。另一方面,它們（制度）又必須是
「權威」的,能夠提供一個具備效能的機制,達成決議以及執
行該項決議[2]。

—— John Gerring and Strom C. Thacker（2008: 19）

第一節　前言：站在巨人的肩膀上

在學術的旅程中,要聲稱任何研究是全新的並不容易,一般來說,
為了強調研究的傳承性,學者都會以「站在巨人的肩膀上」來自許後進的
研究,本書當然也不例外。Dwight Waldo 教授在 1952 年於本章一開頭所
說的話,道盡了本書想要處理問題的核心:「民主政治與公共行政的調
和」,這是一個鑲嵌在公共行政學門基因裡面的古老問題,打從民主政治
在地球上開始發展,就一直存在的問題,美國開國元勳 Alexander Hamil-
ton 在著名《聯邦人文件》的第 27 號（*the Federalist Papers, #27*）中曾經

1　原文如下："The central problem of democratic administrative theory, as of all democratic political
　theory, is how to reconcile the desire for democracy (⋯) with the demands of authority."

2　原文如下："Institutions must be inclusive: they must reach out to all interests, ideas, and identities
　(⋯). And they must be authoritative: they must provide an effective mechanism for reaching agree-
　ment and implementing that agreement."

說過：「我相信，人民能否信任或順服一個政府，常取決於這個政府行政作為的良窳」[3]，就代表公共行政在民主政治當中，需要尋找一條能夠同時融入但又能強化民主價值的實踐路徑。因為，從被統治者的角度來看，面對公共治理的各項議題，人們同時存在對自主與權威的渴求，另外，從制度設計的角度來看，民主制度必須同時存在「涵容性」（inclusive）與「權威性」（authoritative）的本質，正如政治學者 John Gerring 與 Strom Thacker 在本書一開頭所表述的；總括而言，不論從個人或是制度層次，公共行政往往代表有效的執行權威，包括非民主國家在內，都需要這種維繫社會秩序的力量，但是，民主政治的落實必須是民主治理問題浮現的前提，這個前提可以用下面實務與學術的兩個方面來進一步說明。

　　首先，就實務上來說，只要滿足某種民主政治的要件，一國行政權威的使用就會自然產生主權運作的「價值衝突」（value conflict; Kaufman, 1956; 後詳），這種衝突源自民主政治理想與現實之功能性調和的需要。民主政治的「正當性」（legitimacy）基礎是人民主權（popular sovereignty），這種理想具有道德的制高點，但是人民主權無法自行，需要在真實世界中落實的方法與能力，也可以說，除非民意被展現與實踐，否則民主政治就會淪為空談，人民需要有能力的「代理人」（agent）來實現民主，因此，民主政治需要另一個以行政管理為出發點的專業（professionalism）價值協助，它包括了專家（expert）各種實作知識的提供，以及管理眾人之事的「官吏」（mandarin）或是「幹部」（cadres）的存在，作為實踐民主理想的基礎。當然，為避免這個基礎受到過度政治競爭的扭曲，讓專業只為特殊利益（或政黨）服務，民主國家官僚體系的獨立性，通常受到許多制度性的保護，包括功績選才與升遷、永業制（或是法規化、非商業合約式的雇用）、政治中立法治保護以及各種依法行政的規範等；但是，有識者也知道這種獨立性保障的制度安排，不能反過來侵犯人民主權的價值，正如英國歷史學者 G. Kitson Clark（1959: 19）所言：「毫

---

[3] 原文如下：" I believe it may be laid down as a general rule, that [the people's] confidence in and obedience to a government, will commonly be proportioned to the goodness or badness of its administration."

無疑問的，一國的常任文官不論有多麼地不可或缺與智能超群，憲政與民主的原則要求他們必須甘於領受『榮耀僕人』的名銜」[4]，事實上，這是一種「監控民主」（overhead democracy; Redford, 1969）的論述，其精義乃是行政體系的運作需要接受民主政治的指揮，人民是主人，行政體系是僕人，兩者間道德上的優先順序是絕對不能違反的[5]。

　　就學術上來說，面對前述理想與現實調和的問題，公共行政研究從美國發跡以來，最重要就是以「分」的概念來處理之，比方說，政治 vs. 行政、政策 vs. 行政、政治學 vs. 公共行政學、政務 vs. 事務人員、價值 vs. 事實、民主 vs. 官僚……等等，然而，如果從本書第三章所處理的政治與行政二分的問題來看，研究分析上或許還有二分法的應用空間，但實務上公共行政的運作，很難用一刀兩切的方式將它抽離出複雜的民主政治環境，因此，任何從學術研究的論證，如果想要滿足公共行政特殊的實務關聯性要求，都必須同時滿足不同價值的精神，以及同時考量諸多影響治理績效的因素，才能在新世紀中找到公共行政學門的自我價值與定位；當然，對台灣的公共行政發展而言，不論在威權體制還是民主政治的時代，都受到美國公共行政學界發展的深刻影響，但是，由於實務上的需求並不存在，民主轉型前台灣的公共行政研究，並沒有面對美國相關文獻中民主與行政之間長期掙扎的需要，換句話說，民主轉型前的台灣公共行政學者，即便對於民主行政或是公共政策民主化的理論感到興趣，也沒有實務上的運作經驗來支持這樣的深入探討；隨著台灣進入二次政黨輪替後的民主鞏固時代，來自實務界強烈的需求迫使學界必須從治理績效的角度，正視台灣社會中「當行政遇見民主」的議題。

---

[4] George Kitson Clark（1900-1975）英國歷史學家，專攻 19 世紀英國歷史。原文如下："Without question constitutional and democratic principles demand that the permanent officials of this country, even the most important and intelligent of them, must be content to deserve the proud title of servant."

[5] Emmette S. Redford（1969: 36）將監控民主當作是一種「道德」（morality），其中有三項最重要的教義：個人獲益（individual realization）、平等受關注（equality of men in their claims for attention），以及參與（participation）。

　　本書選擇在此刻出版，以「民主治理」貫穿全書討論民主與行政之間的互動關係，是有下面三項歷史傳承上的理由：其一，作為傳承中國官僚體制文明的第一個全面民主化地區，台灣學界有義務要正視西方民主政治與傳統官僚體制的磨合問題；其二，面對以多元社會為基礎的政府治理時代的來臨，在政府與社會關係變動劇烈的民主時代，官僚體制的運作需要全新「典範」（paradigm）的指引；其三，從威權體制時代被忽略的民主行政文獻中，回頭找尋解決民主時代台灣治理困境的線索，並留下相關的探索紀錄。接下來，本章將分四個部分，將「民主治理」的內涵作一個釐清。首先，在第二節當中，作者將對民主治理的定義與範圍作一個描述，作為本章以及本書論述的基礎，本節將特別注重與民主行政研究的區隔；接著，本章將在第三節當中，從民主政治與公共管理的角度，討論民主治理的內容，主要是從政治與行政互動關係的研究中，尋找民主治理研究的定位；在第四節當中，作者將從價值競逐的角度出發，討論民主治理的制度性調和內涵，前面這兩節的討論，能夠提供藉由民主治理建構台灣公共行政研究新焦點的正當性，這個理論聚焦的正當性問題會在第五節中處理，作為本章的結束。

第二節　民主治理：定義與範圍

一、文獻回顧

　　不論在國外還是台灣，民主治理的相關研究都還在起步的階段。比方說，政治學門討論民主治理的內容，主要以比較政治（comparative politics）中的「國家與經濟發展」和「民主化」等兩個領域為主，根據Kjaer（2004）的歸納，前者是從傳統的「發展理論」出發，以世界銀行（The World Bank）所建立「善治」（good governance）指標為核心，討論民主治理與經濟發展的關係；另外，傳統民主化的理論從Samuel Huntington的《第三波》（the Third Wave）之後，就沒有太多的進展，近年也是因為

「善治」指標的刺激，學者對「民主品質」（quality of democracy）的指標建構產生興趣，以 Larry Diamond（2008a）的理論發想以及台灣大學朱雲漢教授所帶領「東亞民主動態調查」（Asian Barometer Survey, ABS）的相關研究，試圖尋找測量民主治理績效的方法；另外，延續民主化研究對制度設計的興趣，從制度設計面向討論民主治理的文獻仍然豐富（比方說，Cheema, 2005; Gerring and Thacker, 2008; Treisman, 2007），這其中又以 Gerring 與 Thacker 所提出的《民主治理的向心理論》（*A Centripetal Theory of Democratic Governance*）最接近本書所要談論民主與行政的調和思維。

　　至於公共行政的學門方面，近十年可說產生了一股「治理」研究的風潮，讓學者 H. George Frederickson（2005）不禁驚嘆道：「公共行政怎麼了？每個人都在談治理」（Whatever Happened to Public Administration? Governance, Governance Everywhere），「治理」一詞的使用率在學界內部節節升高，但是，大家所討論的內容差異性卻是很大。Kjaer（2004: 49）回顧治理概念之時，認為治理是一種「操控跨組織網絡」的統治工作（steering inter-organizational network），主要表達 21 世紀的統治模式趨向，不再以公部門為唯一的核心，因此，「治理」一詞的出現，是公共行政研究的統治想像，從傳統官僚體制產生了解放的作用，一時之間，治理的概念橫掃包括公共管理、公共政策、地方政府、預算等固有的領域，以及全球化、災難管理或是傳播行銷等新興的公共行政研究領域；但是，本書所關注的問題是，這種解放未必與民主價值相結合，因此，治理的研究必須回到民主的環境當中，應用「民主治理」一詞的目的，就是表明治理在公共行政的作用，不只是思想解放而已，它仍必須是一種切合實際需要的統治形式，因此，民主政治框架下討論治理，就必須引入關於統治價值判斷（value judgment）的內涵，讓治理的討論能夠兼具「事實」與「價值」的面向，也就是說，民主治理必須將「課責」（accountability）的概念加入分權化的網絡治理趨勢中，成為一種「治理網絡接受民主課責」的統治狀態（holding network accountable; Kjaer, 2004: 48-49），這其中隱含治理網絡的運作目標，不是因應官僚的存續、也不是為了達成國家領導人

的心願、更不是專業知識的發揚，而是集體民眾意志的展現，因此，治理所帶來統治想像的解放，仍然無法規避「全意志」（general will）這古老概念的制約。

　　台灣公共行政學界以民主治理概念討論公共行政理論與實務的作品不少，但是，研究的內容對於民主治理一詞的界定卻是各有千秋，大約包涵國家角色的重定位、治理結果的品質以及治理機制的建構等三方面。首先，民主治理就是國家角色因為民主化與全球化而重新定位的一種概括性的描述，孫同文教授 2003 年的著作《從威權政府到民主治理：台灣公共行政理論與實務之變遷》一書，對於民主治理的定義是「治理就是民主政治」（p. 237），由於民主政治是解決人類問題的基本連結，如何藉由不斷的行政改革而進行民主政治中多層次治理問題的解決，就是民主治理的研究範疇，這其中也隱含統治的焦點從國家中心移轉向社會中心的概念，與蕭新煌教授（2004）從社會參與及非營利組織的角度出發，對民主治理應該是統整且涵容社會多元力量的觀點相近；再者，另外的一些學者認為，民主治理的研究重點是協助實務工作者取得優質的治理結果，施能傑教授（2004）為文認為，公共服務倫理的理論與規範作法，有助於民眾對政府信任感的提升，這樣就能鞏固民主治理的品質；林聰吉教授（2007）的研究，顯示台灣民眾對權威機關的表現與他們的政治支持有明顯的相關，可以算是前述實務關係的一種證據，另外，陳欽春教授（2004）的博士論文，從社會資本（social capital）的角度來解釋信任關係與民主治理品質之間的因果關係，也是對結果導向的民主治理研究，一種理論化的詮釋。

　　最後，民主治理就是民主政治下良善治理機制的建立，是更多學者的看法，蔡允棟教授（2001）從民主回應的角度，討論官僚體系在民主政治大環境中，回應機制的建立與維繫，與公共治理的重要關聯，是民主治理較早的重要論著；孫煒教授（2008）討論非多數機構的研究中，提出以治理概念走出代理觀點的民主政治運作困境，作者認為公民社會參與公共事務的專業責任角色，需要政府與社會共同尋找制度性途徑處理之，而政府當中的非多數機構就應運而生，其運作的良窳事關重大；陳志瑋教授

（2004）在研究地方治理的問題時，將民主治理視為一種有效「課責」機制的建立，他認為課責就是民主治理的核心，如此才能保證社會參與在治理過程中發揮應有的影響力；另外，余致力教授（2000）從討論黑堡宣言中官僚獨立正當性的倫理角色出發，同時討論民眾對貪腐問題的看法與應負之社會責任（余致力，2006），這些研究的本質上是社會倫理的論述，但事實上倫理的必要下一步，就是要建立能夠維繫官僚與民眾民主角色的相關治理機制。從前述國內文獻的回顧中，本書對民主治理研究的領域定位如下：「在國家角色重新定位的民主化與全球化的年代中，回應民眾與實務工作者對於治理績效的渴望，從檢視政治與行政二分的傳統議題出發，應用當代政治經濟學的論述方法，尋找建立官僚體系有效角色之治理機制的相關知識（包括回應、責任與課責等面向，後詳）。」

　　接下來，本節將回到基本的名詞定義問題，討論民主政治到底是什麼？治理的定義又是什麼？民主治理的概念對我們了解公共行政與民主政治的調和問題，又有何重要性？從這些問題的回答當中，本書以民主治理為根基的論述，將一一顯現。

二、民主是什麼？

　　本章（或是本書）以「民主治理」（democratic governance）一詞來展現前述的調和問題有一個重要的理論前提，就是：「非民主國家不會也不必面對民主政治與公共行政的調和問題」，也就是說，一個國家在制度上如果尚未落實民主自由選舉的精神，就不會有本書所談到民主治理的問題[6]。當然，政治與行政互動的問題的確存在任何形式的政體當中，但是，本章所討論的民主治理議題只限於那些比較政治領域當中，老牌的以

---

[6] 如果讀者不同意民主與非民主國家（下面將定義）面對民主治理問題是「類別上」的差異（in kind），起碼也應同意它們之間有「程度上」的差異（in degree），作者認為，這差異主要是來自於我們對於人性面對權力的看法，民主政治設計注重權力的制衡，是有人性假設上的認定，來自於西方基督教文明對於「原罪」（original sin）的認知而來，相關論述請參陳敦源、郭承天（2001）。

及經過轉型而進入鞏固的民主國家[7]；因此，要如何判斷一個國度是否為民主，成為本書定義民主治理最關鍵的問題之一，讓我們先來看兩個對民主政治著名的定義。

　　首先，我們可以從著名的政治經濟學者 Joseph A. Schumpeter（1942: 269）對民主政治有一個制度性的定義，他說：「民主的方法是一種獲致政治決定的制度安排，個人可經由競爭人民選票方式，獲取決定公共政策的權力[8]。」這個定義將民主政治制度競爭的層面突顯了出來，是為當代最重要對民主政治的定義；接著，比較政治學者 G. Bingham Powell（1982: 3）認為，要判斷一國政治體系是否民主，我們可以從下列標準來衡量：

（一）政府統治正當性的基礎是奠基在它代表人民的期望，而被統治者之所以要遵守國家法律，也是因為政府能夠為人民的需要而努力；

（二）具競爭性的選舉是政府統治正當性協商的形式，領導人是由定期選舉所產生，人民有不只一組的選擇，從實務上而言，選舉至少要有兩黨可能勝選才有意義；

（三）絕大多數的成年人都有權參與選舉，不論是作為選民或是候選人；

（四）人民的投票是祕密、不受脅迫的。人民與領導者都享有言論、出版、結社與組織的自由，任何政黨，不論新舊都有權吸收成員與爭取選票。

　　最後，美國耶魯大學著名的民主理論家 Robert A. Dahl（1998:

---

[7] 雖然許多人認為威權體制國家實踐開放參與的決策機制，或甚至是引進「民主集中」（democratic centralism）的集思廣益作為，也會產生民主治理的相關調和問題，但作者認為，只要民主政治不是被放在領導的地位，而是由非民主選舉所產生的領導者藉由行政的力量來主持任何的公民參與作為，民主治理調和的需要很容易就被掌握行政權威的領導者，以效率或是國家利益的理由給輕易解決了，本書的論述反而會顯得無關痛癢。當然，這是一個有趣的議題，一個國家是否可以不要自由民主的政治制度，而獲得國家治理的績效？很顯然理論上是不行的，但是新加坡與中國是兩個有趣的反證，值得後續研究來探討這個有趣的問題。

[8] 原文如下："And we define: the democratic method is that institutional arrangement for arriving at political decisions in which individuals acquire the power to decide by means of a competitive struggle for the people's vote."

37-38），總結所有對民主定義，歸納出民主政治提供人們下面五項機會：

（一）有效的參與（effective participation）：人民對於集體決策以及相互影響的權力必須是有效的，讓民主參與是有真實的影響力。

（二）投票中的平等（equality in voting）：選舉中投票資格篩選、過程的控制以及選票的計算，都必須實踐平等原則。

（三）獲取啟蒙的理解（gaining enlightened understanding）：在有限的時間之內，人民有權學習並知道政策選項的內容與可能結果。

（四）對議程最終的控制（exercising final control over the agenda）：滿足前面三項民主決定原則在議程的決定上必須也向人民開放。

（五）成年人的涵容（inclusion of adults）：所有的成年國民，不論其性別、宗教等差異，在前面四項民主原則下，都必須有參與民主過程的相同權力。

在這個條件式的定義中，Dahl 教授更清楚的展現 Schumpeter 所提出的民主制度性競爭，應該有什麼樣制度性的條件要求，與 Powell 的定義也頗能相互呼應，不論是有意義的政黨競爭（統治權力正當性協商的模式）、人民有知的權力、投票權必須是普遍的，也就是不能有太多的資格限制，更重要的，社會上出版等言論自由也必須存在，不然前述的制度性競爭並沒有太大的意義，也就是說，民主政治並非只是形式的滿足而已，還必須有制度性的效果，也就是民主政治能夠讓追求權力或是擁有權力者具備「不確定」的效果，不確定下一輪選舉是否還能繼續擁有權力的誘因效果。從這些民主政治的定義當中，本書所談論的民主政治之下的治理問題，可以歸納為下面三個面向：第一是民主政治的良善過程與結果的問題，民主程序必須在相關知識與專業的協助之下，才能獲致良善的結果；第二是民主政治的課責機制操作問題，民主過程必須有一套嚴謹的課責操作機制協助，而選舉是其中最重要的一環；第三是民主政治的正當性權威問題，民主權威必須基於回應民眾的需要而正當地存在，反之則否；接下來，我們從治理的定義來觀察同樣的概念問題。

三、治理是什麼？

公部門要如何以各式的組織與管理作為，協同資源、方案以及政治環境，以達到公共目的，在近來政府管理的文獻中，也常常被稱為是一種「治理」（governance）的問題。Jon Pierre 與 B. Guy Peters（2000）認為，「治理」一詞之所以會成為一個吸引人的概念，並不是因為它的內涵已經十分清楚，而是在於「它將政治系統及其環境加以連結，並使政治科學的研究方案更具政策的關連性（policy-relevant）」，雖然治理一詞最早的根源 14 世紀的法文中，是指皇室的官員，與權威統治或是政府掌控社會的程序無關，但是，這個名詞在當代重新被重視，主要是試圖描繪並回答 21 世紀的政府，是否（或是應否）具備擔綱社會主要統領地位的能力，以及如何讓政府在扮演適當的統領角色上，具備相關資源與方案管理的能力，一方面學者從國家中心論來探討跨越政府部門的統治議題，其中包括傳統上研究政府是如何被選擇、替換、課責（accountability）以及有效運作，另一方面則是站在社會中心論的概念下，將國家視為社會中各種勢力互動的參與者之一，並據此來討論各種權威實現的過程與制度。根據世界銀行（The World Bank, 1994）的定義：「治理是一種應用政治權威以及制度資源去管理社會問題與事務的過程[9]」。讓我們來討論治理定義的幾個面向。

首先，治理定義必須加入本土民主化的意義：治理概念在過去幾年的發展，有擴大到無所不包的現象，在研究上來看，必須要做某些聚焦的動作，比方說，學者 Donald Kettl（2002: 168-171）觀察美國公共行政的發展，是一連串治理模式改變的過程，今日公共行政改革的焦點，因為統治權力在過去二十年持續分化，搭建「協調」（coordination）的機制成為改革的重心，Kettl 因之提出十項行政改革的原則：

（一）科層與權威不會被完全取代，但是必須與治理模式分化的趨勢融合；

---

[9] 原文如下："…the exercise of political authority and the use of institutional resources to manage society's problems and affairs."

（二）複雜的網絡出現在傳統以科層為主的組織之上，需要以不同的模式
　　　管理之；

（三）公共管理者必須試著以人際以及組際的程序作為輔助傳統權威的程
　　　序；

（四）資訊的管理是治理機制轉變最重要的基石；

（五）績效管理可以作為處理跨域問題的重要工具；

（六）透明是政府運作信任的基礎；

（七）政府必須投資在人力資源上，讓公部門員工具備其工作必備的相關
　　　技能；

（八）治理模式的轉換需要對民眾參與建構新的作法與策略；

（九）部分公共事務的責任由政府轉到非營利組織的身上；

（十）美國需要新的憲政機制處理衝突的問題。

　　　如果回到台灣的狀況檢視這些改革的方向，我們必須將民主鞏固的因素考慮進去，其中 1, 2, 3, 8 項的改革背後，必須同時處理民主化的議題，也就是說，這些議題可以聚焦在建構民主治理的機制上，民主化讓台灣威權體制資源配置的決策系統開始分化，與美國過去十餘年政府權威分權化的發展有所不同，在台灣，許多政治與行政關係的制度性介面（如政治中立）尚處於發展初階的地位，需要投注更多的心力關注之；因此，我國民主治理機制建構的重點應該回到 Kenneth J. Meier 與 Laurence J. O'Toole Jr.（2006: 14-15）研究公共行政改革的「治理取向」（governance approach），他們認為：

> 治理取向試圖在多元的層次整合政治與官僚力量，並且清楚指出在效能與民主的原則下，政策方案是如何設計、合法化、執行與評估，……這個取向在 21 世紀的治理環境之上，建構當代關於官僚與民主的論戰[10]。

---

[10] 原文如下：："A governance approach seeks to integrate political and bureaucratic forces at multiple levels to indicate how programs are designed, adopted, implemented, and evaluated in terms of both effectiveness and democracy… This perspective sets the contemporary debate on bureaucracy and democracy in the context of twenty-first century governance arrangements."

　　再者，治理的概念無法離開民主深化而存在：學者 Mark Bevir（2006）從「基進民主」（radical democracy）的角度，觀察近年治理概念的興起，他認為治理風潮的核心，是一組包括如何去形容、解釋以及處理當下統治的相關問題，其中最重要的議題就是「如何正視民主治理的相關實踐的問題」（how to envisage democratic governance?），就代議式的自由民主國家來說，近年民主治理問題的政治表象可能是投票率的下降、民眾對政府的不信任，甚至是公民社會的弱化，也就是近年西方民主國家在討論的所謂「民主赤字」（democratic deficits）的問題，但是，從公共行政的治理觀來看，公共管理者在跨層次及網絡環境中，處理前述民主赤字的問題只以 Bevir 認為的「系統治理」（system governance）的觀念來回應這樣的需要，缺乏對民主本質的追求，因此，他說：

> 系統治理的興起，就是為了回應這些赤字問題，但是，它只是一種從上到下的回應，其中使用如涵容與參與等概念，事實上只是團體的納入以及決策諮詢的程序而已。……系統治理大致上試圖在官方主導以及管制的參與程序中，改進既有體制運作的效能，這些作為最多只是降低存在維繫現有的權威與擴大參與之間的緊張關係，如果真正能夠達到擴大參與的目標，又常會出現民眾或是社會團體成為激進變革、推翻現有規範、作法甚至制度的力量，而不是強化現有權威的統治效能與正當性，因此，系統治理通常必須藉由限制參與的內容與程序的方式，消滅上述激烈變革的可能性，當系統治理提出擴大參與的方案時，通常是依照現狀菁英或制度的需要出發的，民眾或是社會組織必須依照系統治理的制度或是社群議程修改自己，不然他們就會被這些方案排除在外[11]。

---

[11] 原文如下："System governance arose as a way of addressing these deficits, but it is a top-down response that uses the terms of inclusion and participation to refer only to the incorporation of groups and processes of consultation… System governance generally consists of attempts to improve the effectiveness of established institutions by means of officially sponsored and managed participation.

　　治理概念在表面上，是離開單一官僚的系統，進入一種「沒有政府的治理」的統治環境（governance without government; Peters and Pierre, 1998），它與「下放分治」（devolution）的概念相近，也強調「公民參與」（citizen participation）的重要性，表面上來看，它似乎與去中心化（decentralization）的民主思維有許多相類似的地方，但是，它關注的重點並不是基進民主所關心的民主統治形式的實現，而是政府應該如何在漸次形成的跨部門的網絡環境中，實踐有效率與效能的統治，換句話說，公共行政對於治理概念的採納，並不是主動懷著基進民主的熱情，推動讓政府統治形式從單一轉向多中心的體系，而是被動接受「後新公共管理」（post-new public management）時代中，政府角色功能的界線，與其他部門愈來愈模糊的現實，管理的思維依然是中心，雖然不能說管理就是反民主，但是管理與基進民主之間本來就有許多的緊張關係，是公共行政學界面對基進民主檢驗時，所不能迴避的問題。

　　最後，治理的定義必須與經驗世界相結合：根據 Lynn、Heinrich 與 Hill（2000）的看法，想要了解治理的真相，研究者必須同時掌握三個相互影響的元素：「統治現象過程與結果的輪廓」、「政治利害關係的算計與行動」以及「正式與非正式的權威運用」：

（一）「統治現象過程與結果的輪廓」

　　治理包含描繪統治現象從過程到結果樣貌（configuration）的意義，研究者站在法令組織結構、資源限制以及制度環境出發，將特定公共政策

At best, it blends the tensions between the goals of broadening participation and preserving existing authorities. If it ever succeeded in genuinely broadening participation, it would run up against the possibility that citizens and associations act as catalysts for change, overturning existing norms, practices, and institutions instead of enhancing their legitimacy and effectiveness. Yet system governance typically forecloses this possibility by limiting the form and content of participation. When system governance presents us with initiatives to promote greater participation, thy are characteristically defined in terms of the perceived needs of existing elites and institutions. Citizens and associations have to transform themselves in accord with the institutionalist and communitarian agenda of system governance or else they tend to remain excluded from these initiatives." (Bevir, 2006: 434-435.)

工作任務、優先順序以及價值，注入在選擇管制規範、服務輸送方式以及政策工具的決策中，以得取特定的結果，這個過程的整個樣貌就是治理的第一個元素。

（二）「政治利害關係的算計與行動」

治理的概念中也包含對於政治利害關係的認知，任何公共政策的形成或是改變，都會經由政治或是行政系統，影響到政策利害關係人（stakeholders）行動目標的達成，因此，公共政策的過程往往具有利害關係團體競逐政治資源的基本樣態，這種「人人為己」的現象就是治理的第二個元素。

（三）「正式與非正式的權威運用」

治理也是一種權威（authority）的現象，但是，權威的來源可能是從正式的規約或非正式的習俗當中而來，正式的權威果效未必一定能夠凌駕非正式的權威，但是，正式的權威具備宣示以及承諾的效果，用以支持或是抵銷非正式行為模式的影響，對於權威現象的注意，是治理的第三個元素。

四、從民主行政到民主治理

為了避免「舊酒裝新瓶」之譏，本書也希望能夠在全書的一開頭，就有機會討論 Dwight Waldo 這位巨人的肩膀，以明辨民主治理與民主行政理論的主要傳承與差異所在。作者必須先認知到民主治理與民主行政在論述結構上的差異不大，但為了理論建構新意提出的必要，作者藉由抓緊下面三個理論的建構點，來突顯兩者的異同：

其一，民主 vs. 威權：治理概念的討論隱含未言明的權威決定方式，它未必是民主的，比如說，中國等威權國家在不推動民主化的前提下獲得治理的績效，是「善治」研究一項重要的價值挑戰，本書將民主治理結

合，強調統治的正當性基礎是來自於民主政治，而治理的績效是民主運作的效率問題，無法單獨存在，這一點與民主行政相同，但是在比較行政上更加強調民主的前提價值。

其二，制度 vs. 倫理：在過去，民主行政的討論，不是在行政哲學的領域（D. Waldo、H. G. Frederickson 與 V. Ostrom 等），就是在比較行政的範疇（B. G. Peters, Aberbach、Putnam and Rockman 與 F. W. Riggs 等），本書以倫理的價值提問方式融合比較行政的介面概念，建構理性選擇制度理論的分析觀點，用以展現與傳統民主行政研究的區隔。

其三，開放 vs. 封閉：治理年代多元開放的國家與社會關係，行政的封閉性無法面對變動的世代，因此，以治理代替行政的概念應用，會使學者研究當下議題更具備環境適應的能力，更重要的，以民主治理來取代民主行政的討論，可以引入更多新興的議題討論台灣當代政治與行政的關係，延續但是轉變和擴大民主行政的討論範圍。

統整本節中所有的討論，我們可以從表 2-1 當中，從民主問題與治理現象歸納出本書對於民主治理的定義。首先，民主治理就是「建立有效的民主制度」（building effective democratic institutions）。這種詮釋來自於研究民主轉型與鞏固的傳統，集中以跨國比較的方法，討論影響民主化的諸多因素，近年該領域的學者將有效治理（effective governance）的面向加入民主化的討論，以跨國比較的方式討論「如何建立有效的民主統治機制」的議題（Dominguez and Shifter, 2003）；理論上，G. S. Cheema（2005）試圖以民主治理的概念架構連結民主、治理與發展之間的關係，

表 2-1　民主治理的定義與範圍

概念面向	民主問題	治理現象	民主治理
責任	民主政治的良善過程與結果的問題	統治現象過程與結果的輪廓	建立有效的民主制度
課責	民主政治的課責機制操作問題	政治利害關係的算計與行動	公共課責機制的設計與維繫
回應	民主政治的正當性權威問題	正式與非正式的權威運用	多元或是去中心化的統治

圖表來源：作者自繪。

發展出「全觀式」（holistic）的民主治理發展理論，主要有三個部分：
（一）民主治理的制度與程序：包括選舉制度、議會體制、司法體系、地
方政府、政黨與公民社會；（二）制度與程序的品質：包括公民參與、民
主課責、透明、法制、平等、效率、效能、回應性與永續；（三）影響民
主治理內容與品質的系絡因素：包括文化、國家歷史、軍民關係、經濟發
展階段、媒體、全球化等。民主制度的建立（Cheema, 2005）。

　　再者，民主治理就是「公共課責機制的設計與維繫」（designing
and sustaining public accountability mechanism），它是「善治」（good
governance）指標的制度性滿足，或是一種制度上「統治模式變革或選
擇」（change or choice of ruling modes），甚至是在「電子治理」（e-
governance）的技術支援之下，協助民主治理目標的達成，因為專業不對
稱（professional asymmetry）不應該成為拒絕民眾參與民主治理的藉口
（Larid, 1993），A. Haqu（2001）認為，資訊與通訊科技（information
and communication technologies; ICTs）絕對不只是一種科技的公共行政應
用而已，管理者如何選擇它的應用形式會影響到參與治理者之間的民主治
理關係。

　　最後，民主治理就是「多元或是去中心化的統治」（polycentric or
decentralized ruling）。它是一種統治的形式，治理概念的應用可以止於
現象的描述，但是民主政治框架下的治理，就必須引入關於統治的價值
判斷（value judgment），讓民主治理的討論，能夠兼具「事實」與「價
值」的內涵，比方說，網絡治理、地方（民主）治理（democratic local
governance, DLG; Blair, 2000）、參與式治理（participatory governance;
Grote and Gbikpi, 2002），或是全球化下的大都會民主政治（cosmopolitan
democracy under globalization）等；當然，這樣的討論也往往與永續發展
的議題有關，比方說，著名的「Ostrom 學派」討論環境與資源公共治理
的問題，其核心就是如何以分權式或是國家角色極小化的制度解決「公共
地悲哀」（The tragedy of commones）的問題，地方參與治理如何改善國
家的健康政策績效（Barten and others, 2002）。

　　因此，民主治理在本書的定義是：「當代民主制度在多元（去中心）化統治以及有效性要求的環境之中，從公共課責機制建立的角度切入，找尋價值衝突制度性調和的一種過程，其目的是試圖藉此獲致良好的治理績效。」處理完民主治理的定義與範圍問題，本章回到研究焦點的問題，作者認為，政治與行政互動關係以及價值衝突的倫理環境，是兩個重要的焦點，以下將分為兩節來討論之。

第三節　民主治理：民主政治與公共管理

　　研究台灣民主治理的問題，首先可以從公共行政研究傳統中政治與行政互動的角度出發，尋找可以藉由民主治理概念來活化的研究角度，這種探索互動介面的研究，表示民主時代的公共管理者，除了具備資源與方案管理的基本能力以外，必須要有與外在政治環境互動的「政治管理」（political management）能力，才能完成民主治理的工作要求，因此，民主治理下的公共管理作為，必須尋找一個可以應用的架構。美國公共行政學者Grover Starling就將公共管理分為三個部分，政治管理、方案管理（program management）以及資源管理（resource management）三個大項目，從管理的角度來重新認識公共行政當中政治、資源與方案的問題，而這三者之間的關係如圖 2-1 所示。

　　傳統以來，在行政與政治二分的理念下，公共管理者主要的任務就是處理資源與方案的管理，前者是狹義的公共行政，包括人力、財務與資訊管理，後者則是公共政策管理的部分，然而，這兩個管理的問題，都是在公共事務的政治環境當中所進行的，比方說，行政院的組織改造可以被歸納為資源管理的部分，但是，它無法避免政治環境帶來的影響，不願意被裁撤的單位，可能會藉由向立法機關遊說，在由立法院向行政院施壓而存活下來；另外，公共政策的管理，當然更是處在複雜的政治環境中，比方說，健保政策費率的調漲應該可以簡化成為健保財務精算的專業問題，但是自健保實施以來，保費調漲的問題從來就是一個政治性的問題，因

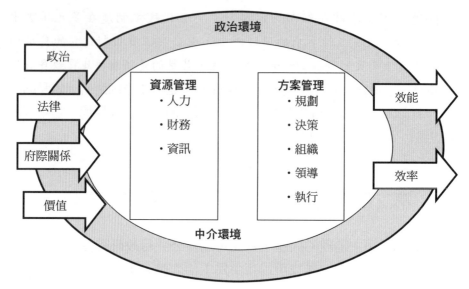

圖表來源：Starling (2005: 18).

圖 2-1 公共管理的政治管理面向

此，其方案的管理必須在政治大環境當中運作。當然，學者 Starling 的圖中也可以看作從公共管理的形式描繪民主治理的機制，政治、法律、府際關係以及價值的輸入，決定了公共管理者工作的政治環境，而政策產出的效能與效率都受到整個系統的影響，當然，Meier 與 O'Toole（2006: 16）更提醒我們，民主治理的研究取向，並非單純線性的從政治輸入（政策偏好形成），到政策決定（資源與方案管理的運作）、到公共政策的執行與產出的關係，它們彼此之間還有複雜的交叉互動關係，他們說：「除了這個系統存在從政策執行到決策甚至偏好聚合的回饋系統之外，這三種系統功能之間也是相互影響的，換句話說，所有的關係都是相互影響的 [12]。」

再者，如果更進一步來看官僚體系公共管理的問題，事實上主要關鍵

---

[12] 原文如下："In addition to the obvious feedback that develops from policy implementation, which can influences both decisions and aggregation of preferences, each of the elements in this triad of functions influences both of the others. In other words, all the relationships are reciprocal."

點是在公共政策決策的部分,在此可以舉出三方面的相關研究來討論之。其一,學者 B. Guy Peters(1987)針對學界過去對政治人物與官僚體系在政策決策過程互動關係的研究,曾經歸納出五個政務與事務人員的互動模型,它們分別是:(一)正式模型(The formal model):兩者之間依照法律規範行禮如儀,其中事務人員可以簡化成為聽命令的機器;(二)鄉村生活模型(The village life model):政務與事務人員有極為相似的價值取向,在融洽有共識的環境中共同決定公共政策的內容與方向;(三)功能模型(The functional model):政務與事務人員隨著政治系統的功能性需要,與其他單位或是立法機關甚至外部的利益團體進行網絡的結合,有些類似統合主義(corporatism)的決策模型;(四)對抗模型(The adversarial model):最常被用來形容政務事務關係的模型,描繪兩者之間為了爭奪政策的控制權力而相互較勁;以及(五)行政國模型(The administrative state model):在這個模型中,國家政策是由官僚體系來主導的,有些類似台灣所謂「科員政治」的意義。在不同的模型之下,政務與事務在政策決策上的關係,有不同的內涵、風格、衝突解決機制以及治理的結果,比方說,行政國模型所帶來的結果是政策與國家的穩定,行政人員在兩者的關係中永遠占上風。其二,學者 Patricia W. Ingraham 與 Carolyn Ban(1988)一篇探討功績制度與政治的文章當中,討論三組人事制度的運作模型,它們分別為:(一)管理模型(Management models):其中又有三種分項,包括中立能力(The neutral competence)、回應能力(The responsive competence)以及管理能力(The managerial competence)模型,第一種是認定政治與行政之間有功能性的分別,第二種認為事務人員最重要的專業是對政治上司回應的能力,第三種代表事務人員最重要的能力是組織與方案管理能力,以獲取最大的效率與效能;(二)道德/倫理模型(The moral/ethical models):包括事務人員的公共服務價值與私部門不同的論點、公共利益的論點以及憲法價值的三種內容,意指事務人員與政治領域的互動,有倫理的前提條件;(三)政策模型(The policy models):包括政策變遷、「敵-我」以及 Aberbach, Putanm 與 Rockman(1981: 228)的五種「影像」的模型,代表公共政策

是表現政治與行政關係的一個結果的面向。其三，研究美國地方政府政治
與行政關係聞名的 James H. Svara（1985）提出一個地方議會與行政部門
政府運作過程的分工模型（如圖 2-2），該模型將政治與行政關係介面分
為使命、政策、行政與管理等四個部分，地方議會與地方行政管理者在這
個四個部分中各有不同的分工，一般來說，愈往使命的「高層次」決策，
議會的責任愈重，反之則是行政人員的任務範圍。

　　這個分工圖代表政治與行政關係在美國地方政府中的不同類型，而不
同的類型之間有會有不同的治理效果，是為研究政治與行政關係的重要成
果，Svara（2006）更近一步從政治與行政二分的限制出發，討論政治與
行政關係的內容與行為樣態，當然，如果互動不佳，這個複雜的關係從過
去到現在就是行政機關治理績效不彰最重要原因（Svara, 2001）。

　　最後，前述的政治與行政介面的分析，在台灣也需要與民主鞏固
（democratic consolidation）的討論相結合。根據 Juan J. Linz 與 Alfred
Stepan（1996: 7）的說法，民主鞏固需要五項相互連結與強化的條件之滿
足，他們分別是：（一）有活力的市民社會；（二）自主的政治社會；
（三）保障言論與結社自由的法治環境；（四）可接受民主政府使用的國

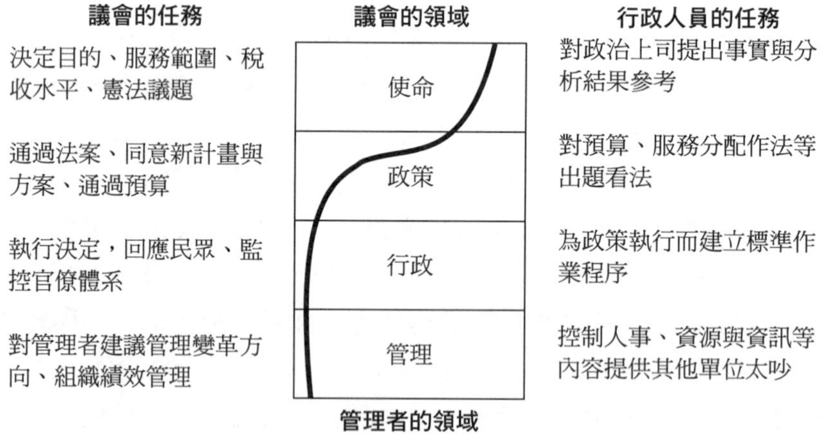

圖表來源：Svara (1985: 228)，黑線右邊是行政管理者的領域，左邊是議會的領域，圖中
　　　　　的任務分割線代表「理想型」的分工。

圖 2-2　James H. Svara 之地方議會與行政部門角色分工圖

家官僚體系[13];（五）制度化的經濟社會。依照兩位學者的進一步說法，第四項有效官僚體制的內涵，是一種工具性的執行力量，這個力量包括能夠有效地執行收稅的權力，作為其滋養與運作的基礎，而這個執行力量的內容，是在韋伯式的國家（Weberian State）的概念下，以「法治與理性」（legal-rationalist）為基本價值、具有專業規範以及自主性的文官所組成的公共組織。民主鞏固過程中官僚體系的鞏固應該包含三層意義，首先是官僚體系的價值在民主政治當中的鞏固，也就是 Waldo（1952: 102）所言「融合人們對於民主的渴望以及對權威的需求」的民主行政建構的工作；再者，這種鞏固也應該包括行政改革過程中政治可行性問題（political feasibility）以及被改革者「抗拒」（resistance）的消除；最後，這種鞏固也是從時序的觀點出發，針對多元的治理價值中所建構的遊戲規則，相關行為者從認知的趨同、行為的順服以及制度上的協同；因此，台灣在民主鞏固下公共管理變革的研究，將考量下面的三項重點：

一、先「羅馬」後「希臘」的國家發展傳統

與美國先有國會（希臘）再有行政機關（羅馬）的國家發展傳統不同，台灣的民主化是在威權體制下強大國家行政組織的建置之下產生的，民主是「行政國家」（administrative state）的新進元素，因此，討論台灣民主鞏固中的官僚體系，必須正視官僚體系「威權遺緒」（authoritarian legacy）的問題，主要原因在於，非民主國家可能也有具備專業執行力的官僚組織，這些既存的官僚組織，對於民主轉型與鞏固是有一定的影響，特別是那種在民主轉型前就非常「現代化」的官僚體制，往往在民主化的過程反而會有對民主產生適應不良的情形，Samuel Huntington（1968: 87）就曾說：

> 弔詭的是，那些在統治權威上最「現代」（分工化以及理性化）的傳統的政治系統，比起那些較為多元與複雜，且較不分

---

[13] 原文如下："…a state bureaucracy that is usable by the new democratic government."

工化與理性化的傳統系統，面對更多的政治參與時會產生適應不良的問題[14]。

因此，我國行政體系的改革應該在與美國完全不同的順序當中加以觀察，如何分辨有哪些威權體制遺留下來的制度、態度或行為對民主鞏固是有益的，哪些是有妨礙的，成為台灣研究民主鞏固與公共管理變革最應該投注心力的任務。

二、行政改革是高度政治性的議題

學者 Gerald E. Caiden 在近半世紀以前，將行政改革（administrative reform）定義為：「一種壓制抗拒行政變革的人工誘導作為[15]」，言下之意，推動行政改革必須誠實面對抗拒改革的真實性，因此改革的本身，必須事先考量處理「抵抗」（resistance）的策略，以求取行政改革目標的達成；大約二十多年之後，Caiden 教授在新的一波「新公共管理」（new public management; Osborne and Gaebler, 1992; Kettl, 2005）的改革浪潮當中，將行政改革重新定義為：「一種對公部門運作績效有系統的誘導改進作為[16]」，似乎，在績效管理的強大論述引領之下，抗拒改革的擔憂似乎被壓抑了下來；然而，行政改革的成功，不管有什麼再好的口號，它仍需要政治上的支持、建構新的制度、修改法令以及個別的誘因才能成功（Wilenski, 1986）；行政改革看似可以適用行政與政治二分的場域，但是，單就改革的對象——「糟糕的政府管理」背後，可能就有不當的政治決策在其中，兩者往往難以區辨（Downs and Larkey, 1986: 4），歸結來

---

[14] 原文如下："Paradoxically, those traditional systems which seem most 'modern' in their structural differentiation and rationalization of authority often also have more difficulties in adapting to borader political participation than traditional political systems which are less rationalized and differentiated but institutionally more complex and pluralistic."

[15] 原文如下："The artificial inducement of administrative transformation against resistance." (Caiden, 1969: 8)

[16] 原文如下："The induced systemic improvement of public sector operational performance." (Caiden, 1991: 1)

說，行政改革是一個不折不扣「行政部門的政治活動」（executive-branch politics; Knott and Miller, 1987: ix）。

三、改革時序與權力轉換

本書中關於治理機制的論述，有兩個重點，一是將改革的時間因素考量，另一則是改革與權力轉換之間的關係。首先，任何改革都包括描繪從「這裡」到「那裡」（from here to there）的過程，因此，改革是為一種「時序」（temporal）的問題。當然，民主治理機制的建立，如果從官僚體系的角度出發，牽涉到正式制度與非正式的態度與行為的轉變，其中也包括時序的問題，因此，觀察改革的過程與成效，必須加入時序性的概念。歷史制度論學者 Paul Pierson（2004: 2）就如此說：

> 當代社會科學常常將政治生活視為「快照」（snapshot）的型態，但是，如果將政治生活視為一連串的「動畫」（moving picture）卻更能表達箇中深意，也就是說，政治研究必須有系統地將特殊事件（包括現狀）放在一個時序當中，在連續事件的過程中，往往跨越一段時間。將政治放入時間當中將會豐富化我們對於複雜動態社會的理解[17]。

從時序的角度觀察行政改革的作為，牽涉到以經驗研究的方法捕捉改變以及解釋改變的需要，更重要的，改革的成敗也會牽涉到改革歷史進程中，政策效果「正回饋」（positive feedback; Pierson, 2000）以及「路徑依循」（path dependence; David, 1985）的問題，這也是研究行政改革必須面對的關鍵問題。

另一方面，民主政治最重要的內涵就是政治上司會因為選舉的關係

---

[17] 原文如下："Contemporary social scientists typically take a 'snapshot' view of political life, but there is often a strong case to be make for shifting from snapshots to moving pictures. This means systematically situating particular moments (including the present) in a temporal sequence of events and processes stretching over extended periods. Placing politics in time can greatly enrich our understanding of complex social dynamics."

而產生權力轉換（power transfer）的現象，比方說 2008 年的總統大選，對於民主治理機制來說，類似組織發生的一種「所有權的轉換」（ownership transfer; Erakovic and Powell, 2006）的過程；但是，這種所有權的轉換在民主治理機制中是定期發生，人民與政府之間「重新續約」（renegotiation of contract）的動作，這樣的動作勢必會對各項人事或是民主治理的改革作為產生一定的影響，2008 年總統大選民進黨敗選下台，發生台灣第二次的政黨輪替，人事與政策方向的變動是必然的，然而，在這個權力轉換的過程中，官僚體系扮演一個關鍵但矛盾的角色，學者Elke Frank（1966: 752）研究德國官僚體系在權力轉換過程中的角色扮演，他發現德國從君主共和轉換到威瑪憲法共和，在從威瑪民主轉換到希特勒的納粹德國，官僚體系展現出十足的穩定性，他說：

> 就是官僚體系的這種穩定性（拒絕改變），讓文官系統成為當代政府最核心的部分[18]。

有趣的是，權力轉換期間的穩定性，與民主鞏固時期官僚體系改革的需要，形成某種對官僚體系變與不變之間相對立的預期（conflicting expectation），一方面來說，民主政治的定期權力轉換，可能會成為官僚改革停滯的正當理由，另一方面，官僚改革的進行，要如何區分對民主政治定期權力轉換穩定性的部分，以及必須改變以因應民主治理需要的部分，這些知識可以協助改革者避免犯下「該變的沒有變，不該變的變」的改革錯誤，正如憲政改革一般，官僚體系的改革也是類似「在汪洋中修理船艦」（Rebuilding the Boat in the Open Sea; Elster, 1993）的景況，需要更多「循證基礎」（evidence-based）的知識來釐清問題內涵。接下來，本章要進入民主治理價值競逐的問題，並且從制度調和的方向尋找研究的出路。

---

[18] 原文如下：“It is this very stability of the bureaucracy-its resistance to change – which makes the civil service the hard core of modern government.”

第四節　民主治理：價值競逐與制度調和

一、民主治理的價值競逐

　　早在 1956 年，美國學者 Herbert Kaufman 將美國公共行政的發展，看作是三種價值在歷史發展上的追求，早期美國憲法要追求的價值是民主的「代表性」（representativeness），將民主中人民主權的價值落實在代議民主的制度設計當中，但接著由於代議民主下的分贓體制（spoil system）出現重大瑕疵，美國開始追求文官系統的「中立能力」（neutral competency），以功績制取代傳統的分贓體制，讓文官的專業得以彰顯，然而，民主的代表性與文官中立能力之間的相互拉扯關係，並沒有為國家帶來長治久安，反而產生許多運作的困難，因此，這樣的現況又引起實務界對第三種價值的支持：「政務領導」（executive leadership），在分化（fragmentation）的政策領域中，行政部門利用其預算與政策規劃的專業，一步一步建立起相關的政策領域（turfs），在政策領域居領導地位的行政部門，與不同的執政黨就政策決策權力進行協商，同時保持政策的延續性與創新性。根據 Kaufman（1956: 1067）的說法，這三種價值彼此之間既競爭又協同地發展（the concurrence of values），美國公共行政的發展沒有一刻是由單一價值完全掌控，反而某一時期特別強調某一項價值時，就會激起另外兩種價值的重要性。由此發展我們可以得知，民主治理機制設計背後的價值面向，應該就是這三項彼此之間的協同存在，民主治國能力的改革，通常是價值之間平衡的修正，不是價值之間的置換。

　　再者，三位美國學者 Joel D. Aberbach、Robert D. Putnam 與 Bert A. Rockman（1981）在 1970 年代對於民主國家當中政治代表機構與官僚體系之間的相對權力與角色的問題產生興趣，他們從政策決策的角度來看這兩種治理角色的差異以及調和的可能問題，他們提出四種政治人物與官僚之間可能的關係組合影像（images），包括：一、政策／行政二分：政治人物作政策決定，官僚負責執行決定的政策，這種影像的代表人物是 Woodrow Wilson；二、事實／利益二分：政治人物與官僚都對政策決策

具有影響力，但是貢獻的向度不同，官僚提供事實與知識，而政治人物提供對選區利益的回應性要求，這種影像的代表人物是 Herbert A. Simon；三、熱情／均衡二分：政治人物與官僚都介入政策決策，但是政治人物以自身的黨派或是意識形態熱情介入，而官僚則是務實、細心且平衡地將組織利害關係人引入政策決策；四、純粹混同：代表官僚的政治化與政治人物的官僚化同時在發生，兩者在政策決策過程中的角色愈來愈相似。這四種政治行政介面的影像也可以說是某種政治人物與官僚在決策過程中的「責任分工」模式，然而，這些模式的運作必須植基在政治人物與官僚的價值認知之上，三位學者於是展開跨國的調查研究，根據 Gregory（1991）與 Putnam（1973）的重新整理，三位學者的調查內容包含三個測量面向：一、政治容忍（tolerance of politics）：類似一種菁英民主價值的調查；二、方案承諾（programmatic commitment）：對於政策一般性專業問題的認知調查；三、菁英主義（elitism）：對於菁英在民主社會角色扮演認知的調查，以這些經驗資料來了解政務與事務人員的互動關係。

最後，三位美國著名公共行政學者 Charles H. Levine、B Buy Peters 與 Frank J. Thompson（1990: 188-190），對於行政與民主之間的界面以回應、責任與課責等三個面向來討論，讓我們分述如下。

（一）回應（responsiveness）

意指民眾預期官僚體系對自己的要求與需要是有快速與確實的回應能力，當然，回應的相反就是不理不睬，其原因可能是能力或是誘因的問題，有時也可能是不知道該如何回應的問題，因為「向誰回應？」的民主問題如果不能解決，回應代表永無止境且無效率的行政資源投注，因此，回應價值達致的前提可能是一個具備有效整合意見的民主機制。

（二）責任（responsibility）

責任的價值要求官僚體系滿足某種政策與行政的標準，比方說，依法行政就是責任價值的首要內容，另外，專業上或是倫理上的許多工作要

求，也是官僚必須遵守的，因此，責任的價值常常會與回應的價值產生衝突，民眾不合法的請求，文官不能有正面回應的。

（三）課責（accountability）

課責的價值代表官僚體系應該聽命於上級的指揮，尤其是民選政治人物與政務人員的行政領導，但是，如果我們將課責的價值放在民主政治「人民─民選政治人物─政治任命人員─官僚體系」的授權鏈當中，官僚體系終極聽命的「老闆」應該是人民。

如果將前面三種價值競逐的學說統整起來，Kaufman 的代表性價值就是「回應」的面向，政務領導就是「課責」的面向，而中立能力則是屬於「責任」的面向，這三者之間的糾葛，正可以具體描繪 Kaufman 價值競逐模型的內涵，事實上，這個價值競逐的模型，與 Aberbach、Putnam 與 Rockman的態度問卷中的三個面向也有所連結，回應就是「政治容忍」面向，責任就是「方案承諾」面向，而「菁英統治」類似於課責的面向。因此，本章綜合前面三種關於價值的論述，再加上 Kenneth J. Meier 與 Laurence J. O'Toole, Jr.（2006）從公共政策過程討論官僚與民主的治理角度，可以歸納為表 2-2。從行政改革的角度來看，都是在 Kaufman 某些價值的面向整合的要求下，尋找治理機制的設計問題，當然，這些治理機制，還必須在治理行動層面找到定位。

表 2-2　價值競逐、政治／行政關係、菁英價值與本書篇名的安排

面向	Kaufman 價值競逐	A-P-R 介面測量	L-P-T 倫理介面	M-O 系統功能	本書的篇名
政治	代表性（Representativeness）	政治容忍（Tolerance of Politics）	回應（Responsiveness）	偏好聚合（Aggregation of Preferences）	回應（Responsiveness）
行政	中立能力（Neutral Competence）	方案承諾（Programmatic Commitment）	責任（Responsibility）	方案決策（Decisions on Policy Options）	責任（Responsibility）
治理	政務領導（Executive Leadership）	菁英統治（Elitism）	課責（聽命令）（Accountability）	政策執行（Implementation of Policies）	課責（Accountability）

圖表來源：作者自繪。

二、價值競逐的制度性調和

　　至於民主治理的行動層次，本章前面所提及的「機制」（mecha-nism）是一種 Lynn、Heinrich 與 Hill（2000）所言的統治現象，是政治利害關係的計算與選擇為主的行為誘因（incentive）所在，而誘因結構（in-centive structure）是一種人為的、包含制度或是組織的政策性設計，意圖影響統治範圍中的參與者個人與組織。這種機制的描繪，可以從經濟學者與社會學者兩個角度觀之。

　　從經濟學者的眼中，機制的概念可以從交易成本理論（transaction costs; Coase, 1937）中找到理論基礎，它是一種指認、描繪，並且控制「合約危機」（contractual hazards; Williamson, 1996: 12），這種認知就是將制度或是組織的設計，視為一種解決合約危機的問題，不管這種問題是出現在公或是私部門，目前以代理人理論（agency theory）為其重要的內涵。更進一步來說，這種治理機制的研究，也有涉及到「機制設計」（mechanism design）的問題；機制設計的概念最早是由學者 Leo Hurwicz（1973）所提出，其目的是「研究在自由選擇、自願交換、信息不完全及決策分散化的條件之下，能否設計一套機制（規則或制度）來達到既定目標的理論」，學者Hurwicz所提出最重要的結論，是告訴我們：「私部門的資源配置過程中，無法找到一種資訊上分散化的機制（informationally decentralized mechanism），它可以滿足巴瑞多效率的資源配置、並同時提供足夠的誘因讓消費者誠實表達其偏好」（Groves and Ledyard, 1987: 48）。綜括來說，公部門民主治理機制的鞏固問題，就是有效解決民主治理的合約危機。

　　從社會學者的眼光中，機制是代表社會結構的全部或是某些小範圍的部分（比方說，社會地位），最重要的定義是由 Arthur Stinchcombe（1991: 367）所提出，認為它是一種更高層次社會理論的基礎，比方說，市場的理論是從個人的行為互動這個機制所可以描繪的。當然，機制的議題在社會學界也被稱為是一種「個體與總體的連結」（the micro-macro link; Alexander and others, 1987）的問題，社會學者 James Coleman

（1990: 1-23）就認為，「社會機制」具有從系統層次下到個人層次、再回到系統層次的「三階段」的結構，這三個階段如果套用到民主治理的研究當中，我們可以看見民主治理的價值競逐問題，如何藉由情境機制影響到個人，再從如組織與制度的中介，以其行動結合機制的功能，產生集體的行動力量，最後再經過政策的轉變機制，影響到公共政策的產出，這個民主治理的社會機制圖，可以說清楚描繪了民主治理的績效秘密的內部結構，而民主治理的研究就是要從這樣的一個因果關係的機制圖中，尋找適宜的研究焦點（如圖 2-3）。

　　民主治理的社會機制，是從一組民主治理的倫理出發，影響到個人價值（機制一），再從個人價值出發，影響到集體的決策行為（機制二），最後，再從決策行為影響到政策產出的因果關係機制，社會學者 Peter Hedstrom 與 Richard Swedberg（1998: 22），將第一種機制稱為「情境機制」（situational mechanisms），第二種機制稱為「行動結合機制」（action-formation mechanism），第三種機制稱為「轉變機制」（transformational mechanism），回到本章的內容，民主治理的機制應該具有價值的層次（機制一），以及行動管理的層次（機制二），而機制三基本上是由機制一與二建構下所引導的決策與執行機制。

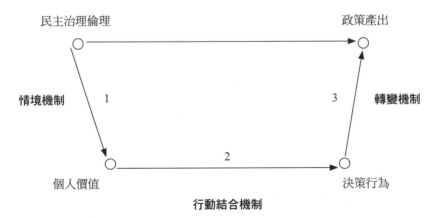

圖表來源：參考 Coleman (1990)、Hedstrom and Swedberg (1998: 42)

圖 2-3　民主治理的社會機制圖

　　當然，圖 2-3 中社會機制的因果關係描述，讓我們了解民主治理過程的因果關係，但是我們仍然需要進行制度改革的焦點，因此，本章討論的價值競逐框架也可以轉化成為民主治理制度改革內涵的焦點圖像，圖 2-4 就是這樣的一個圖像，其中將官僚體系的價值衝突，以制度的型態表達出來，我們可以規約成下面四點。

　　首先，民主治理最重要的價值衝突是來自於民意來的代表性價值，以及從文官來的專業價值，這兩個衝突的價值，以政務領導價值藉由類似委託人與代理人理論中的授權的關係加以連結；再者，民主的代表性價值在這個競逐模型中，是以從上到下逐層課責的方式，達到自己的目的，這樣的設計大約與「監控民主」（overhead democracy）的意義相近，代表政府應該聽命於民主頭家的指揮；接著，官僚體系在民主政體當中最主要的價值，就是展現其中立能力，包括專業的發揮，平衡民主決策中政策資訊的不充足，以及面對不同政黨執政，官僚體系都給予相同的專業服務；最後，這個價值競逐的模型中，包涵三種關鍵的制度機制，代表性價值從「偏好聚合」的制度形成，一般是指選舉或是參與公共決策的制度（electoral institutions; 制度一），這個全民意志必須藉由政務系統以層

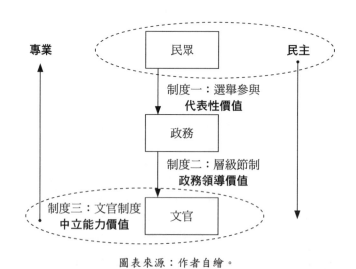

圖表來源：作者自繪。

圖 2-4　多元價值競逐下民主治理制度變革的焦點圖像

級節制的命令方式（hierarchical institutions; 制度二），實現政務領導的價值，最後，官僚體系的中立能力價值，在政務領導的價值統馭之下，必須受到相關法令的保護，也就是所謂的文官制度（public service institution; 制度三），以取得民主與專業的平衡。

　　從圖 2-4 當中，本書接下來的三篇九章就以代表性價值所對應的「回應」價值、中立能力所對應的「責任」價值以及政務領導所對應的「課責」價值，分別討論民主治理的機制設計與運作的相關議題。

第五節　台灣民主治理研究的聚焦需要

　　過去十餘年以來，國際暨國內的學界與實務界逐漸發展出以「民主治理」的角度，討論國家建構與民主鞏固的議題，對於形成研究國家治理變革議題全方位的視野，跨出了重要的一步。聯合國的發展署為了實現其 2000 千禧宣言，在 2004 年組成了「民主治理工作小組」（Democratic Governance Group），致力於民主治理機制在世界上各國的落實[19]。從現代化、政治發展、一直到民主轉型與鞏固的論述，政治學者尋找國家重構的相關理論未曾停歇，然而，由於民主程序性價值獨大的結果，政治學界對於「官僚體系」在政治轉型過程中的理解，仍然是十分有限的，主要原因是政治學主流意識中的「官僚體系工具觀」（instrumentalism）。在民主正當性的論述中，官僚體系聽命於政治決定似乎是天經地義的事，然而，有兩個因素讓這樣的說法無法落實：其一，官僚體系有先天的專業優勢，政務人員在治理過程中出現資訊不對稱（information asymmetry; Horn, 1995）的現象，官僚體系的政治控制出現不完全的結果（Moe, 1984）；其二，民主政治並非完美無缺，不論是直接民主或是代議民主，

---

[19] 該小組的工作重點有下面八方面：(1) 強化議會；(2) 推動穩定的選舉體系與過程；(3) 保障司法與人權；(4) 發展電子化治理，資訊公開與民眾參與；(5) 藉由權利下放、地方政府以及都會/鄉村發展社區；(6) 鼓勵行政革新與反貪政策；(7) 推動完成千禧宣言的治理；(8) 支持治理過程中性別主流化，相關內容請參www.undp.org/governance。

都可能出現「政府失靈」(government failures; Weimer and Vining, 2005)的現象,扭曲資源配置,民主政治的浮動需要官僚體系以專業與依法行政來穩定之(Meier, 1997)。因此,官僚體系絕對不是沒有生命的工具,它帶給民主治理的穩定功能以及控制問題,無法以簡單的「命令與控制」(command and control)的思維簡化之,而應該是一種「機制設計」(mechanism design; Groves and others, 1987)的作為(本書第十二章到第十四章將深入處理這個議題)。

但是,分離而非調和的方式處理民主治理的問題,仍然處處可見。比方說,台灣民主鞏固過程中政治行政議題的分離,可以從 1996 年的國家發展會議中行政改革是被放在經濟發展小組中看出端倪,當時行政改革是以人事與組織鬆綁的議題為主,被排除在政治改革的小組以外,由此可見,台灣民主發展中的行政改革,似乎只有提升國家競爭力中,「政府效能」(government effectiveness)之工具價值而已。如果我們回到美國政治學會第一任會長 Frank Goodnow (1904) 的會長講章,提及政治科學最古典的任務,應該涵蓋完整的「國家」(state)意義,包括:國家意志形成過程、國家意志形成的脈絡,以及國家意志的實現等三個部分,然而,目前政治學門的分工,將國家意志的形成當成最重要的核心,但是,政治與行政有密不可分的關係,官僚體系在政治變動或發展中,扮演亦僕亦主的關鍵角色,對維繫民主國家長遠發展意義重大。

民主政治是人民意志的表現,而公共行政則是民眾利益的落實,如果民主過程能夠產生精確與具有共識的「民意」,官僚體系運作的焦點就是回應並落實民主制度所展現出來的民意;然而,如果民主過程無法產生「正確的民意」,或是民眾因為能力不足對自己權益無知,公共行政學者認為官僚體系有憲政層次的責任,以其專業能力(professional competence)維護民眾權益,這種複雜但重要的角色,讓政治變動過程中,官僚體系本身的設計、運作、以及改變成為不可忽視的因素,因此,學者 Lawrence S. Graham (1997: 225) 就認為:

> 不論是總統制還是內閣制的國家,如何設計一組合適的公務人
> 力制度,使之能夠更有效地遂行政府的決策與方案,應該是所

有民主政體鞏固最重要的元素[20]。

　　本書的焦點，就是在民主治理中官僚體制的定位問題，本章從民主治理的定義與範圍開始，到學界討論政治與行政的互動關係以及這個關係中的價值競逐問題，最後本章又回到機制設計的層面，將民主治理的運作介面，定義在回應、責任與課責三項價值之上，這三項價值的前兩項之間的矛盾，在公共行政學界由來已久，基本上可以視為一組實質價值（substantive values）的競逐，回應與責任之間，常常有根本性的衝突存在，就如圖 2-5 當中所描繪的，回應價值的背後是「基進民主」（radical democracy）的拉力，而責任價值的背後是「科學管理」（scientific management）的拉力，這兩股拉力讓處在兩種價值交界上的民主治理運作，產生強大的價值競逐張力，然而，課責的價值在本書被視為一種工具性的價值（instrumental value），它是一種向上的拉力，其背後是調和衝突的力量是一種基於「實用主義」（pragmatism）理念的制度改造哲學，而它的目的是要藉由不斷的創新與改革課責的機制，調和前面兩種實質價

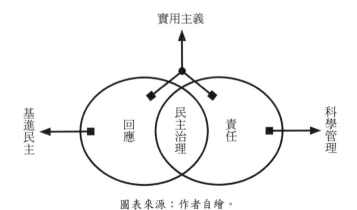

圖表來源：作者自繪。

圖 2-5　公共行政與民主政治制度性調和的圖像

---

[20] 原文如下：" The point in all this is that the design of feasible public personnel policies conducive to more effective implementation of governmental policies and programs must be understood as an indispensable ingredient in the consolidation and maintenance of all democratic regimes, whether presidential or parliamentary."

值的競逐，也就是說，本書認為回應與責任兩項實質價值的調和，就是民主政治與公共行政調和問題的核心，而其調和工作並不是基本意識形態或是倫理規範的本質，而應該從課責機制變革出發的一種制度性的調和（institutional reconciliation）。

第六節　小　結

　　Kenneth J. Meier 與 Laurence J. O'Toole, Jr.（2006）認為，民主政治與公共行政之間的緊張關係是社會科學中的一個重要且有趣的問題，但是受到傳統公共行政政治與行政二分的看法，學界的學科分工使得沒有一個學門可以完整地處理這個重要的問題，本章從民主治理的定義開始，討論以民主治理的概念討論這個重要問題的可能性。在過去，政治學門一直不認為官僚體制是實現民主價值的核心制度，因為官僚體制存在（有意或無意）脫離政治監控者掌握的可能，往往會被視為一種民主的反動力量，因此，依照美國公共行政學者 Emmette S. Redford（1969: 70-71）認為，傳統的民主行政理論，就是一種「監控民主」（overhead democracy），它的運作理念是：

> ……單線的人民代表對所有政府中執行公權力者的控制，這條線
> 從人民到其在總統府與國會的代表，總統作為政府首長開始，再
> 到總統下面的各部會，再到部會中的官僚，再到更小的單位，一
> 直這樣下去，直到行政的指尖（作者註：就是末梢的意思）[21]。

---

21 原文如下："It asserted that democratic control should run through a single line from the represen-tatives of the people to all those who exercised power in the name of the government. The line ran from the people to their representatives in the Presidency and the Congress, and from there to the President as chief executive, then to departments, then to bureaus, then to lesser units, and so on to the fingertips of administration." (Redford, 1969: 71) Redford 認為，上述的監控民主是由四種概念所組成：(1) 單線控制（integration）：行政單位都應該有單一的課責上級，最後向上匯整責任到首長；(2) 科層結構（hierarchy）：責任的執行必須是分層為之，每一個下屬向他的直接上屬負責；(3) 法律命令（legality）：上級所決定的法律命令是下屬單位應該遵守的行動準則；(4) 政治至上（political supremacy）：行政必須從屬於政治的指揮，這種指揮可能是法規命令或是行政科層。

　　這種監控民主的概念，與近年興起的代理人理論（agency theory）在官僚體系的政治控制方面的應用，有密切的關係，或許我們可以說，在民主行政的層次上，代理人理論在公共行政學界的風行，代表公行理論回歸「監控民主」的傳統思維，只有分析工具是新的。當然，美國公共行政學界在 Dwight Waldo 的帶領下，針對文官系統的獨立價值進行許多重要的反省，比方說，新公共行政（new public administration）對於效率價值獨大的反動，將公平性列入公共行政應該追求的基本價值另外，由 Virginia Tech. 的學者們所發起的「黑堡宣言」（Blacksburg Manifesto），更提出所謂的「施為觀點」（agency perspective），討論公共行政在民主社會的獨立價值，並不想受限於「監控民主」的民主框架。

　　承襲了這樣的一個充滿張力的學術領域，本章回顧了過去相關的民主行政、政治與行政互動關係以及公共行政的價值競逐等研究之後，先將民主治理定義為當代民主制度在去中心化統治以及有效性要求的大環境之中，從公共課責機制建立的角度切入，找尋價值衝突制度性調和的一種過程，其目的是試圖藉此協助實務界與學術界的合作，獲致良好的治理績效，接著，本章更將民主治理研究的領域定位在，國家角色重新定位的民主化與全球化的年代中，回應民眾與實務工作者對於治理績效的渴望，從檢視政治與行政二分的傳統議題出發，應用當代政治經濟學的論述方法，尋找建立官僚體系有效角色之治理機制的相關知識，這些知識的框架，是一組包括回應、責任與課責等不同價值面向的實用主義制度改造圖像，這個圖像就是貫穿全書最主要的立論精神所在。接下來，本書將在第三章進入政治與行政二分的領域，從政治學門與公共行政學門分與合的角度，來看民主治理的研究，如何能夠找到一條在新世紀當中，調和公共行政與民主政治的道路。

第三章 政治與行政的分合

威爾遜的〈公共行政研究〉一文並沒有「創造」政治與行政之間的二分，他也沒有提倡兩者之間的截然劃分，他的著作中也沒有強力推銷這樣的二分，……，（但是）要說政治與行政間的分野是「假的」也不對，這二分就像其他方便的二分法一樣，至今仍然有許多的好用之處，事實上我認為，這種二分的存在具有某種不可避免性。

—— Dwight Waldo（1984: 224）[1]

公共行政人員的主要功能之一，就是在服務社會的過程中，調合與混同政治人物與專家的功能。

——Paul H. Appleby（1949: 47）[2]

第一節 前言：政治與行政二分的「不可避免性」？

本書前一章所討論的民主治理議題，旨在處理公共行政與民主政治之間傳統以來的調和（reconciliation）問題；但是，從理論上來思考，意圖進行調和的前提是必須深入了解公共行政與民主政治之間「分」的內

1　原文如下："… Wilson's 'Study' did not create the distinction between politics and administration, did not argue for a strict separation between them, and its publications did little to promote it… Nor was the distinction 'false' in a demonstrable sense. It serves and still serves many useful purposes, as do other handy dichotomies. In fact, there is (I shall argue below) a certain inevitability to the distinction."

2　原文如下："It is a principal function of public administrators to reconcile and to mesh the functions of politicians and the functions of experts in the service of society."

涵，也就是說，公共行政從 19 世紀末在美國發軔以來，是如何自我界定
其領域的？它與民主政治之間又有什麼樣需要被調合的關係？本章都將深
入探討。長久以來，美國公共行政關注的核心議題就是公共行政與民主
政治的關係，這層複雜的關係不論是從公共行政學門所謂的「認同危機」
（identity crisis; Waldo, 1984）出發，還是從行政國在民主憲政中的「正當
性」問題（legitimacy; Rohr, 1986）開始，或是討論美國地方政府中市長
與議會（Mayor-council; Svara, 2009）的關係，都與「政治與行政二分」
（politics-administration dichotomy）這個重要的概念息息相關，然而，政
治與行政二分所引起學科疆域與研究方法論的爭議，不單是一個研究上的
理論問題，也是實務運作上包括行政改革、公務倫理以及學門發展的問
題，由於這個概念牽涉太廣，本章選擇從「學門發展」的角度切入，以政
治學與公共行政學門間分合的發展歷程，討論在民主治理的研究領域中，
兩者各自獨立但又事實上的不可分割性，藉此將公共行政研究基因中「不
可避免」的二分基因，轉化成為 Paul Appleby 所言公共行政研究必須調合
政治與專家的核心功能。

　　在台灣，公共行政學與政治學之間的發展問題，是一個持續存在但卻
很少被談論的議題，被忽略的原因不明，但是我們可以從下面三個方向來
理解這個議題的真實性。首先，公共行政到底是一個獨立學門，還是政治
學門下的一個次領域？不論在理論上或是實際運作上，都沒有定論。如果
從國科會的人文社會科學學門分類來看，公共行政在政治學下的次領域是
十分明確的[3]，因此，這意味著學術資源配置與學術價值的判斷，公共行
政研究是受制於政治學門中主導者的眼光；但是，若從大專院校系所的分
布情況來看，公共行政相關系所獨立於政治系以外的運作形式，至少已經
存在有四十年的歷史，而且近年來由於國家發展的需要，在數量上公共行
政相關系所已經遠遠超過政治學系所，不論從教學、研究與服務等面向來
檢視，兩個研究實體之間的差異日益擴大。

---

[3] 當然，個別的公共行政學者，也有申請「企業管理學門」或是其他如「永續發展」等政策相
關學門的研究審查，但那是學界內的極端少數。

　　再者，在台灣學界一片追求學術卓越的風潮中，公共行政研究由於過去並未參與政治學 1960 年代的行為主義革命，以及 1980 年代的理性選擇理論革命，再加上傳統以來著重回應實務議題的特性，往往被認為是政治學門中「較不學術」的範疇，尤其是量化方法（或是科學化）嚴謹程度上的落差，也直接造成兩個學術實體間學術績效上的差異，這就是為何 Dwight Waldo（1990）曾經說：「及至今日，我判斷在許多政治學者的內心深處，認為公共行政是關心政府中較低層次的問題，就是那些只需簡單的大腦就可處理的細節問題[4]」，言下之意，政治學者內心是「看不起」公共行政研究的；然而，2000 年左右從美國開始的政治學改革運動（Perestroika），對於政治學門內這種獨尊科學化的眼光與氛圍，提出了包括與實際政治愈離愈遠的批評[5]，也是一種狹隘的高傲，因此提出對政治學門在方法與議題上應該走向多元呼聲，剛巧從公共行政研究的角度，這種呼聲可以得到充分的共鳴與理解。

　　最後，在美國政治學會第一任會長 Frank Goodnow 的眼中[6]，政治學研究的範圍應該涵蓋完整的「國家」（state）意義，主要包括對於國家意志形成過程與脈絡，以及國家意志的實現等三個部分，但是近年來關注選舉以及憲政制度選擇的走向之下，國家的概念日益模糊，政治學者日漸專注於國家意志形成的部分，而將國家意志的實現以及脈絡的部分給忽略了，這種研究領域上「偏食」的傾向，與研究方法上的科學化努力脫不了關係，尤其是政治學門在 1960 年代選擇離開組織理論的（社會學）傳統，擁抱經濟學方法論上個體主義（methodological individualism）的傳統，忽略了官僚體系以及公共政策系統研究在實踐民主治理當中的關鍵地

---

[4] 原文如下：“In the perception of most political scientists down to this day, I judge, public administration concerns the lower things of government, details for lesser minds.”

[5] 請參 Kasza（2001: 598），他說：「政治學界壓迫大家走向一個大一統、精緻的科學研究方法，反而創造出來一堆與實際政治相關性極低的理論。」（…the compulsion to forge a grand, elegant scientific canon has produced theories of little relevance to real politics.）

[6] 請參 Goodnow（1904），有趣的是，Frank Goodnow 目前是公共行政學所「祭拜」的開山祖師爺之一，他在政治學界是沒有信徒的。

位，政治學研究走上國家概念空洞化的道路[7]，這樣的走向讓政治學研究在回應民主治理的問題上，缺乏對於國家意志實現以及歷史脈絡的觀點，這也是造成 2000 年政治學改革運動的原因之一；當然，相對的，公共行政學研究也是一直忽略了國家意志形成的部分，在台灣威權統治的歷史因素之下，學界中「民主治理」的研究因為民主化才正在萌芽，若從國家發展完整策略提供的角度來看，台灣政治學與公共行政學「分工但不合作」的問題儼然浮現[8]。

　　從上述三個事實出發，「政治學（公共行政學）是否忽視了公共行政（政治）？」這個相互套疊的問題，以及這個問題所帶出來學術與實務界發展的困境，即便只從公共行政學門發展的角度來看，的確值得重視[9]。本章將循三個方向來逐步討論。從第二節到第四節當中，本章將從三個面向來討論政治與行政二分的議題，包括第二節當中對政治學與公共行政學在美國的發展路徑，做一個簡單的交代，接著在第三節當中，就政治與行政二分作為一種改革修辭策略的角度進行討論，最後，在第四節當中，本章將討論行政的政治面向的議題，作為政治與行政二分的第三種意義。接著，本章在第五節當中將回到台灣本土，先從國科會研究以及相關系所的發展上，來檢視台灣兩個學門發展的現況，這個趨勢與狀況再對照現實政府運作的狀態，釐清政治學與公共行政學之間的「間隙」（cleft）關係，

---

[7]　在政治學改革運動風潮下當選的（2002-2003）會長 Theda Skocpol，就曾經與另外兩位政治學者合編了一本著名的「找回國家」（Bringing the State Back In）的專書，也對政治學界的研究發展，有相類似的憂心與批判。

[8]　研究公共行政與民主政治較早的專有名詞是「民主行政」（democratic administration），Dwight Waldo（1952）曾經在美國政治學報（American Political Science Review）上討論了民主行政理論的發展內涵，包括效率與民主的平衡、公私部門差異以及方法論上的問題，Waldo 的這篇論述，後來也引起 Herbert A. Simon 以及 Peter F. Drucker 的質疑與挑戰（Simon and Drucker, 1952）。

[9]　本章最早的內容，曾於 2004 年底在台灣大學以「政治學是如何忽略了公共行政：為何這是個問題？」為題發表演說，蘇彩足教授在演講後發問時表示，公共行政學本來就應該獨立於政治學以外的，認為這問題的意義不大，還有一點感覺這個問題有些「央求」政治學門多關心公共行政學的味道，我們承認是有這些味道，因為目前公共行政學起碼在研究方面，仍然算是政治學門下的一個次學門，但是，我們也認為這個問題也可以反過來從研究內容的角度，來質問公共行政學者為何不重視公共行政研究的政治本質，因此，本章將這問題建構成一個相互套疊的問題。

讓一方面政治學者知道自己所研究的「政治」，少了什麼重要的部分，另一方面要讓公共行政學者知道自己領域的定位，以及我們應該如何經營與政治學門的關係；最後，從第六節的結語中，本章將討論政治與行政關係的問題，不只是一個純粹美國學界的問題，也是一個與台灣本土政治改革知識基礎良窳有重大關聯的問題，簡而言之，我們認為探討如何在民主治理的理論上，建構政治學門與公共行政研究的實質對話，對於台灣目前政治與行政改革的實務必然有所助益的。

第二節　政治與行政二分：學門的發展

政治與行政二分的第一種意義，是在學門的發展上，尤其是美國公共行政學界獨立於政治學門發展的軌跡；在行政學者 Dwight Waldo 的眼中，公共行政與政治學的關係，是一種「麻煩的間隙」（troublesome cleft; Waldo, 1990），是在兩個學門起源時刻就存在的一種關係。美國政治學的第一份期刊《*Political Science Quarterly*》在 1886 年的發刊詞中，學者 Munroe Smith（1886）認為政治學是「研究國家的科學」（the science of the state），它包括國家的組織與功能，以及國家與國家之間的關係（it includes the organization and functions of the state, and the relation of states one to another.）；1902 年美國政治學會成立（American Political Science Association）[10]，第一任會長 Frank Goodnow（1904）曾說[11]，美國政治學會設立的宗旨，是要「建立一個學術平台，整合那些有興趣研究組織的科學理論以及國家功能的學者」，而這樣的研究重點，應該包括三個層面：「國家意志的表現、國家意志的脈絡，以及國家意志的執行」。

---

[10] 事實上，這個組織的起源，是來自於 1880 年左右，美國知識界當中一群對「政治歷史」（historico-politics）有興趣的人所開始，後來政治學研究逐漸與歷史研究分家，終於在 20 世紀初成立屬於政治學的學會。

[11] 1913 年 3 月 12 日，中國與美國同時宣佈 Frank J. Goodnow（古德諾）為袁世凱總統的憲政顧問，並在 1915 年 8 月 13 日受邀到中國發表「共和與君主論」，認為君主制比共和制更適合於中國，次年 12 月 21 日袁世凱就帝位，改國號為洪憲元年，自此 Goodnow 在中國近代憲政史上，成為一個具爭議性的人物，相關歷史與評論請參 Pugach（1973）。

　　公共行政學者常以 Woodrow Wilson 在 1887 年發表〈公共行政研究〉
（The Study of Public Administration）一文算作為學門的起源點，該文所
發表的期刊正是 1886 年開始的第一份政治學專業期刊《*Political Science
Quarterly*》，另外，就組織發展上來看，1939 年美國成立公共行政學會
（American Society for Public Administration; ASPA）是在美國政治學會的
大會上通過的，當時由 Charles Beard（1940）在美國政治學刊（American
Political Science Review）上，提出了成立公共行政學會的七大理由，包
括：一、實現任何理想社會，持續對政府運作的關注是一個必要條件；
二、因為社會環境的變遷，政府變得愈來愈複雜，需要持續對其功能性的
改變進行關注；三、政府回應上述複雜社會的能力問題，值得持續關注；
四、在愈來愈複雜的社會當中，執行法律比制定法律來得重要；五、公共
行政作為「政府運作的基礎」，應該聚焦關注；六、官僚體系的晉用、訓
練與管理，是國家力量是否能夠突顯其正面意義、壓制它負面作用的關
鍵，值得關注；七、民主政治如果不能有一個尊重以及引導個人統治責任
的行政機制配合，勢必無法繼續運作。上述這些理由今日看來仍然鮮明，
也是公共行政學門之所以值得聚焦重視的理由，自此，公共行政學開啟了
獨立於政治學研究起碼在組織上的單獨領地，根據曾經擔任過美國南方政
治學會會長的公共行政學者 Mary E. Guy 在她的會長講章中的整理，政治
學與公共行政學發展的大事紀如表 3-1。

　　值得注意的是，洛克菲勒非營利基金會的財務支援，是早期公共行
政學門得以發展的原因，1931 年該基金會在芝加哥大學成立「票據交換
所」（clearing house）這個概念，就是希望公共行政最好的想法與研究可
以在此交換，當然，這樣的支援是有歷史背景的，根據 Alasdair Roberts
（1994）的研究，當時「進步年代」（progressive era）美國民眾對政商
關係十分敏感，擔心企業介入「政治」領域，因此，當時政治與行政二分
的論述，剛好給企業一個保護傘來介入政治，因為他們所介入的是「非政
治」的公共行政領域，Roberts（1994: 221）就說：「政治與行政二分是公
共行政社群早年制度性發展不可分割的修辭策略（rhetorical strategy）。」

表 3-1 美國政治學門與公共行政學門發展的大事紀（1880-1992 年）

年代	事件
1880	政治學的課程出現在美國大學的校園，John W. Burgess. Burgess 在哥倫比亞大學建立第一個政治學系
1886	政治學第一份期刊 *Political Science Quarterly* 開始發行
1887	Woodrow Wilson 在 PSQ 當中發表「公共行政的研究」一文
1904	美國政治學會（APSA）成立，Frank J. Goodnow 當選第一任會長
1906	American Political Science Review 開始發行
1920	公共行政的課程出現在美國大學的校園
1921	APSA 會長 Charles E. Merriam（University of Chicago）倡議學門走向「政治科學」
1926	Leonard D. White（University of Chicago）出版第一本公共行政教科書 *Introduction to the Study of Public Administration*
1927	Brookings Institution 在 C. E. Merriam 的號召下成立，William F. Willoughby 出版 *Principles of Public Administration*
1931	「公共行政知識交換中心」（Public Administration Clearing House; PACH）在洛克斐勒基金會的支助下在 University of Chicago 成立，第一任主任是 Louis Brownlow[12]
1939	美國公共行政學會成立（ASPA）
1940	Public Administration Review 開始發行
1958	APSA 會長 V. O. Key 斥責政治學門缺乏經驗基礎
1967	美國國家公共行政學院成立（National Academy of Public Administration）
1969	APSA 會長 David Easton 倡議後行為主義，追求與現實世界的聯接
1970	美國公共事務與行政系所聯合會成立（National Association of Schools of Public Affairs and Administration）
1979	美國公共政策分析與管理學會成立（Association for Public Policy Analysis and Management）
1992	APSA 會長 Theodore Lowi 批評政治學領域是「無熱情的行為主義」（passionless behavioralism）

圖表來源：Guy (2003: 645)。

---

[12] Louis Brownlow（1879-1963）是美國當代公共行政的重要實務工作者，他曾經作過記者與都市的經理人，最重要的實務職務就是擔任 1937 年總統行政管理委員會（The President's Committee on Administrative Management；或是常常被稱為 Brownlow Committee）的主委，另外兩位成員為 Charles Merriam 與 Luther Gulick，該委員會對於美國行政部門，尤其是總統的行政功能強化，產生很大的影響。

　　當然，前面所描述的美國公共行政的歷史發展，也可以從圖 3-1 當中
來理解。該圖中應用兩個象限來討論政治學與公共行政學的相對發展，一
個是基本價值（X 軸），另一則是方法論（Y 軸），在 X 軸上左邊是民主
（democracy）的價值，右邊是效率（efficiency）的價值，在 Y 軸上，上面
是實證（positive 量化）的方法，下面則是規範性（normative）的方法。[13]

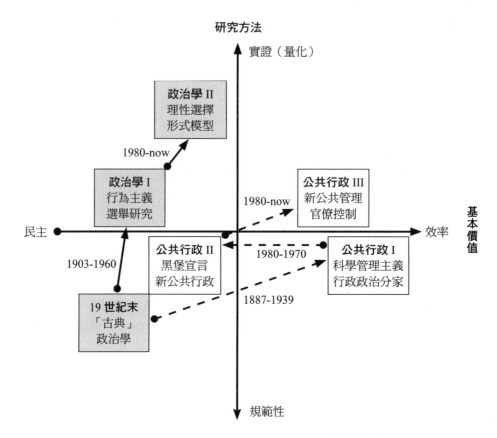

圖 3-1　政治學 vs. 公共行政學門發展變動圖

---

[13] 幾點關於這個變動圖的說明。首先，X 軸與 Y 軸代表兩種價值混同的狀況，比方說，在基本
價值的部分，愈往 X 軸的右端的方向，代表研究愈關注效率的價值，反之則是民主價值；再
者，公共行政 II 中將新公共行政與黑堡宣言放在一起，沒有強調黑堡宣言聲稱以著重績效的
制度與新公共行政區隔，但是由於相對於科學管理與新公共管理，兩者的差異就沒有十分明
顯，因此還是將之放在一起；最後，2000 年以後的治理理論風潮由於屬性不明，暫不列入變
動圖中。

　　從圖 3-1 我們可以看出下面三個重點：其一，19 世紀末到 20 世紀初，政治學研究開始於對於民主價值的關注，而在方法上是先從規範性的問題開始，那時政治學研究可以被稱為「古典政治學」，而公共行政仍然是其中重要的一個部分，學者 Hindy L. Schachter（2007）就研究指出，進步年代的政治學對公務體系的議題是充滿熱忱的，但是第二次大戰以後，政治學行為主義革命的影響，主流政治學逐漸與公共行政領域疏遠；其二，因為進步年代改革的需要，公共行政主動從政治學當中分立了出來，朝向效率的基本價值邁進，在方法上也因為科學管理主義而向實證方向移動，一直到 1940 到 1970 年代之間，公共行政發生認同問題，主要來自於在基本價值上的拉鋸，逐漸從過份重視效率而朝向民主價值方向移動，然而，此時公共行政學在方法上並沒有太大的改變，到了 1980 年代開始，因為新公共管理潮流的發展，行政學界又回頭尋找效率的價值，而方法上也繼續朝實證方向緩慢邁進；其三，政治學在 20 世紀最大的兩次變動，都是以方法論的變動為主，學門基本價值上一直保持重民主輕效率的方向，這兩次方法論上的革命，一次是 1960 年左右出現的行為主義，另一次則是 1980 年左右開始的理性選擇理論。政策分析學者 David L. Wiemer（1992）認為，目前政治學門主流的發展，對於公共行政學在公共管理上的研究，以及改進實務行政管理的議題上幫助不大，主要原因在於，「那些在實務界工作的人，無法等待科學的幫助」（Those who must practice in the real world cannot wait for science, p. 243）。政治學近年理論化的趨勢日益明顯，讓理論研究與實務價值之間出現不相容的狀況，這種與最初政治學興起時刻，是要反應並研究現實問題的目標產生剝離現象，這從公共行政研究上最能夠看出。

　　上述現象導致公共行政研究落入一個兩難的困境（Kettl, 1999），一方面被政治學者從研究科學化的觀點輕看，認為處理的都是實務上的枝節問題，沒有研究的重要性，但是另一方面，實務者又認為公共行政研究愈來愈理論化，逐漸失去實務指導的價值，這個問題該怎麼處理呢？Whicker、Strickland 與 Olshfski（1993）認為公共行政學要與政治學進行更深的連結，總共有五個面向，包括：一、方法論（尤其是實證方法）的

訓練，行政學應該向政治學學習[14]；二、政治學雖然不重視政府管理的議
題，但是卻不能忽視官僚體系在績效或穩定而來的系統影響；三、政治學
主流的研究概念，如權力、衝突等，是行政學研究不可或缺的研究概念；
四、政治學與行政學的分析層次不同，但是可以互補；五、政治學經驗研
究（假設檢定），可以協助行政學發展管理技巧。

但是也有學者並不贊同這樣的做法，Keller 與 Spicer（1997）為文反
駁前述的觀點，認為公共行政不應該一味地追隨政治學的發展，主要觀
點有三點：其一，Whicker、Strickland 與 Olshfski 對公共行政只有「工具
性」的看法，忽略新公共行政與黑堡一派對公共行政政治角色的認識；其
二，在方法上偏好「科技主義」（technicism），是狹窄的知識論下的產
物，學生應該學習更多元的研究方法；其三，公共行政應該不只向政治學
學習，還有其他的領域（社會學、管理學、心理學）[15]，這種跨領域的本
質，雖然讓公共行政的認同問題不容易解決，但是學者 F. Mosher（1956:
177）就認為：「公共行政交疊與含糊的疆界應該被視為是一種資源，雖
然對那些直腦袋的人來說可能有些不舒服[16]」。當然，這種跨學門的自我
形象如果到一個極端，就會成為 Rodgers 與 Rodgers（2000: 442）帶一點

---

[14] 公行學者也有提出如何開創屬於公共行政學系專有的量化方法，並且認為這些選擇也有助於
公共行政理論與實務對話的要求，相關文獻請參 Gill and Meier（2000）與 Meier and Keiser
（1996）。

[15] 一般而言，公共行政學界是較為排拒獨尊量化的方法取向，有時甚至會擺盪到排斥量化研究
的另一個極端，在台灣其結果就是，上述方法論的論戰，如果以台灣公共行政學門為例，學
者孫同文（1998）的研究指出，學界在口頭上非常排拒「實證主義」（positivism），但是，
從1990 年以前的學術期刊發表當中統計，真正所謂實證的論文是少之又少，從這個事實看
來，對於實證主義的攻擊，只能說是一種「進口的假對話」（imported pseudo-dialogue），
也就是說，攻擊的對象在台灣公共行政學界並不存在。

[16] 原文如下：The "overlapping and vague boundaries of public administration should be viewed as a
resource, even though they are irritating to some with orderly minds."

嘲諷意味的說法[17]：

> （如果）我們（公共行政）作為一個學門的任務，就是去偷竊、
> 商借或是哀求其他的學門來加入討論當代社會複雜的問題，我們
> 的認同的範圍就應該十分寬廣——「一種學術對話的聯合國」，
> 為何不一肩擔起目前的現狀，宣布公共行政研究的範圍是「沒有
> 範圍」？

　　總括來看，目前政治學與公共行政學發展相對位置，在價值上公共行
政學比較注重效率的基本價值，但是又無法離開民主價值的拉扯，因此，
從發展的軌跡上來看，公共行政學門也一直著重處理民主與效率價值衝突
的問題，而政治學門則是在方法上持續朝向實證主義的方向移動，公共行
政學門並沒有參與政治學這兩次的方法論革命，因此在學門整體研究方法
的觀感上，是較為「落後」的[18]。接下來，本章將從行政改革的修辭策略
的角度，來討論政治與行政二分的議題。

第三節　政治與行政二分：改革的修辭策略

　　政治與行政二分的第二種意義，是一種改革的修辭策略（reform
rhetoric strategy）。傳統以來，公共行政學界的起源，常被追溯至

---

[17] 原文如下：“Out mission as a field is to steal, borrow, and beg from other disciplines to address the complex problems of a modern society. Our identity must be broad in its scope – the United Nations of academic discourse. Why not yank the stakes that have been set in concrete and declare out territory boundless?” 該文中還有一項有趣的地方，他們將美國公共行政學界 91 位永久職位的助理教授作為一個研究群體，比較所謂的「不受制約的雜種」（Undisciplined mongrels；發表論文不只限於 PA 期刊）、「忠誠的純種者」（Disciplined purists；論文發表只限於 PA 期刊）與沒有期刊發表的公共行政學者之間的學術表現，發現下面有趣的事實。首先，全部期刊發表只有少量文章發表在純 PA 的期刊者，也就是那些「雜種」，學術表現最好，勝過全部都發表在 PA 期刊、大部分發表在 PA 期刊者、都不發表在 PA 期刊以及沒有期刊發表者；再者，都不發表在 PA 期刊比起全部都發表在公共行政期刊的公共行政學者，發表品質高出四倍；最後，所有文章都發表在 PA 期刊的學者與那些從來沒有發表期刊的學者（只有書與研究報告），所獲得學界的引用率是相差不多的。

[18] Waldo（1990）認為政治學與行政學之間麻煩的間隙之所以存在的原因，其中之一就是公共行政學門發展沒有積極參與政治學的行為主義革命。

1887 年 Woodrow Wilson 的〈公共行政的研究〉（The Study of Public
Administration）一文，然而，這個「疆域劃分」（boundary-drawing）的
重要里程碑，雖然催生了一個新的學門，但是也給這個學門的發展，烙下
了一些永遠的印記。這其中最重要、最令人困惑、但卻最吸引人的，就是
「政治與行政二分」的概念（politics/administration dichotomy）。Wilson
在該文中曾經這樣說：

> 行政的領域是一個事務性的領域，不同於吵雜的政治領域，……
> 行政應該處於政治領域之外的，行政問題不是政治問題。政治雖
> 然可以決定行政的工作，但是政治不應該操縱行政[19]。

事實上，政治與行政二分的概念並不是源於 Wilson，學者 Robert D.
Miewald（1984）認為 Wilson 的思想受到歐陸（尤其是德國行政理論）的
影響，另外，這種「分立」的想法很早就存在西方社會中對於權力使用的
不信任（distrust）傳統之中。社會學巨擘 Max Weber 對於社會上權威與
支配力量的組織與來源的正當性研究中，就將官僚體制看作是「法治－理
性」社會（legal-rational society）的關鍵元素與主要威脅，Weber 關注的
重點是擁有權力官僚體制「失控」（running away）的社會焦慮，也就是
專業的僕人轉變成為掌控社會新階級的恐懼，因此，官僚在社會中所扮演
的角色，不應是提出個人意見並廣泛地介入政治決策，而是培養他們對於
如何適當且有效地完成上級決策的責任意識，不然官僚會因為自己的專業
優勢與幕後運作的保護，將手上的權力隨己意使用（比方說，專業用來先
幫助認識的人），更糟的狀況是真的相信自己是社會上特殊的統治階級，
麻痺了自己對社會的回應性感受（比方說，認定社會上的問題有很多是無
知的民眾自作自受的），根據 Fry 與 Nigro（1996）的整理，Weber 限制
官僚體制運作範圍有下面四個主要理由，一方面是政治與行政二分概念的

---

[19] 原文如下："The field of administration is a field of business. It is removed from the hurry and strife
of politics; ⋯ administration lies outside the proper sphere of politics. Administrative questions are
not political questions. Although politics sets the tasks for administration, it should not be suffered to
manipulate its offices."

一個重要的起源[20]，另一方面也是官僚體制改革的主要策略方向：一、限制官僚體制運作與民主治理的理念是一致的；二、這種限制是站在一種公平應用法律的概念上；三、這種限制提供一種免於權力任意使用的保護；四、這種限制也可以防止官僚僭越篡奪了政治權力。在西方，這種「官僚威脅論」的意識是有其政治哲學背景的，美國的開國元勳 James Madison 在《聯邦人文獻》（*The Federalist Papers*; Cooke, 1961: 349）《聯邦人文獻》所說的話，就是依循這樣的傳統來的，他說：

> 如果人是天使，政府是不必要的，如果是由天使來統治，對政府內控與外控的機制都是多餘的。建構一個由人來統治人的政府，最困難的地方在於：你必須先讓政府能有效控制被統治者，再就是要讓政府能夠自己控制自己[21]。

面對這樣的權力運作問題，Madison 所提的解決方案就是「野心壓制野心」（ambition against ambition）的「分權」（the separation of powers）概念，根據 M. J. C. Vile（1998: 2）的看法，西方憲政主義的起源，是在於學者試圖解決關於統治關係的一項主要的「困境」（dilemma）：「如何一方面維繫政府權力的行使，以保障社會共同的價值觀，但一方面又不讓這項權力的存在，反過來威脅到它所要保護的社會價值。」學者 Vile 更進一步認為，除了代議政府的概念之外，就屬「分權原則」最能代表這種掙扎主要的制度性解決方案[22]，學者 Van Riper（1984: 214）也認為 Wilson 文

---

[20] 原文如下：" (1) It is consistent with democratic governance; (2) It embodies a concept of justice based on equal application of the rules; (3) It provides protection against the arbitrary exercise of power; (4) It affords protection against the usurpation of political power by the bureaucrat."

[21] 原文如下："In framing a government which is to be administered by men over men, the great difficulty lies in this: You must first enable the government to control the governed; and in the next place, oblige it to control itself."

[22] 這兒事實上還應該包括美國的「聯邦主義」（federalism）的設計，使得大面積的民主共和國成為可能，請參 Riemer（1996）一書，作者將 James Madison 的這項創新，視為政治領域當中的重要的創意突破。民主制度安排一般而言應該包括三大問題的解決，一是如何建立政治統治中心；二是如何解決統治階級與非統治階級間的流動？三是，如何解決應地域差異所產生的治理問題，這三項問題，落實到制度設計的層次上，就剛好是行政與立法（或再加上司法）關係，選舉制度及中央與地方關係，而這三項憲政議題，而民主制度的發展就用「制衡原則」、「代議民主」與「聯邦主義」三種設計理念來含括，而美國憲法可以說是解決這三大問題的經典教材。

章背後是有美國憲法中分權制衡的影子；新制度經濟學（new institutional economics）當中所謂「諾斯悖論」（North's Paradox）也有這種思想掙扎的痕跡，一方面國家視維繫財產權為重要基礎，沒有財產權的維繫，就沒有經濟發展；但是另一方面，國家權力又常常侵害個人財產權，或是建立無效率的財產權規劃，使得經濟衰退（如社會主義體制），學者王耀生總結諾斯國家悖論，就是：「沒有國家辦不成事，有了國家又常製造麻煩」（王躍生，1997：110）。Donald Kettl（2000b: 15）就認為這種分權的概念是美國公共行政背後政治理論的四大傳統之一[23]，事實上，「政治與行政二分」的原始意識中，也有隱含藉由公共行政的獨立科學化，帶來對政治領域混沌的某種「專業制衡」的意義，它是帶有強烈規範性與經驗性目的，就像學者 James H. Svara（1985）認為，政治與行政二分有規範性與經驗性的面向，在這樣的邏輯當中，改革有規範性的意義，也是政治行政二分概念最重要的推手。

　　然而，有趣的是，政治與行政二分的概念雖然引起非常多的討論（比方說，Svara, 1999; Overeem, 2005; Demir and Nyhan, 2008；吳定，1991；彭錦鵬，2002；韓保中，2007），也展現其重要性，但是並沒有成為公共行政研究的經驗共識，相反的，目前的經驗共識反而是政治行政兩者是不可分的，當然，這是受到美國公共行政研究的影響；學者 Hal Rainey（1990: 173）就認為已經有大量的證據顯示政治行政二分的概念是「沒有基礎的」（unfounded）；組織理論著名學者 J. G. March 與 J. P. Olsen（1989: 141）也認為：「我們都『知道』政策決定與公共行政理應有所區隔；但是大家也都『知道』，政策決定與公共行政事實上是無法確切地被區隔開來的」[24]，面對制度設計要面對原則性的衝突的時刻，他們稱政

---

[23] 另外三項是 Wilsonian，強調科層統治；Hamiltonian，強調行政強勢由上到下的領導；Jeffersonian 強調弱行政與從下到上的決策。

[24] 原文如下："Everyone 'knows' that policy making and administration should be kept distinct. At the same time, everyone 'knows' that policy making and administration cannot be kept distinct and that the distinction itself is difficult to make precise." 這兩位學者接著認為，保持問題的模糊性所能得到的豐富想像，有時會比急於去純淨化許多原則來得有意義（…it is better to elicit richness from ambiguity than it is to purify principles.）。

治與行政二分是「不完全原則之間的切換」（alternation among incomplete principles）；最後，Dwight Waldo（1990）更說過：「政府的必要成分就是行政，而且行政是政府最大的部分，我們怎麼能夠忽略它呢？[25]」因此，挾著美國「進步年代」（progressive era）諸多改革思惟的政治與行政二分概念[26]，事實上是無法切割的；但是有趣的是，即便是「不可分」的呼聲是嘹喨的，這個「古老的行政諺語」（ancient administrative proverb; Peters, 1978: 137）為何還可以持續在公共行政的領域上空盤旋久久不散？有一個理由是學者 Patrick Overeem（2005）認為，大家一片壓制二分努力的同時，卻沒有放棄文官「中立」性的追求，只是將「政治」與「政策」分開，前者必須遠離，後者必須介入；但是，如果我們將政治當作「目的」，而「政策」當作手段，學者又告訴我們這兩者事實上是相互影響的，這樣政治與行政二分的討論就更加撲朔迷離，當然，愈難談愈複雜的事務，反而會成為學界談論更多的基礎。另外一個理由，就是政治與行政二分的概念產生，並不是源於學者對理論發現的興趣，而是有其時代上實務考量的功能，也就是說，它是美國在進步年代的一種「改革的修辭策略」，這種修辭主要有三個部分：一是「二分法」，二是「遠離政治」，三是「科學管理」。

其一，二分法是一種論述的方法，將整體的事務分成兩個相互排斥的概念，用來描繪與理解那整體事務的內涵，比方說，新政府運動 Osborne and Gaebler（1992）的改革語言中，就有使用「二分法」論述，

---

[25] 原文如下："An administrative component is necessary for there to be a government, and since it is quantitatively the largest part of a government, how can it be ignored?"

[26] 請參 Anderson（1990）、Wiebe（1967）關於進步年代的討論。進步年代所產生的改革成果，包括官僚體系的功績制、祕密投票、女性參政權的賦予、聯邦參議員的直接選舉與市政經理制的推動等。進步主義（progressivism）是一種「回應性的運動」（reactionary movement），美國的發展在 20 世紀初期遇到許多政治、社會、經濟問題的瓶頸，必須進行新的改革，當時，這種渴望改革的意念有兩個重要的環境因素，第一，在 1900-1910 年的十年之間，約八百八十多萬外國移民進入美國，對整個社會造成衝擊，「政治機器」（political machines）提供工作機會給這些新移民，但是也以各種方式控制他們的投票傾向，而黑社會收納這些新移民，形成許多社會問題。第二，由於經濟快速成長，美國早期的大企業開始成長，美國開始從傳統的農業生產轉型成為工商業的社會，但是大企業壟斷商機、雇用童工以及政商勾結等行為，也成為美國社會大眾所關注的社會正義問題，許多貪腐、黑金政治以及社會剝削等等問題待解決。

「掌舵」（steering）但不一定要「划槳」（rowing）就是藉由「二分法」方式，比喻企業型政府應該慎選其作為以節約成本；再者，Herbert A. Simon（1947）在其名著《行政行為》（*Administrative Behavior*）所稱將決策過程中「事實判斷」（factual judgments）與「價值判斷」（value judgments）分開討論的概念，也是二分法的一種應用；另外一個例子，就是學者 Mark Bevir（2006）討論民主治理的內涵時，將目前的應用都當作一種「系統治理」（system governance），它認為網絡比起科層是較好的治理選擇，但是，系統治理的目的仍然是讓統治者有效地進行統治，並不是落實人民自主，因此，作者提出另外一種「基進民主」（radical democracy）的觀點，認為民主治理的改革不能只停留在系統控制的觀點，必須不斷地強化民眾自治的能力與範圍，逐漸擺脫強勢團體與制度所給予的枷鎖，學術上二分法的對比往往成為絕佳的改革修辭。

再者，公共行政作為一種政府改革的訴求，第二個焦點就是「離開骯髒的政治」，這種「妖魔化政治」的修辭是有改革賣點的，事實上，公共行政的正當性（legitimacy）來源，是一種「非政治的公共事務專業工作者」，到目前為止，這樣的論述仍然被當作實務建議最好用的論述框架，比方說，黑堡宣言（Blacksburg Manifesto）中公共行政正當性的角色，是為了補足代議民主功能性不足的理念，它就是政治與行政二分一種變形的論述（Wamsley and others, 1990）；另外，學者 Kenneth Meier（1997）曾經以「更多的官僚，更少的民主」（More bureaucracy and Less Democracy）來主張美國目前應該走的治理改革方向，認為右派改革「怒斥官僚」（bashing bureaucracy）的行為無法為美國政府的治理績效帶來任何幫助，因為主要問題並不是在官僚體系，而是在民主選舉的制度，因為這些體制下的人已經被訓練成專注於下次選舉的機器，他們的專業在贏得選舉，卻缺乏審議（deliberative）與解決政策衝突的能力，這樣的論述背後最重要的框架就是政治行政二分的概念。

最後，科學管理也是一種改革的修辭，理性（rationality）的管理是近代管理學的發展重點，從科技文明發展而產生的邏輯實證論（logical positivism），認為社會的改革也可以依循自然科學發展而獲致成功，這是

一種「社會工程」（social engineering）的自信，科學管理之父 Frederick W. Taylor 在他最著名的《科學管理原則》一書的前言中談到，撰寫該書的目的就是為了回應總統 Roosevelt 對於提昇「國家效率」（national efficiency）的改革呼籲，他認為我們日常生活中就有許多不效率的地方需要改變，而改變的方式不是尋找聖人而是藉由系統管理，這種方法的特點，就是以清楚定義的原則為基礎，這些原則就可以應用到人類生活的各個層面，包括家庭生活與國家運作，他的科學管理原則論影響早期公共行政的發展，1937 年由 Luther Gulick 所提出的七項行政工作的元素 POSDCORB（規劃、組織、員工、指揮、協調、報告、預算）[27]，就有科學管理的影子，當代新公共管理改革中全面品質管理（TQM）、高績效組織（high-performance organization）以及持續改善（continuous improvement）等概念或口號的背後，仍是充滿了科學管理的改革正當性，當然也都是以「分」來推動改革的修辭。

綜括來看，不論是二分法、遠離政治還是科學管理，在 Woodrow Wilson 時代的美國，還是目前的台灣，都有其改革修辭的共通性，當然，改革正當性的修辭雖然誘人，但是其功能僅止於此，真正務實的改革者仍然清楚，如要改革成功，最重要的仍然是了解行政的政治性格。

第四節 政治與行政二分：行政的政治性格

政治與行政二分的第三種意義，就是二分的努力事實上也是一種宣示，宣布公共行政問題有其揮之不去的政治性格。Levine、Peters 和 Thompson（1990: 106-129）認為公共行政的政治性格共有三種：一、裁量權的應用：擁有大量裁量權的機關對政策具有龐大的影響力，因此，裁量權的本身就是一種政治權力；二、民選（任命）人員的政治化企圖：包括

---

[27] 這個想法是從一位法國的礦業工程師與管理理論家 Henri Fayol 在 1916 年所提出的管理五元素修改而來的，原始的五個元素是：計劃（planning）、組織（organizing）、命令（commanding）、協調（coordinating）、控制（controlling），學者稱這段時間為尋找「純粹行政原則」（nomothetic principles）的時代，請參 Caiden（1984）。

總統或是政治任命人員對官僚的任命、派遣任務以及打考績等，另外，國會對官僚政策執行的影響也是一種政治化官僚的企圖；三、源於行政運作中的資源配置問題，包括政策手段與目的之爭議、部門之間互賴的現實衝突、行政資源的有限性、議題重要性的排序以及權力分享的爭奪等。更重要的，前一節當中所談到的行政改革的呼聲，都必須了解其背後存在政治性的框架，這就是為什麼行政改革常會演變成一個政治問題，必須用政治的方法來解決[28]，這就是學者 John Gaus（1950）所言：「任何行政理論都是一個政治理論」；比方說，比較政治學者 Barbara Geddes（1994）研究拉丁美洲的行政改革在民主政體中最重要的議題，就是政治人物面臨一個行政改革的困境，一方面，讓官僚體系專業化是提升國家能力的重要步驟，包括考試用人、政治中立法治化等改革，目的都是要建立官僚體系的「政治絕緣」（political insulation）本質；但是另一方面，官僚體系專業化會讓政治人物失去為勝選操作國家機器的能力，更重要的，政治人物的改革一定會面臨「分贓制」下既得利益者的反彈，這些人通常都是政治人物的「抬轎者」，事實上，這是許多民主化過程中的國家，都面對到行政改革的政治困境問題。

　　然而，行政與政治分不開並不代表行政就必須從屬於政治，事實上，許多先進國家建構官僚體系的實際經驗中，又不乏建構官僚體系獨立專業的努力，因此，在公共行政學界的討論上，常常呈現一個兩極的思維態勢。一方面，強調民主（政治）的這一邊，認為官僚體系應受制於民主決策機制，回應人民的需求，將民眾當作是「顧客」，民主在治理問題之上優越的正當性無可質疑（Gruber, 1988; Osborne and Gaebler, 1992; Osborne and Plastrik, 1998）；另一方面，那些將官僚體系當作民主混沌本質守護者的一邊，認為從公共利益、憲法精神與倫理等角度，公共行政的獨立精神與使命應該被重建（Marini, 1971; Wamsley and others, 1990; Frederickson, 1997），其獨立的正當性也是無可質疑的。這種兩元的態勢，讓官僚體系

---

[28] 這就好像是政策分析當中的成本效益分析與政治可行性評估的關係一般，有再「好」的方案，但是政治上不可行也是沒有意義的，相關討論請參本書第十一章的討論。

在倫理上，必須服膺時而相互衝突的兩套行為準則，加上公共利益的模糊性與不確定性，讓政治與行政二分問題的學術爭議，也延燒到了實務界。

公共行政學界從政治與行政二分議題所產生的認同問題，為「民主治理」的理論發展，提供了生長的沃土，這也是行政學與政治學最重要的連結所在。就其內涵來說，相對於 Wilson 政治與行政二分的論述以外，Waldo（1952; 1981）的「最適混合」（optimal mix）觀點可以為另一個代表[29]。Waldo（1981: 93）認為公共行政的先輩如 Woodrow Wilson 與 Frank J. Goodnow 等人並非是要將政治與行政強行切割，他們所尋找的是兩者之間更好的連結，因為我們大多忽略掉這些提倡行政改革的先輩們，實際上都是政治改革的先鋒；早在 1952 年，Waldo 就認為，民主行政理論的核心議題是：「如何適當地結合人類對民主的渴望與對權威的需要」[30]，事實上，Waldo 也認為，這問題也是所有政治理論的核心關懷，因此，民主行政的理論就是一種當代的政治理論，而民主行政理論的論述中心，就是討論民主與官僚之間「適當結合」的理論；在這種結合的概念下，公共行政研究獨尊「效率」的研究取向受到挑戰，但也維繫了公共行政與政治學之間的關鍵臍帶。

當然，公共行政如何結合政治問題，尤以處理民主政治與官僚體制之間本質的衝突是最重要的，如果從政治學門來說，如何納入對官僚組織的研究，是一個重要的課題。1999 年美國政治學會的會長 Matthew Holden, Jr. 在他的會長講章當中（Holden, 2000），指出美國政治學界要在如何在新的世紀當中，持續強化學門的能力，就應該要朝四個策略領域邁進，它們分別是：「公共行政」、「政治利益團體」、「都市化」以及「政治經濟學」；Holden 將 Norton Long（1962）的名言「行政的生機源頭就是權力」（the lifeblood of administration is power），顛倒成「權力的生機源頭就是行政」（the lifeblood of power is administration），提醒政治學者如果

---

[29] 學者 Fry（1989）認為，Waldo 是公共行政學門中，「行政即政治」（the administration-as-politics）一派的主要倡議者。

[30] 原文如下：" The central problem of democratic administrative theory, as of all democratic political theory, is how to reconcile the desire for democracy with the demands of authority."

想觀察到真實權力的運作，就必須重視公共行政的核心價值（the centrality of administration）。

　　然而，這種提醒，也必須要回到政治學與行政學目前內容差異上才能找到真正的關聯所在，政治學門與公共行政學門最大的差異，是在於雙方對組織理論與行為的重視程度，政治學門近年追尋經濟學的發展，雖然表面上只是借用其分析方法，但是實際上從方法論上的個體主義當中，已經將組織這個概念放置到一個不能再邊陲的地位上[31]，而公共行政學門可以說是政治學所有次領域當中，保存組織研究最完整的一個地方。我們認為，這種忽略會讓政治學研究者，過分關注民主政治當中「偏好加總」（preference aggregation）的相關制度性議題，卻忽略了政府治理運作的組織基礎的議題，也就是說，研究民主治理的學者們，因為政治學與行政學的學門間隙，而產生對民主制度與治理組織之間的認知落差，以及忽略兩者連結重要性、因為降低了政治學整體研究與經驗世界的真實連結；因此，Terry Moe（1984）認為，政治學內的理性選擇革命，並沒有能幫助政治學者了解官僚體系或是科層體制的重要性，他說：

> 至少到目前為止，實證政治學的發展並未對我們了解官僚體系作出貢獻，一方面主要是這些理性選擇或是量化模型長久以來就不受公共行政學者的重視，另一方面則是這些實證學者對於發展官僚體系相關理論沒有興趣。

　　當然，Terry Moe 在二十餘年前撰寫這篇文章的目的，就是提醒政治學者這個空隙已經被一群經濟學者以組織經濟學補上了，有趣的是，後來的發展告訴我們，政治學遵循經濟學的實證研究方法，走到了民主政體研究的「新古典主義」時代，民主政治的本質是個人偏好的加總，好像市場一樣，但是回頭再次尋找研究組織動力的，居然也是經濟學內部的交易成本革命所誘發的；Ronald Coase（1988）從「交易成本」（transaction cost）的角度[32]，提問：「如果市場是最好的資源配置機制，為何還需要

---

[31] 純政治學系的課程已經很少將組織理論與行為當作必修課程，就是一個明證。

[32] Coase 關於廠商的論證最主要是在他發表於 1937 年 *Economica* 名為「廠商的本質」（The Nature of the Firm）壹文，這篇文章收錄在他 1988 年的著作集之中（Coase, 1988）。

公司的存在？」他認為新古典經濟理論中的完全自由競爭市場只存在一個
交易成本為零的虛幻世界當中，他的學說逼著經濟學者們重新思索「官
僚科層體系」（bureaucratic hierarchy）在經濟生產中的地位，這也使得經
濟組織運作的成本與控制問題，提上了學術檯面，更帶動了組織經濟學的
發展。事實上，從經濟理論的掙扎中，我們也依稀看到民主與官僚兩造掙
扎的痕跡，民主政治像新古典的市場理論一般，需要零交易成本的保護，
一旦接受交易成本不為零的事實之後，以官僚體系為核心的政治組織（政
黨、行政機關、協會等）就成為必需的，但是相對的控制問題也應運而
生，這就如全民公投是民主的理想國，且好似完全自由競爭市場一般，但
問題就在交易成本太高，唯一的選擇就是在使用政治組織的利益與監控其
行為的成本之間，取得一個滿意的平衡，因此，政治學者目前一些最新的
實證研究，即聚焦在官僚體系政治控制的問題上，而這個議題也應該是政
治學者重新認識官僚體系重要性的開始[33]。

　　總歸而言，行政與政治的分立所揭櫫的學門發展、改革修辭與行政政
治性格的三種意義，一方面是理論上的爭議，另一方面則是學界組織上的
現實，這兩種分立的因素成為這個「麻煩的間隙」最重要的背景，雖然從
組織上的融合是不可能的事，但是我們也將持續看見兩邊學界在研究意向
上融合的呼籲，不論是從政治學這一邊要求政治學者更重視組織（官僚體
系或是科層組織）在民主治理當中的意義，另一邊則是要求行政學者從純
管理主義當中走出來，重視民主與效率價值上的調和，進而能夠對民主治
理研究或實務提供方向。

第五節　台灣民主治理研究的調和需要

　　回到政治學研究最早的範圍，就是「研究國家的科學」，其中包括
國家的組織與功能，以及國家與國家之間的關係，這裡所說的國家是一個

---

[33] 官僚體系政治控制相關研究的回顧，請參 Huber and Shipan（2000）。

「保護性的團體」（protective association），阻止外在的威脅與維繫內部的秩序，因此，政治學門與公共行政學門間不論在知識上或是組織上，都應該有一些更有意義的連結，這就是 Matthew Holden（1996）認為，政治學與公共行政之間是彼此相互需要的基礎所在；因此，政治行政既然在民主治理的意義上，是無法分立的，雖然學術領域上或有組織認同的分別，但是這種分別不應該影響到古典政治學追求對國家治理問題的全觀式的態度。我們最後從台灣學界與實務界近十餘年改革的經驗當中，來再次確認這種連結的重要性。

　　本章先回到台灣的學界，從研究與教學兩個方面，來檢視台灣政治與行政的相對發展問題。首先，就研究的角度來看，我國最高的政治學研究機構——中央研究院政治學研究所，其揭櫫的發展方向有五個，分別是「台灣政治與新興民主國家」、「中國大陸研究與社會主義政經轉型」、「兩岸關係與國際關係理論」、「東亞政治變遷與全球民主發展」與「政治學研究方法」等，其中並沒有明顯以公共行政研究為主的領域[34]，可見在最高的政治學研究機構中，公共行政的主題並未納入，有趣的是，前兩章當中的論述顯示，近年民主化的研究已逐漸轉向「善治」（good governance）的跨國研究，這部分與一國公共行政的建構密不可分，政治與行政研究的合流有其可能性；另外，本章整理 1991 年到 2005 年國科會政治學門審查通過的專題研究計畫，分析公共行政相關研究的案件與金額比例，從圖 3-2 中發現，公共行政占整體政治學門的案件，不論就案件或金額的比例來看，都大約占四分之一左右（25%）。

　　如果就每一件研究案的平均金額來看，由於資料繁多，我們只計算了 2004 年的資料，但是我們將整個人文社會科學學門中各個次學門都做了計算，而特別將政治學門中的公共行政研究獨立計算（請參表 3-2），我們發現公共行政學的平均金額約 41 萬元，而政治學門如果去除公共行政研究案，平均有達 44 萬元，而所有人文社會科學學門的總平均約為 49 萬元，不論是政治學還是公共行政學都是低於這個平均數的，如果我們假

---

[34] 請參中央研究院政治研究所網站：http://www.ipsas.sinica.edu.tw/objective.php。

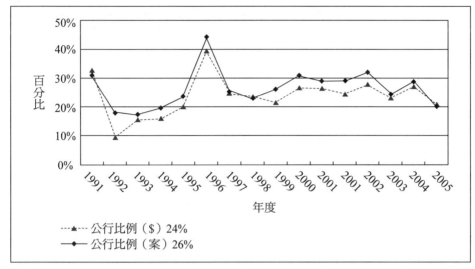

百分比

年度

----▲---- 公行比例（$）24%

——◆—— 公行比例（案）26%

圖表來源：國科會網站，本章整理。

圖 3-2　歷年公共行政研究案比例[35]

定這個平均值愈高代表某一個學門理論化與科學化的程度愈高的話，政治學門整體而言，還是與人文學門較為相近，也就是說，在理論化與科學化的道路上是還有發展的空間，而公共行政研究顯然比政治學門具有更大的發展空間。

　　最後，就教學的角度來看，我們也整理了過去四十餘年，政治與公行學門在台灣大專系所的發展，從表 3-3 當中我們可以發現，如果我們將政治與公行系所分為「純公行系」、「政治系包括公行組」以及「純政治系」等三個分類項目，1996 年之後是一個重大的轉變點，純公共行政學系從過去 45% 左右的比例，竄升到 65%（約三分之二），而純公共行政的研究所，也從以往約 30% 左右的比例，上升到 55% 左右，可見得在教學方面，公共行政學在台灣政治學門的重要性，日益增加，只不過增加的方式，是以獨立的系所方式為之，這樣的發展模式也可看出，民主政治的

---

[35] 民國 85 年度公共行政相關研究，有一次特別的躍升，幾乎成為政治學們的一半通過案例，從原始的網路資料當中，無法了解這個突然躍升的原因，但是從後面幾年的趨勢來看，這一年只是一個特例而已。

表 3-2　2004 年度人文及社會科學學類計畫平均金額排序表

93 年度人文及社會科學類計畫	通過總金額	總案件數	平均每案金額
人文社會經典譯註	4870400	16	304400
歷史學	54979300	155	354705
哲學	30583300	85	359804
法律學	57593900	157	366840
中國文學	92605500	236	392396
藝術學	46701200	115	406097
公共行政（獨立）	20132000	48	419417
外國文學	45630100	108	422501
人類學	11050300	26	425012
語言學	91972600	209	440060
政治學門（含公行）	95190100	215	442745
政治學門（去公行）	75058100	167	449450
其他	459800	1	459800
企業管理	429585104	918	467958
傳播	27264426	55	495717
性別研究	2481700	5	496340
圖書資訊學	9063000	18	503500
教育學	147759300	272	543233
經濟學	147759300	272	543233
體育學	55251800	99	558099
社會學	82924500	146	567976
身心障礙者輔助科技	2871200	5	574240
心理學	78191400	132	592359
科技與社會	6901600	10	690160
區域研究及地理	3709500	5	741900
基因科技的人文議題	33711900	34	991526
數位典藏國家型科技計畫	102779200	79	1301003
總和	1723232630	3524	488999

（圖中箭頭標註：總平均）

圖表來源：本研究整理自國科會網頁：http//www.nsc.gov.tw。

表 3-3　台灣政治學與公共行政學系成立時間統計表（至 2005 年止）

種類	序號	系名	成立時間												
			1940	1945	1950	1955	1960	1965	1970	1975	1980	1985	1990	1995	2000
純公行系所	1	台北大學公共行政暨政策學系													
	2	政治大學公共行政學系													
	3	文化大學行政管理學系													
	4	淡江大學公共行政學系													
	5	東海大學公共行政學系													
	6	空中大學公共行政學系													
	7	中央警察大學行政管理學系													
	8	中華大學行政管理學系													
	9	世新大學行政管理學系													
	10	暨南大學公共行政與政策學系													
	11	玄奘大學公共事務管理系													
	12	義守大學公共政策與管理學系													
	13	佛光大學公共事務學系													
	14	開南管理學院公共事務學系													
	15	銘傳大學公共事務學系													
	16	稻江學院 公共事務管理學系													
	17	中山大學公共事務管理研究所													
	18	東華大學公共行政研究所													
	19	南華大學公共行政與政策所													
混合	20	台灣大學政治學系													
	21	中正大學政治學系													
	22	東吳大學政治學系													
純政治系所	23	東海大學政治學系													
	24	政治大學政治系													
	26	文化大學政治系													
	26	中山大學政治經濟學系													
	27	成功大學政治系													
	28	佛光人文社會學院政治學系													
	29	中山大學政治學研究所													
	30	成功大學政治經濟學研究所													
	31	台灣師範大學政治所													
	32	中興大學國際政治研究所													
	33	彰化師範大學政治所													
大學部		純公行系	1	1	1(.25)	1(.25)	4(.44)	4(.44)	4(.44)	4(.44)	4(.44)	5(.50)	7(.58)	12(.67)	16(.64)
		政治系（有公行組）	0	0	0	0	1(.11)	1(.11)	1(.11)	2(.22)	2(.22)	1(.10)	1(.08)	2(.11)	2(.08)
		政治系（無公行組）	0	0	3(.75)	3(.75)	4(.44)	4(.44)	4(.44)	3(.33)	3(.33)	4(.40)	4(.33)	4(.22)	7(.28)
		小計	1	1	4	4	9	9	9	9	9	10	12	18	25

表 3-3　台灣政治學與公共行政學系成立時間統計表（至 2005 年止）（續）

種類	序號	系名	成立時間												
			1940	1945	1950	1955	1960	1965	1970	1975	1980	1985	1990	1995	2000
碩士班		公行所	0	0	0	0	1(.25)	1(.20)	1(.20)	2(.33)	2(.33)	3(.38)	4(.31)	9(.47)	15(.56)
		政治所（有公行組）	0	0	0	0	2(.50)	1(.20)	1(.20)	1(.17)	1(.17)	1(.13)	2(.15)	2(.11)	2(.07)
		政治所（無公行組）	0	0	1	1	1(.25)	3(.60)	3(.60)	3(.50)	3(.50)	4(.50)	7(.54)	8(.42)	10(.37)
		小計	0	0	1	1	4	5	5	6	6	8	13	19	27

圖表來源：本研究整理。
圖例說明：■■■ 大學部；■■■ 碩士班；▨▨▨ 表尚未成立公行組前的混合類型政治系，或者純政治系短暫成立公行組。

選舉成為常態之後，不論是實務界還是學界開始注意治理（governance）的問題，也就是說，民主轉型與鞏固過程中所遭遇的挫折，往往與民主政府的公共治理績效不彰有關（Diamond, 2008a），要如何在民主政治發展的過程中，同時處理治理績效的問題，其核心就是傳統公共行政與政策學系所關懷的焦點。

回到本節最開始的問題，我們可以有下列五點評論。其一，從歷史上來看，是行政學因為政治改革的需要，主動從政治學門中分立出來，一路上尋找自己的認同；其二，行政學在價值上的擺盪，較政治學劇烈，主要原因是「效率」是行政學無法逃避的一個主要價值，而它與民主價值之間有著複雜的關係；其三，政治學發展是在研究方法上不斷朝向「態常科學」（normal science）的方向前進，行政學則較注重與實務界的連結，也沒有參與行為主義與理性選擇的方法革命，政治學「看不起」公共行政學的核心原因在此；其四，目前政治學對行政學發展的不重視，包括價值與方法兩個部分，後者抹煞了公行的學術地位，前者則是忽視了民主的效率問題，而公共行政學對民主價值的不重視以及對量化方法的排拒，讓這個「麻煩的間隙」持續存在；其五，台灣學界的發展來看，政治學門中的公共行政研究約占了四分之一的地位，相對於整體人文社會科學學門的位置，政治學與行政學都有重要性上再進步的空間；而在教學的部分，近十年公共行政相關係所獨立的蓬勃發展，可能代表身處民主改革洪流中的台灣社會，對公共行政學的需求正在增加，值得政治學門重視。

　　接著，從實務運作的角度，我們也可以看出政治與行政整合的需要。陳水扁總統 2000 年上台所喊出的「全民政府」的口號，就是一個可以利用前述政治學與公共行政的連結來討論的問題。目前我國憲法對於行政與立法關係，不論在結構上有什麼爭議，都是民主政體之下的一種遊戲規則，只要符合一些基本的設計原則（如制衡），就是可以運作的制度；因此，即使各民主國家有極為不同的設計，但是哪一種最「好」，並沒有定論。憲政制度的功能，簡單來說，就是決定一國大政方針的程序，好比市場的價格體系。但是，單有制度是無法自行的，好比市場的價格體系，若沒有廠商組織的運作，其威力幾乎是一個空中樓閣，這就是諾貝爾經濟學獎得主 Ronald Coase（1988）所提出「交易成本」理論最核心的概念；相同的，民主政治也不能只有多數決，還需要相關組織協同運作才能成事。一個政府的治理問題，除了要有行政與立法關係的遊戲規則之外，還需要有政黨體系、官僚體系、利益團體等組織來協助治理工作之推動。就如 Oliver Williamson（1975）如此比喻：「組織好比物理學中的摩擦力，沒有它就不會有『動』（motion）的現象。」

　　事實上，我國民主治理的傳統，一直就是由國民黨列寧式的政黨組織所領導的「行政獨大」格局，加上國民黨與各式組織的緊密結合（官僚組織、民間團體與利益團體），形成一個縝密且穩定的治理組織，到了某種程度，我國在過去甚至不需要憲政制度也可以創造經濟奇蹟，可謂是組織壓過制度的一種極端統治典型。而這種架構在李登輝總統任內被發揮到了極致，因此才能隨著他個人的意志，在民主改革的大旗之下，反過來終結了國民黨自己的統治政權，將這個威權體制最核心的治理組織收服在憲政制度之下。

　　但是，阿扁總統上台後，似乎又走到另一個極端，就是「全民政府」：一個不需要「組織」就可以運作的民主政體。民主政治最「天真」的治理模式就是凡事由人民作主，但是因為「交易成本」太高，在實務上幾乎是不可能的，因此，任何運作良好的民主制度，都必須有各類堅實的組織維繫著。可惜的是，新政府啟動之後就一直糾纏在阿扁總統「全民政府」這個「天真」的治理模式當中，完全忽略「組織」在治理過程中的重

要性，例如與各政黨保持距離（包括民進黨）、改革先拿官僚體系開刀
（如法務部長陳定南與調查局的衝突）、避免與各利益團體接觸等，從治
理的現實面來考量，這些都是不利於新手上路的動作。套用學者的比喻，
新政府一直試圖消滅磨擦力，怎麼會動得起來呢？

　　更重要的是，從決策的角度來觀察，缺乏這些組織的資訊奧援，政府
的決策幾乎可以說是在「資訊貧乏」狀態之下專家獨斷的產物，少數政治
任命人員就決定我國未來幾十年的重要大政策方針，加上缺乏組織網絡間
的資訊傳遞，政策充分討論的廣度與密度都明顯不足，因此，像財經、社
福、掃黑金這些牽連廣泛、敏感度又高的政策，在行政與立法部門之間，
行政與司法部門之間，甚至是行政部門之間，因為溝通與討論不足而產生
進退失據的結果，也就不足為奇了。從我國民主改革的傳承來看，李總統
的歷史地位，是巧妙地運用國民黨威權組織而將其馴服在民主制度遊戲規
則之下；而阿扁總統的歷史定位，將會是在現有憲政體制所賦予的民意權
威之下，設法建立起一個全新「後國民黨黨國體制」的中央政府治理組
織，這組織將會是未來任何一個政黨上台都可以迅速上手的。

　　然而，陳總統的任期末期，被貪腐的陰影所遮蓋，也因此於 2008 年
失去了執政權，新上任的馬英九總統代表台灣已經通過 Samuel Huntington
所提「兩次政黨輪替」（two party-turnover）的考驗（1993），正式進入
民主鞏固的時代，隨著陳前總統陷入任內貪瀆的官司，世界金融風暴與
八八水災所帶來對新政府的民意震撼，更加顯示我國公務體系面對民主回
應性的價值，不論是心態或是技巧上都明顯不足，但是，為何一個在威權
體制時代就已經遵循考試用人的體系，從「功績制」的角度來說，台灣的
官僚體系起碼形式上能夠滿足西方民主國家的標準，但是，這些官僚面對
民主回應性的狂潮，為何顯得招架無力甚至毫無準備？我們可以從涉嫌洩
密的前調查局長葉盛茂的個案中，找到一些線索。首先，在葉前局長的起
訴書中，有下面的一段話：

　　……總統貪瀆是國家最大的貪污犯罪，調查局為國家情報、治安
　　機關之一，葉盛茂身為局長不但沒有依職務程序陳報檢察機關處

理，反而徇私以欺下瞞上，致失啟動洗錢案偵查先機，不僅有愧職守，更嚴重戕害司法警察機關應獨立超然的威信，違法亂紀莫此為甚[36]。

但是，法官在起訴書中所言的「獨立超然」性，真的存在我國公務員的價值觀內嗎？我國傳統以來科舉考試制度所選拔出來的人員內心，與英美民主國家以考試選拔出來的人員有何不同？事實上，雖然形式相同，但是本質十分不同，因為科舉出生的平民，他以自己的才能受到拔擢，效忠的對象是皇上，但是，民主國家所選拔出來的公務員，其效忠的對象是人民與國家，因此，在非民主國家的考試用人制度所選拔出來的人才，如果遇見領袖與人民利益相衝突的狀況，只能選擇站在領袖這一邊。在調查員改革協會的網站上，有人針對葉前局長的一審判決書，有下面的論述[37]：

……然自古至今，在本國的公務員眼裡黨、國、元首，從未分清楚過，中華民國公務員所效忠的對象從來不是國家與人民，而是黨，是元首，因為這些對象與它的升遷有直接密切的關連，升遷當然包含發財，故奴性鮮明而強烈者非本國公務員莫屬，你不把它當奴才它還認為你怪，認為你瞧不起它呢。

如果我們以非民主與民主時代的委託代理關係來作一個對比（請參圖3-3），圖中政務人員與事務人員的關係是一種平行的「威權遺緒」（authoritarian legacy）移植，陳敦源與蔡秀涓（2006）的研究中，將報紙新聞中「行政倫理」的意義做了一些分析，發現與民主國家討論行政倫理就是價值衝突下之困境抉擇的意義，並不存在我國官僚體系的用語意識中，「行政倫理」一詞在我國官場的用法只有一個，就是「下對上順服」的意思；由此可知，我國民主轉型過分注重憲政與選舉，對於公務體系的行政倫理架構面對民主時代的準備不足的問題，著力不深，因此，其後果就是，當文官不論從制度或是心態上回應民眾需求能力不足的前提

36 取自調查員改革協會網站：http://www.mjib-tw.org/Forum/Forum-Detail.aspx?seri=939&CurrentPage=0，日期：2009.8.18。
37 同上註網站，查閱時間相同，作者為「大法官」，貼文時間是2008年12月23日。

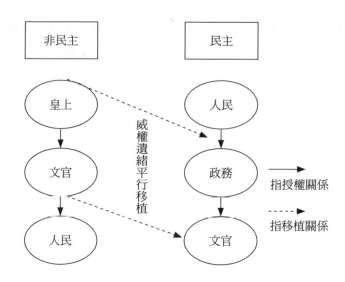

圖 3-3　我國行政倫理威權遺緒的平行移植

下，會進入一個惡性的循環：民眾需求的複雜難解，動不動就容易受到責
難，加上我國並沒有英國文官「無名」的保護，還可能被政務人員當成政
策失敗時卸責的代罪羔羊，因此文官為了保障自己升遷與優厚終生俸的權
利，產生官僚專業退卻的現象，行政中立法雖然已經通過，但是「勇於任
事」的積極面預期並不會出現，反而會成為官僚體制專業上「不行動」
（inaction）的保護傘，這項問題如果無法解決，我國民主時代國家能力
的展現就會產生嚴重的落差。

　　學者 Gill 與 Meier（2000: 158）曾經說：「如果政治學者研究 1992
年選舉，做了一個錯誤的預測，影響並不大，柯林頓仍然會當選，但是，
一個公共行政學者研究一個教育政策時犯了大錯，因為他的研究會影響政
策走向，後果是較為嚴重的」，從這個思維看來，國家治理機制改革的問
題，如果出現學門領域所產生的偏誤，問題就更嚴重了，因此，台灣政府
治理困境歸咎於憲法是無濟於事的，唯有確實認清政治學與行政學在台灣
民主改革之路上必須相輔相成，才能達成改革的歷史任務；而協助國家尋求
建立全新的治理組織之道，因此，目前政治學界站在憲政改革、公共行政學
界站在政府再造的角度進行國家治理機制的改革，的確是有對話的需要。

　　在實務上，目前台灣民主化已經進入了民主鞏固的時代，民主選舉或是憲政改革的重要性，已經逐漸被治安問題、健保政策、環境保護等等議題所超越，民眾所要的已經不單單是在威權體制時代所渴望的「當家作主」而已，「牛肉在哪裡」比起那些打高空的改革口號是民眾更為實際的關注，國家存在不只是作權力分配而已，如何有效地回應人民的需求，創造安定幸福的環境，才是政治的極終目標，單純地關注選舉與修憲或是其中各黨各派權力消長的算計，反而讓政治學門「小看」了自己的研究領域真正應該負起的社會責任。

　　總括而言，缺乏公共行政研究的政治學，忽略政治目標的實現問題，也讓台灣政府改革的核心，停留在為選舉急就章的表演政治，政治學應該從公共行政研究了解治理的複雜性（Meier, 2007: 7）；但是另一方面，缺乏政治學論述的公共行政，在民主理論與政治哲學上缺乏公共議題本質的反思能力，除了讓從私部門管理請來的「績效之神」牽著走之外，無法面對改革的政治現實面問題，因此，台灣的政治學與公共行政學界要如何在關鍵的議題上進行合作，成為台灣民主治理研究領域的重要問題。

第六節　小　結

　　如果我們回到 19 世紀古典政治學的發展起頭，對照不論是政治與行政的二分，或是理論與實務落差的現象還不存在的時刻，我們可以看出目前不論是政治學或公共行政學面對實務界千變萬化的發展，是處在落後的情勢當中，美國學者 Donlad Kettl（1999）就曾經說：「公共管理者今天發展出新問題的速度，快過公共行政學者了解這些問題的速度，公共行政學門雖然不用亦步亦趨，但是公共行政理論如果真要有意義，就必須理論化那些重要且不斷興起的問題[38]。」但是，這個情況事實上也表

---

[38] 原文如下："Public managers today are developing new problems faster than public administration is developing an understanding of them. The subfield does not have to respond by being trendy. But if theory is to have real bite, the subfield must be theorizing about the problems that matter, and those problems are rapidly evolving."

示，民主治理研究與其他社會科學學門一樣，是離不開經驗問題所引導的（problem-driven）學門，這個認知是不斷追求科學化的政治學門應該深刻思考的；當然，作為學者，過分追著流行的問題跑（being trendy），讓學界與實務界的區別模糊，反而會讓學術的價值減損，因此，學界對於經驗問題「理論化」的努力，就顯得格外重要，這個部分當然是公共行政學門要加強的地方。但是，何謂重要且新興的問題呢？我們認為，這個部分必須回到本土的時空環境當中才能清楚體會。台灣民主治理的研究必須面對一個重要的兩面壓力，一方面要面對其他如經濟學等社會科學「不夠學術」眼光，另一方面又面對實務界認為我們「聽不懂實務問題」的質疑，在這樣的雙重壓力之下，民主治理的研究必須要有明確的發展策略，這個策略必須包括方法與內容兩個部分。

在學術專業發展上，應該強調方法工具的訓練，可以分為三個方面：一是社會科學的哲學，二是量化研究方法，三是質化研究方法的深度訓練，多元但專業的方法論訓練，是學界生存能力培養的基礎，比方說，最新的研究中有使用複雜的統計模型來研究政治與行政二分這種被認為是論述性的議題，也獲致有趣的結果（Demir and Nyhan, 2008）；再者，在研究的議題上，應該朝向三個方向前進：一是民主治理研究，這是本書倡議的重點，從民主回應與專業責任兩個價值的互動當中，尋找民主治理機制的相關研究議題；二是專業公共政策研究，不論政治學界或是公共行政學界，都會因為不了解細節而被排拒在專業公共政策研究之外，面對外在環境五花八門的政策議題，政治或是行政學者也有必要針對自己有興趣的政策議題，深入發展，再結合民主治理研究的專業，提出相關的政策建議；三是跨域治理研究，現在的民主治理議題，早就已經跨越公私部門、時空與國界了，不論是政治學或是公共行政學，應該共同正視這個治理內涵改變的潮流。這樣，在學術研究科學化的要求下，我們既可以回應社會科學發展學術化的需求，也可以更深入與實務界結合，這像一個產製過程，一方面與實務界接觸的過程中，以我們既有的理論訓練，將問題釐清與定位，再用我們良好的方法論訓練，將問題演化成各種研究的議題與內容，其中並注意兼顧決策者解決問題的需要，最後出來的研究成果，不但滿足

了學術的要求，也對實務界所新興的問題，有了專業的回應，而在共同面對這些關鍵議題的過程中，政治與行政這個「麻煩的間隙」，也可以得到一定的紓解。當然，本章並不預期能夠改變學界資源競爭的本質，改變學界既有的疆域以及從屬關係或意識，但是卻預期能夠提供一個跨領域的思考空間，從民主治理學術發展的角度，討論政治學與行政學研究之間適當的合作關係，而透過這種關係，學界將可透過研究方法、議題以及價值等方面的整合，協助學界思考與民主治理相關的議題時，能夠有更寬廣、更平衡與更系統性的觀點。

在下兩章當中，本書將轉向到民主治理研究方法的討論，由於本書主要的論述內容，是依循由政治學與經濟學所共同發展出來的「當代政治經濟學」（modern political economy），本書將先在第四章中以「實證政治學」（positive political theory）的開山祖師 William H. Riker 為例，討論當代政治經濟學的內涵，接著在第五章當中藉由為公共選擇理論在公共行政學界中的定位辯護的機會，介紹當代政治經濟學在公共行政可能的貢獻所在。

第四章　當代政治經濟學

效率是（公共行政）正統論中持續存在的核心教義，現在雖然沒有人相信政治／行政二分這檔事，但是對於「價值決策」與「事實決策」分離的說法，仍然常常藉由效率一詞而出現。……但我相信將價值除外的「事實決策」是不存在的，決策是不同方案的選擇，方案的選擇就必須引入價值，Herbert Simon 對公共行政理論有巨大的貢獻，但是，如果他能從自己方法論的枷鎖中解放出來，貢獻會更大。

—— Dwight Waldo

不論 Waldo 先生討論（我的理論）的前提是否正確，我看不出來在政治哲學（行政哲學）的討論中，我們要如何在鬆散、文學性以及隱喻的思考與寫作風格中求進步？這樣在政治哲學討論中被容忍的不精確，即便是在基礎邏輯課也會被當掉的……。

—— Herbert H. Simon

Simon 教授指控我褻瀆了邏輯實證論的聖地，我想我是這樣做了，我用這樣的聳動說法，是因為 Simon 教授似乎是世俗年代中少有的狂熱信仰者，他的信仰狹隘但堅定，不容許一丁點的異端與罪性，他方法論上的救贖之路是直接、狹窄、單面向以及被私人所擁有的。

—— Dwight Waldo[1]

1　這一段對話是引發自 Waldo 著名「民主行政的發展」（Development of Theory of Democratic Administration）的文章（Waldo, 1952; Simon, Drucker, and Waldo, 1952），其中對於引進民主概念與公共行政效率概念的基本衝突所在，Waldo 舉 Herbert A. Simon 著名將決策事實與價

第一節　前言：公共行政的理論救贖？

　　公共行政理論化的呼聲自這個學門發跡以來，就沒有間斷過，從第三章的討論當中，我們可以了解到相較於政治學門的發展，公共行政學研究並未參與政治學 1950～1960 年代行為主義與 1980～1990 年代理性選擇革命的風潮，一方面，這種自主性保留了許多政治學早期對主觀知識的熱忱，維持了學門一定方法論上的多元性，讓理論與實務有更寬廣的連接空間；但是，另一方面，公共行政在理論發展上，欠缺了與其他社會科學學門溝通的理論思考模式，讓公共行政學界背負著理論建構上落後的名聲。當然，學界內部對於理論與實務以及何為理論仍有不小爭議，如本章一開頭兩位行政學大師級的人物 Dwight Waldo 與 Herbert A. Simon 之間用詞辛辣的對話可以看出，這種爭議有時非常容易轉進入人身攻擊的地步；但是，在這些方法論爭議出現根本性的答案以前，新一代的公共行政學者，實有必要針對未來公共行政學門可能的理論化方向進行了解。本章的目地，就是有系統地引導讀者深入了解公共行政學界最新的發展中一個重要的理論取向——「理性選擇理論」（rational choice theory，本章也將使用 "RCT" 為代表稱呼），它也是當代政治經濟學不可或缺的核心理論。

　　當然，對 RCT 的了解並不涉及 Waldo 眼中那種宗教崇拜的狂熱，只是提供公共行政研究多元方法傳統中一條可選擇的理論取向，畢竟，選擇權仍然在每一位研究者的手中，但是，RCT 在公共行政研究中並沒有被適當地理解，甚至時而有所誤會，也是不爭的事實，必須誠實面對。作者認為在民主治理的範疇中，以 RCT 的理論進行公共行政的研究，起碼有三

值爭議分開的概念進行批判，Herbert A. Simon 也不甘示弱，進行強烈的回應，但是 Waldo 最後的回應，用語已經非常辛辣且經典，由於引文太長，在此只抄錄這段 Waldo 責備 Simon 的「信仰」的精采文字："Professor Simon charges me with profaning the sacred places of Logical Positivism, and I am afraid I have. I use this figure of speech because Professor Simon seems to me that rare individual in our secular age, a man of deep faith. His convictions are monolithic and massive, His toleration of heresy and sin is nil. The Road to Salvation is straight, narrow, one-way, and privately owned."

項可能的優勢：其一，民主治理研究涉及到結果導向的制度（或組織）設計議題，其中包含資源配置效率以及課責（accountability）的問題，都是RCT中代理人理論（agency theory）或是交易成本經濟學（transaction cost economics）長久以來試圖探索的研究焦點；其二，民主治理涉及到公共行政調和民主政治價值衝突的問題，關於民主政治的探索，RCT過去半世紀的實證政治學（positive political theory；接下來第三節討論的重點）發展，可以提供非常堅實與完整的基礎，讓公共行政研究能與民主政治充分結合；其三，民主治理的研究牽涉到集體行動與政策執行的議題，需要對於行動的動機或是集體決策的內涵進行深入的理解，過去RCT在社會選擇理論（social choice）或是賽局理論（game theory）的發展中，就是處理這種集體行動的問題，相信RCT對民主治理的相關研究能夠帶來新的啟發。綜觀而言，RCT不只是一個公共行政研究收納實證論的經濟學架構而已，它也能引發與民主理論相關的規範性討論，這就是為何Frederickson與Smith（2003: 198）嘗言：

> RCT對於傳統以描述性論述為主的公共行政產生了一個挑戰，它的一些倡議者認為，RCT應該成為公共行政的核心典範之一，這些倡議者不只將RCT當作一種用來了解官僚行為與公共服務生產的經濟學架構，它本身更被當作一個規範性的、以及民主的行政理論來看待。[2]

　　本章的架構如下，第二節當中，將討論RCT的範圍與方法，特別會著重在「RCT」對公共行政研究的影響層面來討論，事實上，RCT對公共行政的影響是全面的，只是我們平常忽略了而已；再者，在第三與第四

---

[2] 原文如下："Rational choice mounts a challenge to the prescriptive arguments taken from traditional public administration scholarship, some of its advocates argue, and it should be adopted as the core paradigm of the discipline. These advocates present rational choice not simply as an economic framework that can be adopted to help understand bureaucratic behavior and the production of public services but also as a normative, democratic theory of administration in its own right.."

節當中，本章將從一件政治學界的內戰談起，追溯到 RCT 發展中最新也與公共行政關係最密切的實證政治學發展為例，討論 RCT 的內涵，本章以呈現該理論開山祖師 William Harrison Riker（1920-1993，後文以 Riker 稱之）一生的研究成就，來討論 RCT 在民主治理領域的應用方向與可能性；最後，本章將以歸納的方式，以管理誘因（managerial incentives）、民主制度（democratic institutions）以及集體互動（collective interactions）等三個面向，來討論 RCT 對於民主治理理論建構的內涵，作為結束。

第二節　理性選擇理論的範圍與方法

RCT 對於公共行政的影響到底是什麼？學者 H. George Frederickson and Kevin B. Smith 於 2003 年所出版的一本《公共行政理論入門》（*The Public Administration Theory Primer*）的教科書中，曾經列出八項未來公共行政理論可能的發展取向，包括「官僚體系政治控制理論」、「官僚政治理論」、「公共制度理論」、「公共管理理論」、「後現代理論」、「決策理論」、「RCT」、「治理理論」等，事實上，如果從較為寬廣的 RCT 角度出發，除了後現代理論之外，剩下七項理論，都已經有相關的 RCT 研究漸次發展中，讓我們一一檢視之。

第一，官僚體系政治控制理論中，許多學者以「代理人理論」（agency theory）討論國會與官僚體系之間的關係（Gill, 1995; Besley, 2006），也有公共選擇學派（public choice theory）如 Anthony Downs 對於官僚行為的解析的《官僚內部》（*Inside Bureaucracy*）一書，以及 William Niskanen（1971）對於官僚預算極大化行為的著名論述；晚近代理人理論的控制問題也與黑堡宣言中的「施為觀點」（agency perspective）結合，討論民主政治失靈、分權制衡概念與行政國正當性的角色問題（Knott and Miller, 2008），更多在 RCT 指引下有意義的公共行政相關理論發展是可期待的。

第二，官僚政治理論早期的 Graham Allison 所著《決策的基礎》

（*The Essence of Decision*）一書（Allison and Zelikow, 1999），其中一個官僚決策模型就是理性行為者模型（rational actor model）；再者，地方政府的研究因為財政聯邦主義的關係（fiscal federalism），很早開始就已經與公共選擇理論結合（請參 Boyne, 1998）；最後，對於官僚政治中裁量權（discretionary powers）的使用議題，近十餘年也有許多從 RCT 出發的重要研究（Huber and Shipan, 2002; Epstein and O'Halloran, 1999），但是由於研究工具使用能力的落差，這種研究大多是在政治學的領域中發展。

　　第三，公共制度理論中，公共行政學者應用理性選擇新制度論（rational choice institutionalism）進行公共行政研究已經很常見，比方說，Jack H. Knott 與 Gary J. Miller 所著《官僚改革：制度選擇的政治》一書（*Reforming Bureaucracy: The Politics of Institutional Choice*; Knott and Miller, 1987），就是以理性選擇新制度論來討論美國的行政改革；另外，專注討論公共制度中的「科層」概念，Gary J. Miller 的書《管理困境：科層的政治經濟學》（*Managerial Dilemmas: The Political Economy of Hierarchy*; Miller, 1992）是其中最完整的，當然也引發更多相關的討論。

　　第四，公共管理理論方面就更不用說了，多數學者同意公共管理理論受到「代理人理論」（agency theory; Lane, 2005）的影響極大，並且，它的焦點往往集中於以交易成本經濟學（transaction cost economics; Williamson, 1997）來討論公共行政議題，最有名的就是 Horn Murrey 在 1995 年所著的《公共行政的政治經濟學：公部門中的制度選擇》（*The Political Economy of Public Administration: Institutional Choice in the Public Sector*），以模型化的交易成本理論解釋公部門的制度改革。

　　第五，決策理論方面，諾貝爾經濟學獎得主 Herbert A. Simon 在 1947 年所著《行政行為》（*Administrative Behavior*）一書中關於「價值判斷」（value decisions）與「事實判斷」（factual decisions）分開以及有限理性（bounded rationality）下的行政決策，都是 RCT 指引下的理論討論；更重要的，許多策略規劃（strategic planning）的文獻，討論組織決策的未來性問題，往往會和賽局理論（game theory; Von Neumann and Morgenstern, 1944）的發展脫不了關係，近年來，管制行政的決策研究，也有許多賽局

理論的影子（請參 von Wangenheim, 2004）。

第六，治理理論如果是討論非政府主導的社會運作概念，E. Ostrom 在 1990 年發表的《公共資源治理》（*Governing the Commons*）一書，已經從 RCT（包括賽局理論）開始討論包括水利設施在內許多非政府的公共資源配置機制的設計問題；另外，近年以科層、市場與網絡等三元架構的討論治理組織的選擇的議題（請參 Thompson, 2003），事實上也是來自於 Oliver Williamson 於 1975 年所著名為《市場與科層：分析與反托拉斯的意涵》（*Markets and Hierarchies: Analysis and Antitrust Implications*）的專書。

從前述的回顧來看，RCT 在公共行政的影響是超過傳統限於「公共選擇理論」的影響而已，近年來，系統性應用 RCT 的公共行政研究漸次發展出來，學者 George Krause 與 Kenneth Meier 在 1999 年第五屆的公共管理的研討會上，創建了一個「公共組織的科學研究」（Scientific Studies of Public Organization, S2PO）小組，該小組的宗旨，就是從 RCT 之科學研究的角度出發，發展屬於公共行政學界的「新組織理論」（new organizationalism），目前已經出版了一本論文合輯的書（Krause and Meier, 2005），其中以研究官僚體制為宗旨，以演繹的推論邏輯、縝密先進的統計技術以及理論導引的經驗研究（theoretically motivated empirical research），發展屬於公共行政學界的RCT研究議題。

RCT 是近半世紀社會科學界發展最為快速的一個理論取向，它在政治學、社會學界的發展是成功但充滿爭議，經濟學則是它最主要的發展基地，目前其他非經濟學領域 RCT 的發展，都可以被稱為是以「經濟學家」的眼光來看問題（Rhoads, 1985），認為經濟學是穩坐社會科學界的后座（the queen of social sciences）；反駁者也稱這是社會科學界「經濟學帝國主義」（economic imperialism; Radnitzky and Bernholz, 1986）的畸形發展。在公共事務研究的領域，RCT 通常有許多不同的名字：（新）政治經濟學（new political economy）、公共選擇（public choice）、社會選擇（social choice）、賽局理論（game theory）、代理人理論（agency theory）、（理性選擇）新制度理論（new institutionalism）、實證政治學

（positive political theory）、形式模型（formal modeling）等等，因此，學界對於這一群人有不同的稱呼，可約略分為六種。

其一，最普通的就是「理性選擇學派」（rational choice school）或是「理性選擇理論家」（rational choice theorists），這是因為他們對人類行為的假定，是依循自利（self-interest）及效用極大化（utility maximization）這些理性的定義。

其二，這些學者喜歡稱自己的作為是「實證政治學」（positive political theory; Fiorina, 1975; Riker and Ordeshook, 1973; Austen-Smith and Banks, 1999, 2005），這是取 Milton Friedman 實證經濟學的類比（positive economics; Friedman, 1966），也有聲稱自己是研究「是什麼」（what it is?）的實證問題，而非規範性問題的意義。

其三，由於這群人常常使用以數學語言為主的「形式模型」（formal model），學界也稱他們為「形式模型建構者」（formal modelers），根據 Rebecca B. Morton（1999: 61）的定義，形式模型是：「由一組精簡的假定以及定理對真實世界的描繪，通常以數學符號表達，其求解的過程是針對真實世紀進行理論預測的活動」[3]，公共行政的形式理論作品也在增加當中（Knott and Hammond, 2003）。

其四，這些學者有時也自稱或是被稱為「羅徹斯特學派」（Rochester School）（Dryzek, 1992; Schiemann, 2000; Amadae and Bueno de Mesquita, 1999），因為該學派是在美國紐約州的羅徹斯特大學（University of Rochester）發跡的，下一節當中就會從 William H. Riker 的學術生平來看這個學派的發展。

其五，學界也有直接以「公共選擇」（public choice）來稱之（Riker, 1988），Riker 也曾經是美國「公共選擇學會」（Public Choice Society）創始會員之一（Aldrich, 2004）。

其六，學界也有使用「實證政治經濟學」（positive political

---

[3]　原文如下：“…a set of precise abstract assumptions or axioms about the real world presented in symbolic terms that are solved to derive predictions about the real world.”

economy）（Alt and Shepsle, 1990）或是「當代（新）政治經濟學」
（modern political economy）（Banks and Hanushek, 1995）的名稱，來稱
經過實證政治學發展洗禮之後的政治經濟學研究。接下來，本節將討論
RCT 的範圍與方法，包括討論 RCT 的研究取向的共通點為何？RCT 的範
圍架構為何？以及 RCT 不是什麼？等三個問題。

　　首先，RCT 在公共行政領域的應用，是一種以經濟學方法討論公共
行政實質議題的政治經濟學領域，類似實證政治學以經濟學方法討論政治
學相關的議題，不論前述名詞所代表的意義為何，RCT 的研究取向有下面
的五項論述背景中的共通點（Turner, 1991: 354）：

1. 人類具備目的行為以及目標導向的能力（purposive and goal
   oriented）；
2. 人類擁有層級式排序的偏好或是效用概念（hierarchically ordered
   preferences, or utilities）；
3. 人類選擇行動的時刻，會進行理性選擇，其意義是：
   （1）不同行動的結果效用會被放在偏好排序中來考量；
   （2）不同行動的成本計算是以「機會成本」的概念來考量[4]；
   （3）最佳的行動選擇是效用極大化。
4. 社會現象：如社會結構、集體選擇以及集體行動等，都是追求效
   用極大化的個人所理性選擇的結果；
5. 前述社會現象經過理性選擇一旦成形之後，就會成為之後理性選
   擇的結構係數，這個「結構」會影響：
   （1）人與人之間的社會資源配置；
   （2）個人行動的機會架構配置；
   （3）在某一個特定的情況下，規範的本質以及個人義務分配的狀
   　　　態。

---

[4] 機會成本的概念意指「應得但因選擇其他行為而未得的效用」，比方說，我在台中有一棟自
己的房子，平常出租是一萬元一個月，平常因工作住在台北租屋，我哪天搬回台中住，就將
房子收回自己住，表面上住自己的房子是免錢的，但是，住自己房子的「機會成本」仍然是
一萬元。

再者，RCT 的名詞讓人看了真的會眼花撩亂，但是，它發展的根源與主要內容，可以大致分為「公共選擇」、「交易成本經濟學」與「賽局理論」等三項，每一項的下面又各有三種次領域，讓學者挑選不同的「工具」來分析問題（如表 4-1）。

在公共選擇理論當中，社會選擇理論以 Kenneth Arrow 的「不可能定理」（impossibility theorem; Arrow, 1963）為核心，討論社會集體選擇的內在邏輯矛盾；空間理論以象限代表政策的偏好，象限上的單點代表某種政策立場，應用空間的計算討論公共集體決策的議題；實證政治學是以經濟學方法討論政治學的實證性（是什麼）而非規範性（應該是什麼）的政治學問題；在交易成本經濟學中，代理人理論是討論委託人如何置入誘因機制導引代理人為委託人的利益而努力的一種理論，在管理學的應用廣

表 4-1 本書使用理性選擇理論的範圍與內容

來源		內容	本書章節 RCT 的使用								
			六	七	八	九	十	十一	十二	十三	十四
理性選擇理論	A. 公共選擇理論（public choice）	社會選擇理論（social choice theory）	■	■			■				
		空間理論（spatial model）		■							
		實證政治學（positive political theory）		■			■	■			
	B. 交易成本經濟學（transaction cost economics）	代理人理論（agency theory）				■	■	■	■		
		資訊經濟學（economics of information）				■	■	■			
		理性選擇新制度論（RC new institutionalism）						■	■		
	C. 賽局理論（game theory）	決策理論（decision theory）			■					■	
		集體行動理論（collective action theory）			■					■	
		機制設計理論（mechanism design）								■	

圖表來源：作者自繪。

泛；資訊經濟學討論市場運作中資訊不對稱的問題及其解決，其主要目的仍然是追求市場資源最有效率的配置；理性選擇制度論討論交易成本不為零的環境中，管理者如何以制度（或合約）設計的方式達成管理的目標；最後，在賽局理論中，最基本的就是決策理論，賽局理論就是一種互動決策的理論（interactive decision theory）；集體行動的理論也是以互動決策的概念出發，討論社會上個體間協力作為或是組織活動的可能性與內涵，其中公共資源分配也是其中的內容，擅長以「囚犯困境」（the prisoner's dilemma）分析這類的問題；最後，機制設計理論是近年從資訊不對稱與執行發展出來的賽局理論應用領域。本書第六章到第十四章的九章當中，分別使用了不同的 RCT 理論討論公共行政的議題，其中公共選擇最多，有六章十二次使用它，交易成本經濟學次之，有六章十一次引用，最後則是賽局理論，有四章八次應用，單一項目以實證政治學被引用最多，共有五章引用，決策理論最少，只有第八章與第十四章有使用到，如果以內容來看，前三章討論民主回應性，應用公共選擇理論的次數較多，中間第九章到第十一章是討論官僚專業責任的問題，以公共選擇與交易成本經濟學為主，最後討論課責的制度性議題，又以交易成本經濟學與賽局理論為主，這樣的分布也大概可以了解不同的 RCT 內容可以應用在不同的公共行政領域，本書各章當中引用相關 RCT 理論時，還會有更為詳實的介紹。

最後，為了避免 RCT 成為 Waldo 眼中的一種宗教信仰，本章也願意討論 RCT 的範圍與限制。首先，RCT 當中的理性是一種假定（assumption）而不是經過驗證的真理，學者 Colin Hay（2004）就認為，如果是在開放系統中討論公共事務的問題，理性在公共行政的應用就有其一定的限制，這種限制當然也是討論 RCT 最容易切入的批判—「人不是理性的！」然而，Colin Hay 也認為，這個問題並不能讓公共行政學者忽視 RCT，相反的，RCT 是非常有用的分析性論述策略（a heuristic analytical strategy），它是討論公共行政實務中許多制度變動的起點；另外，學者 Laurence J. O'Toole, Jr.（1995）討論執行理論的問題時，對於 RCT（尤其是賽局理論）在公共行政的應用也有相同的論述；再者，論者

嘗言 RCT 的討論通常會流於「過度簡化」，無法描繪真象的複雜性，事實上，以理論來重建經驗世界的討論，本來就有一個簡化的過程，有些時刻可能是觀察重點的選擇，有些時候是為了討論與表達精簡的需要，這是理論的一種「精簡」（parsimonious）的原則，畢竟理論不是要鋪陳所有的細節才是好的，如果從經驗主義（empiricism）的角度來看，理論是創造觀察假設的基礎，本身是等待被修改的，除非極端反經驗主義者之外（公行學界內經驗主義的論戰請參，Luton, 2007; Meier and O'Toole, Jr., 2007），對於理論的功能應有相同的看法才是；最後，更有學者認為 RCT 所揭櫫的「自利」（self-interest）是不道德的，這樣的批評除了可以以前一點理論與經驗研究的說法來回應以外，由於實證主義內涵就是討論「是什麼」（what it is）的問題，並沒有討論應該為何的規範性問題，RCT 只是分析的作法而已。當然，為了更深入地回應對 RCT 的批判，本書將在下一章當中以公共選擇理論為標的，討論該理論在公共行政當中應用的正當性。接下來，讓我們從一個發生在 2000 年左右的政治學學術內戰開始，討論當代政治經濟學中 RCT 的發展，討論最關鍵的人物——「政治學者 William H. Riker」的思想與生平。

第三節　從一個政治學的「內戰」談起

　　2001 年美國政治學會第 97 屆的年會在舊金山舉行，一群自稱推動「改革」（Perestroika）的政治學者齊聚一堂，對美國政治學的發展環境提出了嚴厲的批判。這個運動在 2000 年 10 月間由一位自稱「改革先生」（Mr. Perestroika）的政治學者，發出的網路匿名信所引爆的，信中認為美國政治學發展，出現了危機，不論是學會還是學刊，都被「一小群教授」（a coterie of faculty）所把持；這封信在網路流傳了一年多以後，2001 年會上兩百餘位政治學者連署了一封公開信，呼籲美國政治學會應該進行立即的改革，這封以被壓迫者口吻撰寫的匿名信，對學界中「少數霸權集團」提出了毫不留情的攻擊：「當人們被推到了牆角，領導者要下台，政

權要垮台，國家要改變！」

　　至此，美國政治學會的學派爭鬥正式浮上檯面，親改革立場的歷史結構論者 Theda Skocpol 當選會長，不但在 *PS: Political Science & Politics* 上，開放一個討論區專門討論 Perestroika 的意義及影響[5]，更於 2003 年創刊了 *Perspectives on Politics* 的期刊，目的是要建構一個跨越內部方法論、外部學門的橋樑，讓政治學研究不只是專業的形式理論與統計學者才看得懂的讀物[6]。紐約時報稱這是一場「不玩數字」與「玩數字」學者之間的戰爭（pro-number versus non-number folks）（Eakin, 2000），高等教育新聞也稱這為一次學門內的革命，目的是為了要反抗過去二十年以數理研究為導向的發展（Miller, 2001）。學者 Dryzek（2002）認為，這個改革運動有兩個特色，一是沒有人反對改革者所言 RCT 學派「把持」學界的現況，但是，另一個特色是 RCT 的人，對於爭議並沒有積極的回應[7]。無論如何，而這爭議的暴風中心，就是學者 Riker 終其一生所試圖建構的實證政治學，在這次風暴中，也有學者 Gregory Kasza 對 RCT 做出以下的批評：

---

[5] 發行於 第35 卷第 2 期，2002 年 6 月號，總共有九位政治學者提出他們對「改革運動」的看法，另外，一本以這個運動為主軸的論文集也於 2005 年發行，請參 Monroe（2005）。

[6] 主編哈佛大學的教授 Jennifer L. Hochschild（2003）在發刊詞中說到：「我們的目的是要讓政治科學家與其他人能夠從享受閱讀當中得到啟發，一方面吸引學門外的人，一方面也在學門內激發出對話與全新的觀念。」事實上，這個新刊物的概念，早在 2000 年年會上（也就是改革者的 e-mail 發出之前），由美國政治學會的策略規劃小組提出，當時已經了解到 APSR 內容逐漸偏向量化的取向的事實，因此，該小組希望能建立起一個類似經濟學門中 *Journal of Economic Literature* 的期刊，稱為 *Journal of Political Literature*，但是卻考慮到經費的原因而擱置，請參 APSA（2000）。

[7] 事實上，這兩種情況都是可以理解的。首先，RCT 在目前美國政治學界的影響力，是無庸置疑的，除了傳統選舉研究及國會研究的範疇，RCT 已經成為主流之外，國際關係甚至是比較政府領域都出現了他們的蹤影，而傳統政治哲學中民主理論的領域也受到 RCT 的影響，如果我們比較「美國政治學會」（American Political Science Association; APSA）分別在 Finifter (1983), Finifter (1992), Katznelson and Milner（2002）所出版的三本學門現狀專書中，可以看見 RCT 過去三十年在學門內逐漸增溫的影響力。再者，而 RCT 學者面對批評時，對批評者常有「在玻璃屋中扔石頭」（Many who throw stones at formals models reside in glass house.）的看法（Fiorina, 1975: 139），也就是批評者「不能用空泛來打擊實體」（can't beat something with nothing），加上目前 RCT 的學者在期刊及工作職場上都是勝利者，對於方法論多元主義的呼聲從來沒有反對過。在下一章當中，本書將會從為公共選擇辯護的角度，來談 RCT 在公共行政領域應用的正當性。

Riker 教授曾說，政治學界是一艘快沉的船，而 RCT 學派是唯一能夠拖著它回港的牽引船；我認為更真實的情況是，Riker 教授與他的使徒們，像海盜一樣像想要劫持這艘船到一個無趣的小島上，這些人的海盜行為絕對不會成功，除非他們用槍抵著我們，否則政治學絕對不會成為一種「常態科學」（normal science）[8]。

　　從台灣的角度來看，包括公共行政在內的政治學界對於 RCT 的批評從來沒有間斷過，主要可以分為三個重點：其一，學者針對經濟學門在社會科學界科學化領導地位的質疑，本土學者通常藉由與「改革運動」相同的語言為之，攻擊「經濟學帝國主義」（economic imperialism, Radnitzky and Bernholz, 1986）在其他學科的「肆虐」，如黃世鑫（2002）；若以公共行政學界為例，學界內以「公共性」（publicness）排拒經濟理性的研究方法就是一例，如吳瓊恩（1999）、許世雨（2001）；其二，上述這種反經濟學帝國主義的呼聲，也常常與台灣社會科學本土化的呼聲遙相呼應，本土研究注重歷史系絡、個案特殊性的思考，常常被放在與國際化、通則尋找的對立面來思考，如蕭全政（2000）、吳若予、蕭全政（2002）[9]；其三，就純方法論的討論上來看，也有政治學者以文本分析的方法，質疑政治學過分計量經濟化的問題，如徐振國（2002），可以說是從傳統量化與質化分野，討論政治學研究方法的一個切入點。當然，台灣學界也有對 RTC 持樂觀審慎態度的學者，包括林繼文（2001）、吳秀光（1998、2000）、盛治仁（2002）、陳敦源（2002）、謝復生（2000）等，對 RCT 在政治學門的推廣，不遺餘力。

　　有趣的是，上述方法論的論戰，如果以台灣公共行政學門為例，學者孫同文（1998）的研究指出，學界在口頭上非常排拒「實證主義」（positivism）；但是，從 1990 年以前的學術期刊發表當中統計，真正所謂實證的論文是少之又少，林繼文（2005）對台灣政治學門一個回顧性的

---

[8] 美國政治學會「改革」運動的參與者，引自 Kasza（2001）。

[9] 經濟學者朱敬一與政治學者蕭全政在中國時報的時論廣場上，對於台灣社會科學本土化的問題，有一段精采的對話，請參朱敬一（1998）、蕭全政（1998）。

研究中，也得出類似的結論，從這個事實看來，對於實證主義的攻擊，只能說是一種「進口的假對話」（imported pseudo-dialogue），也就是說，攻擊的對象在台灣並不存在！嚴格來說，台灣政治學門當中，以 RCT 進行模型建構的研究，仍然是少數中的少數，並未形成如美國政治學界的霸權態勢，反倒是統計計量方法，因為選舉研究的興盛，而有類似的霸權的態勢；然而，本土對於實證主義的批評，常常無法分辨計量方法與 RCT 形式模型（formal modeling）的差異，以至於批評在台灣較弱勢的 RCT 多，但是檢討計量方法的卻少的現象[10]，與美國政治學界的現況剛好相反[11]，更重要的，因為這樣的批評，讓台灣學界無法有系統地一窺美國 RCT 霸權態勢的真正內涵，殊為可惜。

　　在下一節中當中，本章將對 Riker 生平進行介紹，其目地有二。首先，從了解 Riker 一生的研究內涵，對 RCT 進行更深入的理解。台灣學界對於 RCT 雖然有涉獵，但是對其影響民主治理研究的深度與廣度，並沒有全面性的了解，本章分理性選擇、民主制度以及操控遊說等三個方向，對 Riker 的研究作有系統的引介，將有助於台灣學界從這位學派「掌門人」的研究文獻當中，了解 RCT 的內涵，本章認為學界持續停留在「人是否是理性」、「量化 vs. 質化」或是「本土化 vs. 國際化」等面向上檢視 RCT，反而會失去接近 RCT 對當代政治學核心貢獻的機會；再者，上述 Riker 的研究重點，從學門的發展來看，剛好符合學者 Mark I. Lichback（2003）對 RCT 發展過程中，「競爭、忽略與融合」（competing, ignoring, and synthesizing）三種策略的描述，這三種策略所產生的結果，

---

[10] 批評「人是理性」的假定（assumption），直覺上較容易引起共鳴，但是要批評一個計量模型，比方說 Logit 模型的測量誤差問題，除非受過適當的多變量統計訓練，勢必難以啟口；至於 RCT 與計量研究的關係，基本上計量研究也是 RCT 概念中科學研究重要的一環，但是，若與密西根學派（Michigan School）社會心理調查的研究比較起來，RCT 更重視統計檢定前，導出假設背後理論的邏輯分析，因此，RCT 處理的是比計量研究更前端的東西，計量只是理論推導出研究假設之後，做經驗驗證必備的工具。

[11] 美國政治學會的改革運動，事實上也包括對計量統計的攻擊在內，但是由於 RCT 從方法論的檢驗角度，有包括計量的方法在內，但是計量方法並未包括 RCT 的理論建構，因此，改革運動仍然將計量方法當作是 RCT 的一部分。

對學界目前發展各有其重要的影響，將這個影響有系統的發掘出來，也可提供 RCT 在民主治理研究中的發展策略參考。

第四節　William H. Riker 教授的生平與成就

1920 年 9 月 22 日生於美國愛荷華州 Des Moines 市，1993 年 6 月 26 日因癌症病逝於紐約州羅徹斯特市[12]，Riker 成長在一個書商之家，從小就對閱讀產生極大的興趣，他父親對於平衡與客觀的評論觀點有特殊的偏好，也因此影響了他思考的方向。他求學期間，被同學稱為一個獨立的怪人，尤其在哈佛大學讀政治學博士的時候，對於當時政治學所學習的主流內容，心生不滿。Riker 在 1979 年接受美國政治學會的口述歷史訪問時說，他並不認為在哈佛的老師們，給了他研究政治現象什麼清楚的引導，他甚至認為，那些老師自己也不知道自己在做什麼。他談到一位頗負盛名，同時也是自己指導老師的 Carl J. Friedrich 教授，說他只專注在要求學生了解美國某一段歷史當中政治理念的形成圖像，但是卻不知道要如何拿這些資料來了解政治的本質，Riker 說：「他好像是將政治學研究的功能，當作是每一到兩年出一本書罷了……[13]」。

這樣的心情，讓 Riker 認定必須要自行創造一個研究方向，追尋心目中所認定的政治科學研究。他從哈佛畢業之後，從 1949 年開始在 Lawrence College 待了十年的時間，期間他不斷搜尋建立新政治學的基礎文獻，從兩位「蘭德公司」（RAND）的學者 L. S. Shapley 與 M. Shubik （1954）所發展出來的「權力指標」（power index）之中，Riker 嗅到不同於傳統政治學者談論權力的味道，他從此開始挖掘第一代 RCT 論著的旅程，包括 von Neumann 與 Morgenstern（1944）所著賽局理論的經典作

---

[12] 紐約時報當時報導他去世消息的標題為：「用數學來分析政治的 William H. Riker 先生，享年七十二歲」（William H. Riker, 72, who used mathematics to analyze politics）（Saxon, 1993）。

[13] 請參 Shepsle（2003）。美國政治學會的口述歷史（the APSA Oral History Project），目前收藏於美國肯塔基大學圖書館當中。

品《*The Theory of Games and Economic Behavior*》[14]、D. Black（1948）對於多數決穩定原則發現的著作、Kenneth Arrow（1963）所著社會選擇理論的原典論著《*Social Choice and Individual Values*》以及 A. Downs（1957）應用空間理論討論民主決策的《*An Economic Theory of Democracy*》等著作，Riker 站在這些 RCT 巨人的肩膀之上，一步一步地建立心目中的當代政治經濟學。

1963 年，Riker 被位於紐約上州的羅徹斯特大學（University of Rochester）看中，負責開闢一個新的政治學系，當時羅徹斯特大學決定不建立一個法學院，而要建立一個具有未來性的政治以及經濟學系，嚴格來說，當時的主事者希望應用物理學的科學方法，從事社會科學的研究，Riker的努力，被當時學校方面注意到了，成為最主要的邀請對象。在一份寫給學校的建系計畫當中，Riker 寫到[15]：

> 我所建構的是一個能夠與現在那些一流系所一起創造政治學門的學系，……這個系的主要課程將有兩個方向的重點，其一，客觀地驗證政治理論的內涵（比方說，政治行為），其二，實證主義（非規範性）的政治學。

Riker 接受羅徹斯特大學邀請創建美國第一個以 RCT 為核心的政治學系，成為 RCT 發展最關鍵的一步[16]。他不但讓博士班學生必須接受經濟數學（包括賽局理論）的洗禮，也說服學校當局讓統計計量訓練取代博士生的第二外國語文學習，自此，Riker 不但有屬於自己的政治學想法，也擁有一個訓練「使徒」（disciples）的場所，開始一步一步影響美國政治學門的未來發展，以至於在四十年後，成為政治學的主流方向之一，目前任

---

[14] 根據 Amadae and Bueno de Mesquita（1999: 289-292）的說法，Riker 發掘並應用賽局理論，比經濟學界接受賽局理論還要早，他們將此當作反擊政治學界接受「經濟學帝國主義」說法的證據，早期發展實證政治學的過程當中，沒有經濟學者的參與。

[15] 本段建系歷史請參 Amadae and Bueno de Mesquita（1999: 278-281）。

[16] 這個機會是來自於羅徹斯特城的全錄公司（Xerox Corporation）在 1960 年初捐了一筆錢給羅徹斯特大學（University of Rochester），指定要提升該大學的社會科學研究所教育（Amadae and Bueno de Mesquita, 1999: 279）。

教於哈佛大學的、也是 Riker 教授學生的 Kenneth A. Shepsle 教授曾經打趣地說：「羅徹斯特是一艘母船，我們都愛稱 Riker 教授是『Riker 艦長』，而稱母校是『羅徹斯特號』太空船[17]。」

再者，根據 Maske 和 Durden（2003）的統計，Riker 一生一共發表了 15 本書、69 篇學術論文；從 1972 年到 2001 年，他的著作總共被 2,000 位不同的學者、在 500 種不同的期刊上、引用了將近 3,700 次，其中被引用最多的是他 1962 年著名的《政治聯盟理論》（*The Theory of Political Coalition*）一書，總共是 664 次，平均一年 17.5 次，他在最頂尖的《美國政治學刊》（*The American Political Science Review*）所發表的論文數（從 1952 到 1987 總共 16 篇），至今無人能出其右（Miller, Tien, and Peebler, 1996），他是公共選擇協會（Public Choice Society）的原始創辦人之一，也曾擔任美國政治學會第 78 任的會長，更於 1974 年獲選為美國國家研究院的院士（Member of the National Academies）[18]，對當代的政治學界來說，不論從教學、研究或是學界服務的角度來看，Riker 是將 RCT 有系統地引進政治學分析的第一人。當然，有一個關於本章是否過度吹捧個人的問題，可以從「Riker 是否獨立創造了政治學門中的 RCT？」來釐清，本章的答案是「是」也「不是」，理由如下。

如果說 RCT 在研究政治問題的起源，Riker 絕對不是第一個提出這種看法的人，Riker 本人曾經在課堂上說過，Hobbes 的《巨靈》（*Leviathan*）一書以物理學的論證方式來建構對於社會的理解（一種方法論個體主義的操作），是激發他應用科學方法研究政治現象的源頭之一；

---

[17] 美國哈佛大學 RCT 政治學者。訪問內容引自 Cohn（1999），原文如下：…"Rochester is the mother ship." Shepsle says. "Its founder…was William Riker, 'Commander Riker,' as we like to refer to him. And 'Starship Rochester.'"。「Riker 船長」是美國 1990 年代初知名太空探險電視影集「星艦迷航：新世代」（Star Trek: the Next Generation）中的副艦長名，其英文名字也是 William Riker。

[18] 更重要的，在政治與社會科學的分項當中，Riker 有三位學生也前後獲選為院士，包括 Kenneth A. Shepsle（1990 年當選）、Richard D. McKelvey（1993 年當選，2002 年過世）、和 Morris P. Fiorina（1998 年當選）。其他與 RCT 有關的院士包括：Robert Axelrod（1986 年當選）、John Ferejohn（1988 年當選）、Brian Skyrms（1999 年當選）Elinor Ostrom（2001 年當選）和 Gary Cox（2005 年當選）。

另外就是本章文內所提及的這些思考集體決策問題的經濟學家，在 Riker 早期應用實證方法分析集體決策問題時也有決定性的影響，因此 Riker 本身並未創造下面這些重要的理論，包括 Kenneth Arrow 的投票矛盾的分析（社會選擇理論）、公共選擇學派討論政府失靈、賽局理論研究均衡行為預測，以及組織經濟學討論委託人代理人關係與組織管理（或是寇斯經濟學）等。事實上，真正由 Riker 所主導的只有實證政治學（positive political theory）一途。但是，就是因為 Riker 所建立的實證政治學，在傳統政治學研究方法之外，找到了與經濟學方法聯結的對口單位，而有了內外交流的可能，這也間接造成目前政治學門內 RCT 多元發展的基礎。舉例而言，公共行政學界對於官僚體系政治控制問題的研究（或是政治學領域國會與行政部門關係研究），近來是由 RCT 引進「代理人理論」（agency theory）為發展的主軸，相關研究發展請參 Moe（1984）、Miller（2005）。當然，至於要如何論斷 Riker 的學術成就到底有多崇高的問題，就留給讀者自己判斷了。

　　最後，Riker 除了是一位對政治學門發展有願景的人以外，他也是一個精明、誠實且和藹的系所建立者[19]。他以自己的論著為例子，啟發學生發展比自己更複雜的理論，在數學工具訓練上，Riker 遠不如許多他所精心挑選來的學生及同僚，但是，他對政治現象的直覺取景與邏輯分析，卻能帶領整個 RCT 的發展，也讓羅徹斯特學派在數十年以後，以相對較

---

[19] Riker 的和藹與風趣是他學術成就之外最讓人懷念的地方，他喜歡在研究室大門貼上一些自己或是他人的雋語，活化系上的思考風氣，還有就是他那色彩艷麗、但從來不重複的領帶，都是強調競爭性的學界當中讓人感受到人性溫暖的地方。約在 1990 年左右，一位署名無名氏的研究生在 Riker 的研究室大門上貼了一個形容 Riker 的英文詩，一直受到 Riker 的鍾愛，後來這首詩也被印在他追思禮拜的本事上，成為形容 Riker 這個人的最佳寫照，該詩的英文原文如下：

Riker
Teaching, ever reaching.
(Preaching?), always kind.
Clever fellow,
Ever mellow.
His the tie that blinds.
Oh so witty,

Writes a ditty,
Posts it on the door.
Strange perspective.
History detective.
Makes us beg for more
-*Anonymous*"

少的人數[20]，占有被反對者稱為「霸權」的地位，從這種學派策略性發展的歷史來看，正是 Riker 自己驗證自己所建構理論的最佳寫照。接下來，本章將從理性選擇、民主制度與操控遊說等三個方面，來更深入的了解 Riker 近半世紀的學術生涯（1949～1993 年），給政治學門留下了些什麼。

一、理性選擇

　　Riker 給政治學門所留下最大的資產，就是創造一個以科學化理論發展為主的學派，這方法論上的創新，讓政治學界產生新的進步動能，當然，這樣也讓政治學界中，方法論上的爭議更加檯面化。從初級政治學教學中，政治學是否是「科學」的問題，一直存在爭議，然而，對反對政治學科學化的人來說，這個爭議在行為主義興起之前，一直是一場「沒有敵人」的論戰，也就是說，政治學內科學研究的內涵，尚未建立。Riker 在哈佛大學攻讀政治學的歲月中，對於當時以歷史及正式制度的比較研究十分不滿，很早就想以科學化的方式，針對學界的主要問題進行理論建構的工作。1960 至 1961 學年，Riker 接受普林斯頓大學高等行為研究中心（the Center for Advanced Study in the Behavioral Sciences at Princeton University）一年研究的獎助，在他的申請書當中，對於實現政治學科學化的理想，已經有這樣的描述，這個願景在 Riker 往後三十餘年的學術生涯逐步實現：

> 我看見政治學可以像新古典經濟學的價值理論一般，發展出屬於自己的一套理論，我認為從數理賽局理論所推論出來的一組定理，可以與政治學研究做一個結合，因此，我目前的興趣就是應用賽局理論來建構政治理論[21]。

---

[20] 在 1997 年，美國政治學會當中，參與實證政治學次團體的會員有 337 人，占全部會員 7505 人的 4.5%，是非常小的團體，請參 Miller（1997: 1174）。

[21] 請參由 Bruce Bueno De Mesquita 和 Kenneth Shepsle（1993）為美國國家科學院（National Academy of Sciences）所撰寫 Riker 教授的生平紀念文。

　　在「標竿領導」（leading by example）的意念之下，Riker 利用受邀在 Princeton 的一年間完成了他最著名的代表作《政治聯盟理論》（*The Theory of Political Coalition*）（Riker, 1962；袁頌西，1971），讓當時主流學界能夠一窺 Riker 心目中的政治科學研究的內涵。該書第一章〈政治科學的展望〉（The Prospect of a Science of Politics），可以說是 Riker 第一次較有系統地，對政治學科學研究的可能性與必要性，提出他的看法。他對於政治科學缺乏系統化理論的現狀，提出強烈的質疑[22]，而他心中所嚮往的政治理論（political theory），是在某些前提之下[23]，經過嚴謹的演譯邏輯推論出來，一組「可驗證的」（verifiable）定理所組成，而這些定理經過經驗資料驗證去蕪存菁的篩選之後，就逐漸累積成為可以用來解釋及預測政治現象的知識，而這些知識也是有實用性的[24]。

　　再者，這樣的理論建構，Riker 吸收了經濟學與心理學理論發展的精神，接受「方法論上的個體主義」（methodological individualism），將個人視為基本「分析單位」（unit of analysis），以此建構解讀政治現象的理論；但是，這種解讀需要一個模型內部的行為假設，作為推論的動力，RCT 成了當然的選擇，Riker 的選擇與他早期接觸到 von Neumann 與 Morgenstern（1944）所發展出最早期的賽局理論，有很大的關係。他認為（Riker, 1992b: 209-210），賽局理論當中一方面對人類理性有固定的看法，讓極大化結果成為行為人最重要的動機（邏輯上決定性的因素），

---

[22] 這個部分在他稍後的一篇談論政治科學研究的文章當中，有更完整的描述，文中為了向讀者展現這種發展的可能性，也特別挑選「杜佛傑法則」（Duverger's Law）、「中位數選民定理」（Median Voter Theorem）、「最小勝利聯盟」（Minimal Winning Coalition）等三種一般化的政治學法則為例，認為他們是發展「定理政治學」（axiomatic politics）的基礎，請參 Riker（1977）。

[23] 這些前提就是理性選擇的前提，主要是以個體經濟學為師的分析性基礎，關於RCT與政治學研究的回顧性文章，請參 Morris and Oppenheimer（2004），Miller（1997），Riker（1990）。

[24] 在一篇評論文章當中，Riker 將這種理論建構途徑視為包括定理、演繹推論、經驗檢定等三個部分，請參 Riker（1965: 377-378）。在 Riker 的心目中，一般化的理論是當代政治學最缺乏的內涵，以至於讓學者無法有系統地了解週遭的政治現象。他認為，一般化理論在政治科學的發展當中，至少有三項功能（Riker, 1992a: 5-6），其一，理論協助「描繪」現象，特別是那些已經經過經驗驗證的一般化理論，更是描繪政治現象的精華，其二，這些經過驗證的理論，進一步可以協助研究者「預測」政治現象，其三，這些描繪與預測政治現象的理論，讓社會改革者可以從更務實的角度來選擇「可行的」改革方案，而不是「應該做」的方案。

而另一方面又讓人有自由選擇的意志，符合實際政治互動當中個人策略技巧（savvy）的展現，這種結合行為假定與決策自由的研究架構，成為一種「鑲嵌自主」（embedded autonomy）的行為分析架構，讓政治學研究有一般化的可能[25]；但是另一方面，因為「自由選擇」（free-will）的存在，又讓一般化的努力不易達成，社會科學的本質，就是在「行為常態」（behavioral regularities）當中尋找一般化的理論，但另一方面，也必須在理論世界當中，允許人使用自由意志，而賽局理論就是結合這兩種看似衝突的面向，是分析政治現象最好的工具。

在這樣的認知知下，Riker 應用賽局理論的早期論述，建構一個實證的聯盟理論，並提出一個一般化的「規模原則」（size principle），這也就是常被稱為「最小勝利聯盟」（minimum winning coalitions）的一個觀察聯盟現象的原則，Riker 對該原則的陳述如下[26]：

> 在多人、零和的賽局當中，當獲利轉換（side-payments）可能、參與者是理性又具有完全的資訊的前提下，只有最小勝利聯盟會成立。

這樣的一個選題的背後，是來自於 Riker 對於政治學界流行的政治定義——David Easton「價值的權威性分配」的一個反應（Easton, 1953），他認為 Easton 所言這種分配的內涵，絕對不是物質的分配而已，而是以自利的個體（個人或政黨），在特定遊戲規則之下，所爭取來的勝利果實。這樣的想法，讓 Riker 對在民主遊戲規則之下，個體如何集合起來，獲取以及分配勝利果實的問題，產生興趣，而這也是他相對於 Shapley and Shubik 靜態的「權力指標」（power index）（Banzhaf, 1965; Shapley and Shubik, 1954），所提出的一個解釋與描述權力分配的動態論述。

讓我們試舉一個小例子，從直覺來理解「規模原則」的內涵。假設今天有五個人要分三個單位的貨幣，其分配的方法就是多數決，能夠加入多

---

[25] 這個名詞是借用學者 Peter Evans 對於國家與經濟發展之間關係的描述，如果放在政治學研究上，也頗能傳神地描繪出 RCT 試圖理解世界的基本模式，請參 Evans（1995）。

[26] 請參 Riker（1962: 32）。

數聯盟（勝利聯盟）的人，可與其他加入多數聯盟的個人，共同獲得三個單位的貨幣，而其他沒有加入勝利聯盟的，就必須共同湊出三個單位的貨幣給勝利團隊，在這樣的狀況之下，Riker 預測，只有最小勝利聯盟會出現。一個人的團隊，絕對無法勝出，因此一定是負三的結果，兩個人的團隊，也無法勝出，還要共同負擔負三的結果，三個人的聯盟，不但可以勝出，也可以獲得三個單位的報償，平均每人可獲得一單位，接著，四個人的團隊，雖然也可以勝出，但是卻是由四個人分三個單位的報償，平均每人獲得 0.75 單位的報償，五個人的聯盟，因為沒有付出報償的輸家，每個人都獲得零單位的報償。上述的推論來看，如果組成聯盟的當事人都是理性的，懂得報償極大化的原則，則他們就會組成「最小勝利聯盟」，也就是說，任何一個參與者離開，這個勝利的地位就崩解的聯盟，然而正因如此，每位參加聯盟者所獲得的平均報償將會是最大的。

這樣的理論，讓學者能夠清楚地將理論放在經驗世界當中來檢證，也就是說，Riker 藉此提出一種觀察經驗世界的法則，來觀察政治運作中聯盟組成的活動，藉此了解權力運作的內涵。學者 Laver 與 Schofield（1990: 70-71） 據此對最小勝利聯盟的理論，做了一個經驗的統計，他們依據十二個歐洲國家從 1945 至 1987 年間的 218 個成形政府的型態統計如表 4-2）[27]。

---

[27] 這些國家包括：奧國、比利時、丹麥、芬蘭、德國（西）、冰島、愛爾蘭、義大利、盧森堡、荷蘭、挪威、與瑞典。

表 4-2　歐洲十二國聯盟政府型態統計，1945～1987 年[28]

	總數目	全部情況（%）	多數黨不存在（%）
多數政黨存在			
單一政黨政府	14	6	
超越多數聯盟政府	8	4	
多數政黨不存在			
超越多數聯盟政府	46	21	24
最小勝利聯盟政府	77	36	39
少數聯盟政府	73	33	37
總數	218	100	100

圖表來源：Laver and Schofield（1990: 70）.

　　從上述簡單的經驗資料可以看出，Riker 理論的預測「成功率」，不論包不包括多數政黨存在的情況，大約是四成左右，這樣的預測率不論是「好」還是「不好」，都有其一定方法論上的價值[29]。在 Riker 心目中，一般化而非個案的方式來討論一個政治現象，起碼有兩個好處，一是在學界資源有限的前提之下，營造一個能夠集中火力投入的研究「焦點」（focal point），再來就是這些有系統推論出來的理論，讓我們尚未接觸經驗世界之前，已經先為我們選擇了一個有意義的起點；當然，當理論與經驗世界之間的落差產生時（這是很正常的），就是新一波理論改進與下一波更深入理論發展的動力所在，這也是推動學界進步的路徑。當然，推論過程是否一定要如賽局理論或是形式模型的嚴謹，才能引導出一般化的理論？答案是否定的，在此有三個例子可以說明。

　　首先，Riker 在研究聯邦主義的學術次社群當中，也享有一定的名聲，在其早期聯邦主義的論著當中（Riker, 1964），他毫不掩飾對傳統聯

---

[28] Laver 與 Schofield 書中有其他部分討論最小勝利聯盟與其他預測理論（如政黨意識形態）的優劣，Riker 的最小勝利聯盟是一個「基礎理論」，假定只考慮 side payment 的狀態下的行為預測。

[29] 這就是為什麼 Green 與 Shapiro（1994）批評 RCT 理論大部分無法通過經驗檢測，並沒有給 RCT 帶來重大的危機，因為當 RCT 對某一個政治學議題提出屬於 RCT 的看法時，這看法不論經驗上的對錯，必定是想完整回顧該議題學者無法不注意的論述，這也可能是學界本來就是傾向「追新」的本質所致，願意聆聽新看法的集體心態所造成。

邦主義研究個案取向的方法不以為然，雖然他沒有提出如建構聯盟理論相同嚴謹的推論過程，但是仍對聯邦主義的起源與維繫，提出屬於 RCT 的看法[30]。學者稱 Riker 的理論是「有時是錯的，但是比其他人都更正確」的狀況[31]，由此可知，RCT 的概念，也可以藉由非模型、簡單的推論邏輯，被發現出來，事實上，Riker 認為許多傳統的政治學論述中，也早就有 RCT 的元素在其中[32]。

　　再者，即便不由自己發展理論，Riker 也能夠從別人的著作當中，尋找政治科學發展的焦點，最著名的例子，就是藉由法國政治學家 Maurice Duverger（1963）以經驗累積所陳述的一個選舉制度與政黨體系關係的法則[33]，來表達從 Popper（1963）、Kuhn（1970）及 Hempel（1966）眼中，能夠累積知識的社會科學研究典範，這種方式的核心，就是以理論或是經驗累積的一般化法則，不斷接受經驗世界的考驗與修正的進步過程。

　　最後，面對「人為何投票」這個讓 RCT 頭痛的問題（Blais, 2000；本書第八章），Riker 與其學生 Peter Ordeshook（1968）提出理性投票者出門投票的原因之一，是因為他們具有考量社區利益的能力，也就是所謂的「公民責任」（citizen duty）成為個人選擇出門投票的重要動機之一，這種幾乎已經跨出 RCT 範疇的論述，並不是基於什麼樣的形式理論推論的結果，而是一種為 RCT 辯護的「直覺論述」（intuitive argument），這種參與論述的方式，也成為 RCT 理論面對挑戰時，最常使用的論述方式。

　　除了在方法論上的創見與身體力行之外，Riker 教授在研究政治的「實質」（substance）問題上，也有重要的貢獻，主要可以分為民主制度以及操控遊說兩方面，前者從民主理論與制度理論的角度，引進「社會選擇理論」（social choice theory），對民主制度運作的程序正當性，提出質

---

[30] Riker（1987: 13）認為，聯邦體制可以成形，最重要有兩種可能性，一是滿足某些政治人物或團體準備對外擴張的動機，或是當政治人物共同面對到外交或是軍事的外在威脅時，較有可能形成聯邦體制。

[31] 請參 Riker（1955, 1964, 1975, 1987），另一篇評論文章 McKay（2001）。

[32] 請參 Riker（1990）。

[33] 就是學界所熟悉的 Duverger's Law，請參 Riker（1976, 1982a），該法依照原文作者的說法如下：「單一選區一票制偏向形成兩黨體制……在本書所有的假設當中，這項論述最接近一個真實的社會現象法則」（Duverger, 1963: 217）。

疑，這種質疑已經成為研究民主理論者不得不去面對的問題，而這樣的質疑也突顯了「建立制度」過程的核心，可能是一場「渾沌」的競逐而已。而後者則是在這樣的民主程序不確定的前提之下，政治上的「失敗者」是如何經由適當的策略，能夠成為民主程序中的勝利者，也就是從策略互動的角度，來了解實際政治的面貌。讓我們一一來檢視之。

二、民主制度

Riker 在民主理論上的貢獻，主要是以發掘社會選擇理論的政治學意義，並將之應用到政治學民主理論的範疇當中。這個引介不但改變當代政治哲學家對於民主政治的理解，也直接影響到 Riker 對於民主制度的選擇問題，提出制度選擇重要的「遺傳問題」（problem of inheritability）。這樣的引介除了開啟政治學界「理性選擇新制度論」（rational choice institutionalism）研究的先河[34]，也開啟了政治學界規範論述之外，檢視實務政治運作的窗口。不論是從制度理論或是操控遊說的概念來理解實際政治，都是 Riker 教授晚期教學與研究的重心。

當代的社會選擇理論，主要是經由數理邏輯的方法，對集體選擇程序進行邏輯上的檢驗，檢驗社會選擇的決策程序，是否滿足特定規範標準，如公平等條件，其中最著名的發現，就是 1971 年諾貝爾經濟學獎得主 Kenneth Arrow（1963）的「不可能定理」（impossibility theorem），簡單來說，如果社會選擇就是設計一種社會選擇函數[35]，讓個人的偏好（價

---

[34] 相關論述請參陳敦源（2002）。

[35] 社會選擇函數（social choice function）或是社會福利函數（social welfare function）是經濟學家相對於個人效用函數（utility function）所發展出來的一種概念，個人對於財貨的選擇，也可以類比為社會對於財貨的選擇，傳統經濟學者對於理性前提（rationality postulate）對個人選擇的結果保持高度興趣，但是轉化成為社會選擇函數的研究，Arrow 成功地將我們對於社會選擇制度的規範性要求，轉化成為四種前提，包括「巴瑞多前提」（Pareto postulate）、「非獨裁前提」（Non-dictatorship）、「無限範疇前提」（unrestricted domain），以及「不相關選項獨立前提」（independence of irrelevant alternatives），再加上一個程序理性的前提，就是所謂「遞移性」（transitivity），也就是說，要求社會選擇函數

值）能夠組合（amalgamation）成為集體的偏好（價值），同時要求「集體選擇理性」以及「程序正義」的決策程序，是不可能存在的[36]。

集體選擇理性的不存在，可以從著名的「投票矛盾」（paradox of voting）得到印證，這問題早在 1785 年就被法國數學家 Condorcet 發現。簡單來說，投票矛盾意指多數決原則的「循環」（cycling）現象，造成民主理論中所謂「個人理性下的集體不理性」（Rational Man and Irrational Society）（Barry and Hardin, 1982）現象。舉例來說，社會對於 X、Y、Z 三項公共財的偏好，是由 a、b、c 三位公民以多數決原則所決定的，假設個人的偏好如下：

$$a = X > Y > Z$$
$$b = Z > X > Y$$
$$c = Y > Z > X$$

上列文中「>」的符號代表「強偏好」（strict preference）。個人的偏好結構與捉對選擇（binary choice）的情況之下，社會的偏好會產生 X > Y > Z > X 的循環現象[37]，也被稱為社會選擇「非遞移性」（intransitivity）的現象，深深改變 Riker 對民主政治的基本看法。經過了民主多數決「不可能定理」的洗禮之後，民主決策的「隨意性」（arbitrariness）與「不穩定性」（instability）成為 Riker 建構屬於自己民主理論的核心論述。首先，民主決策隨意性的認知，讓 Riker（1982b: 239）質疑以「民粹主義」

具有遞移性，就是不讓投票循環（voting cycle）的狀況發生。在這些前提之下，經過證明之後，Arrow提出，所有可能的社會選擇函數，都至少會違反上述五項要求當中的一項，其中，如果我們要求程序理性反一項我們對於集體選擇程序的規範性要求，比方說，如果我們希望集體選擇的結果具有遞移性，有一種方式就選擇以獨裁者的意志為全民意志的社會選擇方式，也就是違反非獨裁者前提，因為獨裁者自己的偏好絕對會有遞移性的。相關詮釋請參 Riker（1982b: 115-136），Mueller（2003: 563-596）。

[36] Arrow 的理論在經濟學門內很早就受到不少批評，比方說，諾貝爾獎經濟學者 James Buchanan（1954b）就認為，我們不應該預期集體選擇應該展現個人選擇的理性，所以 Arrow 的問題只是一個假問題（pseudo-problem），另一位經濟學者 G. Tullock（1967）也認為，Arrow 所提出的問題，是統計上並不常發生的案例；但是，這些論述都沒有辦法改變，因為 Arrow 的起頭，經濟學門產生了一個名為「社會選擇理論」的學派。

[37] 更完整關於投票矛盾的論述，請參陳敦源（1998）。

（populism）為導向的民主政治運作的正當性，他說：

> 民粹主義能否作為道德上具有強制力的論述，取決於是否存在
> 一個由投票所產生的全民意志，如果投票無法展現這樣的意
> 志，這種道德上的強制力就馬上消失了，因為全民意志並不存
> 在，如果人民意志表達得模糊不清，他們無法設立法律讓自己
> 得自由。民粹主義的失敗並不在於它道德上錯誤，而是它根本
> 是一個空殼子[38]。

　　由於不同的選舉制度所選擇的勝利者可以不同，也就是沒有任何一
個勝者是在所有制度之下都可以得勝的勝者[39]，民粹主義的正當性就會瓦
解。事實上，Riker 這樣的論述，是對自己過去對美國民主政體幼稚觀點
的悔改。早在 Riker 發展全新的政治學理論之前，他也是一位傳統的政治
學者，我們從他於 1953 年出版的一本美國政府的教科書可以看出，他對
於民主政治的認識，與當時以個案展現的方法，沒有什麼差別，但是，對
於民主政治的認同與迷惑，卻是一以貫之的，他曾說（Riker, 1953: 35）：

---

[38] 一個有趣的問題是：「除了 Riker 以外，是否有其他對於民粹主義提出的批判？」本章無法
在此立刻進入政治哲學的領域，討論 Riker 理論的相對位置，但是可以提出一個臆測的看
法。我們認為，民粹主義在民主理論中的問題，長久以來就是眾所皆知的，只是一直沒有一
個簡單、有系統的理論針對民粹主義的問題提出看法。Riker 的貢獻可能就在此，他只是提
出了一個民主理論中的「民俗理論」（folk theorem），清楚論述大家流傳已久的一種對民粹
主義的民俗看法。歷史學者與評論家 John Lukacs（2004）曾經這樣說：「是的，民主是多
數統治，但是，自由主義在此必須要進入。多數統治必須受到少數權益與個人權益保障的制
約，當這種制約微弱、未被執行或是不受民眾歡迎的時候，民主政治就成單純的民粹主義，
更重要的，這可能會成為一種國家民粹主義，民主政治未來發展最大的隱憂，就是自由民主
政體退化成為民粹主義政體。」可以代表自由主義論者心中對於民粹主義掏空自由民主的憂
心，這個憂心都可從 Riker 的論述中找到堅實的理論支持；另外，如果結合 Riker 對民粹主
義的批判與後來 RCT 提出的混沌理論，我們也知道民粹主義與集權的法西斯主義只有一線
之隔了，是一種在民主外衣下的極權主義。美國第十七任總統 Andrew Jackson（1808-1875）
就曾經說：「極權與專制可以在多數的狀態下被執行，它會比一人集權與專制更激進、更
強烈、更不留情。（Tyranny and despotism can be exercised by many, more rigorously, more
vigorously, and more severely, than by one.）」。

[39] 這種超越制度的勝者通常被稱為「康多色贏家」（Condorcet winner）。

　　本書所關心的是一個急迫的問題：民主的理念何以是可能的？民
主的方法為何是可行的？……既然民主人士認為民主可以帶來人
民生活的提升，我們應該問「這是如何得到的？」這樣的問題，
然而，在本書有限的空間之下，我願意接受民主在哲學上的價
值，如此才能讓我們來思考所謂的「民主問題」，而民主問題就
是：民主試圖達到一件不可能的任務，這就是它值得追求以及運
作失敗的關鍵，民主試圖將歷史當中由少數統治多數人的獨裁形
式，轉變成一種民眾自治的統治方式……。

　　Riker 在該書中，以美國憲政體制為例，討論美國是如何藉由這套制
度將人民統治從口號變為可能，也就是說，美國憲政體制的價值，在於能
夠操作化民粹主義。很顯然地，Riker 接觸到社會選擇理論之後，在集體
選擇隨意性的「真理」面前，全然的悔改，之後，Riker 對於美國憲政體
制的設計，也有了全新的看法[40]。他認為，美國分權體制的重要性，在於
壓抑民主決策過快獲得，以避免落入特定利益少數的操控，或是多數暴力
的局面，這也是自由主義的精髓所在，而民主制度設計，嚴格來說並不是
「人民統治」（popular rule），而是一種「定時地、隨機地行使人民否決
權（popular veto）」，有權者才會產生回應人民需求的動機，「去腐但未
必興利」是民主政治最底線的運作模式，也是目前唯一真正被實施的民主
政治（Riker, 1982b: 244-246）。

　　再者，Riker 對於民主決策的不穩定性，也有一定的認知（Weale,
1995）。不穩定性與隨意性是兩個相通的概念，既然民主多數決的結果是
隨意的，從空間理論（spatial model）的角度來看，政策空間上任何一點
都可能成為多數決的產出，這就是 Riker 學生 Richard McKelvey（1976）
證明多數決結果只存在於完全不穩定的狀態之中的「渾沌定理」（chaos
theorem）；依照 McKelvey 的結論，如果任何議程都可能（也就是議
程主導權未定的前提），政策空間（policy space）上的任何一點都可以

---

[40] 對 Riker 民主理論轉變的描述，請參 Terchek（1984: 52-60）。另外，從 Riker（1992c,
1992d）支持兩院制的論點，也可看出他受到民主決策隨意性的影響。

成為多數決的產出；換句話說，多數決是「先天不穩定」（inherently unstable）[41]。McKelvey 近於煽動性的建議，很快就引來 Gordon Tullock（1981）的挑戰，他提出一個簡單的問題：「現實世界中，為何有許多的穩定？」（Why so much stability?），以表達他對於理論與實際政治之間的重大差異的好奇，他的言下之意是：「政治世界若是照 McKelvey 的理論運作，應該是一團混亂才是，哪會有今日政府運作、政策通過的安定狀態呢[42]？」

　　差不多同一時期，Riker 的另一位學生 Kenneth A. Shepsle（1979）的「結構誘導的均衡」（structure-induced equilibrium）理論已近成熟。Shepsle（1986: 52）認為，過去 RCT 對於多數決均衡的研究，都是所謂「偏好誘導的均衡」（preference-induced equilibrium）的研究，試圖從固定偏好結構當中，尋找集體選擇的穩定結果；但是，這種以偏好為主的理論推演有其重大瑕疵，因為制度的結構也應該是均衡概念不可或缺的元素之一[43]；因此，非均衡的結果並不表示現實世界就是永無寧日的混亂，而是忽略了「制度有關」（institution matters）這個結構的因素。他以美國國會為例，解釋在政策空間先天不穩定的前提下，國會的委員會制度如何發揮關鍵作用，使公共政策找到穩定的多數決均衡產出。Shepsle 的理論一提出，就被視為在渾沌理論與實際政治之間搭起了重要的橋樑，並將「制度有關」的概念炒熱了起來。然而，事情還未結束，Shepsle 的理論，的確幫助 RCT 走出「什麼事都可能發生」的困境，但是在 Riker（1980）提出了「遺傳問題」之後，才真正開啟了 RCT 研究制度的大門。

　　Riker 的問題非常簡單，他認為：制度只是「偏好的聚合」（the

---

[41] 政治學者這才明白，多數決的道德面紗之下，原來是赤裸裸的議程主導權（agenda-setting power）爭奪戰，在參與者策略行為的掩護之下，較力爭勝。「渾沌定理」出爐之後，多數決當中的「什麼事都可能發生」（anything can happen）成了民主理論家揮不去的夢魘，這結果也使學者對民主決策的道德期許，產生了疑慮。

[42] 在此提醒，McKelvey 混沌理論只適用在超過單維的政策空間，單維的分析中，A. Downs 的中位數選民定理，被認為有「趨中」的穩定作用。

[43] 有趣的是，Shepsle 的理論並未改變經濟學理論中「偏好固定」傳統，他所謂的結構是決策程序上的限制機制，而非如 Wildavsky（1987）的研究將文化當成個人偏好形成過程的限制機制。

congealing of tastes），如果要將其視為均衡的重要元素，我們就不得不承認制度也是人們所共同選擇出來的（choose how to choose），因為人能夠因著政策偏好而策略性地選擇政策抉擇的制度，制度選擇的本身應該會「遺傳」（inherit）到政策選擇空間中的不穩定性；因此，單談「制度有關」是不夠的，我們必須將制度起源的問題也一併列入均衡概念的考量當中，不能分割。

　　Shepsle（1986）的回應有下列主要的兩點，第一點是歷史論，Shepsle 認為，任何一次的制度變革，都不是在真空的狀態下進行，換句話說，由歷史所殘存的結構因素，會對於變革的制度選擇內容，產生篩選的穩定作用[44]；第二點是資訊的不足，由於人們對客觀環境資訊的了解無法完整，這種不完整幫助「短路」（short-circuited）了政策選擇領域與制度選擇領域之間的「遺傳」作用，阻隔了不穩定基因的傳遞，這也使得制度選擇領域具有獨立的性格，不再是政策領域的附庸而已。這兩個回應都是試圖尋找政策選擇領域與制度選擇領域之間的「分隔物」（wedge），以杜絕不穩定的「遺傳」作用。總括而言，以上這些理論就是理性選擇新制度論的核心（Krehbiel, 1991: 31-34）。

　　最後，Riker 對於民主制度可操控性的理解，讓他找到觀察民主政治現象的實務面向，政治人物策略性地運用各種可能的力量集結支持，以至於可以從在野變為在朝的過程，成為 Riker 生前最後的研究重心。

三、操控遊說

　　Riker 最後十餘年的研究重心，是環繞在自己發明的一個英文——Heresthetics。這個字源自於一個希臘文，代表「決定」與「選擇」的意義，其中包括行為者對所處環境遊戲規則的熟悉，或是對於遊戲規則本

---

[44] 事實上，Riker（1995: 121）本人也贊同這個觀點，他說：「沒有一個制度是從新創造的，……任何新制度中都可以看見過去的殘餘。」（…no institution is created de novo… in any new institution one should expect to see hangovers from the past.）

身的選擇與操控，以至於能夠在政治競爭場域勝出的意義；Riker 認為，
這些希臘哲人發明的字根，在現代賽局理論與社會選擇理論的關照之下，
被賦予了新的意義，因此他用這個字來代表政治策略的研究（Riker, 1983:
55）。在一本蒐集了十二個操控遊說的故事的著作前言當中，Riker 如此
說（1986: ix）：

> 「操控遊說」是一個由我創造出來，用以表達政治策略的字，它
> 源自於希臘文中「決定」與「選擇」的意思，這個字包含了言詞
> 遊說（rhetoric），也就是說服藝術的意義，但是，它的內容又
> 比華麗的辭藻來得豐富多了。政治人物在競爭場中獲勝，通常是
> 他能夠讓更多的人願意與他建立聯盟關係，但是，這些勝利者所
> 作的，大大超越單純的言詞說服；他們通常能夠建構一個環境，
> 讓其他的人自己願意或是出於無奈地加入他的聯盟，有時甚至不
> 需要言詞的說服，「操控遊說」的意義就是：建構一個你可以贏
> 的世界。

> 「操控遊說」是一種藝術，不是科學，沒有一組科學的法則，
> 可以讓當事人機械性地發展出成功的策略，反之，一個操控遊
> 說的新手，必須從實務操作當中，去獲得能讓自己勝出的策
> 略，……。

對於這樣「實務」的一個題目，Riker 的興趣來自於前面一節當中，
他從社會選擇理論所得來，關於民主決策隨意性以及多數決不穩定的認
知。在這樣一個民意表達不精確的民主社會當中，制度雖然能夠發揮某
些穩定功能，但是「操控遊說」者仍然能夠憑著自己的經驗與策略技巧
（savvy），在競爭場域勝出；在 Riker 晚年的認識當中，政治的本質就是
「政治輸家」（political losers）尋找操控遊說的施力點，而成為贏家的過
程（Shepsle, 2003）。本章接下來先以一個空間理論的例子，來說明政治
操作的可能性，這樣的可能性，並不是 Riker 憑空想像或是自己親身的參
政經驗，而是從他及他的學生所發展出來，對民主制度理解的形式理論當

中所得的結果；基於這樣的認識，Riker 在晚年所提出兩個重要的論述，可以視為對操控遊說概念更深入的引申，一個是他對於美國「南北戰爭前政治歷史」（antebellum politics）的詮釋，也就是對林肯總統與黑奴議題的重新詮釋；再就是他逝世前還在修改的著作（Riker, 1996），是關於美國憲法批准過程論辯的研究。

　　圖 4-1 上方，我們先看一個單一議題的空間模型，假設有一個議題空間 D_1，有三位人民對該議題具有固定的偏好，他們對 D_1 政策的「理想點」（ideal point）分別是 A_1, B_1, C_1，而 SQ_1 代表政策的現狀點（status quo）。今天再假設這個社會如果要改變現狀，必須要經過多數決的同意，因此，如果有人具有提案權，要求這三位人民對提案與現狀之間作一個選擇，則落在 W（SQ_1）區域中的提案，是能夠通過多數決考驗的提案。在一個議題空間之下，多數決的結果，對人民 C 是最不利的，因為他偏好 SQ_1 勝過 W（SQ_1）的任何一點，換句話說，他是 D_1 空間中的「輸家[45]」。

　　假設 C 是一個操控遊說者，他面對 A 與 B 在改變現狀上的聯盟壓力，能有什麼因應的方法？假設人民C能夠找到一個議題 D_2，這個議題上三位人民的固定偏好如圖 4-1 下方雙議題的政策空間的 Y 軸所示，他只要能成功地將第二個議題與第一個議題「綁」在一起，就能夠創造非常利於自己的環境[46]。圖 4-1 中的三個圓圈，分別是在兩度政策空間當中，三位市民以自己的理想點與 $SQ_{(1,2)}$ 為半徑所畫出來的，圓圈上的任何一點，代表該市民相同的偏好，也可以說是兩度空間中的「無異曲線」（indifference curve），而三個圓圈相交處所得出來的三個橢圓形的區域（有陰影處理的部分），就是現狀 $SQ_{(1,2)}$ 的勝利集合 W（$SQ_{(1,2)}$），也就是說，在這些勝利集合當中的任何一點，都能夠以多數決的方式，打敗兩度空間的現狀 $SQ_{(1,2)}$，比方說，政策點 R（r_1, r_2）如果被提出與 $SQ_{(1,2)}$ 進

---

[45] W（SQ_1）的求取，是以 B_1 為中心，往右和往左延伸 $\|B_1-SQ_1\|$ 的線段；而 W（SQ_2）則以 C_2 為中心，可用同樣方法推得。

[46] 對於創造新議題空間或是「政策空間維度操控」（dimensionality）在政治過程中的意義，學者 Scott C. Paine（1989）有深入的論述。

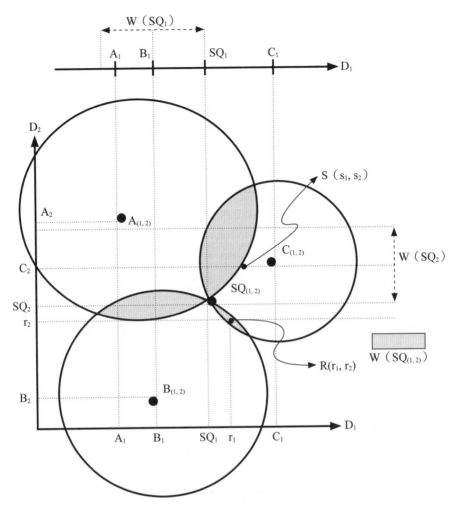

圖表來源：作者自繪。

圖 4-1 「操控遊說者」運作的空間模型

行「捉對多數決投票」（binary voting），人民 B 與 C 將會以多數通過 R（r_1, r_2），因為兩人對 R（r_1, r_2）的偏好都勝過對 $SQ_{(1,2)}$ 的偏好。

值得注意的是，R（r_1, r_2）這一點，如果分開在兩個議題空間中分別投票，不論是 r_1 還是 r_2 都不可能在多數決當中通過，因為他們並沒有落在 W（SQ_1）或是 W（SQ_2）的區域當中。當然，如果能夠以 S（s_1, s_2）取代

現狀，人民 C 將會獲利更大，因為與 R（r_1, r_2）比較起來，在 D_1 上 S 比 R 更接近 C 的理想點，而在 D_2 上，S 根本是落在 C 的理想點上。這個例子所要表明的，就是如果 C 擁有某種設定議程的能力，不論是站在制度議程設定點上，或是媒體的議程設定點上，他就會擁有若大的權力獲得自己所想要的結果，即使在單一議題的空間中，他是一個徹底的輸家。

這個論述剛好與 Shepsle 在前一節當中「結構誘導的均衡」的概念相反，「結構誘導的均衡」告訴我們在不穩定的多數決環境當中，如果要求得穩定的多數決結果，必須將議題切割開來討論，就像是國會當中的委員會分工一般，民主決策才得以穩定，這也是民主制度的核心內涵；然而，從操控遊說的角度，論點就是反過來操作的，要爭取勝利的方式則是尋找可以破壞現狀聯盟的議題，讓自己站在有利的位置上建構勝利聯盟，最好是將新的議題與老議題綁在一起，製造議題空間上的不穩定，以利於自己從中求勝。

從實際案例的角度來看，Riker 以美國南北戰爭前的國內政治，來說明操控遊說在政治操作中所扮演的角色。他認為，美國國內政治戰前最重要的政治聯盟（1800～1860 年），就是南北各州因為農業發展而組成的「農業擴張者」（agrarian expansionists），這個聯盟當中有北方工業較為發達的州與南方農業較為發達的州所組成。另一個輸家的團體，是所謂「商業團體者」（commercialists），一直希望能夠降低關稅，刺激商業發展，這與農業擴張者的當權聯盟的主流意見是不同的，因為農業發展需要關稅的保護，這些商業團體最後找到了一個議題，就是解放黑奴，在 1860 年成功地將當權聯盟給拆解了，讓林肯選上總統，但是，此舉也開啟了美國的南北戰爭（Riker, 1982b: 200）。這個論點對一般接受規範性詮釋歷史的人來說，是難以下嚥的，因為林肯解放黑奴是作一件「對」的事，而不是「自利」的事，但在 Riker 的詮釋之下，美國偉大的解放黑奴運動，事實上是輸家運用「議題操控」（dimensional manipulation）的技巧，讓自己成為制度上贏家的一個案例，學者從不同的角度試圖拆解 Riker 的論述（Mackie, 2001, 2003; Weingast, 1998），但是都無法否定 Riker 論點的說服力與原創力。

在研究操控遊說的路程上，Riker 最後將注意力放在「美國憲法批准的過程」（ratification process），從論述策略的角度，有系統地了解操控遊說者的實際作為。他發現，在美國憲法批准過程中的「論戰」（campaigns），正反雙方的論述策略，大概可以歸納為兩個部分（Riker, 1996），一是雙方都樂於使用負面宣導，也就是指出對手的危險性，或是不支持自己的負面後果，較少以正面的方式討論議題，第二就是，當一方找到一個足以說服人的負面說法，就會一直使用下去，而處在被攻擊的一方，就會避開或是忽略這樣的攻擊，第二個部分的論述，Riker 應用形式理論的概念，推論出雙方在負面論戰中的對戰原則，Riker（1996: 6）說：

> 當論戰其中一方明顯在某項論點上占了上風，另一方就會放棄這個論點（優勢原則；the Dominance Principle），當雙方都沒有明顯在某項論點占了上風，雙方都會放棄這論點（分散原則；the Dispersion Principle）。

這種負面論戰的本質，也是許多選戰當中的真實寫照，這樣的提法當然也提供了包括傳播學在內的社會科學界，觀察決定許多公共事務的決策過程中，政治人物溝通模式與政治結果之間關係的一個機會。事實上，如果Riker還能多活十年，他已經準備好與目前流行的「商議式民主」（deliberative democracy）（Elster, 1998；黃東益，2003）的民主理論潮流，展開建設性的對話，甚或是與傳播學界中最重要的議題設定效果的相關研究（agenda-setting effect）（McCombs and Shaw, 1972；Protess and McCombs, 1991；陳敦源、韓智先，2000），展開有意義的對話。

第五節　Riker 理論之評述

從前述的整理可以看出，Riker 領導下 RCT 在政治學的發展，有三方法論上的相關議題，值得討論，另外，在本土公共行政研究的應用上，本

研究也將從管理誘因、民主制度與集體互動三個面向討論之。

第一，理性選擇方面：包括 Riker 在內，RCT 學者對於理性選擇的基本假定問題的論戰，興趣並不大。這種涉及認識論層次的哲學思辯，在RCT學者的眼中，是沒有答案的，RCT 學者將這一點當作推論的基本假定，是將之當作「科學研究學門」（scientific research programmes，Lakatos, 1978）的「核心」（hard core）部分，除非它已有完整並更優良的取代核心[47]，不然即便是不完全，也是會繼續在其上進行研究的。因此，RCT 在學術策略上，對核心問題採取不理睬的態度，但是，對於個領域當中的主要論述，卻採取積極提供「另類」解釋的做法，我們可以從 Riker 的身上明顯看到這個模式；事實上，這是深知學界「追新」本質的一種發展策略。比方說，在聯盟理論以及聯邦主義論述中，Riker 選擇RCT 為建構「另類」解釋，對當時的主流論述產生衝擊，如果細讀這兩個理論發展的論述過程，Riker 都是先將傳統的理論做方法論上尖銳的批評，再應用自己所屬 RCT 的論述方式，提出完整且新穎的看法，而且這些看法都滿足「可證為否」（falsifiable）的科學論述，提供學界比較與繼續討論的基礎，這種模式後來也成為 RCT「入侵」政治學許多次領域的主要手法，而這種在某些領域上選擇規避，但在另外一些「接觸競爭」（engaged competition）的做法，成為 RCT 發展的主要策略，可能也是RCT 得以在美國政治學界成功的原因，不知 Riker 前述對於公共事務論戰本質的理論靈感，是否來自於 RCT 的發展策略成功的推想。

第二，民主制度研究方面：制度研究是政治學的核心內容之一，尤其是在正式制度的研究方面，包括憲法、選舉制度或國會制度等，都是政治學界的研究重心。RCT 在這方面的貢獻，可說是十分重要的，最主要是對傳統政治學制度研究，加入兩個元素。首先，在制度設計方面，Riker 從

---

[47] 值得一提的，台灣大學的石之瑜教授（1999）所著的一篇有趣的論文，針對 Riker 教授 RCT 的錯誤所提出的一個非理性的模型，但是嚴格讀起來，石教授的文章並沒有離開 RCT 討論個人選擇的框架—效用理論（utility theory），也就是說，石教授只是在 RCT 的分析框架之下，加入他認為應該加入的決策元素，這一點與在 Riker 與 Ordeshook（1968）針對「人為何投票」的議題，提出在效用理論結構之下，加入「公民責任」的意義是相同的。

RCT的角度，對美國憲政體制的設計精神，做了一個「懺悔」式的反省，也藉由 Arrow 的理論，將自由主義與民粹主義分別了出來，在「不可能定理」的光照之下，民主政治成為一種「排誤」的制度設計，而不是展現全民意志的設計，因為「排誤」是一個消極的概念，當然會有論者對於這種非黑即白的選擇結構也不以為然（Coleman and Ferejohn, 1986）[48]，但是，Riker 的論述讓學界認知到民主制度設計，不能獨尊民粹主義的規範性意含，已經是民主理論不可或缺的一個論點；再者，對民主制度選擇方面，RCT 為傳統正式制度研究，加入理性行動者之間策略行動的因素，不但可以分析制度能否依照設計的意念展現效果，也能用來分析制度選擇時刻的計算基礎與通過的可能性，這個複雜的過程，都可以從Riker與其他同僚們，關於「遺傳問題」的辯論中捕捉得到，它是政治學界研究制度不可或缺的理論基礎，唯一值得憂慮的問題，就是策略行動不是一個容易做經驗研究的概念[49]，結果就是，RCT 可以經過前端形式理論的推演，提供許多新穎的論點，但是，這些論點卻難達成 Riker 理想中政治科學研究後半段經驗檢證的動作[50]。

　　第三，操控遊說方面：Riker 晚年對於政治環境當中的溝通議題產生興趣，是有脈絡可循的，也就是說，Riker 自己晚期的作品是他早期作品累積的結果，這個累積可以從兩方面看見。其一，在《聯盟理論》一書中，Riker 將「勝利」（winning）視為政治人物最核心的價值（Riker, 1962），他認為，討論政治的核心，就是「政治人物依附於可變動遊戲規則之下的輸贏」，因此，政治學者必須要對這核心提出看法。其二，從社

---

[48] 對於 Riker 理論的其他批評，請參 Radcliff（1993）, Weale（1984）, Radscliff and Wingenbach（2000），其中 Riker（1993）也有親自回應 Radcliff 於 1993 年的批評。

[49] 比方說，要指認發生了策略投票（或是棄保效應），事實上必須要從了解參與者真實的偏好排列開始，對於社會科學研究對象—人，具有策略回應的本質，任何測量的信度都會是問題。Mackie（2001）質疑 Riker 解釋內戰前政治的主要論點，就是質疑 Riker 對於主要參與者在民眾心中偏好順序的問題，如果有不同的排列，解釋也會不同，如果這些不同的偏好排列得到某種證據的支持，Riker 對於戰前政治的詮釋，就會破功，相關討論請參 Dowding（2006）。

[50] 事實上，Lichbach（2003）關於 RCT 的論著，一開頭就提到政治學界充斥沒有經過驗證的假設，與沒有足夠理論背景的統計檢證，其中原因之一，就是由 RCT 學者只注重理論推演、忽視經驗研究所造成的。

會選擇理論對制度規範輸贏不穩定的論述，Riker 對於輸贏因素的搜尋，
從聯盟、議程設定、議題操控，轉變到人類最原始的策略互動工具——
語言修辭，脈絡是很清晰的，當然，在方法論上，Riker 雖然稱這樣的議
題是一種「藝術」（Riker, 1986），沒有科學法則可循；但是，他在最後
一本著作當中（Riker, 1996），仍然是以演繹邏輯的方式，從美國憲法批
准過程的經驗資料，尋找可以陳述的通則。Riker 以科學研究的精神討論
操控遊說這樣一個詮釋學派（interpretists）最擅長的議題，可以說是一種
「融合的努力」（synthesizing）（Lichbach, 2003），這種努力有助於本
章一開頭所描繪美國政治學會路線爭議的緩和，當然，這樣的應用，也
讓形式理論的邏輯，能被用於以往較不擅長的溝通領域，隨著賽局理論
在「資訊不對稱」（information asymmetry）之下，所發展出來的許多隱
含溝通的模型（比方說，訊號局（signaling game）），可能是 Riker 操控
遊說理論研究下一步重要的發展；根據 Iain McLean （2002） 對 Riker 在
操控遊說理論發展的討論，認為 Riker 的論述風格，可以被視為一種「分
析敘事」（analytical narrative）（Bates and others, 1998）的方法，這是一
種結合賽局理論分析精神與歷史學家敘事內涵的方法，這種方法目前也
正被應用於包括結合歷史與理性選擇新制度論（Katznelson and Weingast,
2005）、結合賽局理論與哈伯瑪斯的溝通行動（Heath, 2001），以及結
合法律與社會選擇理論的各種努力（Farber and Frickey, 1991; Epstien and
Knight, 1997; Stearns, 2000）[51]。

　　總括來說，Riker 一生的研究重點，從學門的發展來看，剛好符合學
者 Mark I. Lichbach（2003）對 RCT 發展過程中，「競爭、忽略與融合」

---

[51] 或許有人會問：「RCT 在這個部份的發展是否有與其他相關領域對話的可能？」當然是
有的，比方說，RCT與歷史制度論的相互影響，造就了所謂「分析敘事」的分析方法，結
合歷史敘事與賽局分析的一種有趣的論述形式，目前這個對話已經進入討論「偏好形成」
（preference formation）與結構的關係，未來的持續討論值得期待；事實上，由於 RCT 的發
展，許多傳統以結構或是規範式論述為主的領域，都產生了對話的可能，後續的相關論述，
可以針對 RCT 在各領域的實質研究中，尋找與整理對話的內容，再做出評述，本章有限的
篇幅，加上 RCT 所「入侵」的領域又多，無法一一顧及，然而，作者認為，本章如果達到
起頭的目的，已經足夠了。

（competing, ignoring, and synthesizing）三種策略的描述，而從方法論的
角度來看，這三種策略所產生的結果，對學界目前發展各有其重要的方法
論與研究內容的影響，我們可以從表 4-3 的整理看見這個趨勢。

第六節　小　結

　　本章回顧並評述了 Riker 一生的 RCT 學術貢獻之後，也願意在小結
中花一點篇幅，來簡單討論 RCT 對台灣民主治理研究可能的發展所在。
首先，RCT 在研究民主治理中的角色，是將任何改革作為建構在「管理誘
因」（managerial incentive）的基礎之上，而誘因結構之下的預期行為，
就是民主治理制度設計時最關鍵的考量要素；事實上，很多時候學者雖然
沒有使用 RCT 的相關名詞，但是他論述的方式基本上就是 RCT 的應用，
比方說，美國組織理論學者 Hal Rainey（1979: 446）早期一篇比較公私部
門的論文當中，從公私部門管理者受訪資料中得知，公部門平時受到較多
的內外程序法規的控制，工作動機與結果產出之間比較難以清楚衡量，
由於績效與生產力指標系統尚處於不明確的狀態，作者建議現狀下人事
制度的改革重點，應該不是讓管理者擁有支付薪資的裁量權，這種改革所
製造的問題可能比解決的問題還多，作者建議應該從建構績效指標的工作
開始，反而能讓「外部誘因」（extrinsic incentives; 指薪資報酬等）管理
更加落實，當然，對 RCT 的應用規避理性本質的討論而言，未來公共行

表 4-3　Riker 的學術生涯發展表

	發展策略	學術貢獻	主要疑義
理性選擇	競爭	提供學界一個另類論述架構，滿足學界「追新」的慾望	規避理性本質討論
民主制度	忽略	1. 充實自由主義制度性內涵 2. 建構政治學的制度理論	經驗研究的不足
操控遊說	融合	建立與詮釋學派的溝通橋樑	尚未完成

圖表來源：作者自繪。

政的學者在應用 RCT 相關的術語時，還要花時間去談清楚內外部誘因的本質與其間的關係[52]，以免將 RCT 當作是一種宗教來崇拜。

再者，在民主制度方面，台灣是一個後進的民主國家，與美國比較起來，我們的行政國是先於民主制度的發展，民主政治的「文法」（syntax; Ordeshook, 1997b）與我國固有的威權傳統一直是同時存在的，需要學界從「真實」（realist）、而非道德制高點上來看待民主治理及其制度建構的議題，RCT 理論從 Arrow 以降到 Riker 在政治學領域的重新詮釋，對於民主政治從個體偏好到集體民意產生之間矛盾的本質，有深刻且務實的切入觀點，事實上是有助於台灣公共行政學界或是實務改革者，看清民主治理的運作本質，進而建構民主政治環境下更好的公共服務制度，比方說，美國學者 Patricia W. Ingraham 與 Carolyn Ban（1988）對於公共服務的架構下如何結合政治回應性與功績責任的制度問題，提出四點設計的原則：（一）公共服務不論對政務或事務人員來說，都是一個民主制度；（二）政務與事務人員對於如何有效管理公部門的特殊環境有結合的承諾（a join commitment）；（三）政務與事務人員相互尊重（mutual respect）彼此帶入組織中的技巧、觀點與價值；（四）對於公共利益的持續理解與積極關注；對於一個常久將官僚體制當作統治者工具的我國文明而言，如何藉由民主制度的導入，讓台灣民主治理的運作植基在前述四點的原則之上，是未來可以應用 RCT 進行相關研究與建議的方向。

最後，在操控遊說方面來看，RCT 對民主治理研究最重要的啟發，就是治理運作是一種「集體互動」（collective interaction）的作為，不論是政策論述形成還是政治聯盟建立等公共行動，都必須植基於明確且可操作的集體互動策略，我們提出李登輝前總統及其追隨者所提「本土化」

---

[52] 美國 Stanford University 經濟學教授 David A. Kreps（1997: 360）的一篇名為「內部動機與外部誘因（intrinsic motivation and extrinsic incentive）」文章中特別強調，他在 Stanford 與社會（心理）學者一起合開人力資源管理的課程，常常聽不懂這些非經濟專業者使用交易成本、治理、代理人理論、或是「民俗定理」的意思（原文："…my non-economist colleagues use terms such as transaction costs, governance, agency theory, and the folk theorem, and I must assert things that, as an economist, I do not really understand"），因為外部的誘因可能會摧毀內在的工作動機，也就是說，使用 RCT 的誘因概念時，經濟學者可能比那些非經濟學者還要謹慎，這個部份對公部門的人事改革有其一定的啟發。

的議題，應該也可視為一種操控遊說應用的一個實例[53]。當李前總統上台時，我們可以視台灣為一個穩定的後蔣經國時代，當時主政的當權聯盟是以國民黨外省菁英為領導、本省菁英為追隨者的集團，這個龐大的統治集團，是有一定的民意基礎，但也有其內在矛盾，當時全國主要的議題面向，是繼承內戰時與共產黨鬥爭為核心的「左─右」意識形態為主的議題，但是，一個台灣籍總統進入這樣一個統治結構當中，他「贏」的策略會是什麼？如果依照 Riker 的操控議題的看法，李前總統的可能策略，就是一方面推動民主化，但另一手推動本土化。民主化是要將自己權力的來源，從國民黨統治機制中解放出來，讓少數沒有民意基礎但具有政治影響力的黨官，退出國家權力核心，而在政治修辭上，則是以「還政於民」作其主要內涵；另一方面，推動本土化則主要是利用一個新的議題面向，來取代原本「左─右」的議題面向，因為，在強化本土意識的面向之後，原本以國民黨統治菁英為核心的政治聯盟會分解，而第一位台灣人總統在本土化的面向上，握有民主數人頭上的優勢，因此具有組成勝利聯盟最好的機會。當然，上述的簡短討論，對於民主治理的研究領域發展有是有很大的啟發，也就是說，在民主的大環境中，公共管理者如果要獲取治理的績效，操控遊說的策略能力是不可或缺的。

　　由於 RCT 對於本書所將要討論的民主治理議題有貫穿性的影響，在下一章當中，本書將以不同的方式，繼續討論 RCT 在公共行政學門應用的正當性，作者將以公共行政學界最為熟悉的公共選擇理論為例，為該理論在公共行政學門內的應用提出辯護，以強化本書方法取向選擇的正當性。

---

[53] 學者 Jack H. Nagel（1993）應用 Riker 操控遊說的理論，討論紐西蘭在 1984～1993 年之間自由派領袖 Richard Seddon 的歷史，就是一個可以參考的研究案例，另一個案例則是研究英國政治的問題（McLean and Bustani, 1999）；其他應用在比較政治與公共政策分別請參 Cohen（1991）與 Weimer（1992）。

第五章　經濟學帝國主義

我們活著像經濟人，但卻希望成為完全的公民。

—— Ignatieff（1995: 54）[1]

第一節　前言：為公共選擇理論辯護

　　本書所使用的理論方法，是由經濟學所衍生出來的政治經濟學，在本書第一部分中，除了提出為何要研究民主治理的理由以外，作者還必須對所使用的理論取向做出辯護。經濟學的方法在社會科學領域常有「經濟學帝國主義」（Radnitzky and Bernholz, 1986）的罵名，公共行政領域當然也不例外，其中批判的核心論述之一，就是認為經濟學的本質與公共行政當中「公共性」的主軸是互不相容的，本章將提出一個理論上的反駁，藉此也為本書選擇當代政治經濟學的方法提出辯護。

　　「公共性」（publicness）是攸關公共行政學界身分認同的關鍵概念之一，但是，關於公共性的討論，學界一直處在「重要但說不清楚」的狀態[2]。主要原因除了「公共性」的概念本身充滿爭議之外，就是公共行政學界一直被兩個學科──管理學（經濟學）與政治學──所牽絆的結果。首先，公共行政並不存在私部門管理那種單一的操作目標──「獲利」

1　原文如下："we live as market man, we wish we lived as citizens."
2　一般而言，「公共性」的定義並不明確，學者 Haque（2001）嘗試以 (1) 公私部門差異；(2) 服務對象的廣度；(3) 服務提供的角色定位；(4) 公共課責機制存在與否；與 (5) 人民集體信任程度是否重要等五項標準，來討論公共性議題。本章採用學者 Barry Bozeman（1987）的看法，他認為公共性是組織受到政治權威運用及影響的程度，而不單是指與「公部門」相關的才會產生公共性的問題，這種定義使得公共性議題與傳統公私部門分野的議題區隔開來，專注在一群人（組織）如何建立、受限與改變政治權威的功能面向來看公共性的議題，與公共選擇討論公共性的角度接近。當然，公共性問題與公共利益（public interest）一詞的連結也是不可忽視的，請參 Barry（1962）分別對「公共」與「利益」的討論。

（profit），因而學者無法在理論上對「公共性」的目標價值定調，也就是說，公共行政對於公共性的追求，通常必須同時處理本質上衝突的價值，比方說，行政管理必須兼顧效率與民主的要求；其次，公共行政實務導向的傳統，使它無法擁有政治哲學家們討論公共性議題，不需涉入實務的瀟灑，換句話說，再多關於公共性的學術討論，都必須面對官僚體系日常運作中，不時出現「道德判斷」（moral judgments）的考驗。若就美國公共行政學界的發展來看，身處在這樣的一個雙重壓力下，行政學界常常藉由內部反省與批判的方式，尋找公共性議題在理想與現實情境中更佳的定位。

　　茲舉一個實例來說明，新公共管理（new public management）是近十年來公共行政學界重要但充滿爭議的發展（Hughes, 1994: 58-87）。從實務上來說，新公共管理所引發的「政府再造」風潮（reinventing government; Osborne and Gaebler, 1992; Hood, 1991；魏啟林編，2000），從盎格魯薩克遜國家發軔（如英、美、澳、紐），席捲包括台灣在內的國家，成為公共行政學界難得的跨國盛事（Kettl, 2000a; Pollitt and Bouckaert, 2000；江岷欽、劉坤億，1999；孫本初，1998；黃榮護，1998）；但是，從理論上來看，這種發展也引發自「新公共行政」（new public administration; Marini, 1971）與「黑堡宣言」以來（Blackburg Manifesto; Wamsley et al., 1990；余致力，2000）等傳統，另一波源自公共行政學界內部的批判風潮。

　　這些批判最主要的立論核心，就是在新公共管理的時代，公共行政學界必須正視「公共性流失」的問題（Frederickson, 1991, 1997; Haque, 2001; 林鍾沂，2001：675-682），批判者主要認為經濟學理論（包括公共選擇理論、交易成本理論、代理人理論等）所揭櫫的理性自利、個體主義、誘因設計等內涵（Kaboolian, 1998），是公共行政學「公共性流失」的元兇之一，在一波又一波的政府改造風潮當中，憂心公共性流失的學者，提出包括「公民意識」（citizenship）在內的許多概念[3]，試圖藉此找回公共行

---

[3] 另一個重要的概念發展，就是從哈伯瑪斯「溝通行動」（communicative action）而來的「審議式民主」（deliberative democracy）的概念。相關文獻請參考 Dryzek（2001）。

政學中的「公共性」。

　　回到台灣，長久以來由於我們亦步亦趨跟隨歐美學界的發展，不論是提倡新公共管理或是批判新公共管理的風潮，學界都沒有置身事外（江岷欽、劉坤億，1999；林鍾沂，2001；丘昌泰，1999、2000；江明修等，1998；吳瓊恩，1999；許世雨，2001；孫本初，1998；黃榮護，1998）。然而，有趣的是，台灣學者對於新公共管理的論述，一方面在實用價值上全盤接受，與實務界協同推動「政府再造」等改造工程；另一方面，卻在哲學思辯上積極批判，視這種發展為右派思想藉由改革之名，在公共事務領域大舉反撲的徵兆。

　　平實而論，上述兩項近年台灣公共行政學界主要論述之間，缺乏實質對話的機會[4]，殊為可惜，值得本土學界努力，以期從對話當中釐清這風潮背後觀念之爭的真相。作者認為，這種「溝而不通」的現象，主要在於支持或反對新公共管理論者，並未深入論析新公共管理風潮之下，公共哲學深層議題的複雜性與多樣性，而讓彼此之間的對話失焦。本章並不打算對這議題作全面的討論，因為所涉及的範圍太過廣泛，但是願意從這些對話當中，尋找可能的論述連結，做一次實質性的對話。因此，本章選擇從新公共管理批判者一個共同目標——「公共選擇理論」（public choice theory）的角度出發，對學界「公共性」的議題，提出對話式的回應，希冀能對兩造之間在未來的對話方向與內涵，作出實質的貢獻。

　　本章主要的論述架構如下：在第二節中，本章將以原文呈現的方式，呈現學界在新公共管理的風潮中，對公共選擇理論的各種批判，並將這些批判藉著學者 Frederickson 的論述歸類，本節最主要的目的乃是釐清全文對話的焦點；在第三節中，本章將針對公共選擇理論參與學界「公共性」議題討論的「資格」進行辯護，主要論點認為，公共行政的規範性理論對

4　試舉兩個「實質對話」的例子，一是由兩位學者 Lyons 與 Lowery（1989）針對公共選擇理論所衍生出來對「分權」（fragmentation）的偏好，經由民調資料進行實質的批判，發現在越分權的地方政府當中，人民並沒有成為更願意參與、更有公共知識、與更快樂的公民；再者，學者 Barry Bozeman（2002）針對市場失靈論述的實用價值與公共性上的缺憾，提出相對的「公共價值失靈」（public-value failure）理論，這種重視對話實質內容的心態，值得重視與學習。

公共選擇理論戕害公共性的論述，不論從方法論或是理論發展的角度來看，都有再思考的空間，本章更認為，以「取消資格」的方式來排拒經濟思維，反而無助於公共行政學界討論「公共性」議題的長期發展；最後，為了輔證前一節的論述，本章在第四節當中，將從公共行政學者思考公共性議題最新的發展：「公民意識」（Kymlicka and Norman, 1995）論述出發，從「公民資格」、「溝通效應」與「參與成本」等三個方面，提出屬於公共選擇理論的看法，期能在這一次的學術對話中，為公共行政當中的公共性議題，開闢新的視野。

第二節　公共選擇理論與公共行政中公共性的流失

一、公共選擇理論的內涵與方法

公共選擇理論，簡單來說就是「非市場決策的經濟研究」或「將經濟學應用在政治學」的理論[5]，其遵循經濟學研究將「是什麼」（what is）的實證問題與「應該是什麼」（should be）的規範議題分離處理的傳統，著重以經濟學的方法，研究與公共決策相關的實證問題[6]。套用諾貝爾經濟學獎得主 James Buchanan 的用語，公共選擇理論是一種「不帶遐想的政治研究」（Politics without Romance），而它的範圍與方法可以簡單定義如下[7]：

5　原文如下："The economic study of non-market decision making or the application of economics to political science." (Mueller, 1989: 1)。討論經濟學對當代政治學的影響，請參 Miller（1997）。

6　在方法論的方面，學者 Herbert A. Simon（1946）很早就論及公共行政學界應該揚棄論述充滿矛盾的「行政諺語」（administrative proverbs），走向「事實」與「價值」分離的科學研究道路，公共選擇理論的出現，雖然在方法上順從了 Simon 的建議，但是也無可規避地受到來自價值面討論學者的批評，然而，這不是行政學界獨有的現象，在政治學界當中，相同性質的批評是屢見不鮮的（請參 Kelman, 1987；回應請參 Brennan and Buchanan, 1988）。

7　本章所謂「公共選擇理論」的範疇，乃是包括社會選擇理論（social choice theory）、實證政治學（positive political theory）、財政學（public finance）等研究領域；在方法上，公共選擇理論是社會科學界當中「理性選擇理論」（rational choice theory）的一個應用的途徑，是經濟學研究方法向經濟議題以外領域的一個重要的延伸。

公共選擇理論基本上運用經濟學所發展出來複雜的工具與方法，研究政府、公部門或公共經濟的相關議題，正如經濟學的研究一般，這種研究途徑，試圖在政府部門個別行動者（包括選民、候選人、代議士、政黨及其領導人、官僚等公共選擇過程中可能的「角色」）及個人所能觀察到公共集體產出之間作一種連結，公共選擇理論為我們了解與解釋政府部門當中，複雜的制度性互動提供了一個途徑。（Buchanan, 1984: 13）

依照學者 Michael C. Munger（2000a）的說法，公共選擇理論乃是針對一個人類社會現象最核心的問題：「如何建構與維繫調和個人自利與團體福利的制度」[8]，研究五個關鍵議題的學派，這些議題包括：(1) 個人偏好是什麼？(2) 可欲的選項有哪些？(3) 選項執行的形式是如何影響該選項的價值？(4) 今天所做的選擇，對往後的選擇與選項有何影響？(5)「好」是什麼意思？我們怎麼知道某些結果比另一些結果要好？總括而言，公共選擇學者所研究的核心，就是從個體理性的基礎上，討論公共事務形成、決策，以及後果，它是一種分析性的理論，但也同時具有規範性的意涵，就像所有的理性選擇理論一般，公共選擇理論也可以被視為是一種規範性的理論（Elster, 1986）[9]。

二、公共選擇理論與公共行政學

早在 1960 年左右，公共行政學界就以「無名領域」（no-name field）來稱公共選擇這個正在醞釀中的學派（Ostrom and Ostrom, 1971: 203），之後公共行政學界對於公共選擇理論的理解，是藉由 Tullock（1965）、Downs（1966）、Niskanen（1971）等對官僚體系的研究，與 Ostrom

---

8　原文如下："Construct or preserve institutions that make self-interested individual action not inconsistent with group welfare."
9　有關公共選擇理論較為完整介紹的教科書為 Mueller（2003），而較為淺顯的教科書，請參 Tullock, Seldon, and Brady（2002），特別是該書的第一部分，台灣出版的翻譯本請參徐仁輝、陳敦源、黃光雄（2005）。

（1974）對行政理論的論述而來的，新近政治學界對國會與官僚體系之間代理關係的研究（Hammond and Knott, 1996; Huber and Shipan, 2000; Bendor, Glazer and Hammond, 2001），因為數學語言的關係，並未在公共行政學界引起太大的迴響，因此，對公共行政學界而言，公共選擇學派的影響仍然停留在 Ostrom 以前的著作。

如果對照學者 Mueller（1989）對於公共選擇理論的整理，公共行政學界所直接相關的公共選擇理論，只有政府產出的部分，其他如國家起源、民主多數決（直接與代議民主）、集體行動（利益團體與合作）、政府財政等議題，在過去半世紀的發展當中，與行政學的主流議題相關性並不大，但是，公共行政學界對公共選擇理論或是廣義的經濟思維邏輯的批判，從來沒有間斷過。

三、公共選擇理論的批判

早在三十年前，學者 Ostrom（1974）以公共選擇理論重新定位公共行政理論時，就受到學者 Robert. T. Golembiewski（1977a）的質疑[10]，他認為除了公共選擇理論的基礎假定有偏誤之外，公共選擇理論展現一種「表裡不一」的價值論述也是值得批判的，他說：

> ……公共選擇理論未能提供價值觀一個妥當的位置。在 Ostrom 民主行政理論的關鍵概念架構中，似乎沒有或是不應該作價值判斷，其目標是避免主觀與非經驗的價值判斷；但是這個取向似乎又試圖從事主觀與非經驗的價值判斷。上述的觀點是一個弔詭的現象，我認為 Ostrom 的民主行政理論事實上是充滿價值判斷的……公共選擇理論在許多方面展現出它提出一種價值判斷，用以排拒所有其他價值判斷的企圖心……

就是在這樣的環境之下，當新公共管理在公共行政學門興起時，「公

---

[10] 這場論戰的文獻，請參 Ostrom（1974, 1977）與 Golembiewski（1977a, 1977b）。

共性流失」的危機意識產生，學界開始對學界內部向來提倡「方法論上的個體主義」（methodological individualism）之經濟學傳統，進行反思與批判。這過程中，公共選擇理論是最常被提及的批判目標之一。學者吳瓊恩（1999：3）對於新公共管理有如下的評述：

> 新公共管理的研究途徑，目前還談不上什麼理論建樹，大抵上綜合了泰勒的科學管理學派、公共選擇理論、代理人理論、交易成本理論等觀點，雖呈現一種「大雜燴」而時有趨時務新的現象，然亦予人有從不同角度觀察問題後，發現新意義的某種新鮮感。

當然，對於公共行政當中經濟思維的批判與反省，也常與西方左派與新右派的論戰產生連結，直指公共選擇理論（或是經濟市場理論）背後的意識形態源頭（Dunleavy and O'Leary, 1987: 75-86），學者江明修等（1998：30）對台灣政府各階段政府革新作為，有著下列的論述：

> 政府再造若缺乏深刻的深層思考，則易陷於枝節技術的繁瑣叢林之中，淪入公共行政的「技術趨光主義」，更易導致「第三類型錯誤」，忘卻公共行政的真正意義，或為威權主政者的驅使工具，或為管理主義、新右派的馬前卒。

在學者的眼中，新公共管理不過是從經濟思維而來的另一波學術流行風潮，因此，當然也充滿來自於功利主義、個體主義、管理主義等經濟學基礎理論中的缺失。學者林鍾沂（2001：677-679）參酌學者 Frederickson 的看法，對公共行政學門中公共性流失的問題，有著如下的論點[11]：

> ……公共性其實指涉了我們看待別人、關照世界、發展意識和喚醒自我的方式，同時也關係到我們的態度、我們的價值和我們最內在的層面；而且，最為重要者，莫過於它是種無私無我的關懷能力。……

---

[11] 相同的論點也出現在批評政治學中理性選擇理論的發展，關於違背「公民意識」與「公共良善」（public good）請參 Petracca（1991），關於「私利加總」的批評，請參 Bluhm（1987）。

「公共性流失的原因」在於功利主義哲學取代了古希臘公共的觀點，並在過去一百五十年中成為政治思考和政府實務的主流。相對的，集體追求更大的善，將被痛苦或快樂的私己計算、個人效用或成本與利益所取代。政府的目的淪為個人福利的滿足。而所謂的福利、快樂或效用是由效果與成果來決定的。在這之中，不但欠缺公共的意涵，只有原子式的個人總和；而且也沒有了公共利益，僅有私利的加總。尤其是功利主義的哲學若再配合經濟學中市場模式的發展，更將使得結果或成果的計算依循市場的技術來進行。其中著名的公共選擇觀點，即在將功利主義的邏輯和市場技術引進公共行政之中。不獨公共行政的早期理論，完全配合著功利主義哲學，並對科學和技術在解決和回答問題上信任有加。……

由是看來，當功利主義強調效率、經濟、官僚制度和技術，而有助於公共行政的重大改革時，它亦使公共的高貴概念流失了……。

總括而言，在公共性議題的討論上，我們可以援引學者 H. G. Frederickson（1991: 399-402）對於公共選擇理論的三點批判，來窺知公共行政學界對於公共選擇理論的感受[12]。

其一，動機假定的狹隘：公共選擇理論所描繪「理性計算個人偏好」的官僚，忽略了許多心存公共利益官僚的存在，讓理論在「動機」上的陳述太過狹隘，而且有變相鼓勵自利行為的嫌疑。這點是社會科學方法論中對理性選擇理論批判的一種呼應，在公共行政學界當中，這種批判在 Niskanen（1971）提出官僚預算極大化模型時就已出現。

其二，社會達爾文主義：公共選擇理論與多元主義所提倡的「選擇」，事實上是菁英與擁有資源階級的專利，對於那些社會上弱勢的關注

---

[12] 本章並未處理由吳瓊恩教授（1999）所提出，對於台灣公共行政學界理論論述「自主性」不足的批判，主要原因是關於學術本土化的議題，應該以另一篇獨立的文章來討論，這其中應當包含理性選擇理論是否適用台灣本土研究的討論，相關論述可參 Little（1991）。

不夠，甚至有忽略的現象。這點與學者 Lowi（1993）對政治學界中以公共選擇為首的理論「為右派說項」提出批判的看法類似。

其三，貶低官僚的犬儒主義：如果官僚是公眾的受託人（trustee）來實現公眾的意志，他們自利的行為會大大減低民眾對政府的信任感，因而造成政府治理的困境，這一點與「黑堡宣言」重建公共行政的觀點不謀而合，尤其近似於黑堡學者 Goodsell（1983: 12-23; 139-151）為官僚辯護的論述。

第三節　公共選擇理論的「公共性」之一：批評的回應

由前一節的批判來看，公共選擇理論在公共行政學界中，背負著經濟學思維的「原罪」，不論從方法論或是從學說的影響上來看，公共行政學者常常從規範性的層次就拒絕了經濟思維，認定公共選擇理論所提供關於「公共性」的討論，無法滿足某種既定的「善」（good）或「公共利益」（public interest）的要求；這種情況常常讓公共選擇理論在進入學術對話領域之前，就被取消了資格。

本節當中，作者試圖藉由回應公共行政學者的規範性批判，讓公共選擇理論能夠具備「資格」回到公行學界學術對話的公共領域（public sphere），重建學者使用公共選擇理論參與討論「公共性」議題的適當地位。讓我們先從回應前一節當中的三項批判開始。

一、可議的動機？

關於公共選擇理論動機界定狹隘的問題，我們可以有如下兩點的回應。首先，從經驗世界來觀察，批判者所提出的疑問，讓經濟學思維進入一個只要找到一位非「自利」動機的行為人，公共選擇理論的人性假說（postulate）就崩潰的情況。然而，從研究人之內在動機的角度來看，不論是否擁有經濟學背景，學者最多只能觀察到人的行為與他所處的環境，

我們無法直接觀察人內在的動機，因此，動機通常是從行為與行為人處境所推論的結果，目的乃是要一窺「人性本質為何」這個重要的哲學議題。

理性選擇理論將理性自利當作一種方法上的假說，並不是要「教育」每一個人都「應該」機械式地依循理性算計而生活[13]，最主要是試圖避開處理「人性本質為何」的千古難題，而以「好似」（as if）的方式（Friedman, 1953; Tsebelis, 1990: 31-33；陳敦源，2002：49-50），為人性「趨利避害」定調之後，再應用從微觀基礎（micro-foundation）上建造的演繹邏輯，來解釋各種研究者所關心的社會現象；嚴格來說，這種人性假說的選擇，事實上已經具備成為規範理論的基礎，但是它並未如規範理論直接選定「美」、「善」或「公共利益」為其目的（Elster, 1986: 1），換句話說，這只是一種要求程序上定性的分析邏輯[14]，更重要的，這種選擇也具備經驗的基礎，因為，如果我們選擇以「利他主義」（altruism）取代理性自利為分析的基礎，所引發的問題只會更多[15]。

再者，我們可以問：「公共選擇學派完全不考量『經濟人』（homo economicus）以外的動機嗎？」從文獻來看，事實上公共選擇理論是不斷試圖處理非經濟動機的議題，一般有兩種處理方法。

第一種處理方式，認為非經濟動機都可以用經濟動機來解釋，舉例而言，我們看見人們選擇合作，其動機仍然可能是出於效用極大化的考量，學者 Robert Axelrod（1981）對「重複囚犯困境賽局」的經典研究

---

[13] 這樣的生活反而會成為學者 Sen 理念中的「理性笨蛋」（rational fools; 1977），他說：「一個純正的經濟人是一個社會的低能兒，經濟理論已經過分關注於這種理性笨蛋，這種棲息在單一、一體適用的偏好排序之上的笨蛋。」（p. 131）

[14] 另有兩種更具「攻擊性」的回應，一是 Buchanan（1984: 13）認為，關於人性假說上的論述，「舉證責任」（burden of proof）應該是在批判者的一方，在批判者能夠提出以「非理性」、或是「利他動機」的假說為基礎的模型，並且比公共選擇理論更為適用之前，公共選擇理論應該持續專注在他們解釋社會現象的工作上；另一位理性選擇理論家 M. Fiorina（1975）也認為，一般對於政治學中理性選擇學派的攻擊，都是「躲在玻璃屋當中扔石頭」，因為如果詰問「扔石頭者」研究架構的人性假說為何，大部分都無法比理性選擇理論更有系統地表述。

[15] 茲舉一個議題，利他主義可以用理性自利來解釋，但是利他主義並無法解釋人類的自利行為，諾貝爾經濟學獎得主 Sen 也曾說：「若是站在為實際行為等同於理性行為這個假定答辯的立場，我們會說，雖然這個假定可能導致錯誤，但是任何不理性的特殊類型的假定，非常可能導致更多的錯誤」。（劉楚俊譯，2000：12）

（repeated prisoner's dilemma）[16]，就是希望告訴我們，即便是在「自我中心」（egoists）的動機之下，也能因長期的互動而產生合作的行為。這種說法也隱含自利動機並不一定帶來集體的不良結果，換句話說，Axelrod的研究似乎也告訴我們，自利動機並不一定會戕害「公共性」，因此，有些學者就從這種演化的觀點，來思考「人類德行起源」與「社會規範建構」等相關議題（Ridley, 1996; Chong, 2000）。

另一種處理方式，就是承認自利動機只是人類各種動機之一，不是全部，而分析上則以「多重自我」（multiple self; Elster, 1988）的方式處理。這種方式在個體的效用函數當中，直接加入不同的動機（Harsanyi, 1969; Brennan and Hamlin, 2000），而將人類動機的哲學性議題，簡化成不同動機之間「加權」（weights）的分析性議題。換句話說，由於理性選擇理論只是一種要求程序上定性的分析邏輯，個人效用函數相關的價值選擇，是可以兼容並蓄的，因此，個人效用函數中可以置入包括利他主義、規範遵行或是自利的動機。[17] 然而，這種處理方式的缺點，似乎讓理性選擇理論只要在個人效用函數中放入任何形式的動機，就可以解釋任何社會結果，這種超級理論事實上落入了「什麼都可以解釋以至於什麼都沒有解釋」（explain everything but explain nothing）的困境。

上述關於公共選擇理論之自利假定的論述，主要乃是認為，就研究的程序上而言，公共選擇理論先選擇一種人性一般表現的假說，再從其上建構關於組織、團體與社會活動的結果論述，是一種方法上的選擇，並沒有

---

16 簡單來說，重複囚犯困境的分析，主要是關注在囚犯困境賽局只互動一次的狀況下，兩位參與者都會選擇背叛對方，也就是說，這樣的互動最後會獲得社會整體最差的結果；但是，如果這種互動是一直持續的，也就是囚犯困境的社會互動不止於一次，理性自利的個人之間，就會有可能相互磨合出某種互動機制，讓雙方都能夠避免社會整體效用最差的結果，相關議題最為淺顯的介紹，請參李國偉（1999: 227-240）與 McLean（1987: 125-153）。

17 經濟學家對於「多重自我」的問題已有初步的思考，這種「高層次選擇」（meta-choice），以 Schelling（1992）「自我控制」（self-command）理論為主。他認為，人外在行為是內在不同「自我」（self）妥協的結果，常是「短視自我」（myopic self）與「遠見自我」（farsighted self）間的權衡；Margolis（1982）則認為個人決策是在「自利」與「利他」兩種動機之間取得平衡的活動有異曲同工之妙，另外學者 Noll 與 Weingast（1991）也利用 Harsanyi 對於理性選擇理論開放動機的看法，討論立法行政關係與官僚文化的形成等有趣的議題。

道德上對錯的問題，事實上，這種選擇在方法上是可以討論的，在內涵上也是可以對話的[18]。

二、為右派說項？

　　關於公共選擇理論隱含「新右派」（new right）忽視弱勢、一切以市場競爭結果（社會達爾文主義）為主的問題，我們可以作如下的回應。如果我們將公共選擇理論放在經濟學理論發展的大架構之下來觀察，它事實上是經濟學理論當中，討論「公共性」最深入的一個派別。公共選擇的理論發展，已經包含新古典經濟學所沒有觸及的公共議題，讓經濟學對公共性的討論，向前邁了一大步。

　　從經濟理論發展史來看，新古典經濟學面對「市場失靈」（market failure）的問題，開始重視政府在經濟市場中的角色，「自由放任」（laissez-faire）的絕對性，受到挑戰，政府介入成為一種可欲的選項。而公共選擇理論的發展，是從「政府失靈」（government failure）的角度，討論攸關政治權力（political authority）的形成、運用與其不確定性的問題，從這個角度來看，這種發展並非是要為新古典主義「翻案」，來否認「市場失靈」的存在，而是對於一味地尋求公權力介入公共事務（包含市場）的想法，提出一種反思的機會。

　　公共選擇理論在方法論上的個體主義的引領之下，研究民主政治、集體行動、組織設計等攸關「公共性」重要議題的內在理論，尋找「從下到上」（bottom-up）權威形成的可能性與邏輯性。因此，批評者如果無法確實分辨新古典經濟學與公共選擇理論內涵上的差異，對於公共選擇理論的批判的時刻，就自然會與批判新右派所根植的新古典經濟學牽扯不清了。

---

[18] 至於經濟學者到底有沒有能力、意願、或是資格處理非經濟動機的問題，諾貝爾經濟學獎得主 Sen 的看法是較為持平的，他一方面對於當今經濟學者為著方便分析而窄化了人類動機，因而背離了 Adam Smith 最初對人類交易行為的多元動機認識感到不滿，另一方面，他卻也對經濟學者未來能夠有系統地將倫理與經濟的結合，開創經濟學更豐富的內涵感到樂觀，請參劉楚俊譯（2000）。

　　當然，我們可以問：「公共選擇理論所援引的『方法論上的個體主義』，是否在邏輯上產生支持『個人主義』或是『自由放任』的結果？或甚至淪為現狀的支持者與保守意識形態的打手？」在一篇美國政治學會會長的講章當中，學者 Lowi 批評公共選擇理論是附和新右派保守主義的幫兇，學者 Calvert（1993）的回應則認為，公共選擇理論所發展出來對民主與國家機器的質疑，是超越左與右意識形態爭議的。依據學者 K. Arrow 對於民主政治個人偏好無法聚合成集體偏好的「不可能定理」（the impossibility theorem; Arrow, 1951），我們沒有理由去相信在某種意識形態的政府主政之下問題就會比較不嚴重，這種對政體運作實際邏輯的發現，事實上也是目前西方民主國家建構民主制度的基礎（Douglas, 1984）。

　　更重要的，公共選擇理論對民主政府運作的邏輯提出批判式的看法，這種批判精神與法蘭克福學派的批判理論事實上是不分軒輊的（Dryzek, 1992）；更進一步來說，若從研究議題的相容性上出發，傳統對公共議題以左右派別分立的看法的意義並不大，因為公共選擇所關心的議題，事實上也是「左邊」的學者所想了解的問題（Heath, 2001; Schiemann, 2000）。比方說，對民主政體受利益團體影響左右的憂心，事實上是有共識的。因此，學界如果拘泥在這種對立的對話氣氛之下，學者 Calvert 擔心，這種以「辯詞」（rhetoric）主導政治學學術對話的作為，反而會將大家有限的精力專注在尋找「辯詞」的努力上，而忽略了尋找理解政治本質更佳途徑的努力。

　　以上針對公共選擇理論意識形態「標籤」的辯白，主要是認為從「政府失靈」角度出發，公共選擇理論關於政府管制作為、利益團體政治甚或是對民主多數決的質疑，事實上剛好可以提供公共行政學界，長久以來提倡「公共性」背後，對民主體制潛意識中「不信任」的佐證，更可為如學者 Kenneth Meier（1997）「多一點點官僚、少一點民主」的呼籲提供支持，何樂不為？

三、貶抑公務人員？

最後，關於公共選擇理論造成貶低官僚之犬儒主義的疑慮，我們認為主要的問題應該是：「公共選擇理論所稱『官僚預算極大化』及『官僚本位主義』等看法，是否會『教壞』了民眾？使之對政府的官僚體系失去信心？」首先，我們必須問，公共選擇理論是否能夠改變接觸到該理論的人對政治的看法，答案是肯定的、也是否定的，試舉一個有趣的例子來說明。

1993 年兩位政治學者在加拿大進行了一項有趣的實驗（Blais and Young, 1999），一群大學生接受一個約十分鐘關於公共選擇學派「人為何投票」議題的課程後，結果發現他們在下一次選舉中的投票率下降了7%[19]。這種改變顯示，一方面，接受該課程後仍然去投票的同學，可能都是因為理性自利以外的動機所驅使，並沒有受到公共選擇學派所影響；另一方面也顯示，那些轉而不投票的人，可能是他們開始懷疑從公民教育體系中，學習到「投票是一種社會責任」的合理性，這些人是真正所謂「受影響」的同學。

接下來的問題是，這種「啟蒙」是否會對社會整體產生「負面」的影響？正如學者 Kelman（1987）認為，公共選擇理論基於人性「負面」看法的論述是不道德的，因為它會摧毀維繫社會的「公共精神」（public spirit）。學者 Brenna 和 Buchanan（1988）回應指出，如果公共選擇理論所關注的，只是對民主政治犬儒式的嘲諷，它真有挑起社會大眾對政府不信任的情緒；但是，公共選擇理論的研究，如果從「規則觀點」（constitutional perspective）來看，事實上充滿了積極改革現制的意識，這些研究除了可以用來理解現行民主體制運作的深層邏輯之外，也不時從比較制度分析當中，尋找更好的改革可能性，如果回到新公共管理的風潮來

---

[19] 關於「人為何投票」的問題，請參閱本書第八章。根據「人為何投票」議題的內容，學生接受選擇學派關於投票行為的教育之後，最常產生的反應就是「原來我的一票並沒有那麼重要」，這種「啟蒙」可能使得一個人重新考量投票的意義，進而影響到他下一次投票的意願。

思考，公共選擇理論的確是一套能夠觸發改革意識的理論[20]。

　　再者，不論公共選擇理論是否真能改變人們既有的政治認知，批評者都必須清楚描繪這種負面影響的運作過程，才不至於流於主觀的批判。公共選擇理論所提出對民主治理的批判性看法，主要焦點是想了解政府內部，是否真有理論所描述的問題，畢竟從經濟思維所帶動的「效率」觀點，是了解政府行為非常重要的標準之一，而不是直接從「帶壞民眾」的道德論述，來排拒公共選擇理論參與討論公共性的議題。比方說，在新公共管理風潮當中，連結施政績效與政府資源的績效預算制度（performance base budgeting, PBB），在本質上就有「控制」官僚的意義在內，也與經濟誘因的制度設計的本質脫不了干係，但這並不能說官僚需要控制就是對政府及公務員的一種「貶抑」，如果真是如此，則公共行政學界的「績效管理」領域，都是在「貶抑」公務人員了。更重要的，公共選擇理論對於政府「負面」的論述，主要是讓大眾有所警惕，看清楚人類政府短視的現狀及其可能有的後果，從公共選擇理論過去研究所累積的成果來看，的確有助於處理與政府部門相關的問題時，能夠對症下藥的依據，以提振人民對制度的信心，而不是對人的信心（Hardin, 1991）。

　　以上對於公共選擇理論可能「貶抑」公務人員的論述，主要認為官僚之所以被社會貶抑，應有社會心理、歷史等更為複雜的原因，雖然有許多經驗研究的證據顯示，「預算極大化」（budget-maximization）可能並非官僚真實的工作目標（Blais and Dion, 1991），但這也並不代表將官僚體系當中的人，視為市場中懂得計算與選擇的「經濟人」是不可行的，因為這種認識，事實上早就存在公共行政學界從「管理學」而來的論述當中了。

　　大約五十年前，民主理論家 Robert A. Dahl（1947）發表了一篇公共

---

[20] 反觀公共性的論述，其實用性就常常受到質疑。舉例而言，學者 Bozeman（2002: 146）之所以要提出「公共價值失靈」的理論，就是因為他觀察到公共行政學界在「經濟」與「公共性」兩套主要論述上，並沒有一致的比較標準，他說：「當經濟分析在市場失靈這種『診斷』工具的協助之下迅速發展；但是公共利益的論述，卻常常走在超越日常政策實務爭議的層次上，改革影響有限。」

行政學方法論的文章，提出推動公共行政科學化的三點建議：第一，公共行政學術當中的規範性價值必須明示；第二，行政學研究必須更多地了解人的本質，並試圖加以預測；第三，公共行政必須進行比較研究，以尋找跨越國界與歷史經驗的通則。50 年後的今天，不論在實務與理論上，行政學領域正面臨一場新公共管理革命，雖然公共選擇理論依循 Dahl 對行政學科學化的努力方向發展，但在規範性的層次上，卻不斷受到來自於學門內部的質疑。

　　總結上述三點的論述，公共選擇理論在公共行政學界所受到的批評，主要是它經濟學的背景所致，但是，如果從方法論與學說的影響上來看，這些批評又都不足以否認公共選擇理論事實上也是對公共性議題提出看法的一個學派，然而，這種以公共性為核心的對話空間，卻常被人云亦云與學術意識形態的簡化論述給掩蓋了過去，公共行政學界因而失去了吸收、融會與創新的機會，殊為可惜。接下來，本章持續這種建構對話空間的意念，離開消極回應的階段，進入積極參與對話的階段，讓我們來思考，如果公共選擇理論參與討論目前深獲學界重視的「公民意識」（citizenship）議題，公共選擇理論能夠如何貢獻。

第四節　公共選擇理論的「公共性」之二：公民意識的研究

　　本節承續前一節當中重建公共選擇理論討論「公共性」議題正當性的企圖，從消極回應批評的途徑，轉入積極參與新興議題討論的途徑，提出屬於公共選擇理論的看法，期能在學術對話當中，為公共性議題開關新的視野。我們選定近來公共行政學界對「公民意識」的論述為主軸（citizenship; Cooper, 1984; Frederickson, 1997: 209-223; Levine, 1984; King, Feltey, and Susel, 1998; Rouban, 1999；丘昌泰，2000），從「公民資格」、「溝通效應」與「參與成本」等三個方面提出公共選擇理論可以發展的論述空間，讓我們先對這一波對「公民意識的探索」有一個概括的理解。

一、公民意識的探索

　　公共行政學界對於「公民意識」的研究是分為兩個方面來發展。第一是規範性的層面，學者 Cooper（1984）認為行政人員行動應以其公民角色為基礎，其責任倫理的來源，是必須具有身處政治社區當中的公民意識，如此行政人員才能避免以自身的特殊技能將公民當作「顧客」，而是將自己與民眾的關係，當成是平等「公民」之間的權力共享。第二是公民參與的層面，學者 Levine（1984）認為，在政府財政資源日益緊縮、民眾敵視官僚體系的社會環境當中，積極的專業主義並無法帶來民眾的認同，也無助於官僚體系在民主政體當中的正當性追尋，唯有激勵人民以公民意識參與治理[21]，上述的困境才能解套。

　　不論是身為公民的行政人員或是被激勵參與治理的人民，學者都將「德行的公民」（virtuous citizen; Frederickson, 1997: 45-46）視為公共行政當中談論「公共性」的基礎之一，這種公民必須了解一國的開國精神、認同其所處社群的基本價值、以個人道德責任的方式維護前述價值，並具備尊重自由與容忍多元的態度等四項內容，更重要的，一個國家在前述對公民意識的積極倡導之下，其治理的工作才能完備（Rouban, 1999）。

　　如果回到本章主題關於公共性的討論，我們可以發現這股重視公民意識的論述，基本上是站在個人主義的角度出發，尋找一條從德行上擺脫個人意識的轉化道路，藉由德行的參與治理，來追求一個以公民意識為主軸的公共行政理論（丘昌泰，2000）。本章稱這種理論建構為「去個人化」（de-individualization）的途徑，這種思維近者可以追溯到 1980 年代時所興起的「社群主義」與「個人主義」之間的論戰（Avineri and de-Shalit, 1992），對於社會科學當中將人視為被隔離的原子式存在的質疑（Taylor, 1992）；當然，這種爭議更遠則可追溯到西方文明當中一個從來沒有消失過、對自我看法的分裂現象。

---

21 學者 King、Feltey 與 Susel（1998）提出「正統的參與」（authentic public participation）為這種參與的標竿，也就是「持續與深入涉入各種行政程序，為了有效影響結果而為」的一種參與，最重要的是，這種公民參與是一種可行的參與。

　　政治理論家 Ignatieff（1995: 53）認為，西方學界對於「公民」這個概念，一直存在兩種傳統，一是從 Aristotle 而來，認為人類可以藉著參與公共事務而由自我中心轉化成為「政治動物」的形象，這種政治動物就近似心中有「公民意識」的人；然而，這種看法與從 Hobbes 與 Locke 而來，視人類為永無止境的自利追尋者的形象，有明顯的不同。從政治思想史的角度來看，Ignatieff 發現這種對自我看法的分裂，至今仍然持續存在人們的意識當中，因此，他認為人類公民意識的真實現況是：「我們活著像經濟人，但是希望成為完全的公民」（1995: 54）。

　　在這樣一個矛盾的情境下，當代討論公民意識的議題時，Ignatieff 認為我們不得不面對下列三個主要議題，包括「公民獨立性的培養」、「公民轉化的過程」與「參與討論」等。本章將對照這三項問題，分別從「公民資格」、「溝通效應」及「參與成本」等三方面，從公共選擇理論的角度，論述學界不走上「去個人化」的前提之下，仍然能夠關心與研究「公共性」議題的可能性。

二、公民資格

　　學者 T. Cooper（1984: 144）凸顯行政人員公民角色的論證當中，認為公民獨立性格的培養，是提倡公民意識主要內涵之一，這種獨立性也就是一種能夠獨立進行規範性思考、不受利益算計（或是生存壓力）所影響的思考能力，學界將之應用在行政人員與一般人民的身分資格上，希望藉此提升民主治理的品質。作者認為，這種公民獨立思考能力的培養，與公共選擇理論「方法論上個體主義」的傳統具有共通性，也就是說，方法論上的個體主義並不一定等於提倡自私，而公民意識的研究也不等於鼓勵從眾。在此作者願意提出三個論點。

　　其一，公共選擇理論從經濟學者 Kenneth Arrow 以降，對於民主政治

從個人偏好聚合所產生「投票矛盾」議題的討論[22]，事實上大大提升了我們作為一個獨立思考公民的資格，使我們可以不必用崇拜的心，而是以批判的心來認識民主政治，因為，根據公共選擇理論的看法，多數決只是一種沒有辦法當中的辦法，它無法指導真理，它本身也不是真理。這也就是為什麼，國內學者余致力（2000）為文引介黑堡宣言之時，會引用「理性無知」（rational ignorance）、「投票矛盾」（paradox of voting）這些由公共選擇理論所發展出來的理論，來討論官僚體系獨立正當性的原因[23]。

再者，在公民資格（citizen competence）的消極條件上，過去民主選舉之所以有財產權的限制，主要原因就是認為具有財產權的人，已經可以脫離純粹利益的計算，而具備較長期公共利益的思考條件，這也是公共行政學界當中，對於提高公務人員薪資水平，有助於降低公務員貪污的看法，來自同一個思想源頭；但是，從財政學中關於抽稅公平性的相關討論中我們可以發現，這種看法會因為個人不同的效用函數而有南轅北轍的結果。其主要問題是在於：「人愈有錢就愈不愛錢，還是愈有錢就愈愛錢？」

如果是後者，提升社會整體福利最好的方法就是「劫貧濟富」，因此，我們也可以問，增加公務員的薪水會讓他們更像個獨立的公民，還是會讓他們成為更無法駕馭的「利維坦」（Leviathan）[24]？很顯然從外在財產權來篩選公民資格，是有其侷限性。

最後，另一種從個體主義出發，公民獨立思考能力的來源，是Rawls（1971）的「無知之幕」（veil of ignorance）與「原始地位」（original

---

22 「投票矛盾」的意義，就是民主政治個人偏好的聚合，主要是以多數決為基礎，試圖找出「人民意志」（the general will）；但是，學者發現，多數決會隨著投票議程的不同而有不同，因此，由多數決聚合民眾偏好而來的全民意志，並非是唯一的，這種非唯一的情況，也成為民主政治中菁英實行操控的核心。這也是為何學者 W. H. Riker 對於「民粹主義（populism）」毫不避諱批評的理論基礎（Riker, 1983），因為從社會選擇理論的討論當中，目前所有運作民主政治的工具性技術，「全民意志」（general will）的彰顯部分是決定於制度的選擇，而非純然人民意志的展現。關於民意與公共管理的論述，請參本書第六章。

23 「理性無知」請參後面「參與成本」一節中的解釋。

24 17 世紀政治哲學家 Thomas Hobbes 所著的一本書名，引用聖經約伯記 41:1 中大海怪的名稱，用以代表由個人為逃避暴力所建構的國家。

position）的思考實驗[25]。他認為，在完全切斷個人從個別利益而來的政治判斷之下，個人之間就能真正找到一個「公義」的社會契約。這種看法之所以重要，就是它一方面規避了從功利主義而來「私利加總」的「渾沌」性[26]，另一方面也避免接受公共利益具有類似宗教真理的超越性格，所發展出來的規範性理論，它保持了自由作為獨立公民的條件[27]，藉著在自利與公益之間植入「不確定」（uncertainty）的因素，以確保社會「共識」從下到上成形的可能性。公共選擇學派的學者，對於將「不確定」性帶入研究已有豐富的經驗，前述學者 Robert Axelrod（1981）對「重複囚犯困境賽局」的研究當中，「自我中心」的人在相當的耐心（對未來獲利的折扣）與互動結束不確定的前提之下，社會的確可以在不需要從上到下權威之下，建立信任互助的文化，因此，我們對於公共性的認識與討論，不一定要走「先驗」的道路，也可能是一種人類社會演化的結果。

三、溝通效應

為了要形成某種公民意識，公共行政學者也常會引入政治學界自1990 年代以來，關於「審議式民主」的相關論述（deliberative democracy; Dryzek, 2001; Elster, 1998），這種討論也常常與 Habermas 的「溝通行動」（communicative action; 1984）理論同步出現，因此也常被認為是從「左邊」而來對民主政治的重要看法。學者Barber（1984: 171）清楚地描述了由溝通行動所產生的「群我」（"we" thinking）意識，在這種意識之

---

[25] Rawls 的想法非常簡單，他認為當人有了自我意識之後（性別、種族、貧富……），要談正義是困難的，因此，他假定一個狀況，是人獲取自我意識之前的狀況，也就是人可以思考，但是不知道自己的性別、種族、貧富等身分，這就是一種「原始地位」，也好像是在一層「無知之幕」之後思考問題，也唯有在這樣的狀態下，人們對正義才可能達成共識。

[26] 個人利益加總成為社會整體利益的最大問題，就是有「人際間效用比較」（interpersonal comparison of utility）的問題，相關問題請參 Elster and Roemer（1991）。

[27] 自由是獨立公民的必要條件之一，但是，當這條件成為一種信仰，就產生了強制意義，弔詭的是，這種強制常常會把自由給摧毀了。當「好公民」的定義權落在國家機器的手中、或是被賦予某些正當性的意義（在人類歷史上已經造成法國大革命的暴民政治（多數暴力）、毛澤東文革中的紅衛兵、甚至納粹德國統治下的優良日耳曼公民等實例。）

下，公共利益才能產生，他說：

> 那是一種「群我」意識，促使每一個人在一種相互依存的語言
> （a mutualistic language）當中，重新自利益、目的、規範與計畫
> 的角度，建構我們對於公善（public goods）的看法，「我要 X」
> 必須從「X 對我所屬的社群是好的」之角度來重新認識，這是一
> 種藉由社會算計（social algebra）來篩選 X 的過程。

如果我們從個人偏好的基礎出發，個體主義強調每一個人自有一套方法排定其對事物的偏好順序（preference ordering），這與公共選擇理論假定個人偏好是「外衍給定的」（exogenously given）的狀態相符，這事實上也是效用理論（utility theory）的基礎假定[28]；然而，這一點是批評者無法認同方法論上個體主義的關鍵之一，再加上人與人之間從偏好獨立產生所引發「原子性的社會觀點」（the atomistic conception of social life）的疑慮，因此，「偏好是給定的」論述其真實性是值得懷疑的。

然而，近來「賽局理論」（game theory）與「新制度論」（new institutionalism）的發展，讓資訊與溝通逐漸成為學者研究的焦點，學者因而對偏好形成的過程產生研究興趣（preference formation; Druckman and Lupia, 2000），或許可以在未來減緩這種疑慮[29]。

根據賽局理論的觀點，上述的「群我」意識概念，不一定要視為一種先驗的、獨立的，超越個人層次標準，讓我們只能從規範性的角度限制個人偏好的選項與偏好的結構，相反的，這種群我的溝通過程，可以視為在「資訊不對稱」（asymmetric information）狀態之下的互動決策問題，決策成員彼此之間有機會互通訊息，經過某些資訊更新的作為，改變行動者對於行動策略的選擇（Farrell, 1987），嚴格講起來，「策略互動」

---

[28] 關於效用理論的討論，請參 Morrow, J. D.（1994: 16-51）的介紹。

[29] 賽局理論是一種研究策略互動的決策理論，研究者藉由數學語言形式化互動的各種可能性，分析及預測參與者的集體行為結果；而新制度論則是以制度規範與個人行為互動為研究核心，主要關注制度的起源、變遷以及功能等問題，大致可以分為理性選擇制度論、社會學制度論，以及歷史制度論，相關討論請參陳敦源（2002：25-66）。

（strategic interaction）的意義深處，已經隱含個人偏好之間結構上不可分割的概念，學者 Hearth（2001）、Johnson（1993）、Knight 與 Johnson（1999）、Schiemann（2000）就對溝通行動與賽局理論做了理論上的連結。

　　但是，就目前的研究結果來看，公共選擇理論比從規範層面提倡充分討論民主的學者要悲觀一些，因為，如果參與者存在隱藏私人資訊的誘因與可能性，則公共討論就難達成其所預期凝聚共識的功效（Austen-Smith and Riker, 1987; 1989; Mackie, 1998），除非論者能在事先找到一些大家共同認可的行動標準[30]，不然溝通本身不一定能產生公善的結果（Calvert and Johnson, 1998），而這種「默會共識」（tacit consensus）的存在，常是歷史與文化中既有的一些元素，誘發爭議問題中產生「焦點」（focal point; Schelling, 1960）的解決方案，這種「焦點」的解釋與先驗的群我意識之間的理論關聯性，是學界未來研究的重點。另一些學者應用「審慎思辯民調」（deliberative polling; Fishkin, 1991）研究，也有一些重要的發現，他們觀察民眾參與討論之後偏好結構改變狀態（McLean, List, Fishkin, and Luskin, 2000），發現討論不但不一定帶來較容易形成多數意見的偏好結構，反而有時會造成意見的兩極化，這些發現讓我們對於在規範層面高抬溝通行動的重要性，卻沒能看見個別差異與選擇行為的可能性，而忽略溝通本身的策略議題，及其對結果所可能具有的殺傷力，換句話說，這種「去個人化」的看法不一定有助於我們尋找社會共識的努力，值得公共行政學界後續關於公共性討論時重視。

　　上述針對「溝通效應」而來的理論與經驗研究的產出，從公共行政的角度而言，正不斷回答公共性議題當中，人際互動形成公共意志的過程與內涵的問題，因此，這些成果當然能夠深化公共行政學界對於包括「民眾決策參與」等議題的對話與反思。

---

[30] 「共同語言」是一種可能的項目，但是並不是指其工具性的層面（如英文、中文的分別），而是語言應用所隱含的某些共同行為，比方說，在同一種語言之下，口音常常會連結共識的開端。

四、參與成本

自有人類文明以來，參與學習除了生活技能的訓練之外，一直被視為具有「啟蒙」（enlightenment）作用，讓活在狹隘自我世界中的人，有機會能成為關懷社會整體利益的「公民」（citizen）。1960 年代美國民權運動者在南方所積極推動的「成人教育」，其目的就是想藉由增強南方黑人的識字程度、實用生活技巧與公共事務的認知，來增強他們的政治參與意識與程度（Rachal, 1998）。就提倡公民參與的公共行政學者來說，參與激發了一個人的公民意識，強化了他的社會責任感，其結果就是再次增加了人民公共參與的程度，也成就了行政部門的正當性。然而，根據公共選擇的觀點，參與是要付代價的，它也存在集體行動的問題，必須處理。

在一項關於台北市政府民眾意見反應機制的研究當中（陳敦源、蕭乃沂，2001），我們發現當民眾漸漸懂得藉由成本低廉的市長信箱向市政府反應意見時，官僚體系處理這些施政意見反應的工作負荷大量增加，進而對官僚體系日常業務造成嚴重的衝擊，引申而言，民眾參與如果從成本面來考量，它不一定是絕對的好，換句話說，民主政治以民意為依歸的理念，必須藉由層層「授權」關係（delegation of power; Epstein and O'Halloran, 1999；陳敦源，2002：163-194）才能完成，因為凡事都由人民參與決策，交易成本（transaction costs）太高，根本是不可能實現的，學者 Dryzek（2000）也認為，充分討論的民主最重要應該考量的也是經濟議題，也就是說，參與本身是要花成本的[31]。

早在 1950 年代，學者 Downs（1957）就提出「理性無知」（rational ignorance）的概念，如果個人蒐集政治資訊的成本不為零，個人就會依照各自的效用函數，選擇在某些議題上保持無知，改由領導者、傳播媒體尋找成本較低廉的資訊，作為自己決策的參考，而選舉的參與上，公共選擇學派提出「人為何投票」的議題，充分展現參與的集體行動與參與成本問題。換句話說，一個人要成為積極參與的公民，是必須付出經濟上的

---

[31] 這樣的看法，也能給「直接民主」與「代議民主」之間孰優孰劣的爭議，帶來些許啟示。

代價，事實上，對於公共事務的參與，人們也常存在「搭便車」（free-riding）的想法，他人在公共事務上的付出（如熱心公寓大廈管理的事務），其利益是沒有排他性的。

對於民主政體運作成本概念的認知，也會直接影響到學界對於公共性追求的思考。公共選擇學者 Buchanan 和 Tullock（1962）在 1960 年代，就提出民主決策的最適決策規則的論述，他們認為，公共決策的本質，存在兩項成本之間的「取捨」問題，一是外部成本（external costs），某部分人的公共決定可能對未參與決策者產生成本（傷害），二是決策成本（decision costs），意指愈多人參與決策，必須集體付出愈高的決策成本[32]。為了降低外部成本，我們必須吸納更多的民眾參與討論，但是討論的時間會愈來愈長，程序與內涵也都會愈來愈複雜，決策成本因而升高。因此，公共行政推動公共性的行動，如果是訴諸民主社會大眾參與，我們不能忽略為處理參與本身及其所引發集體行動問題所帶來的成本議題。這樣的認知讓我們能夠跳脫泰勒科學主義（Taylorism）與進步主義（Progressivism）對於改革過分樂觀的看法，回到在「次佳」（second best）的方案當中尋找改革的出路（Calvert, 1993; Miller, 1992），是一種較為務實的論述。

不論是從上述哪一個面向來看，公共行政學界在討論「公民意識」的時刻，如果能夠同時考量公共選擇理論的觀點，事實上反而使得討論能夠落實到前述的「規則觀點」之上，讓改革的理想與現實之間能夠確實連結。

---

[32] 舉例而言，一致決（unanimity rule）可以降低外部成本到零，但是卻可能讓決策成本無限升高，以至於永遠不可能作成決定，相反的，為了要作成決定，我們可以將決策權交給一個人，但是對其他沒有參與決策的人來說，這種決策的外部成本是很高的。相關更深入的討論請參第十章。

第五節　小　結

本章最主要的目的，是針對公共行政學界當中公共性的議題，提出屬於公共選擇學派的看法，這個回應可以讓公共行政學界重新檢視不同社會科學學門對公共行政學門多元的貢獻，是公共行政得以茁壯的根本原因，因為公共行政本來就是在調和各種價值的專業。本章先從回應學界新公共管理風潮中，批判公共選擇理論的角度出發，逐一回答學者對公共選擇理論無法處理公共性議題的疑慮。我們認為，就個人動機假定狹隘的部分而言，公共選擇學派是從工具性的角度來思考這一個複雜的問題，這種工具性的框架事實上也可以置入非經濟動機來一併分析，更重要的，理性自利在某些情況之下，仍然可以帶來共善的結果的；而就公共選擇學派的意識形態落點上的爭議，我們認為這是批評者未能分辨新古典經濟學與公共選擇理論之間差異所造成的，而公共選擇理論所揭櫫的各種關於民主政治的看法，是超越意識形態的；最後，關於公共選擇理論摧毀公共精神的問題，我們認為公共選擇理論對民主政治充滿批判理論精神的看法，反而有助於我們提出適切的改革作為。

在消極的回應之後，本章接著針對目前公共行政學界處理公共性議題的主要看法「公民意識」，特別就其中去個人化的傾向，從「公民資格」、「溝通效應」及「參與成本」等三方面，提出屬於公共選擇學派的看法。我們認為，公共選擇理論雖然隱含個人主義的思維，但是並不代表去個人化就能造就公共性，相反的，公民意識常有走進從眾或是集體主義的傾向，反而可能成為極權的溫床，在方法論上個體主義的前提之下，公共選擇理論反而能夠看清包括溝通效應與參與成本等現實面的問題，並提出可能的改革方向，因此，我們認為，就理論與實務並重的公共行政學界而言，公共選擇領域應該成為學界追求公共性最不可或缺的理論取向之一。

本書在前五章當中，從研究內容與方法取向上，對民主治理作為公共行政核心研究議題的正當性，提出系統性的看法：首先，民主治理作為

一種調和公共行政與民主政治的研究領域，一方面承襲民主行政研究的悠久歷史，另一方面也不斷地尋找新的研究出路，不論在任何時代，這「調和」價值觀的議題，都應該是公共行政研究的核心之一，為了針對公共行政與民主政治的調和作研究，從第三章中的論述來看，政治學與公共行政學之間的調和也是很重要的；再者，台灣作為一個後進的民主國家，公共行政的發展長期缺乏與民主政治調和的機會，因此，進入民主時代以後，在學術上，必須重新認識這方面的文獻，並且將之應用到本土的各種案例與問題之上，以滿足實務界日益殷切的知識需求；最後，本書的論述觀點是以政治經濟學為中心，這個研究取向的選擇，也需要提出正當的理由才能服眾，到目前為止，本書都只是提出方法論層次上的論點，接下來，本書分別以三個部分總共九個章節的容量，應用政治經濟學的分析工具，討論回應、責任與課責等三個民主治理核心價值下的相關議題，這樣的論述雖然主要是回答本書的第二個研究問題：「實踐民主治理的機會與挑戰為何？」但是這種應用政治經濟學討論民主治理實踐的議題，如果獲致初步的成功，也等於是支持本書研究取向選擇的正當理由之一。

第貳篇

回應
Responsiveness

第六章 民意與公共管理

現代社會當中民意所提供的智慧，是社會進步不可或缺的條件。

—— Charles W. Eliot（1834-1926）[1]

當人們沒有其他的暴君統治時，他們自己的民意就會成為一位暴君。

—— Edward Bulwer-Lytton（1803-1873）[2]

第一節　前言：以民意為依歸

自 1988 年蔣經國辭世之後的 20 年間，中華民國政治體制，從形式到實質，都產生了極大的變化。近半世紀的黨國戒嚴體制，在內有反對運動、外有第三波民主化（democratization）潮流的衝擊之下（Huntington, 1993），逐漸為講求人民參與、政黨競爭與資訊自由流通的民主制度所取代，2000 年的政黨輪替，執政半世紀的國民黨因為總統大選敗選而交出政權，台灣民主化的趨向已經無法逆轉。對台灣的公共管理者而言，民主化對官僚體系的角色定位，產生一定程度的衝擊[3]，公部門的成員，

---

[1] 原文如下："In the modern world the intelligence of public opinion is the one indispensable condition for social progress." 美國科學家、教育家，曾任美國哈佛大學校長達半世紀之久（1869-1909），帶領哈佛大學進行美國高等教育改革。

[2] 原文如下：" When people have no other tyrant, their own public opinion becomes one." 英國 19 世紀小說家、詩人、劇作家以及政治人物。

[3] 官僚體系內部的「民主化」問題包括參與管理（participatory management）與官僚體系的代表性（representative bureaucracy; Krislov and Rosenbloom, 1981）等問題。

已從過去統治者一員，也就是單純服膺上級指示、仰賴上級栽培的封閉型「製造業」員工，被迫轉型成為對人民需求敏感的「服務業」員工。換句話說，公共管理者需要隨時準備面對「民意」（public opinion）從法定管道（民意機關與民選首長）[4]與非正式管道（政黨、媒體、利益團體與專業人員）而來的監督或要求，目前民主治理的現實似乎已經成為，只要政策「利害關係人」（stakeholders; Mitroff, 1983; Brinkerhoff and Crosby, 2002: 141-153；劉宜君、陳敦源、蕭乃沂、林昭吟，2005）對政策做法與內容存有疑慮，該政策的規劃執行者，都有「義務」對民眾做出回應，本書所揭櫫民主治理必須實現的第一項實質價值——「回應」（responsiveness），讓尋找以及遵循民意成為公共管理者的必要治理知識。本章與接下來的兩章，就分別從民意、顧客導向及民眾參與等三個方向，來討論公民回應與民主治理之間的關係。

由於民意是政府唯一的正當性（legitimacy）來源，「以民意為依歸」成為政府施政的最高指導原則，有權者須對其行為的正當性，向「頭家」回應，這就是身處民主大環境當中的公共管理者所應具備的首要認知。從正面的角度來看，誠如美國公共行政學者 Paul Appleby（1965: 337）所說，在民主環境中的公共行政必須是有目的，這個目的就是「尊重公民的尊嚴、價值與潛力，並對這些事做出貢獻」，但是，從負面的角度來看，如英國文學家政治人物 Edward Bulwer-Lytton 所言，民意也可能是成為無冕的暴君，一位民眾自己建構起來的暴君。

然而，傳統行政學將政治（民主）與行政二分開來（Wilson, 1887），認為政治人物（包括民選議員、官員與政治任命人員）的職責是對選民負責，商訂出符合民意的公共政策；而公共管理者（包括高、中、基層具備常任文官資格的人員）的責任，除了做好行政單位的「持家」工作外，就是照單執行政策。這種簡單的二分法，使人民對於公共管理者，懷有過分簡化的期許與評價，一方面認為他們是政治領域中不可或缺的「家庭主婦」，必須具有三從四德（依法行政，遵循行政倫理）的觀念與

4　這一部分請參馬紹章（1998）與余致力（2002）。

專業素養，才能對公共利益（public interest）做出貢獻；但另一方面，人民對官僚體系存有強烈的無力感，緩慢、迂腐、老大或甚至是貪贓枉法等刻板印象（stereotype），幾已成為官僚體系的代名詞[5]，近年來風起雲湧的新政府運動（劉毓玲譯，1993），矛頭真正所指，就是這種對外封閉、科層領導的「威爾遜－韋伯」行政典範（Ostrom, 1989）。這股怨氣的累積，主要是官僚體系面對急速變動的民主社會，適調（adaptability）能力不足的結果（Bennis, 1993），其中最為欠缺的，就是公共管理者對於民主社會脈動的了解與掌握，不論公共管理者與民意是幾步之遙[6]，在今日民主化的台灣，除了打理部內事務之外，還須主動了解民意對公共事務的影響，遂行有效的政治管理（political management; Starling, 2005: 57-216; Moore, 1995），減少政務推動的阻力。

　　要了解民意的真實意義及其限制，我們不得不由民主的本質談起，在接下來的幾節當中，本章將逐一討論下列問題：（一）民主是什麼？它對於公共管理者的意義為何？本章將從美國耶魯大學政治系教授 Robert A. Dahl 對民主的定義當中找尋答案；（二）民主的限制在哪兒？這些限制對於公共管理者有什麼意義？本章將從過去半世紀來社會選擇理論（social choice theory; Feldman, 1980）在民主理論的發現為主軸，深入剖析 (1) 人民的意志可以表達嗎？與 (2) 人民真的願意參與嗎？兩個重要的問題；（三）公投（referendum）與民調（opinion poll）已成為選舉之外對公共管理者影響力愈來愈大的民意展現機制，但是，它們的結果就是民

---

[5]　根據兩項由政府部門主導的民調顯示，民眾對政府的廉潔程度的主觀看法十分負面。行政院中央廉政會報的民調報告顯示，民眾只給政府廉潔度 45 分的成績（滿分 100 分；聯合報，86.11.22，版 7）；另一份法務部的民調顯示，有六成五的人民認為公務員的貪污嚴重（中國時報，86.10.18），有趣的是，與上一次相同的民調比較起來，法務部也發現民眾從「過去印象」與「媒體報導」獲悉公務員貪污的情況有增加的趨勢，但是透過「親身經歷」以及「親友經歷後告知」的情況，則明顯下降，可見民眾對於官僚的主觀認知，雖然有事實的成分存在，也是有與事實無關的感受成分在內，因此，政府的諸多文官改革工作，就常會有「做到流汗，被嫌到流涎」的現象發生。

[6]　學者 Frederick C. Mosher（1968: 3）說：官僚體系的成員距離直接民意是三步之遙（three step away from direct democracy），距離一步之遙的是民選的首長與民意代表，兩步之遙的是政治任命人員。

意嗎？它們的使用有沒有什麼限制？（四）本章要從議程設定者（agenda-setter；Kingdon, 1995）的角度來了解媒體、政黨與利益團體的組成，與這些組織活動的目的與意義，並為當代在台灣的公共管理者，提出可行的因應策略，以達到公共管理的目的。

第二節　民主與公共管理

　　民主（democracy）是一種理念，也是一種方法，民主理念的終極目標，是建立一個由具有自我控制與協調合作能力之人所組成的社會，人們在具有共識基礎的制度環境中，以直接或是間接的方式，共同選擇集體的生活方式與目標。而達成這目的的方法，根據學者 Riker（1982b: 8）的意見，民主就是人民參與公共事務的討論並做出選擇（choice），投票則是這個選擇機制的中心。當然，人民參與行為的背後，還必須有相關的社會組織（政黨與利益團體）與社會原則（自由、平等）的配套支持，也就是完成民主理念的時空條件。民主理論家 Robert A. Dahl（1971: 1-3）認為，民主的主要性格是政府對公民的偏好（preferences），不斷地作出回應（responsiveness），而為了使政府能對公民偏好做出回應，政府有責任讓人民具備下列不可被剝奪的權利：

1. 自由思考以形成個人的偏好；
2. 自由表達個人偏好，經私下或公開方式，傳遞給大眾或政府；
3. 不論個人偏好的內容與來源，都應被平等地對待。

　　對一個公共管理者而言，身處民主治理公共系絡（public context）的意義是什麼？一般而言，官僚體制內文官的升調獎懲，並不直接受人民意見的左右，人民對於官僚體系的掌控是經由民意機關與民選政治人物，以間接方式為之；但是，官僚體系的經費直接來自人民的稅賦[7]，人民有權

---

[7] 組織理論當中，官僚體系是「高度資源依賴」（high resource dependence）的組織，與私人企業比較起來，官僚體系無法藉由合併與垂直整合來減少對外在資源的倚賴，而官僚體系又非常需要這些資源來完成「組織維繫」（organizational maintenance）的工作（Wilson, 1989:

直接要求官僚體系依照人民的偏好行政，或修正違背民意的作為，誠如三位美國公共行政教授 Charles H. Levine、B. Guy Peters 與 Frank J. Thompson（1990: 189）所言：「民主社會中的公共行政，不能排除人民表達對公共服務的需求，也不可排除每位公民平等表達他們權益的機會」，即便官僚行事能夠不理睬人民的感受，他們也無法否認這種態度在民主社會中，會增加推動行政工作的困難度。因此，身處民主環境中的公共管理者，為了達成任務，必須完成以下兩件事，這兩件事也是本書主軸民主治理實踐當中的兩個實質價值。

一、回應（responsiveness）

官僚體系與民間社會是不可分的[8]，人民與政府之間良好的「偏好－回應」的互動關係，是民主政治的正當性基礎。因此，在民主社會中，只要是握有影響人民生計權力的人，就有「義務」對頭家的集體感受做出回應；傳統政治學者眼中，這互動關係是在多數決原則下進行的[9]，然

181）；因此，稅收事實上是官僚體系的「緊箍咒」，當三藏不念咒時，悟空可以囂張，但是一旦念起了咒，在統治正當性的前提之下，官僚體系是無力抵抗的。

[8] 蕭全政（1990: 16-21）教授歸納了五種國家機器與民間社會關係的典範（paradigms）學說，包括：世界體系論、國際關係說、階級關係論、官僚體制說與民主主義論；依筆者之見，還有一種「對話式民主」（discursive democracy；Dryzek, 1990）的學說也可以歸入一類，它強調國家機器與民間社會的連接點，是溝通學習的政策過程，討論可參照 B. Guy Peters（1996: 54-58）。

[9] 民主的首要元素就是被 William H. Riker（1982b）與 Robert A. Dahl（1956）稱為民粹式民主（populist democracy）的思想傳統。其中心意義就是「人民主權與多數統治」（the popular sovereignty and rule by majorities），這兩詞乃指一國的統治權力，在多數人民的手中，這種意見至少可以追溯到法國啟蒙思想家 J. J. Rousseau 所提出社會契約（social contract）與全意志（general will）的概念；簡單地說，Rousseau 認為，在原初社會互相侵犯的混亂狀態當中，為了維護每個人的自由，社會上的人之間可以簽訂一個契約，這契約的內容是「多數表決永遠限制了契約之下的每一個人」，也就是說，社會上的遊戲規則很簡單，就是「對於多數人意見的絕對尊重」，由這個契約，社會上的人們創造了一個「道德與集體的」單一體，叫做全意志，這全意志，就是我們現在常聽政治人物口中「人民的聲音」一詞的前身。基本上，民粹式民主代表了法國大革命時期，追求用全意志抵抗神權政治壓迫的意義，它更提供了現代政府尊重「人民的聲音」的重要理論與道德基礎，是現代民主國家立國不可搖撼的房角石。

而，互動的良窳，事實上是取決於與多數決無關的官僚體系的運作，小到戶政、監理、海關單位的服務態度，大到中央閣員的施政成效，官僚體系對於民眾需求反應的時效與品質，都對這層關係的優劣產生決定性影響。這種關係的另一面，也隱含著民眾對於官僚體系依賴的事實，相對於定期改選的政治人物，行政官僚的專業與穩定，使它在公共政策過程中的地位日益重要（Kingdom, 1995），政治與行政也愈來愈互相糾纏（intervined, Nachmias and Rosenbloom, 1980），密不可分；因此，公共管理者所處的官僚體系，已經不是單純的執行機關，它在議程設定（agenda-setting）、利益闡明（interest articulation）、政策規劃（policy planning）等等政策環節中，都享有決定性的地位。這種情勢之下，行政機關當中的公共管理者，事實上是美國行政學大師Dwight Waldo口中的「民主統治階級」（democratic ruling class），而非單純恪守三從四德的家庭主婦。當然，行政機關也就成為媒體、利益團體與政黨競逐影響的焦點，不論是藉由正式或非正式管道，不管公共管理者願不願意，官僚體系常必須直接面對從政治社會襲來的壓力。

二、責任（responsibility）

除了維繫一個良好的「偏好－回應」關係之外，官僚體系也負有維持一個自由、公正、開放之公共政策決策環境的責任，這種維持的需要，有三點原因。其一，人民的要求是無窮盡的，但政府的資源是有限的。沒人不愛「白吃的午餐」，但是政府無法變出資源來，無限量供應人們的需要。以老人年金的發放為例，政治人物樂於在選舉期間開社會福利支票，以吸取選票，但是，公共管理者必須從財政收支的觀點出發，提出「錢從哪裡來？」問題，並且，在固定的財政收入之下，若要加入新的支出項目，必須要考慮刪除另一個已存的支出項目，公共管理者也必須提出「要刪哪一項？」的問題；在這些問題上，公共管理者有義務表達專業意見並陳述事實，而非單純的投人民所好。這也是為什麼官僚體系常給人保守的印象，似乎在一直「守」著些什麼的部分原因。

其二，人民的要求常是互相衝突的。公共政策的成本，常可能集中在某一些特定的人民身上[10]，因為成本分攤的問題，政策過程中民意常是對立的；以垃圾場的設置為例，該政策的利益是全民所共享，但是垃圾場附近的居民會因負擔較高的成本（臭味、蚊蠅與垃圾車往來的噪音）而反對，公共管理者在這種環境之下，因為民意是對立的，而無法單純地順應「民意」，通常所扮演的角色是維持一個公平與公開的決策過程，並適時成為仲裁者與協調者，化解爭議。

其三，自由是民主的前提條件（requisite），也是終極目標。人民思考與表達的自由若是被剝奪，「偏好－回應」的關係就沒有任何意義；換句話說，偏好回應是民主的程序表象，而一個公正而開放的公共系絡，則是民主政治的前提與實質內容（substance）。英國民主理論家 Brian Barry（1991）就認為，民主之實踐，非靠多數決的程序不可，但是，民主的價值所在，不只是程序上尊重多數人的偏好，而是在實質上提升每一個人在集體意志之下的自然權利。因此，政府對於民眾的要求有「義務」回應是民主的真諦，但是，若民眾要求的內容會影響到他人的自由或是權利，政府就有責任拒絕這樣的要求（Levine, Peters, & Thompson, 1990: 189）。

台灣民主運動開展之後，內部行政與外部民主環境的牽扯愈來愈深，隨著社會日益多元化，公共問題的領域不斷擴大與分化，公共政策的內容也變得愈來愈繁複龐雜，由於人民日益殷切之要求與政黨競爭的態勢之確立，藉著媒體，民眾與政府間的互動愈來愈頻繁，民眾對政府施政的意見，也愈來愈深入廣布，政府內部決策管理模式改變的壓力，也愈來愈大。但是，公共管理者任何針對民意滿意度的改革工作，都必須了解到「回應」與「責任」之間的複雜關係，當人民的要求與官僚體系所守護的價值沒有衝突時，官僚體系有義務對人民的需求做出迅速而適當的回應；然而，當兩者間產生矛盾時，官僚體系就有責任堅守立場，保衛民主政治所真正守護的如自由、公平等價值。

---

[10] 請參考本章第五節表 6-4 中 James Q. Wilson（1989）對政策環境的分類，這種政策是在客戶型政治環境之下存在。

第三節　民主的限制與問題

　　要談公共管理者如何對民意有所反應，我們必須先了解「正確」的民意是什麼，與如何求得「正確」的民意，若民意因為毫無標準可言而無法捉摸，則官僚體系回應不良的問題，就不單純是課責不良的問題了。民意作為公部門運作正當性的來源是有其悠久的歷史，但是，這並不表示民意就能夠被清楚地掌握、客觀地衡量出來，當代福利經濟學理論中的社會選擇理論，對民主理論最重要的貢獻就是告訴我們：「求訪民意這個民主理念當中視之為當然的概念，存在太多內在的矛盾」。嚴格來說，除非在制度上定位，否則我們可能無法知道真正的民意是什麼！學者 William H. Riker（1982b: 249-253）據此認為，Rousseau 的全意志（general will）是個崇高但不可及的概念，也就是說，民粹主義在制度上永遠不會比自由主義對實現民主政治的貢獻更大。

　　從這樣的理論反省出發，如果真正的民意從來就有視制度而定，「民意如流水」的感嘆，就沒什麼必要；而政治人物口中「民之所欲，常在我心」的話，是不知所云了[11]。本章當中，為了要讓讀者了解社會選擇學討論民意訪求的困難所在，我們可從討論 18 世紀法國數學家 Marquis de Condorcet（1785）所發現投票循環（voting cycle）現象開始。

一、民主與投票循環

　　政治學界討論投票行為已經有數十年之久，但是討論多數決的本質卻是從「實證政治學理論」（positive political theory; Riker and Ordeshook,

---

[11] 現今的台灣社會，民粹口吻已經不是政治人物的專利了，歌星潘美辰在面對記者詢問是否還要唱歌的問題時表示：「我會不會繼續當歌手，這要由歌迷決定。」（中國時報，1997 年 12 月 26 日，版 21）；另外，86 年年底和信與力霸兩大有線電視集團，為了爭奪市場而起的斷訊熱戰中，前力霸集團總裁王又曾表示：「有線電視經營不易，頻道都塞滿了，即使雙方達成協議，也不是每一個頻道都可以看見，但是，只要觀眾喜歡的頻道，一定都可以看見」，（中國時報，1997 年 12 月 31 日，版 5）。事實上，他們都與政治人物用同樣的方法，給大眾被尊重的「面子」，但是卻掌握如何界定歌迷或觀眾意見的「裡子」，到底是誰在做決定，就很清楚了。

1973）開始的，這種演繹邏輯下的理論建構，主要是從投票循環的困境出發，討論民意獲得過程中，制度或是議程設定權力（agenda setting power）的關鍵影響力，當代民主政治操控以及勝敗的關鍵，就是在議程設定權力的競逐之上。讓我們用下面的一個例子來展現這樣的討論。

　　假設某市有甲、乙、與丙三位公民，他們有權集體決定某一筆預算是要拿去買蘋果（Apple）、香蕉（Banana）還是糖果（Candy；以下以 A、B、C 代表之），假設他們每一個人的偏好排列如表 6-1。

　　我們以一種稱之為「捉對投票」（binary voting）的多數決制度為例，展示多數決結果與選擇制度之間的微妙關係。捉對投票在三種選擇的例子當中，一共有三種可能議程（agenda；參表 6-2）。比如說議程一，第一輪投票參與者先針對 A 與 B 實施多數決投票，勝者再與 C 舉行第二輪，第二輪的勝者就是最後的勝者。在本例當中，第一輪時甲與丙會投給 A，使 A 成為第一輪選舉中民眾的選擇，第二輪就由 A 與 C 對壘，其中乙與丙會投給 C，使 C 在第二輪獲勝，成為這一群人民最終的社會選擇。再者，在議程二當中，第一輪投票參與者先針對 A 與 C 實施多數決投票，勝者再與 B 舉行第二輪投票，第二輪的勝者就是最後的勝者。在本例當中，第一輪時乙與丙會投給 C，使 C 成為第一輪選舉中民眾的選擇，第二輪就由 C 與 B 對壘，其中甲與乙會投給 B，使 B 能在第二輪獲勝，成為人民最終的社會選擇。我們以此類推議程三之後可以得知 A 是眾人最後選擇的結果，令人驚訝的是：「三種不同的議程竟然產生了三種南轅北轍的社會選擇結果！」換句話說，人民的偏好經由公共選擇機制所得的結果，居然

表 6-1　市民偏好排列表

公民＼偏好	最愛	還好	最恨
甲	A	B	C
乙	B	C	A
丙	C	A	B

圖表來源：作者自繪。

表 6-2　捉對投票的過程與結果

投票 議程		第一輪	第二輪	結果
議程一	A, B ⇒ C	A, B = A	A, C = C	C
議程二	A, C ⇒ B	A, C = C	C, B = B	B
議程三	B, C ⇒ A	B, C = B	B, A = A	A

圖表來源：作者自繪。

取決於議程的選定，我們不禁要問：到底哪一個結果才算是「真正」的民意呢？

　　如果我們將 X→Y 的「→」符號代表整個社會在多數決之下喜愛 X 勝過喜愛 Y，我們可以把表 6-1 中三種財貨的社會偏好順序排列如下（圖 6-1），而形成多數決之下一種社會偏好的循環（cycle），從某一個角度看來，這種社會偏好循環使民主社會集體選擇的過程與結果，充滿不確定性，使我們無從了解選舉到底是人民偏好所產生的結果，還是只是一個荒謬的偶然；從另一個角度來看，社會偏好循環的現象，也點出了政治的真實核心所在，因為民意無法獨立於人們可以動手腳的制度規範而確立，政治人物操控（manipulation）與策略行為（strategic behavior）的空間才永遠存在（McKelvey, 1976; Riker, 1982b）；因此，政治的混亂與不確定，並不是個人道德操守的問題，而是在公共選擇的「基因」裡，就存有永遠無法客觀解決的不確定，這也是民主政治的基本限制所在。

圖表來源：作者自繪。

圖 6-1　A、B、C 間社會偏好的循環

二、民主的基本問題

由以上的例子來看，以多數決為精神基礎的民主政治，存在內在邏輯的問題，民意的表達，因為多數決內在邏輯的困境[12]，並不如我們意願中那般確定，這種情況，對於公共管理者而言，下列兩個問題值得深思：

（一）人民的意志可以表達嗎？

從公共選擇理論的角度來看，民意可以被展現，但其結果並不具絕對價值，因為，從任何公共選擇機制產生的民意都是相對的（Arrow, 1951）。選舉結果並不代表人民選擇的絕對表達（the choice），而是在相對的權力基礎上（也就是制度）所做的一種選擇而已（a choice）[13]。任何選舉都能產生「勝利者」，但是勝利者的產生，並非單單取決於人民集體的偏好，制度內容與議程設定權的歸屬（agenda-setting）都對結果有決定性的影響[14]。在上例當中，我們可以假定公民甲被賦予選擇議程的絕對權力，他會如何選擇呢？很明顯的，他會選擇議程三，因為議程三能帶給他最想要的蘋果。如果社會上沒有人應該被賦予這種決定議程的絕對權力，在本例當中，我們要如何選擇議程呢？用多數決嗎？我們若將公民甲、乙、丙對於議程一、議程二與議程三的偏好排列出來（見表6-3），我們

---

[12] 諾貝爾經濟學獎得主 Kenneth J. Arrow（1951）從經濟學的角度，證明出這種邏輯矛盾的存在，他的「不可能定理」（Impossibility Theorem），認為：沒有任何一種社會選擇函數（social choice function；比方說選舉制度），可以同時滿足最基本的制度設計價值（比方說，非獨裁方式 non-dictatorship），而又不產生投票循環的問題；另一位諾貝爾獎得主 Paul Samuelson（1954: 182）也從公共財集體選擇的角度，提出相類似的理論。

[13] 根據 Niemi 與 Weisberg（1968）的計算，投票循環在真實世界產生的可能性，隨著公共議題的增多與選民的增多而增加，到一個程度，投票循環幾乎是每一種公共選擇所不可避免的問題。套一句政治學者 E. E. Schattschneider（1960: 67）的話，「所有的政治組織都是有偏差（bias）的……組織是偏差的動員（organization is the mobilization of bias）」，這是因為不存在「客觀」的集體選擇制度，當然每一種政治組織的動員都是有偏差的。

[14] 社會選擇理論所指出民主的問題，並非所有的人都同意學者 Riker（1982b）的悲觀看法，Coleman 與 Ferejohn（1986: 23）就認為，社會選擇理論所帶給我們的，不應只有悲觀地認定任何公共選擇的結果都是「隨意」（arbitrary）的，而是了解制度在公共選擇過程中的重要（institutions matter）。

表 6-3　市民對議程偏好的排列表

偏好 公民	最愛	還好	最恨
甲	議程三	議程二	議程一
乙	議程二	議程一	議程三
丙	議程一	議程三	議程二

圖表來源：作者自繪。

可以發現又進入另一個偏好循環當中，因此，以多數決為主的集體選擇制度，並不能告訴我們「絕對的」民意是什麼，這也就是學者 Riker（1982b: 239）質疑民粹式民主的重要理論背景[15]，他說：「民粹主義可否被視為一種道德要求（moral imperative），是取決於由選舉所產生的公共意志存在與否，若是選舉本身無法發覺或是展現這種意志，則這種道德要求並無任何強制力……，民粹主義的失敗，並不是它道德上的錯誤，而是因為它根本是空殼子。」民意經由選舉、民調、請願等等方式的展現，都有其參考價值，但是，因為民意展現的過程無法客觀，任何一個結果都不應具有絕對的價值。

（二）人民真的願意參與嗎？

從公共選擇理論的角度來看，人民有很大的誘因（incentive）不參與公共事務，有兩個角度可以看出人民冷漠的誘因是什麼。第一，公共

---

15 民粹主義一詞在台灣的使用，著重其負面的意義（參見黃光國，1997 與王振寰、錢永祥，1995），這與學者 Riker（1982b）對民粹主義的悲觀看法剛好不謀而合。民粹主義代表政治人物基於人民至上之口號的政治態度、行動與技巧（Canovan, 1991: 393），而其負面的影響，乃來自政治人物取得選民的支持之後，站在選民授權（electoral mandate）的基礎之上，正當化其隨己意施行配置資源的權力。學者黃光國（1997）對台灣政治的民粹主義傾向，描繪得更露骨：「……他們（註：政治人物）以為：只要得到選民的支持，當選各級公職人員，自己便成為人民的『精粹』，自己的權力就有了正當性的基礎，就可以為所欲為。」然而，我們要注意的是，民主不能沒有民粹的成分，若是沒有，民主就不能稱之為民主；但是，民粹主義不能成為民主的唯一成分，台灣民主的問題不是民粹成分應不應該存在的問題，而是它必須與自由主義（liberalism，見 Riker, 1982b）與社群主義（communitarianism，見 Barber, 1984）另兩種成分充分融合，才可能創造出更「健全」的民主體系。

財（public good）的角度：公共事務的產出是公共財，個人不一定要付出就可以享受；而參與是個人的成本付出，能享受到的與那些不付出的人卻是相同的，因此，每一位自利（self-interest）的人都會試圖搭便車（free ride）[16]，這也是公共選擇學派曾熱烈討論的「為何要投票」（why people vote?）的問題。第二，機會成本（opportunity cost）的角度：假定有一位律師每小時的談話費是 5,000 元，該價值若是超過他花一小時去研究某次選舉當中每一位候選人的公共政策內容所能得到的利益，他將會選擇不參與公共政策的討論，這種對於公共事務資訊追求冷淡的心態，就是 Anthony Downs（1957）所談到理性無知（rational ignorance）的問題，人民因為搭便車與機會成本的考量，選擇在政治議題上無知。這個問題很早就困擾著傳統政治學者[17]，因為，與其他非民主的政治體系比較起來，民主政治是一種要求很高（demanding）的制度，理論上來說，一位公民必須知道下列三件事才能做「正確」的選擇：(1) 自己需要什麼；(2) 可供選擇的內容是什麼；與 (3) 所有選擇可能的後果。但是現實世界中實非如此，即使人民真有意願參與公共政策的討論，有閒的人並不具備足夠的知能了解複雜的公共政策問題；而有能力的人卻沒有時間關心政治，若再加上搭便車的問題，真正有閒有能又願意做出「明智選擇」的人民，實在不多。大多數的人民，不是對公共事務冷漠，就是極端倚靠傳播媒體、政治人物與學者專家等社會菁英份子提供便宜且易懂的「速食資訊」，作為政治參與的參考；套句股市的用語，選民容易接受公共事務「消息面」的

---

[16] 舉一個簡單的例子來解釋搭便車的問題，一群老鼠開會決定如何處理一隻常常騷擾牠們的貓，一隻聰明的老鼠想到在貓的脖子上掛鈴鐺，如此一來，只要貓靠近，老鼠們就可以知道，從容逃脫，全體老鼠為這個提議熱烈鼓掌通過。然而，當討論誰要去掛鈴鐺的時候，眾鼠鴉雀無聲，面面相視，誰都不願意挺身而出。這故事的寓意是：公共的事，若是可以搭別人的便車（享受但不用付出），何樂不為？

[17] 舉例而言，學者 Joseph Schumpher（1942）認為，一般民眾對於政經事務的了解是少的可憐的，即使如律師、醫生等專業人士，他們能夠在專業領域中，仔細找尋證據，做專業的分析評論，但是到了公共事務的領域，就會對手上未經查證的資料大發議論，並據此粗糙意見參與公共事務決策；另外，學者 Walter Lippmann（陳文豫譯，1986）很早就提出民意的淺薄可能迫使一國國防事務犯下無法挽回的錯誤，他認為，國家危機處理的事務，人民常會迫使政府作得太遲、取得太少、或是拖得太久又耗費太多。平時太和平，戰時太好戰，談判時太中立或太姑息。因此，面對全民生死存亡為賭注的事件時，民意本身是危險的當家人，這段評論值得面對台海情勢不確定的台灣深思。

資訊，但較少願意花時間在「基本面」的分析與查證[18]。

　　綜合以上兩個問題的討論，我們得知，公共管理者所面對的民意，事實上是相對而空泛的。從悲觀的角度來看，民意雖然是民主社會政府施政的重要依據，但民意的求訪具有「先天」的不確定性，加上民意的求訪過程中存在結構上的誘因，沖淡人民參與的深度與熱度，第一，公共管理者對民意的回應，產生「誤差」的可能性非常高；第二，因著民眾較易受消息面的影響，而公共管理者必須從基本面來構思的不同，公共管理者常必須在「敷衍」與「做事」之間掙扎。然而，若從樂觀的角度來看，不論從公共政策決策的制度面，或是政策內容爭議面，民眾都有不少被「教育」的空間，換句話說，公共管理者並非是全然被動接受民意檢驗的一群人，相反的，因為官僚體系的專業與穩定，公共管理者事實上站在引導民意的一個關鍵位置，只要運用得當，因勢利導，民意反而會成為公共管理者增強其自主性（autonomy）的利器，Robert B. Reich（1988: 123-124）就表示：「公共管理者有責任挑起與自己工作有關的公共議論，充分的公共討論（public deliberation）可以幫助公共管理者釐清不確定的授權。更重要的是，這種討論可以幫助大眾了解他們所要的之中，有哪些隱藏的矛盾與共通的目標。公共管理者的工作，不應只是政策選擇與執行，還必須積極參民主政治過程中不斷重新闡明與再造公共價值的工作[19]。」在下一節當

---

[18] 關於人民參與意願的問題，本書將在第八章當中以專章處理，關於人民參與的能力問題，本書將在第十章當中處理。

[19] 本段節錄感謝徐仁輝教授的熱情提供；另外，在策略管理的文獻中，也有類似的論點，請參考 Mark Moor（1995），特別是第二部分「爭取支持與正當性」（Building Support and Legitimacy）。接下來的討論中，公共管理者展現專業影響力，將是本章所提供面對民意從各種管道襲來壓力的重要策略之一，但是必須事先聲明，本章並不試圖建議公共管理者超脫政治影響力之上，做一個非政治的管理師，這種說法一方面不切實際，另一方面事實上是回鍋炒「政治－行政」二分的冷飯（Wilson, 1887; Goodnow, 1900）；本章所指的專業，乃是傾向 Dahl（1990）所指三種民主社會權威（democratic authority）標準中的兩種，「資格」標準（the criterion of competence）與「經濟」標準（the criterion of economy），前者的權威來自對公共事務內容的專業（expertise）知識，而後者來自對於公共事務效率問題的意見；相對於民主權威當中最為重要的個人選擇標準（the criterion of personal choice），也就是民眾集體選擇所展現的意志，公共管理者要在民主化社會立足，不用也不能以直接爭取個人選擇的權威為之，在制度上，那是民選政治人物的領域；但是，這並不表示公共管理者就不需要個人選擇權威的認可，而是在路徑上（path），公共管理者在民主社會中的真正權威「領土」（turf）是資格與經濟標準，當從其中出發，影響甚至贏得民眾個人選擇權的授與，才算是真正完成「政治管理」的工作。

中，我們將以兩種除選舉之外最重要的民意展現機制為例，探討公共管理者面對民意檢驗的限制與機會。

第四節　民調與公投

　　1997 年 11 月的縣市長選舉結束之後，民進黨大勝，破天荒地拿下了占台灣人口 70% 的地方政權（十二席），之後不久，台灣社會就發生了兩件引起產官學界廣泛討論的事件，這兩件事看似無關，但卻都是未來公共管理者面對愈來愈民主的台灣社會，所應注意的指標事件。第一件事是當時國民黨的立委陳鴻基於選後，在 12 月 7 日以喚醒國民黨高層為由，委託蓋洛普民調中心對於國民黨從政同志（包括總統、副總統、閣揆與閣員、省長等）的施政滿意度展開調查，結果由於李總統超低的支持率（39%），引起國民黨內的軒然大波，甚至還傳出副總統連戰的私人律師與陳委員接觸的消息。第二件事是台中縣新科縣長，民進黨籍的廖永來，堅持以公投的方式決定德國拜耳公司能否在台中港區設置化學工廠的案子，該案不但引起在台的外資企業的譁然，中央政府經濟部與經建會的高度關切，還引起民進黨內部為要平撫外界針對民進黨「反商」的質疑而起的內鬨，最後以拜耳停止投資收場。由這兩件事，我們可以討論公共管理者在工作當中，最可能面對的兩種民意表達機制：民調與公投。

一、民調的應用與限制

　　從「陳鴻基事件」中，我們可了解，民調在台灣，有愈來愈重要的趨勢，不論是人民對政府施政滿意度、候選人形象包裝，或是在政策形成的過程中民眾偏好，都是藉民調獲得資訊。雖然許多人對民調存有疑慮，但也不能否認民調具有提供重要政治資訊的價值，身為公共管理者，為了解民意趨向，去除施政障礙，應對民調的應用與限制有所了解。

（一）民調的結果，是相對的確定

民調者即使在資料蒐集過程將偏差（bias）降到最低，它的結果在統計上還是有失誤的可能，問題是我們願意承受多大的錯誤可能性。統計從來沒有試圖告訴我們下次選舉中某候選人「真實」的得票率是多少，它只是在合理的抽樣錯誤的之下，推論（infer）該候選人得票率的真值可能是多少[20]。若將民調結果當成如投票結果的真值，是違反統計方法的過度推論，因此，民調的結果，是相對而非絕對的確定。

（二）民調的過程，是可以操控的

民調的資料蒐集過程當中，有太多可能影響結果的漏洞。從問題的次序、問題的用詞、訪談的時間、地點，都可能對民調的結果產生決定性的影響，換句話說，這些漏洞也是有心想操控民調結果者最好的切入點，因此，民調資訊的消化，不能只看它的結果，還必須知道它資料蒐集過程，是否有足以導致結果改變的偏差，因此，若是民調在問題設計上出現瑕疵，該結果是不足採信的。

（三）民調的傳播，是可以控制的

民調公布的時機與方式，可以控制民調對於大眾影響力的強弱與方向。投票期間「西瓜偎大邊」（bandwagon effect）的投票行為是要靠民調來發動的，選舉期間，政黨選擇以「報喜不報憂」的方式的公布民調，就是試圖利用民調的傳播效應，為自己的候選人造勢。而民調的解釋，更是可以控制的，比方說，有一份由立委趙永清在 86 年縣市長選舉前所作的

---

[20] 一般民調所選擇的抽樣錯誤忍受度是 95%，就是我對這一次民調的正確性有 95% 的信心，換句話說，這數字的意義是：假定我們可以對某候選人的得票率做一百次抽樣調查，我有信心該候選人得票率的真值（true value），有九十五次會落在這一次民調鎖定的信心區間（confidence interval）當中。比方說，某候選人民調支持率是 35%，該民調 95% 的信心區間是 ±3%，換句話說，我有信心，該候選人支持率的真值，在一百次抽樣當中，有九十五次會落在 32%-38% 這個區間當中。

民調顯示[21]，有 32% 的台北人希望國民黨能過半，有 20% 希望民進黨過半，有 30% 希望沒有一黨可以過半，認同民進黨人可以說民眾有 50% 不希望國民黨執政（支持民進黨過半加上沒有一黨過半的人），而認同國民黨的也可以照同一邏輯說民眾有 52% 不希望民進黨執政，全看從哪一個角度出發解釋民調的結果。

　　若是從第三節當中「理性無知」的角度來看，公布民調結果對於一般民眾的影響力是毋庸置疑的，一般人並不願意深究民調方法論的問題，也不一定有足夠能力了解統計的專門知識，因此，人民的主觀意念是可以被包裝後的數字所塑造。對於公共管理者而言，面對民調傳播氾濫的現今台灣社會，因應的策略有下列五點：(1) 與自己部門事務有關的民調，寧願自己來做也不要讓別人做，但是千萬要找具有公信力的機構做民調（如蓋洛普或學校單位）；(2) 選擇什麼時機公布什麼民調，永遠是政府公關的藝術，而非研發單位的例行公務[22]；(3) 民調的公布與否是可以選擇的，不公布永遠是一個重要的選項；(4) 若是決定要公布與自己部門事務有關的民調，最好是第一個上媒體，以搶得在民眾腦海中的先機；(5) 面對由外人所公布，對自己單位的負面民調，「虛心受教」的回應會比「氣極敗壞」的回應來得更有公關效果，當然不回應永遠是一個選擇。

二、公投的應用與限制

　　公投在台灣，處在一種先天不足又後天失調的命運當中，先天上它與台獨幾乎劃上等號，使它無法超越國家認同問題，回歸純制度工具的面貌；後天上，它又屢屢成為台灣環保抗爭的護身符，被扣上反商者工具的帽子。平心而論，若是沒有這些激烈對立政策爭議的存在，公投是實現民眾當家作主最直接的一種方式（Cronin, 1989）。身為公共管理者，公投

---

[21] 見自立早報 86.11.5，版 17，當天該新聞的標題是：「民調顯示，半數民眾不希望國民黨席次過半」。

[22] 關於政府公關與政策行銷方面的知能，請參考黃榮護（1998）、卜正珉（2003）、魯炳炎（2007）。

對業務的影響沒發生則已，一旦發生就會無可收拾（如鹿港杜邦案、核四案、拜耳案）。公投到底有什麼意義？它應用上的限制在哪兒？這些問題是一位現代公共管理者所應具備的基本知識。公投有下列三項基本限制，一件公投的案子是否可以被視為正當的（legitimate），我們必須問下列三個問題。

（一）決策體的疆域（boundary）是什麼？

　　民主決策有一個重要的前提：清楚界定的決策體（well-defined political entity），也就是說，您必須先告訴我選民是哪些人，我才能告訴您「大多數」的定義是什麼，若不先界定清楚決策體，民主原則本身並無任何意義。例如，假使甲知道他屬意的提案在五人小組中會以 3 比 2 敗陣，若他有權隨意撤換小組成員，除去一個不支持的再加入一個支持者（也就是改變決策體的疆域），民主決策就沒有什麼意義了，不是因為甲的提案贏得組員心，而是因為他握有決策疆域的決定權（boundary power），公投最大的問題也是在此。以拜耳案為例，廖縣長為何決定要以靠近台中港的龍井、沙鹿、清水、大甲等四個鄉鎮為拜耳公投的決策體，而不讓整個台中縣公投呢？事實上，許多公共建設，如垃圾場、發電廠或是如拜耳有污染可能的產業，都會發生「別在我後院或鄰避」（not in my back yard; NIMBY）的現象[23]，意指：「沒有人不需要工廠所帶來的財富，或核電廠所帶來便宜的電價，但是，只要別將這些工廠設在我家附近」。通常，這些鄰近地區的居民，與外地的民眾比較起來，對於風險的忍受程度，是非常低的，即使拜耳可以保證污染外洩事件只有 1% 的發生機率，但是一旦發生了，對當地居民而言，就是無法忍受的。因此，挑選這四個鄉鎮對於反拜耳的人而言，是穩贏的策略，因為疆域定義的權力，似乎是在廖縣長的手中，是他決定了公投的結果，不是人民。

---

[23] 這是前述「搭便車」（free ride）問題的另一種展現，請參附註 17。

（二）公投決策是怎麼啟動（trigger）的？

　　政府的民主決策，有兩個極端，一是完全不以公投的方式為之，另一是政府的每一個決定都用公投。後者不可能，因為成本太高，一般的情況之下，政府是在兩個極端的中間，有些公共政策用公投，也有些不用，問題是：是誰決定什麼政策應該公投，什麼不該公投？這就是誰掌握公投啟動權力的問題。為何拜耳案要公投？而其他的投資案就不用公投？有時候掌握這個啟動權力的人，事實上也掌握了公投結果的獨一決定權。廖縣長自稱是「反拜耳的急先鋒」[24]，他提出以公投決定拜耳的決定，絕對是因為他可以確定公投的結果是反對的，不然他不會找自己麻煩的，因此，除非公投的議題範圍與決策體範疇是由民意機關決定，握有啟動公投權力的行政首長，對於政策內容不能有強烈偏好；不然，公投事實上是握有啟動權的人在決定，不是人民。

（三）如何計算沒有參與的選民？

　　如果前述兩項問題都可以得到合理的解答，公投最後一個所面臨的問題就是在第三節當中提到「人為何投票」的問題。公投的結果若是民眾參與率不高，其結果真能代表大多數的民意嗎？換一種說法，沈默的大多數（silent majority）如果不表達意見，我們要怎麼找絕大多數人民的聲音？比方說，拜耳案公投時，投票率只有 60%，而其中有 60% 的人反對，若照多數決原則來看，「人民」反對拜耳，但是仔細算起來，反對的人只占四個鄉鎮總人口的 36%，他們並不是名義上的「多數」，這種狀況在投資案還沒有什麼問題，但是在台灣獨立等重大決議上，就是不可承受的問題了。

　　面對公投問題，公共管理者在立法院尚未訂出「公投法」之前，是無法作任何配合的，但是，從拜耳案的經驗看來，公投的問題的背後，事實上是政府與人民溝通的問題，也就是在第二節當中所提及的「回應」問

---

[24] 見聯合報 86.12.22，版 2。

題。類似拜耳這含有「鄰避」意識的公共建設溝通問題，公共管理者的心態應該從由上到下的命令服從方式，轉變成先假定地方一定不同意的狀態下開始溝通，換句話說，是政府應該從零開始去說服人民，而不是人民「應該」為著公共利益犧牲。另一方面，在公投的過程中，公共管理者也有「責任」維繫一個公平的政策辯論環境，如果選舉時的抹黑可以查緝，公投政策內容的討論時期，惡意散布不實文宣，就更應比照辦理了。

第五節　民意的議程設定者：政黨、媒體與利益團體

　　從前面的四節當中，我們可以對公共管理者所處的民主社會，做下列的歸納：民意是民主政治正當性的唯一來源，但是民意的展現卻是充滿著不確定，不論從選舉、民調與公投等方法所展現出來的民意，都是相對而非絕對的，因此，公共決策的場域（arena），存在許多操控與策略行為的空間，個人組成團體，團體與團體結盟，為的都是爭取議程形成（agenda formation）過程中的主導權[25]，因為，掌握了議程設定權，就等於掌握了公共政策決策權。公共管理者所處的官僚體系，因為它的專業與穩定，是議程形成過程中，僅次於民選首長與民意代表，握有最多議程設定權力的組織（Kingdom, 1995），換句話說，官僚體系也是競逐權力的議程設定者（agenda setter）所最想影響的政府組織。在本章的最後，茲從民意議程設定的角度，來檢視政黨、媒體與利益團體試圖影響官僚體系的動機與方法，並為公共管理者提出因應策略。

一、政黨

　　政黨是影響人民政策偏好形成最重要的團體，它也是一個社會當中政治社會化（political socialization）最重要的執行者（Almond and Powell,

---

[25] Riker（1993: 3）說：「什麼是政治議題的本身就是一個政治議題（Just what is a political issue is itself a political issue）。」因此，議程的爭奪是為政治競爭的核心問題。

1996），只要有野心的政治人物，都有足夠誘因以團體而非個人的方式爭取權力（Aldrich, 1995），藉由政黨政綱（platform）的提出，政黨有組織地一方面宣揚理念，影響人民的政策偏好，一方面爭取人民的支持，以求在選舉中獲勝，掌握議程設定權，政黨在台灣的環境當中，有三種途徑影響公共管理者的議程設定權力[26]。

（一）藉由黨部組織系統，向從政同志（國民黨籍的常任文官）發出依照黨綱制定政策的要求。

　　過去戒嚴時期黨國體制不分，國民黨掌握所有的行政資源，公共管理者所執行的國家政策就是國民黨的政策，也都受國民黨機器的制約；民主轉型之後，國民黨日漸與國家體制脫鉤，成為國家體制之下的政黨之一，文官體系日漸走上「行政中立」、也就是「文官的政治中立」之路（陳德禹，1990），文官政策的主流價值也從服從與法統，轉便成為法治、中立與保障（江大樹，1997），國民黨機器對其文官體系中的黨員約束力愈來愈薄弱，只有從生涯規劃的角度，政黨才能對於未來想靠政黨競選公職或任職政務主管的公共管理者，有所牽制，但是這種牽制在政治任命人員的身上，已愈來愈不適用，因為一方面，專業主義（professionalism）逐漸凌駕黨派考量，另一方面，公共管理者所涉及的政策範圍，除了國家認同問題之外，各黨在一般性議題上的差異已經不大，黨意所能使力的範圍，正逐漸縮小，因此，公共管理者在第一項的途徑當中，已具有選擇要不要受影響的自主空間。

（二）政黨可以藉由其民選首長與議員，由行政領導與民意機關監督的角色，影響官僚體系的政策作為。

　　在第一種方式的式微聲中，第二種管道日漸重要，它是民主政治中政黨影響文官決策權的正常管道，為此，黨意可以經由勝選，取得執政的

---

[26] 本段討論當中的公共管理者，把民選首長與政治任命人員除外，因為這兩種人基本上「必須」受黨意牽制，也受選舉結果的影響而變動，較無討論價值，反而是不需要政黨標籤的常任文官，該如何面對政黨壓力的問題，較為重要。

地位之後，直接指揮與監督公共管理者，設定議程，依照該黨的政策方向改變。然而，對於公共管理者而言，這種情勢也會產生一些新的問題，第一，公共管理者要面對從民意機關而來的各黨民意壓力，它們通常是分歧且互相衝突的，該聽哪一種聲音？第二，公共管理者必須面對政務領導因選舉而政黨輪替的事實，快速調整步伐，台灣的地方政府，已經有許多政黨輪替經驗，可供參考[27]。第三，在未來的台灣，公共管理者將有更多的可能，身處分立政府（divided government）的環境當中[28]，因為政黨的競爭，公共管理者的作為，稍有不慎，將成為「順了姑意，逆了嫂意」兩面不是人的豬八戒。因此，身處複雜政治環境下的公共管理者，從議程設定的角度來看，最重要的就是堅守專業領域的發言權，適度地將政策內容建議權與議程設定權分離，以老人年金的發放為例，要不要發放的權力，是在民選的、有政黨利益考量者手中（議程設定權），而公共管理者的責任，是告訴大眾與受民意所託的政治人物，該政策的優劣緩急（政策內容建議權），執著專業是公共管理者在政治漩渦中的最佳策略。

（三）政黨可以直接召集人民，經由請願、示威遊行等方式，向行政機關直接施壓。

最後一種方式，可以說是前二種管道不順暢或是政黨勢力薄弱時所用的方式，民眾經由政黨的號召，向文官體系施壓，以求改變某項政策目標或執行方式。根據 Susskind 和 Field（1996）在他們一本名為《與憤怒的群眾接觸》（*Dealing With Angry Public*）的書中指出[29]，傳統衝突處理

---

[27] 新新聞雜誌 561 期當中（1997.12.7-12.13，頁 69-60），有一篇新上任的民進黨籍縣市長該如何接收被國民黨控制幾十年的行政體系的報導，根據台南縣長陳唐山與桃園縣長呂秀蓮表示，人事、體制包袱與財政問題，是新任首長最難克服的問題。

[28] 「分立政府」意指分權體制之下，行政機關與立法機關分屬不同的政黨，或是說沒有一個政黨同時掌握兩個機關，就似第一屆民選市長的台北市政府，行政權由民進黨執掌，而議會當中是三黨不過半的情況。從台北市的例子看來，分裂政府產生兩種截然不同的評價，一是將府會的「僵局」（gridlock）歸罪於這種情況；另一是認為，要不是有這種相互牽制的設計，政黨就會獨裁，有關文獻請參Cox and Kernell（1991）；Culter（1997）；Fiorina（1992）；Jacobson（1990）。

[29] 本段資料，感謝余致力教授的熱情提供。

（conflict resolution）著重在人格特質的展現，如展現關懷與合作的誠意等，以贏得反對者的心的方式，但是在環保抗爭日益激烈的今日是有待商榷的，為此，他們設計了走向雙贏（win-win）解決方案的六步驟（假設以公共管理者為主體）：

1. 先告知對方對於他們所憂心問題充分了解；
2. 鼓勵對方共同參與尋找問題癥結與解決方案的工作；
3. 減少並願意補償可能的負面影響；
4. 接受並負起責任；
5. 做一個讓人可以信任的溝通者；
6. 強調長期的關係建立。

當然，作者們也強調，這六步驟絕對不是萬靈丹，在下列三種情況之下，該途徑較難適用：

1. 當對方鐵了心為反對而反對；
2. 事情的解決具有時限；
3. 溝通的某些過程需要保密。

二、媒體

媒體是民主社會資訊的傳輸者，幫助人民在最短的時間內，了解最多周遭發生的事，然而，也因為媒體站在資訊傳播的樞紐位置，它雖然無法成功地告訴人們「怎麼想」，卻有能力告訴人們「想什麼」，換句話說，媒體為我們選擇應該關注什麼樣的議題；因此，媒體在公共事務領域當中，是重要的議程設定者（McCombs and Show, 1972; Dearing and Rogers, 1996）。不論是政黨的政策說明、壓力團體的活動，甚至是恐怖份子的恐怖活動（如美國的 911 事件、台灣歹徒陳進興挾持南非武官），只有經由媒體報導而為民眾知悉時，才有意義。公共管理者對於媒體的基本心態，是又愛又恨的，有時媒體是嗜血的「弊端揭發人」（whistle-blowers），對於府會衝突、部會之間不合、政治人物間心結等新聞情有獨鍾，使小事變大，大事變得不可收拾，媒體因此是為公共管理者避之猶恐不及的「狗

仔隊」；但是，另一方面，媒體有時也能協助公共管理者有效地面對大眾，完成回應民眾的工作，許多行政機關的新措施，如騎機車戴安全帽、拒吃檳榔等宣導工作，或是重大行政疏失導致災變發生時的安撫民心工作（如 921 大地震、白曉燕命案、八掌溪事件等），媒體都是官僚體系與人民直接溝通最好的管道，因此，與媒體關係的處理，成為身處民主社會的公共管理者重要且微妙的工作。

一般而言，媒體有三種途徑，影響公共議程設定，對公共管理者產生壓力。其一，媒體可為「中立的信差」（neutral messenger），將人民的需要與批判，藉由民調、深入採訪、專題報導等方式，從民眾個人、利益團體、政黨的意見中，萃取重要訊息，傳達給官僚體系；其二，媒體也可能從純商業競爭的角度，追逐議題。藉由放大議題的新聞強度與爭議面，並經營、搜尋，甚至創造獨家議題，爭取最大多數資訊消費者的熱列反應，這種不針對議題，只針對議題市場上現有「產品」新聞性的追逐，也會對公共管理者造成施政壓力；其三，媒體本身也可能具有立場或價值偏好，一方面影響民眾觀念進而影響政府施政，另一方面直接由報導內容（如社論），影響政府政策方向。比方說，台灣的三大報，中國時報、聯合報與自由時報，事實上在許多重要政策上（如國家定位），是各有立場，也都試圖設定公共議程，進而影響政府政策。

不論媒體從哪一條路徑影響公共議程，下列三項政府的媒體策略是公共管理者所必須知道的。第一，媒體與政府是一種長期的互利共生的關係。互信的建立是任何政府媒體關係的起點，從個人、團體乃至於制度上的關係建立，都有必要的；第二，公共管理者必須隨時準備為政策說明（be prepared）。即便再複雜的事件，官僚體系都要有提供大眾淺顯易懂政策資訊的準備，因此，當危機發生的時刻，能夠不慌不亂面對媒體與民眾溝通，從某一個層面來看，就是政府最好的公關作為；第三，設置專門的公關幕僚機構。任何一個公部門，都須有媒體策略，但並非部門中的每一個人都要接觸媒體，由專責的部門負責為大眾提供統一的資訊，比起同一部門當中各說各話，來得有效。

三、利益團體

　　利益團體是不直接介入政權競爭，但試圖影響政府政策方向的民間組織。這些團體常被稱為壓力團體（pressure group），意指這些團體向握有議程設定權的政府部門施壓，以求政策產出能夠滿足各自所代表的社會利益。利益團體的成員性質包羅萬象，從大型企業、各種工會團體、環保與消費者團體到各種專業團體，都可能因為相同的政策目標，互相結合而影響政府政策，其組成的誘因從為公共目標付出，到獲取個人利益（Olsen, 1965）都有可能。公共管理者不論是在議程設定、政策制定、政策執行等公共事務的各個環節當中，都可能遇到從壓力團體來的「關切」，有些試圖改變政府的議程，介紹新的議題或是除去某些議題；有些則是提供政策內容或執行方式的意見（Kingdon, 1995: 48）。學者 James Q. Wilson（1989: 75-83；見表 6-4）將利益團體政治環境分成四類，以幫助公共管理者了解其所處的環境，其分類標準乃依照政策的特質來區分，端視執行結果的成本與效益的集中或分散而定：

（一）客戶政治型態（client politics）

　　該型態中政策執行成本是由全民負擔，但是利益卻是由少數人獲得，如公園、學校等公共建設、殘障或貧民救助或甚至是老人年金等社會福利政策，其成本從全民的稅收中獲得，但獲益的是住公園附近的居民，殘障、老人與中低收入戶。政府通常會受到從少數獲益者所來的強大影響力，尤其是資訊的提供上，這些少數獲益者所組的團體，常會獨占相關政

表 6-4　公共管理者所面對的四種利益團體政治環境

	成本集中少數人	成本分散全民
利益集中少數人	利益團體政治型態 （interest group politics）	客戶政治型態 （client politics）
利益分散全民	企業政治型態 （entrepreneurial politics）	多數政治型態 （majoritarian politics）

圖表來源：修改自 Wilson（1989: 75-83）。

府部門的資訊提供者，使政府的政策制定，受到影響。

（二）企業政治型態（entrepreneurial politics）

政策執行成本由少數人負擔，但是利益卻由全民均霑，如各項環保管制與消費者保護措施、菸害防制法、商品標示法等，成本由少數的廠商負擔，但是全民可因此獲益；這種政策環境之下，相關政府部門，設定議程的內容大多是與既得利益者相衝突的狀況，因此，公共管理者將會面對強大的反對力量，也常會激起更複雜的政黨或是府會關係的爭執。

（三）利益團體政治型態（interest-group politics）

政策執行成本與利益，都由少數人所承擔與享受的，如政府的醫藥分業政策，醫師與藥劑師雙方，贊成與反對壁壘分明。與前兩種環境比較起來，身處利益團體政治型態的公共管理者，似乎有較大的空間遊走於相互衝突的利益團體之間，找到有利於自己的位置。但是，這也是危機所在，其一，不論公共管理者怎麼選擇，一定會挨其中一股人的罵；其二，若再加上民選政治人物隨著政治風向球變來變去，公共管理者就更難拿捏分寸了（Wilson, 1989: 81）。

（四）多數決政治型態（majoritarian politics）

政策執行成本與利益都是由全民負擔與享用的，如兵役政策、教育政策等。在這種政策環境之下，公共管理者面對充滿不確定的環境，因為不知道是哪一方面的利益團體能夠有效地組合起來，對官僚體系造成衝擊。某些特殊的議題可能會影響到整個政策環境，比方說，因軍中管教事件而失去親人的家屬，有可能在未來對台灣整個兵役政策產生重大衝擊。

不論身處哪一種政策環境當中，有三項政府的利益團體策略是公共管理者所必須知道的。第一，首先認清責任內的政策是哪一種類型，以能預期將受到的壓力來自哪方面、強度如何，知己知彼才能從容應付。第二，利益團體的組織誘因，以負擔成本的少數為最大（企業政治型態），其次

是少數獲得利益（客戶政治型態），相對於這些成本負擔者與利益獲得者的是全民，因為集體行動的問題，較難組織動員與之抗衡，因此，面對偏好強度大的少數，減輕壓力的方法就是將互動公開化，攤在陽光底下，讓民眾經由媒體知道整個過程。第三，身處利益團體與多數決政治環境之下的公共管理者，最重要的就是堅守專業，並將政策建議與議程設定權分離，將後者交由民選的、有政黨利益考量者，而公共管理者的責任，是告訴大眾與受民意所託的政治人物，該政策的優劣緩急，執著專業是公共管理者的最佳策略。

第六節　小　結

　　台灣的公共管理者，身處於一個事事強調「傾聽人民的聲音」的政治環境當中，解讀並遵行人民的聲音成為公共事務參與者的首要工作。人民的聲音好似神靈從乩童降旨，需要傳譯的制度與人，然而，公共選擇理論告訴我們，沒有任何一種傳譯制度可以客觀地告訴我們什麼是「真」的神意。因此，人為操控成為神意傳譯過程中的常態，誰掌控了制度上的傳譯權，誰就掌握詮釋「民意」的權力，加上並非每一個人民都有能力與時間分辨傳譯制度被人為操控的程度，民意的形成並非主動與客觀的，而是被動與主觀的。從選舉、民調、公投的結果當中，政治人物無時不想萃取出利於自己的民意精髓，為自身行為正當性辯護。面對這種充滿不確定的政治環境，總結本章所討論的，歸納出今日台灣公共管理者從事民意探尋之政治管理應具備的三項主要認知：

一、真實面對民主社會的本質

　　因為統治正當性的原因，探訪民意成為民主社會的必要元素，但是由於民意表達先天上的限制，它的展現是相對的，並且充滿了人為操控而產生的不確定，公共管理者應接受這種矛盾且複雜的情況，從真實面面對自

身所處的政治環境，謹慎地解讀從各種管道所傳來關於民意的訊息，面對民主社會過之與不急的議論，都不適當，也會影響到公共管理者處理民眾事務的態度與作為，英國前首相 Sir Winston Churchill 的名言告訴我們：「許多人說民主政體是最壞的制度，但是，與其他已經試過的制度比起來，它算是好的」[30]，公共管理者必須認知到，民主並不完美，但是放眼望去，也沒有什麼制度是完美的，因為人是不完美的，而民主政治是目前我們所擁有比較好的體制。

二、專業責任是公共管理者面對民意的最佳策略

公共管理者與追逐民意的政治人物最大的不同是，公共管理者除了回應人民的需要之外，也負有維繫正義公平社會的責任，這種對公共利益負責的聲音，只有在官僚體系的專業意見中才能充分表達；民主政治運作，不應止於選舉，而是完成於公共領域審議的過程之中（the process of deliberation），美國學者 Joh Dewey（1927: 208）曾經說：「（民主）最基本需求是不斷改進爭論、研討與說服的方法與條件，這是唯一的公眾問題[31]。」對照近十年政治學界對審議式民主（deliberative democracy）的重視，民主社會唯一的公眾問題，就是維持一個平等而自由討論公共議題的環境，不論從維繫的責任或是資訊提供者的角度看來，公共管理者的重要性都是無可取代的，本書第九章到第十一章將討論這個部分的相關議題。

三、公共管理者應積極扮演引導民意的角色

因為自身的專業與穩定，公共管理者很自然成為公共事務決策執行過程中的焦點，不論公共管理者願不願意，他們都是不可或缺的民意議程設

---

[30] 原文如下："It has been said that democracy is the worst form of government except all the others that have been tried."

[31] 原文如下："The essential need, in other words, is the improvement of the methods and conditions of debate, discussion and persuasion. That is the problem of the public."

定者，因此，與其消極地等待民意的監督，走一步算一步，不如積極地拾起議程設定的權柄，扮演引導人民偏好形成的資訊提供者，為政府的政策執行打前鋒；當然，有效的溝通是傳達官僚體系政策理念的必備技能，如何善用部門資源，經過媒體通路，為政府的政策，主動創造公共價值，凝聚社會共識，是公共管理者達到政治管理的中心工作。

　　接下來，本書將進入討論公共管理者為何要尋找民意並遵循之的問題，從誘因的角度來看，文官的進用並不需要經過民意的淬鍊，文官為何要對民眾做出回應？在第七章當中，本書將從誘因結構的觀點，提供一個屬於當代政治經濟學的答案。

第七章　顧客導向的誘因結構

我認為作為一個現代行政工作人員，必須具有為民服務的高度熱
誠與愛心，……我們深信，只有為民眾做事的政府，才會得到民
眾的支持；也只有得到民眾支持的政府，才能憑藉全民一心的力
量，粉碎危機，達成任務……政府就好比是一部機器——一部為
民眾服務的機器。

—— 前總統　蔣經國（1972.12.11）

對行政院所屬各機關同仁講「建造為國效命為民服務的政府」[1]

政府的觀念在改變，民眾的需求也在改變，全面品質管理要以顧
客為導向，亦即顧客至上，政府機關要將民眾視為顧客，各項政
策、服務措施及設備均要以民眾需求為規劃及思考的中心，建立
服務性政府以民為尊的觀念。

—— 前行政院研究發展考核委員會 葉俊榮 主任委員（2004）[2]

第一節　前言：新瓶裝舊酒？

在前一章當中，本書討論公共管理者如何面對本質複雜的民意，以及
如何落實民主治理當中回應性的要求；但是，從當代政治經濟學的角度出
發，如果公共管理者是具備「自私基因」（selfish gene; Dawkins, 2006）
的經濟人，我們無法假定他們能夠自然地回應民意的需求，因此，本章將

---

[1] 節錄自銓敘部主編，1986 年 10 月，《行政管理論文選集》，第一輯，頁 55-57。
[2] 內文來自行政院研究發展考核委員會編，《3Q Very Much，政府創新服務新主張》（2004：3）。

處理回應性的誘因結構問題，這個問題的討論，剛好可以配合從 1990 年代開始的顧客導向改革，這種改革將民眾看成是企業的顧客，公共管理者的工作目標，就是服務「顧客」，但是，這群由專業考試進入公家機關、不受任何民選機制定期檢驗的公共管理者，關鍵的問題是：「他們有什麼誘因去服務顧客？」本章將提供一個從當代政治經濟學而來的答案。更進一步來說，如果我們拿前總統蔣經國先生於 1986 年對行政院同仁的講話，對照「人民顧客請上座」的政府再造或改造運動，我們可以合理地質疑：「今天的顧客導向與過去的為民服務有什麼不同？」或許，我們還可以更進一步地問：「如果過去為民服務流失在口號當中，那我們要拿什麼來保證今天所流行的『顧客導向』不是另一波等待煙消雲散的政治修辭（political rhetoric）[3]？」公共管理學者 Henry Mintzberg（1996: 76）面對學界政界一片「顧客導向」的呼聲時說：「我們除了稱人民為顧客之外，就無法好好對待他們嗎？」（Do you have to call people customers to treat them decently?）更是巧妙地點出這一波行政革新運動的可能問題：「新瓶裝舊酒[4]」（林水波，1997）。

　　行政革新對於台灣公部門的管理者，已經不是什麼新鮮的事[5]，就似海明威的名言：「戒煙最簡單了，我已經戒了好幾百次」，我們今天之所以推動改革，是因為過去的改革都失敗了；因此，如果政府推動「為民服務」與「服務顧客」的內容在本質上並沒有什麼不同，我們真的需要另一波的改革嗎[6]？如果改革在民眾心目中有邊際效率遞減的情況，我們更應該要謹慎了；如果不能認真思考市場經濟與行政革新的深層邏輯，我們

3　「人民」是本世紀最廣泛被應用的政治修辭，沒有一個國家的政府不會把人民放在嘴巴上，但是真正對待人民如何，又是另外一回事了，比方說，大多數共產國家把人民放入他們的國號當中，但是大家都知道他們是如何對待人民的。

4　事實上，如果我們將前總統講稿中所有「服務人民」的字眼，都改成「顧客導向」，一篇炙手可熱的政府再造講稿將立即出籠。

5　就公務機關工作簡化的革新而言，我國自 1978 年起，已推動將近二十年了，學者吳定（1997a）感慨地說：「到底成效如何？缺失何在？如何改進等，似乎沒有任何機關、團體、個人做統合性的研究。」政府遷台後台灣行政革新的概況，吳教授在另一篇論文當中有扼要的交代（1997b）。

6　學者 Donald F. Kettl（1994）對克林頓政府的改革，也有相同的質疑。

「向企業取經的行政革新論」早晚也會開始口號化了[7]。

　　政府再造運動中最常被提及的文獻，就是 Osborne 和 Gaebler 所合著的《新政府運動》（*Reinventing Government*，劉毓玲譯，1993）一書，其中「政府再造」、「企業型政府」、「顧客導向」、「民營化」、「全面品質管理」等名詞已經成為今日學界與政界的流行術語（buzz phrase）；然而，根據 Osborne 和 Plastrik 所著《放逐官僚：政府再造的五個策略》（*Banishing Bureaucracy*）一書中表示，「新政府運動」中「人民顧客請上座」一章，只談到「為何公共組織應該是顧客導向」的問題，並就一些成功的案例以新聞體的寫作方式逐一表述，但並沒有提出公共組織要如何做到的問題（1997: 183-184），換句話說，這本書並沒有深究改革策略（reform strategy）與路徑（reform path）的問題。本章最主要的目的，乃是從「顧客導向」切入，以誘因結構（incentive structure）的角度，尋找公部門以顧客導向從事服務革新的機會與限制。本章第二節將先描繪社會改革施為的誘因結構，作為全篇討論架構基礎；再運用這個架構於第三節中討論驅使私部門以客為尊的市場機制，以了解消費者主權在市場中的實況，將深入討論「市場機制如何運作？」與「市場理論與實際之間有沒有什麼距離？」兩個問題；接著在第四節當中，本章將以相同的架構討論政治領域當中的誘因結構，看看公共領域當中有沒有類似於市場機制的結構存在？如果有，它的運作能不能如市場一般驅動公務人員服務人民？最後本章將對目前「顧客導向」改革中的幾種做法，從誘因結構的角度做一省思，並思考如何建立一個「誘因相容」（incentive compatible; Miller, 1992: 142-158）的官僚體制，自動自發地以人民為尊。

---

[7]　行政學界對於經濟思維的引進一向十分謹慎與排拒，從 1980 年代開始的新政府運動，本質而言，就是官僚組織理論一次徹底的經濟學化，有趣的是，反抗「經濟帝國主義」（economic imperialism）的呼聲卻始終未成氣候，也未見如新公共行政或是黑堡宣言等反撲的潮流，近年興起的所謂「新公共服務」（new public service; Denhardt, 2007），似有反思之味，但是能否蔚為風潮，還有待觀察，畢竟公共行政還是無法離開效率這個價值。

第二節　行政革新與誘因結構

　　什麼是「誘因結構」（incentive structure or scheme）？它是一種理論，討論社會運作的本質，從人性趨利避害的自利（self-interest）假定開始，經由個人偏好形成、集體行動、最後到社會集體的結果的產生（Elster, 1989; Hedlund, 1987），學者 James F. Lincoln（1951: 89）認為：「誘因是從我們的自利而來，……，自利是人之所以為人的主要動力，因此，人類若想求進步與發展，自利就是我們必須依靠與導引的動力[8]。」這樣引導社會的私人力量，雖然一向與「自私自利」這種負面的評價相隨，但是，不可否認的，從公共事務管理的角度來看，Charles Schultze（1977）所謂「私人誘因的公共使用」（The Public Use of Private Interest），是當代一種有效的社會介入（social intervention）策略，比方說，台北市政府實施垃圾費隨袋徵收的政策，政策背後的設計就是一種市民垃圾處理行為上誘因結構的改變，以「使用者付費」的原則，控制市民產生垃圾的量，以減緩市政府逐年攀升的垃圾處理成本，並且同步實施免費資源回收的工作，讓市民被引導到協助進行回收資源的處理，可以說是政府應用誘因結構的設計，改變社會集體行為的一個成功的案例，從組織的角度來看，誘因結構的設計與使用，與公部門行政改革有重要的關聯性，讓我們分為三個方面來討論：負面誘因的處理、組織中的誘因設計，以及公私部門的差異等。

　　首先，行政改革的工作，需要思考誘因的問題，比方說，如果一個組織中出現負面的誘因（negative incentive），該組織就可能出現績效不彰的問題，最有名的例子就是所謂「團隊生產」（team production）中的「偷懶」（shirking）問題，學者 Terry Moe（1984: 750-751）曾經這樣描

---

[8]　原文如下："Selfishness is the driving force that makes the human race what it is, for good or evil. Hence, it is the force that we must depend on and properly guide if the human race is to develop and progress."

繪說[9]：

> 團體中每一個人都了解，他的努力會對整個團體造成果效，但是
> 他也了解，自身付出的成本必須由自己承擔；而團體成就的報
> 償，卻是大眾分享。因此，他若是能藉由怠惰減少自身付出的成
> 本，這些節約下來的資源是自己獨享的；而團體報償因為自己怠
> 惰的減少，是由全體一起負擔的。

　　試想在拔河比賽中，就有這樣的問題。我們設想隊伍中如果有一位
參與者這樣想：「我很努力的拔，如果我們勝利了，勝利是大家分享，但
是回家腰痠背痛的是我，如果我可以假裝很用力拔，只要大家都真的很用
力，我們一樣可以贏，但是我不會腰痠背痛了！」如果全隊只有這個人這
樣想，可能還是可以贏得比賽，但是「聰明人」又不只這個人，如果大家
都這樣想，這一個團隊一定會輸的！因此，不論公私部門，都必須從誘因
結構設計的角度，來處理這樣的團體生產問題。

　　再者，因為管理的需要，組織中需要建構某種誘因結構來引導組織
中的個人遵循組織的目標，這個部分的理論通常來自於「管理經濟學」
（managerial economics）的領域，這個領域若與組織設計結合，就會成為
一個完整誘因結構設計的學問（Brickley and others, 2001），而這個學門
的基礎，是來自於組織擁有者與被授權的管理者之間的「代理人問題」
（agency problem; Arrow, 1985a），由於行為者自利的原因，擁有者與管
理者之間會產生利益衝突，包括努力的程度、報酬的水平、風險的分擔、
未來的預期及組織的大小等，如果就該理論應用到公部門的角度來看，有
幾點綜合性的結論（Burgess and Metcalfe, 1999）：

　　其一，受雇者（不論公私部門）都會對誘因結構有所回應，但是其過
程是複雜的，因此組織設計是十分重要的；其二，在一個績效與產出衡量

9　原文如下："Each individual knows that his effort has some impact on the team's reward, but that
this reward is split among all members; thus, while he bears the full cost of his effort, he receives
only part of what his effort produces. On the other hand, when he shirks by reducing his effort
expenditures, the savings in effort accrue only to him, and the resulting losses in team reward are
borne largely by the others."

較為困難的環境中，主觀評量的分紅制度通常會比客觀評量的報酬制度來得有效；其三，公部門的受雇者工作的激勵因素並非全然來自於收入，其他包括公部門組織的特性（目標的清楚程度以及績效評估策略）、政治環境（包括政治上司的替換與政策意志等）；其四，除了報酬制度之外，升遷體系或是科層獎勵制度都會對組織誘因有影響，但是這方面的研究仍然有限；其五，公私部門之間誘因結構是否有差異仍然有許多爭議，但是大家都同意的是公部門可用的誘因結構是較為有限的。

　　最後，討論公部門改革的誘因結構，通常都會想問：「公私部門之間真有所不同嗎？」一般而言，公部門與私部門比較起來，其誘因機制是較為不同的，根據長期研究公私部門差異的 Hal G. Raniney（1979）的發現，公部門的中階主管，對於自己工作表現以及許多誘因結構如薪水、升遷與工作穩定等環節之間的關聯性認知，比起私部門的管理者而言是顯著較弱，這樣的結構也影響到公部門的管理者，感覺自己較缺乏管理自由度，也讓公部門的管理者對於升遷以及工作合作夥伴的滿意度，較私部門來得低一些，但是，這樣的差異到底是類別的差異還是程度的差異，學者之間有不同的意見，比方說，組織理論家 Barry Bozeman（1987）就認為：「所有的組織都是公共的」，因為公私部門之間只是程度而不是類別的差異，組織中的員工同時受到政治權威與經濟權威的混合影響，許多私部門發展出來的誘因結構，都有應用到公部門的可能，但是需要許多客觀的評估（Rainey, 1979: 243）。

　　社會科學當中對於誘因結構的描述，有兩大流派，一是經濟學，二是社會學，前者以微觀機制為中心，再推展到對於誘因結構其他部分的了解；而後者則是著重在宏觀結構的部分，因此，兩個流派之間，才會有如學者 James Duesenberry 所說：「經濟學是關於人們如何做選擇，而社會學則是關於人們如何沒有選擇可以做」的差別[10]。社會學家與經濟學家們對於自己「社會改革者」的角色都有很高的期許，一般而言，政治學（包

---

[10] 節錄自 Mark Granovetter（1992: 56），原文是 "…economics is all about how people make choices; sociology is all about how they don't have any choice to make."

括行政學）研究，不論我們願不願意，都難逃這兩個流派的影響。學者 Brian Barry（1970）就認為，政治學研究本來就是不斷地從這兩個流派中吸取精華，截長補短；因此，根據這個誘因結構，我們對於政府再造運動中，以顧客為尊的理念執行時可能性思考，必須有下列四點中心：其一，人行動的基本動機是什麼？在私人與公共領域中人的行為動機有沒有什麼不同？哪些人有什麼動機要作些什麼事？其二、人與人之間的互動有什麼特性？這互動在私人與公共領域當中有何異同？人的互動是如何產生集體的社會結果？其三、特定社會結果為何產生？它是穩定的還是易變的？其四、社會集體行動的結果為何成為難以改變的結構因素？這些結構因素又是如何地反過來影響個人偏好與選擇的結構？

　　當然，社會集體選擇結果又會形成歷史結構、文化、制度與規範等，反過來影響個人的偏好形成（參考圖 7-1）。這個架構，有助於我們在思考行政革新時分辨改革的微觀動機（圖 7-1 中之 A 部分）與宏觀結構（圖 7-1 中之 B、C、D 部分）[11]，找到改革的槓桿（leverage）與可能限制，是社會改革的重要理論基礎。

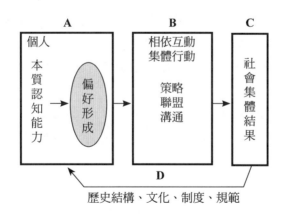

圖表來源：作者自繪。

圖 7-1　誘因結構的面貌

---

[11] 參見 2005 年諾貝爾經濟學獎得主 Thomas Schelling（1978）所著《微觀動機與宏觀行為》（*Micromotives and Macrobehavior*）一書，Mintzberg（1996）也有談到改革的超結構（superstructure）與微結構（microstructure）的問題。

　　如果我們希望公部門的行政改革能夠產生出以顧客為尊的社會集體結果，必須先了解參與者的動機、偏好與行為之間的關係，再從參與者之間的互動與結構性規範力量的交互影響中，尋找控制社會產出的可能性，使社會結果達到我們所求。新古典學派的市場機制理論之所以風行，就是因為它提供了一個清楚而且易懂的誘因結構理論，作為改革的基礎，在下一節當中，讓我們來深究其內涵。

第三節　市場機制與消費者主權

　　顧客導向的呼聲並不是公部門的專利，私人企業也籠罩在一片顧客至上的再造運動之中（如陳清祥，1995；Sviokla and Shapiro, 1993），如果比較公私部門關於顧客導向的文獻，公部門方面多著重在名詞闡述、觀念引介與實行方法（魏啟林，1997；江丙坤，1997；黃大洲，1997；宋楚瑜，1997；Gore, 1993），對於實行顧客導向動機的描述常是規範性的（應該不應該）；而私部門文獻則是開宗明義強調，企業服務顧客的基本動機，不是應不應該，而是如果不作，就無法在激烈競爭環境中生存，其次才談到吸引顧客的方法。這個比較展現出一個有趣的事實：「公部門想學企業服務顧客的精神，但是卻技巧地避開討論促使企業討好顧客的市場機制[12]。」

　　從新古典主義的經濟思想來看，企業拼命討好顧客，是市場制約的結果。市場中的行為人遵循最適化（optimization）原則，經過價格機制協調

---

[12] Osborne 和 Gaebler（劉毓玲譯，1993: 199-200）在他們的書中簡單地討論了這個問題：「民主政府存在的目的，就是要服務人民；企業存在的目的，則是要賺取利潤。但是，用盡心思、一心一意想求新求變、討好人民的也是企業。企業一切以顧客導向，而大多數公家機構卻對顧客視而不見、聽而不聞。……為什麼會這樣？原因很簡單，因為大多數公家機構的經費都不是直接從顧客來的，企業卻是；顧客滿意，生意就興隆；顧客不滿，生意就清淡。所以他們必須在激烈競爭的環境中，想辦法吸引顧客。」但是他們接下來卻是如電視上推銷產品一般地陳述許多「成功的案例」，直到《放逐官僚》一書的第六章才提出一些執行的建議，但仍是以明尼蘇達州的一個學區的成功經驗為主軸的討論，未對改革深層邏輯投注心力討論。

（co-ordination）彼此行為（Arrow, 1985b: 107），市場中每個人（消費者與生產者）的自利動機得以連結，驅使生產者之間相互競爭，產生創新與服務的誘因（incentives），消費者主權（consumer sovereignty）因而受到尊重（Rhoads, 1985），這就是孟德斯鳩所說：「只要人的態度和藹，那兒一定有商業活動；那裡有商業活動，人的態度就會和藹，……商業活動將人們每天的野蠻行為美化了[13]。」

　　有趣的是，1990年代政府再造運動中，官學界對於企業賓至如歸服務的刻板印象，是有其微觀與巨觀的因素的。因此，要了解「顧客導向」與「為民服務」有何不同，我們必須問：「公務人員以民為尊的誘因（incentive）在哪裡[14]？」從第一節當中我們得知，誘因之所以可以驅動個人，進而影響社會集體作為，其運作機制（mechanism）包含兩個面向：「微觀動機」與「宏觀結構」，以下讓我們先針對私部門市場機制部分，分別討論之。

一、微觀動機：自利

　　當代經濟學的鼻祖 Adam Smith 有句著名的話：「別認為我們桌上的晚餐是來自屠宰工人、釀酒技師與麵包廠老闆的愛心，那些食物都是來自他們的自利行為[15]。」企業不是慈善事業，他們存在的目的就是營利，企業主之所以要討好消費者，是因為企業要生存，消費者若是離開了，他們就準備關門大吉，顧客至上，說穿了，就是為了自利的目的而討好人。

　　Hirschman（1977）在其《激情與利益》（Passion and Interest）一書當中，提到歐洲人自文藝復興以來，如何試圖以利益取代種族、宗教、國家與意識形態的激情，減緩人與人之間因為追尋「榮譽」（glory）而產生

---

[13] 節錄自Hirschman（1992: 107）的引述，這是孟德斯鳩所著《法意》一書當中的名言。

[14] 從政府高級長官推動顧客導向的論述當中，不容易看出誘因設計的輪廓，而學界則較注重改革的誘因這個問題（詹中原，1998；孫本初，1995；吳定，1997a），但是這些論述也多是由組織理論的角度著手，鮮少提及消費者主權背後市場誘因的問題。

[15] 原文如下："It is not from the benevolence of the butcher, the brewer or the baker, that we expect our dinner, but from their regard to their own interest."

的殺伐[16]，這種努力間接地促使歐陸商業的興盛。Stephen Holmes（1990: 276）就說：「自利與激情比較起來，相對地較為無害……商業雖然有些『低俗』（low），但是它不是人與人之間最殘忍的對待方式。利益雖然是卑賤的，它卻能提升人與人之間互動的舒適程度，一個自利的人是可預期的、也能被他人影響而改變的……與其他無法預測與危險的動機比較起來，自利是較為可行的選擇。」

　　因著自利的原因，人能夠對他人友善，雖然比不上自願對人好來得真誠，但是比起嘴上說「服務」、卻作不出來的狀況，前者顯然是要「好」得多了。現代經濟學的王國，就是建築在對於人性自利的預設之上。市場理論的推展，打破了社會秩序只能從領導與服從關係當中產生的迷思[17]，在新古典主義者的理想中，只要讓每一個人的自利動機得到適當的表達，一種稱為「市場」的統治權威將自然形成，讓生活其下的每一個人各取所需、各司其職，獲得福利的極大；更重要的是，這種結構之下，服務與創新的動力是「自我持定的」（self-sustaining）與源源不絕的，不須另一個權威來監控與管制。因此，市場權威的功能若是萬能的，任何政府的公共政策都是多餘的（Weimer and Vining, 1999）。政府再造的推動者如果認為私部門對待顧客的熱誠十分吸引人而欲見賢思齊，不論願意不願意，必須先承認消費者在市場受到善待，是由參與者的自利動機所驅動，再經由市場的競爭結構的發酵，使生產者與消費者的利益趨於一致，消費者主權得以彰顯。因此，政府再造運動中提升公務員服務的中心問題應該是：「要如何使統治者的利益與被統治者的利益趨於一致」，也就是如何疏導自利行為的問題。

---

[16] 霍布斯（Thomas Hobbes）在他《巨靈論》（*Leviathan*）一書中談到人性當中「榮譽」（honor）與「自利」的對照與取捨。

[17] 商業的發達之所以能夠間接影響政治體制由極權轉變到民主，這種對每一個人趨利弊害動機的洞察與承認，功不可沒；「人一般而言是自利的」這個人性原則，其中不但隱含平等的意義，也能引伸出利益平衡的分權思想（Holmes, 1990），是近代民主政治發展的重要基礎。

二、宏觀結構：市場競爭

　　從公部門向企業取經的改革動作當中，市場機制的應用與限制事實上應該是真正的焦點。換句話說，企業主對服務對象有一套，並不是因為他們懂得如何稱上門的人為消費者，而是他們深知在市場法則中，服務也是商品的一種附加價值，高品質的服務能夠使自己在同業中脫穎而出，得到顧客的青睞，企業因此得以永續經營。促使企業主服膺消費者主權的，是市場那隻「看不見的手」（invisible hand），而不是人們具有「消費者」的身分。

　　理論上來說，相對於消費者主權的結構，是市場中完全競爭（perfect competition）的巨觀行為，也因為這個結構，市場那隻看不見的手經由價格系統，保存那些以消費者為尊、淘汰那些忽視消費者的生產者，消費者主權在沒有「憲法」之下而得到保障，這也就是孟德斯鳩一席話中的深意：「市場競爭是殘忍但真實的，因著這種殘忍的結構，使人與人之間諷刺地產生和緩的態度。」

　　然而，我們平日接觸私部門服務的經歷當中，事實上也並非如理論所述的完美，問題是，1990年代政府再造運動當中，市場經濟的問題都被刻意地忽略掉了，大家似乎都活在「新古典主義的烏托邦」中來從事改革。比方說，被計程車拒載短程、被高級服飾店的售貨員瞧不起[18]、或是在有線電視大戰中被忽視的痛苦經驗，這些市場經濟「邪惡」的一面，是如何產生的呢？

　　經濟學家並不避諱談新古典主義市場理論的限制，因為他們知道理論與實際之間的差距是存在的（Arrow, 1985b），其最重要的問題，就是當完全競爭失效的時刻，這也是一般所謂「市場失靈」（market failure）的

---

[18] 在此必須要感謝台大的林水波教授，主動向我提起他個人在美國逛高級服飾店的例子，店員看他似乎不可能買得起這些名牌衣物，就叫他到廉價區看看，證明私部門的顧客至上，是有選擇性的，其目標就是獲利。此例給我不少啟發，也間接證明本章的寫作方向是正確的。

時刻[19]。一般而言，完全競爭市場的正常運作條件包括下列五點（Veseth, 1984）：

1. 為數眾多的生產與消費者：沒有任何一位可以單獨影響市場價格；
2. 產品等值：只有價差造成市場運作，沒有廣告宣傳的空間；
3. 資訊完全：市場之內所有的參與者知道所有關於買賣的資訊；
4. 參與者自由進出市場：資源流通無限制，買賣雙方得以自由進出；
5. 零交易成本：買賣雙方交易無成本，搭便車（free-riding）狀況不存在。

　　所謂市場機能失調（market failure）就是上述條件之一或多數無法達成，而導致市場競爭不完全，結果將直接衝擊企業界服務的品質。比方說，米糠油、死豬香腸事件的背後，就是業主與消費者之間資訊不對稱（asymmetrical information）的問題；而力霸與和信有線電視大戰的背後，就是自然獨占（natural monopoly）的問題，因著產品特性與市場環境，完全競爭市場的全面與持續的存在，可能只是經濟學課本上的海市蜃樓[20]。因此，市場機能在某些市場領域的失調，將導致企業顧客至上誘因的失去，結果是消費者將任人宰割，換句話說，自利動機若是缺乏競爭市場的制約，將造成消費者主權的瓦解。從福利經濟學的觀點，政府

---

[19] 即使市場的競爭機制沒有問題，我們還是會有下列三種不願見到的市場結果。(1) 我們無法保證市場所經營的項目是「對」的（Schelling, 1978），比如說黑槍、毒品與性交易的供需市場雖然運作良好，卻是政府想盡辦法要壓制的；(2) 市場可以對房屋汽車作最有效的資源備置，但是它卻無法適當地分配婚姻，使一些無法被貨幣化的感情如愛與尊嚴，因為市場機制而得以保護與發揚；(3) 市場經濟所獲致的巴瑞多效率（Pareto efficiency），只是社會最適狀態的必要但非充分條件，社會最適的分配還包括平等的考量，通常並不在效率的考量當中，比方說，由市場競爭所決定的所得分配，有可能符合經濟效率但卻違反社會正義，這也是 Okun（1975）認為公平與效率之間是一個困難的取捨（trade-off）的根本原因。

[20] 完全競爭市場不存在，並不代表就沒有市場機制存在，這不是零或是一的絕對互斥關係，大部分的市場運作都是所謂「部分秩序的混亂」（partially ordered chaos）之下的動態過程（Mitchell and Simmons, 1994: 198），整個市場過程大部分的時間都是在非均衡狀態之下，充滿不確定與機會，但是卻仍然有市場機制的驅動力，驅策消費者做出更好的服務與產品。

以財政政策與公共政策介入市場（government intervention），設立官僚體系執行這些政策，以挽救消費者主權，改正社會上因市場機能失調所產生的問題，是政府存在的唯一目的。晚近組織經濟學從交易成本的概念切入（Coase, 1988; Williamson, 1985），了解完全競爭市場的理論限制，間接展現市場與政府公權力之間的特殊關係，從契約法規權威的建立、財產權的確立、到各種管制與反托拉斯政策，都顯示市場權威建立背後，存在政府權威的介入需要[21]，因此，政府與市場的分工合作，有助於促進人民福祉。這種情況對於政府再造的改革者而言，有下列四點啟示：

（一）市場競爭所帶來的高品質的顧客服務，並不是全面存在市場中，它會因著產品性質與市場環境等因素而改變；

（二）因為完全競爭市場存在的障礙，市場競爭的維繫，有賴政府公權力的影響；換句話說，私部門讓人羨慕的服務品質，部分是因為政府存在的結果；

（三）公部門引進市場機能的限制，就是市場機能本身的限制，我們無法將因為市場無法運作而交到公部門手中的工作再丟回給市場管理[22]；

（四）因為全然原子性（atomic）的市場並不存在，市場中需要廠商的科層結構（hierarchies）以降低交易成本，由科層結構所引發的管理問題，與政府部門的管理問題，本質上是相類似的。

---

[21] Iain McLean（1987: 28）說：「沒有一個複雜的社會可以不靠政府而存在，利他主義與無政府主義都無法獨立支持一個社會的存在，即便是最為市場化的社會也需要政府提供兩件事：遊戲規則與市場機能失調的修正。」Mitchell 和 Simmons（1994: 200）也說：「市場的優點必須在政府公權力維繫的狀況之下才能最有效地得到。」這背後就是諾貝爾經濟學獎得主諾斯（North, 1991）批判新古典經濟學家的理論中「不對稱困境」（asymmetrical dilemma）的問題，他表示，新古典經濟學家的理論要能實踐，必須同時滿足兩個前提，一是人們自利與福利極大化的行為，二是一個 Thomas Hobbes 眼中的國家，具有絕對的單一權柄，後者含有介入前者運作的意義，而前者又含有規避國家權柄介入、以求個人利益極大的可能性，但是這兩者必須同時存在，市場的現象才能顯現。

[22] 這也就是為何學者 Ronald C. Moe（1987）認為，政府民營化作為不得超越公共法律（public law）的限制，因為這些公共法律之所以存在，就是市場機制出現問題，需要立法改變社會在該項事務的誘因結構，如何再將這些交回給市場運作？

第四節　政治市場與人民主權

從上一節的討論當中，我們知道新政府運動推動者所憧憬的市場機制，有部分是虛幻的，因此，政府以其不同於市場運作的誘因結構存在，協助市場正常運作。過去三十年公共領域的研究中，市場比喻（market metaphor）已成不可或缺的部分（Ball, 1988），這股以經濟思維探討政治的風潮，正好可以用來討論並比較公私領域當中的誘因結構的不同，以使我們能夠清楚捕捉到政府「顧客導向」各種做法當中的機會與限制。

一、微觀動機：政治企業家

最早將政治領域比喻為市場的，不是新政府運動者，而是公共選擇學派的學者們（public choice school）。比方說，學者 Anthony Downs（1957）的「中位數選民定理」（median voter theorem），將政黨視為生產者，選民視為消費者，展現政黨競爭背後十分神似市場理論的競爭邏輯；而新政府運動者口中公共管理者的企業家精神，在公共選擇學派的眼中，就是一群清楚自己要什麼的政治人物（包括民選與公職政治人物），努力經營各自的政治生涯（McLean, 1987: 28-44）。然而，在市場中，企業家要利潤，一切行為以利潤為導向，個人微觀動機單純清楚；但是，在公共領域缺乏價格機制的前提下，政治企業家（political entrepreneur）們到底要什麼？傅諾（Fenno, 1973）從美國國會中政治人物的行為中，歸納出他們行為的三大目標：(1) 再選（re-election）；(2) 部門中的影響力；(3) 好的公共政策。對於民選政治人物而言，服務人民最大的誘因是：「我還要您的選票！」這也是公共領域當中最接近市場邏輯的誘因機制；對於不用選舉的政治任命人員與公務人員而言，後兩種目標是他們主要的誘因，一是在機關中掌握可觀的資源與影響力（Wilson, 1989: 179-195），一是因好的施政而揚名立萬，這些誘因可以獨立存在，也可以成為為了選舉動機而服務的次要目標。基本而言，在經濟學家的眼中，公私領域當中的行為人在微觀動機本質上並沒有太大差別，就如諾貝爾經濟學獎得主

James Buchanan（1987: 1434）所言：「在市場中選擇蘋果與橘子的人，就是在投票箱前選擇候選人 A 與 B 的人」，所差的是，權力並不是「政治鈔票」（political money），較難計算與掌握。

二、宏觀結構：政治競爭與市場競爭

　　競爭機制在民主治理中，並不是新鮮的概念，政黨競爭早就被 Joseph A. Schumpeter（1942: 269）視為民主政治的重要內涵，他說：「民主的方法是一種獲致政治決定的制度安排，個人可經由競爭人民選票的方式，獲取決定公共政策的權力。」[23]選舉競爭早已為民主國家人民習以為常，雖然民主政治並不只是競爭（Strom, 1992），但是政治競爭是研判一個政治體系是否民主的重要指標（Powell, 1982: 3），也是人民主權（popular sovereignty）實現的重要誘因機制；然而，行政學界對於競爭結構是相當陌生的，除了 Ostrom（1989）提出轄區重疊（overlapping jurisdictions）的概念將競爭引進公共行政理論外，大部分的改革策略都是環繞在組織理論四周，強調組織結構的重組與流程再造，而篩選機制就是組織內部的積效評估與獎懲；又因為行政與政治之間存在歷史上的認同問題，政府再造的論述中常常忽略外在的政治結構，難怪學者 Henry Mintzberg（1996: 80）要向關心政府再造運動的人說：「相信政府中政治與行政可以分開的信念，應該要靜靜的死去了。」

　　如果將公部門所處的政治結構都考慮進去，政治競爭在公部門顧客導向的誘因結構中，仍然可以在圖 7-1 當中的 B 部分占有決定性的地位；然而，為何同樣具有競爭機制的公共領域，卻無法激起如私人部門對待顧客一般地對待人民？顯然，政治競爭與市場競爭有其基本的不同，導致政府對於人民的回應，帶有與市場環境迥然不同的內容。Buchanan（1954a）曾對於個人在市場購物與在政界投票之間，提出六點重要的區別：

---

[23] 原文如下：“And we define: the democratic method is that institutional arrangement for arriving at political decisions in which individuals acquire the power to decide by means of a competitive struggle for the people's vote.”

（一）選擇結果的確定程度

在市場中，消費者可以大概預知他個人消費行為所帶來的後果；而政治領域中，選民的一票對結果的影響是充滿未知的，換句話說，選民的一票對於選舉結果的影響是微乎其微的。

（二）社會參與程度

市場中的消費者的行為可以是純私人目的，而選民卻深知自己的政治選擇行動是有社會意義的，這種社會參與的強度會影響到個人參與政治事務的行為。

（三）負責任的範圍

選民在社會上負有投票的社會責任，而消費者任何市場行為只須對自己負責；人們會抱怨不投票的人不願負擔社會責任，但是絕對不會批評消費者選擇離開某一個市場。

（四）選擇項目的本質

消費市場當中，消費者可以同時消費甲與乙兩種財貨，只有資源分配的問題而已；但是對於選民來說，他的選擇是互不相容的（mutually exclusive），選 A 就不能有 B，有 B 就不能選 A。

（五）對宏觀結構的影響程度

消費者所花的每一分資源，都可從市場上有回收，也都對於市場價格有些微程度的影響；但是選民所投的一票，可能會因為投給失敗的一方而一無所獲，但是，還是必須接受自己所不喜歡的選項。

（六）個人之間的權力關係

市場當中人與人間的權力關係是不平等的，誰的錢多，誰在市場上的影響力就大；在政治領域中，「一人一票、每票等值」代表人與人之間政治關係的平等。

歸納起來，公部門的競爭與私部門完全競爭市場的誘因結構的異同，共有五點（Wintrobe, 1991: 149; Stigler, 1972），其中有四點不同、一點相同：

（一）產品的不可分割性（indivisibilities）

政治的產出（政策或服務）是有強制力的公共財，與私部門市場上的產品有其本質上的不同，公部門產品無法分割，內容上是互斥的，只要經過一定民主程序，人民即使不同意也必須服從。

（二）龐大的經濟規模（economies of scale）而產生的市場獨占

政府的公共政策有強制性、服務有獨占性，一旦付諸實施，如果品質不佳，人民無法如私有市場中選擇減量採購，或是掉頭離開，尋找其他供應商或是替代物品；舉例而言，人民可以在私人市場上選擇各種不同的汽車廠牌與形式，但登記牌照時的服務，卻只有監理所一家提供。

（三）進入市場的高門檻（barriers to entry）

除了內閣制政府可以常常倒閣之外（然而這也不是人民所願見的），民主國家當中「換人做做看」的事不可能天天發生，但是一任之內只能有一個贏家，在任期當中獨占政府公權力。服務不好的政府，只有在選舉週期到了才可能下台，平時引進其他政治勢力進入市場幾乎是不可能的是，即使人民可以趕績效不好的政黨或是政治任命人員下台，他們也無法淘汰不適任的公務人員。

（四）價格系統不存在（nonexistence of price system）

價格機制是眾多個別生產與消費行為的匯集，負責傳達市場上產品的訊息給眾多的消費者與生產者，協調他們的買賣行為，不斷促使生產者彼此間競爭，刺激廠商們生產更好的產品與創新的服務；但是，在公共領域當中，客觀的價格體系並不存在，個人政治決定將為宣傳、廣告與政治修辭所包圍，因此，資訊不對稱的問題在公共領域更為嚴重（Rhoads, 1985），使得政治人物（生產者）操控政治市場的空間加大。

最後，公私誘因結構相同的地方是：人民（消費者）因為政治人物（生產者）之間的衝突而獲利。台灣這一波新政府運動，與政治民主化有絕對的關係，統治者從政黨與政府分權單位之間競爭而來的壓力日增，人民因而獲利。從政黨競爭方面來說，因著政黨競爭日益激烈，選舉逐漸成為政黨乃至於從政人物唯一的誘因機制，即使是政務官的一舉一動，也多含有政黨選舉的動機在內，不但政務官可以因名氣而產生票房保證，投入選戰為政黨攻城掠地；所有的民選政治人物，也無不絞盡腦汁掌控官僚體系，推動自己的施政理念，為下次選舉鋪路。台北市政府的綠色執政經驗，與中央所推動的政府再造運動，都有相同的政治邏輯：「為各自政黨累積選舉實力與資源」；這其中，「顧客導向」的施政方向最能滿足這種政治需要，一方面，它具有很強的民粹意涵與宣傳效果，最能滿足一般選民對於「名義上」當家作主的慾望；另一方面，推動顧客導向也是政治人物任內最好的競選行動，學者 Glen H. Cope（1997: 461）就認為，今日世界民主國家所進行的行政革新運動，都隱含著加強政治回應的意義（political responsiveness）[24]；再者，從政府分權機關之間的競爭來說，

---

[24] 換句話說，顧客導向對於民主政府來說，雖然是一個新的名詞，但不應是一個新的概念，長久以來，民主體制下對公民「回應」（responsiveness）的內容與品質，就一直受到民主理論家與行政倫理學者的重視。民主理論家 Robert A. Dahl (1971: 1-3) 認為，民主的主要性格是政府對公民的偏好（preferences），不斷地做出回應（responsiveness）；人民有權直接要求官僚體系依照人民的偏好行政，或修正違背民意的作為，誠如 Levine、Peters 和 Thompson（1990: 189）：「民主社會中的公共行政，不能排除人民表達對公共服務的需求，也不可排除每位公民平等表達他們權益的機會。」

「顧客導向」也隱含行政部門意欲越過民意機關層層牽制的企圖，一方面直接向選民示好，爭取行政機關在分權體制中較為有利的位置；另一方面，直接訴諸全民對官僚體系進行整頓，希冀相對於民意機關能獲取更多正當性來掌握官僚體系，這也是為何學者 Carroll（1995）分析美國「國家績效評估委員會」（National Performance Review）的工作內容時認為，行政部門獨攬官僚體系的意向濃厚，試圖將國會對行政官僚的影響力降至最低。

　　總括而言，1990年代政府再造運動與歷年的行政革新運動最大的不同，就是在政治競爭的誘因結構上較為完整，加上目前台灣正處於可能發生政黨輪替的關鍵年代中，兩大黨的競爭態勢更為激烈，使得台灣的人民，因為政黨競爭，在生產者「相互廝殺」（collision）當中，獲得利益，得到尊重，與市場的誘因結構，極為類似。

第五節　顧客導向反思與再出發

　　最後本章將對於 1990 年代開始之「顧客導向」改革中的幾種作法作，從誘因結構的角度作一省思，並思考如何建立一個誘因相容（incentive compatible）的官僚體制，「自動自發」以顧客為尊。

一、單一窗口

　　單一窗口的改革，可以從交易成本的觀念來評估其誘因結構。政府任何必要的管制政策，都必須付上固定的交易成本，過去在部會之間來往穿梭申請蓋章的是人民自己，交易成本完全由人民負擔，政府設立是為著公務員的方便，對人民而言，如果行政程序與自己的機會成本不成比例，就會委由專業的代書或甚至是「黃牛」來處理，這是一個因為行政程序而自然形成的交易市場，還藏有貪污的誘因。如果在工作流程不變的狀況之下，單一窗口服務事實上是將交易成本完全由政府內的員工吸收，好的方

面來說，人民樂得不用東跑西跑，顧客當然滿意，而公務人員也有誘因主
動發掘新方法以降低交易成本，管制者與被管制者的利益趨於一致；不好
的方面來說，在流程與部門權限結構不跟著調整的狀況之下，單一窗口對
於中低階的公務員勢將造成壓力，嚴重時還會造成官僚內部門間關係的緊
張。

二、績效管理

　　績效管理基本上是建構官僚體系內部的誘因結構，獎勵表現好的單
位或個人，懲罰績效不彰的單位或個人，將類似於市場篩選績效好廠商的
功能內化到組織內部，以保障消費者主權，它也是新政府運動中如全面
品質管理（TQM）等改革的中心元素。然而，績效評估在公部門因為不
存在如市場的價格系統，而顧客滿意又常是十分主觀的判斷（呂鴻德，
1997），因此顧客導向的績效十分難以客觀衡量。再者，績效評估的第一
步是將目標單位「隔離」（Isolate; Mintzberg, 1996: 80）以利衡量，事實
上，政府部門之間的績效，常是部門間通力合作的結果，例如戶政單位的
服務成效，事實上可能是地政、稅務等單位通力合作的結果，績效管理如
果不慎，將導致部際關係的衝突，如果預算、升遷、薪資，甚至裁員都以
績效為經緯，這種衝突不是會益形嚴重，影響到組織氣氛，就是在集體的
互動當中，將績效制度架空，以減輕壓力，過去公務員的考核制度之殷鑑
不遠。

三、管制行政的鬆綁

　　政府對於許多管制政策的鬆綁（deregulation）也是顧客導向服務的重
要一環，然而，若是從政府存在的目的來看，哪一些政府的管制政策不應
該鬆綁呢？其一，那些政府所需要壓抑的市場，如走私市場；其二，政府
規範市場遊戲規則的法律，如契約法；其三，公共財的管理與經營相關的
政策，如國家公園管理辦法等。鬆綁的目的，不外乎簡化工作流程、方便

企業界參與政府運作或是某些工作放由市場接手等，然而，若是以海關緝私所以要檢查貨櫃這一件事上，我們可以清楚地看到「管制」與「服務」間的兩難。海關驗關的程序必有一定的時間，這個時間愈少愈好當然是人民的希望，但是人民也不會希望為了服務方便，而減低通關檢查的原意：查緝走私，讓私槍滿街跑，危害治安，除非更高級的科技發明，不然降低通關時間與管制走私之間，是一個取捨（trade-off）的問題。不論效率再如何高唱入雲，政府存在的目的有時並不是單指效率，就如我們在第二、三節中看到，市場的正常運作，是取決於一個維繫公平遊戲規則的政府存在與否。

四、引進企業文化

企業文化在企業中的功能，就是降低企業內部的交易成本（Kreps, 1990），目的就是要企業經營得更為有效率，以能在市場中永續生存；企業文化的建立，因為誘因結構的完整，追求效率與創新的企業文化就容易產生，而後，它會順著圖 7-1 的 D 線影響公司旗下員工的「偏好形成」（preference formation; Wildavsky, 1987）的過程，進而影響員工的行為。然而，在公部門推行企業文化（自主、效率、績效等），由於誘因結構不完整，需要應用許多組織結構（包括法令）來達成「植入」企業文化的目的，而這些組織結構的本身的運作效率，可能反而被忽略。根據 Mascarenhas（1993）對澳洲、英國、紐西蘭等國的公部門改革經驗中得知，大部分國家都是以單位自主激發效率追求的方法，引進企業文化，雖然能夠提高某些單位本身的效率，但是它也可能同時傷害到部門之間的協調，而政府部門間協調一旦出了問題，賠上的是好不容易得手的效率，當然，受害的還是人民。

五、全面品質管理

全面品質管理（TQM）最重要的目的，就是要經由員工授能、品管

圈、員工建議制度等暢通的組織變革策略，提升公司產品品質，爭取顧客，它是一個不斷的、全面的檢討工作流程，以集體提升工作品質的作為（何沙崙，1997; Cohen and Brand, 1993）。從誘因結構上來看，TQM技巧地活用組織內部的溝通機制，以團隊為導向的績效評估，達到品質提升的目的，雖然創新的工作方法無法天天獲得，但是能促使員工與員工之間、上司與老闆之間相互對話的氣氛，將全面改變組織內部的氣氛，成為組織內部溝通的中心管道，對於降低內部協調成本，提升公司生產力，有正面幫助。然而，公部門當中的實施，仍然要面對績效評估不易與單位協調兩個問題，因此，所謂提升生產力的問題，因為誘因結構不如廠商明確，較難以發揮，倒是由TQM系列變革當中，能夠活化公部門內部最基本的人際溝通機制，從上級與下級的面對面的對話中，引進平等與民主的審議（deliberation）風氣，有助於激發組織創造力，為人民提供更好的服務。

基於上述的討論，本節最後將由當代政治經濟學中之組織經濟學（Horn, 1995; McCubbins, Noll and Weingast, 1987; Moe, 1984）的觀點，來思考一個誘因相容的官僚體系所應具備的三項結構條件。一個能夠以人民為導向的政府誘因結構設計，是顧客導向改革成功的基礎，上述政府再造的各項做法，才能有成長茁壯的土壤。

其一，外部環境：一個與顧客導向誘因相容的官僚體系必須存在一個權力分立與政黨競爭的民主政治環境當中。市場的基本動力是競爭，而民主政治的核心意義，也是競爭（Powell, 1982），一個能夠讓統治者與被統治者利益趨於一致的官僚體系生存環境，就是一個鼓勵政治競爭的環境。不論是市場或是政治領域中，權力的集中都會帶來腐敗，消費者主權與人民主權都會直接受害。因此，顧客導向的改革，絕不止於奉茶倒水與行政流程改造，維繫一個適度的政治競爭環境，是顧客導向改革能否成功與持續的關鍵，換句話說，只要民主競爭的制度正常運作，政治人物就會絞盡腦汁討好顧客，甚至不用有識之士大聲疾呼了。

其二，外在控制機制：一個與顧客導向誘因相容的官僚體系，是一個有效的程序控制結構、按照人民的意念行事、不至「失去控制」（runaway）的行政體系。它的結構要能夠解決包括：怠惰（shirking）、

貪污（corruption）與寡頭統治（oligarchy）等內部控制的問題
（McCubbins, Noll, and Weingast, 1987: 247），才能真正為人民服務。
然而，由於控制官僚體系並非是免費的，因此，沒有任何一種控制官僚
體系的方式是完美的，「有效」的概念應是政治人物對官僚體系授權
（delegation）之下成本效益的最佳平衡，而行政程序法治化是這種控制的
重要手段之一，其重點應包括：行政程序與決策的公開、公共討論的程序
性保障、行政程序規定與責任歸屬等，使官僚體系的權力運用能夠依照人
民賦予民選行政首長與民意代表的意志而行，使整個行政體系從結構上以
顧客為導向。

　　其三，內在管理機制：誘因相容的官僚體系要能解決一連串「委託
人與代理人」（a chain of independent principal-agent relationships）關係
（Horn, 1995: 24; Moe, 1984: 769）的管理問題。從民選政治人物與政治任
命人員之間、政治任命人員與官僚體系常任文官之間、到高階文官與低階
文官之間，都有這問題。官僚體系目標的明確，並不一定能帶領整個官僚
體系努力向那標竿直跑，因為上下單位或是長官部屬之間，存在所謂「委
託人與代理人」的問題，也就是因為隱藏資訊（hidden information）與隱
藏行動（hidden action）的問題，使得官僚體系內部「分工但不合作」，
為民服務的能量大減。完整管理體系的建立，是最好的方法，其重點應包
括：建立長期互動機制、創造良好的溝通管道、提出有效的賞罰方式、應
用非正式組織管理、重視領導者的功能等方面（陳敦源，1998），使整個
官僚體系從內部提升為民服務的能量。

第六節　小　結

　　今日的「顧客導向」與過去的「為民服務」有何不同？台灣民主化
之後，公部門當中產生了政黨競爭的誘因結構，不同政黨之間為了爭取選
民的認同，無不努力展現服務人民的熱忱與績效，雖然背後的動機是自利
的，但是，能夠將統治者與被統治者的利益相結合的統治機制（governing

mechanism），並產生為民服務「市場壓力」的，恐怕就只有民主一途。從這個觀點來看，今日顧客導向的行政革新，因為其誘因結構比以往歷次的行政革新都為完整（圖 7-1 的 A 部分），能夠產生以客為尊的社會結果之可能性也大增。然而，我們也必須注意公私領域的一些基本上的差異，比方說公共領域中的服務品質，並沒有客觀的價格系統輔助衡量，因此較為主觀與不確定，加上公部門存在的目的基本上私部門有基本的不同，效率的服務與政府管制市場失調之間的取捨，可能也是政府部門予人服務不如私人機構的根本原因。

再者，許多以顧客為導向的行政革新活動，都必牽涉到政府組織內部的重整工作（也就是圖 7-1 的 B 部分），一方面，如果政府內部不同步調整，所謂的服務將來也只是在區公所門口招呼倒茶而已，民眾所需要的是問題的解決；另一方面，這種組織內部在工作的成敗，與政府內部政治管理的良窳，有絕對的關聯，在這一點上，新古典主義的市場理論所給能我們的實在有限，但是前一節末了，本章已嘗試當代政治經濟學中的組織經濟學（Organizational Economics, Moe, 1984；徐仁輝，1995）所發展出的誘因管理理論，來討論官僚體系的控制與為民服務的關係，可視為未來研究政府再造運動（尤其是顧客導向或是回應型政府等方面）的一個可行的方向，前述政府內部管理與顧客導向之間的關係，是公部門面臨日漸拮据的資源環境之下，從傳統任務導向（mission-driven），轉向顧客關係管理（Customers Relationship Management; CRM）的服務理念，亦成為 21 世紀政府管理重要思維，它簡單的定義是：「一種同時應用科技與過程改造的技術，強化與顧客互動的每個環節的有效性。」然而，這些改造技術的設計與執行必須具備「生產鏈」（production chain）的概念，讓管理者致力提升外部顧客滿意度的同時，必須對內部顧客賦予相同的重視，只針對外部顧客的顧客導向是一種錯誤的想法，也會失去顧客導向作為達成組織目標「正向強化迴路」（a positive reinforcing cycle; Wageheim and Reurink, 1991: 263）的管理工具，因此，完整的顧客導向的誘因結構，應該是強調建構官僚體系外部公民回應與內部顧客關係管理之間連結的一種結構，正如 UPS 的前總裁 Kent Nelson 曾說：「在 UPS，員工滿意度就等於是顧客

滿意度」，沒有滿意的員工，就不會有滿意的顧客，就是這個道理。

　　回到本書如何實現民主治理的核心問題，在回應的價值上，除了公共管理者的回應誘因之外，我們也必須注意公民參與的意願問題，這就是第六章第三節當中所討論的「民主的限制與問題」，如果民眾不參與公共事務，即便公共管理者有回應公民的意願，也無法建構民主治理的正當性，因此，下一章當中，本書將以投票行為的研究為例，站在當代政治經濟學的理論之上，討論公民參與的意願問題，事實上，討論民主治理的回應價值，必須同時兼顧公共管理者與公民的互動意願，缺一不可。

第八章　誰來參與公共事務？

……近日舉行的健保公民會議，……認定……在健保局未嚴格管控收支及未加強醫院審查稽核前，不支持調漲（健保費率）。對此決議我難掩失望，健保是高度專業的醫療政策，不是短短數日聽幾位專家及健保職責單位的報告就可當下立決。我相信 20 位經過遴選的公民當然不是泛泛之輩，但是要理性論斷，一定要有充分的專業知識才做得到。專業沒有民主，必須以能力取勝，這是我的信仰。

——前台大醫院院長　李源德[1]

第一節　前言：從回應性到協力治理

前兩章對於民主治理中回應性價值的討論，不論從民意的規範性或是制度誘因實證性的角度，都可以讓我們了解到官僚體制在民主時代中，必須對民主回應性價值的實踐有所堅持，這也是民主治理相對於非民主治理最重要的差異所在；當然，回應性的價值並不一定需要直接民主（direct democracy）的實踐模式，比方說，當代新公共管理所強調的顧客導向，就被學者質疑包藏「公民消極主義」（citizenry passivism）的因子，讓公民對國家的個人責任感產生疏離的現象（Vigoda-Gadot, 2003: 19），因此，伴隨著 1990 年代興起的審議式民主（deliberative democracy）風潮，公民直接參與公共事務成為近年公共行政研究所熱衷的議題，學者 Erasn Vigoda（2002: 527）認為，回應性只是公共管理者被動、單向地面對民眾的需要，但是新世代的公共行政，必須強調公共管理者與民眾之

1　《康健雜誌》，2005 年 3 月號，「全民健保的明天：一位醫學工作者的憂心」。

間，更進一步地發展出互為夥伴的「協力」（collaboration）關係[2]；然而，當代民主政體的規模與政策的內涵日益複雜，「公民參與」（citizen participation）雖然具有很高的規範性價值，但是實務上往往並非可期待的治理作為（Dahl, 1989），其原因一方面是如本章一開頭引文對民眾參與能力（competency）的質疑，這個部分有時會以官僚是否信任民眾（Yang, 2005），或是官僚組織抗拒參與的途徑來討論（Kumar and Kant, 2006），事實上，這個參與的問題可以反過來問：「如果全部人民參與政治且十分狂熱，對一國政治是否是一件好事？」最早研究投票行為之一的學者Berelson（1954）就認為，人民某些時刻對於政治缺乏熱度也是好事，免得政治過熱，造成不安。他們的說法可以說是許多民主菁英論者所共有的看法，認為菁英領導是民主政治的現實，當然，在現今一切講求民主化、分權化、授權濟能的風潮當中，這種說法定會引來大量的批評；另一方面，推動參與實務上的困境則是來自於參與過程的經濟成本問題，這個問題本書將會在第十章「民主治理的知識困境」中來一併處理。

　　本章將關注另外一個重要但是容易被忽略的問題：「誰來參與公共事務？」（Who participate?）這個問題是所有參與問題的基本問題。公民參與政府政策制定、執行與評估，是民主政治最大的特色所在，如果我們認為民主政治在道德上優於其他的統治形式，公民參與的落實絕對是其中最重要的立論依據所在。隨著民主改革的持續深化，在過去十餘年台灣公部門民主治理機制的體質產生重大變化，1996年總統直選、2000年第一次政黨輪替、2008年第二次政黨輪替之後，民眾實質上成為政府「頭家」的時代來臨；因為定期選舉的關係，民選政治人物在「民之所欲，常在我心」的指導原則之下，對於政府決策「回應」的重視，逐漸凌駕過去對政

2　Vigoda（2002: 531）將這關係看成是一種演化的關係，共分為五個階段，第一階段民眾是被統治者，政府是統治者，其間是一種「強制」（coerciveness）的關係；第二階段民主化之後，民眾成為投票者，政府成為信託者，其間的關係是「委託」（delegation）的關係；第三階段新公共管理的改革，民眾是顧主與顧客，政府是管理者，其間的關係是回應性（responsiveness）為主；第四階段則是目前新世代的公共行政興起，民眾與政府之間互為夥伴，其中的互動是一種「協力」關係；最後一個階段，民眾成為擁有者（owner），政府成為被領導者（subjects），他們之間的關係是一種公民強制（citizenry coerciveness）的關係，有些類似表8-1當中Sherry Arnstein著名的參與之梯。

策專業責任感（professional responsibility）的堅持，這個轉變讓公共管理者面對一方面要滿足民主回應，另一方面要堅守專業責任的困境，以及要如何一方面維繫專業責任的角色，另一方面又成為實踐民主的代理人，是當代公共管理者共同所面對的問題，其中，不論是學界與實務界，從智識上了解「誰來參與公共事務」是一個重要的起點。

　　本章要分為五個小節來討論「誰來參與公共事務」這個重要的問題。首先，在第二節當中，本章將針對民主政治「不完美參與」的前提下，來看官僚體制所面對的公民參與困境，正如本章一開頭的引文所言，專業與民主之間的確有需要跨越的鴻溝，但是，其差別在於如何利用或是改變這個不完美，即便改變的代價是沉重的；再者，本章在第三節中，就參與成本的角度，特別討論近年被視為公民參與救星的資訊通訊科技（information and communication technologies, ICTs），是否真能夠改善不完美參與的困境？本章以一些台灣本土的研究發現，公民參與的改革，科技只是輔助的角色，主要還是在於如何建構適當的公民社會環境，讓民眾有意願來參與；因此，為了更深入了解民眾參與的意願問題，本章在第四節當中，將以政治經濟學過去半世紀「誰參與投票」（Who votes?）的研究為例，討論民眾參與動機的問題，從中我們仍然發覺除了成本效益的計算之外，公民責任在公民參與議題上的重要性；在第五節當中，本章將公民參與視為公共管理的一種專業，從誰來參與、參與議題、參與形式、參與價值、未來展望等五個方面，協助台灣當代公共管理者，邁出面對民眾參與的第一步；最後，在結論中，本章將從成本、資訊與議程等三方面，提出評估推動公民參與活動的焦點，以為總結。

第二節　不完美參與下的官僚體制

　　隨著 20 世紀中葉開始的第三波民主化席捲非民主國家，民主政治的治理型態已經取得了全球的優勢地位，日裔美國新保守主義學者福山（Francis Fukuyama, 1989）在 1989 年的一篇〈歷史終結？〉（The End of History?）的文章中，將蘇聯的解體、伯林圍牆的倒塌、冷戰的結束、以及北京天安門事變，看作是一種人類意識形態演進終點的歷史現象[3]，1992 年他更在《歷史的終結與最後一人》（*The End of History and The Last Man*）一書中，認定西方的自由民主政府形式已經取得了最後的勝利；然而，這樣的宣告並沒有讓關心民主發展的人士得到安息，主要的原因是民主政治的實踐仍然充滿自己的問題，放眼世界，人類進入 21 世紀的今天，除了新興民主國家持續掙扎求生之外（Diamond, 2008b; Knight and others, 2002），老牌的民主國家也面臨民眾對民主信心大幅下滑，以及參與公共事務活動意願降低的問題（Pharr and Putnam, 2000; Putnam, 2001; Skocpol, 2003），事實上，1970 年代三位學者就對包括美國、歐洲與日本等民主政治運作的問題提出警告（Crozier and others, 1975），當時的論述主要是關切政治領袖正當性的降低、民眾需求暴增影響政府可治理性及政黨惡性競爭所造成的社會分裂等問題，進入 20 世紀末期，關於民主政治運作議題最有名的論述就是 Robert Putnam 於 1995 年在《民主季刊》（*Journal of Democracy*）所發表的〈自己打保齡球：美國下降中的社會資本〉（Bowling Along: America's Declining Social Capital）一文，Robert Putnam 從美國社區中的保齡球隊數的大量下降但打保齡球的個人卻穩定成長的現象來觀察，美國社會民眾的公共生活趨向疏離化的問題，意謂美國民眾對於公眾事務參與的下降，似乎民主政治除了程序上開放以外，無法解決諸多社會衝突以及滿足民眾的需求，因此，有識之士開始思考這個在 19 世紀設計出來的治理機制，是否能夠應付 21 世紀的諸多挑戰？

　　大約半個世紀以前，美國著名的政治學者 Elmer. Eric Schattschneider（1960），曾經在他的名著《準主權人：美國民主的現實主義者觀點》（*The Semi-sovereign People: A Realist's View of Democracy in America*）當中，對美國民主提出貼近現實的觀察，他認為，美國雖然是一個老牌的

3　用福山自己的話來說：" ...the end point of mankind's ideological evolution and the universalization of Western liberal democracy as the final form of human government."

民主國家，但是絕大多數的民眾都沒有將自我的權益組織起來，因此，在政治的場域中，只有少數組織良好的利益團體，能夠對政府決策與執行產生決定性的影響，他稱此為美國民主政治「偏差動員」（mobilization of bias）的現象，他更認為，對於主權在民具備天真想法的人，都會對這樣的狀況不滿，但是長久以來，這樣的動員「偏差」似乎是民主政治的常態；另一位 1996 年曾經擔任美國政治學會會長的比較政治學者 Arend Lijphart（1997: 1-2），在他年度會長講章中特別討論民主政治中參與和平等之間的問題，在這篇標題〈不平等的參與：民主政治未解決的弔詭〉（Unequal Participation: Democracy's Unresolved Dilemma）的講章中認為，民主理論中「參與」和「平等」是兩個相互為用的觀念，但實務上，政治學者很早就知道政治參與是不平等的，愈少人參與的活動就會愈不公平，投票意願的低落與不平等已經造成西方民主政治的正當性缺口，政治參與中的投票經過多年的努力，已經是所有參與形式中最不偏差的一種，但是許多研究仍然告訴我們，各民主國家民眾投票的參與，仍然是系統性地偏向高社經地位的人民。

　　最後，20 世紀著名的政治經濟學者 Anthony Downs（1957: 260），曾經在他在著名的《民主的經濟理論》（*An Economic Theory of Democracy*）一書中，提出理性選擇學派的投票行為理論，他說：「理性人的投票決定，就如其做別的決定一般：如果行為的獲益大於成本，就投票，反之則棄權（abstain）。」他將民主政治中的政治參與，看作民眾個人成本效益衡量的結果，如果依照這樣的論點，前述參與不足及不平等的問題，可以簡化成參與成本調整的問題，如果我們能夠系統性地降低參與成本，或許可以改善民主國家因參與問題而產生的正當性疑義，對許多學者而言，近年網際網路的發展，如果就降低社會互動的成本上來看，的確是有很大的潛能被應用在民主政治參與的領域。

　　在不完美的參與之下，官僚組織成為民主治理最重要的代理人，但是，代理人因為知識與能力上的優勢，反客為主的現象，造成長久以來社會上對「官僚」一辭的深層恐懼，因此，「官僚組織與民主價值是否有先天上的扞格？」是當代官僚研究的重要議題。學界對於官僚政治

（bureaucratic politics）的描述，總是離不開官僚體系以專業掙脫「授權者」（mandator）的控制，成為擁有自主權力進而影響公共事務的陰影；不論是 Niskanen（1971）的眼中追求預算極大化的官僚（budget-maximizing bureaucrats），還是 Huntington（1952）筆下「鐵三角」（iron triangle）當中的行政單位，以及社會學者 Robert Michels（1958）「寡頭政治鐵律」（iron law of oligarchy）下的官僚組織，都顯示出學界對官僚因專業而壯大的疑慮，新近學者也從代理人理論（agency theory; Moe, 1984）出發，以資訊不對稱（information asymmetry）的概念，延續學界對於官僚組織「失去控制」（running away）的研究傳統，這些都表示，民主價值與官僚體系存在難以跨越的鴻溝。為了平衡前述這種憂慮，學界開始不斷強調公共治理過程中的公民參與（citizen participation）的重要性，由於公民參與是區分民主與非民主價值最關鍵的制度性條件，從行政改革的角度來看，強調民主治理過程中的公民參與，直覺上的確是降低失控官僚疑慮的一種改革手段（Peters, 1996），事實上，學界與實務界近來不斷提升行政改革過程中公民參與的重要性（OECD, 2001; World Bank, 1996），學者 Abrahamsson（1977: 221）從組織理論的角度，提出官僚組織「參與效率」的概念，他說：

> ……一個參與性的組織，不但是一個有效的組織，也會是一個有效率的組織。它不但可以藉由動員自己的成員，而增加其權力，而參與的增長對組織內部以及外部來說，都具有正面的影響，當菁英與大眾的互動增加，這個組織就會成為代表其授權者利益的更佳工具。

當然，上述這種官僚參與效率的論述，與近來重視「審議式民主」的潮流不謀而合，審議式民主的重點，是在於提升公民參與的品質，沒有審議參與的公民投票或問卷回應，都只能算是「不知情的民意」（uninformed opinion），推動這種潮流的學者相信，只要給予民眾機會，民眾是有能力經過參與和知識轉換，成為夠資格的主人，也就是說，菁英份子將民眾的無知當作應當被統治的理由是站不住腳的，因為菁英的社會

責任就是要引導民眾形成知情的民意而有效地當家作主，並非取而代之；更重要的，人民參與政策議題的過程，應該從決策形成的開端與過程就開放民眾加入意見表達，也就是說，將公民從議題最外圍的決定角色，拉近到與公共議題最開端的位置（請參圖 8-1），也就是一種公共行政應該擁抱的「正統參與形式」（authentic participation; King, Feltey, and Susel, 1998）。

　　然而，對公共管理者而言，提倡公民參與的治理還境，與過去威權體制比較起來，存在下面三點的「麻煩」。首先，政府決策成本的上升：公民參與政府決策是一個冗長、耗費資源與充滿衝突的過程，比起專業人員閉門討論的決策形式，公民參與政府政策決策的成本是明顯較大的，這裡成本的增加可分為三個方面：（一）讓民眾了解政策始末的成本；（二）讓民眾發表意見的成本；以及（三）統整與回應民眾意見等三項決策成本，其中公民參與愈多，這些決策成本就會愈高，以公共管理者們常用的語言來說，公民參與的要求絕對會增加文官體系的「業務負擔」。

　　再者，政策專業責任的壓力：台灣民眾因為長期接受威權統治的關係，除了選舉之外，對於公共事務普遍缺乏參與的認知、動機與能力。相對於公部門從形式與實質上不斷開放公民參與管道，在實務上常常產生兩個結果，一是參與的人太少，徒具形式而已，再不就是整個過程受到特定利益團體的操控，扭曲了藉由民眾達致公共利益的原始目的；當公共管理者放棄專業而順從回應價值時，如果一旦政策產生爭議性的結果（如台

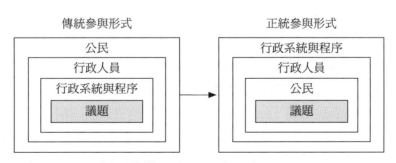

圖表來源：King, Feltey, and Susel (1998).

圖 8-1　「傳統」與「正統」的參與形式

灣各地的「蚊子館」），民眾與政治人物卻往往反過來聯合起來將政策責任成敗推給公共管理者，造成政府專業決策功能的淪喪。

　　最後，公民參與能力的缺乏：隨著行政程序法與政府資訊公開法的通過與落實，台灣政府運作的細節逐漸被攤在陽光下，除了投票之外，民眾擁有更多的管道參與政策決策；但是，公民參與常被公共管理者視為專業性不足的過程，民眾「不懂還要鐵齒」心態下的決策，需要公共管理者的專業去善後，更重要的，由於自我衝突管理能力的缺乏，這過程一旦演變成利害關係人之間公開衝突，公民參與決策的程序註定一事無成；至此，21 世紀的台灣公共管理者，處在服膺「人民當家作主」這個治埋原則之下，面對公民參與以及代議民主的結構性問題，公共管理者的影響力事實上是有限的，然而，身處肩負維繫民主治理中民主回應與專業責任間的「平衡輪」角色，公共管理者除了消極歸咎大環境之外，還能作什麼呢？近年電子參與（e-participation）的興起，是否可以解決公共管理者的這種困境呢？

第三節　電子參與是新的救星嗎？

　　如果我們將「電子參與」當作一種應用現代 ICTs，對前述不完美的實體參與進行改革的作為，我們必須對其內涵進行了解。聯合國 2003 年電子化政府的評估報告中，對於電子參與的描述，將定義焦點放在「公民到政府」（C2G; Citizen to Government）以及「政府到公民」（G2C; Government to Citizen）兩個互動面向上，採取階段的方式來進行；該報告使用「電子化資訊公開」、「電子化政策諮商」以及「電子化決策參與」的三個面向，作為衡量全球國家電子參與的程度，這個分類也與 OECD 提出強化政府與公民接觸（citizen engagement）的三個面向相互契合，包括「資訊」、「諮商」與「積極參與」（OECD, 2001）。這些指標如果從公民參與的角度來看，也剛巧符合已故美國規劃學者 Sherry Arnstein 所提出「公民參與之梯」（a ladder of citizen participation; Arnstein, 1969）當中

所隱含公民參與「深淺」的層次，Arnstein 將公民參與從缺乏實質參與到公民控制，從低到高分成八種參與形式（請參表 8-1）。

　　這個參與之梯包括菁英操控、觀念矯正、資訊告知、公共諮詢、安撫勸慰、夥伴關係、權力授予、公民控制等八階，前三階的公民參與，起於操控終於告知，民眾不能實質參與決策，但是卻有資訊公開與公關的效果，民眾從得知資訊當中，參與政府的運作，民眾不但被賦予參與選擇政府服務提供內容的機會，也逐漸涉入公共政策決策的核心，一般相信，公民參與應該從決策形成的開端就開放民眾加入意見表達，將傳統治理形式中的公民，從議題最外圍的決定角色，拉近到與公共議題最開端的位置。

　　當然，公民參與之梯的部分可以對照聯合國報告中「電子化資訊公開」的部分；中間三階，起於諮詢，終於夥伴，可以說是公民參與政府決策夥伴關係的開始，即便政府還沒有將最終決策的權力下放，但是已經設計某些機制，蒐集與整理民眾意見，作為決策重要參考，這三階可以對照聯合國報告中的「電子化政策諮商」部分；最後的兩階，起於授權，終於

表 8-1　Arnstein 的公民參與之梯、公民與政府連結、電子參與

Sherry Arnstein 公民參與之梯	OECD 民眾與政府連結	UN 電子參與的層次
菁英操控（Manipulation）	資訊（information）政府製造與傳遞資訊給公民，包括主動提供與公民要求，是一種單向的關係。	電子化資訊公開（e-information）
觀念矯正（Therapy）		
資訊告知（Informing）		
公共諮詢（Consultation）	諮商（consultation）公民對政府施政有提供意見以及回饋意見的管道，這是一種雙向的關係。	電子化政策諮商（e-consultation）
安撫勸慰（Placation）		
夥伴關係（Partnership）		
權力授予（Delegation of Power）	積極參與（Active Participation）公民積極參與政策議程設定與政策對話，但是最終決定的責任仍在政府，這是一種雙向的夥伴關係。	電子化決策參與（e-decision-making）
公民控制（Citizen Control）		

圖表來源：陳敦源等（2004）。

公民控制，民眾對於政策內涵有具有決定性的影響，政府依循公民參與所作出的決定辦事，民眾同時也負擔更多的決策責任，這個部分剛好可以對照聯合國報告中「電子化決策參與」部分。

最後，根據三位歐洲學者針對近年興起的電子參與領域所進行的文獻後設分析（Saebo and others, 2008），電子參與的研究領域內容可以分為：參與者指認、參與行動內容、系絡因素分析以及效果與評估，行動者應用 ICTs 在特定系絡下進行參與行動，產生特定的參與效果，這些效果經過評估的確定後再回饋給行動內容，以圖不斷的改進其效果，其中系絡因素大概有下面六項重點：包括資訊的可近性、資訊基礎建設、新興科技的應用、公平參與、政策與法律議題以及政府組織等。

回到應用 ICTs 改進不完美參與的問題，1990 年代開始學界與實務界對民主參與的頻率與品質逐漸墮落感到憂心，如果能夠應用 ICTs，提升公民參與政府決策的質與量，挽回公民接觸江河日下的頹勢，對於民主治理的正當性、回應性、有效性都將有很大的助益（Coleman & Gøtze, 2002; Cooper, 2005），隨著網際網路所帶來人類生活的革命日趨明顯，有識之士也開始對 ICTs 與民主政治之間的關係充滿興趣甚至是期待；但是，學者對兩者之間關係的了解卻仍然十分缺乏，愈來愈多的文獻聚焦探討科技與民主之間的關係，希望能夠找出兩者相輔相成的道路，為此，著名的政治理論學者 Benjamin Barber（1998/1999）將 ICTs 與民主之間的未來發展，歸納為三種可能劇情發展：

其一，樂觀論下自信的「潘格洛斯劇情」（Pangloss Scenario）[4]，認為網際網路將會解決民主政治長久以來的問題，將民眾直接聯接在一起，能夠強化社群意識、社會信任以及公民接觸。

其二，悲觀論下憂慮的「潘朵拉劇情」（Pandora Scenario），認為 ICTs 就像一個潘朵拉的盒子，因為「數位落差」（digital divide）的問題，引進 ICTs 來操作民主，只會更加惡化本來就已經不平等的社會。

---

[4]　這名字是伏爾泰著名諷刺劇「憨第德」（Candide）中的博士（Dr. Pangloss），不斷向他學生憨第德宣揚無緣無由的樂觀主義（optimism）。

　　其三，實用論下審慎的「傑佛遜劇情」（Jeffersonian Scenario），認為或許 ICTs 對實體社會的影響並沒有想像中來得劇烈，人們可以做的就是從實踐的個案中找出 ICTs 對民主政治的真實影響所在，在此基礎上去蕪存菁，務實地進行漸進式的民主改革。

　　讓我們應用一些台灣的個案來提供 ICTs 對公民參與的影響為何，並從中來討論到底會強化還是摧毀我們的民主制度？科技文明到底會支援還是阻礙人類的自由？都是值得當代關心公民參與發展的人深思的課題。

　　問題一：網路使用到底是「強化既有實體參與族群的優勢」？還是「動員那些本來不參與的劣勢族群」？根據陳敦源等（2007）應用台灣社會變遷調查的分析，證據顯示（請參圖 8-2），在網路使用者中，如果是實體公民接觸較強者，也比較會使用網路來進行公民接觸，似乎「強化」也就是「悲觀論」的解釋力較強，這樣的結果告訴我們，ICTs 的應用，可能讓本有不完美的參與更加不完美，事實上，ICTs 的應用很早就注意到「數位落差」的問題，也就是說，ICTs 的推動如果不能伴隨平衡社會資源分配不公的現狀，ICTs 會讓那些本來就已經有社會優勢的人更加優勢，許多新興參與管道的建構都有這樣的問題。

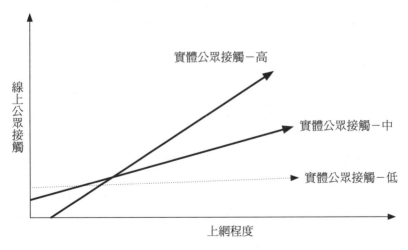

圖表來源：陳敦源等（2007）。

圖 8-2　不同樣本中網路使用對公眾接觸的影響

　　問題二：網際網路可以提升投票率嗎？根據李仲彬等（2008）的研究，以政治大學學生會選舉作為實驗的結果（請參圖 8-3），可以看出這樣的趨勢存在，但是並不明顯，事實上，2006 年的選前調查顯示有 60% 的同學表示如果有網路投票，會願意參與，但是事實上後來只有接近 20% 的同學出現投票，這種意願高但是並沒有接觸票櫃的結果，可以顯示民眾在意願與行動之間，可能存在未知的鴻溝，這個鴻溝是專精於選舉策略者最關注的問題，就是一般稱為選前「催票入櫃」的問題，對於關心除選舉以外公共事務參與的有識之士來說，嘴巴上的和實際的參與之間，事實上存在有意識或是無意識成本效益的考量，本章將在下一節來處理這個有趣的問題。

　　問題三：線上參與和實體參與比較起來的優劣為何？陳敦源等（2008）針對 2005 年台北北投老街再造公民會議所進行「實體 vs. 虛擬」的實驗研究顯示，ICTs 對於公民審議上的效果相較於傳統面對面的實體會議，更能夠提升政策知識的傳遞效果，讓所有與會者更有效率的獲得相關政策知識（請參表 8-2）；此外，由於線上公民會議所使用介面的特性，與會者可以更理性的進行討論，共識聚合的可能性高於傳統公民會議模式；而在參與效果上，參與線上開會模式的公民小組成員，比起傳統會議模式，有更多表達意見的機會，也有更好的表達效果，但是網路公民會

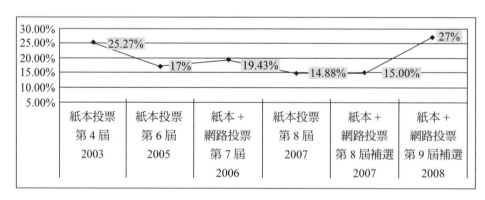

圖表來源：李仲彬等（2008）。

圖 8-3　政治大學學生會歷年投票率

表 8-2　公民會議小組成員的議題測驗題結果

會議 前後測	線上會議						實體會議					
	兩題皆錯		答對一題		兩題皆對		兩題皆錯		答對一題		兩題皆對	
前側	3	27.3%	5	45.5%	3	27.3%	0	0.0%	8	44.4%	10	55.6%
後測	0	0.0%	3	27.3%	8	72.7%	0	0.0%	9	50.0%	9	50.0%

圖表來源：陳敦源等（2008）。

議徵召成員的過程中，明顯高社經地位的偏差，卻可能抵銷線上參與的正面效果。

　　從前述討論中，我們可以歸納下面三個重點，其一，就降低公共決策成本的角度來看，電子化參與是一個從淺到深的改革進程，以 ICTs 的各種應用為出發，一方面拉近政府與民眾的關係，另一方面也是還政於民，但是，關於公民參與整體效果的問題，值得持續關注，尤其是 Web.2.0 的時代來臨，公共管理者將要面對新一波電子參與的希望與挑戰；其二，就專業責任的課責問題來看，從諮商到決策的電子參與，牽涉到政治權力的整合與移轉的問題，任何電子參與的改革，都會產生政治上獲利或是受害的問題，這也是虛擬世界的技術所無法左右的政治權力重分配問題。奧國的企管學者做了一些非常有趣的研究，稱之為推動電子參與的「中間人弔詭」（the middleman paradox; Mahrer and Kimmer, 2005），他們想知道，目前世界已開發民主國家電子化民主的推動，出現「期望高，想像多，但落實少」現象背後的原因是什麼？從訪問奧國中央與地方政府的議員中，他們發現議員對電子化行政與電子化民主的推動意願，有明顯的落差。議員們對電子化行政的認知與信心都很高，也認為資訊與通訊科技在未來可以有效降低官僚的不效率，他們視自己是政府效率的推手（emissaries）；然而，當被問及電子化民主的推動時，這些議員的認知與信心都明顯降低，有時還岔開話題不願意直接表達意見，可見電子參與的實踐對目前代議政治下中間人的政治重要性會有很大的影響，因此，電子參與治理改革過程，公共管理者不應忽略處理政治可行性的問題。

　　其三，民眾參與知能培養的角度來看，公民參與知能的基本前提是政府資訊的公開，尤其是政府資訊全面在網路上的公開，有助大量降低公民取得公共議題資訊的成本，然而，民眾是因為接觸不到還是太少接觸以致於參與知能不足？還是民眾根本就沒有足夠的智能參與公共事務？後者會帶來菁英統治自我正當化的問題，藉由電子參與所啟動政府資訊公開的落實，公共管理者起碼應該對民眾保持一定的信心才是。綜括來說，電子參與是 21 世紀公共管理者所應該面對的重要民主治理改革的議題之一，值得持續關注與應用；當然，不論未來科技與民主的發展會進入哪一個情境，公共管理者仍然應該謹慎地面對實體政治運作所帶來的問題，如何在虛實之間進行合理的整合，進而提升台灣民主治理的績效，是台灣公共管理者共同的責任。接下來，本章將以「人為何投票」的議題，來討論人民參與公共事務的意願問題。

第四節　人為何參與投票？

　　Anthony Downs（1957: 260）在著名的《民主的經濟理論》（*An Economic Theory of Democracy*）一書中，根據理性選擇的假定，提出選擇學派的投票行為理論，選民「好似」（as if）能算計所有可能行動的獲利與成本，挑選其中「淨收益」（net benefits）最大者而為之，他的核心問題是：「在效用極大化（utility maximization）的決策標準下，理性人會投票嗎？」Downs（1957: 274）的結論是：「如果投票需要付代價，它的成本很可能超越它的獲益；即使是有政黨偏好的選民，不投票才是理性的」。讓我們進一步來分析這問題。

　　任何選民面對選舉有兩種行動選擇，一是不投票，一是投票（若再進一步，是投給哪一位候選人的問題，但這問題非本章的重點）。假定選民甲不投票沒有獲利也不必付出成本，效用等於零，而投票的成本等於 C，他的決策指標是為：「如果投票的獲益 ＞ C，就投票；反之則棄權」。讓我們分別由獲利面與成本面來探討「理性人不投票」的原因。由獲利面看

來，假如這是 2000 年宋楚瑜、連戰、陳水扁之間的總統大位之爭，理性的選民甲可以按大小排列出各個候選人當選後所可能帶來的獲利，設為宋 = b_1、連 = b_2、陳 = b_3，因為選前無人能預知那一位會贏，理性選民可以針對每一位候選人的當選率，作一主觀的判斷（subjective probability；對於宋、連、陳，分別設為 P_1，P_2，P_3；依照機率原則，$P_1 + P_2 + P_3 = 1$）。因此，理性選民在本次總統之爭的「期望獲利」（expected benefit）是為：

$$b_1 \times P_1 + b_2 \times P_2 + b_3 \times P_3 = b \times P$$

其中　　$b =（b_1, b_2, b_3）；P =（P_1, P_2, P_3）$

　　然而，從獲利面來說，從以上的等式中我們可以推論，選民甲投不投票並不會影響他獲得效用的大小，因為，在大型的選舉中，選民甲的一票無法決定機率分配 P，也就是無法左右輸贏；除非三位候選人得票數相同，選民甲成為所謂的「關鍵選民」（pivotal voter），否則他的一票，對選舉結果的影響是微不足道的。嚴格來說，即使選民甲投錯了候選人也不用懊惱，因為除非甲是關鍵選民，否則他的錯誤對選舉的影響也是微乎其微的。

　　更進一步來說，如果我們加上成本面的考量，選民甲的投票誘因就更小了。一方面，在Mancur Olson「集體行動」（collective action）的邏輯之下，選舉的結果是一種「公共財」（public goods），理性人可以作「搭便車的人」（free rider），選擇棄權，讓別人決定選舉結果；如此一來，他不用承擔投票成本（最起碼時間的機會成本），一樣獲取效用，何樂而不為？另一方面，如果投票牽涉到更大的成本（比如說，投票途中遇車禍喪命）[5]，理性人投票的可能就更低了。即使假定選民甲成為「關鍵選民」與他投票途中遇車禍喪生的機率是相同的小，沒有人會為著微小的效

---

[5] 學者曾引用 B. F. Skinner 所著 Walden Two 當中的一段對話為例來描述這種矛盾：「……弗瑞哲說『選民在選舉中決定國家大政方針的機會，比他在投票途中遇著車禍喪生的機會還小，我們日常生活中，根本不會注意這種事情的…。』『投票一定對人有特別的意義，不然人們不會去投票的』卡司多說著。」（參 Mueller, 1989: 265）

用，而賠上性命。總結以上對投票獲利與成本的探討，選民投票決策程式
應為：

$$NB（淨收益）= b \times P（期望獲利）- C（成本）$$

依照選擇學派的推論，除非 NB > 0，理性選民不會去投票[6]。因此，選擇
學派對「人會不會投票」的預測應是：「沒有人會去投票！」然而，各
民主國家平均超過五成以上的投票率是如何來的呢？這種理論推演與實
際經驗上的差距，被稱為「投票矛盾」（voting paradox）[7]。選擇學派對
個人「工具理性」（instrumental rationality）的假定[8]，造成「理性人不
投票」（或是「投票是非理性行為」）的結論；任何試圖改變此結論的
努力都必牽動該學派這「核心理念」（'hard cord'; Lakatos, 1978: 48），
如 Mueller（1989: 361）所言：「研究者除非選擇由循環論證的方式解決
『投票矛盾』的問題，……不然，他不是要否認選民是理性的假定，就是
必須拒絕選民是自利的假定」。這種情境，常被視為選擇學派最致命的缺
失（Aldrich, 1993: 247）；Fiorina 與 Shepsle（1989）也表示：「投票矛盾
『吞噬』（ate）了理性選擇理論。」

　　過去幾十年來，選擇學派曾試圖對「投票矛盾」從三方面補救之：其
一，「公民責任」（citizen duty）解釋：個人投票的獲利面，還必須包括
「公共利益」（public interest）獲得滿足時的回饋；其二，「賽局理論」
（game theory）解釋：投票的考量，不只是狹窄的自我評量，還包括對其
他選民投不投票的策略考量；其三，「決策標準」（decision criteria）解
釋：理性選擇不應單指「效用極大化」的決策標準，還有其他的原則。這

---

[6] 根據 Niemi 與 Weisberg（1993: 16）的說法，這種以經濟消費模型來詮釋選舉行為的看法，
最早是由 Gordon Tullock（1967, 第七章）所提出的。

[7] 英文中 voting paradox 與 paradox of voting 分別代表理性選擇學派熱衷討論的兩個不同的議
題，前者就是本文所著重的「投票矛盾」議題，主要探討「人為何投票」的問題；而後者則
是指「多數決矛盾」、也就是「投票循環」（voting cycle）的問題，主要指出多數決結果的
相對性格。

[8] 選擇理論假定人追求「效用極大」（utility maximization）的決策，意指趨利避害是人的天
性；從行為的角度看來，人行動的背後，對選擇學派而言，都有「效用極大化」的決策因素
在其中。

三方面的解釋，雖然都能推出理性人投票的結論，但各有其限制與不足，讓我們逐一檢視之。

一、公民責任與投票

Riker 與 Ordeshook（1968）認為，選民效用的獲得，不單由選舉結果而來，投票行為的本身，也可能給選民滿足的效用。因此，理性選民的運算程式當中，應加上一項 D（公民責任；D ≥ 0），使選民的投票決策程式成為：

$$NB = b \times P - C + D$$

不論 b × P 的值有多麼小，只要 b × P + D > C（也就是 NB > 0），理性選民就會投票，他們列出五種可能解釋 D 的因素（Riker and Ordeshook, 1973: 63）：
（一）選民履行投票義務所得到的滿足；
（二）選民以選票支持政治體系所得到的滿足；
（三）選民表達對某政黨的支持而獲得的滿足；
（四）選民對投票行動本身所得到的滿足；
（五）選民對政治體系做出貢獻所得到的滿足。

Riker 與 Ordeshook 的補救措施，與 Downs 對「投票矛盾」的解釋，有異曲同工之妙。Downs（1957: 267-8）認為，若沒有一個人去投票，民主政治無法運作，因此，理性人的投票決定，不只包括自我短期的得與失，還包括實踐「社會責任」（social responsibility）的動機；這種實踐的本身就是投票行為的一種回報，對某些人而言，這回報足以抵銷投票成本，進而出門投票；而學者 Aldrich（1993）也將公民責任看成選民對政治體系的長期投資，如此說法使得 Riker 與 Ordeshook 的投票模型更能符合選擇理論的架構。

不論公民責任或是社會責任的解釋，都很巧妙地避開了「搭便車」

的問題，將投票動力內化成為心理層面的因素。直觀上，他們似乎將投票行動與理性的假定又結合起來，選民因為責任心的驅使（一種正的效用），而選擇出門投票。然而，在方法論上，他們的解釋方式事實上削弱了理性選擇模型的預測能力。一方面，若不能進一步釐清心理效用與理性計算之間的關聯，這種超越選舉結果的效用，事實上可以單獨地解釋人的政治行為，任何成本效用的理性分析都顯為多餘的。這種「決定論」（determinism）解釋架構，在定義上就解決了所要解釋的現象，因此，它是一種「循環論證」（a tautology）。另一方面，許多與理性選擇假定相左的經驗事件，如果都可以因此獲得「完滿」的解釋，選擇學派所標榜「科學解釋」（scientific explanation）的特色就完全瓦解，在進一步釐清「公民責任」的起源、強度與範圍的理論以前，這種論證方式無法通過 Karl Popper「可證為否性」（falsifiability）的檢驗。

基本上，Riker 與 Ordeshook 所試圖做的，是在理性選擇的成本效用架構當中，尋找脫困的補強措施，雖然直觀上極具說服力，但果效有限。該學派的其他學者，也嘗試提出不同的理論，他們大多由四方面立論：

（一）擴大投票的獲利面

例如 Hinich（1981）認為，選民參與的原因，是為要從勝利的歡欣當中獲取效用；Schwartz（1987）認為，政治領袖與政黨組織會提供「選擇性誘因」（selective incentives）給選民，以換取他們的選票，因此，選民可獲得一些直接的個人利益，最極端的例子就是賄選。

（二）縮小投票的成本面

Niemi（1976）認為，投票的成本通常被無故地誇大，事實上投票所隱含的成本，不會超過我們喝下午茶、看報紙這種日常活動。

（三）從寬定義「關鍵票」（pivotal vote）

經濟學家 Stigler（1972）認為，選民所投的每一票，在民主政治數人頭的制度之下，對所屬政黨在決策圈當中都有增強影響力的意義。「多一票就多一分選民授權（mandate）」是這種看法的基礎。

（四）其他因素

Uhlaner（1989）認為，從團體的角度來看，高投票率的團體，對團體領袖而言，是向候選人要求特殊利益的最好籌碼，因此，團體領袖有足夠誘因去鼓勵團體成員投票。

總括而言，與 Riker 和 Ordeshook 的論證比較起來，這些解釋的主觀說服力都弱得許多；他們也未能跳脫出 Riker 與 Ordeshook 論證上「特設」（ad hoc）的性質，理性選擇理論在投票行為研究上的適用問題，在這一條論證上，並未得到解決。

二、賽局理論──投票矛盾的救星？

80 年代初，在社會科學界漸受重視的「賽局理論」，被認為有解決「投票矛盾」的潛力。理性選擇理論，依照決策體之間的互動關係，可簡單分為「決策理論」（decision theory）與「賽局理論」兩種。決策理論探討單一決策體（個人、政黨等）在一定風險（risk）之下，依照「效用極大化」的原則，來分析決策的過程。比方說，某甲今天出門要不要帶傘的決定，就是一個簡單的決策問題，其間並不牽涉到決策體之間的互動。

而所謂「賽局理論」，乃是關係到理性決策體之間互動的問題，因此，賽局理論亦被稱為「互動決策理論」（interactive decision theory; Aumann, 1989: 2）。舉例而言，任何棋類活動中，一方的決定必須考量對手的決定，而對手的每一舉動也必須考慮另一方的決定，這種交互決策的情況，就是賽局理論家們所關心的重點。賽局理論家常問：「在一定遊戲規則下，理性人面對交互決策的情勢，會如何行為？」藉由數學的幫助，

賽局理論家發展出不同的「解答概念」（solution concept），以協助此中心議題的解答。

　　1994 年諾貝爾經濟學獎得主 John F. Nash 所發展出「那許均衡」（Nash Equilibrium）的概念，就是一則最重要的「解答概念」；經由這概念，賽局理論家們可針對不同的決策環境，提出適當的「行為預測」（behavioral predictions），以期對現實世界中的社會現象有所了解。[9]在賽局理論家的眼中，投票不是單純的個人決策問題，而是人與人之間交互決策的產物。依據傳統選擇學派的看法，一個人投不投票，是取決於這人成為「關鍵選民」的機會，但是學者們常忽略掉另一項事實：「個人成為關鍵選民的機會，是由『團體』所共同決定的」。假定大多數公民都參與投票，個人成為關鍵選民的機率相對就小了，這種狀況使理性人出門投票的意念降低，進而不參與投票；但是，當每一個選民都如此盤算，全國的

9　所謂「解答概念」是在明確界定的賽局環境當中，研究者依據特定的概念而陳述：(1) 參與者應如何行為，(2) 參與者得到什麼。茲舉下列有名的「囚犯困境」（The Prisoner's Dilemma）為例：

		合作	背叛
囚犯甲	合作	甲 = 3 乙 = 3	甲 = 0 乙 = 5
	背叛	甲 = 5 乙 = 0	甲 = 1 乙 = 1

如果甲與乙都選擇合作，他們各得三單位的效用，以此類推。由「那許均衡」（Nash Equilibrium）的「解答概念」出發，這囚犯困境的「解」是：「囚犯甲與乙都會選擇背叛對方，而各得一單位的效用」。所謂「那許均衡」乃是一種穩定的交互選擇結果（「合作－合作」、「合作－背叛」、「背叛－合作」或「背叛－背叛」），之所以穩定的原因，乃因沒有一個參與者可以因選擇不同的行動而獲利。比方說，選擇結果「合作－合作」並非「那許均衡」，因為囚犯乙可以改變行動而獲利，假定甲保持合作，乙可選擇背叛而獲得較高的效用（5 > 3），對甲而言，情形也是相同。因此，選擇結果「背叛－背叛」之所以是「那許均衡」，就是因為甲與乙都無法單獨地改變行為而獲利（0 < 1），對賽局理論家而言，真實世界任何近似於「囚犯困境」決策情況，根據「那許均衡」的概念，他們的預測會是：「沒有參與者願意合作」。然而，賽局理論以「解答概念」來從事行為預測的績效是有限的，請參閱 David Kreps（1990）《賽局理論與經濟模型》（Game Theory and Economic Modeling）一書的第五章，談到許多賽局理論的基本限制。筆者願意強調，賽局理論不是萬能的，但也不因為它的限制而失去它一切的價值，分寸如何拿捏，將賽局理論放在一個合適的地位，是方法論的問題。

投票率因而降低，如此一來，那些投票的人成為關鍵選民的機率反而提升了，投票又成為「有價值」的活動了，這推論就如此循環下去。理性人的投票決定，是取決於其他人的投票決定，成為關鍵選民的機率不應是「既定的」（exogenously determined），而是每一位理性選民所共同決定的；換句話說：「個人投票的決定與成為關鍵選民的決定是同時進行的」。

　　傳統看法將兩者分離，置人與人決策互動的層面於次要的地位上，是為著簡化分析的需要。通過博弈理論的幫助，個人決策與團體互動可以同時考量，「人為何投票」因而成為以下的理論問題：「假定選民是理性的，也有做決定所需的完全資訊（perfect information），一位選民成為關鍵選民的機率取決於每一個公民的投票決定，而每一位選民去不去投票的決定，又是取決於個人成為關鍵選民的機率，這種互動的決策環境之下，理性人會不會投票？」。

　　Palfrey 與 Rosenthal（1983）假定理性選民對其他選民的偏好與投票成本有完全的資訊，在兩位候選人與多選民的競爭當中，他們的模型導出一些均衡狀態（equilibria），這其中包括「正投票率」（positive turnout）的均衡，意謂在理性決策的假定之下，部分選民選擇投票。同時間，Ledyard（1981, 1984）的模型，雖然在假定上與 Palfrey 和 Rosenthal 的設定有所不同，但架構是相同的。他對選民完全資訊的前提做了些許修改，容許選民在：(1) 候選人選前與選後「政策綱領」（policy platform）的變動與 (2) 其他選民的「偏好分布」這兩件資訊存在「不確定」（uncertainties）；然而，他的模型也是預測「正投票率」的結果，與 Palfrey 與 Rosenthal 的結果相互呼應。

　　對選擇學派而言，雖然他們的模型無法精確預測在特定環境之下，選民投票率到底是多少，但「正投票率」的結果已使 Anthony Downs「理性人不投票」的矛盾結論得到紓解。在賽局理論的幫助之下，「人為何投票」的解釋是為：「當理性選民離開隔絕的個人決策環境，進入一個互動的社會環境，對某些選民而言，投票是理性的」。然而，好景不常，當 Palfrey 與 Rosenthal（1985）試圖進一步放鬆「完全資訊」的假定，在選民對他人投票成本與對候選人支持度的了解程度，加入不確定的因素之

後，他們模型中所有「正投票率」的均衡都消失了，這結果表示他們過去的振奮結果，無法面對更趨近真實世界的環境。對選擇學派而言，這是一次重大挫折，至今，應用賽局理論來解決「投票矛盾」的問題幾乎陷於停擺。

三、最大懊悔極小化的迷思

最後一種解釋，是由 Ferejohn 與 Fiorina（1974, 1975）所提出的。他們認為，選民之所以出門投票，是因為選擇不同「決策標準」的結果。當選民投票的獲利超過投票成本一定的比例時，若該選民使用「最大懊悔極小化」（minimax regret）的決策標準，則不論他成為「關鍵選民」的機率為何，他會選擇投票。然而，何謂「最大懊悔極小化」的決策標準？它與「人為何投票」議題的關聯性何在？

在決策理論當中，「風險」與「不確定」是有所分別的。所謂「風險之下的決策」通常指決策者對環境的「原初狀態」（the states of nature）有固定的認知，能夠對不同狀態做主觀判斷。拿「今天出門帶不帶傘」的決定為例，決策者收看氣象預報之後，給予下雨與不下雨這「互斥」（mutual exclusive）的原初狀態一個機率分布，之後，依據這些資訊，決策者可依照效用極大化的決策標準，決定要不要帶傘出門。至於所謂「不確定之下的決策」，是指決策者對於原初狀態的主觀機率判斷「有所不知或是不可知的」（unknown or unknowable），以出門帶傘的例子來說，決策者可能忘了看氣象預報，但早晨出門時仍要作帶不帶傘的決定，因為資訊不足，決策者可能選擇效用極大化之外的一些決策標準。試舉下例說明之：

原初狀態

	S_1	S_2	S_3	S_4
A_1	4	3	1	0
A_2	2	2	2	2
A_3	3	3	3	0
A_4	3	2	2	1

（甲決策者）

圖表來源：Hamburger (1979: 6-7).

圖 8-4　不同決策標準範例[10]

　　假定原初狀態的機率分布是不可知的，決策者應如何決定採取哪一種行動呢？在此介紹四種決策標準：

（一）最低獲利極大原則（maximin principle）

　　決策者首先找出每一可能行動中最低的獲利，不論原初狀態為何。比方說，若甲採取行動A_1，其最低獲利是 0，以此類推，甲其它可能行動的最低獲利分別為：Min（A_2）= 2; Min（A_3）= 0; Min（A_4）= 1，接下來，甲選擇最低獲利最大的行動而為之，這個例子中，決策者應選擇行動A_2，因為它保證決策者的獲利，在任何原初狀態決不低於 2 單位效用。

（二）最大獲利極大原則（maximax principle）

　　決策者首先找出各個可能行動中最大的獲利，結果是：Max（A_1）= 4; Max（A_2）= 2; Max（A_3）= 3; Max（A_4）= 3，接著，甲再選擇最大獲利可能的行動為之，此例當中，甲應選擇行動 A_1，因為這是唯一使甲有機會得到 4 單位效用的行動。

---

[10] 每一個框內的數字代表決策者所得的效用，比方說，若原初狀態是 S_1 選擇行動 A_1，得效用是為 4，以此類推。

（三）最大平均原則（maximum-average principle）

　　決策者假定每種原初狀態的出現機率相同，理性的甲會挑選「期望效用」最高的行動為之，在此例之中，若甲採取行動 A_1，他的期望效用如下所示，而甲其他行動的期望效用分別為：EU（A_2）= 2; EU（A_3）= 2.25; EU（A_4）= 2，因此，甲會採取行動 A_3。

$$EU（A_1）= 0.25 \times 4 + 0.25 \times 3 + 0.25 \times 1 + 0.25 \times 0 = 2$$

（四）最大懊悔極小化（minimax-regret principle）

　　「懊悔值」的定義如下，假定甲選擇行動 A_2，事後發現原初狀態為 S_1，甲的報酬為 2，但是甲如果事先能夠知道 S_1 將會是原初狀態，甲一定會選擇選擇行動 A_1，因為其報酬為所有可能行動中最高的，因此，甲在原初狀態 S_1 之下，選擇行動 A_2 的懊悔值是 U（A_1, S_1）－ U（A_2, S_1）= 4 － 2 = 2。以此類推，針對每一種原初狀態之下的每一種行動選擇，甲都可以計算出他的「懊悔值」來，就如圖 8-5 所示：

　　接著，甲從圖 8-5 中各種可能行動中，找出在原初狀態不明之下的最大可能懊悔值，行動 A_1、A_2、A_3 都是 2，而行動 A_4 為 1，依照最大懊悔值極小化決策標準，甲會選擇行動 A_4，因為，不論原初狀態為何，甲可以保證他的懊悔值不會高於 1，換句話說，如果甲最怕行動後懊悔的煎熬，行動 A_4 保證他在任何原初狀態之下都只有 1 個單位的懊悔，絕對不會更

原初狀態

	S_1	S_2	S_3	S_4
A_1	0	0	2	2
A_2	2	1	1	0
A_3	1	0	0	2
A_4	1	1	1	1

（甲決策者）

圖 8-5　決策者甲的「懊悔值」表

大，這是其他行動選擇所沒有的特色。

　　依照 Ferejohn 與 Fiorina 的分析，個人若使用「效用極大化」的決策標準，團體投票率將是零，這與傳統的分析結果是一致的；然而，他們認為：「選擇學派的錯誤是將理性行為與效用極大化的決策標準劃上等號……雖然效用極大化原則是眾所周知的一種決策標準，但它不是唯一的。」（Ferejohn and Fiorina, 1974: 535）特別是在選舉期間，資訊的可信度通常是不確定的，應用「效用極大化」原則意指選民必須花費龐大的時間成本，以獲得決策所需的正確資訊，這種行為根據 Downs「理性無知」（rational ignorance）的理論，是違反理性原則的[11]；因此，選民有極大的誘因使用「效用極大化」原則以外的決策標準，以做更有「效率」的決定。

　　根據他們的推論發現，選民若使用「最大懊悔極小化」的原則，只要他的投票獲利高於成本四倍以上，該選民就會去投票。換句話說，假定每個選民的投票成本相同，選舉是一場兩黨競爭，他使用「最大懊悔極小化」的原則，若選民對兩黨當選的「效用差額」（party differential）愈大，就愈會出門投票給自己的支持者，不論他成為「關鍵選民」的機會是多麼微不足道，只要不等於零，他們一定會投票。這就是許多選戰末期，候選人爭相訴求「危機意識」的動力所在。

　　然而，對這「最大懊悔極小化」的解釋，學界通常有來自兩方面的質疑。一是對這種決策標準本身一般性的質疑，批評者認為，「最大懊悔極小化」的決策標準，是一種極度保守的原則，若是在日常生活中大量使用，我們可能連過街買一份報紙都不會去做了（Beck, 1975）。因為，任憑一個人過街被車輾斃的機率有多小，只要它不等於零，在「最大懊悔極小化」的決策標準之下，不過街才是「正確」的；兩位作者反駁時強調，他們所求建立的理論是「描繪」（describe）選民的行為，而非「規約」（prescribe）選民「該作－不該作」的道德命題；換句話說，投票者當中

---

[11] 「理性無知」是指：理性人因機會成本的考量，會將投票前資訊收集、分析或是決定的工作，部分或全部交給他人（比方說，長輩、新聞界、朋友……），而自己則保持政治上的無知。

必有使用「最大懊悔極小化」原則的人，但並非每一個人都「應該」如此行。

　　再者，批評者認為他們的解釋有一個未完成的部分：「是什麼因素促使選民使用不同的決策標準？」Mueller（1989: 252）就表示，如果人常在不同的決策標準之間轉換，我們還能預測他們的行為嗎？在他看來，Ferejohn 與 Fiorina解釋的有效性，乃是植基於一套解釋人面對不同決策環境，改變其決策標準的理論，雖然經驗研究已經顯示這種可能性（Levine and Plott, 1977），到目前為止，這種更高層次的決策理論，還未成熟[12]。

　　對 Ferejohn 與 Fiorina 而言，這問題是理論問題，也是經驗問題。在其主要文章的結論當中（1974: 535），他們將人口結構因素視為決定選民選擇不同決策標準的可能原因。我們若將社會、經濟與文化等結構因素，引進解釋架構中，這架構應如圖 8-6 所示：

　　先不論哪一種解釋是「真」的，這架構當中最重要的方法問題是：「如果關係『丙』能夠充分解釋選民的投票行為，為何還考慮由『甲』到『乙』這一層解釋呢？」因此，任何將結構因素帶入選擇理論的努力，都必須考量到結構因素「箝制」個人選擇的負面作用；換句話說，如果個人選擇完全由結構因素所決定，選擇理論就沒有什麼必要了。這方法論上的兩難，使得 Ferejohn 與 Fiorina 的「決策標準」解釋，無法充分化解「投

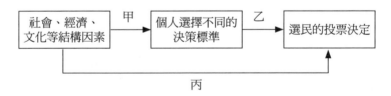

圖表來源：作者自繪。

圖 8-6　選民投票行為的因果關係圖

---

[12] 經濟學家對這問題已有初步的思考，這「高層次選擇」（meta-choice），以 Schelling（1992）「自我控制」（self-command）理論為主。他認為，人外在行為是內在不同「自我」（self）妥協的結果，常是「短視自我」（myopic self）與「遠見自我」（farsighted self）間的爭鬥；與 Margolis（1982）認為個人決策是試圖在「自利」與「利他」這兩種動機之間取得平衡的解釋，有異曲同工之妙。

票矛盾」的困境。

　　本節當中以投票矛盾來看誰來參與的問題，我們所得到的答案是多重面向的，也就是說，影響民眾參與的因素，包括結構與個人，可算計的與不能算計的，要如何在這樣的認知之下，面對公共事務中公民參與的挑戰，是下一節將要討論的問題，我們將公民參與當作當代公共管理者的一種管理的專業職能，也是公部門工作的核心能力（core competence）之一。

第五節　公民參與作為一種專業

　　綜合前面的討論，我們可以合理地問：「公民參與作得到嗎？」事實上，不論從參與者（民眾）本身，以及官僚體系的角度，民主理論在公民參與的議題上，都有許多反覆討論的空間。面對 21 世紀的台灣公共管理者，處在服膺「人民當家作主」這個絕對正確的治理原則，與肩負維繫民主治理日常運作效率與效能的兩難之間，除了消極地歸咎政治人物，躲在角落懷念美好的威權古時之外，應該在態度上作積極的轉變，將實踐民眾參與當作是 21 世紀公共管理者的責任，從了解民眾參與的各個面向著手，培養因應環境選擇適當參與形式的能力，進而扮演引導民眾實踐公民權力的「輔助者」（facilitator）角色，從長期投資的的眼光，為台灣民主的紮根工作，做出貢獻。本章願意從了解民眾參與的面向著手，提供公共管理者對民眾參與基本內涵的認識，包括誰來參與、參與議題、參與形式、參與價值、未來展望等五個方面，協助台灣當代公共管理者，邁出面對民眾參與的第一步。接下來逐一論述之。

　　其一，若就誰來參與的問題來看，個別民眾之間的參與能量是有很大差異的。某些積極參與的民眾，除了投票之外，還參與大量的政黨甚至利益團體的遊說活動，但是，另外一些政治疏離的民眾，連選舉都不會去投票，總括來說，到底是怎樣的人會參與呢？就台灣的狀況一般而言，男性、青壯年、學歷愈高的市民，參與投票的比例愈高，顯見公民參與的人

口是有一定的特性；但是，在公聽會、說明會等政策參與的場合，出席人的特性，也會受到舉辦時間的影響，如果在一般上班時間舉辦，則參與者大多是老弱婦孺與退休人員。另外，若就社區參與的角度來看，與社區相關的公共政策，會影響到全體社區的民眾，但是，一般而言，社區團體或非營利組織代表，約占社區人口 1%，而平日持續積極參與的個人，大約只有 5% 左右的比例，而平日會主動參與社區團體活動的，約占社區居民的 10% 左右，另外大約有四成左右的社區居民，偶而會參加社區團體所辦的活動，總結看來，社區當中有約四成的人是從來不會在公共場合出現的。事先了解參與者的背景，有助於公共管理者事先發現爭議點，增加處理衝突的能力。

其二，如果從民眾參與的議題上來看，民眾參與政策因為成本的關係，不可能是全面的，但是哪些議題最「需要」民眾參與呢？根據美國學者的研究，民眾參與決策最常出現的政策領域，從頻率大小排列，包括社區發展（包括區域規劃與經濟發展）、環境議題（空氣、水、公園）、廢棄物、住宅、核能、交通（地點選擇與其他規劃）、犯罪警政、社會政策（衛生、婦幼、教育）等領域。當然，上述這些政策領域之所以時常應用民眾參與的過程，主要是因這些議題對民眾的權益影響至鉅，如果不事先允許民眾參與，民眾也會主動出擊，應用遊行、抗議或其他公開的方式，向政府施壓。然而，這些議題通常都具有「鄰避」（NIMBY, not in my back yard，別在我家後院）的性質，也就是政策成本由少數人負擔、利益由大多數人分享的政策，如核能電廠或是社區變電所，民眾在地方生活圈中，最容易產生鄰避效果的都市服務設施，前十名依序是火葬場、殯儀館、公墓、垃圾掩埋場、屠宰場、飛機場、煤氣供應站、監獄、外役監、焚化廠等。當然，對於公共管理者而言，處理這種議題時，適當民眾參與機制的制度化努力，是化解爭議、推動政務的第一步。表 8-1 中學者 Sherry Arnstein 提出的「公民參與之梯」，將民眾參與從缺乏實質參與到公民控制，從低到高，分成八種參與形式。包括操控、治療、告知、諮詢、安撫、夥伴、授權、公民控制等八階，前兩階被作者認為民眾根本沒有參與的實質，只有少許公關的效果，中間三階，起於告知，終於安撫，

作者認為，具有資訊公開效果的告知，是民眾參與重要的第一步，最後的三階，起於夥伴終於公民控制，民眾對於政策內涵有具有決定性的影響，當然，民眾同時也應負擔更多的決策責任。

其三，公共管理者是站在選擇不同參與形式的關鍵位置上，什麼時候「應該」加入更多的民眾參與？根據 Vroom-Yetton（1973）的決策領導模型來看，領導者決定是否加入更多的下屬意見參與，取決於核心問題的性質而定，如果政策問題的重點是專業品質，所需的參與較少；反之，領導者則應盡早藉由參與，凝聚下屬對於政策的接受程度。這樣的概念如果從私部門管理，應用到公共管理者面對選擇民眾參與形式的部分，也有實務上的意義，也就是說，參與形式的選擇，基本上應該與參與議題核心問題性質，做一個合理的連結，而這種連結就長遠來說，應該朝制度化的方向發展。

其四，從制度設計的角度來看，民眾參與不只是操作的問題，也是行政倫理的議題，也就是說，參與是一種社會價值。「國際公共參與協會」（the International Association of Public Participation）羅列出實行公共參與的七項核心價值[13]，包括：（一）人民對於影響到自己權益的任何行動，應當具有發言權；（二）公共參與含有完成民主政治對公眾經由參與意見，影響公共決策的承諾；（三）公共參與過程能讓不同利益之間得到溝通，滿足所有參與者對於過程的需求；（四）公共參與過程邀請並協助那些潛在受影響的民眾，參與決策；（五）公共參與過程應容許民眾自行決定要如何參與；（六）公共參與過程，提供一個對話機會，讓參與者知道自己的意見為何被（或沒有被）採納；（七）公共參與過程應提供參與者相關資訊，以至於能夠進行有意義的參與等，可以作為設計參與機制時的準繩。

如果從公共管理者個人的角度出發，當扮演民眾參與過程當中輔助者的角色時，心態上必須有下列五項正確的認識：（一）民眾參與輔助者的目的，是要協助民眾將自己的集體需要，反應在公共政策內涵之上；

---

[13] 請參考網頁：http://iap2.affiniscape.com/displaycommon.cfm?an=4。

（二）不論自己的喜好，輔助者必須允許所有合理的利害關係人參與；
（三）輔助者應該尊重並促進社區的和諧，避免使用會造成裂痕或是激化
對立的參與推動策略；（四）所有關於決策議程、決策過程、政策內涵、
決策結果的資訊，除了涉及個人隱私的部分外，都應該積極公開，並選擇
能讓社區居民容易取得的方式；（五）輔助者應該積極協助新的輔助者，
作經驗傳承的工作，也應抱持教育心情，教導民眾參與的各種形式及其價
值。有了制度與個人層次的行政倫理原則，才能讓公共管理者面對民眾參
與時，不致亂了方寸。

　　最後，面對未來，民眾如果不參與，民主政治以民意為依歸的正當
性神話，就會出現危機，但是，民眾過多的參與，也會帶來政治不穩定及
行政超載的後果，要如何平衡，對個別公共管理者或整個民主治理機制
而言，都是未來面對民眾參與、追求善治（good governance）時的重要任
務，因此，未來十年影響公民參與的三項外在因素，也應該列入公共管理
者學習面對民眾參與的考量當中。首先，全球化的浪潮，讓國界趨於模
糊，許多特定議題除了本土的民眾影響力之外，公共管理者也應該注意國
際議題推動團體的影響力，比方說，以反貪腐為目的的「國際透明組織」
（Transparency International, TI），藉由台灣透明組織總會的建立，對我國
廉政政策的影響，也不應忽視。再者，媒體時代的來臨，讓許多民眾參與
的議題，能夠非常迅速地成為全國甚至是全世界的議題，因此，公共管理
者在學習面對民眾參與的過程中，也必須學習對媒體時代社會政策議題設
定的模式與過程，有一定的認識。最後，網路時代的來臨，讓面對民眾參
與的公共管理者，有了新的工具，也有了新的挑戰，網際網路本質上成本
低、無疆域、操作簡化、直達個人的特性，讓民眾參與的門檻降低，但是
同樣的，公共管理者也必須設計更有效率的處理機制，來平衡愈來愈頻繁
的民眾參與，當然，根據第三節當中的討論，科技通常只扮演催化劑的角
色，主要還是公民社會的成熟度問題。

第六節　小　結

本章從開始討論「誰來參與公共事務？」的問題，主要是當代台灣行政改革趨勢與公共管理者所面對的困境，學界必須更多的投注心力研究官僚以及參與在實際運作上所遇到的機會與困境，因此，本章在最後願意提出一個觀察公共管理者推動公民參與的架構，這個觀察架構的目的是讓有識者可以評估公民參與策略有效程度的切入點，總共有三項，分別是成本、資訊與議程，這三個重點，可以讓我們對公民參與的形式與實質意義進行分辨，並且可以思想解決「誰來參與公共事務」的方法，讓我們分別簡述之。

一、在成本方面

這個架構必須對官僚行為有「現實」（realistic）的認識，我們採用公共選擇學派（public choice school; Downs, 1957）對人選擇行為經過成本效益計算的假定（assumption），認為從單純官僚個人計算的角度考量，「多一事不如少一事」是官僚面對引進公民參與的基本態度，也就是說，任何在現狀之下增加官僚個人運作成本的工作，都將受到排斥，除非有「成本轉移」（cost transfer）或是「獲益增長」（benefit increase）的改革作為。依照 Buchanan 與 Tullock（1962）關於「共識計算」（calculus of consent）的理論，公共決策每增加一位公民的參與，可以降低決策的「外部成本」（external costs）[14]，但是，這行動同時也會增加「決策成本」（decision costs），我們認為，這個決策成本總要有人負擔，因此，不願意付出參與的成本，基本上已經顯示推動參與意願薄弱的事實，由於參與所需的成本會有政治上的排擠效應，也就是說，公部門推動參與的意願也可以從願意付出的成本看出。

---

[14] 該項理論請參本書第十章的討論。

二、在資訊方面

當代的資訊經濟學（economic of information）告訴我們，決策資訊是一種有價的財貨，它的分布若是不平均，將會導致市場機制失靈；如果從專家獨斷或是菁英統治的角度出發，這種有價財貨擁有的落差，正是權力落差的源頭之一，因此，我們也可以說，如果在民主「市場」當中有嚴重的資訊不對稱問題，民主機制也會失靈；更重要的是，在公民極度缺乏正確資訊的狀態下，公民參與只是形式而已。包括審議式民主參與的實踐在內，都必須要由統治菁英（包括民選政治人物、政治任命人員、官僚等）正確地提供公民能夠理解的相關政策知識，誠實面對「公民能力」（citizen competence; Lupia and McCubbins, 1998）的難題，反過來說，前述這些菁英份子，也可以因著這種資訊不對稱的優勢，讓公民參與形式化，保持自己在權力場域當中的自主性。

三、在議程方面

當代的實證政治學理論（positive political theory; Shepsle, 1986）告訴我們，「議程設定的權力」（agenda-setting power）是政治權力的核心，「選擇那該如何選擇的方式」（choose how to choose）以及「選擇那些是該決定的議題」（choose what to decide）都是權力意志的展現，對於民主決策的結果決定權來說，其重要性不下於公民投票的形式。也就是說，公民參與過程中，統治菁英事實上是有許多機會藉由控制決策過程（包括設定決策議題的範圍、修改決策標準，甚至是改變民眾意見在決策過程中的重要性等），來控制民眾參與對自身決策自由裁量權（discretionary power）的剝奪，因此，要如何讓議程設定權力向公民開放，也是公部門實行公民參與時應該被觀察的焦點。前述三項觀察公部門實行公民參與機制的焦點，也是公民參與是否只有形式價值的關鍵，如果公民是在下列三個狀況下參與政府決策，包括：（一）被迫負擔大量決策成本以致於影響參與意願；（二）缺乏決策相關資訊，或是只擁有統治菁英所提供經過自

利篩選的資訊；（三）沒有參與議程設定的決策，所有的議題、決策標準的決定，都是由統治菁英所決定等，我們可以說，這樣的民眾參與是形式意義大於實質意義的。

　　接下來，本書將帶著讀者對於民主回應性價值的理解，進入民主治理的第二項價值——「責任」，本書將從文官中立性的制度發展脈絡切入，從決策參與的知識管理以及利害關係人分析的角度，討論責任與回應性之間複雜的關係，而這兩項實質價值之間的調和，就是本書討論當代台灣民主治理議題的核心。

第參篇

責任
Responsibility

第九章　中立性與官僚責任

（公務體系）是民主政治的正當性得以強化或削弱的工具，（因此）它的缺席、它的不效率或是它的泛政治化，都會給社會的治理帶來巨大的影響。

—— Ezra Suleiman（2003: 24）[1]

第一節　前言：官僚的「不和諧」角色

本書所討論民主治理的本質是一種公共行政運作的價值衝突，其正當性的基礎雖然是人民主權的價值，但是人民主權無法自行，需要操作的方法與能力，因此，民主治理又需要另一個以行政管理為出發點的專業（professionalism）價值作為實踐的基礎，然而，這種實踐不能取代或是侵犯人民主權的價值，這就是英國歷史學者 G. Kitson Clark（1959: 19）曾經說：「毫無疑問的，一國的常任文官不論有多麼地不可或缺與智能超群，憲政與民主的原則要求他們必須甘於領受『榮耀僕人』的名銜[2]。」長久以來，為了保持主權在民與專業責任價值的調和，許多複雜的概念在歷史過程中被發展出來，作為不同時期行政改革的指導原則，「中立性」（neutrality）就是諸多的概念中最具代表性的一個；對於民主化之後的台灣來說，行政部門的「中立性」肩負著維繫民主時代文官專業的重任，從

1　原文如下："...is the instrument by which a democracy can strengthen or weaken its legitimacy, its absence or inefficiency or politicization can have extraordinary effects on the governance of society."

2　George Kitson Clark（1900-1975）英國歷史學家，專攻 19 世紀英國歷史。原文如下："Without question constitutional and democratic principles demand that the permanent officials of this country, even the most important and intelligent of them, must be content to deserve the proud title of servant."

文化上來說，中立在台灣的推動隱含傳統以來作為「天子門生」的科舉文官，為著維繫公共利益的原因，必須扮演政務與事務人員互動中「不和諧」的發動者角色（Disharmony, Hansen and Ejersbo, 2002），有時甚至應該以辭職明志來對抗上級（Long, 1993），這種轉變事關重大，學界與實務界有持續釐清其內涵的義務。文官的「中立」性（neutrality）是台灣近十餘年來受到朝野密切關注的一個行政改革理念[3]，它也是台灣民主化以來實務界積極推動的一個制度性的概念；雖然，這個概念沒有憲政改革或是總統大選來得熱門，但是從台灣過去近十年二次政黨輪替都出現「新政府、舊官僚」的爭議看來[4]，它絕對是一件超越黨派的制度性議題，對台灣長遠民主政治發展的影響卻是不容小覷的；然而，從法治化的角度來觀察，「行政中立法草案」自 1994 年由考試院第一次提出以來，歷經十餘年間兩次政黨輪替、四次總統大選以及五屆立委選舉的波折，終於在 2009 年 5 月 19 日第七屆立委的第三會期完成三讀工作，總共二十條的法律，花了十餘年的時間才完成，考試院院長關中先生，有下面詳盡而簡明

3　本章直接採用「中立」為主要名詞，將中立性價值的規範對象限定在常任文官的身上，其中包括選舉及政策競爭過程中保持「政治中立」，以及作出政策決定時能夠保持不偏袒政黨、利益團體、甚至個人價值觀的「行政中立」。雖然，「政治中立」與「行政中立」的名詞之爭辯隨著行政中立法通過而暫時平息，但是行政中立法中所規範的內容，主要是在外國所熟悉的「政治中立法」的內容，當然，法的名字雖然叫行政中立，但政治中立的名詞也同時出現行政中立法第 1 條中。事實上，名詞的爭議並非是台灣獨有的現象，澳洲學者 Len Pullin 與 Ali Haidar（2003: 288）就認為中立的概念來自於英國的西敏寺傳統下政務與事務人員的關係定位，但是它有許多不同的名詞，例如中立信條（the neutrality doctrine）、官員中立（official neutrality）、政治中立（political neutrality）、中立能力（neutral competence）、中立倫理（the neutrality ethics）以及文官中立（bureaucratic neutrality）等。另外，本章後面將從討論「文官中立」（bureaucratic neutrality）與「中立能力」（neutral competence）兩個詞語的差異中，理解文官中立性的制度性意義，事實上，西方相關文獻主要是以文官體系的「中立能力」來討論公共服務中的中立原則（the doctrine of the neutrality of the public service; Levitan, 1942），也沒有行政中立的用語，其中差異在於文官專業性的定義問題。

4　2000 年政黨輪替，民進黨從國民黨手中接下政權，當時經建會副主委李高朝對「舊官僚」的稱呼曾經回應說：「不聽取專家的專業堅持會失去民心，而說出『舊官僚』這種話的人，是最沒有政治智慧的人」（聯合報 10/21/2000，版 4）；2008 年國民黨再從民進黨手中接下政權，時任行政院副秘書長陳美伶，面對被換到消保會秘書長的命令憤而申請退休獲准（聯合報 8/2/2008，版 A13），之後接受自由時報專訪，說出：「我的例子是給文官體系一個很大的警示，我 28 年的年資，20 年在國民黨執政，8 年在民進黨，我長期在法制部門服務，建立了自己的一些成果，沒想到民進黨沒有懷疑我，卻是被國民黨懷疑…」（自由時報 8/11/2008，星期專訪）

地描述這整個過程：

一、「公務人員行政中立法」的立法背景，是鑑於競爭性的政黨體系已然在民國 80 年代成型，為了及早建立常任文官體系行政中立的政治文化，以使政黨政治與文官體系同步健全發展，遂在政策上決定須透過法制化的途徑，來促使行政中立政治文化的建立。現今「公務人員行政中立法」完成了立法，雖然並不表示完成了行政中立之文官體系的建構，但卻能藉由法制化來促使行政中立政治文化的養成，並為建立民主化的政府更向前邁進了一步。

二、民國 80 年 8 月 14 日，銓敘部故陳前部長桂華先生於中國國民黨中央常務委員會中，首度提出了建立文官行政中立法制的構想，該案並經國民黨中常會交由「政治小組」審議後，提出：「為因應國家推動憲政改革，對文官中立及政務官、事務官間正確職務分際，宜於相關法令中研擬具體規範，以奠定國家行政常態穩定的根基」的建議。嗣於民國 82 年 4月，考試院邱前院長在就任記者會上正式宣布，將以建立行政中立法制為其首要施政目標。銓敘部爰積極著手研擬草案，並於民國 82 年 10 月的全國人事主管會報中，將「如何建立行政中立法制」列為研討的中心議題。

三、本人於民國 83 年 9 月 1 日出任銓敘部長後，深感國內政治生態已產生極大的變化，不但加快了民主化改革的步伐，競爭性的政黨體制也接近成熟，遂在承接故陳前部長奠定的基礎下，將制定「公務人員行政中立法」作為首要政策目標。銓敘部在民國 83 年 7 月 26 日已將研擬完成的初稿，函請中央暨地方機關表示意見。本人出任銓敘部長後，另外組成了負責草案研擬工作的專案小組，並在民國 83 年 10 月 7日、14 日、21 日及 22 日，分別舉辦過三次學術座談會及一次「人事制度研究改進委員會」，聽取 57 位學者專家的意

見。同年 11 月上旬，分別向考試委員及立法院法制委員會
提出簡報，經由綜合各界的意見後，完成了草案之研擬。該
草案於同年 11 月報請考試院會審議，並經四次全院審查會
審查後，在第 8 屆考試院第 203 次會議時獲得通過，並隨即
於 12 月 30 日函請立法院審議。

四、「公務人員行政中立法草案」過去或因朝野政黨間缺乏充分
共識，或因立法院法案審議之「屆期不連續」制度，致使十
多年來曾在立法院「五進五出」。如今，我們已歷經過二次
政黨輪替，大家也更能體會維護常任文官的尊嚴，保障常任
文官不受政治干預，而亟須建立公務人員行政中立法律規範
的重要性。因此，儘管這部法律仍或有規範不夠周延之處，
但既然朝野政黨皆認為我們需要擁有一個行政中立的文官體
制，那麼公務人員行政中立的法制化，當是我們所該走出的
第一步。

五、「公務人員行政中立法」終於完成立法，我們要感謝立法院
各黨派立委的支持，共同為健全文官體制的基礎工程做出了
貢獻。同時，我也要對銓敘部參與這部法案研擬的同仁，以
及第 8 至 11 屆考試委員先後對該法草案提供寶貴的審查意
見，表示感佩[5]。

該法第 1 條陳述其訂定目的為「確保公務人員依法行政、執行公正、
政治中立，並適度規範公務人員參與政治活動」，至此，我國公務人員在
民主治理中的角色產生重大的轉變，然而，這樣的轉變到底對我國的民
主治理發展帶來什麼影響？以及這樣的發展是否有助於「良善」的民主
治理在台灣實踐，就是本章要討論的問題。本章將分為下面四個部分，
第二節討論民主國家文官體制中立性的基本意涵，從英國文官中立精神的
發展中，我們可以觀察到中立性的概念是意圖定位政治與行政之間互動關

5　新聞稿「關院長對『公務人員行政中立法』完成立法發表感言」，秘書處公關科新聞稿，98
年 5 月 20 日，http://www.exam.gov.tw/newshow.asp?2580。

係的一種努力；第三節當中本章將回到台灣的發展，從聯合知識庫的新聞關鍵字分析統整中，找出我國文官體系中立性改革十餘年來的努力路徑；接著，站在這些本土經歷上，本章將從政治經濟學的觀點，找出文官體系中立性的三點制度設計的原則，這三點也是未來台灣以中立性改革文官體系的主要方向所在；最後一點關於中立性制度建構與運作的政治可行性問題，本章將在第五節中，以空間理論來討論政黨輪替與文官中立性制度建構的問題。在結論中，本章將簡短地總結文官中立性在本土改革的大方向，並向將之作為接下來兩章討論的基礎。

第二節　文官中立性的意義與發展：英國的故事

中立性一詞在台灣的使用，通常都會有防止文官體系政治化（politicization）的規範性意義在其中，它是一種「去政治化」的行政改革理念；事實上，文官中立性的問題，比這樣的觀點要更複雜些，它隱含近兩個世紀文官體制與民主政治尋找最適磨合的過程。根據 Gerald E. Caiden（1996: 22-23）的說法，中立性的概念起源於統治者對於統治專業的需要，這是包括民主政體在內所有政體的基本需要，當中產階級在 17 與 18 世紀的歐洲興起時，對於「分贓制」（spoil system）無法解決實際社會問題的反動，進而引發行政體系的改革風潮，因此，文官體系中立性的概念逐漸成為一種意識形態或行政倫理的議題，它與許多文官體系的正面想像產生因果的聯接，包括公共利益、功績（merit）、效率、專業、無名與公共課責等，通常我們可以從下面六項條件來檢視文官體系是否具備中立性[6]：

6　內容來自Caiden（1996: 23），但是項目的標題由作者所加。

1. 政治與行政二分（politics/administration dichotomy）：政治與政策與行政分離，政治人物做政策決策，文官執行這些政策[7]。

2. 功績制（merit-based）：文官是依照他們的功績而任命與升遷，不是依照他們政黨背景與貢獻。

3. 非政治性（apolitical）：文官不涉入政黨政治活動。

4. 無名性（anonymity）：文官不公開表達個人對政府政策與行政的意見。

5. 協力決策（collaborative decision making）或是部長責任制（the doctrine of ministerial responsibility）：文官對他們的政治上司在私下提出前瞻與客觀的建議，政治上司尊重文官的無名性，並且承擔部門決策的一切責任。

6. 忠誠性（loyalty）：文官執行政策的忠誠與熱情，不會因為執政黨的政治立場或是文官自己的意見而有任何差異；文官也因此在表現良好的前提下，享有永業的保障。

前述的這些檢視條件，若以文官制度起源的英國來說，是以不成文法的習慣行之，也被稱為一種「文官精神」（public service ethos; Richards and Smith, 2000），事實上，英國是以一個標準的範例來檢視中立性的複雜發展路徑，本章接下來就以英國為例來看它在不同時期的文官改革所展現中立性的意義。首先，1854 年 Northcote/Trevelyan 的《永業文官組織報告》（*Report on the Organisation of the Permanent Civil Service*），被視為是英國文官體系的奠基文件（Greenaway, 2004），其中對英國文官系統的

---

[7] 文官體系的中立性未必需要政治與行政二分概念的支持，文官的政治活動必須受到限制，但是並沒有禁止文官個人的政治傾向，更重要的，文官也無法不介入公共政策的決策，這些決策基本上就是政治性的，這種關係絕對不是單純地切割就可以說明清楚的，請參 Fry and Nigro（1996）。加拿大公共事務學院校長 Jocelyne Bourgon（2009: 316-18）在英國 2008 年公共行政會議的年會上發表專題演講，認為在處理不確定事務的年代中，政治人物與文官的關係，應該是一種共同的「學習圈」（learning cycle），學習改進公共決策，也代表一種對於政治與行政二分理念的反思。

定位提出革命性的看法[8]：

> 我們可以肯定的這樣說，以目前英國的狀況來看，政府無法在缺
> 乏永業而有效率文官協助下繼續運作，這批文官直接效忠於部會
> 首長，而這些首長直接向國王與國會負起政治責任；他們擁有充
> 分的自主權、品格、能力與經驗，以至於有能力建議、協助或甚
> 至是影響他們不同時期的上司決定[9]。

這些看法在當代可以算是常識，但是在當時卻是十分激進的改革思
維，受到來自於國會與行政部門受惠於「恩給制」（patronage system）
的既得利益者強烈反彈，初期這份報告並沒有得到英國政治圈太多的重
視，後來是因為社會大眾從新聞中看見英國軍隊參與克里米亞戰爭[10]（the
Crimean War）時種種不專業的表現，產生改革的社會動能，內閣為了
回應民眾的質疑，成立了「文官委員會」（the Civil Service Commission;
CSC），依照 Northcote/Trevelyan 的報告內容，開始以考試競爭的方式選
取公務人才，並且將文官體系建立成一個統一晉用的公共人事系統，這個
體制在 1920 年代左右因為財政部轄管的「文官薪資與條件法」通過（the

---

[8] 英國學者 Sylvia Horton（2006: 46, note 1）將這個報告的政策建議歸納成五項：(1) 文官的工作應該分為知識性與機械性的工作（Work should be divided into intellectual and mechanical tasks.）；(2) 文官的甄補應該是由獨立機關所舉辦的測驗中挑選表現好的人來擔任（Recruitment into each division should be based on merit using open competitive examinations conducted by an independent body.）；(3) 內部的升遷應該是看功績與上級的評估（Promotion should be based on merit and reports of superiors.）；(4) 在部會之間的職務輪調應該鼓勵，以創造一個統合的行政組織（Mobility between departments should be encourage to create a unified service.）；(5) 當文官的候選條件應該更多地放在通才而非專才的教育之上（Preference should be given to candidates who had received a good liberal education rather than a narrow specialist one.）。

[9] 原文如下："It may safely be asserted that, as matters now stand, the Government of the country could not be carried on without the aid of an efficient body of permanent officers, occupying a position duly subordinate to that of the Ministers who are directly responsible to the Crown and to Parliament, yet possessing sufficient independence, character, ability, and experience to be able to advise, assist, and, to some extent, influence, those who are from time to time set over them."（p. 2）

[10] 克里米亞戰爭是發生於 1854 年至 1856 年間歐洲爆發的一場戰爭，對戰的一方是俄國，另一方主要是英國、法國與鄂圖曼土耳其帝國，但因為其最重要的戰役在黑海北部的克里米亞半島上爆發（目前處於烏克蘭共和國境內的一個自治共和國），後來被歷史學者稱為克里米亞戰爭。

Civil Service Pay and Conditions of Service Code; CSPCSC）而更加確立，經過第一次世界大戰的洗禮，文官在民主治理中的專業價值浮現。

　　接著，前述的英國的文官精神，在 1918 年以 Haldane of Cloan 所領導的《政府機器委員會報告》（*Report of the Machinery of Government Committee*）中再一次地被確認，這份文件成為英國文官體制俗稱的「Haldane信條」（Foster and Plowder, 1996: 77），該信條放棄政治與行政二分那種在制度上進行政務與事務人員的區分的方式，將高階文官定位在部長身邊「不可分割之建議者」的角色（advisors with indivisible relationship with the Ministers, Richard, 1997: 236），雖然部長必須向國會肩負全部政策與行政責任，但是政務與事務關係是在「功能性融合」（functional fusion）下的一種協力決策的夥伴關係（partnership under collaborative decision making; Thomas, 1978: 337-412; Leach and Sabatier, 2005）。

　　當然，這種精神的前提是文官能夠做出獨立且客觀的政策建議，為了要制度性地維繫文官專業建議的空間，如部長責任制、功績任用與升遷、永業制等與政治上司「隔絕」（insulate）的人事制度，被設計來保護文官在國家政策決策過程中的專業價值；但是，中立性的改革通常都不能單獨擁抱專業價值，必須要考量不同價值之間調和的問題，因為當文官的獨立性出現之後，自私自利的文官本身也可能成為治理的新問題，事實上，英國文官改革經過Northcote/Trevelyan的洗禮之後，除了專業價值的確立之外，事實上也建立了一個新的「政治」階級，有學者稱英國的文官為「變裝的政治人物」（statemen in disguise; Fry, 1969），因此，在Haldane報告中，除了強調公部門決策的知識基礎（或是循證基礎，evidence-based）、部門之間的合作（或是接合政府，join-up government）以及確立部長責任制等內容之外，其最後一個重點乃針對這個新階級對行政立法關係產生的影響提出警告，並且建議國會應該給予更多的監控，為後來英國在 1979 年後落實「監控民主」的精神（overhead democracy; Redford, 1969）預留了伏筆，報告中說：

更有效率的文官可能會讓國家暴露在官僚體系的邪惡面，除非國會監控的事實被實踐，也就是國會應該對於行政部門的改革亦步亦趨地掌控[11]。

英國的文官體制在 1979 年柴契爾夫人的保守黨獲得國會選舉之後產生另一次重大的轉變（Horton, 2006: 38-40），當時的背景是英國經濟發展的國有體制之路，走到一個歷史性的轉捩點，保守派所秉持的新右派思想對政府有一定的敵意，柴契爾夫人意圖對 1920 年代以來秉持 Haldane 信條的文官體系進行更強大的政治控制，也就是實現「監控民主」的精神，讓部長所代表的民意完全支配文官，以建立利於推動市場化改革的政府環境，她開始尋求文官體制以外的政治建議者，包括政府外部的智庫、短期合約的政策工作者以及更多的政治幕僚，將文官傳統以來建議者的地位稀釋，更重要的，她也開始介入高階文官任命的過程，使用「否決權」來確定高階文官的位置是由「自己人」所占有，所有的部會都必須與柴契爾主義（Thatcherism）口徑一致。

在這樣的環境之下，文官開始放棄其無名性的中立精神，不但將資料洩漏給國會反對黨，還在離開職位之後公開對政府提出批判，更重要的，這個時期也是媒體以「狗仔隊」的角色，挖掘政務與事務人員內鬥、貪腐，甚至混亂性關係的醜聞，英國傳統的文官精神受到強烈衝擊，最後 1995 年由 Lord Nolan 所領導的「公共生活標準委員會」（Committee on Standard in Public Life），從公務倫理的角度，提出在公共生活七項標準倫理[12]，保存英國文官精神，並賦予面對大眾新的任務價值，以適應外在環境的變遷。

---

[11] 原文如下："A more efficient public service may expose the State to the evils of bureaucracy unless the reality of Parliamentary control is so enforced as to keep pace with any improvement in departmental methods."（Haldane, 1918: 16）

[12] 這七項標準是：無私（selflessness）、廉正（integrity）、客觀（objectivity）、課責（accountability）、公開（openness）、誠實（honesty）與領導（leadership）；該委員會目前是常設，且不斷有各種調查報告出版，請參網站：http://www.public-standards.gov.uk/。

第三節　民主化與文官中立性的發展：台灣的故事

　　從英國看台灣，中立性的概念發展與我國民主化的進程息息相關，其發展關鍵有下面三個背景因素：其一，黨國體制的鬆動：早期黨國體制下，國民黨與國家是一體的，文官雖然有考試制度，但是仍然服從黨的領導，與目前中國大陸的狀況類似；然而，當政黨輪替的可能性愈來愈高的時刻，政府體制去黨國政治化的工作益形急切，初期是國家安全（檢警憲調）以及司法單位為焦點，晚期逐漸推廣到一般文官體系；其二，選舉公平的追求：民主政治的發展最核心的制度就是選舉，黨國體制從硬威權、軟威權再進入民主化的過程中，贏得選舉的重要性日益提升，當還未下臺過的威權政黨應用文官的黨國文化進行選舉動員，反對運動以「不公義的執政優勢」作為選舉著力點的現象就會出現，直到威權政黨第一次因選舉失去政權；其三，良善治理的需要：民主政治的建構與穩定，不只是憲法與選舉的問題，應該還有民主治理的問題，也就是說，民主國家不是完成了程序上的建構就可以了，民主政治當然也必須帶來良善治理（good governance）的結果，這個部分必須要建構在民主與專業同時展現，而文官體制中立性相關制度的落實，是追求善治的關鍵。

　　當然，民主政治與專業能力之間並非是一種正比關係，也不是因為民主化才有專業的需要，不同的政體發展有不同的文官專業問題需要處理，非民主國家也需要文官保持專業能力，研究東歐官僚政治的學者 Jerzy J. Wiatr（1995: 154）就認為，共產國家的文官在意識型態上極端政治化，但是並不代表他們不具備專業能力，這也是我國在威權體制時代，文官面對單一政治意識型態的大環境，不用花太多時間處理政黨輪替的忠誠轉換問題，反而更有機會貢獻專業的原因；事實上，我國科舉制度的發軔並非是民主時代[13]，也就是說，皇帝的統治也有專業的問題需要處理，我國傳

---

[13] 柏拉圖哲學家皇帝的想像，事實上包括領導者（獨裁者）擁有如何正確治理國家的充足資訊，但是真實的景況並非如此，皇帝不可能是全知全能的上帝，需要他人協助統治。根據經濟學家 Ronald Wintrobe（1998）的獨裁政治模型，獨裁者面臨了一個資訊困境，他需要下面

統重視科舉制度舉才，表面上與民主國家永業文官的甄補制度似乎類似，但是通過考試之後作為國家的公務人員在「天子門生」與「服務人民」之間的抉擇，仍然有重要差異；另外，民主國家的行政人員也無法完全政治中立，而且愈高階的文官必須更深地介入公共政策的決策（請參Aberbach, Putanm and Rockman, 1981 及相關研究），愈民主的國家應當一方面允許更多行政決策的專業自主性，才能避免產生「錯誤的政策比貪污更可怕」的情況，另一方面也應該允許更多不同黨派以及不具黨派背景的人進入政府工作，免除單一政黨對國家機器的長期控制，產生「贏者全拿」（winner takes all）的政治叢林法則，弱化民主統治的正當性與穩定性。

　　但是，不論一國民主化的程度如何，文官體系仍然應該接受政黨的政治控治，不論這個政黨是全國唯一合法的政黨還是贏得上次選舉的政黨，以期民主治理核心的政治回應性（responsiveness）能夠落實，總括來看，民主治理的成功，同時需要「專業責任」（professional responsibility）與「民主回應」（democratic responsiveness）兩種價值同時的落實，但是，這兩項價值彼此具有衝突的可能，讓民主政治與官僚體制之間，產生了一種「麻煩的共生關係」（an uneasy, though symbiotic, coexistence; Etzioni-Halevy, 1985: 2），因此，從威權體制下的轉變到民主政體下的政治與行政關係，是一種複雜的制度設計與轉換的問題，其中文官中立性相關制度的建立，成為民主轉型成功與否的關鍵因素之一。為了回顧中立性概念在我國的發展，本章利用聯合報的資料庫，以「政治中立」、「行政中立」與「文官中立」三詞搜尋，分別搜尋到 334、3876 以及 214 筆資料，如果

有人向他說統治結果的真話，也就是完全忠誠於他，而不是想取而代之，但是，他必須多少使用恐懼與壓制來維持統治，這樣的手段卻會讓他更難以分辨誰是忠於自己，使他面臨一個所謂的「獨裁者困境」（The dictator's dilemma）；或許我們可以說，中國古代的皇帝為何會支持科舉取才，正是要解決前述「獨裁者困境」的一種制度作法，從可能威脅自己皇權的皇室成員以外，以考試選取一批有知識能力的平民，效忠於自己並且提供治理的專業意見，以維繫自己的統治，因此專業之於統治是沒有民主與非民主區分的，公共行政專業也不是只有在民主國家才講求的，這就是為何美國的公共行政研究只要愈專注於效率的價值，縮小民主行政的重要性，就愈可能有跨國的應用可能。

以每五年為一個單位來分別統計（如表 9-1）。

從每種名詞的使用來看台灣的發展，政治中立一詞出現最早，但是早期新聞都是報導國外的案例，與國內政治無關，真正有關的第一次，是1980年元月份，一場學者對於貪腐改革的研討會新聞，與會教授表達檢察系統政治中立的需要：

> 李鴻禧與林山田兩位教授指出，刑事追訴是防制貪污的最後手段，目前的有關法律如「戡亂時期懲治貪污治罪條例」科刑頗重，但在嚇阻犯罪上似無顯著的效果。雖然如此，他們認為對於貪污犯罪的刑事追訴手段仍有必要，目前的問題不是處罰不夠重，而是有關法律條件運用得不夠積極。因此，檢察系統的政治中立性仍待加強，司法獨立的精神亦待貫徹，只有在審檢機關皆能超然獨立地偵訊與審判時，始能更有效地處理貪污犯罪。他們並建議，有關行賄者的刑責應考慮免除，以提高檢舉貪污的動機；並宜考慮採用間接證據，對當事人不明來源的大量財富，可

表 9-1　聯合知識庫「中立性」相關新聞統計表

年／詞	政治中立		行政中立		文官中立		總數	
-1979	14	4.19%	0	0.00%	0	0.00%	14	0.32%
1980-1984	5	1.50%	1	0.03%	0	0.00%	6	0.14%
1985-1989	24	7.19%	111	2.86%	10	4.67%	145	3.28%
1990-1994	70	20.96%	929	23.97%	76	35.51%	1075	24.29%
1995-1999	63	18.86%	1091	28.15%	54	25.23%	1208	27.29%
2000-2004	111	33.23%	1288	33.23%	56	26.17%	1455	32.87%
2005-2008	47	14.07%	456	11.76%	18	8.41%	521	11.77%
小計	334	100.00%	3876	100.00%	214	100.00%	4426	100.00%

圖表來源：整理自聯合知識庫。

以用作犯罪的證據[14]。

再者，「行政中立」一詞最早見報是在1984年，當時的行政院院長俞國華先生答覆立委質詢時，回答黨與國家政務與事務人員的關係定位時的談話：

俞院長並表示，在民主法治的國家中，政府機關首長或職員兼任執政黨的職務，以求政策的制定與執行，符合執政黨的政治主張，這是常見的事；不過各級行政人員，不論是否為執政黨員，執行行政任務，必須嚴守「行政中立」原則[15]。

最後，最早的一篇內含「文官中立」用詞的報導是 1987 年由立委黃正雄對人事行政局長卜達海的質詢：

……立委黃正雄說，今天公務員受到的外力干預包括民意代表的關說、金錢的誘惑、掮客的穿引、上級的壓力及政黨的領導。黃正雄表示，經濟漸繁榮，知識水準提升，人們不再只求溫飽，更重視個人成就動機的實現，文官中立制度若不迅速建立，公務員的自尊心與成就感無從建立，政治難以清明。

……行政院人事行政局長卜達海答覆時指出，公務員凡事依法辦理，不致因民意代表關說影響行政的中立性；依公務員服務法，部屬對長官的命令有陳述權利。另外，公務員簡分為政務官與事務官，事務官依法辦事，自不受政黨影響；而現代民主政治理念，政務官接受政黨指導，是政黨政治運作的常軌[16]。

1987 年我國剛解嚴，民進黨也才成立半年，更是前總統蔣經國先生執政的最後一年，台灣政治民主化的轉型之窗剛剛打開，被解放出來的社會力在有限的參與管道下，對行政機關的人員進行利益的穿透，有識之士已經感受到維繫文官體系在未來民主政體中適當的定位，對台灣民主轉型

---

[14] 聯合報，1980 年 1 月 14 日，版 3。

[15] 聯合報，1984 年 10 月 17 日，版 2。

[16] 聯合報，1987 年 3 月 11 日，版 2。

及鞏固的重要性，接著，各項大型選舉逐一展開，從國民大會、省長、北高市長、立法委員以至於 1996 年首次總統直選，政黨政治正式啟動，選舉當中文官體系往往被視為執政者的資源禁臠，文官中立性的制度化腳步也在選舉競爭當中被迫展開，然而，台灣推動中立性的特點為何？在民主轉型的過程中，本章從聯合知識庫的新聞資料以及相關的論述當中，歸納出下面的三個觀察點，作為本章論述的起始點。

第一，考試院是推動文官中立性的靈魂機構：從新聞的資料整理中可以發現，過去十餘年發動中立性制度建構的是我國獨立文官院級機構——考試院，究其原因，一方面，考試院在民主轉型的十餘年間，因為朝野對於文官的中立性有共同的期盼[17]，首次出現行憲以來「實權化」的機會之窗[18]；另一方面，由於「中立性」屬於公共行政而非政治的領域，考試院的人事行政專業讓自己在民主轉型期的改革浪潮中，與憲政、國會、司法以及地方制度等改革產生明顯市場區隔；從新聞資料的內容來看，由考試院所推動的文官中立法制化主要議題，在政黨輪替前包括保訓會的成立、行政中立立法、文官長制度的建立、政務／事務人員分立法制化（退休）以及公務人員協會法制化等，而政黨輪替後增加了擴大高階文官非考試晉用的議題。

第二，文官中立性是獨大的文官改革價值：新聞報導與學界論述中，對於文官中立的問題，不論是政黨輪替前後，大多聚焦在文官中立的定義、內涵及法制化問題，而理論上也是著重在行政倫理、公法以及比較行政的角度關切如何藉由制度性的建構（請參許濱松，1996；施能傑，1992b；林文益，1991；邱華君，1994；陳德禹，1992；蔡良文，1996等），在民主政治多元變動的環境當中，維繫文官體系專業效能的價值；

---

17 這種期盼使考試院在民主轉型過程中成為一個制度運作的焦點，一方面，它是在野黨對抗掌握人權之行政部門的利器，另一方面，它也是可能會下野的執政黨，在人事權上不會讓新執政黨「勝者全拿」（winner takes all）的保證，考試院以及它所代表的中立性改革中心，成為一種提供朝野政黨願意順服民主運作的制度性「可信承諾」（credible commitment）。

18 比方說，公務人員保障暨培訓委員會成立的過程中，出現一向屬意三權分立的綠軍立委，力挺考試院政策立場的狀況，當時還有民進黨立委說：「考試院是孫中山先生一個美麗的錯誤」。

然而，這些討論似乎對 Max Weber 式的「理想型」的價值中立文官情有獨鍾，也接受了 Woodrow Wilson「政治與行政二分」式的進步改革理念，但是，這樣的討論將「中立性」制度上「政治絕緣」（political insulation）的效果，看作是穩定民主政治的工具，卻鮮少從 Herbert Kaufman 價值競逐（competing values; 1956）的架構討論文官改革[19]。

　　第三，文官中立法制化存在政黨競爭：不論 2000 年政黨輪替前後，在野的政治人物最喜歡以執政者選舉期間文官違反「中立性」原則，作為選戰中對抗「現任優勢」（incumbent advantage）的論述（rhetoric），然而，政治人物常將「行政中立」、「政治中立」與「文官中立」三詞混用，但其語詞使用的目的是一致的。更仔細的比對下，政黨輪替前後在野黨所論述的內容有下面的異同，政黨輪替前，「在野綠」對「執政藍」違反文官中立的批判主要是以不當輔選為主，包括：人事行政局、政務人員以及國營事業單位，還有抨擊政務人員兼任黨職的問題；政黨輪替之後，「在野藍」對「執政綠」除了批評政務人員以及國營事業不當輔選以外，還新增了批評民進黨用人唯意識形態、不尊重專業以及事務官入黨（比方說警察等）等議題。因此，台灣推動文官中立性的特殊現象，未來只要我國五權憲法的架構不變，文官中立的相關法制化作為亦將以考試院為主。

　　有趣的問題是，台灣民主化過程中有一個院級的文官機構，到底對落實文官的中立性，進而維繫民主發展的穩定有何幫助？這個問題需要以另文為之，在此暫不予處理。再者，我們推動文官的中立性背後複雜的價值競逐的問題，在我國行政權獨大的傳統之下，推動文官中立事實上含有「羅馬（行政）」壓過「希臘（民主）」的意識，因此，本章將在下面專節討論價值競逐下的文官的中立性議題，也讓我們能用更完整的概念來思考建構文官中立性在制度上的複雜性。最後，民主政治之下，任何改革的必須通過「政治可行性」的考驗，沒有所謂「現勢聯盟」（enacting

---

[19] Kaufman 的三項文官改革價值包括：代表性（representativeness）、中立能力（neutral competence）以及行政領導（executive leadership），第三節當中會深入討論。事實上，台灣同一時間出現的政府再造運動以及政黨輪替後的政府改造運動，就有強烈回應民眾需求的民主價值在其中，但是，這個運動與文官的中立性改革很少被放在一起討論。

coalition）的支持，再好的、再正確的改革方案也無法通過，更何況文官的中立性改革牽涉到政治資源的重分配，對政治人物來說，當然就更加謹慎，因此，本章最後也將針對「誰要中立性」的問題，進行討論，讓中立性的制度改革者，除了規範性的理念外，具有政治可行性的理念。

　　接下來，本章將先從多元價值競逐的狀態下討論文官中立，再從中立能力的概念中，討論文官中立制度改革中「專業能力」的地位，接著再討論文官中立制度改革的政治可行性問題，最後，本章將綜合前面論述，以討論我國未來文官中立相關改革的機會與挑戰。

第四節　文官中立性的政治經濟學的觀點

　　為了要釐清本土文官中立性發展的方向，本節將從下列三個方向來討論：一、文官中立性與政策價值抉擇；二、文官中立性與中立能力；三、文官中立性制度建構的可行性問題。

一、文官中立性與政策價值抉擇

　　如果檢視我國行政中立法的內容，可以發現主要規範了常任文官的「人」與政黨活動的界限，但是對於政策上政治上司執意推動討好自家選民的政策，常任文官如何在多元價值的社會中，做到為公共利益服務、客觀、公正，似乎並未給予重視，換句話說，面對政治上司違背公共利益的作為，公務人員有何「制度誘因」（institutional incentive）去獨自堅守中立？反過來說，如果違反公共利益的是文官這一邊，中立性的制度誘因也不能成為文官傷害民主價值的護身符。舉一個簡單的例子，大家都會罵地方的「蚊子館」叢生，有時是包括公務員在內會與民眾一起罵，但是，這些蚊子館都是公務人員經手完成的，公務人員應不應該具備有向政治上司說「不」的能力？雖然政治上司可能仍然堅持發包這種對選舉有幫助的建設，而文官即便知道勢不可擋，又應不應該提出最起碼的異議？

　　因此，文官中立性若從行政倫理性的層面討論，離不開將「政策價值抉擇」的問題交給每一位文官，價值內控的設計成為必要，但是公共利益的概念並非清楚明確，多元價值的選擇往往極具爭議性，產生嚴重的價值衝突，前述個人價值內控的設計，也必須與制度程序上的外控機制加以平衡，更重要的，從制度設計的角度來說，文官本身既非 Plato 眼中的「哲學家皇帝」，也並非站在 John Rawls「無知之幕」之後的判斷者，如何在政策決策的過程中，對文官的中立性作制度性的詮釋，建構一種既能包含民主價值，又能符合專業判斷的誘因結構，是一個多元價值競逐下的制度設計問題。本書第一章所提出學者 Herbert Kaufman 所提出的三個文官制度改革的競逐價值，就極具制度設計的指導性，這三種價值包括代表性（representativeness）、中立能力（neutral competence）以及行政領導（executive leadership），成為我們尋找文官中立制度化的起點。

　　相對於中立能力的價值強調專業性，「代表性」強調民主，認為國家決策必須對廣大民眾具有「回應性」（responsiveness），個別民眾政策偏好經過選舉與公投制度產生偏好聚合（preference aggregation）的效果形成民意，不論政務或是事務系統的國家機器，都必須服膺民意的指導，這就是民主價值在公共行政領域的落實，然而，民意雖有其進步性，但也有產生多數暴力（majority tyranny）或是非知情決定（uninformed decision）的問題，再加上廣大民眾不可能事事參與公共決策，因為效率的原因，必須將許多專業決策的權力，藉由選舉或是稅賦「授予」（delegation of power）政務與事務人員，為民所用，因此，國家決策過程的制度設計，在尊重民主價值的同時，也應該同時兼顧專業價值的導入，才不會讓民主運作淪為民粹主導的政治場域，文官中立制度設計的意義，由是彰顯，這就是Kaufman價值競逐論述中，存在中立能力的原因。

　　最後，相對於中立能力強調專業的工具性，行政領導具有實現民主課責（democratic accountability）的工具價值，相關制度設計主要是為了有效連接政務人員從民眾來的授權（mandate），以及事務人員所具備的政策專業，也就是說，從民眾這一頭出發，文官體系在制度上必須服膺政治上司的領導，完成向上級負責（accountability）的要求，就代表文官服

膺民主價值，完成從民眾到政治人物到文官的民主課責；事實上，這個價值在Kaufman價值競逐系統中存在的目的，是避免文官因自我價值選擇傷害了公共利益，然而，行政領導在三個狀況下，需要文官中立性相關制度的制衡，以避免公共利益受到傷害，一是民主選舉制度所傳達的民意資訊不明確或是相互衝突，比方說，都市的社區再造，常常會碰到兩種民意的問題，住家希望安靜，商家希望熱鬧，文官如果只依循民意將無所適從；二則是政治上司違反公共利益，也就是文官的直屬老板（政治人物），違反大老板（民眾）的真實心意，從代理人理論來看，這是「委託人的道德危機」（principle's moral hazard; Miller and Whitford, 2006: 213-233）的問題，比方說，前調查局長葉盛茂選擇將其領導洗錢的資訊交給總統本人而非司法檢調機關；其三則是政府管制角色所引發的反彈，這也是文官在民主體系中運作的根本矛盾所在，美國學者 Norton E. Long（1993: 4）就舉美國公共衛生機構為了人民長久健康所推動的反菸，文官一方面必須面對自己政治上司（總統、國會等）背後具有龐大影響力的菸草商，另一方面又必須面對吸菸人口的反彈，此刻文官中立存在的價值全然展現，文官必須具備謹守公共利益的原則，我們也可以藉此看出，一國長期的全民利益是多麼需要文官，負起專業責任來維繫之（responsibility; Levine, Peters, and Thomson, 1990）[20]；總括而言，當向上級負責與專業責任之間沒有政策衝突，且選擇的政策符合公共利益，政務與事務關係單純，文官的中立性的需要被民主價值所吸納，而中立性的制度保障必須避免成為文官實現自我利益的藉口；但是，從制度設計的角度來看，當兩者發生衝突時，政治上司為了黨派或是選舉利益，違背公共利益，此刻文官必須有

---

20 事實上，文官中立能力的價值也有支持民主的成分在其中，但是這裡出現兩種民主價值的差異：「程序性民主」與「認識性民主」，前者將任何正當民主多數決程序所產生的選擇，當作唯一的民主價值，文官必須回應並順服民主決策；後者則更加關注民主程序能否作出「正確」的決定，比方說，美國南方州剝奪黑人民權是有程序性民主價值的，因為白人是永遠的多數，但從認識性民主的觀點來說，美國南方州對黑人民權的制度性壓抑，是不合民主價值的，本書在下一章當中，將直接處理這個問題。

「勇於任事」的誘因結構，才能真正落實文官中立[21]。藉由這樣的定義，有助於學界了解政黨輪替前後，各種關於台灣政治與行政關係結構性的變化，進而了解台灣治理結構因民主化而產生的本質改變。所謂文官中立性制度的建立，是一種「在多元價值競逐的文官改革理念下，建立讓文官向政務系統『說不』（say not）的誘因結構，但同時又不會讓文官偏離民主課責的制度設計作為。」

二、文官中立性與中立能力

承接前論，如果文官中立的法制都已健全，對民主國家而言，期間所產生的「文官自主性」（bureaucratic autonomy），到底是一件「好事」還是「壞事」，學界並沒有定論，主要原因在於我們對於文官自主性有兩種截然不同的解讀。

第一種解讀，就是「逃離政治」（escape from politics; Bagby and Franke, 2001）的概念，這也是公共行政學門的政治哲學起源，從最早Max Weber眼中理性專業文官體系的認知，到 Woodrow Wilson 對於行政與政治二分的論述當中，我們看見在官僚與政治應該有所區隔的理念之下，文官體系「中立能力」（neutral competence）的建構與維繫，成為文官體系最明顯的標記；當然，在這樣的「分離」意識之下，公共行政逐漸發展為一種獨立的專業，單就人員的甄補、教育以及升遷而言，文官體系有其相當的自主空間，這也成為近代民主國家建構國家體制時普遍採用的做法。然而，國家機器要逃離政治的原因，並不是因為負責操作國家機器的人，想要免除政治的影響力，而是要讓文官體系在面對「政治上司」權力不當使

---

21 我國公務人員保障法當中，有這樣的一個內容，頗能展現文官與其政治上司間這樣的一種互動關係：〈公務人員保障法第 17 條〉公務人員對於長官監督範圍內所發之命令有服從義務，如認為該命令違法，應負報告之義務；該管長官如認其命令並未違法，而以書面下達時，公務人員即應服從；其因此所生之責任，由該長官負之。但其命令有違反刑事法律者，公務人員無服從之義務。前項情形，該管長官非以書面下達命令者，公務人員得請求其以書面為之，該管長官拒絕時，視為撤回其命令。

用的可能性之下[22]，具有抗拒的能力，以使國家免於脫序與動亂，當然，這樣的想法也是讓文官體系從早期「分贓制」（spoil system）改變到「永業制」（tenure system）或是「功績制」（merit system）最重要的背景。

　　第二種解讀，是從擔心官僚「失去控制」（running away; Dodd and Schott, 1979; Wilson, 1989）的害怕而來的，在民主價值不斷被強調的今天，文官體系並非由選舉而產生，但卻握有相對偌大的決策權力，是令人難以安心的事[23]，加上文官因為長期浸潤在專業的環境當中，會逐漸失去對民主社會的回應性而日趨保守（Downs, 1967: 98-99），遲緩與被動的回應態度，常是政治「頭家」對政府負面印象的源頭，因此，文官體系需要被置於最新選出政治上司的管轄之下，以便對文官進行確實的控制，然而，從官僚控制的實務角度來看，政治上司對於文官的控制，雖然不是不可能的（Weingast and Moran, 1983），即便有心也不可能是完全的（McCubbins and Schwartz, 1984），至於到底是國會、總統（包括政治任命人員）、司法體系還是利益團體在控制國會，基本上有政策領域與組織設計的差異（Aberbach and Rockman, 2000; Hammond and Knott, 1996），這樣的「控制」思維，事實上是政府改造運動的源頭之一，也是行政總統（administrative presidency; Durant and Warber, 2001）試圖掌控文官體系的理論基礎。

　　然而，官僚依照中立原則「說不」也可能是一種逃避責任的表現，著名行政學者 Aaron Wildavsky（1998: 24）就曾說：「中立是沒有立場，一種無能的客氣說法」（Neutrality can be neuter, a polite way of referring to impotence.）[24]。文官的中立性在制度建構的表象下，強調「政務領導」與「專業自主」的制度制衡的精神背後，事實上也有深究文官專業是否足夠與適宜的意義，這就是為何西方研究文官中立承襲 Max Weber 以來，一直

---

[22] 在這裡，政治上司包括總統、政治任命人員以及國會議員等。

[23] 這樣的憂心，也可以追溯到Graham Allison為了分析古巴飛彈危機，所提出的Model III，也就是俗稱的「官僚政治模型」（the model of bureaucratic politics），其中認為文官的政策偏好，會影響政府最終的決策，相關論述請參Allison and Zelikow（1999），Brower and Abolafia（1997），Michaud（2002），Rhodes（1994）。

[24] 感謝暨南大學孫同文教授提供這個雋語。

以中立（專業）能力（neutral competence）為核心用語，這個價值的基礎是專業能力，而與政治上司互動的中立態度，也是植基於文官專業能力之上，這也是為何行政中立、文官中立以及政治中立都沒有「中立能力」一詞來得貼切，用以完整描述因為民主與專業價值的衝突，在文官身上所產生的相關議題。中立能力的定義，依照 Heclo（1999: 132）完整說法如下：

> ……中立能力一詞，是為政治領導所預備的一種持續且毫不保留的行政支援，它絕對不是提倡創造聖人，中立的概念絕對沒有包含具有通往對公共利益超凡的、無黨派的能力，事實上，它只是要求文官對於具有黨派的上司，提供合作的態度以及對政策最佳的判斷，同時也應該以相同的態度與行為來面對可能不同黨派的接班人，中立能力價值中所隱含的獨立性，並不是為了文官自己的目的，當然，中立能力也不只是能對政治上司提供最好的幕僚工作，其中最重要的一點就是讓下屬順服領導的能力；中立能力中的能力問題，絕不只於聽政治上司的命令，而是具有對政府運作實務的充分知識以及在政府的市場當中，具有掮客的技巧，讓自己提出的政策建議受到應有的關注。總括來看，中立能力是一個奇怪的組合，文官具有忠誠但會與上級爭論；具有黨派性但隨政黨輪替而同步轉換；具有自主性但是卻必須仰賴他人。簡化來說，中立能力就是指：「有話就說，隨時閉嘴，盡力實踐，使命必達」。[25]

---

[25] 原文如下："…It (neutral competence) envisions a continuous, uncommitted facility at the disposal of, and for the support of , political leadership. It is not a prescription for sainthood. Neutrality does not mean the possession of a direct-dial line to some overarching, non-partisan sense of the public interest. Rather it consists of giving one's cooperation and best independent judgment of the issues to partisan bosses – and of being sufficiently uncommitted to be able to do for a succession of partisan leaders. The independence entailed in neutral competence does not exit for its own sake; it exits precisely in order to serve the aims of elected partisan leadership. Nor is neutral competence merely the capacity to deliver good staff work to a political superior, for a major part of this competence lies in its ability to gain compliance from lower officials. The competence in question entails not just following orders but having the practical knowledge of government and the broker's skills of the governmental marketplace that makes one's advice worthy of attention. Thus neutral competence is a strange amalgam of loyalty that argues back, partisanship that shifts with the changing partisans, independence that depends on others. Its motto is 'Speak out, shut up, carry up, carry out.' "

　　從 Heclo 的定義中，文官的中立能力，除了傳統政府運作以及公共政策的專業之外，文官也應該具備「政治管理」（political management）的能力，對於多元利害關係人的政策環境，具有蒐集與解讀民意（reading opinion）、傳播行銷（marketing）、跨域管理（boundary-spanning management）以及衝突管理（conflict management）等，在這樣的認知下，本章認為，文官體系中立能力當中的「專業能力」應該定義為「文官能夠蒐集、分析並表達具有『循證基礎』（evidence-based）的政策論述，提供（或是彰顯）政治任命人員決策對於公共利益（public interest）影響的資訊」，在民主體系當中，不論上級願不願意接受這些資訊，文官的專業責任皆能彰顯，而文官自主性的意義，不一定是改變上級決策，而是能夠提出具有循證基礎的政策論述。更重要的，如果文官體系沒有這樣的能力，就不可能在政策制定過程中「保持中立」，中立如果只是「以上皆非」，或是放空自己隨上級指示辦事，則國家治理績效將會大打折扣。因此，目前台灣文官體制的改革，消極來看，可能是政治介入文官專業，但是，這個問題也可以反過來問，文官可能根本專業不足，無法提供具有循證據基礎的政策論述。這就是為何國外討論文官的中立性，並沒有使用「行政中立」這個名詞，因為文官中立的問題絕對不只是制度環境的問題，還有「能力」的問題，文官專業能力是文官中立的必要條件，除了積極建構文官的中立性或是政治絕緣的制度外，增強文官的專業能力，也是一個重要的手段。我國過去十餘年討論文官的中立性的問題，往往過度關注政治層面的問題，一直忽略國家公共政策決策上，能夠找出理想政策的專業，也是一種中立的展現，也唯有站在這樣的專業能力上，文官的中立制度化真正目的（調和民主和專業的價值）才能達致，最後，如果文官體系根本沒有專業，就沒有中立性的問題，民主政體不應該給予沒有專業的文官自主性的需求。

三、文官中立性制度建構的可行性問題

　　學者 Terry Moe（1990b）認為，文官中立性的制度性需求，是為了要

解決民主政府一個關鍵的「可信承諾」（credible commitment）問題，他說：

> 民主政體中的公共權威不屬於任何人，它「就在那裡」，附著於
> 各式的公共機構而存在，……任何人能夠在遊戲規則下贏得勝
> 利，就有權力去指使它，…今天公共權威所創造任何事，可以合
> 法地被明天的權威所取代或摧毀，甚至不會有任何的補償[26]。

學者 Rodrik 與 Zeckhauser（1988）以「政府回應性的困境」（The dilemma of government responsiveness）來形容可信承諾的問題，他們認為，政府回應性最大的問題，就是現在的政府無法限制未來政府不能具有回應性（也就是改變政策現狀的能力）（It may be unable to commit future governments not to be responsive.），這就是民主政治缺乏連貫性的主要原因；另外，學者 Feiock、Jeong 與 Kim（2003）針對美國地方政府的研究發現，許多地方政府為了解決可信承諾的困境，大多選擇在某些具有延續性的政策領域，以文官體系的運作代替選舉誘因的組織設計，比方說，關於地方經濟發展的相關政策機構，以文官為其主導，藉此解決可信承諾的問題。這樣的問題，通常需要一個「超越政治」（above politics; Miller, 2000）的文官體系來抵銷這種承諾危機。

也就是說，民主政體不可避免有可能產生政黨輪替，但是，政黨輪替不能超越國家長期體制的承諾，不然國家會在交互輪替當中，失去統治的能力，文官中立性的制度化設置，就是給予文官體系適當的「政治資源」（political resources; Miller, 2000: 317），這些政治資產的來源，是由一組包括制度、財務以及法律面的結構，所創造出來的文官中立性（Christensen, 2001），在韋伯型官僚體系（Weberian bureaucracy）的概念架構下，文官中立也具有限制民主政治過當「尋租」行為（rent-seeking）

---

[26] 原文如下："In democratic polities （and most others), public authority does not belong to anyone. It is simply 'out there,' attached to various public offices, and whoever succeeds under the established rules of the game in gaining control of these offices has the right to use it… Whatever today's authorities create, therefore, stands to be subverted or perhaps completely destroyed – quite legally and without any compensation whatever – by tomorrow's authorities."

的功能，以求取政治與經濟層面適當的隔離，保障社會資源配置的效率
與公平性，最終求取長期政府系統運作的穩定。前面的論述與 North 與
Weingast（1989）研究 17 世紀英王允許議會制度成型的背景因素是相同
的。英王為了要有穩定的稅收，支援向外擴張，但又不願以王權無限上綱
的徵稅權傷害私有財產權保護，進而傷害經濟發展的命脈，於是建立一個
獨立於王權之外的議會，造就了英國 19 世紀的繁榮，以及向外擴張的基
礎。而文官自主性藉由制度化文官中立環境而存在的功能，也是類似的概
念，其目的是要讓任何在現狀遊戲規則之下失敗的政團，不會因為下臺而
失去全部，因此，文官體系在政策領域上的獨立與法制保護，有維繫政權
穩定，解決「承諾問題」的功能。

　　如果文官的中立性是一種脫離政治上司影響的制度性力量（above
politics），從 Horn（1995）的理論角度來看，「現勢聯盟」（enacting
coalition）對它的建立一定有制度偏好（institutional preference）；換句話
說，文官體系具有中立性的制度性保護，對其政治上司具有限縮權力的意
義。這就是為何李前總統可以在 1990 年的公開場合提出國家民主化發展
需要建構文官中立的宣示[27]，但是卻在 1991 年的第一次修憲當中，將行
政權下的人事行政局合憲化，接著在 1992 年的第二次修憲當中，縮限考
試院權限的根本權力矛盾所在。學者 Kaufman（1990: 484）很簡潔的點出
這問題：「任何接納行政建構應該離開政治的人，為何能夠同時試圖將文
官體系更多地放在行政權的管轄之下？」[28]

　　另外，對文官體系來說，中立性是「文官影響政治最好的保護傘」
（Knott and Miller, 1987: 190）[29]，對公務人員來說，中立性的誘因結構可
能是實踐「黑堡宣言精神」最重要的條件（余致力，2000）；但是另一方

---

[27] 聯合報，1990 年 5 月 1 號，版 1。

[28] 原文如下："How can anyone embrace the notion of keeping the administrative establishment out of politics and at the same time placing it unambiguously within the executive's jurisdiction?"

[29] 原文如下："The politics/administration dichotomy has served as an umbrella for bureaucratic political influence under the guise of neutral expertise…" 轉引自 Huber and Shipan（2002: 21, footnote, #13）。

面，中立性所帶來的文官自主，是前述「官僚控制」理論擔憂文官失去控制（running away）的基礎，不論是文官深耕政策網絡（Carpenter, 2001）還是因為專業與資訊不對稱所帶來的決策優勢所獲得的自主性（Niskanen, 1971），都包含政務領導所擔心官僚失控問題。中立性的法制建構，是建構文官自主超越政治的一種作為，這種作為，必定對於現狀的政治權力聯盟，造成影響，因此，從制度起源的角度來看，不同權力聯盟，對於這種法制建構的作為，也會有不同的偏好，這種偏好的集合，在賽局理論策略互動的架構之中，就成為回答「誰要中立性」制度起源最重要的基礎。

學者 Brian J. Cook（1996）對美國政治當中文官角色的長期觀察，了解到兩個子然不同的觀點持續存在著，首先是將文官當作「工具」（instrumental）的觀點，認為文官只要忠實履行政治上司所賦予的任務就對了，但是另一種認為文官本身亦具備「自主」（constitutive）影響力的觀點，意指文官體系理當具有自主的影響力，然而，經過長期的變遷，前者在美國目前的治理文化當中，似乎占了上風，這其中進步年代的改變最為關鍵。

> 如果治理的任務只是將政府單位以及公務人員雕琢成為適當的工具，並對這些工具進行適當的控制來確保政權基本目標的達成，則後工業社會所產生愈來愈複雜的社會問題，主要的解決方案就是如何去發展更複雜的工具與更複雜使用並控制這些工具的方法（Cook, 1996: 134）。

但是，當美國政治圈以這樣的工具性觀念來看待文官體系時，弔詭的狀況卻發生了，政治人物以打擊文官體系來爭取政治聲望，這樣的策略讓他們獲取權力之後，就進行一波又一波的行政改革，為的是要控制那被自己描繪成已經失控的文官體系；然而，每當文官體系似乎被政治力量駕馭之後，民眾又開始擔心黨派政治的私心正腐蝕這個國家的基礎，也就是說，民主治理當中的民眾，常常處在一個兩難的困境當中：一方面，文官體系「專業獨裁」的面目實在可憎，找一個對自己偏好較有回應性的政治上司來駕馭它，似乎是有效的方法；但是另一方面，當文官體系受到目前

執政勢力的嚴密控制，我們又會開始擔心在總統制勝者全拿的政治邏輯之下，黨派可以輕易擄掠公共資源為己所用，並回到「政治分贓」的醜惡年代。

　　若就公共行政學門起源的歷史來看，文官自主性的建構是政治改革的一種策略。不論是美國的進步年代（Goodnow, 2003; Wilson, 1887），或是民主轉型之後的東歐諸國（Verjeijen, 1999），甚至是全球的行政改革（Peters and Pierre, 2001），改革者對行政與政治二分的論述情有獨鍾，通常是政治改革的目的，美國公共行政學者 Dwight Waldo（1981: 68）曾對Goodnow有如下的評論：

> Goodnow《政治與行政》一書的主要目標是在於政治改革：「如何能夠保證誠實、負責以及有回應性的政黨」，然而，他最後看見要達成這樣的目標，主要的關鍵在於如何發展一個合宜的行政體系[30]。

　　回到國內，公務人員行政中立法的說帖當中，此法訂立的目的是要讓公務人員能夠「勇於任事」，考試院也投注了大量的經費讓公務人員上「行政中立」的課程訓練，但是，我們還是要問，在面對結構性的政治壓力，公務人員展現中立能力的「勇氣」是哪裡來的？學者 Gary Miller（2000）對於此有很好的觀察，其來源應該是相關的制度性保障，而不是個人的特質：

> 最令人驚訝的是，在這個事件中（the Keating Five；一個美國政府發生的金融醜聞，有國會議員涉入），公務人員居然有勇氣抗拒這樣的政治壓力，這勇氣是從哪裡來的？除了文官個人的品格之外，他們受到文官體制以及韋伯式中立程序的保護，他們的工作不只受到公務體系法規的保護，他們更可以在例行程序的保護

---

[30] 原文如下：“Goodnow's Politics and Administration was aimed primarily at political reform: how to insure hone4st, responsible, and responsive political parties. But he saw this objective as intimately linked with the development of a proper administrative apparatus.”

之下，面對政治勢力正當化自己的行為，他們對抗政治勢力的索求就是表明自己只是依法行政而已（Miller, 2000: 319）。

　　就如本節所言，這些制度性保障的出現，仍然是有制度起源的問題，如果以我國行政程序法的通過為例，目前以總統與國會多數所組成的現勢聯盟中，到底是誰想要該法通過？本章將使用「空間理論」（spatial model）來分析這個問題[31]。空間理論基本上是一種以政策空間為分析單位的理論，參與者皆被視為自利與理性的，每位參與者都有其政策空間中的「理想點」（ideal point），這個政策理想點如果被實現，該參與者就可以獲得在該項政策上最大的效用滿足，而離該政策理想點愈遠的政策被實現，對該參與者的效用就愈低。讓我們來對於這些參與者做一些定義，我們假定在這個模型中有兩個可能的政治上司執政黨（Ruling Party; R）與反對黨（Opposition Party; O），這兩位政治上司在經過總統與國會選舉之後，決定該決策機構的政策理想點，也就是說，當執政黨同時獲得總統與國會半數，總統與國會的政策理想點就是執政黨的政策理想點；如果總統與國會分屬不同政黨，相同議價能力的前提下，具有提案權的行政部門決定要不要提一個修正法案 x'，國會可以接受或拒絕，如果接受新的提案就成為新的法案，但是如果拒絕，現狀就是結果。無論如何，任何法案的執行者是第三個行動者官僚（B; bureaucracy）來執行，由於政治上司與官僚之間存在資訊不對稱的關係，官僚體系的政策執行存在一個「自主裁量空間」，也就是說，官僚可以在 x' 的範圍當中，選擇自己屬意的最後決策點，只要官僚執行的政策不超出這個範圍的上下限，最後執行的政策結果，就成為三位行動者效用的來源。

　　政策現狀（SQ）是目前政策實施的情形，可以經過政治上司的共識而改變，我們假設這些參與者在政策 X 空間上的理想點為 R, L, B，而現狀為 SQ（如圖 9-1）。我們也定義兩種官僚，一種是「現狀」官僚，因為官僚體系是前一波的政策實行的單位，它相對是維護現狀的，因此，我們也假設在模型當中，SQ = B，另一種是「黑堡」官僚，願意實現公共利益

---

[31] 本書第十一章中將對該理論有更為詳實的描述。

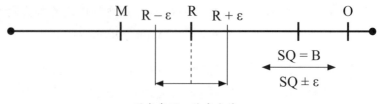

圖表來源：作者自繪。

圖 9-1　官僚自主的空間模型（一致性政府）

的官僚，因此，我們必須再假設有一個公共利益的理想點存在，我們稱之為中位數選民的政策理想點（M），黑堡官僚的偏好就是 M = B。

　　如果圖 9-1 是現狀，我們知道執政黨掌握總統與國會的前提之下，當然會提出修正案，讓 x' 成為 R 點，然而，兩種不同的官僚，會實現兩種不同的政策結果，首先，現狀官僚會用盡它的裁量權，而將政策執行在 X + ε 的點上，但是，黑堡官僚為了公共利益的緣故，會將政策執行在 X − ε 的位置上，在圖 9-1 當中，我們以 SQ 來表示。在這個模型之下，我們可以知道，公共利益的位置十分重要，還有就是執政黨是否知道官僚是哪一種型的（type，「現狀」還是「黑堡」），也很重要，比方說，如果政治上司事先知道執行的官僚是現狀官僚，就可以將修正案調整成為 R − ε 的位置，也就是說，新法案的中心點變成 R − ε 點，官僚的自主裁量權可以讓它在 R − 2ε 到 R 之間選擇一點執行，因為它是現狀官僚，它一定會選擇R 點作為其政治執行點，而該點正巧是執政黨的理想點。

　　再者，如果是在分立政府的狀態下，結果會不會有所不同？我們知道，分立政府的狀態下，執政黨與反對黨的政策偏好點都會考量進入，我們假定執政黨就是掌握行政部門的提案權，問題是在這樣的狀況下，執政黨是否要提案？如果兩黨的議價能力相同，我們假定這樣的提案最後的結果是圖 9-2 中 R 與 O 的中點，問題就是在於假定 R 與 O 的中點是 C 點，如果 C 點通過，而官僚具有 C ± ε 的裁量空間，同樣的不同類型的官僚會執行不同的政策點，對現狀官僚來說，最後還是會執行 SQ 的政策，因為現狀包括在新政策的裁量範圍當中，而官僚如果是黑堡官僚，則就會執行 C − ε 的點，換句話說，如果與反對黨協商是要消耗成本的，而又知道官

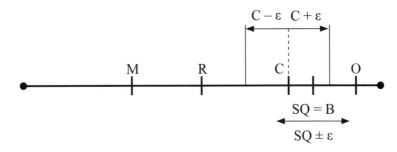

圖表來源：作者自繪

圖 9-2　官僚自主的空間模型（分立政府）

僚是屬於現狀型的官僚，執政黨應該會選擇保持現狀，不會提案；反之，如果官僚是黑堡官僚，則執政黨會提案修改，以便從 SQ 移到 C－ε 的位置。

　　當然，前述的狀態，會因為 R, O 與 M 的不同排列位置而有所不同。接著，我們要來分析第三個情況，就是假定執政黨與反對黨正在進行總統大選，目前是分立政府的狀態，如果官僚除了類型可以表示不同的政策偏好的可能之外，還可以藉由自己的裁量權來挪移現狀，預先取得下一段現狀的定義權，也就是說，不論誰當選，官僚可以藉由選前挪移政策現狀，來極大化自己選後的政策效用。

　　在這樣的狀態下，選舉有兩種結果，一是執政黨獲勝，分立政府持續，另一則是反對黨獲得總統大選，一致型政府產生。先論前一種可能性，這種可能性事實上是延續圖 9-2 當中的狀況，如果官僚在選前可以藉由挪移來操控選後的執政黨行動，不論官僚是現狀型或是黑堡型，因為最後出來的法案協商結果都是 C，情節會如圖 9-2 發生，結果也相同，但是，如果反對黨獲勝，則結果是如圖 9-3 的狀況，只不過現在不論現狀型或是黑堡型的官僚，最後都會選擇 O－ε 的點執行政策，因為不論現狀或是中位數選民點，都在該點的左邊。

　　最後，我們再來檢視一下，如果中立性是將文官的自主性以法律定之，換句話說，就是給予官僚自主性的保護，對於政治上司而言，會不會

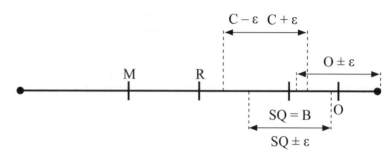

圖表來源：作者自繪。

圖 9-3　官僚自主的空間模型（政黨輪替）

在選前推動法制化的工作？我們可以得到下列四種情況，成為一組觀察「誰要行政中立」的假設組合：

（一）情況 A，如果目前是一致性政府，執政黨再當選的機率大，應該會阻止推動文官中立性的法制化工作。

（二）情況 B，如果目前是一致性政府，執政黨再當選的機率渺茫，會加速中立性法制化的工作。

（三）情況 C，如果是分立政府，執政黨再當選的機率大，反對黨國會也會推動中立性法制化的工作。

（四）情況 D，如果是分立政府，執政黨再當選的機率小，反對黨國會應該不會推動中立性法制化的工作。

　　依照「誰要中立性」的權力原則，我國行政中立法通過的可能性大小排序分別為：B > C > D > A，換句話說，在現勢聯盟中權力愈小，而愈可能在下一次選舉下台的執政黨派，愈有誘因要在選前推動文官中立的法制化工作。依照這個邏輯，2004 年總統大選前陳水扁總統聲勢低迷的時刻，最有可能在下台前具有限制未來行政權而通過行政中立法的動機，但是，有趣的是，我國通過行政中立法的時機，卻是國民黨贏得國會絕對多數且總統大選的 2009 年，為何會有這樣與理論推論不同的結果呢？本章認為，關鍵在於考試院院長關中針對行政中立法通過三讀之後所發新聞稿中的第四段話裡面的意義（請參本章第一節），關院長論述的重

點是在於兩次政黨輪替之後的台灣，朝野政黨對於維繫文官體系的中立性產生共識，也就是說，前述現勢聯盟的立法考量，最多只是算計下一次的選舉輸贏之後的結果，但是，如果因為二次政黨輪替之後，各政黨開始從較長的未來來看自己下野時需要文官的中立性來保持自己的利益，不論誰是執政黨，只要對下台的可能產生真實感，不論朝野政黨的屬性如何，都會形成將行政的中立性法制化的共識，因此，文官中立法制化在台灣的改革進程，可以說是：「在現勢聯盟中權力愈小，而愈可能在下一次選舉下台的執政黨派，愈有誘因要在選前推動文官中立的法制化工作，但是，如果政黨兩次輪替之後，下台的真實感迫使朝野政黨愈來愈容易達成立法共識」。

第五節　小　結

　　本章的目的，是站在台灣民主化過程中，朝野對於文官的中立性熱烈關注上，以關鍵字搜尋整理新聞文獻資料，從中找到三個過去十餘年推動中立性法制化的焦點開始，討論文官中立性改革的相關議題，基本而言，文官中立性價值的制度性建構，還是在於民主回應性與專業價值的調和之上，這正如 Dwight Waldo（1952: 102）所言：「民主行政理論的核心問題……就是調和人們對民主的渴望以及對權威的需要。」這兩種價值都是民眾需要的，中立性要如何調合專業的權威和民主的渴望，各國有其不同的發展路徑，但是制度設計的意涵上是大同小異的。本章總共有下面三點結論。其一，本章發現過去的文官中立性改革論述，是以保護文官免受不當政治干預為主，若從 Hebert Kaufman 價值競逐的美國文官改革概念下檢視，是有所偏頗的，因此，本章站在價值競逐的基礎上，認為所謂中立性制度的建立，是一種「在多元價值競逐的文官改革概念下，建立讓文官向政務系統『說不』（say not）的誘因結構，但同時又不會讓文官偏離民主課責（democratic accountability）的制度設計作為。」其二，我國過去文官中立性的改革，忽略了文官專業能力在其中的意義，這也是為何在西

方學界最常用的中立性價值，是以「中立能力」（neutral competence）一詞表達，但該詞彙連在台灣學界也非主流用詞，在價值競逐的概念下，文官的能力是中立性的「必要條件」，本章以為，文官體系中立能力當中的「專業能力」應該定義為「文官能夠蒐集、分析、並表達具有『循證基礎』（evidence-based）的政策論述，提供（或是彰顯）政治任命人員決策對於公共利益（public interest）影響的資訊」，唯有同時考量文官專業能力提昇的文官中立性的改革，才能真正達到中立性的目的。其三，由於文官改革作為牽涉到現勢聯盟在民主選舉的消長，因此，中立性改革需要回答：「誰要中立性？」的政治可行性問題，本章認為，中立性的法制化，在民主化初期需要等待定期選舉間的「機會之窗」（window of opportunity），論述如下：「在現勢聯盟中權力愈小，而愈可能在下一次選舉下台的執政黨派，愈有誘因要在選前推動中立性的法制化工作，但是，如果政黨兩次輪替之後，下台的真實感迫使朝野政黨愈來愈容易達成立法共識」，以避免在選輸後失去一切，或是輸掉了選舉後受到清算，因此，文官的中立性也有維繫政治穩定的意義在內。

　　本書接下來的兩章，將持續從官僚專業責任的角度，討論民主治理的實踐問題；本章從應然與實然面處理完「中立」的概念之後；接著在第十章中，本書將從民主治理的知識管理面向，更深入討論專業責任與民眾非專業意見的衝突與整合，這也是當代台灣在許多公共政策問題處理上的關鍵；最後在第十一章當中，本書將公共管理者對民主政治進行「政治管理」視為專業責任的一部分，要如何從政治可行性評估方法的應用中，維繫行政的效能，是台灣目前民主治理運作最急迫的議題之一。

第十章　民主治理的知識困境

民意不能凌駕專業。

—— 前環保署長　郝龍斌

單純以專業為理由排斥公投，幾乎等於全盤否定公投的價值和存
在的可能，再講嚴重一點的話，這是違反民主精神或潮流，難以
令人接受。

—— 前政務委員　許志雄

民主政治是「自作自受」而非「自作他受」，如果有環境影響評
估，可以供民眾參考，並由承受後果者做決定。……民意固然不
應該凌駕專業，專業也不能凌駕民意，否則菁英政治若狹隘發
展，就等於不信任民意。

—— 前行政院長　游錫堃[1]

第一節　前言：真有賢明少數？

　　前一章當中本書討論到民主治理過程中，政治控制與官僚自主之間的
緊張關係，是討論「回應」與「責任」兩種價值調和的一個途徑，在本章
當中，作者將進入討論回應與責任價值平衡的另一個面向：「治理知識的
困境」，當作第十一章中提出「政治管理」（political management）作為

1　前列三段談話，請參聯合報，2003 年 10 月 2 日，「專業不能凌駕民主，游揆一席話，郝龍
　　斌走定了」，版 A3。

當代台灣公共管理者專業的倡議基礎。2003 年 10 月 1 日，當時的環保署長郝龍斌先生，在行政院院會中討論「公投法草案」的過程中，因為擔心坪林交流道的公投事件[2]，會引起地方以公投推翻環境影響評估結論的骨牌效應，建議在公投法內增列「已作成環境評估審查結論開發案」的排除條款，引起在場政務官之間對民意與專業孰輕孰重的激烈對話，最後在閣揆「菁英政治若狹隘發展，就等於不信任民意」的說法之下，結束當天的討論；郝前署長則在晚間召開記者會，提出「環保固然要尊重民意，但更要尊重專業」的主張，辭職下台[3]。儘管我們可以從 2004 年總統大選的藍綠競爭來解讀這個事件，視行政院推動諮詢性公投為綠軍的選戰策略[4]，而郝署長的請辭為藍軍「有計畫地」藉由坪林公投事件的反制策略[5]，但是我們無法忽視事件背後「民主治理知識困境」的議題。

　　正如本書一貫的看法，1996 年總統民選之後，人民實質上成為政府「頭家」的時代來臨，由於定期選舉的關係，民選政治人物視政府「回應性」（responsiveness）為施政首要目標，因此，當民意與專業產生衝突時，民選政治人物及政治任命人員通常傾向選擇前者，這種體質的改變，對公共管理者造成兩方面的衝擊，一方面，這種改變讓公共管理者在「課責」（accountability）與「專業」（responsibility）之間，面臨困難的抉擇[6]，也就是說，公共管理者[7]扮演「黑堡宣言」中所揭櫫「賢明少數」的代價將更為高昂[8]；另一方面，特定管制機構（regulatory agency）中的公

2　請參聯合報，2003 年 9 月 14 日，「坪林公投 98% 贊成開放北宜高交流道」，版 A5；2003 年 9 月 24 日，「捍衛翡翠水庫水質，環署：坪林居戰略地位」，版 A2；2003 年 10 月 2 日，「坪林交流道爭議」，版 A3。坪林鄉民在 9 月 13 日以「北宜高速公路坪林行控中心改為一般交流道公開意見調查活動」為名，表達 98% 贊成坪林交流道改為一般交流道的公投事件，該交流道於民國 83 年間，因為環保團體的抗議，交通部修改計畫，改為坪林行政控制中心聯絡道，不對坪林居民及遊客開放，而根據環保署的數據顯示，翡翠水庫的環境敏感區，坪林鄉就占了 78%，具有「戰略地位」。

3　請參聯合報，2003 年 10 月 2 日，「公投環評理念不同，郝龍斌辭環保署長」，版 A1。

4　請參聯合報，2003 年 10 月 3 日，標題為「民主不等於公投，民主更不是自作自受」的社論。

5　請參聯合報，2003 年 10 月 3 日，「台聯批郝『計畫性落跑』」，版 A3。

6　關於公共管理者在回應性、聽命令與專業責任等三項原則之間的衝突與抉擇，請參 Levine, Peters and Thompson（1990）。

7　關於公共管理者觀點下的公共行政，請參余致力（1998）。

8　「黑堡宣言」相關的討論，請參余致力（2000）。

共管理者，其角色扮演也產生衝擊[9]，以坪林交流道環保爭議為例，如果開放坪林交流道對大台北地區水資源有負面影響，但是民主是人民「自作自受」，自己負責後果，那環保署存在的意義是什麼？

　　本章將民意與專業衝突的根源，鎖定在民主理論（theories of democracy）當中持續處理的所謂「治理知識的困境」[10]，也就是「民主政治到底是強調公民程序上的參與，還是要做出實質上『正確』的決策？」的問題，有趣的是，這個困境的內涵與意義的本身，就是台灣當代公共管理者不能不知道的治理知識。當然，這樣哲學性的討論，還是必須有一個實務性的平台來落實，才能收理論與實務結合的果效，因此，本章特別選擇公部門近來另一個追隨私部門管理風潮的焦點——「知識管理」（knowledge management; KM），作為這個平台。

　　本章的第二節當中，將首先從「公民能力」與「專家宰制」的對立中，討論民主治理中存在「知識困境」的本質，這樣的衝突也是本書「回應」與「責任」兩種價值之間衝突的另一種形式，因此，公部門知識管理不能只侷限在「技術」的本質，必須納入「社會（組織）」的本質提出論述，也就一種「參與式」的知識管理程序，它更應該是公部門知識管理的主要特色。接續第二節的論述基調，本章在第三節當中，從民主理論程序性與認識性的爭議中，討論公部門政策知識管理的三個核心問題：其一，缺乏專家知識的公民，參與公共決策的意義到底在哪裡？其二，如果人民的集體政策偏好是重要的決策知識，誰擁有這個知識？它是如何產生的？其三，如何整合專家與人民的意見？本章最後在第四節當中，以「參與式知識管理」（participatory knowledge management）為例，討論其內涵、目的與原則，作為公部門知識管理的理論原型（prototype），為後續研究打下堅實的基礎。

---

[9]　請參聯合報，2003 年 9 月 14 日一則坪林公投之後環保署官員私下談話：「如果坪林靠公投就可以扭轉環評結論，下一個要求公投的，恐怕就是台北縣安康事業廢棄物掩埋場周圍的民眾了，如此一來，所有的環保設施都不用做了」。

[10]　Robert A. Dahl（1989，第一章），認為沒有一個統一的民主理論（the theory of democracy），只有許多的民主理論（theories of democracy）。

第二節　民主治理、公民能力與專家宰制

　　民主治理的基本核心之一就是：「人民決定自己的事務」，亦即「人民主權」（popular sovereignty）的原則，意指每一位人民都是國家的主人，自己統治自己，也就是「人民當家做主」。從政策面來說，人民的政策偏好與國家的政策產出之間，應該存在某種「一致性」（congruence; Huber and Powell, 1994），也就是國家政策面對民眾政策偏好，應該具有「回應」（responsiveness; Dahl, 1971）；而就制度面來說，人民參與公共事務的制度設計，應該存在「涵容（擴大參與）」（inclusion）與「平等對待」（equality）的精神，以落實民主政治的基本原則。但是，人民是否具有足夠的「公民能力」（citizen competence）自己統治自己，一直是爭論不休的問題[11]，主要的爭議點在於，如果人民根本不具有自我統治的能力，民主治理當中「人民是頭家」是否只是一個美麗的謊言？還是政治菁英遂行統治的遮羞布而已？這爭議被學者稱為「民主的困境」（the democratic dilemma; Lupia and McCubbins, 1998）[12]，它是民主社會一種「治理知識的困境」（the dilemma in governing knowledge），不但是推動民主深化運動者必須要處理的問題，也是身處民主治理時代的公共管理者，所必須理解與面對的問題。

　　從總統選舉來看，人民有足夠的資訊「選賢與能」嗎？1950 年代

---

[11] 對於「公民能力」的論述，悲觀的看法請參 Lippmann（1922, 1925）；Converse（1964）；Crozier and others（1975），樂觀的看法請參 Marcus and Hanson（1993）；Lupia and McCubbins（1998），綜合的論述請參 Elkin and Soltan（1999）。

[12] 對於個別公民「公民能力」不足的內容，根據 Frohlich and Oppenhelmer（1999: 162-165）的論述，大概包括三個部分：其一，公民缺乏連結真實世界情況與自己選擇之間的關聯性，也就是「影響」或是「效果」評估能力的缺乏，比方說，民眾可能不清楚開放坪林交流道，如何影響到大台北地區的用水品質；其二，公民缺乏對於政策決策過程以及可能政策選項的全盤理解，也就是「制度」或是「方案」評估能力的缺乏，比方說，民眾可能不清楚環境影響評估法，賦予環保署有開發案的否決權（92 年 1 月 8 日公布的修正版本第 14 條），當然，民眾也可能並不清楚，坪林交流道的爭議，還有可能有除了開不開放之外的選項，比方說，限量開放；其三，民眾不清楚如何評估他人或是整體社會的福利，也就是「利害關係人」（stakeholders）或是「民意」分析能力的缺乏，比方說，參與坪林公投的民眾，可能無法顧應其他利害關係人的立場，也無暇討論整體社會福祉的問題。

以來美國的選舉研究顯示，民眾不但對政治與政治人物了解不多，也缺乏願意去了解太多，因此常常做出輕率或臆測性的政治判斷（political judgment）[13]；從公共政策來看，舉例而言，1997 年凍省的決定，對一般大眾來說，是精簡政府層級的問題，尤其是中央與省政府的「重疊」太大，是有精簡的必要，因而民眾的支持度很高；但是，公共行政的理論中，有兩種不同的聲音，首先，公共選擇學派特別提出行政「轄區重疊」（overlapping jurisdiction; Ostrom, 1989）的概念[14]，讓不同層級政府能夠從競爭當中，為民謀取最大的福利，再者，組織理論學者從太空梭挑戰者號升空爆炸的案例當中（Romzek and Dubnik, 1987），認為組織重複有其必要（redundancy; Landau, 1969），尤其是那些不容出錯的政策，因此，重疊（複）一方面代表浪費與無效率，但另一方面，重疊也是降低政策錯誤、為民謀福的保障，很顯然的，這些專家們所考量的問題，並不是一般民眾考量精省議題的重點[15]。

　　因此，悲觀的學者就認為，民主政治只是一種理想，它的實現需要與「民眾像五歲小孩」的現實妥協[16]，放棄「擴大參與」的堅持，也就是說，菁英們必須私下承認「寡頭政治鐵律」的存在[17]，公共事務只是由菁英發動的「偏差性動員」（mobilization of bias; Schattschneider, 1960），

---

[13] 文獻請參 Berelson（1952）；Converse（1964）；回顧文獻請參 Sniderman（1993）。西方研究顯示，民眾對政治人物的認知，很少會低於總統與總理的層級，通常也弄不清楚那位候選人支持什麼政策，請參 Neuman（1986）。

[14] 感謝世新大學余致力教授在多年前向我提及這個看法。

[15] 另一個明顯的例子，就是國會減半的憲政改革政策，同樣受到民眾高度的認同，但是沒有任何人告訴我們為何應該剛好減半？是什麼推理的結果？事實上，政治學理論中有對於「最適議會規模」的理論，如果將台灣的情況列入計算，我國國會的人數可能還需要再增加，學者 Taagepera and Shugart（1989: 175）從世界國家經驗歸納，一國的國會大小，等於該國人口總數的三次方根，也就是 $S = P^{1/3}$，S 代表席次，P 代表人口，如果以台灣 2300 萬人來計算，我們的國會大小應該是 285 席，比第六屆以前國會的 225 席還多出 60 席。

[16] 政治學者 Berelson（1954）便認為，民主政體的效率與穩定，取決於有能力、有意願部分人民的參與和大多數人民的不參與，他更認為，大量民眾持續的參與，反而會造成整個民主體系的不穩定甚至是崩潰。

[17] 德國社會學家 Robert Michels（1962）所提出的「寡頭政治鐵律」（iron law of oligarchy），是從組織理論對盧梭的全民民主政府（popular democracy）提出質疑，簡單來說，這個鐵律就是「實施民主就造就寡頭統治的結果」的意思（democracy leads to oligarchy）。

雖然口頭上還必須服膺「相信人民眼睛是雪亮的」、「民之所欲，常在我心」等民主社會的流行諺語之下（popular proverb）。

　　前述這種菁英內心的統治心態，正是民主社會中「菁英民主」與「專業獨裁」滋長的溫床。由於菁英在政治知識與判斷上「超越」（outperform; Zeller, 1992）一般人民，他們在「守護者治理」的潛意識之下（guardianship; Dahl, 1989: 52-64），不論是自認為是Plato眼中全知全能的「哲學家皇帝」（philosopher king），或是被民眾期待作「家父長式政府」（paternal government）的父母官，都會讓我們民主社會離「平等對待」的理想愈來愈遠[18]。

　　這樣看來，本章一開頭所揭櫫台灣公共管理者在民主化過程中所面對治理體質的改變，是否只是一個「假象」（illusion）？我們原則上接受民主政治，但是現實上又必須低調地承認 John Stuart Mills 所言「自由無法自我成事」的警語[19]，因為，缺乏專業知識的協助以及專家的介入，民主無法自我運作；更甚者，隨著科技快速發展，公共事務包含愈來愈多新興事務與未知風險，民主治理愈來愈需要專家科學知識的協助以避免錯誤（Beck, 1992）；但是，擁有知識且具有權力的階層（當然包括公共管理者在內），反過來左右人民的意志，在「科技控制」的文化之下，形成「專家宰制」的治理事實（the tyranny of experts; Chafetz, 1996; Fischer,

---

[18] 前國安局長殷宗文先生，曾經為了政府援助柯索沃的爭議，「誠實」地表達出這種家父長式政府的心態，他說：「援助柯索沃難民是戰略問題，……戰場以外就是戰略，因此，援助柯索沃是人道救援，是戰略問題，一般技術性、專業性的官員是看不到的，一般人沒有專業素養更看不到，贊成的多是高級知識分子。」請參中央日報，1999 年 6 月 13 日，版 3，標題：「殷宗文：三億援柯是戰略議題」。

[19] Mills 曾說：「行政專家所組成的政府，無法為一個國家完成自由（代議）政府所能完成的事，但是，專家政府可以達成一些自由政府獨自所無法完成的事；我們發現自由的維繫，需要自由以外因素的協助，同時，我們也發現，自由並不足以自我成事，除非我們可以找到結合行政專家與自由政府的統治手段，不然，自由還可能會摧毀它自己」。節錄轉引自 Waldo（1981: 81），原文如下："Government by trained officials cannot do, for a country, the things which can be done by a free（representative）government; but it might be supposed capable of doing some things which free government, of itself, cannot do. We find, however, that an outside element of freedom is necessary to enable it to do effectively or permanently even its own business. And so, also, freedom cannot produce its best effects, and often breaks down altogether, unless means can be found of combining it with trained and skilled administration."

2000; Yankelovich, 1991）[20]，成為實踐民主治理最嚴酷的考驗。

　　為了緩和被專家宰制的焦慮，不論是學界或是實務界，近來都強調公共政策過程中「公民參與」的重要性（citizen participation; OECD, 2001; World Bank, 1996; Forster, 1999; Hisschemoller and others, 2001; Clark and others, 2003; Peters, 1996; Thomas, 1995），從環保（包括永續發展、環境風險評估；Glicken, 2000; Stolp and others, 2002）、新興科技應用（Goorden, 2003; Chopyak and Levesque, 2002）、地方治理（Blair, 2000; Fung and Wright, 2001）等面向，展開許多公民參與制度的實驗與應用，當然，也有些學者將這股公民參與風潮稱為一種「新的宰制」（the new tyranny; Cooke and Kothari, 2001），這種對公民參與幾近「宗教式」的狂熱，提出反省的聲音[21]。

　　從公共管理者的角度而言，公民參與在前述「治理知識的困境」之下，到底是怎樣的一個過程呢？本章將分兩個階段來討論這個重要的問題，首先，本章將先在第三節中利用民主理論的路徑，檢視這種困境的本質，再者，本章將從哲學層次的討論，回到實務管理的層次，討論本章提出公部門「參與性知識管理」的內涵、目的以及實施原則。

第三節　程序性民主 vs. 認識性民主

　　民主治理知識的困境，如果從民意與專業爭議的角度切入，有一個古

---

[20] 民主理論家 Robert A. Dahl（1989: 78）拒絕了這種憂心，他說：「一個民主政權會產生人民做錯決定的風險，但是，作錯決定是世上所有的政權共同的風險，然而，20 世紀許多最糟糕的案例都是發生在非民主政權的領導者身上（It is true that a democratic regime runs the risk that the people will make mistakes. But the risk of mistake exits in all regimes in the real world, and the worst blunders of this century have been make by leaders in non-democratic regimes.）。」

[21] 這種狂熱的心態，可以從學者 Jane Mansbridge（1999: 291）的一段話看出：「我相信『參與民主決策可以讓參與者成為更好的公民』這個論述，因為它與我個人經驗吻合，但是，我沒辦法證明它，至少在現在，我也認為沒有其他人可以證明。」原文如下："Participating in democracy decisions makes many participants better citizens. I believe this claim because it fits my experience. But I cannot prove it. Neither, at this point, can anyone else."；另外，對於公民參與的影響評估論著，請參 Cleaver（1999）；Halvorsen（2003）；Morrell（1999）。

老的根源，那就是民主理論當中「程序性民主」（procedural democracy）
與「認識性民主」（epistemic democracy）的相容性問題。簡單來說，
「民主政治到底是強調公民程序上公平的參與（程序性民主），還是要做
出正確的決策（認識性民主）？」是這個爭議最關鍵的問題[22]，而兩者的
衝突點就在於：「正確的決定不一定是民之所欲」的這個焦點之上。讓我
們一步一步地隨著下面三個問題，來檢視民主社會中專業與民意的爭議：

其一，如果人民的集體政策偏好是重要的決策知識，它是如何產生
的？誰擁有這個知識？

其二，缺乏專家知識的公民，參與公共決策的意義到底在哪裡？

其三，如何整合專家與人民的意見？

一、程序性民主

首先，本章要問第一個問題：「如果人民的集體政策偏好是重要的決
策知識，它是如何產生的？誰擁有這個知識？」最過去一個世紀公共選擇
理論（public choice theory; Mueller, 2003），提供我們回答這問題的許多線
索，主要可以歸納為該理論對民主政治的實踐的三個質疑，它們分別為：
「投票循環」（voting cycle）、「參與矛盾」（paradox of participation）
與「理性無知」（rational ignorance）；這些質疑被學者 Hardin 稱為一種
「知識的經濟理論」（a economic theory of knowledge; Hardin, 2002），專
門被用來檢視民主社會治理知識的困境，讓強調程序性民主的實踐基礎，
出現重大瑕疵，讓我們一一檢視之。

（一）民主多數決的「不可能」：民粹主義的程序瑕疵

第一個質疑是諾貝爾經濟學獎得主 Kenneth Arrow 所提出的「不可能

---

[22] 請參 List and Goodin（2001），原文如下："Classical debates, …, rage over the question of whether we want our political outcomes to be right or whether we want them to be fair. Democracy can be（and has been）justified in either way, or both at once."

定理」（impossibility theorem），該定理指出，如果民主社會最重要的制度性工作，是找尋一種將個別人民的偏好「聚合」（aggregate）成為社會集體的偏好的程序，比方說，民主治理最常使用的多數決原則（majority rule），但是因為「投票循環」的存在，沒有一種偏好聚合的程序，可以告訴我們「正確」的社會集體選擇是什麼[23]，也就是說，民意從程序上的定義，只有相對、沒有絕對的意義[24]。

（二）民主參與的成本效益：參與矛盾與理性無知

　　第二與第三個質疑，分別為「參與矛盾」與「理性無知」，它們都是由政治經濟學者 Anthony Downs（1957）所提出的。在「參與矛盾」方面，Downs 以投票為例，認為如果每一個選民知道自己影響投票結果的可能性，小到與自己出門投票被車撞傷的機率還小，他們為何要出門投票？也就是說，參與不但不是一種理性的行為[25]，也不是理所當然的，程序性民主假設民眾都會來參與的看法，是一個矛盾；另外，在「理性無知」方面，Downs 認為，人民並沒有足夠的誘因去吸收政治知識，作出更好品質的政治判斷，因為，一方面來說，個人吸收政治知識是一個成本效益的問題，是需要花費個人資源的；另一方面，個人所獲取的政治知識，是一種公共財（public goods），如果選擇無所節制地充實政治知識，也是一種不理性的行為，因此，在某些成本效益的考量之下，民眾會停止吸收政治知識，因而保持部分的「無知」。綜合公共選擇學派對民主政治的看法，就程序的角度來看，民主治理所植基的民意，是一個變動與不完全的觀念，一方面，它會隨著制度與菁英的論述來定義；另一方面，民眾不但沒有足

---

[23] 請參本書第六章，特別是其中討論到投票矛盾的部分，在此不多加贅述。

[24] 試舉一個例子來說明這種問題，2000 年總統大選之後，陳水扁總統說「台灣人民選擇了我」，這句話在公共選擇理論的檢視下，只說對了一半，如果 2000 年大選的選舉制度，不是採用一輪投票相對多數決，而是採取兩輪投票絕對多數制，也就是說，第一輪投票如果沒有任何一組候選人超過半數，就要對前兩名的候選人進行第二輪投票，在這樣的投票制度之下，當選的可能就不是陳水扁總統了，所以，「台灣人民的選擇」並不是一個絕對的論述，而是相對於當時的選舉制度而言的，換句話說，不同的選舉制度產生不同台灣人民的選擇。

[25] 請參本書第八章，對這項批評有完整的回顧。

夠的誘因參與政務，更沒有足夠的誘因在政策專業上充實自己，因此，專家菁英宰制的民主，是結構上與個別行為上的必然且理性的預期。

（三）民粹主義的正當性極限：否決權與排誤

政治學者William H. Riker在《自由主義對上民粹主義》（*Liberalism against Populism*）一書中，將前述公共選擇理論對民主治理的質疑，當作批判民粹主義（populism）的基礎[26]。Riker 認為，一個由選舉多數決所產生的「全民意志」（general will）出現矛盾現象，使得民主政治從民粹主義出發的解釋成為一種「空殼子」[27]，這種狀況，讓政治菁英能夠經過「議程控制」（agenda control）、「議題操控」（issue dimensional manipulation）或是「操控遊說」（heresthetics）等方式主導政治與公共政策走向[28]；因此，相較之下，「自由主義」（liberalism）並不要求選舉能夠發掘全民意志，而只是「允許人民移除有威脅性的掌權者」的一種「人民否決權」（popular veto）的行使[29]，因此，自由主義與民粹主義比較起來，是民主治理的較可行的一種選擇。

回到本段一開始的問題，公共管理者如果要在民主社會中尋找民意，作為政策知識管理的依據，根據前述公共選擇理論的看法，這是一個艱難的工作，因為不同的議程切割、不同的論述方法、不同的制度安排甚至不同的時間點，都會給民主社會帶來不同的「民意」，也就是說，民主社會試圖尋找「那一個全民意志」（the general will）作為政策正當性的基礎，

---

[26] 民粹主義在 Riker（1982b: 14）眼中，是「多數的意見，就是正確的意見，也應該被尊重，因為人民意志就是民眾的自由」，原文如下："…the opinions of the majority must be right and must be respected because the will of the people is the liberty of the people." 最後一句的看法，是來自於盧梭（Jean-Jacques Rousseau, 1712-1778）所著的《社會契約論》（Social Contract）中「強迫得自由」（forced to be free）的論述，盧梭認為「任何不遵守全民意志的人應該在全體人民之前，被強迫去順服，這就是強迫他得自由」，英文原文如下："Whoever refuses to obey the general will shall be forced to obey it by the whole body politic, which means nothing else but that he will be forced to be free."。

[27] Riker（1982b: 239）認為，民粹主義應該被捨棄，並不是因為它道德上的錯誤，而是它根本就是一個空殼子，原文如下："…not because it is morally wrong, but merely because it is empty."

[28] 相關於 Riker 教授更完整的論述，請參考本書第四章第四節。

[29] 請參 Riker（1982b: 244）。

所得到的通常是「許多個全民意志」（general wills）下的選擇難題，這樣的狀況，一方面給予擁有議程設定權力的人（包括民選政治人物、政治任命人員及公共管理者），擁有定義「民意」來主導公共事務的機會，也就是說，民主治理從程序上，在議程設定權力中創造了「統治菁英」[30]；另一方面，民眾因為個別成本效益的考量之下，主動限縮自己參與和學習政務的作為，甘願接受專家領導，因此，民主治理知識的困境，從程序上的問題來看，是可以理解的。上述的論點，是否就是民主治理的實況？讓我們進入認識性民主的觀點，來繼續討論民主治理知識的困境。

二、認識性民主

　　某些學者對於Riker批判民主政治的看法，多有保留（Cohen, 1986; Coleman and Ferejohn, 1986），主要的保留都是來自於 Riker 將民主視為一種純粹的「程序性」問題，如果這個程序本身出現邏輯上的瑕疵，民主治理當中最重要的民粹主義成分，就必須被拋棄，那麼公民參與決策的意義到底為何？這來到我們在本節中所提出的第二個問題，民主治理過程中，要求一群「缺乏專家知識的公民，參與公共決策的意義到底在哪裡？」也就是說，從公共管理者的角度來思考，「公民參與」這個新的政治正確，是一個「麻煩」的觀念[31]。本章接下來從認識性民主的角

---

[30] 政治菁英與一般人民比較起來的知識優勢，就是多了這些「操控遊說」的政治知識，當代選舉政治中有一個流行的字「拗術」（spin），就是這種操控遊說的能力。

[31] 這個麻煩，來自於三個方面，其一，公民參與是一個冗長、耗費資源與充滿衝突的過程，比起專業人員閉門討論的決策形式，其過程不但專業性不足，如果失控還可能一事無成；對公共管理者而言，更不能忍受的是，一旦爭議問題檯面化，「無法自治」的民眾與對選票一頭熱的民選政治人物，常常會將責任的矛頭，指向官僚體系，讓第一線的公共管理者對決策產生無力感，進而放棄專業堅持，對公共利益造成傷害。其二，隨著行政程序法治化與政府運作資訊公開的逐步推展，台灣政府的運作細節，逐漸被放在陽光底下，除了選舉之外，民眾擁有更多的管道，獲知與自己權益相關的政策決策過程與內容；同時，政務人員也積極建構民眾表達政意見的管道，這些活化統治者與被統治者互動的諸多機制，理論上是成就實質民主的正當作為，但是，它們事實上也加重了文官體系的業務負擔。其三，因為長期接受威權統治的關係，除了選舉之外，台灣民眾對於公共事務普遍缺乏參與的認知、動機與能力。相對於公部門從形式與實質上不斷開放公民參與管道，在實務上常常產生兩個結果，一是參與的人太少，徒具形式而已，再者就是整個過程，受到特定利益團體的操控，扭曲了藉由民眾達致公共利益的原始目的，但是，面對公民參與文化的結構性問題，公共管理者的影響力有限。

度[32]，討論民主參與的正當性。

　　程序性民主論述與認識性民主論述最大的不同，就是前者將論述重
點放在程序性的問題上，認為民主只要滿足某種程序上的規範（如多數
決），不必關心選擇的結果，是否與某種客觀的「真理」相容；但是，民
主如果是要「彰顯真理」（tracking the truth; List and Goodin, 2001; Estlund,
1993, 1997），它就必須有發掘真理的成分在其中，它包括兩個成分[33]：
第一個是「目的論的成分」（ontological component），亦即民主參與
（不論是什麼樣的參與程序）本身就能增進人民福祉，也就是說，民主參
與本身就是「真理」；再者則是一個「認識論的成分」（epistemological
component），也就是說，民主參與比起非民主參與（比方說，獨裁決
策），較能夠「彰顯真理」。讓我們從公共選擇學派所提出，兩個支持公
民參與的理論來分別檢視前述兩個認識性民主論述的成分，它們分別是
Buchanan 與 Tullock 的「最適多數決」（optimal majority），以及 17 世紀
法國數學家 Condorcet 的「陪審團定理」（jury theorem）。

（一）共識形成的成本效益：最適多數決原則

　　首先，在「最適多數決」方面，學者 Buchanan 及 Tullock 遵循經濟學
尊重個人「自願交換」（voluntary exchange）的傳統，思考公共決策的強
制力（coercive power），應該在什麼樣的決策制度之下，才可被視為是正
當的？他們初步的答案是「全體同意」（unanimity rule），理由是公權力
如果是在全體同意的狀況之下實行，每個人因公權力對自己所產生的「外
部成本」（external costs）最小[34]，也就是說，沒有一個人是被迫接受統治

32　這個觀念最早是由 Cohen（1986）所提出。
33　本段的論述來自於 List（2002）。
34　政策決定「外部成本」在這裡的意義，就是公權力在違反個人意志或利益之下，作成具有強
　　制力的決定，比方說，一棟公寓大樓有十戶人家，因為某種原因，管理委員會希望每戶加收
　　管理費 1,000 元，在多數決之下，只要六戶人家贊成（有四戶反對），所有的人家就要多付
　　1,000 元，這個公權力的行使，對於那些反對的家戶來說，就是一種外部成本，也就是在非
　　自願的狀況下，付出 1,000 元。然而，如果該棟公寓大樓的決策機制是一致同意，只要有一
　　戶人家不同意，這個增加管理費的方案就不能通過，對個人來說，公共決策的外部成本當然
　　是極小化。

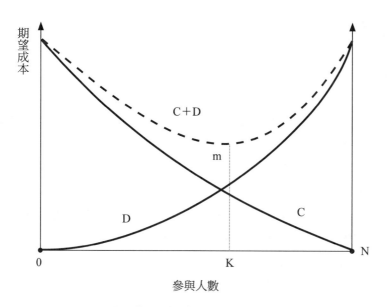

圖表來源：Mueller (2003: 75).

圖 10-1　Buchanan 與 Tullock 提出民主最適決策機制

的狀態之下，社會集體的福祉就是極大化。

　　然而，Buchanan 與 Tullock（1962）也認為，個人參與決策的行動本身，也會耗費資源的，也就是說，愈多的人參與，所耗費的「決策成本」（decision costs）將會愈高，因此，最適社會「共識」（consensus）的產生，是一個平衡外部成本與決策成本的計算（calculus），因為，讓愈多的人參與公共決策，雖然能夠降低公共決策的外部成本，但卻會增加決策成本[35]，而「最適參與」就是極小化兩種成本的總合，請參圖 10-1。

　　圖 10-1 中 X 軸代表參與的人數，假設決策體總共有 N 人，X 軸上的任何一點代表集體決策需要多少人的同意，當 N = 1 的時候，是一種「獨裁」體制，只要一個人就可以決定整個決策體的事務，而當 N = N 時，就是「全體同意」的決策體制，也就是每一個人的同意都必須得到的狀況之

---

[35] 舉一個簡單的例子，開票的唱票過程，每多一個人投票，就要多花一些時間唱票，人數愈多，唱票的時間也就愈長。

下，才能做成決定。

　　圖 10-1 的 Y 軸代表成本的計量，愈高代表成本愈高，C 曲線代表當愈多的人參與決策，決策的外部成本持續下降的狀況（左高右低），而圖中的 D 曲線，代表當愈多的人參與決策，決策成本愈高的狀況（左低右高）。而圖中 C＋D 的中凹曲線，代表在每一個決策人數之下，外部成本與決策成本的加總值，該曲線相對於 Y 軸有一個最低點 m，代表外部成本與決策成本加總的最小值，這個最小值延伸到 X 軸的 K 點，代表最適的參與水平，也就是說，從社會整體極小化外部成本與決策成本加總的算計上，K 人參與決策是社會最適當的參與水平。上述的論點，主要告訴我們，公民參與決策，具有降低對個人外部成本的果效在其中，這也是民主治理「共識統治」（rule by consent）的基礎，也是公民參與的正當性來源，但是，整體社會也因為更多人民參與決策，必須付出更高的成本，而兩者平衡的結果，我們可以找到一個社會最適的參與水平。

　　綜合上述所言，可得到三個重點，其一，公民參與本身就是它的目的，也就是說，民主所揭櫫的真理，就是它自己，這個真理的核心就是：「沒有人被迫接受對自己有害的政策」，其二，這種認識性民主治理的限制，主要來自於它的實踐成本，盲目追求擴大參與，反而會讓決策成本攀高，到頭來可能反而一事無成[36]，其三，這樣的論述，基本上將社會集體的善（common good）聚焦在個人自由的加總，但是，如果「真理」是一個政策的結果選項，民主治理中的參與，能夠幫助社會分辨出這個真理嗎？答案就在下面對「陪審團定理」的討論中。

（二）三個臭皮匠勝過一個諸葛亮：Condorcet 陪審團定理

　　在「陪審團定理」方面，17 世紀的法國數學家 Condorcet（1743-1794），提出所謂「陪審團定理」（Condorcet Jury Theorem; 請參McLean and Hewitt, 1994; McLean and Urken, 1995），告訴我們民主參與的集體行

---

36 事實上，就程序上而言，全體同意的決策制度，基本上給予每一個人「否決權」（veto power），這讓決策制度本身獲得結論的功能，大打折扣。

動，在某些前提條件之下，卻有助於社會真理的彰顯，這是一種民主治理的「大數原則」[37]。

假定某一項政策是一個「捉對選擇」（binary choice）[38]，只有兩個選項 $k = 2$，分別為 k_1 與 k_2，假定只有上帝知道 k_1 是「正確」的選項，k_2 是「錯誤」的選項，有一位獨裁者在有限的資訊之下，他有 60% 的機率選擇 k_1，意指 $p(k_1) = p_1 = 0.6$，也就是說，他有 40% 的機會會做出錯誤的決定。今天如果我們改變決策方法，加入「民主」的質素，讓一個三人小組（甲、乙、丙，$n = 3$），依照多數決的原則來決定政策，假定他們每一個人都與前述獨裁者一樣，有 40% 的機會「犯錯」（也就是選擇 k_2），我們可以問，這種集體決策的結果，與個人獨裁決策的結果比較起來，人們犯錯的機率是會升高還是降低？讓我們從表 10-1 來檢視。

表 10-1 當中，甲乙丙三人所有可能集體選擇的排列組合共有八種，各種排列組合都可以找出其多數決的結果以及其發生的機率，比方說，

表 10-1　Condorcet 陪審團定理

	集體選擇所有可能的組合							
	1	2	3	4	5	6	7	8
甲	k_1	k_1	k_1	k_1	k_2	k_2	k_2	k_2
乙	k_1	k_1	k_2	k_2	k_1	k_1	k_2	k_2
丙	k_1	k_2	k_1	k_2	k_1	k_2	k_1	k_2
多數決結果	k_1	k_1	k_1	k_2	k_1	k_2	k_2	k_2
機率	0.216	0.144	0.144	0.096	0.144	0.096	0.096	0.064

（兩個選項，$k = 2$；三位公民；$n = 3$，正確決定 $= 0.6$, $p(k_1) = p_1 = 0.6$）

圖表來源：陳敦源（2002：182）。

---

[37] 本段的內容修改自陳敦源（2002：181-182）。
[38] 原始的文章當中，這是一個陪審團的情境，面對一個嫌疑犯，陪審團做出「有罪」或「無罪」的判決，基本上，真理只有一個，嫌疑犯不是有罪就是無罪，做出正確的決定，包括判有罪的為有罪，判無罪的為無罪，而錯誤的決定，包括判有罪的為無罪（型一錯誤，type I error），以及判無罪的為有罪（型二錯誤，type II error）在內。

在第二種組合當中，甲與乙都會選擇 k_1，則依照多數決原則，集體選擇
的結果就是 k_1，而其發生的機率就是 $0.6 \times 0.6 \times 0.4 = 0.144$，以此類推，
最後，我們若是把錯誤選擇（集體選擇為 k_1 者）的機率相加，發現它等
於 0.325[39]，與獨裁者犯錯的機率 0.4 比較起來，確實下降了許多，也就
是說，民主參與可以增加社會「彰顯真理」的可能性，可謂是「三個臭皮
匠勝過一個諸葛亮」，更進一步來說，當個人選擇正確選項的機率大於
0.5，參與人數繼續擴大，以及選項的數目擴大的狀態下，社會集體在民
主規則之下選擇正確選項的機率，會趨近於 1，這個趨勢請參表 10-2。
　　值得注意的，陪審團定理有一個前提，就是個人選擇正確選項的機
率，必須至少大於 0.5，前述的結果才會出現，相反來說，如果個人選擇

表 10-2　一般化 Condrocet 陪審團定理

選項數 (k)	機率 $P_1, P_2,..., P_k$	在不同的決策體人數 n 的狀況下，選項 k_1（正確的選擇）是多數決的選擇的機率					
		11	51	101	301	601	1001
2	0.51, 0.49	0.527	0.557	0.580	0.636	0.688	0.737
	0.6, 0.4	0.735	0.926	0.979	~1	~1	~1
3	0.34, 0.33, 0.33	0.268	0.338	0.358	0.407	0.449	0.489
	0.4, 0.35, 0.25	0.410	0.605	0.692	0.834	0.918	0.965
	0.5, 0.3, 0.2	0.664	0.664	0.937	0.987	~1	~1
4	0.26, 0.25, 0.25, 0.24	0.214	0.266	0.296	0.361	0.420	0.476
	0.4, 0.3, 0.2, 0.1	0.512	0.770	0.873	0.980	0.998	~1
	0.5, 0.3, 0.1, 0.1	0.708	0.939	0.987	~1	~1	~1
5	0.21, 0.2, 0.2, 0.2, 0.19	0.157	0.214	0.243	0.308	—	—
	0.3, 0.2, 0.2, 0.2, 0.1	0.360	0.653	0.812	0.980	—	—
	0.35, 0.2, 0.15, 0.15, 0.15	0.506	0.883	0.974	~1	—	—

圖表來源：List and Goodin（2001），表一。

註："~1" 代表「趨近於1」。

---

[39] 集體選擇 k_1（正確）的機率：$0.216 + 0.144 + 0.144 + 0.144 = 0.648$；集體選擇 k_2（錯誤）的
機率：$0.096 + 0.096 + 0.096 + 0.064 = 0.352$。

k₁ 的機率低於 0.5，愈多的人參與反而會做出愈離譜的決定[40]，這個趨勢可以從表 10-3 以及圖 10-2 看出。

在表 10-2 當中，我們回到捉對選擇的例子（k = 2），讓我們檢視當選擇 k₁（正確決策）的機率變動，以及決策體人數變動的狀態下，集體簡單多數選擇 k₁ 的機率改變情況。假定當個人選擇 k₁ 的機率為 0.3 時，在三人決策體的狀態下，全體以民主的方式選出 k₁ 的機率為 0.216，隨著參與人數上升至五人與七人，這個機率也跌至 0.163 以及 0.126，也就是說，集體選擇所帶來的決策結果，反而讓我們離「彰顯真理」愈來愈遠，如果再到圖 10-2 來看，我們發現 0.5 是這種趨勢的一個分水嶺，當社會面對的議題是容易犯錯的問題，也就是 P（k₁）< 0.5 的問題，愈多的人參與反

表 10-3　Condrocet 陪審團定理的擴大

選項（k）	機率 P_1, P_2	在不同的決策體人數 n 的狀況下，選項 k₁（正確的選擇）是多數決的選擇的機率		
		3	5	7
2	0, 1	0	0	0
	0.1, 0.9	0.028	0.009	0.003
	0.2, 0.8	0.104	0.058	0.003
	0.3, 0.7	0.216	0.163	0.126
	0.4, 0.6	0.352	0.317	0.290
	0.5, 0.5	0.5	0.5	0.5
	0.6, 0.4	0.675	0.683	0.710
	0.7, 0.3	0.784	0.942	0.967
	0.8, 0.2	0.896	0.942	0.967
	0.9, 0.1	0.972	0.991	0.997
	1, 0	1	1	1

（兩個選項，k = 2；三、五、七位公民，n = 3, 5, 7；正確決定 = 0~1，p(k₁) = p₁ = 0~1）

圖表來源：作者自繪。

---

[40] Condorcet 陪審團定理的正式論述，就是當個人選擇正確選項的機率大於 0.5 的條件之下，決策體應用簡單多數決的方式所做出的集體決策，選擇正確選項的機率，會隨著決策體人數的上升，而趨近於 1。

而愈糟糕，但是，如果 P（k_1）> 0.5，民主參與比個人決策來得更加能夠「彰顯真理」，或是「排除錯誤」的效果愈好。

　　從上述對於 Condorcet 陪審團定理的討論，我們可以歸納成下列三點，其一，如果我們將專家定義成選擇政策時有較低犯錯機率的人，則只要社會所面對的政策問題，一般人民犯錯的機會小於 0.5，在民主參與的多數決機制之下，如果人數夠多，人民的集體決策，不管在個人層次與專家排除錯誤能力的差距有多大，人民就是專家！這樣的論述，可以視為對公共選擇學派從程序上否定民主決策價值的一個有力的反擊[41]，換句話說，缺乏專業知識的人民參與決策，從認識性民主的角度來看，它就是一種專家政治。

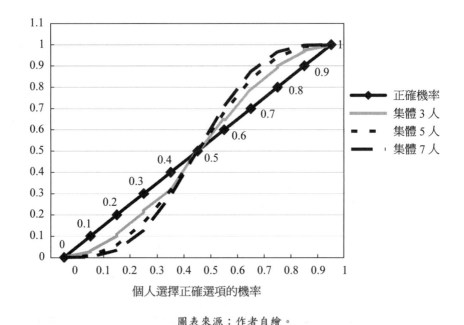

圖表來源：作者自繪。

圖 10-2　Condorcet 陪審團定理（3,5,7 人）

---

[41] 請參 Grofman and Feld（1988）；Estlund, Waldron, Grofman，與 Feld,（1989）一篇關於應用 Condorcet 陪審團定理重新檢視盧梭「全意志」的文章以及回應討論，十分精采。

其二，從「排除錯誤」的角度來看，民主參與有其正面的功能，但是我們不能忽略 Buchanan 與 Tullock 對於決策成本的提醒，雖然與個人決策比較起來，民主參與的成本明顯較高，但是，我們仍然有許多空間，應用各種正式、非正式的制度建立方式，來降低民主運作的成本，這其中，最重要的就從施政知識管理的角度，有效地提升人民做出正確決定的可能性，這也是公部門當中，「參與式知識管理」能夠提升民主治理績效最重要的工作；其三，與程序性民主比較起來，認識性民主對民主參與當中，個人「彰顯真理」的意願有較多的要求[42]，這個要求，除了個人追求真理的意願與能力之外，就是如何建構一個彰顯真理的過程，這個過程，在下文當中，將以「參與式知識管理」為核心來討論其內涵、目的以及原則。

第四節　技術性 vs. 參與式知識管理

法國學者及政治家 Alexis de Tocqueville 早在兩百餘年前就曾說，現代公民面對一個「又要引導、又要自由」的困境[43]，人民渴望自主，但是缺乏對於事務的了解，需要專業知識的引導，形成一種「治理知識的困境」；這個困境，在前述民主理論的引導之下，已經不是一個純粹程序性的議題，而應該視為一個社會集體追尋「真理」的過程，也就是說，人民與專家在追尋社會真理的共識之下互動，在民主程序中做出更好的選擇，才有可能化解民主社會專家宰制的問題，這也是民主治理機制設計的重要

---

[42] Cohen（1986: 34）認為從認識性民主的角度檢視集體決策，應該有三個主要內涵，其一，有一個獨立於程序的「真理」存在；其二，這個客觀的真理，也不是從個人偏好而來的，也就是集體偏好本身並不等於真理，舉例而言，大家公投通過讓太陽打西邊出來，明天太陽還是打東邊出來；其三，選擇過程是一個檢視證據、改變個人原始信念的過程，它是一種學習的過程，也是一種商議的過程，好像陪審團檢視證據、閉門商議，最後做出判斷的過程。

[43] 他說：「現代人受到兩股相互衝突慾念的綑綁：我們一方面需要引導，另一方面又想要自由，在無法逃避這相互衝突的本性之下，我們設法同時滿足這兩項需要。」引自托克維爾（Alexis de Tocqueville, 1805-1859）所著《美國的民主》（*Democracy in America*）一書，原文如下："Our contemporaries are ever prey to two conflicting passions: They feel the need for guidance, and they long to stay free. Unable to wipe out these two contradictory instincts, they try to satisfy them both together." 轉引自 McAvoy（1999: 5）。

環節。

　　學界從「真理彰顯」過程對民主的討論，事實上也是近來時興的「審議式民主」（deliberative democracy）的基礎之一[44]，然而，商議式民主本身操作的問題，還未成熟到作為民主治理過程中，啟蒙「公民能力」（citizen competence）的理論基礎。Lupia 與 McCubbins（1998: 226-227）就認為，在兩個狀況之下，審議的環境不能作為一個啟蒙的環境，其一，能言善道的人並不是最有知識的人，其二，意圖說服他人的人通常會藉由這過程將自己的意見轉化成公眾的意見，這是策略性使用審議過程的可能性；事實上，這也是學者 Bohman（1999）的憂心，如果審議式民主不只是單純的「討論」而已，而是成為民主決策的一個必要的策略環節，我們就必須面對「知識社會組織」（social organization of intelligence）當中，存在決策資訊分配不平等下，產生類似「委託人－代理人」（principle-agent）的決策分工現象[45]。一般公民面對複雜的公共決策，需要相關政策資訊的提供，而社會當中的專家就扮演這樣的角色，就自然成為這過程成敗與否的關鍵。

　　美國學者 John Dewey 早在近一世紀前就提出，民主政治必須存在某種「認知上的分工」（the cognitive division of labor; Bohman, 1999），好似一種在政策知識上的「委託人－代理人」關係，它應該被視為一種「社會審視」（social inquiry）的過程，以科學實驗的精神，藉由社會性的互動與合作，結合專家與人民的意見，完成民主集體決策的目的[46]，學者 Bohman（1999: 591）詮釋這個過程為：「……民主改革的希望，是認識性的（epistemic），也是政治性的：也就是說，不只是要讓民主更像追尋真理的科學，也要讓科學能夠更具有民主的氣質。」[47]

---

[44] 相關文獻，請參 Fishkin 與 Laslett（2003）；黃東益（2003）。

[45] 關於代理人理論，請參 Alchian 與 Demsetz（1972）；Arrow（1985）；以及本書第十二章。

[46] 學者 Hilary Putnam（1995: 180）也認為，民主是一種「社群審視」（community inquiry）的過程，它不只是一種社會生活方式，事實上它是應用集體智慧解決社會問題的前提條件。

[47] 原文如下："Pragmatists therefore thought that the problems and prospects for democracy were both epistemic and political: not just the Enlightenment problem of making democracy more like science, but also the political problem of making science more democratic."。

　　然而，審議式民主的討論，對於公共管理者而言，雖然正確地指出審議的過程，應該是民主治理運作的焦點，但是，這種論述對公共管理者實務工作上的關聯性到底在哪裡，並沒有更進一步的論述，本章接下來將針對這個工作，從三個方向討論，其一，本章將討論「誰是宰制的專家？」的問題，了解專家宰制與權力知識菁英之間的關聯性，其二，本章將站在知識管理的角度，以「參與式知識管理」為核心，討論這種社會審視過程的本質，以求能在理論與實務之間搭起橋樑，其三，本章最後將依循民主理論的討論，提出參與式知識管理的五個原則，作為檢視公部門知識管理內涵的另類標準，作為一種較為符合民主治理本質的標準。上述三個論點，基本上回答了本章所問第三個問題：「如何整合專家與人民的意見？」

一、誰是宰制的專家？

　　要談論這個社會審議的過程，我們必須了解社會當中參與者的角色問題，也就是說，民眾與專家到底有何不同？我們可以有三種說法，第一種就是前述 Condorcet 陪審團定理之下，專家是「犯錯機率較小之人」的論述。第二種則是認為關注焦點不同而產生的，最著名的研究是由美國奧瑞岡大學的心理學家 Paul Solvic 教授，對於民眾與專家「風險認知」（risk perception）的一系列研究[48]。他們發現，當問及核能、殺蟲劑等產品的致死率，一般民眾明顯誇大了它們的危險，相對地，專家的看法比較接近事實，當進一步尋找民眾風險認知的內涵時，研究團隊發現，一般民眾與專家的不同，在於並非從一個技術或科學估計的層面來思考，而是從自身利害關係的角度，對於認知對象中的「不知」（unknown；包括無法觀察到、不熟悉等），以及「可怕的」（dread；包括無法控制、不易減緩等）的特質產生風險認知的反應。因此，比較之下，專家對風險的認知，是從科學證據出發，而一般人對風險的認知，則是從社會價值出發，有一

---

[48] Slovic, Fischhoff 與 Lichtenstein（1979,1980）；文獻回顧請參 Fischhoff（1985）。

位學者說得好：「技術專家是專門於分別哪些是危險、哪些不危險的政策選項……而人民則是專精於分別哪些是可恨的、哪些不是可恨的政策選項。」⁴⁹

　　第三種說法，認為專家就是公民參與的代言人，學者 Tesh（1999）認為，民眾與專家二分（citizen-expert dichotomy）對於環境政策的僵局，事實上是來自於正反意見不同專家間的衝突，因為，民眾通常不會親自向政府表明政策立場，而是藉由與自己意念相同的專家出面，向政府表達「民眾」的立場，因此，對公共管理者而言，「民眾就是專家」（the citizens are experts）的意義，就是不論是遊說還是參與公聽會，民眾是由專家來代表的。

　　不論是哪一種說法，專家並不一定都是宰制者，也就是說，專家所擁有的知識本身並不會展現權力，宰制的權力現象乃是來自於「使用者」的運用，會宰制的專家一定經過一個轉化知識為權力的過程，就如程序性民主所批判的那一種「議程設定」的過程，是由了解政治運作知識的人所主導的；因此，專家宰制的權力形成過程才應該是討論專家宰制的重點，而這個轉化知識為權力的過程，擁有權力的知識菁英（包括民選政治人物、政治任命人員及公共管理者）有其關鍵的地位，如圖 10-3 標有「權力知識菁英」的網底部分。

　　正如圖 10-3 中所示，權力菁英一定是公民，但不一定是專家，因此，以公共管理者為例，在公共政策過程中，他身處權力關鍵位置，常常扮演專家與民眾中介者（mediator）或是掮客（broker）的角色，他有時代表公民，向專家提出問題；他又有時候代表專家，向民眾提出說明，而專家藉由公共管理者了解民眾的偏好，民眾也常常藉由公共管理者，了解專家的意見。

---

⁴⁹ 轉引自 Tesh（1999: 41），原文如下："[T] echnical professionals are the experts on what's hazardous and what isn't … citizens are the experts on what's outrageous and what isn't."（Sandman, 1991: 40）。

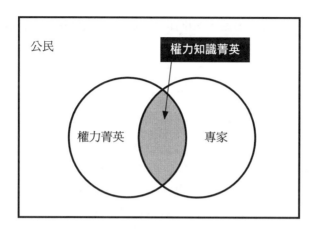

圖表來源：作者自繪。

圖 10-3　公民、專家與權力菁英

　　然而，專家宰制的原因，與權力菁英本身也是專家有很大的關聯，也就是說，專家宰制是擁有權力的知識菁英，介入民主「治理知識的困境」之結果。比方說，當權力菁英自己也是某一公共政策領域的專家時，他與一般公民以及不具有權力菁英地位的專家比較起來，具有結構性權力去貫徹自己的專家判斷，也就是說，他不但有專家知識，也有權力以這些知識進行統治，舉例而言，一個專家公共管理者，面對政策過程中邀請其他專家參與時，他擁有選擇權力來排除與自己專業意見相左的專家參與決策，而當他面對人民時，又可以站在公共管理者的角度，以專家之名來說服民眾，更有趣的，當民眾對專業意見產生了負面情緒，他還可以與民眾站在一起，批評專家所提出的專業意見，如此來看，在知識轉化成為權力的過程當中，具有專家以及權力菁英雙重身分的公民，占有一個特殊的地位，這也是專家宰制成因最值得注意的環節。

二、參與式知識管理

　　不論從權力結構或是知識優勢的角度來思考，前述專家宰制的現象，在民主理論的關照之下，公民參與都是解決問題的關鍵；然而，在公民參

與熱潮當中，公共管理者應該如何從實務上，切入這樣的議題，顯然著墨不夠。本章從強調民主「治理知識的困境」開始，將調和民意與專家的過程，視為一種「社會審視」過程，並且從公共管理者的角度，將這個社會審視認定為一個「知識管理的過程」（knowledge management process）；當然，與私部門專注於管理技術與科學事實的知識管理，公部門的知識管理應該要加入民主的質素在其中，成為民主治理過程中的一種「參與式知識管理」（participatory knowledge management），這也是本章針對公共管理者面對「民主回應」與「專業責任」雙重任務要求的內涵，所作出的一種積極的回應。讓我們從參與式知識管理的內涵、目的與實行原則等三方面來討論，最後本章將在本節中提出公部門參與式知識管理的簡單定義。

就內涵方面來說，傳統以來，私部門知識管理著重在輔助組織發展相關知識的建構、形成、散播與使用的議題之上（Demarest, 1997），但是在知識內涵上，因為較注重科學事實的部分，而較忽略社會層面的知識管理；根據一份研究公私部門知識管理異同的研究顯示（McAdam and Reid, 2000），公部門的知識管理，在以「人」為核心的資訊獲取上，是大大超過私部門，這也代表了公部門對於科學事實之外的知識，也就是那些由「社會建構」的知識（socially constructed knowledge）需求比私部門來的大，這種不同，使得公部門的知識管理，應該從純粹技術知識的獲取與管理，調整到對於社會建構知識的獲取與管理。

再者，對公共管理者而言，這樣一種參與式知識管理的目的是什麼？從「加拿大公共服務委員會」（Public Service Commission of Canada）對知識管理的定義：「知識管理是指創造、擷取、轉化與使用知識的過程，目的是要提高組織績效」之中[50]，公共管理者應該視公民參與政策決定的過程，為一種創造、擷取、轉化與使用政策知識的過程，也就是說，公共管理者就是民主治理運作過程中的「知識長」（CKO; Central Knowledge Officer），負責特定政策領域中，民主社會的決策知識管理工作；這個過

---

[50] 轉引自 Barquin（2001: 6），原文如下：“KM refers to the processes of creating, capturing, transferring, and using knowledge to enhance organizational performance.”

程的目的，也就是「績效」的衡量標準，如果私部門知識管理的目的是提高公司的經營績效，主導民主治理的公部門，其知識管理的目標，在民主理論的光罩下，起碼有三個方面：其一，參與式政策知識管理，具有前述 Buchanan 與 Tullock 降低外部成本的意義，追求共識統治的正當性；其二，參與式政策知識管理也同時具有 Condorcet 陪審團定理中，在特定政策脈絡中引進更多公民參與，能夠獲致更接近正確決策結論的目的；其三，從程序性民主的批判當中，我們也了解到，權力菁英站在知識轉化成為權力的關鍵位置上，是為一種「議程設定者」（agenda setters），公共管理者要如何從制度或是自我心態上讓這樣的知識管理過程，不至於成為少數知識菁英擷取統治權柄的捷徑，成為參與式知識管理另一個重要的目的？

最後，從實行的程序上來說，本章在民主理論的引領之下，提出公部門參與知識管理的五項實行原則，這些原則可以作為參與程序設計的原則，也可以作為發展參與知識管理的績效評估標準的理論基礎，它們分別是，平等參與、對話學習、審議判斷、效率平衡及透明課責，讓我們一一簡述之[51]：

（一）平等參與原則（principle of equal inclusion）

從公共管理者的角度，這種獲取社會建構知識的核心，就是應用各種公民參與的方式，將最廣義的政策利害關係人（stakeholders），也就是最多元的觀點，不論是來自一般大眾、利益團體、還是「沉默的輸家」（silent loser; Weimer and Vining, 1999），將他們的信念、偏好與認知，當作政策知識的一環納入決策體系[52]，在這樣一個過程中，不能有任何理由

---

[51] 這段的原則，乃是綜合前揭民主理論的討論，部分建構概念來自於 Pettit（2003）、McCoy and Scully（2002）的啟發。

[52] 這些知識的分析單位是個人，可以說是政策知識中的「隱性知識」（tacit knowledge; Polanyi, 1967），也是政策分析中「政治可行性評估」（the evaluation of political feasibility; Meltsner, 1972）的部分，但是，它的獲取又比政治可行性評估尋找某一時間點的公民政策偏好，又多了「社會審視」的成分。

排除任何人表達意見的機會。

（二）對話學習原則（principle of dialogical learning）

從公共管理者的角度，這種社會審視的過程，是以自願參與的原則，在一個開放、公共與參與障礙低的環境中進行；而公共管理者所應該注意的，是過程中「啟蒙」的學習過程，是否被確實的啟動，人際互動的效果，與個別參與者的信念、偏好與認知的任何改變或不改變，都應該被尊重。

（三）審議判斷原則（principle of deliberative judgment）

從公共管理者的角度，這個過程必須要以政策決定為結束，但是，在做成集體判斷之前，必須保證這個過程是經過各方意見，在充分而完整的資訊之下[53]，經過充分的商議而做成的決定，對於每一種政策基本價值的鋪陳、每一種政策解決方案的優劣以及各方利害關係人的信念、偏好與認知，都應該被充分地提供出來。

（四）效率平衡原則（principle of efficient balancing）

對公共管理者而言，這個過程比起專家單獨決策，成本必然是較為昂貴的，當然，這樣的花費，還必須與決策過程的成效，也就是完成社會審視的目的，取得一個效率的平衡。對公共管理者而言，知識管理的管理問題，就是在有限資源之下，極大化參與帶來的知識效益，並做成同時具有認識性及共識性的決策。

---

[53] 這個充分資訊的要求，是包含「程序性」與「認識性」的雙重成分在其中，在程序上應該提供充分的資訊，參與才有意義，而在認識性的角度，充分資訊才能作出更正確的選擇。

（五）透明課責原則（principle of transparent accountability）

對公共管理者而言，這樣一個知識創造與決策的過程，也必然是一個知識轉換成權力的過程，勢必充滿了個別政治目的的策略行為，因此，設定這個過程的議程、資訊提供、互動方式以及決策機制的機制，不但必須是具有高度共識，也必須對所有的參與者公開透明的，以達到課責的目的而產生權力制衡的效果。

總括前述的實施原則，本章將「參與式知識管理」的定義如下：「參與式知識管理，乃是在社會審視的民主過程當中，藉由創造、擷取、轉化與使用政策知識的相關技術，在平等參與、對話學習、審議判斷、效率平衡以及透明課責等五個原則下，達到民主治理之下共識統治、事實認識以及權力制衡的目的。」

第五節　小　結

正如本章一開頭所描繪的，隨著過去十餘年民主改革的持續深化，台灣公部門治理機制的體質產生重大變化。1996 年總統民選之後，人民成為政府的「頭家」，由於定期選舉的關係，民選政治人物將政府「回應」視為施政的首要目標，通常在民意與專業產生衝突時，政治人物傾向選擇前者，讓公共管理者在「課責」與「責任」之間，面臨痛苦的抉擇，而管制機構中公共管理者的角色扮演，也益形尷尬。因此，公共管理者急需一套新的知識管理思維，以重新建構民主化之後公共政策決策過程中，公民與專家之間的互動關係。本章將這個過程，視為公共管理者處理「治理知識的困境」的政治過程，而公共管理者達成平衡「專業責任」與「民主回應」兩項任務的核心工作，就是妥適地處理上述的政治過程。

本章先選擇從民主理論當中程序性民主（procedural democracy）與認識性民主（epistemic democracy）的衝突出發，討論公部門政策知識管理者的三個核心問題：其一，如果人民的集體政策偏好是重要的決策知識，

它是如何產生的？誰擁有這知識？就程序性民主來看，民意的產製不是客觀的，因此，這個過程有其結構上的偏差，讓菁英擁有定義民意的權力，使得統治菁英能夠有宰制的優勢；其二，缺乏專家知識的公民，參與公共決策的意義到底在哪裡？就認識性民主來看，不論是降低外部成本，或是趨近正確選擇，非專家參與公共政策，有其一定的認識性價值；其三，如何整合專家與人民的意見？本章站在民主理論的基礎之上，提出「參與式知識管理」概念，作為公共管理者處理「治理知識的困境」之指導方針。

就內涵而言，參與式知識管理是公部門著重「社會審視」的一個決策過程，與私部門著重科學真理的知識管理有所不同，對於以人為中心、社會建構的知識之產製與管理，公部門在民主治理的大目標之下，有更多的重視；在目的方面，參與式知識管理要達成降低外部成本的共識治理、真理彰顯的事實認識，以及權力制衡的目的；而就實行方面，本章提出平等參與、對話學習、審議判斷、效率平衡以及透明課責等五項原則，這些原則可以作為參與程序設計的原則，也可以作為發展參與知識管理的績效評估標準的理論基礎。

在後續的研究方面，本章可以作為評估公部門各種參與機制的基礎，在這樣一個從「治理知識的困境」出發的理論架構上，後續研究可以繼續發展出可供測量的指標，針對目前國內外所發展出不同的參與機制，從參與式知識管理的角度，加以評估，這種評估的結果，可以為台灣下一階段的民主深化改革，提供完整及堅實的知識基礎。接下來，在下一章當中，本書將以公共政策分析為例，討論公共管理者作為一位參與式的知識管理者，將「政治可行性評估」當作一種專業的可能做法，以及這種專業在民主治理當中的意義。

第十一章　政治是一種專業嗎？

西方國家常將權力與知識二分的議題，放到哲學層次中討論，我們創造了文官系統，視之為公共治理的表彰，又描繪其內涵是專業不足的政治上司，指導與控制中立的專家，我們說文官應該政治中立，我們教導專家應該將科學與政治分家，但是，我們作了這些事之後，又困惑地責備專家與其政治上司們，為何常將公共政策搞砸；我們極端害怕專家會篡奪了政治上司的功能，但卻忽略了政治上司們，需要專家來告訴他們關於某項政策是否適合由政府來介入、如何建構政策共識與理解政策的政治可行性，以及如何讓國家及其所維繫的公共哲學能夠存續等議題的答案。

—— Arnold J. Meltsner[1]

第一節　前言：政策分析之政治可行性評估

延續本書第二個主要問題「民主治理該如何被實現？」本章站在專業責任如何在民主環境中被實現的基礎上，從公共管理者作為政策分析與規劃專業的角度，討論「政治可行性評估」作為一種融合民主回應與專業責任的可能性與意義。隨著台灣民主化的持續發展，閉門造車式的

---

[1] 請參 Meltsner（1976: 309），原文如下："In Western countries we have elevated the separation of knowledge and power to a matter of high principle. We create civil service systems, illusions of governance, fictions that uninformed political masters direct and control neutral experts. We say our civil servants should be apolitical. We teach our experts that science and politics do not mix. We do all these things and then wonder why clients and their analysts make policy blunders. We are so afraid that the analyst will usurp the client's function that we ignore that the client needs help in determining whether a policy is appropriate for governmental action, in developing a consensus and understanding of political feasibility, and in addressing the enduring matters of the maintenance of the state and its public philosophy."

政策規劃日漸受到質疑，公共政策專業與民主價值的調和成為重要的焦點（deLeon, 1995; Dryzek, 1989），當「參與式規劃程序」（participatory planning process; Forester, 1999）與「參與式政策分析」（participatory policy analysis; Durning, 1993; Geurts and Joldersma, 2001）的概念在實務界日漸受到重視，當代公共管理者作為政策分析與規劃專家的角色，在「公民參與」（citizen participation）與「專家獨裁」（expert tyranny）的對立氣氛中，必須開始思考民主決策的可行性議題（Jenkins-Smith, 1990: 1-2），對公共管理者而言，如何讓人民直接參與複雜的公共事務決策，是亟待開發的專業領域，而其中最重要的議題，是如何藉由政策預評估（pre-evaluation; Vedung, 2000: 157-164）的設計，於政策推動前獲知政策推動時各界可能的反應，以期能預擬因應對策，增加該項政策的「政治可行性」（political feasibility; Meltsner, 1972），這樣的需求使得政治可行性的相關知識，成為實務界公共政策管理的核心之一（Brinkerhoff and Crosby, 2002）。

一、學界與實務界的需要

　　從學界來看，Woodrow Wilson（1887）在著名的〈公共行政研究〉（The Study of Public Administration）一文的第一句話說：「我想，如果沒有知道的需求，沒有一種實務的學科會被拿來研究[2]」，公共行政的研究是一個實務「需求導引」（demand-driven）的學門，如何回應前述政治專業的需求，是我們責無旁貸的任務（Kettl, 1999）。相對於公共行政學界在政治與行政之間的「認同危機」（identity crisis），政策分析領域在「可欲性分析」與「可行性評估」之間（丘昌泰等，2000），也存在所謂「兩種文化」（two cultures; Radin, 2000: 87-108）的糾葛；這糾葛的核心，就是政策分析專業中，政策分析與政治運作兩種作為之間的互動與

---

[2]　原文如下：“I suppose that no practical science is ever studies where there is no need to know it.”

衝突的問題[3]，回到本書的中心論述，在民主治理的大環境中，這也是民主回應與專業責任兩種價值取捨問題的另一種形式。學界對於政策分析常會保持感情與理智的分離，傾向於尋找更多可能的選項，也較注重全面與長期的政策效果；但是政治運作卻必須在感情上強烈介入、傾向忽略或是迅速簡化選項，也較關注短期問題的彰顯與解決[4]。學者 Weimer 與 Vining（2005: 42）從「專業倫理」（professional ethics）的角度，對於「政策分析師」（policy analysts）所可能扮演的三種角色加以分析[5]，並提出政策分析師面對「價值衝突」（value conflict）時所能採取的各種反應作為來看，政策分析的工作絕對不是在「政治真空」狀態下的科學研究與論述，而是牽涉到龐雜的公共決策過程與龐大資源分配的高政治敏感性的分析工作。更極端地來說，學者 Deborah A. Stone 甚至認為，政策分析的本質就是一種「政治論證」（political argument）[6]。因此，本章一開頭學者 Arnold J. Meltsner 所提出西方學界對政策實務「眼高手低」的問題，在台灣也是存在的，要如何能將讓學術研究對實務產生真實的貢獻，就是要回到公共政策的政治本質來建構相關的專業知識。

　　從實務界來看，政策分析的「可行性」（feasibility）議題，一般包括「政治可行性」（political feasibility）與「行政可行性」或是「組織可行性」（administrative or organizational feasibility）兩類，根據學者Munger

---

3　雖然也有方法是將政治可行性評估放在經濟可欲性的評估當中來一併處理，但學者Munger（2000b: 15）卻反對將「政治可行性」列入政策分析的「政策目標／政策選項表」（goals/alternatives matrix, Weimer and Vining, 2005: 344）當中，與其他項目一起進行「成本／效益」分析，政治可行性不是政策「優良」與否的判斷標準（criteria for judgement），而應該是政策執行的「限制」（constraints）。

4　學者 Yehezkel Dror（1984: 115）從八個方面來分析政策分析與政治運作的不同，參照來自Radin（2000: 91, Table 4.1）。

5　這三種角色包括：客觀的分析師（objective technician）、雇主的軍師（client's advocate）、與議題的倡議者（issue advocate），作者從「分析上的德行」（analytical integrity）、「對雇主的責任」（responsibility to clients），與「自我對良善的認知」（adherence to one's conception of good）等三個面向來討論上述三種角色的異同。學者Radin（2000: 44）也有相類似但較為複雜的討論。

6　她說：「理智的分析通常都是具有政治性的，因為這種分析都會牽涉到納入或是排除某些議題的決定，當然這種分析也會牽涉到在眾多的世界觀當中，擇一而用。因此，政策分析就是一種政治論證，反之亦然。」（Stone, 1997: 375）

（2000b: 15）的說法，前者代表民選代表是否會贊成某項政策建議，與
是否會將之表決成為法律的評估；而後者則代表政治任命人員與行政官僚
是否會支持該項已通過的議案，與是否能夠盡力執行某項法案的評估。
因此，政策分析絕對不止於分析政策對於社會整體福利的成本與效益，還
必須對個別的政策建議進行策略性的「可行性」評估，畢竟，要讓政策成
為法案，必定要經過一定的民主程序，也必須藉著執行單位加以落實，而
在民主程序當中，政策不只是整體社會成本效益的問題，也是個別政黨、
政治人物與團體等政策利害關係人（stakeholders）各自政治成本效益的問
題；而執行過程當中，政策結果的成本效益可能還比不上政策執行本身的
成本效益來得重要；因此，政策分析與可行性評估事實上是不可分的兩種
幕僚作業內容，兩者對於社會改革的成功與否都有關鍵的影響。更重要
的，分析師所提出的政策，其最終的目的就是要完成立法並執行，以政策
建議當中所預期的效果來改善現況的不足，這也是政策分析與政策研究
最大的差別所在（Weimer and Vining, 2005: 26），因此，政策分析師基於
實用的考量，就不得不注重政策建議的可行性問題[7]；學者 David Webber
（1986: 545）認為，由精良的分析技術所得到的政策建議，充其量只具備
了被政治過程「接納」（adaptation）的必要條件之一，但是若是該項建議
沒有能得到廣泛的政治支持，我們可以肯定它絕對無法成為正式的政策；
學者 Meltsner（1972: 859）也認為，政策分析應該引領出一個可以被民主
程序接受、也能夠被確實執行的政策建議，因此，研究「政治可行性」不
但有助於政策分析師弭平政策「可欲性」及「可能性」之間的鴻溝，更能
讓政策分析領域的發展，更趨完整。

7　學者 Weimer 與 Vining 從「雇主取向」（client oriented）的角度認為，如果分析師想要提供
雇主有用的建議（useful advice），則他們不能不重視政治環境的問題（p. 326），而雇主也
大多希望分析師能夠注意到政策可行性的問題，有時會將可行性問題當作政策目標之一來分
析；但有時則會要求政策分析師做一個分開的、機密的可行性評估報告。

二、政治學研究的可能貢獻

　　然而，公共行政學界對於政策分析可行性方面的研究，不論國內外從 1950 年代以來，卻是寥寥可數，總括多位學者的看法，究其原因應有下列三點：其一，學者 Weber（1986: 545）認為，政治學者在過去一直忽略他們在這個領域所可能有的巨大貢獻，甚至許多經過政治學訓練的政策分析師，對於統計或是經濟分析技巧能夠得心應手，但是對於他們向來研究的政治決策過程，卻無法對政策分析學界提出相關的理論與建言；其二，學者 Meltsner（1972）則認為，政策分析師一直沒有積極將「政治可行性」的研究納入，主要原因是他們一直缺乏一套易於使用的「研究方法」，換句話說，政策學界主流的經濟分析方法，並無法應用到政治可行性問題的分析之上；其三，學者 Munger（2000b: 15）則認為，因為資訊的不充分，政策分析師無法在政策還沒有提出前就精確地估算出各方政治勢力的反應，預測政治人物與官僚對於政策的反應至今至多仍是一項「不精確的學科」（an inexact science），換句話說，政策「利害關係人」政策偏好的測量與預測的工作，是延滯可行性研究發展的主因；其四，政策分析與政治可行性的評估，在實務上通常是由兩組不同的人來進行，因為政策分析的專業人士並不一定能正確掌握政治氣候，可行性評估的工作通常就成為具實務經驗、熟悉政治領域人士的天下。

　　針對上述政策「可行性」研究領域遲緩的原因，本章願意從政治學的角度，對「可行性」評估當中「政治可行性」的這個面向，討論一種理論化的可能性，並在這樣的基礎上作為後續發展實務知識的基礎。近半世紀以來，政治學中的「理性選擇學派」（rational choice theory）以 Anthony Downs 為首的學者，開始使用一種從經濟學「廠商地點」理論（location theory）衍生出來的「空間理論」（spatial theory）[8]，研究與民主政治決策過程有關的問題，從政黨的選舉競爭、利益團體的政策競逐到不同政府分支之間的政策爭議，都以空間理論做深入的分析，已經獲致豐碩的成果，政治學的研究成果雖然無法全面使用到公共管理的實務領域，但是政治學在政治人

---

[8]　也被稱作「空間模型」（spatial model）。

物之間策略思考的方面的相關理論，可以協助公共管理者了解所處的政治環境（Weimer, 1992），本章接下來將分為四個部分來討論這種可能性。

　　首先，在第二節當中，本章先針對「政治可行性評估」的範圍與方法，做一個討論，從過去相關研究當中四種取向做一個簡單的比較，並與本章所提出的「政策空間」分析，做一個對比，將之定位在量化非質化、實用非理論的一種研究方向；接著，在第三節當中，本章將花一些篇幅介紹「地點理論」、「空間理論」的內涵與發展，並於第四節當中，討論「政策空間」分析所可能有的優勢及其應用時所可能有的限制，並且以「利害關係人分析」為例，討論執行上可能的議題。最後，在結語當中，本章將試著提出一個應用「空間理論」來重新建構政策分析當中「政治可行性」評估的研究議程，以供後續研究與實務工作的參考。

第二節　政治可行性評估的範圍、方法與功能

　　學界過去對政治可行性的研究雖不積極，但是大多數政策分析的教科書還是多少提到「政治可行性」的問題，除了多將該問題當作政策分析工作的外在限制（constraints）來處理，也多有從其他的學門所引介而來的觀念。比方說學者 Weimer 與 Vining（2005: 280-284）就從「賽局理論」（game theory）出發，認為該理論當中「對他人回應的預期」的概念，正是「政治可行性評估」的核心，因此，「策略思考」（think strategically）是政策分析師應具備的素養之一；若從「策略」的角度來看「政治可行性評估」，它事實上也是管理學當中「策略管理或規劃」（strategic management or planning; Bryson, 1995; Goodstein, Nolan and Pfeiffer, 1993）之重要部分，其中尤其是對於組織環境中「利害關係人分析」（stakeholder analysis; Harrison and St. John, 1998）的部分，更是「政治可行性評估」的重心；當然，規劃學者 Benveniste（1989: 156-194）也從「政策規劃」（policy planning）的角度，引用「聯盟建立」與「網絡」的概念（coalition building and networks），來闡述政策規劃過程中考慮強

化公共政策政治支持的相關議題與方法，因此，他將政策規劃或分析看成是一種不折不扣的政治行為[9]。而國內學者張明貴（1998: 261-325）更直接地以「政治策略」來含括促成公共政策的制定與執行的作為。

表 11-1 政治可行性評估的範圍、方法與功能

	範圍	方法	功能
政治可行性理論（General Theory）	關心政治可行性評估相關的理論基礎、方法論問題及應用議題。	理論論述、理論分類與比較、概念的釐清等。	幫助政策分析師從巨觀的角度了解政治可行性評估的內涵。
利害關係人分析（Stakeholder Analysis）	針對某項政策的利害關係人群體，對他們的動機與信念、資源、動用資源的能力與政策立場和強度進行了解。	先指出所有可能的利害關係人，應用一個表列出他們的動機與信念、手中的資源與動用資源的能力，與個別的政策立場。	幫助政策分析師對於政策環境中的利害關係人有一個通盤性的認識。
權力場域分析（Force-field Analysis）	針對某項政策所牽涉到個人、團體對於該項政策支持與反對意見，做一個分布排列的分析。	用一個順序尺度的連續直線為座標，將各個利害關係人的政策立場和強度，從強到弱做一個連續的排列。	幫助政策分析師了解政策環境中支持與反對團體間的相對位置。
政治圖像分析（Political Map Analysis）	針對政策所牽涉到不同類型的利害關係人，就各自的支持／反對意見的分析。	設立兩個面向的指標，X 軸是政策立場及強度，Y 軸則為不同類型的利害關係人（政府部門、政黨等），將所有的利害關係人依上述兩個面向排列出來。	幫助政策分析師了解不同類型的利害關係人與政策立場之間的相對關係。
政策空間分析（Policy Space Analysis）	針對政策決策過程中的利害關係人之政策偏好、與政策位置的蒐集，以預測能夠通過政治過程的政策內容與定位，並分析可能的政策行銷空間。	先將政策內涵以一個單一面向的政策空間來表示，將決策相關的利害關係人偏好描繪成政策間上的一個點，就決策方式，找出可能通過民主程序的政策行銷空間。	幫助政策分析師找尋能夠通過民主程序的政策之可能內涵。

圖表來源：作者自繪。

---

[9] 他說；「為何規劃是政治性的？因為它帶來了改變，當政策規劃帶來了改變，某些事情因為這項規劃而產生了改變，這改變隱含社會權力被啟動使用了。然而，這些權力是哪裡來的？本書的重點就是在闡述，這些權力是從政治過程來的；也就是從協議、從共識建構、從爭端化解而來的。」（Benveniste, 1989: 2）

　　不論上述各方如何闡述政策分析的政治可行性議題，本章接下來要以學者 Crosby（1997）對於公共政策議題「策略管理」的思維出發，對於五種「政治可行性評估」工具的範圍、方法及功能，做一個比較；一方面，這比較是對於目前執行「政治可行性評估」的可能工具，作一個簡介，另一方面，這比較也是對於本章從「空間理論」所提出的一種可能的「政治可行性評估」工具，作一個理論定位的工作，本章將其定名為「政策空間」分析（policy space analysis）。

　　在表 11-1 當中，作者將五種「政治可行性評估」的工具，從其範圍、方法及功效作一個比較，我們大約可以看出下列三項重點：其一，除了第一項一般理論之外，另四種工具雖各有特色，但基本上都是「利害關係人」分析方法的某種變形，而指出利害關係人及其特點，都是這些工具的第一步；其二，這五項工具從上到下，在範圍上是逐漸縮小的，從政治可行性理論這個最大的範圍開始，一直到本章所提出的「政策空間分析」為止，已經縮小到影響政策議決者才被稱為利害關係人；其三，對於利害關係人政策偏好的量化評估，也是從上到下愈來愈精密，但是也代表實施的困難度加高。

第三節　空間理論：偏好、競爭與制度

　　「空間理論」（spatial theory）顧名思義就是一種關於「距離」的理論，最早是 1929 年一位史丹福大學經濟學家 Harold Hotelling（1929）一篇關於廠商競爭穩定條件的論述所源起的，接著被政治學者 Anthony Downs（1957）與 Duncan Black（1958）分別應用於民主選舉與議會（或委員會）政策決定等相關民主政治重要議題的探索上面，由於該理論從空間的概念將複雜的決策問題簡化成距離與象限的計算，因此受到政治學領域理性選擇學派（rational choice theory）學者普遍的應用，舉凡憲政制衡（Hammond and Miller, 1987）、議會政治（Krehbiel, Keith, 1988; Strom, 1990）、政黨與選舉（Enelow and Hinich, 1984; Shepsle, 1991）、

官僚政治（McCubbins, Noll and Weingast, 1987; 1989; Hammond and Knott, 1996），莫不看見其重大且深遠的影響[10]。

　　為了要讓讀者了解該理論的精髓，以便於下一節當中對於應用到政治可行性評估的討論，本章將花一些篇幅，來介紹該理論的三項重點，分別是一、Hotelling 的「廠商地點」理論；二、Downs 的「中位數選民」定理；三、其他有關空間理論的應用與發展。

一、Hotelling 的「廠商地點」理論

　　要建構 Hotelling 的空間理論，我們必須先討論理論中幾個重要的元素：空間的定義、消費者的偏好，以及生產者的地點決定。

1. 空間理論最基本的元素，就是一個「單一面向的空間」（one-dimensional space），通常可以一個封閉的區間 X = [0,1] 來代表，而 X 是為該封閉區間上的任意一點。在 Hotelling 的建構當中，我們可將這個區間視為某一城市中的一條街道，而區間的度量可代表這條街道上遠近的距離。

2. 我們還需要一個「有限集合」（finite set）來代表住在這街上的潛在消費者，C = {1,2,⋯,n}，假定這些消費者每天必須要到街上的雜貨店中買牛奶，為了分析簡便起見，我們假定各家雜貨店所賣的牛奶在價格上是一致的，因此，消費者決定到哪一家雜貨店購買牛奶的唯一考量，就落在評量自家住宅與雜貨店的遠近而定（也就是說，消費時只考慮交通成本），離家愈近的雜貨店所賣的牛奶，就是愈「便宜」的牛奶，換句話說，決定消費者雜貨店「偏好」（preference）的唯一元素，就是「距離」。

3. 我們還需要一組賣方，也就是提供貨品的廠商，P = {1,2,⋯,m}，在 Hotelling 的建構當中，為了分析簡化的需要，他只討論 n = 2 的

---

[10] 有興趣更進一步了解空間理論，但卻擔心看不懂數學公式的人，可以參考 Ordeshook（1997a）一篇關於空間模型過去 40 年的回顧文章。

狀況，也就是俗稱「雙頭寡占競爭」（duopolistic competition）的狀態，賣方最重要的生產決定，就是決定雜貨店開設的地點，因為消費者消費的決策是以離自己家的遠近為標準，雜貨店地點的選定，就必定會牽涉到這兩家雜貨店實質競爭的輸贏，而個別廠商的目標就是在這條街上極大化它的營收。

讓我們利用圖 11-1 的例子，來展現空間理論的內涵。假定在這一條街上有五戶人家居住（n = 5），而且每戶人家之間的距離相等（也就是說，$X_{n1} = 0; X_{n2} = 1/4; X_{n3} = 1/2; X_{n4} = 3/4; X_{n5} = 1$），今天已經知道雜貨店 m_1 將店開在住戶 n_2 與 n_3 之間的中點（$X_{m1} = 3/8$），如果另一家雜貨店 m_2 想在這一條街上開店，如果居民完全看距離遠近來購物，m_2 在哪個地點裡開店最能夠極大化它的營收？從圖 11-1 當中我們可以知道，雜貨店 m_2 可以將店開在 A, B, C, D 四個區段[11]，讓我們來比較，當 m_2 商家選擇任一個區段時，消費者分別會選擇到哪一家店採購牛奶？

從圖 11-1 當中我們可以清楚地看見，舉例而言，如果 m_2 商家選擇在 A 區段設店，也就是 $X_{m2} \in [0,1/8]$，從距離的角度來判斷，只有居民 n_1 會光顧商家 m_2，其他的居民都只會到商家 m_1 採購牛奶，以此類推。若是從 m_2 商家競爭的角度來思考，它最佳的為開店地點應該是在 C 區段，因

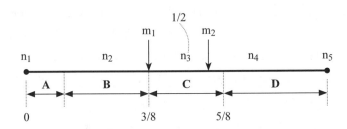

圖表來源：作者自繪。

圖11-1　Hotelling 的「廠商地點」理論

11　如果當 m_2 將店設在 1/3 的位置上，居民 n_2 對於到雜貨店 m_1 或是 m_2 購物，基本上是「無異」或是「對兩者偏好相同」的（indifferent）。在表 11-2 中，我們將三個「無異」點分開處理。

為，與其他區段比較起來，將店面設在 C 區段，將為 m_2 商家帶來最大的商機。

當然，從更動態的角度，如果 m_2 商家選擇在 X_{m2} 的地點設店（請參圖 11-1），而廠商搬遷的成本為零，則 m_1 商家會如何回應？

我們可以從表 11-2 看出，當兩家雜貨店都開在 C 區段當中，因為距離的關係，居民 n_1, n_2 毫無疑問地會選擇到 m_1 商家去購物，而居民 n_4, n_5 則一定會選擇到 m_2 商家購物，因此，兩競爭商家唯一爭奪的顧客，就剩下居民 n_3 了。我們先假定 $|X_{m2} - X_{n3}| < |X_{m1} - X_{n3}|$，也就是說，居民 n_3 的家，距離 m_2 商家較 m_1 商家要來得近，他平時一定會選擇到 m_2 商家購物，但是因為前述商家搬遷費用為零，因此，m_1 商家永遠可以在區間（3/8, 1/2）之間，找到一個新的店址 X^*_{m1}，而使 $|X^*_{m1} - X_{n3}| < |X_{m2} - X_{n3}|$，也就是說，$m_1$ 商家總是可以找到一個新的店址，使它與居民 n_3 家的距離，比 m_2 商家與居民 n_3 家的距離來得近，因此，當 m_1 商家搬遷到新店址之後，居民 n_3 就會選擇到 m_1 商家購物。

當然，上述動態過程，會在兩商家之間持續發生，因為當 m_1 商家搬遷到新址之後，m_2 商家一定也可以在區間（1/2, X_{m2}）之間，找到一個新店址，使得新店址離居民 n_3 家比 m_1 商家的新店址更近，這個過程會持續直到兩個商家搬到緊鄰居民 n_3 家，沒有再接近的空間，而居民 n_3 對於到

表 11-2　商家 m_2 地點選擇與居民消費選擇

M_2 地點選擇 / 居民選擇	區間	m_1	m_2	無異
A	[0,1/8)	n_2, n_3, n_4, n_5	n_1	
1/8 點上	1/8	n_3, n_4, n_5	n_1	n_2
B	(1/8,3/8)	n_3, n_4, n_5	n_1, n_2	
3/8 點上	3/8			n_1, n_2, n_3, n_4, n_5
C	(3/8,5/8)	n_1, n_2	n_3, n_4, n_5	
5/8 點上	5/8	n_1, n_2	n_4, n_5	n_3
D	(5/8,1]	n_1, n_2, n_3	n_4, n_5	

圖表來源：作者自繪。

哪一家商店購物偏好完全相同為止[12]，我們可以稱這個狀態為「雙頭寡占競爭」之下的「均衡」狀態（equilibrium），這也是 Hotelling 廠商「地點」理論最重要的貢獻所在。

二、Downs的「中位數選民」定理

　　Hotelling 的空間理論發表的十餘年後，被政治經濟學者 Anthony Downs 加以發揚光大，應用在政治學領域，建構了著名的「中位數選民定理」（median voter theorem），深刻地影響到政治學與經濟學在 20 世紀下半葉的發展。最重要的是，Downs 將 Hotelling 的理論，作了一些巧妙的修改，以致於能夠在政治學領域中被廣泛的使用，其主要內容可分為下列三點。

1. Downs 將大街上的物質距離，轉變成認知層面「意識形態」的距離，這種改變，恰巧可以應用於傳統政治學中「左派與右派」論述「空間」的概念，除了方向上可以將個人的意識形態以「單一面向的空間」來表示，甚至對於「激進派與溫和派」這種意識形態強度的描述，也都可以藉由它而轉化成為一種「區間尺度」（interval scale），使得意識形態的量化研究成為可能。而這種空間通常也被稱為「政策空間」（policy space），某一項政策在經費上的支出，可以視為一個由少到多的「空間」，舉例而言，某項國防建設工程政策，其支出水平可以用一個 [0,1] 的封閉區間來代表，0 點代表本年預算沒有額度，而點 1 則代表本年度該項建設預算的最高額度，而點 1/3 則代表支付本年度最高額度的三分之一，在該項國防建設之上。

2. Downs 將空間理論的架構，帶入民主政治依據多數民意決策的概念當中，使得民主政治當中不論是選舉、政黨競爭、政策決定等等依據民意而行的關鍵作為，都能夠有一套精巧的分析工具。

---

[12] 或是說，居民 n_3 每天出門時，必須先丟銅板才能決定要去哪一家購物。

Downs 的空間模型，從個人政策的偏好出發，將 Hotelling 居民的住址，視為他（或她）在某種意識形態（或政策產出）上的「理想點」（ideal point），經由民主多數決的制度性規範之下，在民主政治最關鍵的「民意」與公共選擇之間，做了最好的連結。接續前述某項國防政策的支出，請參圖 11-2，假定選民甲對該政策各種可能的支出水平，有一定的偏好，我們可以看見選民甲偏好最強的是 60 的支出水平，就是他對該項政策的「理想點」，距離該點愈遠的支出水平，選民甲的偏好強度就愈低。

3. Downs 的理論，也對民主政體當中政黨競爭的內涵，做了重要的

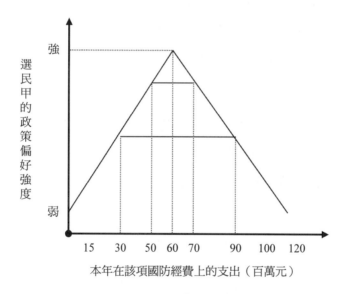

圖表來源：作者改自 Enelow and Hinich（1984: 9; 圖 2-1）。

圖 11-2　選民的政策偏好曲線[13]

---

[13] 為了解釋方便，本圖內選民甲的偏好曲線，有兩項假定，一為「單峰偏好」（single-peak preference），也就是選民甲強度最強的政策偏好只能有一點：「理想點」，而對於其他的支出水平偏好，必須保持離開「理想點」愈遠，強度就愈低的原則；二為「對稱」（symmetry），好比在圖 11-2 中，選民甲對於支出水平 50 與 70 的偏好強度是相同的，也就是「無異」的。

描述。廠商可視為政黨，而消費者就是選民，居民的住址就是他（或她）對於某項政策的「理想點」，而廠商的店址，則代表政黨於選舉期間所提出的「政策綱領」（policy platform），用以告知選民，區隔政黨性質，以爭取選票；而民眾就根據這些訊息，將自己寶貴的一票投給距離自己政策「理想點」最近的政黨，好似到距自家最近的店家購物。我們可以將圖 11-1 Hotelling 模型的內涵稍作修正，做成圖 11-3 的兩黨競爭模型，我們可將街道視為某項國防政策的支出水平（如圖 11-2 當中所示），五位居民視為五位選民，兩家廠商視為兩個政黨，居民的住址就是他們政策偏好曲線的「理想點」，而政黨的「店址」就是他們在選前所公布的政策綱領，選民依據兩個政黨政策綱領與自己「理想點」距離的遠近，決定投給哪一個政黨，最後得到多數票的政黨獲得政權（在這例子當中，得到三票的政黨贏得大選）。如果依照 Hotelling 的模型推演來看，同樣在 Downs 的政黨競爭模型當中，兩個政黨為了要贏得選舉，就會產生一股向「中位數選民」（median voter）的政策偏好靠攏的趨中現象。

舉例來說，在圖 11-3 當中，如果政黨 m_1 最初的政策黨綱是在 a 點，

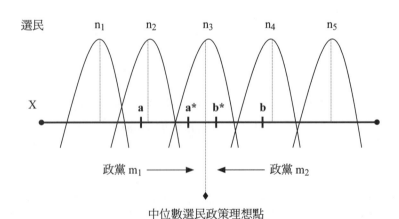

圖表來源：作者自繪。

圖 11-3　Downs 的政黨競爭模型

而政黨 m_2 最初的政策黨綱是在 b 點。若是從距離的角度來審視，我們可以知道選民 n_1 與 n_2 因為政策偏好的關係，會投票給政黨 m_1；而選民 n_4 與 n_5 則會選擇政黨 m_2，因此，大選勝負的關鍵就落在選民 n_3 的身上。

　　假定今天已知 $|X_b - X_{n3}| < |X_a - X_{n3}|$，選民 n_3 將會投票給政黨 m_2，該政黨就贏得了大選。然而，若是從動態的角度來看，政黨 m_1 絕對不會坐以待斃，在下一次的選舉當中，為了要贏得選舉，就會將政黨的政策綱領，從 X_a 向右移到 X_{a^*} 的位置，結果因為 $|X_{a^*} - X_{n3}| < |X_b - X_{n3}|$，選民 n_3 這一次選舉將會改投票給政黨 m_1，使得政黨 m_1 獲得勝利。當然，這個邏輯對政黨 m_2 也是適用的，該黨在下一次選舉當中，可以將黨綱從 X_b 向左移到 X_{b^*} 的位置，結果因為 $|X_{b^*} - X_{n3}| < |X_{a^*} - X_{n3}|$，政黨 m_2 將再度因為選民 n_3 的倒戈而贏回政權。就像 Hotelling 的「地點」理論一般，最後兩個政黨將會趨近到中位數選民 n_3 無法分辨兩者的差異為止，在此刻，Downs 的政黨競爭模型就有了一個穩定的「均衡」解，而這就是「中位數選民定理」的重要貢獻所在。

　　當然，Anthony Downs 的模型需要許多的假定才能產生如此穩定的結果，其中最重要的一項，就是兩黨競爭的狀態，如果我們放鬆這個假定，根據模型的推理，在三黨競爭時，就沒有「均衡」解的存在，請參 Shepsle（1991: 13）、Mueller（1989: 65-73）。

　　另外，當該模型允許政黨分裂或是人民棄權等狀況的發生，則模型的預測就不會如此確定了，儘管如此，Downs 的模型還是對後來的政治科學發展，產生難以磨滅的影響，這其中又以對「實證政治學」的理論發展上，有著最大的貢獻。

三、其他有關空間理論的應用與發展

　　接續 Downs 的經典理論，政治學界試著從更複雜的狀況來尋找政治的均衡，因為該理論的後續發展內容較為龐雜，在此不再占用太多篇幅，茲就其中對於「政治可行性評估」較為相關的部分，進行重點式的回顧。

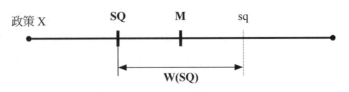

圖表來源：作者自繪。

圖 11-4 現狀與勝利集合

其一，「現狀」（status quo）與「勝利集合」（win set）的討論：前述的空間理論，就理論的層次來看，是在尋找民主過程的均衡點，但是若回到應用的層面，某項政策的「現狀」，應該是比利害關係人政策偏好更重要的分析起始點。比方說，在圖 11-4 當中，讓我們假設一個如 Downs 模型當中的環境，只不過現在是政府施政而非兩黨競爭，政策 X 的現況是點 SQ，而經過調查之後，中位數選民的理想點是 M，任何存在點 SQ 與 sq 之間的政策建議（區間 [SQ,M] 與 [M,sq] 的距離是相同的），都是能夠在多數決之下，「打敗」現狀的政策建議，因此，這區間當中的所有可能打敗 SQ 的政策點集合，就是現狀的「勝利集合」，我們通常以 W（SQ）來代表，而如果 SQ = M，則 W（SQ）= ∅，代表現狀在多數決的原則之下，政策空間上沒有任何一個政策建議可以打敗之。因此，政府若要對該政策提出一個具「政治可行性」的法案，最好是提現況的勝利集合當中的法案。其二，「渾沌定理」（chaos theorem）與「制度均衡」（institutional equilibrium）：70 年代中期，政治理論家 Richard McKelvey（1976）在前人的基礎上，首先證明多數決結果只存在於完全不穩定的狀態之中的所謂「渾沌定理」；依照 McKelvey 的結論，如果任何議程都可能（也就是議程主導權未定的前提），政策空間（policy space）上的任何一點都可以成為多數決的產出，也就是沒有一點的勝利集合是空集合。McKelvey 近於煽動性的建議，很快就引來 Gordon Tullock（1981）的挑戰，他提出一個簡單的問題：「現實世界中，為何有許多的穩定？」（Why so much stability?），以表達他對於理論與實際政治之間的重大差異的好奇，他的言下之意是：「政治世界若是真照 McKelvey 的理論運

作，應該是一團混亂才是，哪會有今日政府運作、政策通過的安定狀態呢？」

　　差不多同一時期，政治學者 Kenneth A. Shepsle（1979）的「結構誘導的穩定」（structure-induced equilibrium）理論已近成熟。Shepsle（1986: 52）認為，過去理性選擇學派對於多數決均衡的研究，都是所謂「偏好誘導的均衡」（preference-induced equilibrium）的研究，試圖從固定的偏好結構當中，尋找集體選擇的穩定結果；但是，這種以偏好為主的理論推演有其重大瑕疵，因為制度的結構也應該是均衡概念不可或缺的元素之一；因此，非均衡的結果並不表示現實世界就是永無寧日的混亂，而是忽略了「制度有關」（institution matters）這個結構的因素。他以美國國會為例，解釋在政策空間先天不穩定的前提下，國會的委員會制度如何發揮關鍵作用，使公共政策找到穩定的多數決均衡產出。Shepsle 的理論，對政策偏好、制度與政策產出間，做了連結。

　　其三，制度安排與政策可行性：從學者 Shepsle 發覺制度與均衡之間的關係之後，政治學者不斷地應用空間理論來檢視制度與政策產出之間的關係，學者也逐漸發現，「議程設定權」（agenda-setting power）在制度上的歸屬，常常決定了政策產出。舉例而言，圖 11-5 中我們假定政策 X 的現狀為 SQ，中位數選民的理想點為 M，今天若加入一位「獨占的提案者」（a monopolist agenda-setter；簡稱 setter），也就是說，當任何現狀要改變時，都必須由這位提案者提案才能表決，如果他不提，即使現況的勝利集合不是空集合，也沒有政策改變的可能。

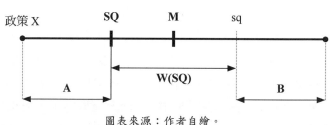

圖表來源：作者自繪。

圖 11-5　「提案者」模型（The Setter's Model）

從圖 11-5 當中來看，如果提案者自己的政策理想點是位在 A 區間當中，則他雖然知道大多數的人並不會滿意現況，但是不提案是對他最好的；再者，提案人的偏好若是落在 W（SQ）的區間中，則他只要提出自己的理想政策點就會獲得通過；最後，他的政策偏好若是落在 B 區間當中，則他可以找到一個趨近於 sq 的政策點提案，則現況將向他自己的偏好移動，若是與 Downs 的中位數選民定理比較起來，加入一個「提案者」的制度，則政策產出是否是中位數選民的意見，就要看這位「提案者」的政策偏好如何了。

第四節　空間理論與政治可行性評估

上一節當中所引介的空間理論，若是應用到政策分析當中的「政治可行性評估」之上，應有下列三項的發展重點，而這些重點，也就是未來「政策空間分析」能否具實用價值的重要議題，它們分別是：一、政策空間化及政策判斷標準（象限）問題；二、制度安排的研究與模型化；三、利害關係人與其政策偏好的指認。

一、政策空間化及政策判斷標準（象限）問題

「政策空間分析」的首要步驟，就是將一個政策空間化成為一個區間之上的所有可能點，然而，公共政策的內涵，通常是包羅萬象，而人民對政策的選擇與偏好，通常也是具有多重的象限關係，我們有下列三點可以討論。其一，以澎湖是否應該設立賭場的政策問題來看，人民可能因為不同的「標準」（criteria）作決定，比方說，贊成的人可能是因為經濟發達的需要，而反對的人，卻可能是因為社會風氣與善良風俗的考量，對於空間理論來說，要如何將這些不同的標準納入模型當中，是很大的挑戰，有時因為政策外在情勢的改變，這種政策決定的標準會一直改變，舉例而言，2001 年年初，日本漫畫家小林善紀的一本名為《台灣論》的漫畫

所引起的政治風暴，輿論討論的面向焦點在短短的十天之內，就轉移了三次，首先是慰安婦的議題，後來又轉到言論自由的問題，最後又回到台灣最大的政策標準：「統獨光譜」之上，可見政策標準的驚人變動可能。

其二，大部分政策議題，都因為傳播與政治操控的需要，被簡化成「贊成」與「反對」的提問形式，比方說，贊不贊成核四續建以公投的方式為之，就是一個很好的例子；然而，政策空間分析似乎對於政策空間化的要求，最好是能做到「區間」（interval）的程度，比方說，不詢問選民憲法應否制定教科文預算下限，而是針對教科文預算憲法下限的百分比是多少，徵詢民眾對於最適的選擇（0-100%），但是，這種例子並不多，而且大部分都是與政府預算相關的政策，才比較有「區間」化的可能。

其三，有時不只單一政策內部會有「標準」不同的問題，單一政策本身的決策，也會與其他的政策產生相互影響關係，這種情勢使得一方面，政治交換（political exchange）的可能性出現，讓不同利害關係人之間，能夠相互妥協，只要政策議題空間化不成問題，政策空間分析事實上可以協助政策分析師找出各利害關係人在不同政策之間，可能的包裹妥協方案；若是從政策行銷的角度來看，不論是政策內部不同的「標準」，或是政策外部與其他政策之間的糾葛，都是藉由「政策空間分析」找尋「行銷空間」的好方法。

二、制度安排的研究與模型化

與其他在第三節當中所提出的各類「利害關係人分析」比較起來，「政策空間分析」有較大的潛力將政治制度的安排列入考量，而從空間理論在政治學最近的發展來看，因為在「新制度論」（new institutionalism）的風潮引領之下，學者將大部分的精力放在制度的分析之上，我們可以分下列三點來討論之。其一，政策分析師對於利害關係人的分析，絕對不能離開對於政治決策體制的細部了解，因為單單以利害關係人「動員資源能力」來涵括是不夠的，對於議會，或是委員會議事程序的理解，是政策分析師面對「政治可行性評估」的工作時，不可缺少的訊息之一。

　　其二，政治制度的運作與政策產出之間，並非是單靠制度「強制力」的功效，不論任何制度安排，仍會有人為操控的空間；因此，對於利害關係人的政策偏好、他們在決策關鍵位置上所擁有的權力、與他們彼此之間合縱連橫的可能性，都必須列入整體政治可行性的考量，才能了解全貌。這也彰顯政治可行性 「互動決策」（interactive decision-making）的本質，因為不只有一方在進行「政治可行性評估」。

　　最後，公共政策內涵通常也牽涉到所謂「制度」的修改工作，這種政策通常有更為複雜的偏好形式，但是若從空間理論的角度出發，人們對於制度的偏好，通常是因著他們對政策的偏好而來的，也就是說，制度偏好是由政策偏好所「誘導」（induce）的。比方說，民進黨政府在 2000 年 10 月宣布停建核四時，認定並宣導核四公投是不必要的，但是當大法官釋憲 520 號結果出來之後，決定續建，在此時政府又提出核四公投的必要性政策意見，由此可見，因為策略思維的考量，制度偏好並不能獨立於政策偏好之外。

三、利害關係人與其政策偏好的指認

　　「政策空間分析」第三項主要的議題，就是對於「利害關係人」（stakeholder）及其政策偏好的指認，這是政治可行性評估的第一部。本章將先就實務上這個概念的緣起、定義與應用做一個引介。

（一）利害關係人概念的緣起

　　根據 Mitchell and others（1997）的研究，最早將利害關係人概念系統化努力是來自於企業界，其原因是企業組織思考「社會責任」（social responsibility）之下的產物。學者 T. M. Jones（1980: 59-60）曾說：

　　企業社會責任的意義，除了對股票擁有者（stockholders）之外，
　　企業對社會上的相關團體（constituent groups）也有一份責任，

這樣的責任可能是超越法律所要求，以及與工會之間的合約[14]。

英文片語 "…is at stake" 的意義，就是「……成為問題」或是「……是利害相關」的意思，而 Stakeholders 一辭，有取其相對於企業「股票擁有者」（stockholders）諧音對應的意義，指企業管理者除了對其股票擁有者負責之外，也應該對其「利害相關者」負責的意思，當然，學者 Jones（1980: 60）同時問出：「這些團體是誰？」、「企業必須向多少團體負責？」、「什麼利害是對這些團體最重要的？」等指認利害關係團體的重要問題。

真正將利害關係人的概念流行化的，是策略管理學者 R. Edward Freeman，他為了回應企業面對日益複雜與動態的經營環境，提出他著名的「利害關係人的策略管理途徑」（A Stakeholder Approach），他在 1984 年的著作中，將利害關係人定義為：「所有受到企業，或是能夠影響企業達成組織目標的團體與個人[15]」，這種途徑的建構，是為了要讓企業經理人從利害關係人的概念、架構、哲學及執行程序上，更有效的管理組織績效。

當然，企業討論利害關係人的概念中，是以組織目標達成與否的結果當作一個重要指標，也就是說，有足夠能力阻止或是協助企業組織達成目標的團體或是個人，才是企業的利害關係人。假設有一個私人空地上住有上百戶的違章建築，今天企業要將這土地收購之後興建廠房，由於這些違章住戶都是弱勢民眾，並不具備阻礙企業目標達成的能力，從 Freeman 的策略角度，這些住戶應該不算是企業行動的利害關係人，然而，從公共政策的角度來看，這些人雖然是違法居住在這片土地上，但是政府仍然有義務要照顧弱勢的民眾，也就是說，這些人是政府眼中當然的政策利害關係人。

---

[14] 原文如下：："Corporate social responsibility is the notion that corporations have an obligation to constituent groups in society other than stockholders and beyond that prescribed by law or union contract." (Jones, 1980: 59-60).

[15] 原文如下："…all of those groups and individuals that can affect, or are affected by, the accomplishment of organizational purpose." (Freeman, 1984: 25).

（二）利害關係人在公共事務上的定義

「利害關係人」意指：「那些能夠對一個組織的目標達成造成影響或是受到組織目標達成影響的個人或是團體[16]」，但是，這樣的定義如果應用到公共政策的領域來使用，可能太過寬廣了，因為政府所作的決策，大部分都是以全民為考量為之的，而公共政策與私人公司的生產決策不同，當一項公共政策通過之後，所有的人都必須遵守，具有由國家政權機關所賦予的強制力，因此，如果要將所有的人民都當作利害關係人，我們又回到了民主理論規範性範疇的原點，對實務工作的幫助可能不大。因此，Brinkerhoff 與 Crosby（2002: 142）就提出三個標準，來篩選政策利害關係人之間的相對重要性：

1. 如果一個組織對於該項政策在民眾支持上能夠產生建設或破壞的影響，這個組織必須被考量。（社會團體）
2. 如果一個組織的出現，能夠對政策合法化或是執行單位的正當性產生正面影響，這個組織必須被考量。（政府機關、政治團體）
3. 如果一個組織能夠影響政策的內涵與方向，這個組織也必須被考量。（專業團體）

綜括而言，前述的三項標準，主要又可以分為社會（壓力）團體、政府機關與政治團體，以及專業團體等三個找尋回答「誰的意見應該被考量？」問題的大方向。雖然民調或是實驗性的公投可以蒐集到部分資料，但是由於這些工具的限制，實務者所得到的答案往往只是政策贊成或是反對的百分比而已，對於贊成或是反對理由背後的原因，了解不足，以致於這些資料能夠回饋到政策規劃與分析過程的價值就相對降低。因此，某種可以兼顧有限資源，又能夠有政策深度的訪談設計，成為建構政策利害關係分析最主要的方法論考量。

---

[16] 原文如下："A Stakeholder is defined as an individual or group that makes a difference, or that can affect or be affected by the achievement of the organization's objects." (Brinkerhoff and Crosby, 2002: 141).

（三）利害關係人分析在實務上的應用

　　從 1990 年到 2001 年的十年間，一群接受美國國際援助署（U. S. Agency for International Development; USAID）的政策學者，建構了一個長期的「執行政策改變計畫」（the Implementing Policy Change Project），在這個計畫的資助之下，對許多正在民主轉型的國家，提供政策改革的預評估工具，以增加這些國家推動改革的成功率（Brinkerhoff and Crosby, 2002），美國的 USAID 與這群學者，就是看見發展中民主化國家的決策者過分注重技術性議題，卻忽略公共政策「政治可行性評估」的重要，以致於許多政策改革空有理想，無法實現的窘況，提出一些政策工具（policy instruments），對這些國家的決策者，提供適時的幫助，其中與本文最直接相關的，就是「利害關係人分析」，綜合這些文獻，歸納出三點下一節當中設計利害關係人分析的主要內容：

1. 利害關係人範圍問題：利害關係人指認可分為廣義與狹義兩種，廣義代表只要該團體或是個人，在經濟、黨派、意識形態或專業上與政策有關，都應被納入考量。狹義則是依據「否決點」（veto point; Immergut, 1992: 66）的概念，只納入有能力影響法案修正通過的個人或團體，本研究由於是站在「雇主導向」的角度出發，因此採取後者較為狹義的定義，也就是說，對於那些政策上「沉默的輸家」（silent loser），本研究將之以沒有政策影響力而加以排除。

2. 資料蒐集的輔助問題：蒐集利害關係人相關資料時，乃以量化與質化並重的方式，進行面對面的訪談為主，主要詢問的內容可包括對於政策改革建議的認知程度、贊同度、贊成或是反對的理由、對其他利害關係人的政策意見評估等項目。目前有一套由哈佛公共衛生學院教授 Michael R. Reich 所發展出來的「PolicyMaker」政治可行性評估軟體可供輔助使用（Reich, 1996），該軟體可協助政策在改革推動的過程當中，關於政治可行性面向的資料蒐集、整理與分析的工作。然而，該軟體不會獨立思考，主要功能是儲存

與表達大量與複雜的資料，所有關於政策偏好或強度的重要的資訊仍然需要由研究者自行輸入與定義，結果分析也是由分析者所掌控。

3. 利害關係人變動的問題：任何分析都不等於政治現實，由於民主政治領域的浮動性，利害關係人分析的結果，可能會因為人事調動（包括選舉）、環境因素改變（經濟景氣）或其他相關政策的變動而變動，因此，對於利害關係人分析的動態認知，是保持該分析價值最重要的原則。

利害關係人分析在過去十餘年的發展，頗有成為公共政策「政治可行性評估」主要方法的架式，當然，這個正在發展的專業技術，仍然有許多改進的空間，從本章的理論框架中來思考，可以發展出下面三項值得討論的議題。其一，利害關係人的指認方式，將不是找出所有可能的，而是對於關鍵制度結構之下，找出具有決策權力之人的指認，這種選擇包括：議會當中個別議員或是政黨、政團、委員會中的委員，甚至是公民投票制度下的全體國民，由於代議制度是所有民主政體「利益匯聚」（interest aggregation）的主要機制，而政策制定過程又是一個政治的過程，因此這種選擇是合理的。

其二，要如何測量出利害關係人的政策偏好，將是「政策空間分析」另一個重要的挑戰。經濟學者在過去花了相當多的時間試圖找出人民對公共財的真實評價，其中「需求表達程序」（demand revealing processes）的相關研究應是未來可行的方向[17]。這種方法早就被公共政策學者應用在與環保等議題有關的政策評估當中，測量人民對於不同環境政策的「支付意願」（willingness to pay），以作為政策建議的參考，對於利害關係人的分析，更精細的政策偏好評估，應該也可以從這個方向下手。

其三，要以利害關係人的政策偏好為「政策空間分析」的實證基礎，我們就必須討論關於「偏好形成」（preference formation; Druckman and

---

17 這就是本書接下來三章中所討論到「機制設計」（mechanism design）的議題。

Lupia, 2000）的問題，首先，到底是先有政策偏好還是先有政策議題，是值得玩味的；而一國當中，是否存在一些「強勢」的議題面向，或是我們平常稱作的「意識形態」面向，也都是試圖將「政策空間分析」作好的一些挑戰，對於上述問題的理解愈深入，在特定政策議題的模型化努力之上，就會對政策面向或是利害關係人做出正確的選擇，當然，從模型而來的預測與「政治可行性評估」的建議，也將更為實用。

第五節　小　結

　　政策分析師不但要具備分析政策經濟可欲性的能力，更要對公共政策「可行性」的問題，提出一套具有理論基礎、而又實用的取向。本章從過去六十年在政治學界發展迅速的「空間理論」出發，呼應學者 Weber（1986）對於政治學界應能對「政治可行性評估」有更大的貢獻的呼籲，以及學者 Meltsner（1972）對於「政治可行性評估」一直缺乏一套「研究方法」的感嘆。雖然在理論上本章所提出「政治可行性評估」方法有堅實的理論基礎，但是對於應用到實際的案例當中，仍有待學界繼續的努力，本章也從政策空間化及政策判斷標準（象限）問題；制度安排的研究與模型化；利害關係人與其政策偏好的指認等三方面，提出未來學界在這方面可以努力的空間。

　　再者，因為政策分析在經濟可欲性上的量化研究，站在經濟學的基礎上已有不錯的成果，相較起來，學界在政治可行性的研究上，則一直大幅落後，因為「空間理論」的出現，將會有不同於以往的發展；當然，對於政治學界來說，這種發展也會有「回饋」（feedback）的效果，讓這些專注理論鑽研的學者們，能有機會了解到實務案例中的複雜與廣度，以作為他們未來修正空間理論的基礎。

　　最後，本章將政策分析的「政治可行性評估」當作是公共管理下的「政治管理」（political management; Starling, 2005）專業，其目的是要讓公共管理者在所處的政治環境中，能夠應付許多的機會與挑戰（Kobrak,

2001；魏陌等人，2001），但是，這種運作的能力，如果回到第九章討論
行政中立制度化在民主治理當中的意義，以及第十章中整合民主回應與專
業責任的制度性需求，政策分析的專業也需要制度建構的協助，讓它成為
「中立的」政策分析能力（neutrally competent policy analysis），對民主治
理作出正面的貢獻，學者David L. Weimer（2005）曾經針對民主鞏固的國
家，提出設計中立的政策分析之五個制度性建議可供參考[18]。

　　本書到目前為止，已經將民主治理當中回應性與責任性兩種實質性價
值的個別以及調和的議題提出討論，就如本書第二章當中所描繪的，民主
治理的第三種價值──「課責」，是一種工具性的價值，也就是說，它的
實現可以造就實質性價值的調和，接下來，本書將進入這個工具性價值的
討論。

---

[18] 這五項包括：(1) 政策分析組織必須建構中立的名聲；(2) 政策分析組織必須獨立於政治部門
的影響；(3) 政策分析師應該建立中立能力的專業倫理（professional norms）；(4) 政策分析
組織可以加入國際組織，增加國內的獨立性；(5) 政策分析組織必須強調透明價值，讓所有
的聲音都能出現。

第肆篇

課責
Accountability

第十二章　課責與公開透明

人民有權，政府有能。

—— 孫中山

第一節　前言：透明課責與官民信任重建

　　本書之前以六章的長度，討論民主治理的回應性與責任性兩種價值的內涵與實務問題，正如本書最主要討論民主治理的內涵以及實現等兩個問題，接下來三章要將要討論民主治理的第三個價值面向——「課責」（accountability）。相對於前面兩個價值，它是從結果面來看前面兩種價值的終極意義，民主治理在回應民眾需求上的專業責任要如何確定，是要靠課責性的價值來做工具性的維繫，因此，它一方面與另外兩個價值間具有民主治理價值衝突的元素，但另一方面卻也具有從工具上統合回應性與責任性之間衝突的潛能，也就是說，回應性與責任性都有較強的規範性價值，其衝突是來自於第十章所討論民主理論的兩種規範性的源頭，但課責性的價值，則是民主價值實踐的制度性調和之關鍵點所在，本章與接下來的兩章都將以當代政治經濟學的眼光，來討論這樣一個重要的價值。

　　政府傳統以來都是獨占管制權力的機構，近二十年「新公共管理」（new public management）的改革風潮，讓政府瘦身、工作外包、權力下放等價值成為眾所周知的改革原則，創造了一個全新的「公共服務的政權」（public service regime; Stirton and Lodge, 2001）；但是，這樣的發展，學界或是實務界缺乏從「課責」（accountability）的角度加以反省，以至於諸多政府依循新公共管理的行政作為，常常被人民懷疑有利益輸送的問題，比方說，台灣高速鐵路或是高速公路電子化收費（ETC）等的 BOT 案，就是一些顯著的案例；2008 年中以後，新上台的政府展開針

對前朝政府的貪腐調查，大環境則是世界金融風暴讓政府介入市場之需求
劇增，政府權力運作的範圍與力道都大大增加，然而民眾對政府能否落實
課責以保障人權產生更高的期待[1]，因此，要如何在制度上平衡政府能力
與民眾權益保障，是台灣民主治理（democratic governance; Gormley and
Balla, 2004; March and Olsen, 1995; Meier and O'Toole, 2006）成功與否的關
鍵議題之一。

　　17 世紀人本主義思想興起之前，西方民主政治發展的過程中，統治
人民的權力是由上天所賦予，政府是屬於少數統治菁英；然而，當「人民
主權」（popular sovereignty）概念興起之後，民主發展就是人民從被統治
者，成為國家機器主人的過程，至少在名義上，人民應該享有參與統治自
己決策的權力。然而，民主理念的落實，全面採行「直接民主」是不合經
濟效益的，「代議民主」成為一個可行的替代機制[2]，人民退居監督者的
角色，但是，監督者需要充分的資訊（information）才能竟其功，不然即
便是民主政體，也會產生頭家被蒙蔽的現象。

　　台灣民主化之後，人民在名義上是當家的地位，對政府的要求比民主
化前更為迫切與龐雜，從空氣污染的防治到國家安全的保障，公共事務愈
龐雜，其工作就必須分殊化與專業化，為了控制這愈來愈龐雜的「巨靈」
（Leviathan），政府不得不應用更專業的行政程序控制系統，來平衡政府
能力運用與民眾權益保障；但弔詭的是，人民因此愈來愈不了解政府的作
為，也就更不具備直接監督政府的專業知能，成為民主治理關係中的「專

1　這種人民對政府運作的矛盾心情，事實上就是 Douglass North 提及的「國家弔詭」（state's
　　paradox）問題，他說：「國家的存在是經濟發展的基礎，但是，國家也是人為經濟下滑的源
　　頭」（The existence of a state is essential for economic growth; the state, however, is the source of
　　man-made economic decline; North, 1981: 20）；大陸學者王躍生（1997: 110）稱之為「諾斯悖
　　論」（D. C. North's Paradox），國家界定財產權制度，增進經濟發展，但是同時國家權力又
　　常常侵害私人財產，危及財產權制度，造成經濟下滑。
2　關於直接與代議民主相關議題，請參 Haskell（2000）。

業不對稱」（professional asymmetry）的惡性循環[3]，其結果就是，人民在這種專業不對稱的環境中，為了維護自身權益，進行粗糙的自力救濟與不顧行政程序的陳情，讓擁有資訊與專業優勢的統治階層，反過來質疑公民的自治能力，認為人民的無知是民主品質不良的主因[4]。小到烏賊車的檢舉，大到國軍的武器採購，台灣官與民之間常因政府運作專業不對稱的鴻溝，造成兩者間的緊張關係，彼此在「貪腐酷吏」與「無知刁民」等刻板印象的激盪下生成相互不信任的關係。反觀民主治理的終極理念，是在民主政治與文官專業之間能達到理想的境界，就是國父孫中山先生所倡言的「人民有權，政府有能」的現代政府，但是長久以來，民主與專業之間的連接關係，存在急須填補的「失落環節」（missing link），這是研究「民主治理」領域的核心議題。

　　本研究認為，該環節最重要的內涵，就是官民之間因為施政的透明化以及資訊透明的內涵大眾化，讓人民駕馭政府的成本降低，對政府的信任因此增加，進而民眾願意藉由代議機制，更廣泛、更完整地授權給政府，至此，政府為民謀福的專業才真正得以發揮；如此一來，前述「官民信任關係的惡性循環」不但得以化解，更可以讓民主治理下的政府與民眾之間，形成一種良性的官民信任關係，它就是澳洲學者 Gregory 與 Hicks（1999: 9）所提出，公共組織在高度透明以及高度可信任下的「負責任的課責」（responsible accountability）情境，透明的公部門行動，讓貪腐可能性降到最低，結果因為政府的可信任度提高，而為文官體制帶來更多的裁量空間，以至於政府能夠具備更多被信託的主動性，為服務人民而負起

---

[3]　「專業不對稱」與「資訊不對稱」有一個重要的差異，資訊不對稱可以從資訊公開獲得解決，民眾在獲取資訊的前後，可以因為對於資訊的吸收應用，而產生偏好或是決策的改變；但是，專業不對稱的問題，即便是攤在民眾的面前也不會產生偏好或是決策的改變，因為民眾缺乏解讀資訊的知識，單純資訊公布並不能解決問題，因此，專業不對稱需要政府從「審議式民主」（deliberative democracy; Cohen, 1989）的精神來尋求解決之道，不但治理資訊需要公開，政府還必須提供民眾可閱讀的資訊才能真正弭平官民之間的統治困境，本章將專業不對稱的問題包含在資訊不對稱的問題之中，因此本章在官民之間使用資訊不對稱的概念時，也隱含了專業不對稱的問題。

[4]　相關的研究，可參 Elkin 與 Soltan（1999）所主編的論文集。

更多的責任[5]。

　　本章最主要的論點，是在民主治理中課責價值的範疇中，提出轉換官民信任關係的關鍵，是政府藉由施政透明化重建官民之間民主課責的關係，進而在民主治理的環境下，連接民主與專業之間的失落環節；然而，在過去公共行政學界與實務界對「課責與透明」的行政改革大方向雖具共識，但對於該機制內涵的討論大多是在以規範性取向理解的「行政倫理」之範疇（Hondeghem, 1998），這就是為何英國學者 Christopher Hood（2006: 3）稱「透明」一詞在當代治理問題中，似乎具有某種「準宗教的權威」（quasi-religious authority）；然而，資訊公開如果缺乏有效的機制支持，透明的倫理基本上是一種空談，甚至於在機制設計上的無知，會導致「過度的課責」（excess of accountability; Bovens, 2005: 194-196）；因此，本章從「資訊經濟學」的角度（economics of information; Macho-Stadler and Perez-Castrillo, 2001; Molho, 1997），聚焦在「課責」（accountability）與「透明」（transparency）兩個概念的連結上，描繪這失落環節可能的制度性內涵；本章也特別選擇行政程序控制作為主要理論討論標的，在台灣，包括以行政程序法以及政府資訊公開法為核心的相關法制與行政配套措施，都可以從實務上闡明民主與專業制度調節的資訊本質，並且提供行政運作制度設計時的概念參考，這樣的連接是本章的實務價值所在[6]，準此，2008 年國民黨政府上台之後，實務界對課責、透明與民主治理之間的關聯性，應該有更上一層樓的探索與作為，以追求台灣民主治理品質的進一步提升。

　　本章將在第二節當中，先對官民不信任的問題，提出看法；接著於第三節當中，將資訊經濟學與公共行政研究做一個連結，本章認為未來

5　這個透明、信任以及課責的三角關係，事實上又牽涉到早期 Finer（1941）與 Friedrich（1940）之間對於文官內控與外控孰優孰劣的爭議；根據 OECD 的 1996 年一份關於倫理政權（ethics regime）的研究報告，外控是一種「表面順服」（compliance-based）的形式，而內控則是「廉正導向」（integrity-based）的作法，前者是可以被行政程序控制執行的，後者則是一種倫理的組織氣氛與要求，較難被完全執行，需要組織內外信任關係的支持。由此可以看出，透明與課責的問題以及行政倫理的議題也是息息相關的。

6　本章從實務上來看，是屬於「政府資訊公開法」或是「行政程序法」的範疇，但本章只處理理論上的問題，不牽涉到經驗上法令的執行面或是影響力的問題。

公共行政研究與實務改革應將「資訊不對稱」（information asymmetry; Halachmi and Boorsma, 1997）放在關鍵的位置之上，資訊經濟學的相關研究，就是一個好的開始；再者，本章在第四節之中，將針對課責、透明與行政程序控制的概念連接，從「資訊不對稱」的角度加以論述，最後將針對「行政程序控制」（administrative procedural control; McCubbins, Noll, and Weingast, 1987, 1989; McNollgast, 1999）作為一種有效的課責機制，提出三個關鍵的設計問題：（一）公共資訊的財產權歸屬於誰？（二）行政程序控制的效果為何？（三）行政透明是否必然適當的？並將在第五節當中從資訊經濟學的角度一一回答之。最後，本章將第六節的結論當中，整理並提出從行政程序控制來建構透明課責機制的理由與設計焦點，作為結束。

第二節　官民不信任的惡性循環

官民之間的信任問題，是任何政體統治的核心議題，民主政體的統治者，如果沒有辦法取信於民，有可能在下次選舉當中被反對黨取代，非民主政體雖然不需要選舉；但是民眾的不信任，也會降低統治正當性，增加政權傾覆的可能。當然，這種關係也是長期互動的循環，有其一定的路徑與內涵，以下就三個方面加以說明。首先，就人民端來看問題，國家機器專業化之後，民眾無法駕馭巨靈的恐懼、無奈甚至是憤怒所產生的不信任（distrust），在民選政治人物「責難規避」（blame avoidance）的操作下[7]，常常轉嫁到文官的身上，疲於解釋、受氣與抱怨所形成的統治氣氛，往往窒息文官的專業自主性；更嚴重的是，當民眾愈不信任政府，立法機關授權行政部門的內涵就更為保守，行動規範就更為嚴密，使得行政部門的裁量權（discretion）受到更多的限制，而就愈不能在瞬息萬變的環境當中，主動靈活地為民謀福，政府因而就顯得更為官僚，進而民眾對政

7　意指政治人物政策選擇的目的，不是「政績宣稱」（credit claiming）而是「責難規避」（blame avoidance），相關研究請參 Weaver（1986）。

府的態度就顯得更加對立，這種「負面回饋」（negative feedback）讓官與民間彼此的刻板印象得到進一步的強化，使這個死結益加緊縮，形成一種「官民信任關係的惡性循環」（如圖 12-1）。

　　再者，如果就文官體系端來說，他們對民眾的信任也是在降低當中，主要原因是，隨著民主化的逐步推展，台灣政府的運作細節，除了選舉之外，民眾擁有更多的管道，獲知與自己權益相關的政策決策過程與內容；同時，政務人員也積極建構民眾表達政策意見的管道，這些活化統治者與被統治者互動的諸多機制，理論上是成就民主治理的正當性，但是，它們事實上也加重了文官體系的業務負擔，讓文官對於公民參與的事情多是持有敬而遠之的心態，以免麻煩，甚至養成了「沒人問就不說，即便有人問，也可以用機密為由不說」的公共事務「愈少人知道愈方便作業」的心態；最後，我國傳統文化中統治術的「隱晦」本質，也讓文官對於系統性的對外開放，存在權力旁落的戒心，即便台灣已經是民主社會，其正當性主要來自於人民的認同（consent），但是權力運作有其獨占與隱晦的一面，文官體系作為一種國家權力行使的核心，無可避免地會被賦予某種高深莫測的權力支配者形象，以求取國家的「可統治性」（governability），青年馬克思（Karl Marx，請參 Fischer and Sirianni, 1984: 21）曾經這樣形容他所謂的「官僚精神」（the spirit of bureaucracy）：

> 官僚精神的一般形式就是秘密，這種神祕性是由其內部層級節制所支援，對外來說，它永遠是一個封閉的團體，因此，開放的精神以及愛國主義的情操，對官僚的神秘性而言都是一種背叛。

　　這樣看來，文官如果是在前述的組織文化中為民服務，會讓「官民信任的惡性循環」更加劇烈與無解，也就更需要學術與實務界共同來思索解套之道。本章主要的論點即是認為，藉由行政程序控制所要求的決策透明公開，雖然如任何改革的設想都有其不足之處，但它是終止這種惡性循環的關鍵，用來建構官民良性信任關係的起點。接下來，本章將從引介資訊經濟學開始，討論這種改革作為的內涵。

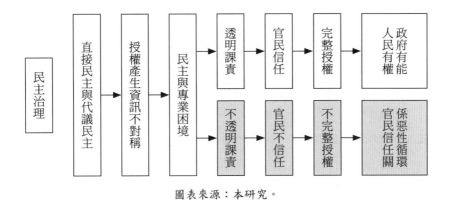

圖表來源：本研究。

圖 12-1 官民之間信任關係的惡性 vs. 良性循環圖

第三節 資訊經濟學與公共行政學發展

資訊經濟學是研究完全競爭市場「資訊完全」（perfect information）假定放鬆的狀況下，市場機制會如何運作的經濟學領域。隨著 1996 年、2001 年、2005 年以迄 2007 年，諾貝爾經濟學獎頒給十位研究市場中「資訊不對稱」相關議題的學者 James A. Mirrlees 與 William Vickrey（1996年因研究資訊不對稱下的行為誘因而得獎）；George Akerlof、Michael Spence 與 Joseph Stiglitz（2001 年因研究資訊不對稱下的市場行為得獎）；Robert J. Aumann 與 Thomas C. Schelling（2005 年因研究賽局理論中不完全資訊下的衝突控制而得獎）；Leonid Hurwicz、Eric S. Maskin 與 Roger B. Myerson（2007 年因研究資訊調控的機制設計理論而得獎），資訊經濟學研究日漸受到學界重視。經濟學是討論關於選擇的問題，選擇的決策過程需要相當的資訊，在以往市場經濟分析當中，大多假設所有與決策有關的資訊都是「眾所周知」的（common knowledge），因此在資訊完全的狀態下，市場機制就能發揮其擇優汰劣的功能，達到巴瑞多效率（Pareto efficiency），然而，當交易過程當中有一方擁有較多的資訊時，就形成所謂「資訊不對稱」的狀態，擁有資訊優勢的一方產生機會主義行為

（opportunistic behavior）的可能，巴瑞多效率的市場均衡就可能瓦解[8]。

　　資訊經濟學對於資訊不對稱對市場機制運作的影響，有著高度的興趣，但其分析架構則是以「代理人理論」（agency theory; Arrow, 1985; Stiglitz, 1987）與「賽局理論」（game theory; Kreps, 1991; Dixit and Skeath, 1999）為基礎[9]。代理人理論早為公共行政學界所熟知，不論在管理或政治的面向，代理人理論從「逆向選擇」（adverse selection）與「道德危機」（moral hazard）兩個面向，在新制度論（new institutionalism）的框架之下，有一定的發揮（DiIulio, 1994; Lane, 2005; Miller, 1992; Waterman and Meier, 1998; Weingast, 1984），而學界對於「交易成本」（transaction costs; Williamson, 1997）的應用則更是廣泛，其中從資訊成本而生的控制成本，當然是其中重要的一部分（Huber and Shipan, 2000; Knott and Miller, 2008; D. Spence, 2005）。

　　而賽局理論因為數理邏輯的關係，公共行政學界應用較少（但也不是沒有，請參 von Wangenheim, 2004），其架構的核心與分析資訊不對稱問題息息相關，主要是因為當參與交易的雙方認知到資訊不對稱的問題時，會採取不同的策略行動，而最後市場所展現的結果，可以從賽局當中均衡概念（equilibrium concept）來描述，特別是在「訊號賽局」（signaling game; Spence, 1973; Cho and Kreps, 1987; Riley, 2001）的研究領域。更重要的，應用賽局理論的分析，往往可以藉由理論推演比較不同制度的均衡結果，等同於發展「誘因相容」（incentive compatibility; Groves and Ledyard, 1987; Claar, 1998）的「機制設計」（mechanism design; Hurwicz, 1973）工

---

[8]　從經驗世界的眼光出發，這種資訊不對稱的交易關係似乎無所不在，私部門方面，賣舊車的人一定比買舊車的人更知道車的品質，公司的執行長比股東更知道公司的營運狀況，被保險人顯然也比保險人更了解自己的健康狀況；當然，公部門方面也有許多例子，比方說，剛上台的政務官對單位業務的熟悉程度遠不如單位的事務人員，立委質詢內容必須要由行政部提供資料以及選民投票時無法確切知道候選人品質等，都是公部門的交換行為中的資訊不對稱真實情況。

[9]　本章在後面的討論中，較少使用數理化的賽局理論，事實上，賽局理論就是討論人類策略互動的一種分析工具，有時概念的使用是很重要的，因此，本章最後一段中討論行政程序控制的效果，就是一種從策略互動的角度來看行政程序控制的論述，可以算是一種廣義的賽局理論應用。

作[10]。總括來看,資訊經濟學一方面提供學者思考資訊不對稱關係中策略互動的理論架構,另一方面也提供實務界發展制度創新的線索,對於向稱理論與實務並重的公共行政學界,是一個值得探討的理論方向。

不論就民主還是專業的本質而言,公共行政研究都與公共資訊的不對稱配置有密不可分的關係。由於「公共利益」(public interest)是公共行政研究追求的首要價值,在民主社會當中,公共利益主要是由人民個別「偏好聚合」(preference aggregation)的民主過程所定義,這個過程中人民的知識與資訊水平成為成敗的關鍵,然而,人民不是全知全能的神(當然,菁英也不是),因此,要求公共決策過程的資訊完全,與要求市場經濟在完全資訊之下運作是一樣的不切實際,因此,民主制度必須藉由授權來運作[11],而資訊不對稱是這種授權關係的重要的內涵,代理人理論中委託人與代理人間因為利益衝突而產生的控制問題,讓課責機制的需要應孕而生,這種機制的設計在私部門方面,包含在「合約」(contract)的概念中;而公部門的運作方面,則是分散在選舉制度、行政法規與行政管理內規中,不論公私部門,這種控制問題的核心就是「資訊不對稱」(Banks and Weingast, 1992; White, 1992)。

第四節 課責、透明與行政程序控制:概念釐清

對研究公共行政的學者而言,要如何在資訊不對稱的環境中,了解「績效管理」(performance management)的真實內涵,資訊經濟學相關概念的引進,是一個重要的開始。當然,績效管理除了績效制度本身的設

---

[10] 舉例而言,在保險關係當中,要如何讓被保險人提供真實關於自己健康的資訊,是一件攸關保險關係成敗的重點,因為保險人與被保險人之間存在資訊不對稱問題,通常保險公司能夠設定半年內的體檢報告為一種正面的訊號(signaling),並對所有願意提出這種報告的被保險人賦予降低保費的優惠,就能解決保險人與被保險人之間的資訊不對稱問題,這種機制設計的創新作為,往往也就是改革的重要內涵所在。

[11] 這種關係是由人民將統治權力經由選舉授予政治人物,再由政治人物將專業的工作授予文官體系,這種「授權鏈」的關係是民主過程的本質,請參 Horn(1995: 24);Moe(1984: 769);Spiller(1990: 269);陳敦源(2002),特別是書中的第三章。

計問題之外[12]，「行政程序控制」是世界各民主國家實現民主課責的主要的方式之一，本章將以行政程序控制的議題為例，討論公部門民主課責與行政透明之間的關係[13]，這議題一方面是前述民主與專業連結的制度焦點，也是政府績效管理一個重要的制度性基礎。讓我們先從課責與透明的概念釐清開始，提出關於民主與專業連結的相關問題，再利用資訊經濟學的相關概念回答之。

一、課責：專業與民主的制度性平衡點

學者 Levine、Peters 與 Thompson（1990: 188-190）認為，討論民主社會與行政官僚之間的關係，最常出現「回應」、「責任」與「課責」等三個面向的討論，這三者間或有交疊、或有衝突，民主治理的「績效秘密」（efficiency secret）就是存在這三者間的關係之中，學者 Steven Smith 與 Michael Lipsky（1993: 13）曾說：「民主治理需要政府對任何執行公共政策的機構，進行有效的課責控制，不論他們是政府機關、企業或是非營利組織[14]」。美國行政學者對於政府專業化都有存有戒心（Mosher, 1982; Hummel, 1987），也有學者認為民主與專業之間未必是衝突的（Kearney and Sinha, 1988），更有學者認為文官的專業判斷不但是正當的，還能平衡民主弊病（Goodsell, 1983; Meier, 1997）。本章認為，民主要求回應，專業要求責任，公共管理者在一個民主社會當中，必須在這兩種價值間求取平衡[15]，正如本書一直強調的，民主回應與專業責任之間調和能否順利的焦點，就是課責機制，民主治理透過課責機制的良性運作[16]，可以產生

---

[12] 本書將在第十三章中處理這問題，本章並不打算往指標設計的方面繼續深入。

[13] 作者也曾從課責與裁量權控制的角度，討論過官僚體系的政治控制問題，請參陳敦源（2002）第四章「結構與策略：課責與裁量權」。

[14] 原文如下：“Democratic governance requires that government adequately hold accountable all agencies that implement public policy, whether they are government bureaus, businesses, or nonprofit contractors.” 節錄來自於 Gormley and Weimer（1999: 21）。

[15] 請參考本書第六章的內容，特別是結論的部分。

[16] 這種制度性的連結，我們已能從選舉制度、政府會計制度、民眾意見反應機制到績效管理機制等許多現行政府的課責制度當中，看到一些端倪。

官民之間的信任關係，打破「官民信任關係的惡性循環」，進而達到「人民有權，政府有能」的境界。

　　課責並不是公共行政學界獨有的概念[17]，但是，它卻是討論民主治理最重要的概念之一[18]。從過去一個世紀的歷史來看，經過透明的要求而遂行課責的控制，大概可以分為：國際層級（美蘇核武現況的透明）、國內或是地方政府（民主政府的透明課責），以及企業對其股東的透明課責問題（Hood, 2006: 11-18）。在《國際公共政策與行政百科全書》（*International Encyclopedia of Public Policy and Administration*）之中，學者Romzek 與Dubnick，將課責定義為一種「關係」，在這種關係當中，「個人或是單位在被授權的行動中，有義務向授權者回答有關授權行動績效的問題[19]」，在這個簡單的定義當中，我們可以歸納出三個重點。

　　其一，課責是一種關係，這種關係應該至少包括「課責者」（accountability holder）與「被課責者」（accountability holdee）兩種角色個人或單位間的某種互動關係，這種關係十分適合運用資訊經濟學當中代理人理論來理解；

　　其二，被課責者因為授權的關係，有義務「回答」課責權者關於授權行動表現的問題[20]，這種義務的設計，應該包括資訊公開的法律義務與資

---

[17] 政治學關於「選舉課責」（electoral accountability）的研究也很積極，請參 Przeworski, Stokes 與 Manin（1999）所合編的一本論文集「民主、課責與代表」（Democracy, Accountability, and Representation）。其中對於課責的定義如下：「如果公民能夠分辨具代表性與無代表性的政府，也能夠應用懲罰機制，留下那些表現好的政府，換掉那些表現不好的政府，我們就說政府是有被課責的。」原文如下："Governments are "accountable" if citizens can discern representative from unrepresentative governments and can sanction them appropriately, retaining in office those incumbents who perform well and ousting from office those who do not."

[18] 非民主體制需要課責嗎？答案是肯定的。從效率面考量，企業花錢請人做事，雖然不用向廣大人民負責，但是企業所決定要做的事，依然有成本效益的問題，員工必須在合約關係之下向老闆負責，只不過「民主課責」將最終的老闆定位在全體人民。因此，公共行政學界討論課責時，不論是從財務、公平、權力行使、還是績效等方面討論（Behn, 2001: 6-10），其最終的「大老闆」是人民，這種民主治理的特色就是與企業（公司）治理（corporate governance）中的課責問題區隔出來的核心所在，當然，在控制技術上，兩者之間是可以交流的。

[19] 原文如下："（Accountability is）a relationship in which an individual or agency is held to answer for performance that involves some delegation of authority to act."（Shafritz, 1998: 6）

訊表達結構的「可理解性」（comprehensiveness）；

　　其三，課責者與被課責者之間關於彼此關係互動時的資訊焦點，是課責者所關心的「績效」問題，也就是被課責者受託所應完成事項的達成程度問題，通常這績效資訊是不對稱地儲存在被課責者的身上。

二、透明：課責機制設計的基本元素

　　民主與專業的制度性平衡點是課責，而課責機制的設計與執行，最關鍵就是統治資訊的獲取、交換與解讀，這種機制如果缺乏適當的資訊處理功能，就不會有課責的效果，因此，資訊透明化就是課責機制能夠有效運作的主要動能所在（Galligan, 1997: 3; OECD, 2000: 72-73）。

　　事實上，民眾對於政府貪腐的反應是強烈的，現實上台灣政府不斷出現的各種弊案，不論是民選首長與政務官人員、常任文官或是合約廠商與非營利組織的問題[21]，都導致台灣人民對於政府貪污腐化（corruption）問題的更加關注，在民主治理必須要有權力授予的前提下，貪腐必然也會惡化官民信任關係，因此，公共管理者單純想在服務提供的「任務導向價值」（mission-based values）上精進，或是將外包本身當作政績的企圖，已無法滿足民眾對反貪腐這種「非任務導向價值」（non-mission based values; Piotrowski and Rosenbloom, 2002）的基本要求，因此，民主治理當中「金魚缸法則」（fishbowl principle）的運用，就成為轉換惡性官民信任關係的關鍵，該法則意指公共管理者的行為，必須持續受到公眾的監控，好像在金魚缸中工作一般（Levine, Peters, and Thompson, 1990: 195-198），藉由強化政府機關行政服務的透明度，將服務提供與

20　學者 Levine, Peters 與 Thompson（1990: 190）對於課責的定義是：「文官最終必須向民選官員答覆或報告相關事宜（...civil servants ultimately must answer to elected public officials.）」，兩者都有「答覆」（answer to）的意義在其中，也就是受託的代理人，必須回應（或報告）委託人對於委託事項內容以及過程所有的相關事宜，課責機制的核心就是「回答性」（answerability; Starling, 1986: 123）。

21　近年政府大量將服務外包，形成一種「私有化國家」（privatized state）的現象，讓公共課責的問題更為複雜，也讓民眾對課責的要求更加提升，相關文獻請參 Hodge and Coghill（2007）。

課責進一步的結合，讓民眾可以感受到政府的服務價值鏈中，貪污腐化的問題已經被邊緣化，事實上，許多研究顯示，新公共管理（New Public Management）的改革作為，會讓透明課責制度的建構更加困難[22]，這也是為何新公共管理的改革，必須同時關注課責問題的根本原因所在。

　　簡單來說，課責機制因為透明度不夠，無法達到其效果，就會產生貪腐的問題，學者 Robert Klitgaard（1988: 75）將課責與貪腐之間，建立起一個連結的等式：

$$\text{貪腐（Corruption）} = \text{獨占（Monopoly）} + \text{裁量權（Discretion）} - \text{課責（Accountability）}$$

　　從這等式出發，有識之士如果想要減輕貪腐問題，其途徑有下列三個方面：(1) 開放政府行使權力過程中的競爭性，比如說選舉競爭，或是 Ostrom（1989）所提的「轄區重疊」（overlapping jurisdictions）與「權威分散」（fragmentation of authority）的概念，都有減緩特定政治勢力長期獨占政府管制權力的可能性；(2) 限制政府使用裁量權的範圍與內容，從控制文官行使行政行為的程序上，進行貪腐的控制；(3) 設法增加課責機制的運作效能，主要設計就是讓政府運作以公開為原則，降低監控的成本。上述的各種防範貪腐途徑的運作，都必須有公開透明作為一個重要前提[23]，Klitgaard 接著也提出偵測公部門貪腐資訊的五種策略：(1) 建構貪腐資訊蒐集與分

---

[22] 學者 Alasdair S. Roberts（2000）就認為，美國新公共管理的改革作為，起碼在三方面弱化了政府資訊公開法的課責果效，其一，因為單位資源有限，基於有效配置資源的考量，政府機關內部將使用在資訊公開上的資源列為「非核心」的項目，往往拖延了資訊公開的工作；其二，政府的工作被轉包到私人企業或是第三部門組織，這些組織並不需要遵循政府資訊公開法；其三，政府開始以「販售」的方式處理政府所擁有的資訊，這樣讓資訊使用者又增加了經濟上的障礙。

[23] 美國最高法院大法官 Louis D. Brandies 的治理箴言：「公開被認為是工業時代許多社會疾病的解藥，就像有人說陽光是最好的殺菌劑，而電燈是最有效的警察一般。」，就是這個道理。大法官 Louis D. Brandeis 是美國 20 世紀初進步年代重要的思想家之一，被稱為「人民的律師」（people's lawyer）的他是 Woodrow Wilson 的支持者與顧問，他最重要的影響就是呼籲企業經營公開化，贊成政府介入經濟市場保護投資大眾的權益，這一段話出自他 1914 年出版的一本名為「別人的錢，看銀行家們如何用它」（Other People's Money and How Bankers Use it）中第五章「公開能作什麼？」（what publicity can do），原文如下："Publicity is justly commended as remedy for social and industrial diseases. Sunlight is said to be the best of disinfectants; electric light the most efficient policeman."

析的系統；(2) 置入監控機關；(3) 尋找第三者資訊提供者；(4) 引導民眾及政府的客戶提供資料；(5) 將無罪的「舉證責任」（burden of proof）賦予政府等[24]。

2001 年 OECD 與「美洲國家組織」（Organization of American States）共同發表一篇關於如何確保公部門透明與課責的政策文件，其中提出三點政策建議：(1) 以有效的利益迴避法制規範，確保政策決策過程的公正性；(2) 增加政府預算準備與執行過程中的透明度；(3) 提倡資訊公開，並公共政策決策與執行過程中民眾參與和諮詢的必要[25]。

另外，加拿大安大略省的「資訊與隱私委員會」（Information and Privacy Commission; IPC）所提出的一份報告顯示（IPC, 2002），「定期公開與積極散布」（routine disclosure and active dissemination; RD/AD）是必要及基本的民主權利，若加上網路世代資訊傳遞的成本優勢，從網路進行政府資訊的定期公開與積極散布（e-RD/AD），是政府走向「善治」（good governance）的重要途徑（Graham, 2002），這種途徑一方面提高了政府的透明度，讓民眾可以有機會學習並參與公共決策與討論，另一方面也增強了政府課責，建立政府與民眾之間的信任關係（OECD, 2000）[26]。

面對資訊不對稱的公共資訊環境，有權者具有許多自由裁量空間，可以為民謀福，也可以為己謀私，行政人員到底是為公還是為私，是課責機制所要分辨的焦點，透明就成為課責機制設計的首要原素，尤其是網際網路發達的年代，對公部門提供資訊的成本，應有降低的效應，如此才能使得公部門組織對內或是對外之透明課責機制的運作成為可能（McIvor and others, 2002），更進一步 Arre Zuurmond（1998）口中的「電子民主國」（Infocracy）才有可能成形。

---

[24] 這部分將在後面公共資訊財產權歸屬的地方，再深入討論。

[25] 以民眾參與來強化課責，是近年的另一個趨勢，但是仍然需要先以公開資訊來減緩資訊不對稱的問題，請參 Goetz and Jenkins（2001）。

[26] 學者 Kearns（1996）從公部門與非營利組織「被課責者」的角度，以策略規劃的方式，提出課責管理的架構，其目的也是為了維繫民眾的信任。

三、行政程序控制

行政程序法制化是各國建立有效課責機制的重要步驟,由於國家機器不斷擴張,為了「保障人民權益、提高行政效能,增進人民對行政之信賴」(行政程序法,第 1 條),我國也歷經二十餘年的研究與努力,於 1999 年由立法院三讀通過了行政程序法共 175 條[27],自此步上行政程序法制化的時代。依照學者葉俊榮(1996)的看法,我國制定行政程序法的背景, 包括下列三點:(1) 經濟轉型壓力中,程序理性的缺乏;(2) 社會運動勃興,公共參與失調;(3) 利益政治興起,金權黑箱盛行等。為了調節上述的治理問題,行政程序法所揭櫫的行政行為實質導引與程序導引相關規定,將行政機關的運作,導向透明(transparency)、參與(participation)、審議(deliberation)、一般化(generalization)與夥伴(partnership)等五個取向,其中關於行政程序的透明化與民主治理的關係,有下列論述(葉俊榮,1999:34):

> 行政程序法有關透明原則的程序機制主要是規定在資訊公開、程序外接觸、行政契約資格與程序之公告以及法規命令之發布應刊登政府公報或新聞紙等規定。……透明原則的內容係指資訊必須具備「公開性」(openness)與「可理解性」(comprehensibility)兩種基本特質。行政程序法引進透明原則此種程序機制,最主要的目的在於使一般大眾了解行政機關作成決策的過程,一方面利害關係人得因此選擇最適合其自身利益的因應策略,降低其遵行成本(compliance costs),同時達到維護個人權益與提高行政效能的目的;另一方面,藉由公開決策程序,亦將原本黑盒子式的政策行程過程攤在大眾及輿論監督的陽光下,降低行政官僚圖利自我或他人的可能,強化責任(accountability)監督機制,增加民眾對政府的信賴。

---

[27] 相關我國行政程序法立法過程及其內容的論述,請參許宗力(1998)、熊忠勇(1998)、黃錦堂(1999)、張瑞濱等(1999)、黃國鐘(1999)等論述。

　　由上論述可得知，法學界對於行政程序控制的正當性論述，與民主
治理當中的透明化的課責機制論述相去不遠，它們的目的都是要在民主
治理的概念之下，強化「巨觀政治體系」（macro-political system）中，
分權制衡或是有限政府等制度性權力控制的概念，以及「微觀政治體
系」（micro-political system）中，強調民眾才是行政過程中權利的主體
（Mashaw, 1997: 112），民眾必須參與自我利益相關決策的程序性要求。
當然，除了前法以外，還有另一項與行政程序控制息息相關的就是政府資
訊公開法，我國在 2005 年通過實施（陳美伶，2005），該法第 1 條開宗
明義就說：

> 為建立政府資訊公開制度，便利人民共享及公平利用政府資訊，
> 保障人民知的權利，增進人民對公共事務之了解、信賴及監督，
> 並促進民主參與，特制定本法。

　　該法除了對於民眾要求政府資訊的管道有詳細的規定以外，還規定政
府必須要以「主動公開」為原則（第 6 條），該法也讓行政程序控制的相
關作為，尤其是從政府制度以外的透明公開要求，得到了法律上的基礎，
當然，檔案法、個人隱私保護法甚至是政府公報機制的建構（葉俊榮，
2007），都是藉由行政程序控制來達到政府透明化，所不可或缺的法制與
行政環節。

　　事實上，行政程序資訊公開的要求背後，也有實現「正義」
（Justice）的意義。哈佛大學公共衛生學院的哲學系教授Norman
Daniels，面對醫療資源有限下的資源優先順序配置（priority setting）
的公共決策，提出了被稱為「說理的課責」（accountability for
reasonableness）的四項原則，讓公共決策獲得正當性的支持，這四點分別
是（Daniel, 2000; Daniel and Sabin, 1998: 57; 1997）：(1) 公開性（Publicity
condition）：資源配置的決定（特別是新科技）及背後的理由，必須是
向公眾敞開的；(2) 相關性（Relevance condition）：資源配置的決定必須
是基於相關的證據（evidence）、理由以及原則，這些基礎是否與決策相
關，必須通過利害關係人（stakeholders; 病人、醫療提供者、醫管者等）

的同意；(3) 申辯性（Appeals condition）：這個過程必須存在一個申辯的機制，允許利害相關者可以挑戰已經做成的決策，這其中應該也包括新證據出現時修改決策的機會；(4) 可執行性（Enforcement condition）：前述三個條件，必須具備一套經過自願配合或是政府管制的途徑，而得以執行的機制。從前面這四項融合了巨觀與微觀政治體系的程序正當性的建構中，我們也可以看出行政程序控制在實現民主治理的重要性。

　　然而，為了從分析性的角度來看這種重要性，我們可將分析焦點放在行政程序控制背後，試圖與藉由公開透明達到公共課責的目的開始著手，首先，透明從分析上來說，有三個重要元素（Oliver, 2004: 2），它們分別是：(1) 資訊的領受者（或是使用、獲益者）；(2) 需要被關注的內容（與資訊應該要呈現的議題焦點有關）；以及 (3) 建構這種資訊公開關注的方法等，從這些元素中，本章以資訊經濟學的角度歸納成為下列三個問題：(1) 公共資訊的財產權歸屬誰？(2) 行政程序控制的效果為何？(3) 行政透明是否必然適當？這三項問題的答案，將有助於我們對民主治理環境中，透明課責機制運作的範圍與方法，有進一步的認識。

第五節　行政程序控制的資訊經濟分析

一、公共資訊的「財產權」歸屬誰？

　　「人民有知的權利」是民主社會常常聽到的一句統治箴言，也是行政程序法透明原則背後的主要立法意圖；但是，這樣的權利的主要內涵到底是什麼，有必要加以澄清。資訊經濟學對研究資訊最重要的認識，就是「資訊的獲取是需要成本的」（information is costly）[28]。因此，課責者與被課責者之間的資訊不對稱關係，是兩者互動機制設計（包括契約關係）最重要的問題，而這問題的核心就是資訊的提供及其成本負擔的歸屬，如果沒有清楚的交代，「人民有知的權利」只不過是一句空談而已。

　　試舉一例說明之。某甲向警方報案，檢舉非法盜採砂石的行為，但卻

遭到盜採公司私下以黑槍恐嚇，某甲在又恐懼又憤怒的狀況下，請新聞界的朋友在媒體上質疑警方有內神通外鬼的貪腐事宜，警方的督察系統出面表示，關於某甲所檢舉的不法盜採事宜，警方已經在偵辦當中，但是對於某甲所指控警方內神通外鬼一事，督察室的人表示，「如果某甲可以提出證據，一定追查到底」。

　　自由民主社會中，當人民對統治者的作為有疑慮時，最重要的制度性議題應該是：「哪一方該負起『舉證責任』（burden of proof）？」也就是說，制度上，我們必須選擇，是政府應負舉證責任，來證明自己的清白，還是人民必須舉證來證明政府的缺失[29]。前者，我們將「合理懷疑的利益」（the benefit of the doubt），交給了人民，假設政府有罪，除非它能證明自己的清白；而後者假設政府的清白，除非人民能夠證明它的缺失，我們將合理懷疑的利益，交給了政府。1991 年諾貝爾經濟學獎得主寇斯（Coase, 1937）的交易成本理論，能夠提供我們選擇課責制度啟示。

　　如果我們將政府的清白與否，當成一種「財產權」（property rights），課責制度選擇的主要內涵就是決定這財產權是應該屬於人民還是政府。這產權若交給人民，政府就應拿出證據，向人民「購買」清白；而這產權若交給政府，人民就必須負起舉證責任，向政府「購買」它的缺失。在寇斯的理論中，如果交易成本等於零，也就是說，舉證的行為（資料蒐集、分析、論證）無需任何成本，產權交給任何一方都無所謂，因為經過兩造無成本的互動，真相都有水落石出的一天；但是，我們都知道，現實環境中舉證成本並不等於零，因此，我們要將產權交給哪一方的制度

[28] 在這樣的認知之下，課責機制的資訊問題，有下列三點主要內涵：其一，資訊獲取的本身，從編碼、傳輸、解讀到應用，無一不需要花費真實的成本，因此，決策的本身也是需要花費成本的；其二，個人或團體尋求資訊的行為，最終還是受到成本效益平衡的牽制，也就是說，完全資訊不是不可知的，就是不合成本效益的，基本上並不存在真實的決策環境當中，舉例而言，一位不懂車但想買舊車的人，如果買到一台傳動軸損壞的車，需要花五千元修理，經朋友介紹一位汽車技工可以代為檢查舊車，但是代檢費用是六千元，這位買車者當然沒有必要去「購買」這資訊；其三，資訊公開的立意良善，但如果刻意忽略資訊公開的成本歸屬，等於是從成本的角度否絕了對民眾的資訊公開承諾。

[29] 這就是前述 Robert Klitgaard（1988）偵測公部門貪腐資訊第五項策略「將無罪的『舉證責任』（burden of proof）賦予政府」的根本原因所在。

選擇，就成為能否獲致真相的關鍵。寇斯認為，在交易成本不等於零的狀態下，我們應將產權交給舉證起來比較費力的一方，讓舉證成本落在花費較少的一方，如此一來，真相不但可以明顯，國家因此事所付出的社會成本，也可降到最低。然而，剩下來的問題是：「是政府證明它的清白較難？還是人民要證明政府的缺失較難？」

民主理論告訴我們，統治者與人民之間存在嚴重資訊不對稱的問題，也就是說，相對於人民而言，統治者對於攸關人民權益事務的資訊，擁有獨占的權力，別說是一般市井小民了，就連學者想作關於政府運作的研究，資訊獲取的高障礙，常令人望而卻步，由此看來，人民要證明政府缺失的成本，是明顯高於政府證明自身清白的成本，因此，依照寇斯的理論，人民控制政府的制度選擇，有兩條路可走，其一是將政府清白的產權交給人民，人民有權對政府各項作為做合理的懷疑，而政府應主動公布資料，證明自己的清白；其二是改善統治者與人民間資訊不對稱的問題，也就是經由不斷的立法，將政府的所作所為攤在陽光下。有趣的是，依照寇斯理論的推論，與民主憲政「有限政府」（limited government）的概念，剛好不謀而合，這也應該是推動透明課責最基本的操作原理。

二、行政程序控制的效果為何[30]？

論到行政程序控制的效果問題，我們就必須回到學者 McCubbins、Noll 與 Weingast（1989）所提出的「結構與程序」假設，這個假說的核心，就是國會為了控制文官體系的行政裁量權，設計一些結構與程序限制，讓對特定政策有利害關係的組織進入文官決策與執行的過程，進而防止或是改正行政部門不當或是錯誤的決策與行為，值得注意的，這樣的設計是一種統治成本較低的做法，國會不需要真實地介入文官運作，就可以了解並逕行政治控制。一般而言，這種控制分為兩種，一是事前控制機制，二是事後控制機制。前者代表國會在文官決策的事前，就提出

---

[30] 本段部分節自於陳敦源（2002）第三章的內容。

清楚的決策範圍、設計適當的程序限制與提出可靠的法律糾正機制（Hill and Brazier, 1991），而後者代表在文官體系的執行過程當中，設計適時的聽證與審議機制[31]、暢通的利益團體回饋機制與適當的法律補救與賞罰機制，這些也是一般所稱的「警報器」機制（fire alarm; McCubbins and Schwartz, 1984）。當然，上述的控制機制，確實有其一定的果效，但是學者也普遍質疑其功效的絕對性，最主要的原因有三。

　　其一，資訊不對稱與不確定性的影響。若回到代理人問題當中的資訊不對稱現象，如果委託人能夠隨時擁有完全的資訊，也對未來政策結果沒有不確定性，則授權行政程序控制設計的差異性考量將沒有存在的必要，但是，真實的世界是充滿資訊存在不確定性與不可知性，因此，造成沒有任何有效的控制機制會是完全的，總會因為監控資訊上的問題（不可知或是獲取資訊成本太高），而使得任何「結構與程序」假設之下的控制機制效果減弱，但是也都有再設計的空間，提高控制機制的效果，比方說，資訊通訊科技的發展，就起碼會降低資訊傳輸的成本，在固定的監控範圍中，起碼可以強化監控的幅度與頻率，David P. Snyder（2004）預言在未來 15 到 20 年間，資訊通訊科技下計算與文件處理的普及應用發展，將會將所有公私部門的運作全然透明化，國際法上也早晚要將全然透明當作其主要原則，然而，學者 Wilson Wong 與 Eric Welch（2004）針對電子化政府發展與政府課責之間關係的跨國研究顯示，政府網站的公開程度不一定與政府的課責程度有關，因為技術的資源支持與公開的操作的主動權仍然在行政體系的手中，或許網站在行政部門的眼中，並非是強化的民主課責的機制，而是其遂行政策行銷與創造社會共識的工具而已。

　　其二，未來「現勢聯盟」的影響。民主政治下行政程序控制的主體──「現勢聯盟」（enacting coalition），事實上是不斷在改變的（Wood and Bohte, 2004）。目前的現勢聯盟在設計這些控制機制時，一

---

[31] Milgrom 與 Roberts（1986）認為，聽證尋找「真實」的過程，是一種依靠利害關係人提供資訊的情況，因此資訊的內容有真實性的問題，但是，如果能夠加入「競爭原則」，也就是讓各方的利害關係人都進來陳述意見，就更容易找到真實。這一點也與行政程序公開聽證原則相符。

定會想到要讓其政策授權的結果，在下一輪的聯盟更替之後仍然能保存的問題，也就是說，過去授權的文獻只有兩個行動者：國會與行政官僚，但是學者 Terry Moe（1990a）與 Horn（1995）將第三個行動者——「未來的現勢聯盟」加入考量，這就產生學者 Horn 與 Shepsle（1989）評論 McNollgast 等 1987 年的文章時，所提出控制「官僚落差（burealucratic drift）」與控制「聯盟落差」（coalitional drift）之間的取捨的問題，他們認為，為了要讓後者縮小（也就是讓現勢聯盟的政策選擇能夠持續），必須犧牲對官僚落差的控制，舉例而言，現勢聯盟所決定的政策，為了怕未來的聯盟大幅修改，現勢聯盟就授予文官體系較多的行政裁量權，讓它們用來抵銷未來聯盟意圖影響改變政策的努力。

其三，政治大環境的影響。行政程序控制的效果也與行政與立法關係的外在情勢與否有關。Epstein 與 O'Halloran（1999）就使用交易成本的政治理論，討論在「分立政府」（divided government）之下，也就是行政立法分屬不同黨派的政治情勢下[32]，國會對於官僚體制的授權是否會有所不同？根據他們的研究發現，國會的授權會有下面三項的不同：（一）國會可能會選擇不授權了；（二）如果決定授權，會加上更為清楚的內容，減少官僚體制的裁量權；（三）可能選擇授權給一個獨立機關，而不是給予現有在行政體系下的部會。當然，學者如 Jason A. MacDonald（2007）也認為，國會授權內容設定差異的理由，至少還應該包括下面兩項：（一）國會當中委員會內部共識程度的差異，國會內部的重量級人士（PAs, floor-privileged actors）如果與現勢聯盟的法案意見有差異，差異愈大現勢聯盟授權時，愈會限制官僚體系受重量級人士影響的可能；（二）授權政策內容的差異，比方說，管制型與分配型的政策，國會就會有不同的授權形式，作者發現分配型的政策國會授權的限制較多。

當然，行政程序控制的透明原則，最主要的功效就在於防止有權者為了特定結果，再來尋找相應程序來正當化自己所喜歡的結果，也就是說，

---

[32] 我國的情況，最清楚的面向就是 2000 年到 2008 年的 8 年間，民進黨擁有行政權，而國民黨的泛藍陣營擁有國會的多數。

強迫行政部門在決策程序上提出「事先的承諾」（pre-commitment），以防止程序上的濫權[33]。因此，任何行政作為之前，必須事先公開程序的規定，此舉將有助於防止行政裁量權的無限擴張，以保障民眾權益；當然，這種以事先承諾來進行的民權保障，也是傳統憲政主義下的「分權制衡」與「言論自由保障」之外，公共行政領域對保護民權最可能的貢獻所在（Knott and Miller, 2008），當然，行政程序控制在規範性的意義上對民主課責的實現毋庸置疑，但問題是在於其制度設計的實證意義，就必須要靠學界與實務界共同努力，找出更好的設計做法。

三、行政透明化的策略互動問題

行政透明雖然有前述的效果，但是，為了避免陷入「涅盤謬誤」（nirvana fallacy），只看見程序控制透明能夠改進不透明之下的好處，卻不見程序控制透明化本身的問題，我們還是必須問：「行政透明是否必然是適當的？」任何政府資訊的公開，都會牽涉到這些公開的資訊將如何被使用，任何政府程序的公開，也都將促使利害關係人能夠策略性的避免不利於自己的情況發生，因此，考量程序公開之後策略行為的結果，應該成為討論透明課責機制不可規避的內容。事實上，從美國行政機制運作的經驗來看，這也是一個「行政特權」（executive privilege; Rozell, 1994），行政權有時在必要的時刻，為了國家安全或是執行的效果，必須要先對外保密，但是相對應的國會或是新聞界，卻要從民主課責的角度，完成扮演揭開政府權力隱晦性的角色，這個弔詭讓推動透明的倡議，必須回到現實行政運作的考量當中。

---

[33] 試舉一個實例說明，某大學為了鼓勵碩士班學生用功讀書，特別有獎學金的規定，但是頒發原則則是交給系上各自決定，某系當初只粗略規定每年將獎學金頒給班上「表現優異」的同學，但是卻沒有定義表現優異的內涵，直到第一屆碩士班學生出現兩位同學申請獎學金，問題就出現了。同學甲研究表現好，課業也不錯，同學乙課業表現優異，但研究表現尚可，獎學金應該發給誰？當初如果清楚規定研究與課業的計算比例與打分數標準，也就是事先承諾遊戲規則，就不會有問題，但是現在程序的問題已經出現，比方說，如果乙同學是系主任的學生，系主任有決定程序的絕對權柄，他一定可以設計一種偏袒乙同學的打分數標準，乙同學就可以得到獎學金。

　　關於由外部對文官體系加諸的控制成效，學者 Brehm 與 Gates（1999）認為，要了解組織之間的監控問題，必須了解組織之內的控制與順從（compliance）問題，也就是被課責者對於課責行動的「策略回應」（strategic response）議題。就個別的文官來說，他們面對諸多的誘因與限制環境，仍然有許多的行政裁量空間讓他們因著個人的政策偏好，選擇包括行動（花下大量精力完成政策）、怠惰（只關心自己的成本效益，不關心任何政策目標，能偷懶就偷懶），甚至是襲擊（sabotage; 以包括不行動的作為，摧毀政策被執行的可能）某項政策議題的策略方案，換句話說，這就是一般所謂「上有政策，下有對策」的情況，他們最大的發現，就是理論與經驗的推導之下，上級對於下屬的科層控制能力，有時可能還不如文官之間的競爭壓力與外在利害關係人關注的壓力來得有效。

　　學者 Bac（2001）認為，行政程序透明化當然可以提高貪腐被偵測到的機會，但是，這種程序公開，除了可以讓利益團體發現與自己利益不合的狀況提出異議之外，也可能同時讓急於建立內部「關係」（connection）的利害關係人，找到決策體系內部施壓或是收買的焦點，這種效果可能抵銷掉公開的防腐效果，讓有意圖的利益團體更能確定其政商網絡的建構路徑。通常官僚體系當中的文官，如果與體系分離，其抗拒外在壓力的能力是微小的，文官執行管制任務的時刻，他一方面代表政府，一方面也是自己，但是如果能夠被利害關係人鎖定並孤立出來施壓，是非常不利於行政運作的，因此，行政程序公開應該適當地保護文官個人的身分，以避免公務人員個人承受不必要的壓力。

　　學者 Cowen 與 Glazer（1996）也指出，監控行動的隱密性與監控頻率的適當程度，都會影響程序監控的效果，換句話說，愈多的資訊不一定能夠誘發組織帶來更好的結果產出，我們可以分三方面來說明：其一，監控行動的隱密性有其存在的必要，如果每次監控行動都必須公開為之，所蒐集到的資訊再多，都是經過修飾的資訊，這些資訊對於建構有效課責機制的價值是非常低的，也可以解釋為何許多行禮如儀的上級督導行動，並沒有造成行政運作成果上的績效；其二，資訊的價值並不在量多，而是在於其是否具備關鍵性、完整性與可理解性，政府大量程序資訊的公開，有

時可能都不具備上述三種特性,這些大量的資訊只不過在浪費資源而已,對於課責機制的運作毫無幫助,更重要的,政府程序的公開,一定要完整,只要有一小部分程序不公開,所有黑箱作業就會聚集到那一個不公開的程序當中,其他公開的程序都是表演性質而已,舉例而言,立法院各項紀錄完備,但是只要政黨協商的內容一日不公開,立法院真實權力運作核心就會一直匯聚在政黨協商之上;其三,有時持續的程序監控,還不如關鍵的程序監控,上述作者舉例,教授考試,考一題比考十題來得難準備,關鍵的程序監督對行政部門的課責壓力,比持續性的程序監督來得有效,況且,持續性的程序監督成本太高,一般也是不可行的。

綜括而言,人類的有限理性(bounded rationality; Rubinstein, 1998: 7-24)會限制甚至誤導了資訊公開的良善本意,因為「資訊的豐富造就了人們注意力的貧乏」(A wealth of information creates a poverty of attention; Simon, 1997),即便政府資訊的內容能夠讓婦孺皆懂,降低了資訊不對稱的問題,但是單純政府資訊的龐大數量,任何一個人不可能具備同時注意所有事情的能力,因此,民主治理的資訊問題會隨著愈來愈多的公共資訊出現,而一般民眾反而會因為理性有限的問題,愈來愈依賴媒體的解讀與傳播,協助找出大量資訊當中的焦點,這也是傳播學界著名的媒體「議題設定」(agenda-setting; McCombs and Shaw, 1972)權力的源頭。美國著名的公共哲學家 Walter Lippmann 曾經說:

> 真實的世界往往過於龐大、複雜及瞬間即逝,直接理解它有其困難,因為我們並不具備處理大量內容、繁瑣樣態以及諸多排列組合的能力,然而,我們無可避免要在這樣的環境中做決策,為了處理這龐雜的世界,人們需要一個簡化的模型重建之,因此,在真實的世界中穿梭,人們需要意義的地圖[34]。

---

[34] 節錄自 Walter Lippmann 的《民意》一書的第一章,原文如下:"For the real environment is altogether too big, too complex, and too fleeting for direct acquaintance. We are not equipped to deal with so much subtlety, so much variety, so many permutations and combinations. And although we have to act in that environment, we have to reconstruct it on a simpler model before we can manage it."

　　因此，行政資訊公開在權利上是屬於民眾的，但是在使用上，仍然有超過行政程序公開的效果，必須要從其他的機制當中加以處理，才能獲致整體的成效，換句話說，如果行政單位公布了更多的資訊，但是民眾沒有相關的資訊處理機制來協助應用，反而會形成資訊媒介主導民眾偏好形成的問題，值得注意。

四、政府透明機制的實務問題

　　本章最後將討論實務性的兩項問題，其一，政府透明課責的機制有哪些？資訊公開政策設計的原則為何？首先，本章將引介 Lindsay Stirton 與 Martin Lodge（2001）對於政府建立透明課責機制的分類的論述，兩位學者從「輸入／輸出導向」以及「個人／集體提供」等兩個面向，提出四種透明機制的分類架構（請參表 12-1），他們分別是：發聲管道（voice）、代表機關（representation）、選擇機制（choice）以及資訊公開（information）。這四種機制的分類可以提供實務者在設計機制時分類的參考。

　　再者，設計透明的課責機制，在運作上可以視為一種「資訊政策工具」（information policy instrument; Weiss, 2002: 217-254），這種工具的適用與使用原則，必須從研究資料當中獲取運作經驗。根據 Fung 與 others（2007）的研究，藉由透明達成課責政策目標的效果關鍵有二，一是該政策是否適合應用資訊政策工具，另一則是資訊政策工具設計的原則，首先，一個具有下列六項特質的政策問題方能藉由「資訊公開政策」尋求問題的解決：(1) 存在一個將引起風險或導致公共服務失敗的資訊落差；(2) 對此項政策問題進行衡量的標準有一定的共識；(3) 問題非複雜到難以溝通；(4) 資訊使用者有意志、能力與認知方法去提升進行確切的選擇；(5) 資訊揭露者有能力去降低風險或提升績效；(6) 資訊公開後產生的變化是可被接受的。再者，一個有效的資訊公開政策，通常具備下列十項設計內容：(1) 提供一般民眾便於使用的資訊；(2) 強化資訊使用團體的角色；(3) 幫助資訊公開者了解資訊使用者選擇的改變；(4) 使資訊公開者能因配合

表 12-1　政府透明機制的分類與內涵

	個人可實踐的	集體所提供
輸入導向	**發聲管道** 防止：缺乏使用者需要考量／回應 強化：使用者（公民）的參與 藉由：政治上或服務提供者的回報、徵詢以及決策系統 實例：台灣各級政府的首長信箱	**代表機關** 防止：生產者與大型使用者團體的優勢 強化：全面平等的利害關係團體參與 藉由：消費者顧問團、消費者團體以及管制政策與組織 實例：全民健保的監理會、費用協定委員會等組織
輸出導向	**選擇機制** 防止：家長主義、暴露在獨占中 強化：消費者的選擇權 藉由：市場競爭下競逐市場、選舉以及合約 實例：表達民意的選舉或公投制度	**資訊公開** 防止：「檸檬車」或其它濫用資訊不對稱[35] 強化：消費者知情的決策 藉由：標杆學習、公布劣質生產者等 實例：消費者文教基金會公佈市場商品檢驗的結果、建保局公佈醫療院所品質指標

圖表來源：部分修改自 Stirton and Lodge（2001: 478）。

資訊公開而獲得好處；(5) 設計資訊正確性與比較的標準；(6) 政策設計務求完整清晰；(7) 整合分析與反饋系統；(8) 建構懲罰機制；(9) 落實懲罰之強制執行；(10) 與其他組織管制系統相互配合。前述的這些適用與使用的原則，可以作為實務工作者政策設計的參考。

第六節　小　結

透明化是民主治理中追尋課責價值的重要前提。在政府與人民公共資

---

[35] 「檸檬車」（lemon cars）是諾貝爾經濟學獎得主 G. Akerlof（1970）用來形容二手車市場買方與賣方之間關於舊車品質的資訊不對稱的現象，在美國買到一台品質不佳的二手車被稱為買到了「檸檬車」。

訊不對稱的環境之中，民主國家人民即便名義上是國家的主人，但是，在由於專業能力不足以及公共資訊不對稱的結構下，人民事實上只是被動、無知與徬徨的被統治者，這種資訊弱勢地位往往成為民主治理中，民眾緊縮授權內容的正當理由，讓行政部門行動益受限制，無法主動為民謀福，在緊縮的架構下行使治理，會讓行政部門益顯官僚，民眾限縮權力的反應就會更為激烈，就此形成「官民信任關係的惡性循環」。然而，民眾對行政部門全面持續的監控，由於成本過高，在現實上幾乎不可能，因此，行政程序控制法治化就成為各國推動透明化的主要基礎，該法的精神是在尋找民主與專業的平衡點，進而打破「官民信任關係的惡性循環」，達到國父孫中山先生「人民有權，政府有能」的理想民主治理境界。

　　本章藉由資訊經濟學（information economics）的相關論點，對行政程序控制法治化原理與內涵提出反省，並提出以下的四點結論：第一，本章認為，課責是平衡民主（回應）與專業（責任）的重要制度性安排，而透明則是課責機制主要的元素，解決資訊不對稱問題，壓制政府不當行為的可能性，提振民眾對政府的信任，這就是為何澳大利亞維多利亞洲的主計長 Wayne Cameron（2004: 59）曾經說：「資訊的可接觸性是課責最重要的本質，幾乎所有課責運作的關鍵是即時與可得的資訊[36]。」第二，就公共資訊財產權歸屬問題上，寇斯定理讓我們確定公共資訊的「財產權」應歸屬於人民，這也是許多包括政府資訊公開等法治建構的倫理基礎；第三，本章也指出，行政程序控制的效果，主要是「事先的承諾」的行為，讓遊戲規則與結果間有合理的連結，保護民眾權益，這也讓我們看見憲政主義傳統以分權制衡與言論自由為手段之外，公共行政所可能對民權維護的積極貢獻所在；第四，本章也指出，因為被課責者的「策略回應」，行政程序公開還需要精細的機制設計，以考慮受監控者的策略行為，包括監控行動的隱密性、資訊的關鍵性、完整性與可理解性。最後，這種破解民主治理惡性循環的行動，除了將課責機制的設計當作一種實務上的政策來

---

[36] 原文如下："Access to information is an essential characteristic of accountability – virtually all accountability relies on the availability of relevant and timely information."

實踐以外，仍然必須從行政體系的倫理基礎上，將民主治理的基本理念：「人民主權」徹底植入。民主理論家 Robert A. Dahl（1989: 338）曾說：

> 如果民主過程不是下錨於庶民大眾的判斷，統治系統就會持續飄向「準監護」體制，如果這錨點維持，這種漂流就會停止[37]。

因此，民主改革有如逆水行舟，不進則退，民主深化的核心內涵不是口頭上說「民之所欲，常在我心」，但骨子裡卻自封哲學家皇帝，讓台灣的民主治理飄向準監護體制的一種活動；而是行政領導能夠守住 Dahl 所說的民主錨點，調節民主與專業間的困境，從建構透明的課責機制切入，讓國父孫中山先生「人民有權，政府有能」的理想，真正在台灣落實生根。

最後，本章同時討論了課責在民主治理中的規範性意義以及透明課責的機制設計問題等應然與實然面的問題，接下來，本書要站在這樣的一個基礎上，以兩個章節在更聚焦的範圍內討論更深入的課責問題，第十三章將從資訊經濟學的角度，更深入地討論績效管理在資訊運用上的相關問題，該章可以說是本章實然面討論的一個延伸，但是將課責的定義鎖定在官僚體系領導者，藉由績效評估的制度誘導下屬「聽命令」（following orders）的層次，而非民主治理中「民眾權益保障」的憲政層次；第十四章將從新制度論的行為面，討論我國行政機關考績制度實施的實然面問題，以期能夠更深入地了解台灣考績制度改革的機會與限制所在。

---

[37] 原文如下："If the democratic process is not firmly anchored in the judgments of the demos, then the system will continue to drift toward quasi guardianship. If the anchor holds, the drift will stop."

第十三章 績效管理的資訊問題

社會的經濟問題不是單純配置「既定」資源的問題……而是一個
社會如何處理沒有任何人擁有全部資訊的問題。

—— F. A. von Hayek[1]

績效管理的邏輯十分簡單且有力：能夠測量出政府表現更精確的
資訊，就可以對行政人員的績效課責，也可以讓民選首長為他們
的領導負責。

—— Donald F. Kettl[2]

第一節　前言：績效管理的「行政諺語」

「政府績效」（government performance）是近年台灣政府再造的核心
議題，其主要原因有二，一是世界性的「新公共管理」風潮（new public
management; Hughes, 1994: 58-87），凸顯政府資源的有限性，迫使政府
不能一味無限付出，而必須將公共資源運用回歸成本效益考量；再者，台
灣政治民主化之後，如本書第七章所言，政府運作的「誘因結構」產生巨
大變化，「民主課責」機制（democratic accountability; Behn, 2001）因選
舉輸贏不確定而真正開始運轉，執政者（黨）為下一次選舉累積施政績效

---

[1] 請參 von Hayek（1945: 519-520），原文如下："The economic problem of society is thus not merely a problem of how to allocate 'given' resources …it is a problem of the utilization of knowledge not given to anyone in its totality."

[2] 請參 Kettl（2005: 82），原文如下："The logic is simple and powerful: measure better what government does, and it will be easier to hold public administrators accountable for their performance and elected officials accountable for the leadership."

成為必要，2000 年政黨輪替之後，這種趨勢更加明顯。當然，這種趨勢的結果，就是以總統為首的政務系統，熱衷於藉由強化政府績效的管理作為，從事官僚產出的品質控制工作，以達到對內掌控官僚體系、統領各級政府[3]，對外提高民眾對新政府的信任與滿意度之目的，然而，績效管理的問題是一個社會資訊管理的工作，就如經濟學者 F. A. von Hayek 在本章一開頭所言，「沒有人擁有所有的資訊」是社會的現實，績效管理的本質卻往往希望應用大規模的資訊產製來協調社會上個人的行為，其中包括資訊透明以及賞罰獎懲，這是一個以資訊為中心的龐大社會工程，公共行政學者 Donald F. Kettl 更斬釘截鐵地說，績效管理的道理非常有力且簡單：「測量帶來課責」（accountability through measurement; Kazandjian, 2002），這是所有聲稱要進行績效管理的個人與組織所不能規避的「命令」（Imperative）。

　　2000 年民進黨新政府上台後，初期發生了與「舊官僚」間的磨合問題（陳敦源，2002：163-194），執政團隊除了在媒體上表明改革的心意之外，最後還是必須直接介入績效制度改革，來掌控長期從屬於國民黨政府的官僚體系。在新政府推動改革的策略當中，除了繼續執行舊政府部分政府再造的作為（如全面提升服務品質方案），試圖藉由如「政府服務品質獎」等活動，建立由上到下的評估指標，以誘導公部門各機關朝特定目標努力之外；新政府更試圖藉由對於官僚體系激勵制度的改革，試圖提升整體官僚體系的行政效能。行政院前院長張俊雄先生，在2001 年 2 月 27 日的行政革新會議閉幕典禮上，提出「訂定政府機關施政績效與成果評估辦法，建構機關考核評估指標、改革考績制度及實施績效獎金制度」的行動策略[4]，其中尤以 2001 年「公務人員考績法」的修正及師法企業的「績效獎金制度」改革，雖然實施兩年之後因故中斷但仍

---

[3]　行政院於 2000 年 9 月間，頒布「中央對直轄市及縣（市）政府補助辦法」，特別於第 11-13 條訂立績效管理的標準，明定中央政府對於地方政府特定工作事項產生績效顯著或不彰時，所可以賦予的獎懲動作，可為一例。資料來源請參 http://www.foryou.nat.gov.tw/perform.asp?inc=how，檢索日期，05/25/2002。

[4]　請參聯合報，2001 年 2 月 27 日，版 2。

然引起廣泛的關注。

　　然而，在這些熱切改革作為的背後，學界有義務回頭尋找理論的原點，來思考當代台灣政府績效改革的一些根本的議題，以期為政府績效改革作好思想準備工作。本章主要認為，政府績效的概念具有直覺上的說服力，但是，台灣關於績效制度建立與應用的各種論述，充滿著學者 Simon（1946）所稱的「行政諺語」（administrative proverbs）。舉例而言，學者一方面提出績效管理最重要的問題之一，是單挑找那些易於測量的項目進行管理，也就是「柿子挑軟的吃」（creaming），其結果造成組織目標的錯置（參施宗英，2000：50，引自 Perrin, 1998；郭昱瑩，2001：35）；但另一方面，又有學者建議，政府從事績效管理的改革作為，應該「先挑選易於衡量、與民眾直接接觸的業務單位，作為試行的單位，以累積行政部門績效管理之經驗」（李允傑，1999：14），明顯與前一種說法矛盾。

　　當然，我們更可以從「績效指標應重視其客觀性及實用性」、「評估組織績效應重於個人績效」等新政府常見的績效管理論述當中，看出「政府績效管理」已經成為一種新的政治正確。因著內外環境的制約，學界無法客觀地討論績效管理這種現代「控制」技術之基本限制所在，以及這些限制對推動績效管理所帶來的機會與挑戰；本章認為，學界有必要從理論的層次，尋找績效管理制度運作的本質，以利台灣未來進一步推動實務改革的基礎。

　　為此，本章選擇從「理性選擇制度論」（rational choice institutionalism; Weingast, 1996；陳敦源，2002：25-66）的角度，將績效管理視為「一種人類藉由制度設計（institutional design; Weimer, 1999: 1-16）進行政府改造的作為」。由於制度一方面具有限制（誘導）個人行為的功能，是社會秩序建構的基礎；另一方面，它的起源與變遷卻是由人所主導，其過程充滿了不確定的互動與相依關係（interaction and interdependence）。從這樣一個角度出發，本章一方面將績效管理視為一種制度設計與應用的過程，而另一方面則集中關注於其中最核心的議題：「資訊的處理」（information processing），而績效管理的資訊觀點，就是

組織或個人所擁有之績效資訊的選擇、蒐集與判斷的議題，這也是績效管理的基礎工程[5]，也就是說，本章所進行的理論建構工作，主要是為了指出，公共行政學門中的績效管理理論，必須從行為人之間資訊互動的基礎上出發。

　　為達上述目的，本章分為四段來討論這個議題。第二節當中，本章先討論績效制度環境的本質，其目的是在討論績效制度設計的資訊議題之前，先從「社會工程」（social engineering）的角度，對制度環境中的主要影響元素做一個分析，以利於接下來討論政府績效管理的三項主要的資訊議題；第三節當中，本章將藉由研究市場資訊不對稱的「訊號賽局」（signaling game），來討論公部門績效制度處理資訊不對稱問題的需要；第四節中，本章藉著新制度論中最尖端的機制設計理論，討論績效制度設計中誘因相容的議題，本章特別藉著討論「所羅門王的困境」（King Solomon's Dilemma）的解決，來看設計者如何讓績效制度能夠「自我執行」（self-enforcing）；在第五節當中，本章也討論績效制度的代理成本問題，讓我們設計績效制度時，必須注意資訊成本及了解績效制度的「內生性」（endogenous）的問題。在小結當中，本章對於當代公共行政學界的績效管理風潮提出呼籲，對於許多行政諺語背後複雜的誘因與機制設計問題，學界應該花更多的時間來研究，以期能創造出新一代、更貼近績效制度設計者需求的績效管理理論。

第二節　政府績效環境的本質

　　政治學者 Lupia（2001）認為，從資訊的角度來看，制度的功能是協助個人「處理資訊的輔助器」（informational crutches），制度的效用就是改變人際之間溝通行為的某些面向，讓資訊的接受者或是傳送者，達到通過制度結構互換相關決策資訊，進而達到控制環境產生利於自己決策結果

5　學者吳安妮（2000: 48）曾經表示：「績效評估制度最基本的問題是資訊的蒐集與產生，以及『資訊品質』等課題。要有好的資訊，就要有好的基礎，才易克竟全功。」

的目的;而績效管理的作為,也隱含這樣的一種目的。因此,參與者間互換資訊並影響決策結果的過程中,設計者必須先深入了解績效指標運作的環境特質為何,在這一節當中,我們將從資訊的不對稱、受測者的策略回應與價格系統之不存在等三方面,討論公部門績效管理的制度環境的特質[6]。

一、資訊的不對稱

不論是在公或私部門中,管理者與被管理者之間的關係,我們都可以某種合約關係(contract relation; Alchain and Demsetz, 1972)來界定與理解,雖然大多數的時刻,兩造之間並沒有真正簽下白紙黑字的合約,但是管理關係當中的許多互動行為,都具有「資訊不對稱」(information asymmetry)的性質,這種看法也是所謂「委託人-代理人理論」的基礎(principle-agent theory; Eisenhardt, 1989)。

資訊不對稱的狀態,在賽局理論(theory of game)的情況之下,某參與者擁有其他參與者所不知道的資訊,而這種單邊的資訊擁有,會影響到其他人在賽局終了的決策。對擁有資訊優勢的一方,有三種對資訊處理的行動選擇:(一)將資訊封存起來;(二)釋放不正確的訊息;(三)選擇性地釋放真實的訊息。而處在資訊劣勢的一方,面對資訊缺乏,也有三種資訊處理的行動選擇:(一)設法誘導資訊優勢者釋放真實資訊(如囚犯困境);(二)從資訊優勢者可觀察的行為中去分辨真偽資訊;(三)保持無知。上述的行動選擇的決策準則,都是根據資訊不對稱的雙方,在既有的賽局環境之下,所進行效用極大化的選擇,換句話說,因為效用極大化的動機,人類具有策略性表達與蒐集資訊的基本能力。

舉例而言,2000 年新政府上台之後,新的政務官進入單位,對單位人事與業務都尚未了解之前,就經過人事派令底定政務與事務之間的隱

---

[6] 本章不直接討論公私部門差異的議題,但是從資訊處理的方面提出公私部門績效制度環境的不同。傳統相關論述請參 Allison (1979); Lynn (1981); Rainey, Backoff, and Levine (1976); Bozeman (1987)。

性合約關係；由於政務首長對於文官體系人事調控的自由度不似私部門來得寬廣，政務人員「購買」勞務的活動，受到相關人事保障法規的限制[7]，使得政務人員的人事選擇權受到限制。比方說，在公部門當中，由於部門內的人事是長期穩定的，私部門「合約前協商」（pre-contractual negotiation）之階段並不存在，而一般私部門合約前「隱藏資訊」（hidden information）的問題與合約後「隱藏行動」（hidden actions）的問題同時在合約執行階段出現，讓公部門的管理工作解讀績效資訊的作為較為複雜。

　　若是從績效資訊的角度來看，公部門任何績效資訊的蒐集作為，管理者必須同時面對隱藏資訊與隱藏行動的問題，由於政務人員無法藉由合約前協商的「篩選」（screening）事務人員的類型（type；比方說能力強、能力弱），政務人員最多只能利用解讀行為，或是設計「誘因機制」（incentive scheme）來誘導行為；但是，當績效指標出現預警的訊號時，政務人員無法確定是因為事務人員根本沒有能力創造績效，還是因為其「怠惰」（shirking）所造成。即便管理者能夠分辨其中的差異，比起私部門的裁員動作，公部門因單純工作績效原因而離職的賞罰效果仍然有限[8]，如此使得公部門建構「誘因合約」績效制度（incentive contract; Baker, 1992）的可行性大為降低，績效指標的操作就很容易被架空，成為沒有牙的老虎。

　　總括而言，公部門因為政治穩定的需要，關於工作合約上資訊不對稱的問題，無法被分為事前（ex ante）與事後（ex post）兩個階段來處理，政務人員分辨事務人員是能力不佳或是工作怠惰的資訊不足，在第二節的「訊號」部分當中，本章將再深入討論這個問題。

---

[7] 當然，這種保障是有維繫政治體系運作穩定的目的，在此不多做評述，相關論述請參 Miller（2000）。

[8] 2001 年 6 月立法院新修訂了「公務人員考績法」，其中對於年終考績列為丁等（免職）的內容，明定了四種可能性，包括：挑撥離間或誣控濫告、不聽指揮、怠忽職守、品行不端等，與私部門因為績效不佳就可能遭到裁員的景況比較起來，公部門的人員要被判定成「壞人」才有可能離開。

二、霍桑效應的影響

1927 至 1932 年間，由當時哈佛大學商學院教授 Elton Mayo，在美國芝加哥所進行的一項生產力影響因素的研究實驗，成為組織行為理論發展的重要分水嶺——「霍桑實驗」（Hawthorne experiment; Gillespie, 1993），該研究除了開啟人際關係學派的重要性之外，它也對社會科學研究方法論上產生巨大貢獻，讓研究者了解到由於施測者介入實驗，受測者會因此產生行為改變的問題，稱之為「霍桑效應」（Hawthorne effects）。

這個效應最重要的意義，是在於任何「社會工程」的活動本身，都不能自外於實驗結果的影響因素之一，尤其是受測者的行為改變方面，介入性的實驗往往會給予施測者「錯誤」的實驗結果訊息，與自然科學的受測物（光、音、熱等）不會因為施測者而策略性地改變自己的本質的狀態比較起來，社會科學在測量的工作上是非常不同的。

比方說，政府研考人員想知道各級單位為民服務的績效，如果以事先通知的視導方式進行，視導人員自己也知道在過程中所接受到的資訊，絕對是「清理」過的資訊，對受檢單位來說，這種監控是易於應付的，甚至還有可能在單位中出現所謂「莒光連隊」，專門為了接受視導而存在的單位；但是，如果研考人員以不預警「抽檢」的方式，來進行對各級單位為民服務的監測活動，如公部門電話禮貌檢查的監測活動，可能就會發現許多截然不同的結果。

如果我們將霍桑效應的概念應用到政府績效管理的議題上，我們一方面肯定霍桑效應誘導「行為改變」的可能性，這因果關係正是公部門績效管理在設定目標時，所需要的行為反應模式；但是另一方面，我們也必須注意霍桑效應所隱含受測人在績效資訊上的「刺激－反應」（stimulate-response）的心理行為，換句話說，針對人的績效管理指標的設計，除了指標本身必須滿足數量分析上的特性之外（施能傑，2001；洪永泰，1995），還必須考慮到擁有資訊的個人資訊釋放（revelation）的心理意願問題。

我們可以說如此說，霍桑效應告訴我們，除了「資訊不對稱」的狀態下，個人因為效用極大化的動機所產生處理資訊的策略行動之外，人類社會心理的因素也會因為績效制度的介入，而影響到績效被監控者的行為改變，成為績效管理處理量化監控行動不確定性的另一種來源[9]。然而，為了簡化論述的目的，本章是從理性選擇理論出發，將不在下文中討論績效管理過程中與社會心理學相關議題，只將霍桑效應視為受測者產生策略回應的另一明證，代表接受控制者自有一套回應辦法來面對監控者的作為（Brehm and Gates, 1999）。

三、價格系統之不存在

新公共管理以師法企業各項管理技術為核心，試圖藉由建構企業型政府的作為，提升政府績效（Osborne and Gaebler, 1992: 146-155），然而，公部門並不存在如市場般的價格體系，如此讓公部門的績效管理的集中資訊源頭，因為單一、簡潔的訊號並不存在，造就了嚴重的「協調問題」（coordination problem; Milgrom and Roberts, 1992: 25-28）。

傳統新古典主義經濟學的核心，就是討論市場價格系統的運作。價格系統本身就是一個經濟系統，價格成為市場上決定要買什麼、生產什麼以及購買和供給的數量。這些可以藉由價格機制買賣的貨品，包括消費財、服務、勞務、不動產以及資產等。比方說，對市場中的賣方來說，藉由價格系統所傳出的「訊號」（signal），他們可以知道消費者要什麼、什麼財貨供應不足與什麼財貨供應過量，這些資訊都有助於廠商的製造行為決策。因此，價格系統是市場當中十分重要的一個「資訊處理」機制，也是市場內買賣雙方建構績效評估系統的重要的依據。

對市場中的買賣雙方而言，價格對外代表財貨交換過程中的訊號，內涵價值（value）、偏好（preference）等等關於交易的訊息，這種訊號提

9　比方說，上級對於下級的過度的監控作為，有時反而會降低管理者與被管理者之間的「信任」感，進而破壞了工作團隊中主動積極的氣氛，對團體的生產力反而沒有好處。績效管理作為反而被員工心理的抵抗抵消，而影響到團隊的生產力。

供市場上的決策者（包括買賣雙方）重要的買賣決策資訊；對內，價格可以說是管理者（包括買賣雙方）績效計算系統的依據，內含獲利、工作價值等計算績效所需要的重要資訊。1974 年諾貝爾經濟學獎得主 F. A. von Hayek（1945）早在 50 餘年前就認為市場的價格系統是社會「處理知識的資訊系統」，尤其在攸關整體經濟資源配置的議題上，市場個別買賣雙方分散擁有資訊的情況之下，價格系統肩負了處理、傳遞產品資訊、協調市場行為的功能，使得市場機制處理資源配置的功能得以達成，更重要的，這種系統並非是由一個中央集權的資訊處理站所負責，而是由個別買賣雙方在特定時間內的價格資訊上，各自自主決定的集體結果，也就是說，在 t_0 的時間點當中某一個財貨存在一個價格體系，買賣雙方依據這個既存體系各自做成買賣的決策之後，自然形成t1時間點當中另一個新的價格安排，成為 t_1 時間點當中個別買賣雙方市場行為決策的基礎，而傳統市場機制就在這樣的循環當中，將社會資源做最有效率的配置，而學者海耶克也因此認為，由於共產主義計畫經濟在本質上，無法建構出比市場價格系統更有效率的社會知識處理機制，這就是資本主義經濟優於計畫經濟的核心所在。

　　1982 年諾貝爾經濟學獎得主 George J. Stigler 曾說：「價格系統指導並說服每個人相信並依照它的訊息來行動[10]。」然而，公部門通常是以獨占者的姿態出現，從事管制或是服務遞送等作為，因此並不存在一個市場價格系統，其結果就是公部門在議定績效指標的時刻，缺乏一個連結組織目的與計算達成程度的客觀系統，作為績效的判準，因此，通常會依賴主觀的民眾滿意度來了解政治的治理成果，缺乏客觀的結果（outcome-based）指標來進行績效管理。

　　比方說，私部門的顧客關係管理（customer relation management; CRM）本身並不是目的，而是為了保持公司產品在價格系統當中的價值，以維持公司在市場上的獲利，該項工作的績效必須從價格系統當中去

---

[10] 請參 Stigler（1987: 12），原文如下："…the price system instructs and persuades everyone to believe and act on the instructions."

理解；對照起來，公部門顧客導向的改革，卻沒有一個價格系統協助管理者理解其價值所在，因此，一方面政務人員一般無法客觀地從「民眾滿意度」當中推論政府績效，但另一方面，由於民眾滿意度調查是政府績效管理中一個不可多得的量化的指標，雖然它容易受到許多與政府績效行為無關的因素影響（如政治意識形態），它在缺乏價格系統的公共領域當中，其本身常常就成為施政目標。

公部門績效管理由於缺乏價格系統的引導，在資訊的處理上就會顯出標準不一的狀況，這一點一方面指出公部門的生產目的是多元的狀態，不只是效率單一的目標；另一方面也讓公部門的績效管理制度設計，比私部門相關作為來得複雜。

總括而言，上述這三項政府績效管理制度環境的特質，讓我們有下列的認知，其一，資訊處理是任何管理作為最主要的工作，但是管理所需的資訊通常是分散在個別行為人的手上，這成為績效制度設計不得不面對的問題；其二，績效管理涉及到施測者介入受測者的社會心理世界，也必然產生具有「霍桑效應」式的回應，要如何在績效制度當中內化這種效應，也是績效制度設計不能不面對的議題；其三，公部門並不存在一個有效運作的價格系統，使得公務作為的成本效益計算不易，這樣公部門的績效資訊蒐集的作為，勢必更為困難與龐雜，這也是公部門績效制度設計時必須面對的基本限制所在。接下來，本章將從訊號、機制設計與代理成本等角度，討論績效管理制度資訊的問題面向。

第三節　資訊問題之一：訊號

一個有效的績效制度，是一套能夠確實處理與績效相關資訊的制度。從管理的角度來看，即使我們擁有能夠連結組織目標與個人工作內容的完美指標，管理者仍然面臨因為資訊不對稱而無法完成績效管理的執行問題。在前述「委託人－代理人」理論的框架之下，監控與被監控者之間存在所謂「資訊不對稱」的問題，就是被監控者自己擁有「私人資訊」

（private information），是監控者所不知道的[11]。讓我們以下面的一個簡單的 2×2 賽局來表示。

　　假定政務主管陳先生考慮將黃姓公務人員放在兩個懸缺已久的位置之一，其中一個位置是單位中關鍵的「科長」，需要在位者有很強的能力；另一個位置是能力要求較低的「視察」，陳主管不知道黃先生的能力，但黃先生知道自己的能力，假定黃先生能力只有「高」、「低」兩種型（type），如表 13-1 所示。

　　上述的賽局，如果以 Nash 均衡的概念來解，我們可以發現這是一個十分簡單的賽局，如果黃先生是能力高的人，他會希望陳主管能讓他做科長（因為 2 > 0），而陳主管如果知道黃先生能力高，也當然會讓他做科長（1 > 0）；反過來說，如果黃先生能力不高，他自己也不會想要去做科長（1 > 0），而陳主管也不會任命他做科長的（3 > 0），但是由於陳主管並不知道黃先生的能力，我們可以在陳主管決定之前，讓黃先生用一句話向陳主管「傳達資訊」，他如果講「我的能力高」，陳主管不會懷疑他是在說謊，因為黃先生說謊是違反表 13-1 賽局誘因結構的，陳主管也會將科長的職務交給黃先生。

　　反之，黃先生也會誠實表達自己能力不高的訊息，而陳主管就會將視察的職務交給他。在這種「單純」的環境當中，說謊是沒有必要的，因此也沒有「懷疑與檢查」的必要，溝通的成本也相對較低，一般稱為「口語溝通」（cheap talk）的做法。然而，績效管理所要處理的情況，並非如此單純，讓我們將表 13-1 做一個小小的修改，將黃先生在能力不足的狀況

---

[11] 本章只討論資訊不對稱的狀況，而忽略其他的資訊狀態。在賽局理論當中，決策資訊通常被分為四種狀態（Rasmusen, 1989: 51）：完全資訊（perfect information），確定資訊（certain information），對稱資訊（symmetric information）與完整資訊（complete information）。學者 Milgrom 與 Roberts（1987: 184-185）以三種不同的撲克牌局來表示，第一種局是參與者手上抽到的五張牌大家都互相看得到，然後每個人決定要如何叫牌，這是同時具有完全與完整資訊的情況；第二種局是每個人得到五張牌，每個人都有一些牌翻開，另有一些不翻開，各人必須在這樣的狀態下叫牌，這就是不確定與不完整資訊的典型；第三種局是每個人拿到自己的五張牌，也只知道自己手中牌的花色，在這樣的狀態下叫牌，這是一種不對稱資訊的典型，雖然因為撲克牌只有 52 張，個人可以藉由手中的牌，來推計別人手中持有牌的可能性，這是一種大家所擁有、關於如何玩牌的「共同知識」（common knowledge）。

之下，仍希望能夠做科長的狀況加入（假定是因為有主管加給，2 > 1），成為如表 13-2 的狀況。

在這個新的賽局之下，黃先生如果是能力低的類型，他有誘因要藉由口語溝通，讓陳主管「以為」自己是做科長的料；而對陳主管來說，在他了解整個訊號局誘因結構的前提下，他心知肚明自己無法分辨黃先生是因為能力高而說「我能力高」，還是為了要主管加給而欺騙自己。

2001 年諾貝爾經濟學獎得主之一 Spence（1974）認為，上述這種「逆向選擇」（adverse selection）情況如果存在兩個競爭者之間（一個能力強，一個能力弱），會讓能力高的競爭者產生和能力低者區辨的動機，比方說，能力高者會希望能有比能力低者更高的文憑，而「文憑主義」之所以存在，就是能力高的人願意花更多的資源求取一個學位證明，以期能在上述的情況之下，對主管發出區辨的訊號（separating signal），以獲得應有的職位。

表 13-1　職務選擇的「訊號」局（單純）

		陳主管考慮的兩個職位	
		科長	視察
黃先生的能力	能力高	2,1	0,0
	能力低	0,0	1,3

表 13-2　職務選擇的「訊號」局（複雜）

		陳主管考慮的兩個職位	
		科長	視察
黃先生的能力	能力高	2,1	0,0
	能力低	2,0	1,3

*結果排列：（黃先生，陳主管）框內的數字代表黃先生與陳主管在不同選擇情境下的獲益（payoffs），比方說，當黃先生能力高，並被賦予科長的位置時，（2,1）表示黃先生得兩單位效用（utility），陳主管得一個單位的效用，以此類推。
圖表來源：參Farrell and Rabin（1996: 104, 106）修正而來。

引申來說，機關當中績效較差者，通常會希望這種區辨的機會愈少愈好，就能夠藉由隱身在群眾當中而獲益；因此，績效管理的作用，主要是提供有能力者一個展現區辨訊號的機會，當然，我們也要能確定，沒有能力者在該項指標之下，無法在行為上隱藏其真實的類型，這指標就具有引導不同型人員自行區辨的功能，它就是好的指標。這種績效制度設計的內涵，已經牽涉到機制設計（mechanism design）的問題，本章將在下一節中更深入地來討論。

第四節　資訊問題之二：機制設計

「機制設計」的概念最早是由 2007 年諾貝爾經濟學獎得主 Leo Hurwicz（1973）所提出，其目的是「研究在自由選擇、自願交換、信息不完全及決策分散化的條件之下，能否設計一套機制（規則或制度）來達到既定目標的理論」（田國強，2000：1），學者 Hurwicz 所提出最重要的結論告訴我們：「私部門的資源配置過程中，無法找到一種資訊上分散化的機制（informationally decentralized mechanism），它可以滿足巴瑞多效率的資源配置，並同時提供足夠的誘因讓消費者誠實表達其偏好」（Groves and Ledyard, 1987: 48）。

該理論呼應 Arrow 的「不可能定理」（impossibility theorem）、賽局理論中的「民俗定理」（folk theorem）、與代理人理論中「不完全契約」（incomplete contract）的概念，促使學者離開古典經濟理論的巴瑞多效率觀，凸顯市場經濟當中的資訊處置問題，而務實地追求「次佳效率」（second-best efficiency; Banks, 1995; Miller, 1992），進而能夠在管理學的領域當中，從組織與制度的角度，結合經濟學與社會學研究傳統[12]。

---

[12] 這種理論發展顯示經濟學離開新古典經濟主義將市場視為「既定」（given）的傳統，開始探索市場機制內涵，一方面，全然原子性的市場運作的交易成本太高，市場運作本身也存在許多追求效率的機制（如廠商），另一方面，社會主義式的中央計畫型經濟機制，在前述 von Hayek 社會知識處理的角度，從決策或是推論的內涵來看（Hurwicz, 1973: 4），都幾乎是不可能的任務，因此，市場機制的運作，事實上是參與者不斷搜尋更有效運作市場的機制，所產生的一種現象。

　　機制設計研究領域一般有兩個主要面向，一是誘因相容（incentive compatibility）的問題，意旨藉由機制設計來追尋結合個人利益與公共利益的制度途徑[13]，這種途徑有時也被稱為「執行理論」（implementation theory; Palfrey, 2002）；二是資訊效率的問題，也就是機制運作的資訊成本問題，是探討機制設計的效率議題。本節先藉由一個有名的「所羅門王的困境」（King Solomon's Dilemma; Glazer and Ma, 1989; Perry and Reny, 1999）問題，來表達績效制度誘因相容的議題，下一節當中再從代理成本的觀念來討論績效制度的運作問題。

　　聖經中有一個所羅門王所面對的情況（舊約列王記下 2: 16-28），有兩位妓女都聲稱一個男嬰是自己的孩子，所羅門王見她兩人僵持不下，就叫人來把孩子劈成兩半，孩子的親生母親表示寧願把孩子給對方也不願意王把孩子劈了，而非生母則表示無所謂，所羅門王因此指認出前者才是男嬰的母親。從機制的角度來看，所羅門王成功地設計一個選擇機制，區辨出真假母親。

　　但是，如果假母親了解這個過程，她選擇與真母裝出不捨的表情與語氣，所羅門王該如何做才能分辨？學者 Dixit 與 Skeath（1999）提出如下的一個機制，將有助於分辨出男嬰的真實生母。我們先假定兩位母親分別為 A 與 B，V_A 與 V_B 分別為兩位母親對看待男嬰的價值，已知 $V_{生母}$ > $V_{非生母}$，但是所羅門王並不知道哪一位是男嬰的生母，這個機制分為四個步驟（參圖 13-1）：

1. 所羅門王先設立一個價值為 F 的罰金。
2. 所羅門王要求母親 A 表達是否為生母，如果說「不是」，男嬰交給 B，機制結束；如果說「是」，機制進入第三步驟。
3. 所羅門王要求母親 B 表達是否為生母，如果說「不是」，男嬰交給 A，機制結束；如果說「是」，則表示挑戰母親 A 的說法，但必須提出一個價格 P，這時母親 A 必須先付罰金 F。

---

[13] 比方說，兩個人要分一個蛋糕，應該用什麼樣的制度可以分得最公平，誘因相容的概念告訴我們，我們可以讓一個人分蛋糕，另一個人先選，因為分的人無法先選，他會依照另一個人會選較大那一塊的誘因來分蛋糕，也就是儘量分得無法分辨兩片蛋糕的大小，以防自己因為後選蛋糕而吃虧。

4. 所羅門王要求母親 A 回應，如果母親 A 願意出價 P，則獲得男嬰，
　　母親 B 得付罰金 F；而如果母親 A 選擇放棄，則母親 B 得男嬰。

　　這個機制為何可以分辨真假母親？讓我們分下列兩個方面來討論。
首先，如果母親 A 是真的母親，則我們知道 $V_A > V_B$。母親 B 在步驟三
的地方，如果要搶孩子的話，必須提出一個價格 P，讓母親 A 最後的獲
利是 $V_A - P - F < -F$，但是，如此一定要讓 $P > V_A$，如果這樣出價，也表
示 $P > V_A > V_B$，已經超出自己對男嬰的價值，因此，母親 B 不會在步驟
三出價，會選擇表態「不是生母」，而母親 A 從「逆向導引」（backward
induction）中得知母親 B 在步驟三會如上表態，就會在步驟二當中選擇表
態自己是生母，結果就是生母 A 在步驟三結束後，得到男嬰。

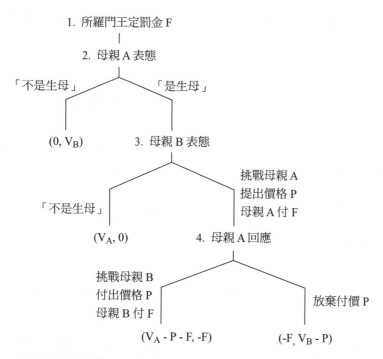

* 結果排列（母親 A, 母親 B）

圖表來源：參考 Dixit and Skeath（1999）第 12 章修改而來。

圖 13-1　所羅門王的賽局

　　再者，如果母親 B 是真正的生母，我們知道 $V_B > V_A$，則在步驟三當中，母親 B 能夠找到一個價格 P，是比 V_B 小一點點，但是比 V_A 大，也就是 $V_B > P > V_A$，如此就可以保證 $V_A - P - F < -F$，讓母親 A 在第四步驟放棄男嬰的所有權。逆向導引到母親 A 在步驟二的決策，因為比較（$0, V_B$）與（$-F, V_B - P$），明顯是硬闖下去最後還要付罰金 F，還不如在步驟二就說實話，避免罰款，結果就是生母 B 得到男嬰。

　　上面這個例子告訴我們，績效管理有資訊區辨的需要，但是公共行政的相關論述卻不常將之放在「誘因相容」的概念之下來討論，完全忽略績效管理背後，受到策略互動環境牽制的一面，因此，造成績效指標無法在結構誘因的設計之下，以「自我執行」（self-enforcing）的方式完成其原始的功能，學界討論誘因機制的設計，就是將誘因視為最種要的管理工具，誠如本章以至於本書所提議的概念，將績效管理的問題簡化成誘因相容的制度設計問題，是公部門推動績效管理制度有意義的發展方向。

第五節　資訊問題之三：代理成本

　　正如本章在制度環境的第三項指出，公部門並沒有清楚的價格系統，政府作為的成本效益分析難度較高，因此，專注在政府作為的成本面討論績效（預算制度），成為較常用的方式，但是，除了政府作為的支出成本之外，我們也必須認識到，政府服務工作的品質監測工作，也是需要花成本的，我們可以稱之為績效制度的「代理成本」（agency costs）。

　　自 1991 年諾貝爾經濟獎得主 Ronald H. Coase 提出交易成本（transaction costs）的概念之後，這一個論述並不難理解；但是，若是從資訊的角度來解釋，我們需要「有限理性」（bounded rationality）的概念，來了解存在員工與主管之間「不完全契約」（incomplete contract）的問題，因為人類無法預知未來，更不可能算到合約關係中每一種可能性，即便雙方能將所有可能性找出，也無法計算每一種可能性對自己的影響，更無法協調出彼此間對所有可能性相同的看法；當然，在語言溝通本身就

無法明確的前提之下，合約的不完整性是有成本的（costly; Milgrom and Roberts, 1992: 129-131）。讓我們從測量成本、影響行為的機會成本等兩方面來討論政府績效管理的資訊成本議題。

第一種的代理成本就是所謂「測量成本」（measurement costs）的概念，任何績效測量的作為，都必須要付出資源的。假定某一個單位有十位員工，一位管理者，管理者在年終必須要對每一位員工打考績，如果以每年三百個工作天來看，主管全年觀察全部十人的工作狀態是不可能的，平均起來主管每年最多只可以觀察到個別員工約一個月的工作狀況，然後以此推論他全年的考績，如果主管要降低考績的錯誤機率，就必須蒐集更多的監控資料，不論是從員工互評或是雇用專門品質監控員，都必須要付出資源。

因此，如果績效測量的工夫太過繁複，所需要的資訊太過細微，對於「有限理性」的主管來說，都是不可能達到的，在這樣一套昂貴的績效管理制度之下，主管處理其他事務的機會成本就會大幅攀升，因此，績效制度必須有一些正式或非正式的安排，降低這種測量成本。

比方說，公務員考績的以比例分配方式為之，就是將考績從花費較大的絕對指標變成相對指標的一種方法，以降低主管的測量成本；另就是單位內部可能會採用「輪流」接受乙等的方式，因為精確的絕對評量所費太高，產生誤判的機率也不低，用輪的方式一方面能夠降低測量成本，另一方面也能分擔錯誤風險，是測量成本過高之下的一種非正式的制度安排。因此，2000 年民進黨新政府上台三個月時澄社所提出藉由公務員激勵制度的改革來提升政府效能的看法（摘錄如下），若是從測量成本的角度來看，關於績效制度的問題，可能不是 2000 年民進黨政府決心的問題，而是績效考核制度，對於主管人員個別造成機會成本太高所致，而降低測量成本的創新做法的尋找，應該是績效制度改革的重點。

……成就取向的獎懲制度的配合是很重要的，如果新政府繼續沿用目前公務人員獎懲制度，對於工作表現採取形式化和平頭主義的考核，那麼是無法鼓勵員工敬業的工作和致力於創新活動，主

要原因是個人的成就無法得到充分的肯定，所以新政府應該不要怕得罪既得利益者，全面性的改變公務人員獎懲制度，採用明確的績效制度。對於那些保護自己利益，抗拒改革、抗拒公平競爭制度的公務人員提出無理要求，也應該採取不妥協的立場[14]。

第二種績效制度的成本問題，就是組織當中個人試圖影響他人行為的機會成本問題（Milgrom and Roberts, 1988）。舉例而言，機關當中考績制度的運作，讓每一位員工有限的工作資源可以簡單分為兩種使用方向，一是為了影響主管考績判斷的行動，二則是花在本份工作上的時間。民國 90 年 6 月，我國的「公務人員考績法」做了一些重大的修正，其中關於年終考績獎懲的第 7 條，立法院國會圖書館的網站上附有如下的修正理由：

> 修正理由：甚多機關長官常憑一己好惡，偏袒循私，並以打年終考績作為整肅異己的工具，而屬員為求得年終考績甲等，逢年過節，亦不得不走後門，送禮巴結，討好長官，機關裡充斥馬屁文化；因考列乙等人員，在所敘職等本俸最高俸級或年功俸級時，每二年才能晉俸級一級；考列丙等人員，永遠不能晉級，爰予以修正之[15]。

由於每個人的工作資源是有限的，他必須做某種程度的資源配置作為，績效管理制度本身是一種達到效率目的的手段，但是在執行的過程當中，它本身也常常會成為目的[16]，也就是為了績效管理而績效管理，而非為了組織績效而推行績效管理的問題。

上述修正理由當中所描繪的情況，一方面展現出「誰監督監督者」（who govern the governor？）這個古老權力運作的矛盾[17]，另一方面也可

---

[14] 請參澄社網站 http://ts.yam.org.tw/document/docu1-9.htm，5/25/2002 檢索。

[15] 請參立法院網站法律全文檢索系統 http://lyfw.ly.gov.tw/lawha/04641ha.big，5/25/2002 檢索。

[16] 當然，從組織發展的角度，學者 Agere 與 Jorm（2000: 39-40）就認為績效管理制度本身也可以是一種目的。

[17] 它有時也被稱作「麥德遜的困境」（Madison's dilemma），請參 Cox and McCubbins（1993）。

以看出，被監督者在其資源配置的手段中，可能會挪用一些本來應該用在努力創造績效的資源，去「應付」上級的考核需求，更重要的，由於公部門是處在一個多重委託人的政治環境（Dixit, 1997），這種考核的需求常常是重複，不但造成代理人成本增加，而排擠到創造績效工作的資源，也使得組織當中處理資訊的效率降低，進而影響到整個組織文化。

因此，從代理成本的角度出發，我們必須要認知到績效制度本身的資源競爭性，也就是說，績效制度一但開始運作，它就必然成為管理者單位整體成本函數的一個內生的元素（endogenous factor），管理者就有義務要運用組織的力量，來「阻止」（discourage）因為績效管理所造成不當的資源配置（Milgrom and Roberts, 1988），值得注意，這個部分的問題，本書將在第十四章中更深入的討論。

總括而言，公部門的績效制度設計，從上述理性選擇制度論引申的角度來思考，起碼應該具備三種「機制」：(1) 在資訊不對稱環境中「分辨」的機制；(2) 在策略互動環境中的「誘因相容」機制；(3) 在價格系統不存在環境中「內化」代理成本的機制等，在此試舉一個例子來說明這種機制在公部門可能的應用。比方說，區公所的櫃檯人員處理民眾申請事項，目前都是使用「先來先服務」的機制，櫃檯人員則是結束上一個服務之後，接受在等待人數號次最前面的人，洽公民眾事實上是沒有選擇權的，前述三項機制在「先來先服務」的系統中是不存在的，當然也就沒有績效管理的可能。假定區公所的區長為了要提升服務品質，設計出下面這樣一個機制：

1. 每一位接受服務的民眾都會給為他服務的櫃檯人員打一個品質分數；

2. 這分數每天會做某種處理，結果公布在該櫃檯人員的上方，第二天洽公的民眾可以清楚看見；

3. 區公所櫃檯人員部分薪資是根據處理案件的多寡以及民眾滿意度的高低來設定。

從第十一章透明與課責的角度來看，這種機制會讓櫃檯人員有回應

民眾的誘因，主要是他的工作會被民眾評量，這個評量經過某種統計轉換並公布，又會成為洽公民眾選擇找誰洽公的資訊，而愈是受歡迎的櫃檯人員，因為這些成績而產生某種「名聲」（reputation），維繫這樣的名聲有助於櫃檯人員一方面獲取較高的成績而能增加收入，另一方面更好的成績會有更多的洽公民眾願意接觸，也直接提升收入，這是一種被稱作「名聲管理」（reputation management; Sabater and Sierra, 2005）的技術，最常被應用在網路商業（e-commerce），比方說，e-Bay 上的拍賣，買方會為賣方打分數，另外就是 Amazon 網路書店的舊書仲介工作，買方會對交易的賣方打滿意度。然而，根據學者的研究（Fan and others, 2005），這種機制的成功與否，還必須考量如何計算櫃檯人員的成績的問題，他們的研究指出，一般網路商業信任機制的買方分數計算，都是用平均數與累積等兩種，如果我們假設 R 為成績，t 為時間點，s 為買方打的分數，則平均與累積的分數計算方式如下：

1. 平均法　$R_t^m = \dfrac{1}{t-1}\sum_{i=1}^{t-1} s_{t-i}$　　i 是整數且 $i \in [1,\infty)$

2. 累積法　$R_t^a = \sum_{i-1}^{t} s_i$　　i 是整數且 $i \in [1,\infty)$

這兩種計算方式，根據學者的實驗結果發現，長期來說，這兩種計算方式並無法真正讓賣方有誘因去維繫他的名聲，因為維繫名聲的成本並沒有辦法從維繫名聲的回報當中得回，因此，他們提出「指數法」來計算：

3. 指數法　$R_t^s = (1-\alpha)s_t + \alpha R_t^s$，當 $\alpha \in (0,1)$

在這樣新的成績計算方法下，再給予值以及未來交易會停止的機率固定的條件之下，賣方才有完整的誘因提供高品質的服務，指數法與前面兩種平均與累加法最大的不同，就是過去的績效資訊在打當下績效成績時的權重會影響到賣方提供高品質服務的意願，如果過去的成績一直占有固定的比重，賣方經營夠久之後，如果成績已經不錯，比第一次上線服務的人有更少的誘因將這一次的服務做好，換句話說，如果績效成績的計算公

式不能把這樣的「反誘因」藉由值的操作進行控制，這些資訊長期來說並不會產生績效管理所期望的結果。回到前面提出的公部門例子，賣方就是政府，買方是一般民眾，我們可以從前面的例子中，了解「論績效計酬」（Pay for performance, Ingraham, 1993）在公部門的使用，其成敗的核心仍然是適切資訊的產製與使用，至於要如何獲得這樣的知識？本章建議是績效管理的研究應該與機制設計的政治經濟學做更多的結合，方能成事。

第六節　小　結

　　績效管理是公共行政學界長久以來關注的焦點之一，其來源除了台灣民主化之後，公共行政學界對於「民主課責」產生更多的追求之外，最重要的就是科學管理主義當中，從授權與控制概念所產生的一些績效測量的實務工具。如果從行為主義的角度出發，這些工具的設計基本上是服膺了「刺激－反應」的假定，也間接滿足了行為改變術中，利用結構影響個人行為，並進而獲取整體績效的期望。然而，績效管理雖然熱衷於「控制」機制的設計與執行，但是長期以來卻未將制度設計最重要的元素：「資訊」列為考量核心，換句話說，績效管理如果從資訊的觀點出發，事實上就是與組織或是個人相關的績效資訊，其選擇、蒐集與判斷的本質問題，加上績效資訊蒐集制度的設計與選擇問題，因此，績效管理的研究當中，充滿了所謂的「行政諺語」。

　　本章從績效管理制度環境的討論開始，了解到績效制度設計，必須面對資訊不對稱、受測者策略性回應及公部門缺乏價格系統的問題。接著藉由討論績效制度設計中三項資訊的議題，使我們從中學習到績效制度的三個基礎設計，第一，在資訊不對稱環境中「分辨」的機制：藉由研究市場資訊不對稱的「訊號」賽局，我們認知到公部門績效制度處理資訊分化與不對稱問題的需要，並指向設計「分辨」機制的重要；第二，在策略互動環境中的「誘因相容」機制：藉由新制度論中機制設計理論，我們從「所羅門王的困境」（King Solomon's Dilemma）的解決當中，了解公部

門績效制度處理誘因相容問題的需要，並指向績效制度能夠「自我執行」
（self-enforcing）的重要性；第三，在價格系統不存在環境中「內化」代
理成本的機制：藉由討論績效制度的代理成本問題，讓我們設計績效制度
時，必須注意資訊成本及了解績效制度的「內生性」的問題，並指向處理
績效制度設計時，應該特別注意其本身資源排擠的問題。

　　最後，本章對於當代公共行政學界的績效管理風潮提出呼籲，學界從
實務經驗當中發展績效管理各類「行政諺語」的同時，也應該回到理論的
原點，探討背後複雜的誘因與機制設計問題，如此才能創造出新一代、更
貼近績效制度設計者需求的績效管理理論。在下一章當中，本書將更進一
步以台灣行政機關的考績制度為例，從有限理性下的不完全契約角度，分
析考績制度作為一種課責制度的機會與限制。

第十四章　考績是怎麼打的？

未來我國公務人員俸給制度結構區分為「基本俸給」與「變動報酬」兩大部分。其中，基本俸給主要在保障公務人員基本生活所需，等於是為永業文官俸給保障所設計。「變動報酬」考慮以行政院目前實施的績效獎金制度做為主體結構，改革現行俸給制度，希望能兼顧公務體系內部衡平與體系外部的競爭力，制度設計的精神與民間企業的「業績獎金」相仿。

—— 前銓敘部部長朱武獻[1]

台南縣許多鄉鎮長為了四分之一員工年終考績必須打乙，頭痛不已，做法不一；歸仁鄉長劉朝銘更因將十多名員工考績打乙，遭人恐嚇……鄉公所每年召開考績委員會，提報員工表現優劣，再交給鄉長裁定，現行考績辦法，只是每年給各機關單位主管出難題。

—— 台南縣龍崎鄉公所民政課長曾恆星[2]

政府規定考績甲等比率不能超過七成五，擺明了各單位每年可有四分之一公務員不必太認真工作，公家機關就算真的絕大多數員工都很努力，主管還是被迫要把許多表現不錯的人考績打乙，上下一體全在打混的機關，卻也有七成五的人考績可以甲等，不知標準在哪裡。

—— 台南縣仁德鄉公所員工[3]

1　請參中國時報，2005 年 1 月 29 日「公務員改採績效給薪 強調『變動薪酬』激勵公務體系、提升競爭力」，版 A11。
2　請參聯合報 2005 年 1 月 18 日「考績給乙，歸仁鄉長遭恐嚇」，版 C2。
3　同註解 2。

第一節　前言：誰要扮演上帝？

正如前一章一開始所言，「政府績效管理」是近年來台灣政府改造的核心，這股追求績效的風潮，執政者從資源有限的角度切入，希望讓政府運作能夠「績效更好，成本更低」（works better and costs less）（Gore, 1995），這樣的一種技術與台灣民主化之後，政黨激烈競爭下執政者產生累積政績的需要不謀而合，自此績效管理成為落實民主課責（democratic accountability）的一種重要的途徑，因此，民主社會中的政府運作，「績效與課責之間有一種密切的關聯性」（Gormley and Balla, 2004）。

自 2001 年修正「公務人員考績法」納入企業的「績效獎金制度」改革以來，中央政府於 2002 年通令全國各機關實施考績甲等比率最高在75% 以下，並於 2003 年全面實施績效獎金制度，不僅改革考績制度亦同時加入績效獎金制度。民國 2005 年初，銓敘部與人事行政局更進一步做出政策性宣示：「未來公部門文官的俸給制度改革將朝『基本俸給』與『變動報酬』改革」。這一連串的改革作為，都顯示台灣執政當局，藉由文官考績制度改革，正朝以績效為導向的政府改造目標邁進。

更深一層來看，我國近年不論是引進企業的績效獎金制度或績效考評（performance appraisal）制度的改革，必然影響到文官體系運作的本質，然而，我們缺少一個如前一章所言堅實的理論基礎，來討論公部門各項績效改革作為，以致於在制度改革作為上，不會陷入「頭痛醫頭，腳痛醫腳」的狀態。理想上，這種理論的內容，應該先在分析單位上進行定位，再以它的對「人」的基本看法作為背景，進行實務分析以及理論驗證的工作。本章以為，討論績效改革的理論，應該是以組織為單位的分析工作[4]，也就是說，它必須是在人際互動環境下的一種制度分析；

---

[4]　從組織經濟學的角度來看，這種以組織為主的分析單位應該是人際間的「交易」（transactions），也就是賦予行為人某種「組織」的意義所作出的分析，在這樣的狀態下，「如果某種交易以相同的狀態常常發生，人們會發展出慣例（routines）來有效地處理之；如果這交易是不常發生，人與人之間必須以協商的方式找出處理方式，這樣做就會產生交易的成本」（Milgrom and Roberts, 1992: 21）。

而對人的看法方面，本章傾向以經濟學的「理性人」為基準，配合行為主義論者對於有限理性的概念，討論績效制度的改革問題。

以這樣的理論脈絡觀察台灣以績效為導向的改革，主觀上是改革者想藉績效考評所展現明確的差異資訊，來區辨員工表現，再配以實質的獎懲激勵員工往組織的目標邁進；然而，這種主觀思維最大的盲點，就是員工績效差異資訊的產生，主要還是建立在「人」（尤其是打考績的長官）所做的判斷（judgments）之上，本章認為，目前績效管理在公部門推動最大的問題，就是學界與實務界鮮少討論管理者作出這種判斷的本質及限制；更進一步來說，我國目前新一波績效管理制度在公部門的提倡與實施，主要還是推動者在「廣博理性」（comprehensive rationality）的決策模型之下，對公部門管理者與被管理者之間，存在完全「命令與控制」（command and control）關係的一種主觀的期待；但是，這樣對管理者判斷能力與決策資源過分樂觀的期待，也就是說我們不自覺地讓主管「扮演上帝」（playing God），我們很少認真思考：「在管理者有限的心智與理性能力的前提下，績效管理是否真能達到其預期的改革目標？它可能帶給組織管理的副作用會是什麼？我們是否有完整的預期與對應方案？」或者我們應該這樣問：「績效管理的理想，是如何在有限理性的組織環境中被執行？」循此思維，不論從理論或是實務的方向出發，我們必須誠實面對公部門組織面對績效改革浪潮，產生「上有政策，下有對策」的行為背後，所隱含重要的理論與實務意義，並從中尋找績效管理在公部門落實的推動策略。

本章打算從諾貝爾經濟學獎得主 Herbert A. Simon 所提出「有限理性」（bounded rationality; Simon, 1983）的決策模型出發，來討論我國績效管理制度改革的問題。本章以為，績效考評的工作絕非單純地執行一種「命令與控制」關係，而是一種由長官與部屬之間「不確定的互動與相依」（uncertain interaction and interdependence）所主導的關係；在這樣的理論思維下，管理者與被管理者之間，事實上是處在「組織經濟學」（economics of organization, Moe, 1984）所提及「不完全契約」（incomplete contract）的狀態下，這種不完全的關係，讓績效管理的效果

無法單由客觀的指標來建立，而必須是由管理者與被管理者之間的互動行為來共同決定；唯有從行為主義的觀點出發，我們才能將公部門績效管理的問題，從被簡化的數字與測量的形式遊戲當中解放出來，進而與組織承諾、領導統馭以及組織文化等增強組織效能（organizational capacity）的傳統概念，產生有意義的連結；也就是說，績效管理的改革作為，如果欠缺了組織行為層面的考量，將成為公部門組織發展的一個諷刺的負擔。

　　本章立論於理性選擇制度理論（rational choice institutionalism; Weingast, 1996；陳敦源，2002：25-66），並從「有限理性」的決策模型出發，反思公部門績效管理制度改革的問題。首先，本章將在第二節當中，從組織現象入手，討論績效管理制度之所以會流於形式的根本原因，並從不完全契約下的績效管理問題，以及制度設計問題兩個方向，分別展現績效管理問題的核心，這其中，本章特別在第三節當中，利用組織經濟學當中「誘因報償」（incentive compensation）制度設計四個原則的陳述，來討論績效獎金制度設計的問題；最後，本章將在第四節中，據此提出對我國目前績效管理制度改革的反思與建議，作為結束。

第二節　有限理性與不完全契約

　　從理性選擇理論的角度來觀察組織運作，組織管理者必須要處理兩個重要的問題：「協調與動機」（coordination and motivation; Milgrom and Roberts, 1992）。協調的問題就是組織必須決定什麼事情必須完成、如何去完成這些事，以及誰應該要去完成這些事，資訊的傳遞與應用是處理協調議題時的核心；而動機的問題在於個人的利益通常與另一個人或是整個組織產生衝突，管理者有必要以改變「誘因結構」（incentive structure）的方式，來引導個人之間，以及個人與組織之間的利益趨向一致，應用誘因改變行為是處理動機問題時的核心。通常這兩個問題在組織經濟學的理論中，是以「契約」（contract）的方式來討論，這裡所談的契約不一定正式簽訂且具法律效力的那種契約，而是一種組織內成員互動關係（不

論垂直或是水平）的一種概念上的詮釋，契約是一種雙方或是多方都願意接受並共同執行的行動選項，這種看法主要是從契約所產生約束力的意義上，討論組織如何制約個人行為的議題，因此，組織（organizations）在組織經濟學學者的眼中，是一種存在個體之間「層層交疊的合約關係」（a nexus of contracts; Alchain and Demsetz, 1972）。

　　一般而言，如果組織成員之間可以形成一種清楚描繪彼此協調與動機問題的「完全契約」（complete contract），則組織運作的動機與協調的問題可以同時解決，在這樣一個完美的契約當中，組織成員在未來合作的行動中，每一個行動以及每一個行動的後果都事先被考量，也都有適當的賞罰對策，更重要的，這些賞罰機制也都能夠被確實執行，因為任何一種行動都可以預知，也沒有投機行為（opportunism）發揮的空間；因此，接受這個完全契約的制約不但對個人有利，對整體組織也有利，結果是沒有人願意離開這個完美的組織合作情境。然而，完全契約在組織經濟理論當中，是一個重要但不存在現實世界的理論標竿，好像「完全競爭市場」之於個體經濟理論，真實世界的組織運作是處在「不完全契約」（incomplete contract）的狀態下，主要有三個原因：第一，所有參與契約設定的個體，都是有限理性的人，無法事先預知所有可能遇到的狀態；第二，即便可能的狀況都能事先預期，有限理性的人也無法確實找到對應的規則，可以處理每一個狀況；第三，即便我們可以找出所有可能狀態及其對應規則，有限理性的人仍然無法客觀地判斷目前組織到底是處在哪一種狀態下。在這樣的一個理論認知之下，公部門績效管理制度改革，會面對哪些值得思考的議題？接下來，本章將站在組織經濟學不完全契約的概念上，分為三個部分一一陳述之，首先，本章將討論考績制度非正式制度產生的主要原因，也就是有限理性的問題，讓我們看見將管理者視為「全知全能」（omniscient manager）以及良善（good will）者的問題；接著，本章將討論不完全契約下的績效制度管理問題，討論包括資訊不對稱、權威獨占以及團體生產的外部性議題；最後，本章將藉由組織經濟學者討論「誘因報償」的模型，討論四項績效制度設計的原則，作為結束。

一、非正式制度的形成：有限理性

　　有限理性是對人的一種現實的認知，人不是上帝，並非全知全能，管理者自己知道，他的下屬也知道，因此，績效制度設計的首要禁忌，就是「別扮演上帝」（Don't play God!）。Migrom 與 Roberts（1992: 129）就曾如此說[5]：

> 真實的人不是全知全能，也不能預知未來。他們無法在精確、無成本、以及立即反應的狀態下，絲毫不差地處理複雜的問題，他們也無法完全地與自由地和其他的人溝通，他們的理性是有限的，他們自己也知道。

　　理性選擇制度論認為，有限理性讓主管人員的「管理」的行動，缺乏「完全契約」的奧援，因而出現「隱藏行動」以及「隱藏資訊」的行為，導致正式制度的誘因機制出現執行的困境。如果套用在績效管理制度上，管理者被賦予打考績的權力，但是他知道自己不是上帝，無法全然客觀地進行績效資訊的蒐集或評比[6]，而績效資訊蒐集的成本必須自己負擔，這負擔也會與主管處理政策議題的負擔瓜分有限資源，他更知道，自己在考績批打能力上的有限，員工也是知情的，如果弄不好出現與大家期望落差太大的考評結果，更會影響整個組織的氣氛，也會重創自己的領導威信，因此，管理者當然願意尋求「非正式」制度的幫助，同時解決前面這些問題。

　　學者施能傑（1991）曾言，我國人事考績制度欠缺一個足以讓有權

---

[5] 原文如下："Real people are not omniscient nor perfectly far-sighted. They cannot solve arbitrarily complex problems exactly, costlessly, and instantaneously, and they cannot communicate with one another freely and perfectly. Instead, they are boundedly rational, and they know it."

[6] 請參考附件 14-1 我國目前所使用的考績表，大部分主管打考績的時候，並非是將員工的平時成績仔細記錄，而是最後在交考績表時作一個簡單的統計而已，這份考績表與小學生的成績單有很大的不同，小學生平時都有考試成績，學期末按照成績計算就可以找出第一名，但是公部門考績並沒有非常有系統的平時成績計算方式，因此，主管事實上往往是先有大約的主觀判斷之後，再來「湊」分數的，相信這是公務界公開的秘密，也是績效制度之所以可以很有效率執行的秘密。

考評者願「正確地」用考績等第來分辨員工績效的考績制度，其結果便是「通通有獎」或「富者愈富、貧者愈貧」，而非是真正的獎優汰劣，事實上，這些「通通有獎」、「輪流乙等」以及「富者愈富、貧者愈貧」的實務運作現象，都是在有限理性之下，某種得到管理者與下屬共同認可的非正式制度（契約或潛規則），比方說，從被打考績的部屬眼光來看，與其讓管理者以有限理性打出錯誤百出，甚至可能有政治考量的考績結果，還不如大家輪流承受乙等來得公平。因此，如果從有限理性的思維下討論公部門考績制度執行中「上有政策，下有對策」的現象，觀察近幾年績效考評制度改革的方向，比方說，一年打一次改為一年打四次考績的改革作為，事實上反而增加有限理性管理者的打考績成本，如此將更加強化管理者尋找非正式制度救贖的誘因，很顯然的，改革者並沒有考量到考績制度設計必須從「有限理性」的角度出發的觀點。

接續前面的論述，長官不願「嚴格」執行考績法之實質精神，卻寧可當「聖誕老人」分送禮物，主要肇因於制度之下個人有限理性的問題，考評者因為資訊成本太高以及認知心理學上發生判斷謬誤的可能，無法真正作到公正的「判官」，這個情況長官知道，員工知道，兩者也清楚對方知道自己知道，因此，尋找非正式制度的人事管理行為，成為在有限理性下不完全契約的管理環境下，一種可以理解的結果。比方說，當主管知道自己無法確實獲取部屬努力程度的績效資訊，也確定自己難以達到賞罰公平，更重要的，管理者也知道部屬們知道這一點，他最好就是採取「均賞少罰」的管理策略，讓懲罰只限於使用那些「明顯且不具爭議性」的評估項目，比方說，那些要從事在職進修的員工，因為無法全心全意工作，當然就是考績乙等的當然候選人，但是，那些在明顯且不具爭議性項目上都沒有瑕疵的員工，就以均賞的方式處理，而輪流的出現，基本上是明顯的乙等候選人，仍然無法滿足考績制度乙等最低比例要求下的產物，我們可以看出，這個非正式制度的基本作用，主要就是在降低主管打考績成本的

前提下，維繫一個相對公平的工作環境[7]。

　　理性選擇理論認為制度設計者的任務是引導慣例形成的過程，以產生「自我執行的有效慣例組合」（Croskery, 1995: 99）。所以，實務上我國過去考績制度執行上之所以造成非正式制度的分配式齊頭平等，除了制度規則不明確與未確實執行外，其實一直忽略人類有限理性的限制是背後最主要的原因。制度不應該立基於個人具備過度的權力基礎上，畢竟扮演一個愈接近公正裁判的角色，愈是需要負擔昂貴的資訊取得成本，如果制度設計並未減少考核者這方面的成本，則理論上應無法達到「綜覈名實」的功效。Herbert A. Simon（1983）認為決策的個人是「有限理性」[8]，除非決策者在事前先決定理性決策的「預期水平」（aspiration level），否則人們根本無法做任何決定。這種有限理性的行為主義概念，從許多認知心理學者針對考評工作的研究也可以清楚看見，考評者的心理認知過程（如對員工績效資訊的蒐集與解釋），對於其所為考評的正確性，會有很大的影響（e.g., DeCotiis and Petit, 1978; DeNisi, Cafferty and Meglino, 1984; DeNisi and Williams, 1988；施能傑，1992a），一般考評者可能常犯的一些認知謬誤[9]，常被用以做為衡量其考績效度的標準（Bernardin & Beatty,

---

7　這段論述並不表示主管可以完全不用花心思打考績，只是表示管理者無須對員工績效進行超過自己能負擔的監控，也不必花費超過自己所能負擔的精力探查員工怠惰行動，當然也不用擔心得罪人，對管理者而言應是一種「最適」的考核方式。當然，這種非正式制度雖然可以避免「錯誤」的考評所帶來的反彈，但是如果主管真的認為什麼監控都不用做了，也會產生「負面誘因」（negative incentive），既然不論工作優劣都是輪流來面對考績制度的成本，而主管也不會花時間作績效監控的前提下，員工基於自利往往會選擇怠惰，而讓組織整體績效進入困境。

8　有限理性模型認為主觀預期效用模型（Subjective Expected Utility）是一種「全知模型」，但在有限理性模型下，人類起碼有三項事務無法做決策：(1) 涵蓋整個時間的決策；(2) 涵蓋人類價值的整個範圍；(3) 每個問題都與任何其他問題有關的問題，因此，我們必須有限理性的機能，才能在社會當中生存下來，這些機能幫助我們在複雜的世界當中生存下來，包括：(1) 必須具備集中注意力的能力；(2) 不斷的改變優先順序，以處理威脅生存的主要問題；(3) 必須要有生產應變方案的能力，讓自己的決策彷彿處在一個真空的世界，才能解決生存的問題。因此，理性選擇的演化模式是我們一邊做決策，一面蒐集資料一面修正我們的決策函數，以因應下一次的選擇任務（Simon, 1983）。

9　主要有下列幾種類型：(1) 寬大（Leniency）或嚴苛（Severity）：考評者慣於給予偏高或偏低的考績分數（等第）；(2) 分數侷限（Restriction of range）：考評者慣於將考績分數（等第）侷限於某一固定範圍內；(3) 以偏概全：考評者易以員工的某一表現推論其整體績效；(4) 年資與職位取向：考評者以員工年資或職位高低為評分之依據（Saal, Downey and Lahey, 1980; Cascio, 1987，施能傑，1992a）。

1984；施能傑，1992a），因此，有限理性從認知心理的角度，也可簡單視為「人易犯認知心理的謬誤而不自知」的景況，當考績愈出現各種認知謬誤時，其考評結果就難免犯有各式各樣的偏失（施能傑，1992a），因而讓考績制度失去其原初設立為執行「綜覈名實、信賞必罰之旨」的功能。

　　總結而言，本章基本上認為，目前台灣政府績效管理制度改革的目標——「考績制度形式化的作為」，是一種不完全契約環境下的「非正式」的制度，這種非正式的制度之所以存在，主要是由於現行的考績制度，賦予主管超過他所能處理的資訊負荷，也就是忽略主管打考績的能力，應該是建構在有限理性的基礎之上，導致主管在不能或不願意扮演「上帝」，並且在下屬也知道主管不是全知全能「上帝」的情況下，選擇與部屬之間建立某種「分配」或「輪流」的組織慣例，一方面降低自己打考績的成本，另一方面繼續維繫部屬的組織承諾（commitment）；這種組織慣例一旦形成之後，除非主管與部屬之間在共同認定的基礎上進行改變，沒有一方會願意單獨離開這個已經存在的默契，也沒有一方也會樂意見到對方強行離開這個默契。因此，近年來改革者藉由從上到下的做法推動考績制度改革，以正式制度強迫首長改變績效管理的作為，事實上等同於將長官與部屬之間非正式的制度強行打破，短期來看，長官與部屬之間的衝突是可以預期的，但是，長期來說，由於改革是朝對主管產生更大考績壓力的方向前進，這反而賦予管理者與部屬更大的誘因去找出雙方都同意的下一波「非正式」制度，以繼續維繫員工的組織承諾。

二、不完全契約下的績效管理問題

　　對於前述非正式績效考評制度存在的解釋，是描述不完全契約下組織管理問題的一個重要起點，當然，我們常常將管理（management）當作科層體制中的關鍵的驅動軟體，但是管理的核心是什麼？要處理的核心議題又是什麼？也需要進一步地討論，以讓績效管理的作為，可以被放在一個

組織管理環境當中來檢視[10]。

　　相對於完全契約下的組織運作，不完全契約下組織環境最重要的差異，就是組織當中的每個人都有從事「機會行為」（opportunistic behavior）的可能，也就是說，組織中所有的人都存在導致組織效率低下的卸責、欺騙或遵循自己偏好的行為（Miller, 1992），組織中的人可以不用付出代價選擇保護自己的利益，但卻可能傷害到原本團體合作所能產生的效益；當然，不論從管理者看屬下，或是從屬下看管理者，這種不完全契約下對人們從事機會行為的合理的懷疑都是存在的。一般人對這種管理問題的解決辦法，大多是從科層組織的權威體系當中尋找答案，學者Alchian 與 Demsetz（1972）就認為，一群決定合作生產的個人，由於前述機會行為的存在，又因為個別的個人相互監控成本太高，進行「垂直分工」（vertical division of labor）是一條合理的解決之道，也就是說，大家同意從合作生產者當中找一位專職的管理者，來專業處理監控的問題，再輔以相關誘因激勵制度的建構，以解決大家組織承諾的問題，進而能夠維繫團體生產的效益，這個思考實驗中，科層體制存在的意義也因此建立。

　　然而，從經驗的資料上來看，即便是私人企業蓬勃發展的美國，也只有 22% 的人認為自己的薪資與表現有直接的關聯，雖然有 61% 的人認為這種關聯應該存在（Lawler, 1987: 69-76），換句話說，企業界仍然普遍存在以固定薪資的方式提供員工報酬[11]，這樣的經驗結果顯示，不完全契約下的組織內部績效管理問題，仍然存在必須克服的三個困境，除非這些困境能夠有適當的解決途徑，不然引入績效管理制度可能必須耗費更高的管理成本，這三個困境分別是（Miller, 1992）：資訊不對稱（information asymmetry）、權威獨占（authority monopoly）以及團隊生產外部性（term production externalities）。Miller（1992: 103）就如此說：

> 為何追求利潤極大化的企業並沒有普遍建立薪資與績效之間關聯
> 的體系？……最基本的原因在於，誘因系統的未普遍建立是肇因

---

[10] 請參 Ingraham, Joyce, and Donahue（2003）從經驗資料回答「管理是否有意義？」的問題。
[11] 轉引自 Miller（1992: 102-103）。

於誘因系統自己根本的限制，……我們無法用誘因來解決誘因系統本身的限制。科層體制中主管與部屬自利行為讓所設計的誘因系統產生了不效率的企業產出，我稱這種在科層體制下的誘因互動賽局為一種管理上的「垂直困境」（vertical dilemma）。

（一）資訊不對稱

首先，由個人擁有「私人資訊」（private information）所引發的「資訊不對稱」的問題，是影響組織應用科層解決績效問題的頭號敵人，從代理人理論（agency theory）所發展出來的隱藏資訊與行動（hidden information and actions）的概念，就是在資訊不對稱下所產生的機會行為，它乃是起因於主管很少能直接觀察到屬下工作的努力程度，因此只能藉由觀察雇員的努力程度的產出簽訂合約[12]，也是造成績效管理資訊成本上升甚至不可行的主要原因。這種成本的上升也讓組織管理因著效率的原因，尋找其他（非誘因系統建立）更有效率的方法解決組織的激勵問題。從之前有限理性下不完全契約的框架來思考公共組織管理者，在完全的資訊不可能的狀況下，完全的契約關係就不可能建立，因此必須進入一個不完全契約的狀態，這個狀態下管理者與部屬之間，必須經過協商與共識建構起某種成本可以忍受、又具有一些績效管理功能的制度，以維繫組織內部的和諧運作，一種名為「論件計酬」誘因系統（piece-rate incentive system）在這樣一個要求下建立，但是，這個誘因系統也有它的問題。

比方說，管理者如果只有一個固定的薪資預算發給員工，也就是人事費用的總額是固定的，管理者一方面鼓勵大家要努力工作，做得愈多賺得

---

[12] 理性選擇理論認為唯有透過雇主精確的了解員工的「邊際努力成本函數」，雇主才可以據此精確計算在潛在利潤最大化下，所需下屬的工作量，這種工作量使員工的收入與努力成本之間差距最大，又可讓雇主可以潛在價值 p 的固定市場價值出售貨物（員工的邊際成本 MC = P）。當不存在外部工作機會下，管理者就可以通過強制性合約，要求員工只要能夠產出自己的生產函數限制下的最大產品數量，就可以獲得大於員工努力的邊際成本（MC）的薪資，否則，就會被開除。這樣的合約可以讓雇主獲得幾乎全部的盈餘。因此，企業雇主如果可以盡可能的了解員工努力的成本資訊，員工就能收到一份各自獨立的工作任務說明書，同時被告知他如果未能達到工作說明書上所說明的任務，他會被開除（Miller, 1992）。

愈多，但是另一方面由於薪資預算的限制，每一個人都做得多的意義是最終每件產品獲得的報酬單價就會下降，這好像目前台灣健保總額支付制度的問題一樣，個別醫院拼命工作的結果，讓點值下降，甚至到了低過自己付出成本的地步。除非管理者沒有平衡預算的限制，論件計酬的誘因系統會造成組織內部兩個員工關係的質變結果，一個是內部競爭白熱化，破壞了和諧，再就是內部員工成功協商某種限制生產的機制，並有效執行之，以保持報酬水平，這種集體行動的可能事實上已經與管理者當初建立這樣制度的目標是相違背的[13]。

（二）權威獨占

再者，權威獨占的問題起源於管理者的自利行為，這也是我們推動績效管理制度最常被遺忘、被稱為「誰監控那些監控者」的問題。台灣政府改造在績效管理的大旗下，不自覺地賦予單位主管絕大的考績權柄，這樣設計的問題，除了之前考量主管的理性限制以外，就是主管會不會因而濫權的問題，也應該被確實考慮。我們認為，主管因為有了這樣的獨占權力，會不會使用以下屬是否提供主管可收藏的個人利益（有形如金錢，無形如尊重）作為績效考評的標準？更甚者，這樣的偏好中如果加入了黨派政治的背景考量，績效考評制度還可能會直接傷害到公務部門追求「中立性」這重要的價值。當然，起碼對主管而言，這種濫權可能是一種合乎成本效益的選擇，因為「個人忠誠度」是外顯的，而且屬下所努力的成果，又是可以由主管私人收取的，更重要的，這些複雜的動機在績效考評的數字迷陣中是無法被監控的，一般談到為了考績與升遷的逢迎拍馬之說，也是有理論根據的。

事實上，主管獨占考評權柄，成為組織中員工努力的「獨買」者（monopolist buyer），起碼就單位內的範圍來看，如果回到前一段當中的

---

13 學者 Bengt Holmstrom（1982）的研究中，稱這種誘因系統為「預算平衡誘因系統」（budget-balancing system），這種系統下，我們無法找到一個有效率的制度性解決方案，化解這個問題。

論件計酬誘因系統，扮演獨買者的主管，可以因為降低報酬單價而獲利，就有一定的誘因會去這樣做，通常，下屬如果是那種外在市場價值不高的員工，也就是如果離開公司很難找到工作的人，就會接受這種「剝削」行為，而外在市場價值高的員工，可能就離開尋找更合理敘薪的工作環境，也會造成人才的反淘汰。更進一步來說，學者 Holmstrom（1982）的研究指出，如果管理者的分紅與支付員工成本所節省下來的資源相關，主管更是有誘因進行這種「剝削」行為。總括來說，從權威獨占來看績效管理制度的實行，推動者對於提升員工工作績效的單一意圖下，往往忽略了一個簡單的事實：「打考績的主管也是需要被管理的」。

（三）外部性問題

最後，團隊生產中的外部性問題（externalities），反過來說，就是團隊生產中的「怠惰」（shirking）問題，這也是讓科層組織當中績效管理制度出現困境的因素之一。過去在個人工匠的時代，一個木工的生產函數完全與其他人無關，這個狀態下不會有團隊生產所衍生的問題。但是，目前這個分工愈來愈細，且每個單位之間又必須相互合作才能產生績效的時代，團隊生產常常成為必要的組織手段。但是，團隊生產最大的問題，就是在於個人努力的成果是由大家分享（外部性），但是如果自己怠惰所省下來的成本，是由自己獨享，在這樣一個清楚的誘因結構下，團隊生產的「集體行動」問題（collective action problem）就成為一個重要的管理問題，比方說，單位的產出不佳，在團隊生產的組織中，誰應該負責？對主管而言，除非他擁有每一個員工投入的精確資料，以及個別員工投入是如何集結成最終團隊產出的函數資料，不然主管也無法精確揪出「怠惰」的員工。

若從績效管理的角度來看團隊生產的誘因問題，是否以區分團體與個人績效獎金就可以解決？有三種可能性可以討論，第一，只有個人績效獎金的激勵制度，必須從分工上就設計好團體績效的意義，才能同時兼顧團體績效，但是這種資訊基本上是難以取得的；第二，如果只有團體績效制

度，是否可以同時滿足個人績效制度的要求，學界對這樣做的信心較大，主要原因是有下列三點（Milgrom and Roberts, 1992: 416），其一，某些情況下，個人績效是無法判別的；其二，員工之間對於彼此貢獻程度資訊的精確程度，是遠高於主管能擁有的資訊，因此，主管如果只把關團體績效，讓評估團體績效下個人績效的權力下放給員工自己，可能會是更有效率的選擇，也可避免主管與某些個人在管理問題上的正面衝突；其三，建立團體工作的誘因可能產生員工彼此之間各種相互協助的誘因，這種誘因又會讓工作職場的氣氛溫馨，可以提升員工的工作滿意度。第三種可能性，就是我國目前改革方向，採取團體與個人兩者並行的方式，可能免不了「區位謬誤」（ecological fallacy）的問題，即團體的工作績效目標與個人訂定目標層次不同，個人往往無法了解單位的團體目標，與個人努力之間，到底在什麼時刻會有正向，什麼時候會有負向的關係，因此結果可能是員工會期待回復到過去所習慣的分配式慣例中。

　　綜合上面三種績效管理問題的討論，我們可以清楚的知道，即便在科層的體制當中，績效管理制度的實施也不是自動就有效的，相反的，在科層體制內的績效管理制度，仍然必須耐心處理上述三種管理上的「垂直困境」，才能完全獲取績效管理所帶來的組織效果。

第三節　不完全契約下的績效制度設計問題

　　站在有限理性的基礎上，不完全契約下主管與部屬的關係，還有一些值得注意的誘因結構的問題，這些問題與績效管理制度設計有密切關係。管理學者 Chester Barnard（1938: 139）很早就從「誘因」的觀點，來看組織管理的問題，他說：

　　組織最基礎的成分之一，就是成員願意向這個合作系統貢獻心力，……不正確的誘因代表組織的解體，或是組織目的的變更，以及合作的失敗，因此，組織生存最重要的任務就是提供適當的

誘因給成員，如果領導者在這件事情上的失敗，可能是他最大的失敗[14]。

本章將績效管理視為一種「人類藉由制度設計進行政府改造的作為」（Gormley and weimer, 1999: 1-16），這種設計必定關涉到「提供適當的誘因給組織成員」的核心工作，在本節當中我們將討論「誘因報償」的問題，主要是從討論組織經濟學者提出誘因報償制度設計的四個原則，來看公部門的績效獎金制度。

由於有限理性的緣故，組織運作必須在不完全契約的情況下，由管理者與部屬之間的互動行為來完成，然而，由於事前（ex ante）或是事後（ex post）的監控都是不完全的，組織合作的利益可能會被自利個人的「怠惰」（shirking）或是「機會主義」（opportunitism）所侵蝕，組織由是產生「代理人問題」（agency problem），讓前述的「提供適當的誘因給組織成員」的行動，成為解決組織「動機」問題的最核心工作。「修正版的考績法」與「績效獎金制」的目的，便是站在過去考績制度追求消極公平，以及公務人員與國家的關係近年已由「特別權力關係」演變為「公法上的職務關係」[15]，政府於是仿效私人企業「績效獎金制度」，於公務承辦過程中，創造公部門員工的「誘因框架」（incentive constrains），意圖藉此建立激勵員工實現政府目標之誘因機制。

現行的「基本俸給」制度下的年終考績評核，是採用金錢為激勵誘因的績效俸給制度[16]，績效俸給的主要目的，在藉由基本俸給內在衡平（同

---

[14] 原文如下："[A]n essential element of organizations is the willingness of persons to contribute their individual efforts to the cooperative system…. Inadequate incentives mean dissolution, or changes of organization purpose, or failure to cooperate. Hence, in all sort of organizations the affording of adequate incentives becomes the most definitely emphasized task in their existence. It is probably in this aspect of executive work that failure is most pronounced."

[15] 國家作為一個雇主，任用均採用終身雇用模式；與公務人員之間的關係不對稱勞資關係，而是公法上的權力關係，政府（雇主）也可以依據正當程序終止與公務人員（員工）公法上的權力關係。

[16] 請參閱考績法第 7 條（年終考績之獎懲一）此制度是一種工作績效影響俸給的制度。此制度下員工有其固定的基本俸給，但是工作績效高低卻會影響下一次基本俸給的調整幅度或是獎金多寡。

工同酬）和外在衡平（市場競爭力）性，藉以達成政府人力資本管理的目的（吸引人才與留住人才）；然而，這樣的機制往往也會產生激勵功能不足的問題，因此，為了激勵公部門員工，讓員工能夠清楚感受到自己績效高低與工作所得之間的關聯性，現正推行的績效獎金制度就是一種「變動報酬」的俸給精神，主要仍是為了彌補傳統基本俸給制度激勵功能不彰的問題。

然而，這樣的改變在不完全契約的前提下，有其應該注意的誘因結構的設計問題。本章接下來將利用組織經濟學討論設計「誘因報償」（incentive compensation; Milgrom and Roberts, 1992: 215-232）制度的四個原則，來討論績效獎金制度設計的問題。績效獎金制度的成功與失敗，必須仰賴一套能服眾的考績制度存在與否，不然這種報酬的變動，只會惡化公共組織因為考績制度不彰所產生「負面誘因」（negative incentives）的問題，Milgrom 與 Roberts（1992: 403）就曾說：「當雇主更多地以績效來敘薪，績效評估的正確性就益形重要[17]」。換句話說，績效獎金制度只是考績制度的「下游」制度，負責讓考績的結果與員工誘因結構產生確實可見的連結，藉此樹立考績制度的權威性，也間接讓組織內的績效管理作為發揮影響力；當然，除了獎金以外，考績制度的結果與升遷的連結，也能夠讓管理作為發生「調節」（aligning）個別與組織利益的作用，有效達成組織目標。

在組織經濟學的理論中，這個問題常常是被放在不完全契約下「誘因報償」的模型當中來討論，這個模型主要就是為了分析將機關報償制度，與員工績效考評相連結下，討論激勵效果存在與否的制度性條件，在數理邏輯的演繹下，學者找出四個具有激勵效果的績效考評制度的設計原則，讓我們從公部門應用的角度一一討論之。

---

[17] 原文如下：“The more intensively the employer rewards measured performance, the more important it is to measure performance accurately.”

（一）適切資訊原則（the Informativeness Principle）

當測量員工努力程度指標的變異性愈大（偏誤愈大），則績效制度提供誘因的成本就愈高。

在績效考評的過程中，主管必須藉由績效指標來推估（estimate）下屬的努力程度，因此一定存在某些影響推估的偏誤因素，比方說，如果主管以產出（output）作為估計下屬努力程度的指標，作為變動薪資發給的基礎，就必須要努力避免兩種錯誤所可能帶來的組織負面誘因：(1) 型一錯誤（type I error）：努力沒有得到報償，比方說氣候因素讓下屬的努力泡湯；以及 (2) 型二錯誤（type II error）：沒有努力卻得到報償，比方說，國際經濟環境好轉讓下屬些微努力就產生明顯績效；因此，一組好的考評指標必須要能在正常的狀態下，降低前述兩種錯誤的可能性，提供報償制度最忠實可用的績效資訊。一般來說，比起私部門的運作，公部門組織目標通常是需要更複雜因素的配合才能展現成效的，單從利害關係人（stakeholders）的龐大與複雜就可以看出這種公私部門的根本差異；因此，公部門績效資訊的負荷當然會比私部門要沉重，而主管推估員工績效會發生錯誤推估的機會也較大。在這樣的前提下，公共組織的回應策略只有兩種，一是強化自身精確推估績效責任的資訊處理能力（通常這要花機會成本的），再來就是要尋找如前段中討論「均賞少罰」這種存在主管與部屬間一種非正式的制度性默契，一來降低績效管理成本，二來也可維繫組織承諾，讓它成為大家可以接受的遊戲規則。

（二）誘因強度原則（the Incentive-intensity Principle）

當員工投入工作的獲利能力愈大、測量績效的精確程度愈高、員工忍受風險的程度愈高，以及員工回應誘因機制的自由度愈高，績效制度的誘因強度就愈高。

一個誘因報償制度，對於員工所產生誘因的強度，基本上是隨著四個因素變動。其一，員工每增加一單位努力所增加的報償的程度：也就是該員工投入工作的「獲利能力」（profitability），這個部分變動愈大，誘因

報償制度對員工的誘因強度愈強烈；其二，員工風險規避（risk aversion）
的程度：當一個人風險規避的信念愈強烈，誘因報償制度對他們的影響的
強度就會相對減弱。比方說，如果來考公部門的人是以風險規避性格較強
的人為主，他們主要要的是工作的穩定性，薪水的高低則是其次，因此，
相同在私人企業所使用的變動獎金制度可能在公部門的效力會被削弱，只
要被遣散的機會絕對小於私部門，薪資變動對其誘因強度較小；其三，績
效評核指標的精確程度：當精確程度愈低的時候，應該使用強度較低的誘
因報償制度，反之則應該使用誘因強度較高的制度，反過來說，如果台灣
政府所提倡的績效獎金制度相對於基本俸給制度是誘因強度較高的一種制
度，推動它的必要配套就是需要一套更精確的評核指標與制度；其四，員
工努力回應誘因的可能程度，如果員工是在一個產量設限的工作環境，他
無法對誘因報償制度作出有效的回應，就不應該對這部門使用太強的誘因
機制，因為誘因報償機制的效果一定不好，比方說，公務人員的職系限制
如果太過細密與嚴謹，就會成為一種限制產量的機制，依照誘因強度第四
個因素，它會弱化一般性績效制度的誘因強度。

（三）監控強度原則（the Monitoring-intensity Principle）

　　績效管理推動者如果試圖提高績效制度的誘因強度，就必須投注更多
的資源提升監控的強度。

　　第三條原則是關於監控成本的問題，監控的強度愈高，則管理者所耗
費的管理成本愈大，由於掌握在主管手中的資源是有限的，而績效管理作
為只是他工作的一部分，他必須面對工作時間分配的取捨（trade-offs）。
這個原則的精神是，當我們使用一個誘因報償的制度，讓它在績效指標與
薪資之間有更大的關聯性，我們就必須花更高的監控成本去獲取更「正
確」的績效資訊，不然，整個績效管理制度等於是空談，也會引起組織內
部更大的管理或是領導統御的問題。回到現實，目前政府所積極推動的績
效改革作為，的確是往績效考評資訊與薪資之間有更大關聯性的方向前
進，這在績效管理當道的今天，是非常「正確」的改革作為，但是，要讓

這樣的制度確實落實，改革推動者也應該清楚思考「是誰在為新的績效考評制度付出額外成本？」的問題，如果無法有系統地降低這些監控成本，只是想當然爾的要求管理者自行負擔，反而讓更多過去還可以承受考評成本而依照正式制度打考績的主管，轉而尋求非正式制度的奧援，不然組織內的管理將占去主管太多時間，也會直接衝擊到主管在其他面向（如政策面向）的表現機會。

（四）報償衡平原則（the Equal Compensation Principle）

　　績效制度因為測量或是其他原因，只強調員工某些生產活動的績效時，員工會減少其他活動的投入而轉向投入被強調的活動。

　　報償衡平原則的論述如下，如果主管的績效考評是植基於員工在兩項對生產有益的活動的某種簡單線性組合，只是主管不清楚這兩個活動對員工的投資報酬率為何，員工會依照自己在兩項工作的投資報酬率，極大化他的績效產出；因此，若這兩項活動的邊際報酬率是相同的，員工對兩項事務的行動不會偏廢，但是，如果其中一項的邊際報酬率是小於另外一項，則較低的那一項將會被員工忽略。這個原則可以舉例這樣說明，如果測量員工其中一項工作的績效較為困難，則誘因報償制度將會引導員工往較易展現績效的那一項工作上去，員工自己的極大化績效行為，與工作項目本身是否易於測量這兩個因素，會影響到績效報償制度的運作成效。比方說，政府當中研考會或是相關研考人員的績效，因為較難測量績效，應用變動報償制度來運作研考部門是有其一定的困難；再者，如果放在公部門的環境之下，公部門由於將複雜的「公共利益」（public interest）當作普遍的組織目標，與私人企業比較起來，許多工作是無法從量化績效的概念來理解，因此，誘因報償制度在公部門的應用，比起在私部門的應用，應有更大的限制；通常在這個報償衡平的原則下，應用績效報償制度的結果會導致那些衡量困難且需要長期投入才會有績效的政務，受到員工的冷落。

第四節　公部門實施績效制度的反思與建議

　　總體而言，我國目前所推動的公部門績效管理改革，若是從前一節當中的原則二（誘因強度原則）出發思考，推動者的意圖是要增加公部門考績制度的「誘因強度」，但是綜合前面的四個原則告訴我們，這樣的一個改革意圖，必然會產生一些推動者應該考量的制度性限制因素，而這樣的討論，絕對不是「唱衰」公部門推動績效管理改革，而是試圖從有系統地討論績效改革制度性限制的因素當中，協助推動者找出可以執行的配套措施，以確實落實績效制度的改革目標。本章最後提出三項配套策略，它們分別是資訊策略、監控策略及報償策略，作為本章的結論與建議。

一、政府績效管理的資訊策略

　　從適切資訊的原則來看，我國績效制度改革朝向增強誘因強度的方向前進，然而，在績效考評執行原則與過去大同小異的前提下（也就是這套制度的變異程度與過去相同），執行這套新制的資訊成本必然提高。如果從本章最初所提出的有限理性的角度來觀察，在績效考評制度的資訊策略未大幅變動的狀態下，雖然制度沒有明白指出，但事實上這些變動所增加的資訊成本是完全由打考績的管理者負責承擔。這樣一個狀況下，正如本章從不完全契約的觀點來檢視過去「非正式」考績制度運作存在的原因，在新的制度下，除非我們設計出降低管理者資訊成本負擔的配套策略，否則應該會有更多的主管考慮以非正式制度的方式來減輕自己的負擔；如果非正式制度的消除是這一波改革的主要目標，本章認為在配套策略不明確的前提下，其改革的結果是悲觀的；更簡單地說，以前考績甲等占80~90%左右的時候可以用分配性的非正式制度，我們有什麼理由相信將甲等比例降低為75%以下，組織就不會用分配的方式來處理？本章甚至認為，在績效考評資訊策略不能服眾（也就是大家都知道它的變異性太大）的狀態之下，連續效獎金的制度，都可能會出現分配的狀況。因此，本章也願意提出幾點改善績效測量變異量的策略，提供學界以及實務界參考。

其一，考慮採用可以增加主管資訊多樣性，或是增加誘因系統自行處理績效資訊能力的配套措施，比方說，360 度的評估系統，或是採用單純團體績效獎勵制度，讓團隊自我監控，以節省績效評估系統的資訊成本。特別是 360 度的評估系統，可以將主管的超級權力分散，一方面透過多元的評鑑方式讓資訊更加公開，一方面透過多方面的絕對保密機制，以相互評鑑降低惡意的相互競爭報復行動，將制度導向鼓勵員工自我評量、同事之間相互考評、考評組成委員多樣性等機制設計鼓勵維持良好的工作互動。其二，考慮開發主管可以使用的績效管理資訊系統，協助主管有效率地從事記錄、分析以及考評決策的相關工作，以節約決策成本（考核表請參附件 14-1）。其三，績效考評是一種專業，主管必須接受訓練，從認識自己認知中的「判斷謬誤」（judgmental biases）開始，再配合以統計上尺度開發的訓練，讓主管能夠有客觀的知識協助完成績效管理的作為。

二、政府績效管理的監控策略

從前一部分中績效制度設計的四項原則來看，誘因強度與監控強度事實上是一個銅板的兩面。推動績效制度改革者如果想增強績效管理的誘因強度，從員工的角度來看，就是在誘因強度原則下，尋找或是建構符合這四項條件的組織環境，比方說，員工投入獲利能力的大小，會影響到績效管理制度的誘因強度，如何訓練員工更「聰明」地工作，事實上也是強化了績效管理制度對該員工的誘因強度；另一方面來說，如果從主管的角度來看，誘因強度的增進，在其他因素都維持不變的狀態下，增強監控的能量也可以提升績效制度對員工產生的誘因強度，但是，推動者必須考量增強監控能量的成本，是由誰在負擔的問題，觀察目前的改革作為，我國推動績效制度改革在目標上，很清楚想強化公務人員考績制度的誘因強度，然而，相關條件的符合程度，或是對主管績效考評工作資源投入的成本分擔問題，似乎並沒有積極的配套措施協助改革目標的達成，比方說，如何增加公務人員的風險忍受程度，以提升新制的誘因強度，或是如何找出公務人員在回應績效誘因機制自由度上的差異，賦予不同的績效考評制度，

以及如何強化而不是羅列績效指標測量的可信度與精確度，都是推動者如果要能掌握這一波績效改革的效果，最應該回答的問題。本章願意提出幾點改善績效監控強度的策略，提供學界以及實務界參考。

其一，訓練並改善員工的工作計畫或執行能力，將有助於提升員工接受績效制度誘因機制驅動的意願；其二，從工作分析中了解哪些公務人員的工作，對於績效制度回應的自由度較低，比方說，駕駛或是守衛，這些職務應該有不同的績效考評制度；其三，關於監控成本的分擔問題，如果推動者能有一套完整監控主管的機制，讓主管全部負擔監控成本就沒有問題，但是，這種完整的監控主管機制並不存在，因此，單就從上到下的宣示或強迫主管簽訂某種形式契約，配合辦理，仍然無法避免主管因為降低監控成本的需要，而選擇「非正式制度」或潛規則的協助，我們認為，主要的原因是主管花時間從事績效考評的成果，是否被精確地算入他的績效當中是有絕對的關係，如果依照報償衡平原則的邏輯，每一位主管都同時是另一位更高階主管的員工的話，那些無法在自己績效評估表上展現績效的工作項目，都會被選擇性的忽略，因此，主管所負責的績效考評工作，要如何在他自己被考評的機制下被計入，也關係到該主管是否願意投注資源切實執行這制度。根據前面討論權威獨占的問題，對主管的考評也是維繫考績制度能夠正確執行一項必須要注意的工作，但是，推動者切忌落入分紅制度的陷阱，讓主管為己利以刻薄與分贓為念，反而會壞了組織的文化。

三、政府績效管理的報償策略

組織激勵問題的解決，往往是站在以個人為分析單位的觀點上，建構誘因報償機制，這種思維通常是假設工作可以切割到仍然具有團體生產效果的地步，但是，事實上這種工作切割的知識，並不全面存在於任何組織當中，因此，這樣的限制迫使我們在設計績效管理制度的時候，必須同時處理維繫團體生產的利益，以及個人誘因報償運作順暢的雙重目的。就個人的角度來看，在不完全的監控下，個人擁有私人資訊，了解自己生產

的成本函數，因此就能夠針對主管所設立的績效管理指標，就自己的能力
與偏好，做出最適的回應策略，通常最嚴重的問題就是那些無法客觀被衡
量的工作，會被員工忽略的問題；比方說，某個公務人員常常扮演同事之
間和事佬的角色，維繫單位工作環境的和諧，這樣的投入行為的果效往往
是無法被客觀衡量，對一位理性且面對工作資源有限的公務人員來說，把
做和事佬的精力花在能夠提升自己績效的事務上，對個人來說是更有效率
的，當然，如果每一個人都如此想，員工在這樣一個由績效制度所引導之
「個人自掃門前雪」的環境中工作，滿意度當然是低落的。因此，如何在
推動績效制度改革的過程中，設計能夠同時提升個人回應績效制度的誘因
強度，同時也能夠維繫某些必要以團隊生產才能達到組織目標的情況，是
一個在績效制度改革過程中，必須不斷學習與修正的一個重點。本章願意
提出幾點改善績效報償策略，提供學界以及實務界參考。

其一，除了能夠量化的績效測量項目以外，必須加入一些質化評估
的指標，讓許多對組織維繫與發展具有無形貢獻的個人，能夠得到一定的
鼓勵，當然，這種質化的評估標準，必須是從下到上的共識建構過程，最
後再交給主管作主觀的判斷，因為一個績效制度的順利運作，還是不能違
背在員工心目中某些既存的「衡平與公正」（equity and fairness; Milgrom
and Roberts, 1992: 418-419）原則，事實上，這也是一種較適合民主化社會
發展績效指標的做法。其二，根據本章的討論，團體績效與個人績效同時
並行的績效評估結構，必須考量到個人在這兩個標準之下的取捨，這也就
會牽涉到單單採用個人標準或是團體標準不會遇到的交叉影響的問題，這
個部分需要更深入的研究才能知道其中運作的問題，本章建議如果目前團
體與個人績效並存的狀況是既定政策，從研究的角度來看，這是一個非常
好的機會，讓我們來了解兩者之間的交叉影響問題，值得相關單位投注資
源研究之。而短期來說，目前雙軌併行的運作模式，建議是以專案績效的
方式來有限地應用團體績效制度，主要還是以傳統下的考績制度為主，在
實施個人考績制度下全面實施團體考績制度，目前仍然存在許多無知的風
險，有待評估。

第五節　小　結

　　政府績效管理是近年來台灣政府改造的核心，這股追求績效的風潮，有兩個根本的原因，一是世界性的新公共管理風潮，凸顯政府資源有限性，公共管理者必須從績效管理的切入，讓政府運作回歸成本效益考量。再者，台灣民主化之後政黨激烈競爭，執政者產生累積政績的需要，讓民主課責的理念必須在政府運作中落實，而引進績效管理成為落實本書第四部分課責價值的一種重要的途徑。然而，這種改革的背後，需要一個堅實的理論基礎，來討論公部門各項績效改革作為。本章從理性選擇制度論的角度出發，站在「有限理性」的決策模型上，討論我國政府績效制度改革的問題，我們先將有限理性下的組織，視為一種不完全契約的環境，先從中解釋績效管理制度存在「非正式」制度的原因，再從組織內部的績效管理面向，討論資訊不對稱、權威獨占以及團隊生產外部性等績效制度的管理問題，最後再從組織經濟學者討論績效誘因設計的「誘因報償」模型，擷取演繹出四項設計原則，以此討論我國績效管理制度的改革與設計問題。最後，本章從資訊、監控與報償三個策略性的面向，配合理論的分析與實務的討論，提出對台灣政府績效制度改革的一些短期的建議，提供學界與實務界討論參酌。

　　正如本書所討論的政治與行政的調和議題，回應與責任兩種公部門必須同時成就的價值，其實現的工具性焦點，就是在課責價值的維繫，課責價值本身是一種工具性的價值，也就是說，它的成就是操作性的，也是管理作為可以涉入並獲取治理結果的地方，從第十二章中，本書討論課責與公開透明的重要關聯性，因為課責的成就與否，與相關可用資訊的產製有密切的關係，然而，人是策略性的生物，懂得操控資訊獲取利益，與課責相關的討論就必須在一個能夠描繪互動決策的理論環境當中來討論，本書所使用的當代政治經濟學的觀點，剛好可以提供這樣的理論基礎，因此，本書以政府內部的績效管理制度建構為討論標地，應用政治經濟學相關理論來展現公部門績效管理的重要議題，並據此提出一些相關的建議，提供學界與實務界參考。事實上，公部門在課責價值成就前提下的制度選擇，

就是公共管理者介入民主與行政調和最核心的管理工具，該項工具就是要在「沒有任何一個人擁有所有資訊」的社會環境中，找出統合委託人與代理人之間利益衝突的制度，而與課責相關資訊的產製與運用，是這種制度運作成敗的關鍵。

附件 14-1　公務人員平時成績考核表

（機關名稱）公務人員平時成績考核紀錄表

（考核期間：　年　月　日至　月　日）

單位		職稱		姓名		官職等級		
工作項目								
考核項目	考　　核　　內　　容			考　　核　　紀　　錄　　等　　級				
				A	B	C	D	E
工作知能及公文績效	嫻熟工作相關專業知識，且具有業務需要之基本電腦作業能力，並能充分運用。公文處理均能掌握品質及時效，臨時交辦案件亦能依限完成。							
創新研究及簡化流程	對於承辦業務能提出具體改進措施，或運用革新技術、方法及管理知識，簡化工作流程，提升效能效率，增進工作績效。							
服務態度	負責盡職，自動自發，積極辦理業務，落實顧客導向，提升服務品質。發揮團隊精神，對於工作與職務調整，及與他人協調合作，能優先考量組織目標之達成。							
品德操守	敦厚謙和，謹慎懇摯，廉潔自持，無驕恣貪惰，奢侈放蕩，冶遊賭博，吸食毒品，足以損失名譽之行為。							
領導協調能力	具判斷決策溝通協調能力，並能傳授知識、經驗、技能，適當指導同仁，且經常檢討工作計畫執行情形，達成預定績效目標。（主管職務始填列）							
年度工作計畫	工作計畫按預定進度如期完成或較預定進度超前，充分達成計畫目標，績效卓著。							
語文能力	積極學習英語或其他職務上所需之語言，已通過全民英檢或相當英語能力測驗或其他語言能力之認證，有助於提升工作績效者。							
個　　人　　重　　大　　具　　體　　優　　劣　　事　　蹟								
面　　　　　　　　　談　　　　　　　　　紀　　　　　　　　　錄								
單位主管綜合考評及具體建議事項（請簽章）				直屬主管綜合考評及具體建議事項（請簽章）				

附記：

一、依據行政院及所屬各機關公務人員平時考核要點第4點之規定訂定，
　　但各機關仍得視業務特性及需要自行訂定。

二、平時考核紀錄等級分為 5 級，為強化績效考評功能，結合團體績效考
　　核與平時考核，各機關得依據其發展策略願景或年度施政目標，訂定
　　內部單位之年度工作目標，再由主管及受考人於年初共同商訂個人年
　　度工作計畫，據以設定計畫評量指標（評量指標之設計應儘量予以量
　　化）及預定完成期程，並依規定按時考評。平時考核紀錄等級分述如
　　下：

　　A：表現優異，足為同仁表率（年度工作計畫執行進度按預訂進度完
　　　　成或進度超前，且充分達成原訂績效目標者）

　　B：表現明顯地超出該職責的要求水準（年度工作計畫執行進度落後
　　　　10% 以內，或與原訂目標差距 10% 以內者）

　　C：表現均能達到要求水準（年度工作計畫執行進度落後 10%、並在
　　　　20% 以內，或與原訂目標差距 10%、並在 20% 以內者）

　　D：表現未盡符合基本要求（年度工作計畫執行進度落後 20 %、並在
　　　　30% 以內，或與原訂目標差距 20%、並在 30% 以內者）

　　E：表現多未達基本要求，經勸導仍未改進者（年度工作計畫執行進
　　　　度落後 30% 以上，或與原訂目標差距 30% 以上者）

三、為鼓勵公務人員積極學習英語或其他職務上所需語言，各機關對於受
　　考人通過英語檢測或其他語言能力認證者，得於平時成績考核紀錄表
　　酌列適當等級。

四、受考人如有工作、操行、學識、才能等重大具體優劣事蹟，足資記錄
　　者，應填列於「個人重大優劣事蹟欄」，以作為考評之重要參據。

五、公務人員考績考列甲等人數比例已予合理設限，為免造成受考人不必
　　要之聯想，徒增機關主管評定考績之困難，平時考核之考核等級與公
　　務人員考績法之考績等第並不完全等同，以求彈性。各級考評主管每
　　年 4 月、8 月應按考評內容評定各考核項目之等級，提出對受考人培
　　訓或調整職務等具體建議。受考人當次考評項目中有 D 或 E 者，主

　　管長官應與當事人面談，就其工作計畫、目標、方法及態度等進行溝通討論，面談內容及結果應記錄於「面談紀錄」欄，以提升其工作績效，並作為年終考績評列等第及機關人事管理之重要依據。如受考人考評結果無提醒改進之必要者，則「面談紀錄」欄得不予填列。

六、單位、職稱、姓名、官職等級及工作項目欄，由受考人填列。平時考核紀錄等級，個人工作、操行、學識、才能重大優劣事蹟，面談紀錄，綜合考評及具體建議則由主管人員填列；「直屬主管綜合考評及具體建議」欄由受考人之直屬主管予以考評填列並簽章，「單位主管綜合考評及具體建議」欄則由處室主管等機關內部單位主管予以考評填列並簽章（考評單位主管時，本欄無須填列）。

第十五章 結語：未完的探索之旅

個人沒有能力對於民主與行政關係探索做出結論的原因，可能是
缺乏勇氣、才智或是精力，我無意掩飾這樣的看法；然而，您應
該會同意，我無法讓這個研究的結果順利產出的原因，有很大一
部分是因為這個討論打開了探索人類終極關懷的龐大領域，我絕
不後悔在這些討論上所花下的時間與精力，相反的，我從中獲得
極大的滿足感，對您而言，個人希望本次的探索起碼指出了這個
主題的某些面向，是您在過去所沒有注意到的。

—— Dwight Waldo（1977: 19）[1]

第一節 前言：自覺偽善中的進步

本書一開始的時刻，作者希望從治理績效的角度，建構研究民主治
理機制的機會點，試圖解開民主治理的績效祕密，由於民主政治不能只看
選舉的結果，執政果效的取得具有同樣的重要性，但是治理績效的知識無
法被當代著重政黨與選舉的政治學領域或是注重行政革新的公共行政領域
所完全涵蓋，本書在現有的政治學與行政學互不統屬的學術環境中，起造

---

[1] 這段話是 Dwight Waldo 於 1976 年 5 月 13 日在 UC Berkeley 的 The Royer Lecture in Political
Economy 所發表的演說結尾的話，原文結論的標題是 "An Inquiry without Closure"，本書作
者將之應用到結論的標題部分，代表本書作者在全書接近完成的時刻，與 Waldo 有非常類
似的感受。全段的原文如下："Perhaps my inability to bring my inquiry into the relationship of
democracy and administration to closure is due to lack of courage, intelligence, or energy. I do not
care to argue the point. But in any case I think you will agree that my inability to bring the project
to the printing press has at least an important relationship to the fact that the inquiry opens up for
exploration enormous realms of human concern. I do not regret for a minute the time and energy I
have given to the inquiry. On the contrary, I feel enormously rewarded. I hope that I have indicated
some aspects of the subject that had escaped your attention in the past."

了一個「新中帶舊、又新又舊」的研究領域，試圖回應台灣在民主化進程中，所面臨的治理績效瓶頸。

然而，提出一個好的問題，或許可以創造出一個重要的研究領域，但是並不代表研究者就有能力去提供適切的答案。Dwight Waldo 一生鑽研公共行政，對於民主行政的探索尤為深刻且貢獻卓著；但是，本章開頭的這段 Waldo 在 1977 年的自我評述，又讓人覺得他並非謙虛，而是面對民主行政這個重要性高但卻充滿矛盾的主題，產生某種敬畏與無力之感；事實上，Waldo 在 1952 年的〈民主行政〉文章中，對於民主與官僚的「調和」（reconciliation）內容並未直接處理，但是在1977年的Royer Lecture 講座當中，他對於民主行政調和的論調，顯露出更多的悲觀情緒，他甚至使用「偽善」（hypocrisy）一詞來形容研究民主行政調和多年來的心情，因為討論這個問題會陷入太多的迷惑與自欺欺人的情境，以至於說出許多連自己都沒有把握的論述，這個矛盾可以用他在名著《公共行政的事業》（*The Enterprise of Public Administration*; Waldo, 1981: 45）一書中的一個對官僚體制的提問來總結：「我們為何要期望一個被設計為非人與算計的工具，能夠有效地展現同理或悲天憫人之心[2]？」

從這個提問回想台灣人民在八八風災中面對官僚冷血的批評，立即就會產生一個矛盾的情境，因為當文官充滿政治人物口中「聞聲救苦」的熱情時，他可能要不是把自己累死，再就是以超越法律的感情來使用公權力，兩者都是人類社會建構官僚體制時，從效率與公平原則出發所想避免的狀況。這樣看來，難道公共行政學界的功能只是依照 Louis C. Gawthrop（1998: 29）所言：「利用偽善的言語來掩飾我們民主治理體系的偽善[3]？」當然不是！作者認為，學者最主要的社會功能就是面對難以討論的問題，提出討論的方向，面對看似矛盾的論述中，尋找知識昇華的路徑，正如數學家與賽局理論家 Anatol Rapapor 針對「弔詭」（paradox）在數理科學領

2　原文如下："Why would an instrument designed to be impersonal and calculating be expected to be effective in delivering sympathy or compassion?"

3　原文如下："… certainly 'we' as a profession – have become expert in using hypocrisy to hide the hgpocrisy that has infested the core of our system of democratic governance?"

域知識發展的重要性所言：

> 弔詭在人類知識發展史中扮演了戲劇化的角色，通常在科學、數
> 學以及邏輯學當中，弔詭的出現預示了重大突破的降臨，在任何
> 的研究領域中，當研究者發現一個應用領域內概念架構無法處理
> 的問題時，他們會感受到震撼與不解，這種震撼會引導這些研究
> 者去放棄既有的並尋找新的概念架構，就是在這樣的過程中，許
> 多重要的數學與科學研究產生了脫胎換骨的改變。[4]

　　或許，在公共行政的領域中，「自覺偽善」的意念與數學家們努力
「發掘弔詭」具備相同的知識創新功能，當然，本書的出版就代表作者試
圖從民主治理的角度，面對公共行政「偽善」的本質，嘗試一次新的理論
反省。接下來，本章將交代「研究挺進到哪裡了？」的現勢，以及「未來
研究重點為何？」的趨勢等兩個問題，作為本書的結論。

第二節　民主治理研究的現勢：資訊、制度與課責機制

　　如果從 1996 年世界銀行發表第一次的「善治」（good governance）
指標以來，近十餘年這個議題不但已經晉身國際學術研究的焦點，它也是
台灣二次政黨輪替之後的時空下，大家心中所思考但卻找不到著力點的問
題。然而，從這樣一個統合性的角度出發討論民主政治的發展，對傳統的
政治學者來說，意指其研究民主制度的範圍無法排除或簡化官僚體制運作
的設計問題，政治學者不應該只從「監控民主」的角度來看官僚體系的工
具價值而已；對傳統的公共行政學者來說，研究者也不能不面對民主政治
對行政專業的影響，學者也不應該只從「聽命行事」的角度來淡化民主政

---

[4]　原文如下："Paradoxes have played a dramatic part in intellectual history, often foreshadowing revolutionary developments in science, mathematics, and logic. Whenever, in any discipline, we discover a problem that cannot be solved within the conceptual framework that supposedly should apply, we experience an intellectual shock. The shock may compel us to discard the old framework and adopt a new one. It is to this process of intellectual molting that we owe the birth of many of the major ideas in mathematics and science." (Rapaport, 1967: 50).

治中官僚體系的正當角色問題，也就是說，不論從政治與行政二分的傳統，還是方法論上的差異等面向來看這樣一個理論與實務兼具的重要問題，學界都有義務專注討論之，經過本書四大篇、十四個章節的討論，本書到底有何主要貢獻？首先，本書在理論上主要有兩個貢獻，一個是將民主治理的理論輪廓描繪出來，為研究政治與行政關係的同僚與學生，在治理年代創造出一個新的起點；另一個是應用當代政治經濟學中的理性選擇理論，來討論政治與行政關係的相關議題。

再者，在民主治理的討論方面，作者先認知到民主治理與民主行政在論述結構上的差異不大，但作者還是藉由抓緊下面三個理論的建構點，來突顯兩者的異同：其一，開放 vs. 封閉：治理年代多元開放的國家與社會關係，行政的封閉性無法面對變動的世代。其二，制度 vs. 倫理：在過去，民主行政的討論，不是在行政哲學的領域，就是在比較行政的範疇，本書以倫理的價值提問方式融合比較行政的介面概念，建構理性選擇制度理論的分析觀點，以示區隔。其三，民主 vs. 威權：治理概念的討論隱含未言明的權威決定方式，它未必是民主的，但是本書站在民主政治的基礎上討論治理的績效祕密，與民主行政的立場相同。最後，本書的從三個政治與行政關係介面出發的討論，主要可以歸納成為下面三點結論：

第一，從回應的角度來看，民主治理下的官僚體系，原則上必須接受民意的指導地位，但是民意的展現有其民主理論上的缺陷，讓官僚體系在民主治理運作中的角色絕對不只是聽命的僕人而已，還有獨立的專業責任要負擔，然而，支持這層關係的核心，仍然是誘因結構的設計，一方面，文官要能對民眾服務的需求產生回應，絕對不是喊一喊「顧客導向」的口號而已，是需要政務人員選舉誘因所驅動的政務領導作為，另一方面，民眾的回應行動也不是理所當然的，需要制度設計下適當誘因的支援，不然，當代許多藉由「公民參與機制」獲取民主治理正當性的努力，都將會是徒勞無功的。

第二，從專業的角度來看，民主治理需要將文官與政治體系之間設下中立性的護欄，主要就是避免政治分贓侵入文官專業的領域，而摧毀治理績效，這樣的設計必然會與從回應價值而來的「監控民主」要求產生矛

盾；然而，黑堡宣言要求文官扮演「賢明少數」的呼籲，未必能夠解決前述的矛盾，主要原因是民主政治的渾沌性格以及民意與治理知識之間存在的巨大落差，本書面對這個重要的矛盾，並未深究其認識論的內涵衝突，而是從參與制度設計的角度尋找程序性的解答，建構出「參與式知識管理」的程序民主制度，更重要的，文官在這樣的制度運作中，必須將「政治可行性」評估當作一種重要的政治管理專業，才有可能在心態上準備好離開政治與行政二分的魔咒，將專業能力注入民主治理績效的追求努力當中。

　　第三，從課責的角度來看，前述民主回應與專業責任在民主治理運作中的矛盾，是一種基本價值的矛盾，但是課責的價值，卻是鞏固前述價值矛盾的民主治理制度，所需要的一種工具性的價值，不論是回應、責任還是兩者兼備的制度設計，最主要的工具性需求就是「課責」，民眾參與公共事務之後，有權利知道自己的意見對公共決策到底產生了什麼影響；另外，文官聲稱已經盡力提供最佳的專業服務，民眾有權利從主觀的意見或是客觀的事實了解這些說法是否只是吹噓而已，這些課責機制需要資訊透明的支援，而這些資訊的產製，還必須有獨立的制度監控以滿足其關鍵性、完整性與可理解性的要求，以落實民主治理當中課責的價值，本書最後兩章就針對一種重要的課責機制——「績效管理制度」（或是考績制度），從資訊的角度加以解讀，找出制度上改革的可能焦點，是為本書的結束。

　　總括而言，本書站在公共行政學界討論民主行政議題的堅實傳統之上，統合了行政倫理下的價值競逐與政治行政互動中介面結構的討論，再配合上理性選擇理論分析的威力，產製出未來公共行政可以持續進行的「民主治理」研究領域，當然，制度論並非是建構這個領域研究的唯一道路，本書對於其他可能進深的研究途徑採取開放的態度，為此，本書最後，作者願意提出三項未來討論民主治理的可能願景，提供先進與學子參酌。

第三節 民主治理研究的趨勢：循證、正義與行政倫理

面對民主治理成為一個研究領域的壓力，本書將提出三個願景，提供讀者參考，它們分別是：循證、正義與行政倫理，容作者分別陳述之。

一、循證的民主治理制度改革

本書針對民主治理研究未來願景的第一項，是想回答「民主治理研究該如何推展？」的根本性問題，作者的答案十分簡單：「不論從理論或是實務上的推動，都是以『循證』（evidence-based）的理念來進行」。近年來，循證的呼聲從醫療政策吹襲到公共行政領域，循證政策（evidence-based policy）是醫療界的一種連接理論與實務的概念，醫療的施作由於人命關天，不論是藥品或醫療程序實證效果的訪查與確認，是現代醫療十分重要的內涵，以確保人類介入個人生命延續的正面果效，但是，比起醫療行為，政府決策對於國家社稷長遠生命財產的影響更是巨大，研究領域的發展無法不從經驗世界找尋理論的驗證，而實務界的改革運作，當然更不能不顧證據的堅實程度，隨政治考量漂流。

再者，民主治理是一種理論與實務兼具的領域，與其他社會科學領域一般，理論與實務的連接並非想像中協調；但是，真正建構循證民主治理研究的障礙，並不是在於制度設計效果上的「不可知」，而是「能知卻不作為」的部分，舉例而言，健保局是否改制為行政機關的問題，由來已久，2009 年 1 月 13 日雖然經立法院修法通過，但是修法過程中立委或是學界所提出健保改制為行政機關的人事成本增加與否的問題，卻一直沒有相關機關經過精細的計算之後的公開與討論，因此失去一次依照循證標準討論個案的機會，或許參與者想說健保局的改制是一個「政治」問題，但是我國任何機關改制為行政機關都會牽涉到資源配置的問題，預算資源有限前提下的成本分析是不可少，不然政治可行性高、經濟可欲性低的作為都可以作的邏輯，不正是地方政府「蚊子館」產生最主要的原因嗎？

最後，證據的材料是資訊，品質優良的民主治理制度改革決策，往往

取決於品質優良的政策資訊，這些資訊並不一定來自於學界的研究，也可以來自於專家知識、現有的政府資料庫、利害關係人的諮詢，以及對於以往政策的確實評估，這些都是循證決策不可或缺的基石；更重要的，文官體制的本身（組織與人，下屬與長官），儲存著大量可以產製循證知識的礦藏，等待內部與外部懂得證據產製的知識工作者加以開採，如何在倫理上、方法上或甚至是心態上讓政府能夠有系統地結合知識生產者，以妥適的組織與程序開採相關政策知識，作為決策與執行的證據，有效推動政府民主治理改革的重要前提。就像學者 Kenneth J. Meier 與Laurence J. O'Toole, Jr.（2009：19）所言：

> 我們相信在這個世代，公共行政應該試著了解循證途徑的重要性，也應該從指認問題開始尋找行政問題的系統性答案，以這樣的操作形式，公共行政的研究能量才能與實務過程的需要產生有意義的整合，醫學可以從循證途徑獲益，公共行政也當如是也。[5]

二、正義制度的設計與執行

從本書所討論的回應性概念來看民主政治，其程序性的意義是高於其實質意義的，雖然本書將程序性的民主價值看作是民主治理制度設計的主要理念，但是，難道「民主治理沒有其他重要的制度設計價值了嗎？」當然不是，民主回應當中，存在人們對於公平正義（justice）的根本性渴望，也就是說，民主治理的制度性調和問題，無法忽略直接面對正義論述所帶來的挑戰。

首先，官僚體系盲目追求政策決策的「客觀性」（objectivity），可能反而讓它陷入「無作為」（inactive）的窘境，而中立性（neutrality）的

---

[5] 原文如下： "It is time, we believe, for public administration to take note of the advantages of an evidence-based approach and to identify the questions that call out most persistently for systematic answers. In this fashion, the prospect of integrating the research enterprise with the pressing needs of practice can be fulfilled. Medicine has benefited from an evidence-based approach: so too should public administration." (Meier & O'Toole, 2009: 19)。

提倡，也絕對不應該是人云亦云，或是在政策爭議中，採取沒有大腦的中間立場而已；當然，近年所謂「透明化」（transparency）價值的提倡，也未必就能夠平衡多元主義下利益團體的需索，因為社會團體資源現狀的巨大不平等，政府資訊的公開反而讓有資源的團體對政府的控制更為加強，因此，不論中立性、客觀性或是透明性的價值，如果我們不更深入從新公共行政、黑堡宣言或是新公共服務等論述當中思考「主動」（proactive）的內涵，它們不但可能成為可欲不可求（unattainable）的空泛價值，還可能會讓整個民主治理的決策過程更不平等，而這種主動作為的核心引導價值，就是民主價值所隱含的公平正義，這就是為何學者與政策實務工作者 Harold Orlans（1975）在半世紀前就提出政策研究的「正義原則」（A fairness doctrine in policy research），他認為：

> 我們應該少談論像「公共利益」這種難以定義的名詞，或是「超越黨派」這種很難達到的目標，而是應該多討論可以定義以及可以觀察到制度性以及方案性的執行內容。[6]

再者，事實上，經濟學理論站在「正義稅制」（Just Tax; Wicksell, 1896）的基礎上，不斷試圖了解有限資源之下資源配置正義的問題，其研究主要的內容在討論改革資源重分配的過程中，如何設計出一方面能夠改善分配正義，另一方面又是誘因相容（incentive compatibility）的制度，它是本書第十三章曾經討論過的「機制設計的問題」（mechanism-design），更是一種改革方案執行（implementation）的概念，這個領域所追求的主要研究問題是：「滿足某些分配正義原則，以及平衡負擔與利益的資源配置機制，有哪些制度設計原則？」這個問題從民主治理制度設計的角度出發，應該是實踐民主價值所不可或缺的研究問題。

最後，「公平正義」（justice）是傳統公共行政研究最重要的核心價值之一，舉凡公共利益、公共性，及正當性等名詞的使用，都與政府介入社會去實現公平正義的過程息息相關，這是政府管理行動的正當性基

6　原文如下："We would then, talk less about an undefinable 'public interest' and unattainable 'nonpartisanship' and more about definable and observable institutional and project practices."

礎，也是公共行政與商業管理學門有尊嚴區隔的開始；但有趣的是，除了少數的研究課題之外[7]，絕大多數公共行政對於公平正義的論述，只存在於抽象的行政哲學討論之中，對於一向自豪於理論與實務結合的行政學門來說，相對於學門內對「效率」（efficiency）價值討論與應用的深度和廣度，公共行政自 19 世紀末緣起至今的發展，雖然屢有重建公平正義價值的呼聲，但是每一次呼籲的結果，只是在爭辯「效率是否是唯一的價值」而已，學門內公平正義價值在理想與現實之間的鴻溝是令人驚訝的，亟需在民主治理的領域中加以導正。

三、民主治理下行政倫理的再發現

行政倫理給一般人的印象是哲思性的對話與令人不舒服的教條宣導，但是，從本書討論民主治理運作下「價值競逐」（competing values）的內涵開始，行政倫理的內容從制度設計的角度展開了它一個新的研究方向，那就是，行政倫理原則的運作，需要誘因相容的制度協助，才能落實。

首先，行政倫理可以視為一套從理念到行為控制的機制設計概念，其最核心的問題就是人性的假定，本書從理性選擇理論的角度出發，很明顯是以「理性」（rationality）為其主要核心，理性人的行為導引，需要精密設計誘因機制的協助，但是，研究者通常也不能忽略，在驅利避害的誘因之下，人的理性也是有限的，由於人有限的理性，制度與組織的建構是為必要，用以簡化或是降低一般人生活運作時的不確定性，官僚體系負責中立地處理複雜的公共資源配置問題，當然就更需要這樣一套行為倫理的規範機制，這些倫理機制的存在是早於我們利用理性選擇理論對它們的理解，有時與理性的假設產生弔詭的現象，乃是因為民主治理的研究無法避免討論既存的行為模式對於新的制度改革方案的影響，因此研究者在未來

---

[7] 例如代表官僚的研究（representative bureaucracy）、地方政府的財政資源分配、以及公共政策中的分配正義等研究議題。根據陳敦源等（2008；附錄表一）研究以 Justice, Just, Equality 或是 Equity 等四個關鍵字搜尋 1997-2007 年 SSCI 公共行政類別的期刊文章標題，發現討論這些議題的文章總共只有 243 篇，占這十年發表總量的百分之 4.27 而已，可謂非常之低。

必須特別專注某些既存的「潛規則」，以協助理論與實務工作者更多地了解組織與行為的關連性。

再者，行政倫理也可能代表某種既存的價值信念，比方說，台灣的公務機關存在第三章中所討論「威權遺緒下行政倫理的平行移植問題」，這種「領袖」超越「國家」的行政倫理內涵，不但造就了前調查局長葉盛茂服務提拔自己的長官勝過公共利益的現象，也讓台灣文官體系在「監控民主」與「風險規避」的要求下棄守專業責任的價值，是為台灣民主化之後治理績效不彰的重要原因，因此，對於未來民主治理研究的重點之一，就是如何讓台灣文官體系從威權體制的行政倫理規範架構中，轉換到民主政體下的行政倫理規範架構，以求取整體的治理績效，事實上，這樣的轉換需要制度配套措施的相互協調，才有實現的可能，比方說，從代理人理論來看，如何平衡政治上司對民眾授權的「道德危機」以及政治上司授權官僚體系執行政策的「道德危機」，讓從人民到政治人物到官僚體系的民主授權關係運作順暢，是值得深入探索的。

最後，民主價值是否為一種可被要求的倫理內涵，如果是，該如何落實？也是未來民主治理研究可以著力的地方，比方說，在第九章當中所提及資訊透明對於民主課責機制運作的重要性，熟悉實務運作者馬上可以發現這種透明原則落實的困難源頭，在於專業不對稱所引發資訊不對稱的問題，由於監控官僚運作的資料都是由官僚體系所擁有，因此，被課責者擁有絕大多數課責者想要的資訊，最可能的結果就是被課責者策略性地隱藏某些關鍵資訊，以規避課責者依這些資訊而來的懲罰，這樣的誘因結構應該如何改進之？是用更多的外控機制（如政府資訊公開法）來彌補專業不對稱的失靈？還是尋找新的行政倫理價值，討論為何公務人員主動公布政策失敗的相關資訊，是一種增加政府運作正當性的行為，也是第九章中討論官民信任關係重建所需要的一種新的「透明倫理」，這樣的新倫理要如何藉由內與外控的機制，導入官僚體系的運作，也是未來民主治理研究不可忽視的重點。

隨著本書接近尾聲，Waldo 在本章一開頭的自我省察益發展現其重要的價值，當然，對「結果未定的探索」進行悲觀的解讀，並不能帶給我們

研究工作任何的安慰，反而是本書作者序中 Reinhold Niebuhr 這位政治哲學兼神學家的「平靜禱詞」，可以帶給研究工作者面對不盡如意的成果卻能有真正的平安，畢竟教授也是人，人的理性與精力都是非常地有限，主要的差別在於成功的人往往具備將「可改變的」與「無法改變的」事情分辨處理的智慧，但願本書已經完整處理了可以改變的部分，將那些無法改變的部分，留給時間或其他更有智慧的人去解決吧！

參考書目

一、中文部分

卜正珉（2003）。《公共關係：政府公共議題決策管理》，台北：揚智出版社。

王振寰，錢永祥（1995）。〈邁向新國家？民粹威權主義的形成與民主問題〉，《台灣社會研究季刊》，第 20 期，頁 17-55。

王躍生（1997）。《新制度主義》，台北：楊智。

丘昌泰、余致力、羅清俊、張四明、李允傑（2001）。《政策分析》，台北縣：國立空中大學。

丘昌泰（1999）。〈政府與市場：從行政科學典範變遷論「小而能政府」的建立〉，《行政暨政策學報》，第 1 期，頁 35-88。

丘昌泰（2000）。〈後現代社會公共管理理論的變遷：從「新公共管理」到「新公民統理」〉，《中國行政評論》，第 10 卷第 1 期，頁 1-32。

田國強（2000）。《激勵、信息、與經濟機制》，北京，北京大學出版社。

石之瑜（1999）。〈William Riker 的理性概念試評：非理性抉擇模式初探〉，《歐美季刊》，第 13 卷第 1 期，頁 229-260。

朱敬一（1998）。〈解析學術本土化與國際化的爭議〉，《中國時報》，8/24，第 15 版。

江大樹（1997）。《國家發展與文官政策》，台北：懂藝企業公司。

江丙坤（1997）。〈政府再造工程的範圍與工作方向〉，《人事月刊》，第 25 卷第 5 期，頁 20-25。

江岷欽、劉坤億（1999）。《企業型政府：理念、實務、省思》，台北：智勝文化。

江明修、蔡金火、梅高文（1998）。〈再造公共性政府〉，《跨世紀政府再造研討會論文集》，台北：行政院研考會、國立中興大學公共行政學系合辦。

何沙崙（1997）。〈全面品質管理與為民服務〉，《研考雙月刊》，第 21 卷第 6 期，頁 3-9。

余致力（1998）。〈公共管理之詮釋〉，《公共管理》，黃榮護編，台北：商鼎出版社。

余致力（2000）。〈論公共行政在民主治理過程中的正當角色：黑堡宣言的內涵、

定位與啟示〉，《政大公共行政學報》，第 4 期，頁1-30。

余致力（2002）。《民意與公共政策：理論探討與實證研究》，台北：五南圖書。

余致力（2006）。〈倡廉反貪與民主治理〉，《台灣民主季刊》，第 2 卷第 3
　　期，頁 165-176。

吳安妮（2000）。〈績效評估之新方向〉，《主計月報》，第530期，頁 43-51。

吳秀光（1998）。《政府談判之博奕理論分析》，台北：時英出版社。

吳秀光（2000）。〈理性抉擇途徑在官僚行為研究上的應用〉，謝復生、盛杏湲
　　（編）《政治學的範圍與方法》，台北：五南圖書。

吳定（1991）。〈威爾遜的行政學研究〉，《行政管理論文選集—第八輯》，台
　　北：天一圖書，頁 1-31。

吳定（1997a）。〈再造工程方法應用於工作簡化之探討〉，《人事管理》，第 34
　　卷第 1 期，頁 4-16。

吳定（1997b）。〈海峽兩岸行政改革策略之比較〉，《人事管理》，第 34 卷第 6
　　期，頁 4-27。

吳若予、蕭全政（2002）。〈為什麼不本土化？普同性社會科學觀的檢討〉，李文
　　志、蕭全政（編），《社會科學在台灣》，台北：元照。

吳瓊恩（1999）。〈公共管理研究途徑的反思與批判〉，《中國行政評論》，第 8
　　卷第 2 期，頁1-20。

呂鴻德（1997）。〈顧客滿意與為民服務觀念之探討〉，《研考雙月刊》，第 21
　　卷第 6 期，頁 19-25。

宋楚瑜（1997）。〈以簡化、創新、效率、便民促進省政建設〉，《人事管理》，
　　第 34 卷第 6 期，頁 36-40。

李允傑（1999）。〈公部門之績效評估〉，《人事月刊》，第 29 卷第 4 期，頁
　　4-14。

李仲彬、陳敦源、黃東益、蕭乃沂（2008）。〈網路投票可以提昇投票率嗎？以
　　政治大學學生會網路投票為例〉，《台灣民主季刊》，第 5 卷第 3 期，頁
　　1-32。

李國偉（1999）。〈淺談『囚徒困境』現象的應用（第25章）〉，《一條畫不清的
　　界限》，頁 227-240。

邱華君（1994）。〈從考試權獨立觀點論我國公務人員保障制度〉，台北：中國文
　　化大學中山學術研究所博士論文。

林文益（1991）。〈公務人員行政中立之研究〉，台北：政治大學公共行政學系碩
　　士論文。

林水波（1997）。〈反思顧客導向的行政革新〉，《公務人員月刊》，第 10 期，
　　頁 34-39。

林聰吉（2007）。〈政治支持與民主鞏固〉,《政治科學論叢》,第 34 期,頁 71-104。

林鍾沂（2001）。《行政學》,台北:五南圖書。

林繼文（2001）。〈創設、選擇與演化:制度形成的三個理論模式〉,《政治學報》,第 32 期,頁61-94。

林繼文（2005）。〈虛假霸權:台灣政治學研究中的理性選擇〉,論文發表於《且讓河水通井水:政治學方法論的檢討和拓寬》研討會,台北:文化大學政治學系。

施宗英（2000）。〈計畫績效衡量的運用與推動策略〉,《研考雙月刊》,第 24 卷第 4 期,頁 44-53。

施能傑（1991）。〈富者愈富、貧者愈貧的考績法修正方向〉,《人事月刊》,第 13 卷第 3 期,頁 99-103。

施能傑（1992a）。〈考績謬誤的類型與原因:理論闡釋與經驗分析〉,《人事月刊》,第 14 卷第 3 & 4 期,頁 4-12 & 4-16。

施能傑（1992b）。〈落實文官中立的理想:人事管理政策的觀點〉,紀念張金鑑教授九秩誕辰行政學術研討會,台北:政大公企中心。

施能傑（2001）。〈建構行政生產力衡量方式之芻議〉,《中國行政》,第 69 期,頁 15-46。

施能傑（2004）。〈公共服務倫理的理論架構與規範作法〉,《政治科學論叢》,第 20 期,頁 103-140。

洪永泰（1995）。〈數量分析與績效評估〉,《行政績效評估專論選輯（二）》,台北:行政院研究發展考核委員會。

孫本初（1995）。〈「顧客導向」對當前行政管理之意涵〉,《人事月刊》,第 21 卷第 2 期,頁 41-51。

孫本初（1998）。《公共管理》,台北:智勝文化。

孫同文（1998）。〈台灣公共行政研究成果的回顧與評估〉,《暨大學報》,第 2 卷第 1 期,頁133-159。

孫同文（2003）。《從威權政府到民主治理:台灣公共行政理論與實務的變遷》,台北:元照。

孫瑋（2008）。〈民主治理與非多數機構〉,《公共行政學報》,第 26 期,頁 1-35。

徐仁輝、陳敦源、黃光雄譯,G. Tullock, A. Seldon, and G. L. Brady著（2005）。《政府失靈:公共選擇初探 （Government Failure: A Primer in Public Choice）》,台北:智勝文化。

徐仁輝（1995）。〈組織經濟學的緣起與發展〉,《中國行政評論》,第 4 卷第 3

期，頁 105-126。

徐振國（2002）。〈政治學方法論偏頗發展的檢討〉，《政治與社會哲學評論》，
　　第 2 期，頁 123-178。

袁頌西（1971）。〈威廉˙賴克爾（Willaim H. Riker）之政治聯合論述評〉，《食
　　貨月刊》，第 1 卷第 9 期，頁 503-507。

郭昱瑩（2001）。〈政府機關績效評估探討〉，《研考雙月刊》，第25卷第 4
　　期，頁 30-38。

陳文豫譯（1986）。《公共哲學》，台北：今日世界出版社（原著：Lippmann,
　　Walter. 1955. *The Public Philosophy: On The Decline and Revival of The Western
　　Society*）。

陳志瑋（2004）。〈行政課責與地方治理能力的提昇〉，《政策研究學報》，第 4
　　期，頁 23-46。

陳美伶（2005）。〈現行政府資訊公開法制及其落實〉，《研考雙月刊》，第 29
　　卷第 3 期，頁 20-29。

陳清秀（1999）。〈行政程序法簡介〉，《全國律師》，4月號，頁 8-21。

陳敦源、李仲彬、黃東益（2007）。〈推動電子化政府可以改善公眾接觸嗎?台灣
　　個案的分析〉，《東吳政治學報》，第 25 卷第 3 期，頁 25-92。

陳敦源、郭承天（2001）。〈基督教倫理與民主制度發展：從美國經驗看台灣〉，
　　《公共行政學報》，第 5 期，頁 67-100。

陳敦源、陳麗光、黃東益、呂佳瑩（2008）。〈正義制度的設計與執行：以全民健
　　保資源配置機制為例〉，2008年台灣公共行政暨事務系所聯合會（TASPAA）
　　年會「夥伴關係與永續發展」研討會，民國 97年 5 月 24-25，台中市：東海大
　　學行政管理暨政策學系。

陳敦源、黃東益、李仲彬、蕭乃沂、林子倫（2008）。〈資訊通訊科技下的審議式
　　民主：線上與實體公民會議比較分析〉，《行政暨政策學報》，第 46 期，頁
　　49-106。

陳敦源、黃東益、蕭乃沂（2004）。〈電子化參與：公共政策過程中的網路公民參
　　與〉，《研考雙月刊》，第 28 卷第 4 期，頁 36-51。

陳敦源、蔡秀涓（2006）。〈國家發展的倫理基礎：反貪腐與公職人員倫理準則
　　（時事評論）〉，《台灣民主季刊》，第 3 卷第 3 期，頁185-199。

陳敦源、蕭乃沂（2001）。《台北市政府接受人民施政意見反應機制之研究》，台
　　北市政府研究發展考核委員會委託研究案 310，台北：市政府研考會。

陳敦源、韓智先（2000）。〈是誰告訴人民他們要什麼？媒體、民意與公共議程設
　　定〉，《研考雙月刊》，第 24 卷第 1 期，頁 19-31。

陳敦源（1998）。〈跨域管理：部際與府際關係〉，《公共管理》，黃榮護編。台

北：商鼎出版公司。

陳敦源（2002）。《民主與官僚：新制度論的觀點》，台北：韋伯文化。

陳敦源（2003）。〈（推薦序）　點燃公部門改革知識對話的熱情〉，中譯本：浩平、蕭羨一譯（by Murray J. Horn），《公共行政之政治經濟學：公部門的制度選擇（*The Political Economy of Public Administration*）》，台北：商周出版社。

陳欽春（2004）。《民主治理與社會資本: 台灣地區公民信任實證研究》，台北大學公共行政暨政策研究所博士論文，未出版。

陳德禹（1990）。〈行政中立問題之探討〉，《重建行政體系：民間國建會特集（4）》，台北：國策中心。

陳德禹（1992）。〈文官行政中立的理論與實際〉，紀念張金鑑教授九秩誕辰行政學術研討會，台北：政大公企中心。

馬紹章（1998）。〈民意機構與政務領導〉，《公共管理》，黃榮護主編，台北：商鼎出版社。

高承恕（1999）。《頭家娘：臺灣中小企業「頭家娘」的經濟活動與社會意義》，台北市：聯經出版社。

張明貴（1998）。《政策分析》，台北：五南圖書。

張瑞濱、蔡明欽、吳念豫、劉文仕（1996）。〈『行政程序法草案』公聽會綜合紀要〉，《立法院院聞》，第 24 卷第 11 期，頁 95-104。

盛治仁（2002）。〈政治學的理性，理性的政治學？談理性抉擇在政治學的運用〉，黃秀端（編），《政治學的發展：新議題與新挑戰》，台北：韋伯文化。

許世雨（2001）。〈公共選擇理論反思：「理性」與「自利」之迷思〉，《人事月刊》，第 191 期，頁 17-26。

許宗力（1998）。〈行政程序的透明化與集中化〉，《全國律師》，6月號，頁 69-78。

許濱松（1996）。〈英美公務人員政治中立之研究：兼論我國公務人員政治中立應有的作法〉，《文官體制之比較研究》，彭錦鵬主編，台北：中央研究院。

黃大洲（1996）。〈如何提升為民服務品質〉，《研考雙月刊》，第 20 卷第 6 期，頁 3-11。

黃世鑫（2002）。〈真理或邪說？理論或教條？獨尊新古典經濟主義的禍患〉，李文志、蕭全政（主編），《社會科學在台灣》，台北：元照。

黃光國（1997）。《權力的漩渦》，台北：商周出版。

黃東益（2003）。《民主商議與政策參與：審慎思辨民調初探》，台北：韋伯文化。

黃國鐘（1999）。〈『行政程序法』簡介〉，《全國律師》，4 月號，頁 49-65。

黃榮護主編（1998）。《公共管理》，台北：商鼎。

黃錦堂（1999）。〈行政程序法對行政機關的衝擊〉，《全國律師》，4 月號，頁 22-32。

彭錦鵬（2002.6）。〈政治行政之虛擬分際：由「兩分說」到「理想型」〉，《政治科學論叢》，第 16 期，頁 89-118。

葉俊榮（1996）。〈『行政程序法草案』立法取向之評估〉，《立法院院聞》，第 24 卷第 11 期，頁 85-94。

葉俊榮（1999）。〈行政程序法的代理人觀點〉，《全國律師》，4月號，頁 23-38。

詹中原（1998）。〈政府再造：革新「行政革新」之理論建構〉，文官制度與國家發展學術研討會，台北：台北國際會議廳。

熊忠勇（1998）。〈大陸法系與英美法系國家行政程序立法目的之區別〉，《考銓季刊》，第 15 期，頁 83-93。

蔡允棟（2001）。〈官僚組織回應的概念建構評析：新治理的觀點〉，《中國行政評論》，第 10 卷第 2 期，頁 89-134。

蔡良文（1996）。〈我國公務人員行政中立法制之研究〉，台北：政治大學中山社科所博士論文。

銓敘部主編（1985）。《行政管理論文選集》，第一輯。

劉宜君、陳敦源、蕭乃沂、林昭吟（2005）。〈利害關係人管理之概念與實務：以我國全民健康保險政策改革為例〉，《台灣社會福利學刊》，第 4 卷，第 1 期，頁 95-130。

劉楚俊譯，Amartya Sen 著（2000）。《倫理與經濟 （*On Ethics and Economics*）》，台北：聯經。

劉毓玲譯（1993）。《新政府運動》，台北：天下文化公司（原著：Osborne, David and Ted Gaebler. 1992. *Reinventing Government*）。

魯炳炎（2007）。《公共政策行銷理論之研究：應然面與實然面的對話》，台北：韋伯出版社。

蕭全政（1990）。〈國家機關與民間社會關係之未來發展〉，《重建行政體系》，民間國建會特集（4），台北：國策中心。

蕭全政（1998）。〈學術研究本土化不是要關起門來作皇帝〉，中國時報，8 月 31 日，第 15 版。

蕭全政（2000）。〈社會科學本土化的意義與理論基礎〉，《政治科學論叢》，第 13 期，頁1-26。

蕭新煌（2004）。〈台灣的非政府組織、民主轉型與民主治理〉，《台灣民主季

刊》，第 1 卷第 1 期，頁 65-84。

謝復生（2000）。〈理性抉擇理論的回顧與前瞻〉，《政治學報》，第 31 期，頁 141-153。

韓保中（2007）。〈憲政與行政：論威爾遜〈行政的研究〉的緣起與意義〉，《政治科學論叢》，第 34 期，頁 105-150。

魏陌（David L. Weimer）、陳敦源、郭昱瑩（2001）。〈政策分析在民主政體當中的機會與挑戰〉，《中國行政評論》，第 11 卷第 1 期，頁 1-28。

魏啟林（1997）。〈全國行政單一窗口化運動的新意與期盼〉，《人事月刊》，第 148 期，頁 4-10。

魏啟林編（2000）。《政府再造運動》，台北：晨星出版公司。

二、英文部分

Aberbach, J. D. and B. A. Rockman. (2000). *In the Web of Politics: Three Decades of the US Federal Executive*, Washington, DC: The Brookings Institution.

Aberbach, J. D. R. D. Putnam and B. A. Rockman. (1981) *Bureaucrats and Politicians in Western Democracies*. Cambridge, MA: Harvard University Press.

Abrahamsson, B.(1977) *Bureaucracy or Participation: The Logic of Organization*. Beverly Hills, CA: Sage.

Agere, S. and N. Jorm, eds. (2000) *Designing Performance Appraisals: Assessing Needs and Designing Performance Management Systems in the Public Sector*. Management and Training Services Division of Commonwealth Secretariat.

Akerlof, G. (1970) "The Market for 'Lemons': Quality Uncertainty and the Market Mechanism." *Quarterly Journal of Economics*, 84: 488-500.

Alchian, A. and H. Demsetz. (1972) "Production, Information Costs and Economic Organization." *American Economic Review*, 62(5): 777-795.

Aldrich, John H. (1993) "Rational Choice and Turnout." *American Journal of Political Science*, 37: 6-69.

Aldrich, John H. (1995) *Why Party?* Chicago, IL: University of Chicago Press.

Aldrich, John. (2004) "William H. Riker", in Charles K. Rowley and Friedrich Schneider (eds), *The Encyclopedia of Public Choice 1*, Dordrecht, Kluwer Academic, pp. 321-324.

Alexander, J. C., B. Giesen, R. Munch and N. J. Smelser, eds. (1987) *The Micro-Macro Link*. Berkeley, CA: University of California Press.

Allison, G. and P. Zelikow., 2nd ed. (1999) *Essence of Decision: Explaining the Cuban Missile Crisis*. New York: Longman.

Allison, G. T., Jr. (1979) "Public and Private Management: Are They Fundamentally Alike in All Unimportant Respect?" in *Public Management: Public and Private Perspectives*, J. L. Perry and K. L. Kraemer, ed. Mountain View, CA: Mayfield.

Allison, Graham and Philip Zelikow, 2nd. (1999) *Essence of Decision: Explaining the Cuban Missile Crisis*. New York: Longman.

Almond, Gabriel A. and G. Bingham Powell, Jr. 6th ed. (1996). *Comparative Politics Today: A World View*. New York: Harper Collins College Publishers.

Alt, J. and K. Shepsle. (1998). "Rules, Restrictions, Constraints: Structure and Process in the New Institutional Economics." *Journal of Institutional and Theoretical Economics*. 154: 735-43.

Alt, J. E. and K. A. Shepsle, eds. (1990) *Perspectives on Positive Political Economy*. New York: Cambridge University Press.

Amadae, S. M. and Bruce Bueno de Mesquita. (1999) "The Rochester School: The Origins of Positive Political Theory." *Annual Review of Political Science*. 2: 269-95.

Anderson, C. W. (1990). Pragmatic Liberalism. Chicago: University of Chicago Press.

Appleby, Paul H. (1949) *Policy and Administration*. University of Alabama Press.

Appleby, Paul. (1965) "Public Administration and Democracy." In *Public Administration and Democracy*, Roscoe Martin, ed., Syracuse, N.Y.: Syracuse University Press.

APSA. (2000) "Planning Our Future: The Report of the APSA's Strategic Planning Committee." *PS: Political Science & Politics* 33(4): 887-893.

Arnstein, S. (1969). "A Ladder of Citizen Participation." *American Institute of Planners Journal*, 35: 216-224.

Arrow, K. (1951) *Social Choice and Individual Values*. New Haven: Yale University Press.

Arrow, K. (1985a) "The Economics of Agency." In *Principals and Agents*, J. Pratt and R. Zeckhauser, eds. Cambridge, MA: Harvard Business School Press.

Arrow, K. (1985b) "The Potentials and Limits of the Market in Resource Allocation." In *Issues in Contemporary Microeconomics and Welfare*, George R. Feiwel, ed. Albany, NY: State University of New York Press.

Arrow, Kenneth. 2nd ed. (1963) *Social Choice and Individual Values*. New York: John Wiley & Sons.

Ashenfelter, O. and Kelley, S., Jr. (1973) "Determinants of Participation in Presidential Election." *Journal of Law and Economics*, 18 (December): 695-733.

Aumann, R. J. (1989). "Game Theory." In *The New Palgrave Dictionary* of Economics: Game Theory, John Eatwell, Murray Milgate, and Peter Newman, Eds., New York: W. W. Norton.

Austen-Smith, D. and J. S. Banks. (1999) *Positive Political Theory I*. Ann Arbor: University of Michigan Press.

Austen-Smith, D. and J. S. Banks. (2005) *Positive Political Theory II: Strategy and Structure*. An Arbor: Michigan University Press.

Austin-Smith, D. and W. H. Riker. (1987) "Asymmetric Information and the Coherence of Legislation." *American Political Science Review* 81(3): 897-918.

Austin-Smith, D. and W. H. Riker. (1989) "Asymmetric Information and the Coherence of Legislation: A Correction." *American Political Science Review* 84(1): 243-245.

Avineri, S. and A. de-Shalit, eds. (1992) *Communitarianism and Individualism*. Oxford: Oxford University Press.

Axelrod, R.(1981)"The Emergence of Cooperation among Egoists." *American Political Science Review*, 75: 306-318.

Bac, Mehmet. (2001) "Corruption, Connections and Transparency: Does a Better Screen Imply a Better Scene?" *Public Choice*, 107: 87-96.

Bagby, L. M. J. and J. L. Franke. (2001) "Escape from Politics: Philosophic Foundations of Public Administration." *Management Decision*, 39(8): 623-633.

Baker, G. P.(1992) "Incentive Contracts and Performance Measurement." *Journal of Political Economy* 100(3): 598-614.

Baker, Randall, ed. (2002) *Transitions from Authoritarianism: The Role of the Bureaucracy*. Westport, Connecticut: Praeger.

Ball, T.(1988) "The Economic Reconstruction of Democratic Discourse." In *Transforming Political Discourse*, Terence Ball, ed. New York: Basil Blackwell.

Banks, J. S. and B. R. Weingast. (1992) "The Political Control of Bureaucracies under Asymmetric Information." *American Journal of Political Science* 36(2): 509-524.

Banks, J. S. and E. A. Hanushek, eds. (1995) *Modern Political Economy: Old Topics, New Directions*. New York: Cambridge University Press.

Banks, J. S.(1995) "The Design of Institutions: An Agency Theory Perspective," in *Institutional Design*, D. L. Weimer, ed. Boston, MA: Kluwer Academic Publishers.

Banzhaf, J.F. (1965) "Weighted Voting Doesn't Work: A Mathematical Analysis." *Rutgers Law Review* 19: 317-341.

Barber, B.(1984) *Strong Democracy: Participatory Politics for a New Age*. Berkeley, CA: University of California Press.

Barber, Benjamin. (1998/1999) "Three Scenarios for the Future of Technology and Strong Democracy." *Political Science Quarterly*, 113(4): 573-589.

Barquin, R. C.(2001) "What is Knowledge Management?" In *Knowledge Management: The Catalyst for Electronic Government*, R. C. Barquin, A. Bennet, and S. G. Remez, eds. Vienna, Virginia: Management Concepts.

Barry, B. and R. Hardin, eds. (1982) *Rational Man and Irrational Society*. Beverly Hills, CA: Sage Publication.

Barry, B.(1962) "The Use and Abuse of 'The Public Interest'" in *The Public Interest*, C. J. Friedrich, ed. New York: Atherton Press.

Barry, B. (1970) *Sociologists, Economists and Democracy*. Chicago, IL: University of Chicago Press.

Barry, B.(1991) "Is Democracy Special?" In *Democracy and Power*. Oxford: Clarendon Press.

Barten, Françoise, René Perez Montiel, and Eduardo Espinoza. (2002) "Democratic Governance - Fairytale or Real Perspective? Lessons from Central America." *Environment and Urbanization*, 14(1): 129-144.

Bates, R. H., A. Greif, M. Levi, J-L Rosenthal and B. Weingast. (1998) *Analytic Narratives*. Princeton, NJ: University of Princeton Press.

Beard, C. A. (1940) "Administration, A Foundation of Government." *American Political Science Review*, 34(2): 232-235.

Beck, Nathaniel. (1975) "The Paradox of Minimax Regret." *American Political Science Review*, 69(3): 918.

Beck, U. (1992) *The Risk Society*. London: Sage.

Behn, R. D. (2001) *Rethinking Democratic Accountability*. Washington, DC: Brookings Institute.

Bendor, J., A. Glazer, and T. Hammond. (2001) "Theories of Delegation." *Annual Review of Political Science* 4: 235-269.

Bennis, W. (1993) *Beyond Bureaucracy: Essays on the Development and Evolution of Human Organization*. San Francisco, CA: Jossey-Bass.

Benveniste, G. (1989) *Mastering the Politics of Planning*. San Francisco, CA: Jossey-Bass Publishers.

Berelson, B. R. (1952) "Democratic Theory and Public Opinion." *Public Opinion Quarterly* 16(3): 313-330.

Berelson, Bernard R. (1954) "Democratic Practice and Democratic Theory." In *Voting*, Bernard R. Berelson, Paul F. Lazarsfeld, and William N. McPhee, eds. Chicago, IL:

University of Chicago Press.

Barnard, C. (1938) *The Functions of the Executive*. Cambridge, MA: Harvard University Press.

Bernardin, H. J. and Beatty, R. W. (1984) *Performance Appraisal: Assessing Human Behavior at Work*, Boston, MA. Kent.

Besley, Timothy. (2006) *Principled Agents? The Political Economy of Good Government*. Oxford: Oxford University Press.

Bevir, Mark. (2006) "Democratic Governance: Systems and Radical Perspectives." *Public Administration Review*, 66(3): 426-436.

Black, D. (1948) "On the Rationale of Group Decision Making." *Journal of Political Economy* 56: 23-34.

Black, D. (1958) *The Theory of Committees and Elections*. Cambridge, MA: Cambridge University Press.

Blair, H. (2000) "Participation and Accountability at the Periphery: Democratic Local Governance at the Periphery." *World Development* 28(1): 21-39.

Blais, A. (2000) *To Voter of Not to Vote: The Merits and Limits of Rational Choice Theory*. Pittsburgh, PA: University of Pittsburgh Press.

Blais, A. and S. Dion, eds. (1991) *The Budget-Maximizing Bureaucrat: Appraisals and Evidence*. Pittsburgh, IL: University of Pittsburgh Press.

Blais, A. and Young R. (1999) "Why Do People Vote: An Experiment in Rationality." *Public Choice* 99(1-2): 39-55.

Bluhm, W. T. (1987) "Liberalism as the Aggregation of Individual Preferences: Problems of Coherence and Rationality in Social Choice," in *The Crisis of Liberal Democracy: A Straussian Perspective*, K. L. Deutsch and W. Soffer, eds. Albany: State University of New York Press.

Bohman, J. (1999) "Democracy as Inquiry, Inquiry as Democratic: Pragmatism, Social Science, and the Cognitive Division of Labor." *American Political Science Review* 43(2): 590-607.

Bourgon, Jocelyne, P.C., O.C. (2009) "New Directions in Public Administration: Serving Beyond the Predictable." *Public Policy and Administration*, 24(3): 309-330.

Bovens, Mark. (2005) "Public Accountability." In *The Oxford Handbook of Public Management*, E. Ferlie, L. E. Lynn, Jr. and C. Pollitt, eds. Oxford: Oxford University Press.

Boyne, G. A. (1998) *Public Choice Theory and Local Government: A Comparative Analysis of the UK and the USA. London*: Macmillan Press LTD.

Bozeman, B. (1987) *All Organizations are Public: Bridging Public and Private Organizational Theories*. San Francisco, CA: Jossey-Bass Publishers.

Bozeman, B. (2002) "Public-Value Failure: When Efficient Markets May Not Do." *Public Administration Review* 62(2): 145-161.

Brandeis, Dembitz Louis. (1914) *Other People's Money: and How the Bankers Use It*. New York: F.A. Stokes.

Brehm, J. and S. Gates. (1999) *Working, Shirking, and Sabotage: Bureaucratic Response to a Democratic Public*. Ann Arbor, MI: University of Michigan Press.

Brennan, G. and A. Hamlin. (2000) *Democratic Devices and Desires*. New York: Cambridge University Press.

Brennan, G. and J. Buchanan. (1988) "Is Public Choice Immoral? The Case for the 'Nobel' Lie." *Virginia Law Review* 74: 179-189.

Brickley, J. A., C. W. Smith, Jr. and J. L. Zimmerman. 2nd ed. (2001) *Managerial Economics and Organizational Architecture*. Boston, MA: McGraw-Hill.

Brinkerhoff, D. W. and B. L Crosby. (2002) *Managing Policy Reform: Concepts and Tools for Decision-Makers in Developing and Transitioning Countries*. Bloomfield, CT: Kumarian Press, Inc.

Brower, R. S. and M. Y. Abolafia. (1997) "Bureaucratic Politics: The View from Below." *Journal of Public Administration: Research and Theory* 7(2): 305-331.

Bryson, J. M. (1995). *Strategic Management for Public and Non-profit Organizations*. Boulder, CO: Lynne Rienner Publishers.

Buchanan, J. M. and G. Tullock. (1962) *The Calculus of Consent*. Ann Arbor, MI: University of Michigan Press.

Buchanan, J. M. (1954a) "Individual Choice in Voting and the Market." *Journal of Political Economy*, 62(4): 334-343.

Buchanan, J. M. (1954b) "Social Choice, Democracy, and Free Market." *Journal of Political Economy*, 62(2): 114-123.

Buchanan, J. M. (1984) "Politics without Romance: A Sketch of Positive Public Choice Theory and Its Normative Implications," in *The Theory of Public Choice II*, J. M. Buchanan, R. D. Tollison, eds. Ann Arbor: University of Michigan Press.

Buchanan, J. M. (1987) "The Constitution of Economic Policy." *Science*, no. 236: 1433-1436.

Bueno de Mesquita, Bruce and Kenneth A. Shepsle. (1993) "Biographical Memories: William Harrison Riker, September 22, 1920-June 26, 1993," accessed 2003/5/10, http://www.nap.edu/html/biomems/wriker.html.

Burgess, S. and P. Metcalfe. (1999) "Incentives in Organizations: A Selective Overview of the Literature with Application to the Public Sector." CMPO Working Paper Series No. 00/16, accessed from http://www.bris.ac.uk/Depts/CMPO/workingpapers/wp16.pdf, accessed date: 11/29/2007.

Caiden, G. E. (1969) *Administrative Reform*. Chicago, IL: Aldine Publishing Co.

Caiden, G. E. (1991) *Administrative Reform Comes of Age*. New York: Walter de Gruyter.

Caiden, Gerald E. (1984) "In Search of an Apolitical Science of American Public Administration." In *Politics and Administration: Woodrow Wilson and American Public Administration*, Jack Rabin and James S. Bowman, eds. CRC Press.

Caiden, Gerald E. (1996) "The Concept of Neutrality." In *Democratization and Bureaucratic Neutrality*, Haile K. Asmerom and Elisa P. Reis, eds. New York: St. Martin's Press, Inc.

Calvert, R. and J. Johnson. (1998) "Rational Actors, Political Argument, and Democratic Deliberation." Paper prepared for presentation at the 1998 American Political Science Association annual meeting.

Calvert, R. (1993) "Lowi's Critique of Political Science: A Response." *PS: Political Science and Politics* (June): 196-198.

Cameron, Wayne. (2004) "Public Accountability: Effectiveness, Equity, Ethics." *Australian Journal of Public Administration*, 63(4): 59-67.

Canovan, M. (1991) "Populism." In *The Blackwell Encyclopaedia of Political Thought*. Edited by David Miller and others. Cmabridge, MA: Blackwell Publishers.

Carpenter, D. P. (2001). *The Forging of Bureaucratic Autonomy*. Princeton University Press.

Carroll, J. D. (1995) "The Rhetoric of Reform and Political Reality in the National Performance Review." *Public Administration Review*, 55(3): 302-312.

Cascio, W. F. (1987) *Applied Psychology in Personnel Management* (3rd ed.). Englewood Cliffs: Prentice-Hall.

Center for the Study of Democracy (Queen's University, Canada). (2006) *Transitions to Democracy- Taiwan Lessons for the Consolidation of Democracy*. Kingston, ON: Queen's University.

Chafetz, M. E. (1996) *The Tyranny of Experts: Blowing the Whistle on the Cult of Expertise*. Lanham: Madison Books.

Cheema, G. Shabbir. (2005) *Building Democratic Institution: Governance Reform in Developing Countries*. Sterling, VA: Kumarian Press, Inc.

Cheng, Tun-jen. (1989) "Democratizing the Quasi-Leninist Regime in Taiwan." *World Politics* 41: 461-499.

Cho, I.-K. and D. Kreps (1987) "Signaling Games and Stable Equilibria." *Quarterly Journal of Economics* 102: 179-221.

Chong, D. (2000) *Rational Lives: Norms and Values in Politics and Society*. Chicago, IL: University of Chicago.

Chopyak, J. and P. Levesque. (2002) "Public Participation in Science and Technology Decision Making: Trends for the Future." *Technology in Society* 24: 155-166.

Christensen, J. G.. (2001) "Bureaucratic Autonomy as a Political Asset." In *Politicians, Bureaucrats and Administrative Reform*, Peters, B. G. and J. Pierre, eds., Routledge.

Claar, V. C. (1998) "An Incentive-Compatibility Approach to the Problem of Monitoring A Bureau." *Public Finance Review* 26(6): 599-610.

Clark, G.. Kitson. (1959) "'Statesmen in Disguise': Reflexions on the History of the Neutrality of the Civil Service." *The Historical Journal*, 2(1): 19-39.

Clark, W. C., A. Wokaun, B. Kasemir, and J. Jäger, eds. (2003) *Public Participation in Sustainability Science: A Handbook*. New York: Cambridge University Press.

Cleaver, F. (1999) "Paradoxes of Participation: Questioning Participatory Approaches to Development." *Journal of International Development* 11: 597-612.

Coase, R. (1937) "The Nature of the Firm." *Economica* 4: 386-405.

Coase, R. H. (1988) *The Firm, The Market and the Law*. Chicago, IL: University of Chicago Press.

Cohen, J. (1986) "An Epistemic Conception of Democracy." *Ethics*, 97(1): 26-38.

Cohen, Joshua. (1989) "Deliberation and Democratic Legitimacy." In *The Good Polity: Normative Analysis of the State*. Oxford: Basil Blackwell, pp. 21-23.

Cohen, S. and R. Brand. (1993) *Total Quality Management in Government*. San Francisco, CA: Jossey-Bass Publishers.

Cohen, Y. (1991) "The Heresthetics of Coup Making." *Comparative Political Studies*, 24: 244-364.

Cohn, J. (1999) "Irrational Exuberance: When Did Political Science Forget about Politics." *New Republic*, Oct. 25.

Coleman, J. and J. Ferejohn. (1986) "Democracy and Social Choice." *Ethics*, 97(1): 6-25.

Coleman, James S. (1990) *Foundations of Social Theory*. Cambridge, MA: The Belknap Press of Harvard University Press.

Coleman, Stephen and John Gøtze. (2002) *Bowling Together: Online Public Engage-*

ment in Policy Deliberation. London: Hansard Society Press.

Converse, P. E. (1964) "The Nature of Belief Systems in Mass Politics." In *Ideology and Discontent*, David Apter, ed., New York: Free Press.

Condorcet, N. (1785) Essai sur l'application de l'analyse a la probabilite des decisions rendues 'a la pluralite de voix. Paris.Fry, Brian. (1989) *Mastering Public Administration: From Max Weber to Dwight Waldo.* New York: Chatham House Publishers.

Cook, B. J. (1996) *Bureaucracy and Self-government: Reconsidering the Role of Public Administration in American Politics.* Baltimore, MD: The John Hopkins University Press.

Cooke, B. and U. Kothari, eds. (2001) *Participation: The New Tyranny?* London: Zed Books.

Cooke, Jacob E., ed. (1961) *The Federalist.* Middletown, CN: Wesleyan University Press.

Cooper, John F. (2003) "Consolidating Its Democracy?" *China: An International Journal* 1(2): 326-338.

Cooper, T. L. (1984) "Citizenship and Professionalism in Public Administration." *Public Administration Review* 44: 143-149.

Cooper, Terry L. (2005) "Civic Engagement in the Twenty-First Century: Toward a Scholarly and Practical Agenda." *Public Administration Review*, 65(5): 534-535.

Cope, G. H. (1997) "Bureaucratic Reform and Issues of Political Responsiveness." *Journal of Public Administration: Research and Theory*, 3: 461-471.

Cowen, T. and A. Glazer. (1996) "More Monitoring Can Induce Less Effort." *Journal of Economic Behavior & Organization* 30: 113-123.

Cox, G. C. and M. McCubbins. (1993) *Legislative Leviathan: Party Government in the House.* Berkeley, CA: University of California Press.

Cox, G. W. and S. Kernell, ed. (1991) *The Politics of Divided Government.* Boulder, CO: Westview Press.

Cronin, Thomas E. (1989) *Direct Democracy: The Politics of Initiative, Referendum, and Recall.* Cambridge, MA: Harvard University Press.

Crosby, B. L. (1997) "Stakeholder Analysis and Political Mapping: Tools for Successfully Implementing Policy Reforms." In *Policy Studies and Developing Nations*, Vol. 5, Stuart S. Nagel and Derick W. Brinkerhoff, eds. Greenwich, CT: JAI Press Inc.

Croskery, P. (1995) "Conventions and Norms in Institutional Design." In *Institutional Design*, D. L. Weimer, ed. Boston: MA: Kluwer Academic Publishers.

Crozier, Michel, Samuel P. Huntington, and Jji Watanuki. (1975) *The Crisis of Democ-*

racy: Report on the Governability of Democracies to the Trilateral Commission, New York: New York University Press.

Culter, L. N. (1997) *Divided Government*. Boulder, CO: Westview Press.

Dahl, R. A. (1947) "The Science of Public Administration: Three Problems." *Public Administration Review*, 7(1): 1-11.

Dahl, R. A. (1956) *A Preface to Democratic Theory*. Chicago: The University of Chicago Press.

Dahl, R. A. (1971) *Polyarchy: Participation and Opposition*. New Haven, MA: Yale University Press.

Dahl, R. A. (1989) *Democracy and Its Critics*. New Haven, MA: Yale University Press.

Dahl, R. A. (1990) *After the Revolution: Authority in a Good Society?* New Haven: Yale University Press.

Dahl, Robert A. (1998) *On Democracy*. New Haven, MA: Yale University Press.

Daniel, Norman and James Sabin. (1997) "Limits to Health Care: Fair Procedures, Democratic Deliberation, and the Legitimacy Problem for Insurers." *Philosophy and Public Affairs*, 26: 303-350.

Daniel, Norman and James Sabin. (1998) "The Ethics of Accountability in Managed Care Reform." *Health Affairs*, 17(5): 50-64.

Daniel, Norman. (2000) "Accountability for Reasonableness: Establishing a Fair Process for Priority Setting is Easier than Agreeing on Principles." *BMJ*, 321: 1300-1301.

David, P. (1985) "Clio and the Economics of QWERTY." *American Economic Review*, 75: 332-37.

Dawkins, R., 3rd ed. (2006) *The Selfish Gene: 30th Anniversary Edition*. Oxford: Oxford University Press.

Dearing, J. W. and E. M. Rogers. (1996) *Agenda-Setting*. Thousand Oaks, CA: Sage Publications, Inc.

DeCotiis, T., & Petit, A. (1978) "The Performance Appraisal Process: A Model and Some Testable Propositions." *Academy of Management Review*, 3(3): 635-646.

DeLeon, P. (1995) "Democratic Values and the Policy Science." *American Journal of Political Science*, 39(4): 886-905.

Demarest, M. (1997) "Understanding Knowledge Management." *Journal of Long Range Planning*, 30(3): 374-384.

Demir, Tansu and Ronald C. Nyhan. (2008) "The Politics-Administration Dichotomy: An Empirical Search for Correspondence between Theory and Practice." *Public Administration Review*, 68(1): 81-96.

Denhardt, J. Vinzant. (2007) *The New Public Service: Serving, not Steering.* Armonk, NY: M. E. Sharpe.

DeNisi, A. S. and K. J. Williams (1988) "Cognitive Approaches to Performance Appraisal." In G. Ferris and K. Rowland (eds.), *Research in Personnel and Human Resource Management*, 6: 109-155. Greenwich, CT: JAI Press.

Dewey, J. (1927) *The Public and Its Problems.* Athens, OH: Swallow Press.

Diamond, Larry (2008a) *The Spirit of Democracy: The Struggle to Build Free Societies Throughout the World.* New York: Times Book.

Diamond, Larry. (2008b) "The Democratic Rollback: The Resurgence of the Predatory State." *Foreign Affairs*, Nr. 2, 87. Jg., S. 36-48.

Dicke, Lisa A. and Pitima Boonyarak. (2005) "Ensuring Accountability in Human Service: The Dilemma of Measuring Moral and Ethical Performance." *Ethics in Public Management*, H. George Frederickson, Richard K. Ghere, eds. Armonk, NY: M.E. Sharpe.

DiIulio, J. (1994) "Principle Agents: The Cultural bases of Behavior in a Federal Government Bureaucracy." *Journal of Public Administration Research and Theory* 4: 277-318.

DiNisi, A. S., Cafferty, T. P., & Meglino, B.M. (1984) "A Cognitive View of the Performance Appraisal Process: A Model and Research Propositions." *Organizational Behavior and Human Decision Processes*, 33: 360-396.

Dixit, A. and S. Skeath. (1999) *Games of Strategy.* New York: W. W. Norton Co.

Dixit, A. (1997) "Power of Incentives in Private versus Public Organization." *American Economic Review* 87(2): 378-382.

Dodd, L. C. and R. L. Schott. (1979) *Congress and the Administrative State.* New York: Wiley.

Domínguez, Jorge I. and Michael Shifter, eds, 2nd. (2003) *Constructing Democratic Governance in Latin America.* Baltimore, MD: The Johns Hopkins University Press.

Douglas, J. (1984) "How Actual Governments Cope with the Paradoxes of Social Choice: Some Anglo-American Comparisons." *Comparative Politics* 17(1): 67-84.

Dowding, Keith. (2006) "Can Populism Be Defended? William Riker, Gerry Mackie and the Interpretation of Democracy." *Government and Opposition*, 41(3): 327-346.

Downs, A. (1957) *An Economic Theory of Democracy.* New York: Harper & Row.

Downs, A. (1967) *Inside Bureaucracy.* Glenview, IL: Scott, Foresman and Company.

Downs, G. W. and P. D. Larkey. (1986) *The Search for Government Efficiency: From Hubris to Helplessness.* Philadelphia, PA Temple University Press.

Dror, Y. (1984) "Policy Analysis for Advising Rulers." In *Rethinking the Process of Operational Research and System Analysis*, Rolfe Tomlinson and Istvan Kiss, eds. Oxford: Pergamon Press.

Druckman, J. N. and A. Lupia. (2000) "Preference Formation." *Annual Review of Political Science* 3: 1-24.

Dryzek, J. S. (1992) "How Far is it from Virginia and Rochester to Frankfurt? Public Choice as Critical Theory." *British Journal of Political Science* 22: 397-417.

Dryzek, J. S. (2002) "A Pox on Perestroika, A Hex on Hegemony: Toward a Critical Political Science," Paper prepared for presentation at the Annual Conference of the American Political Science Association, Boston.

Dryzek, J. (1989) "Policy Sciences of Democracy." *Polity* 12(1): 97-118.

Dryzek, J. (1990) *Discursive Democracy*. New York: Cambridge University Press.

Dryzek, J. (1992) "How Far is it From Virginia and Rochester to Frankfurt? Public Choice as Critical Theory." *British Journal of Political Science* 22: 397-417.

Dryzek, J. (2000) "Legitimacy and Economy in Deliberative Democracy." Paper prepared for the presentation to the Conference on "Deliberating about Deliberative Democracy," University of Texas, Austin, 4-6, February.

Dryzek, J. (2001) *Deliberative Democracy and Beyond: Liberals, Critics and Contestations*. Oxford: Oxford University Press.

Dunleavy, P. and B. O'Leary (1987) *Theories of the State: The Politics of Liberal Democracy*. London: MacMillan.

Durant, R. F. and A. L. Warber. (2001) "Networking in the Shadow of Hierarchy: Public Policy, the Administrative Presidency, and the Neo-administrative State." *Presidential Studies Quarterly*, 31(2): 221-244.

Durning, D. (1993) "Participatory Policy Analysis in a Social Service Agency: A Case Study." *Journal of Policy Analysis and Management* 12(2): 297-322.

Duverger, M. (1963) *Political Parties: Their Organization and Activity in the Modern State*, B. North and R. North, translate, New York: Wiley, Science.

Eakin, E. (2000) "Political Scientists Leading a Revolt, Not Studying One." *New York Times* November 4, B. P. 11, C1.

Easton, D., (1953) *The Political System: An Inquiry into the State of Political Science*. New York: Alfred A. Knopf.

Eisenhardt, K M. (1989) "Agency Theory: An Assessment and Review," *Academy of Management Review* 14(1): 57-74.

Elkin, S. L. and K. E. Soltan (1999) *Citizen Competence and Democratic Institutions*.

University Park, PA: Penn State University Press.

Elster, J. and J. E. Roemer, eds. (1991) *Interpersonal Comparisons of Well-being*. New York: Cambridge University Press.

Elster, J. ed. (1988) *Multiple Self*. New York: Cambridge University Press.

Elster, J. ed. (1998) *Deliberative Democracy*. New York: Cambridge University Press.

Elster, J. (1986) "Introduction." In *Rational Choice*, J. Elster, ed., New York: New York University Press.

Elster, J. (1989) *The Cement of Society: A Study of Social Order*. New York: Cambridge University Press.

Elster, Jon. (1993) "Constitution-making in Eastern Europe: Rebuilding the Boat in the Open Sea." *Public Administration*, 71(1/2): 169-217.

Enelow, J. M. and M. J. Hinich. (1984) *The Spatial Theory of Voting: An Introduction*. New York: Cambridge University Press.

Epstein, D. and S. O'Halloran (1999) *Delegating Power: A Transaction Cost Politics Approach to Politics*. Cambridge, NY: Cambridge University Press.

Epstein, L. and J. Knight. (1997) *The Choices Justices Make*. Washington, DC: Congressional Quarterly Press.

Erakovic, Ljiljana and Michael Powell. (2006) "Pathways of Change: Organizations in Transition." *Public Administration*, 84(1): 31-58.

Estlund, D. M.(1993)"Making Truth Safe for Democracy." In *The Idea of Democracy*, D. Copp, J. Hampton and J. E. Roemer, eds. New York: Cambridge University Press.

Estlund, D. M. (1997) "Beyond Fairness and Deliberation: The Epistemic Dimension of Democratic Authority." In *Deliberative Democracy*, J. Bohman and W. Rehg, eds. Cambridge, MA: MIT Press.

Estlund, D. M., J. Waldron, B. Grofman, and S. L. Feld (1989) "Democratic Theory and the Public Interest: Condorcet and Rousseau Revisited." *American Political Science Review* 83(4): 1317-1340.

Etzioni-Halevy, Eva. 2nd ed. (1985) *Bureaucracy and Democracy: A Political Dilemma*. London: Routledge & Kegan Paul.

Evans, P. (1995) *Embedded Autonomy: State and Industrial Transformation*. Princeton, NJ: Princeton University Press.

Fan, M., Y. Tan, and A. B. Whinston (2005) "Evaluation and Design of Online Cooperative Feedback Mechanisms for Reputation Management." *IEEE Transactions on Knowledge and Data Engineering*, 17(2): 244-254.

Farber, D. A. and P. P. Frickey. (1991) *Law and Public Choice*. Chicago, IL: University of Chicago Press.

Farrell, J. and M. Rabin. (1996) "Cheap Talk." *Journal of Economic Perspectives* 10(3): 103-118.

Farrell, J. (1987) "Cheap Talk, Coordination, and Entry." *Rand Journal of Economics* 18(1): 34-39.

Feiock, R. C., M-G Jeong, and J. Kim. (2003) "Credible Commitment and Council-Manager Government: Implications for Policy Instrument Choices." *Public Administration Review*, 63(5): 616-625.

Feldman, A. M. (1980) *Welfare Economics and Social Choice Theory*. Boston, MA: Kluwer.

Fenno, R. F., Jr. (1973) *Congressmen in Committees*. New York: Little, Brown and Company.

Ferejohn, John A. and Morris P. Fiorina. (1974) "The Paradox of Not Voting: A Decision Theoretic Analysis." *American Political Science Review* 68(2): 525-536.

Ferejohn, John A. and Morris P. Fiorina. (1975) "Closeness Counts Only in Horseshoes and Dancing." *American Political Science Review*, 69: 920-925.

Finer, Herman. (1941) "Administrative Responsibility in Democratic Government." *Public Administrative Review*, 1(4): 197-218.

Finifter, A. W., ed. (1983) *Political Science: the State of the Discipline*. Washington, DC: American Political Science Association.

Finifter, A. W., ed. (1992) *Political Science: the State of the Discipline II*. Washington, DC: American Political Science Association.

Fiorina, M. P. (1975) "Formal Models in Political Science." *American Journal in Political Science* 19: 133-159.

Fiorina, M. P. (1992) *Divided Government*. New York: MaCmillan Publishing Company.

Fiorina, Morris P. (1976) "The Voting Decision: Instrumental and Expressive Aspects." *The Journal of Politics*, 38(2): 390-413.

Fiorina, Morris P., and Kenneth A. Shepsle. (1989) "Is Negative Voting an Artifact?" *American Journal of Political Science*, 33: 423-439.

Fischer, F. (2000) *Citizens, Experts, and the Environment: The Politics of Local Knowledge*. Durham, NC: Duke University Press.

Fischhoff, B. (1985) "Risk Perception and Communication Unplugged: Twenty Years of Process." *Risk Analysis* 15(2): 137-145.

Fisher, Frank and Carmen Sirianni, eds. (1984) *Critical Studies in Organization and Bureaucracy*. Philadelphia, PA: Temple University Press.

Fishkin, J. and P. Laslett, eds. (2003) *Debating Deliberative Democracy*. Blackwell Publishing.

Fishkin, J. (1991) *Democracy and Deliberation*. New Haven: Yale University Press.

Fishman, M. J. and K. M. Hagerty. (1990) "The Optimal Amount of Discretion to Allow in Disclosure." *The Quarterly Journal of Economics* 105(2): 427-444.

Forester, J. (1999) *The Deliberative Practitioner: Encouraging Participatory Planning Processes*. Cambridge, MA: MIT Press.

Foster, C. D. and F. J. Plowder. (1996) *The State under Stress*. Buckingham: Open University Press.

Frank, Elke (1966) "The Role of Bureaucracy in Transition." *The Journal of Politics*, 28(4): 725-753.

Frederickson, George H. and Kevin B. Smith. (2003) *The Public Administration Theory Primer*. Boulder, CO: Westview Press.

Frederickson, H. G.. (1991) "Toward a Theory of The Public for Public Administration." *Public Administration Review* 22(4): 395-417.

Frederickson, H. G.. (1997) *The Spirit of Public Administration*. San Francisco, CA: Jossey-Bass Publishers.

Frederickson, H. George. (2005) "Whatever Happened to Public Administration? Governance, Governance Everywhere." In *The Oxford Handbook of Public Management*, Ewan Ferlie, Laurence E. Lynn, Jr. and Christopher Pollitt, eds. Oxford: Oxford University Press, pp. 282-304.

Freeman, R. E. (1984) Strategy Management: A Stakeholder Approach. Boston, MA: Pitman.

Friedman, M. (1966) *Essays in Positive Economics*. Chicago, IL: University of Chicago Press.

Friedman, M. (1953) "The Methodology of Positive Economics," in *Essays in Positive Economics*. Chicago, IL: University of Chicago Press.

Friedrich, Carl J. (1940) "Public Policy and the Nature of Administrative Responsibility." *Public Policy*, 1: 3-24.

Frohlich, N. and J. A. Oppenheimer (1999) "Values, Policies, and Citizen Competence: An Experimental Perspective." In *Citizen Competence and Democratic Institutions*, S. L. Elkin and K. E. Soltan, eds. University Park, PA: Penn State University Press.

Fry, Brian R. and Lloyd G. Nigro. (1996) "Max Weber and US Public Administration: the Administrator as Neutral Servant." *Journal of Management History*, 2(1): 37-46.

Fry, G. (1969) *Statesmen in Disguise: the Changing Role of the Administrative Class of the Home Civil Service 1853-1968*. London: Macmillan.

Fukuyama, F. (2004) *State-building: Governance and World Order in the 21st Century*. Ithaca, NY: Cornell University Press.

Fukuyama, Francis. (1989) "The End of History?" *The Public Interest*, Summer, accessed in 7/3/2009 from http://www.wesjones.com/eoh.htm.

Fukuyama, Francis. (1992) *The End of History and the Last Man*. New York: Free Press.

Fung, A. and E. O. Wright. (2001) "Deepening Democracy: Innovations in Empowered Participatory Governance." *Politics and Society* 29(1): 5-41.

Fung, Archon, Mary Graham & David Weil (2007) *Full Disclosure: The Perils and Promise of Transparency*. New York: Cambridge University Press.

Galligan, D. J. (1997) "Administrative Procedures and Administrative Oversight: Their Role in Promoting Public Service Ethics." Multi-country Seminar on Normative and Institutional Structures Supporting Public Service Ethics, Paris, 5 Nov, OECD. http://www.oecd.org/puma/sigmaweb/acts/civilservice/docs/galligan.htm, accessed 2001/8/8.

Galtung, F. (1999) "The Global Coalition against Corruption: Evaluating Transparency International." In *The Self-Restraining State: Power and Accountability in New Democracies*, A. Schedler, L. Diamond, and M. F. Plattner, eds. Boulder, CO: Lynne Rienner.

Gaus, J. (1950). "Trends in the Theory of Public Administration." *Public Administration Review* 10: 161-68.

Gawthrop, Louis C. (1998) *Public Service and Democracy: Ethical Imperatives for the 21st Century*. New York: Chatham House Publishers.

Geddes, Barbara. (1994) *Politician's Dilemma: Building State Capacity in Latin America*. Berkeley, CA: University of California Press.

Gerring, John and Strom C. Thacker. (2008) *A Centripetal Theory of Democratic Governance*. New York: Cambridge University Press.

Geurts, J. L. A. and C. Joldersma. (2001) "Methodology for Participatory Policy Analysis." European Journal of Operational Research 128: 300-310.

Gill, J. and K. J. Meier. (2000) "Public Administration Research and Practice: A Methodological Manifesto." *Journal of Public Administration: Research and Theory* 10(1): 157-199.

Gill, Jeff. (1995) "Formal Models of Legislative/Administrative Interaction: A Survey of the Subfield." *Public Administration Review*, 55(1): 99-106.

Gillespie, R. (1993) *Manufacturing Knowledge: A History of the Hawthorne Experiments*. Cambridge, MA: Cambridge University Press.

Glazer, J. and C-T Ma. (1989) "Efficient Allocation of a 'Prize'—King Solomon's Dilemma." *Games and Economic Behavior* 1: 222-233.

Glicken, J. (2000) "Getting Stakeholder Participation 'Right': A Discussion of Participatory Processes and Possible Pitfalls." *Environmental Science & Policy* 3: 305-310.

Goetz, A. M. and R. Jenkins. (2001) "Hybrid Forms of Accountability: Citizen Engagement in Institutions of Public-Sector Oversight in India." *Public Management Review* 3(3): 363-383.

Golembiewski, R. T. (1977a) "A Critique of 'Democratic Administration' and Its Supporting Ideation." *American Political Science Review*, 71(4): 1488-1507.

Golembiewski, R. T. (1977b) "A Critique of "Democratic Administration" and Its Supporting Ideation: Observations on "Doing Political Theory": A Rejoinder." *American Political Science Review* 71(4): 1526-1531.

Goodnow, F. (1904) "The Work of the American Political Science Association." *Proceedings of the American Political Science Association* Vol. 1 (First Annual Meeting): 35-46.

Goodnow, F. J. (2003) *Politics and Administration: A Study in Government*. Edison, NJ: Transaction Publishers.

Goodnow, F. J. (1900) *Politics and Administration*. New York: MaCmillan.

Goodsell, C. T. (1983) *The Case for Bureaucracy*. Chatham, NJ: Chatham House.

Goodstein, L. D., T. M. Nolan, and J. W. Pfeiffer. (1993) *Applied Strategic Planning: A Comprehensive Guide*. New York: McGraw Hill.

Goorden, L.(2003) "Finding a Balance between Technological Innovation and Deliberation: Lessons from Belgian Public Forums on Biotechnology." Paper prepared for the Annual Meeting of the American Political Science Association, Philadelphia, USA.

Gore, A. (1993) *From Red Tape to Results: Creating a Government that Works Better and Costs Less*. Report of the National Performance Review. New York: Penguin.

Gore, Al. (1995) *Common Sense Government: Works Better and Costs Less*. New York: Random House.

Gormley, W. T., Jr. and S. J. Balla. (2004) *Bureaucracy and Democracy: Accountability and Performance*. Washington, DC: CQ Press.

Gormley, William T., Jr. and David L. Weimer. (1999) *Organizational Report Cards*. Cambridge, MA: Harvard University Press.

Gormley, William T. and Steven J. Balla. (2004) *Bureaucracy and Democracy: Accountability and Performance*. Washington, DC: CQ Press.

Graham, Lawrence S. (1997) "Transients and Careerists in Latin America." In Ali Farazmand, ed. *Modern Systems of Government: Exploring the Role of Bureaucrats and Politicians*, Thousand Oaks, CA: Sage Publications.

Graham, M. (2002) *Democracy by Disclosure: The Rise of Technopopulism*. Washington, D. C.: Brookings Institution Press.

Granovetter, Mark. (1992) "Economic Action and Social Structure: The Problem of Embeddedness." In *The Sociology of Economic Life*, Mark Granovetter and R. Swedberg, eds., Boulder, CO: Westview Press.

Green, D. P. and I. Shapiro. (1994) *Pathologies of Rational Choice Theory*. New Haven, MA: Yale University Press.

Greenaway, John. (2004) "Celebrating Northcote/Trevelyan: Dispelling the Myths." *Public Policy and Administration*, 19(1): 1-14.

Gregory, R. J. (1991) "The Attitudes of Senior Public Servants in Australia and New Zealand: Administrative Reform and Technocratic Consequence?" *Governance*. 4(3): 295-331.

Gregory, Robert and Colin Hicks. (1999) "Promoting Public Service Integrity: A Case for Responsible Accountability." *Australian Journal of Public Administration*, 58(4): 3-15.

Grofman, B. and S. L. Feld. (1988) "Rousseau's General Will: A Condorcetian Perspective." *American Political Science Review* 82(2): 567-576.

Grote, Jurgen and Bernard Gbikpi, eds. (2002) *Participatory Governance: Political and Societal Implications*. Leske + Budrich, Opladen.

Groves, T. and J. O. Ledyard. (1987) "Incentive Compatibility Since 1972," in *Information, Incentives, and Economic Mechanisms: Essays in Honor of Leonid Hurwicz*, T. Groves, R. Radner, S. Reiter, eds. Minneapolis, MN: University of Minnesota Press.

Groves, T., R. Radner and S. Reiter, eds. (1987) *Information, Incentives, & Economic Mechanisms*. Minneapolis, MN: University of Minnesota Press.

Gruber, J. E. (1988) *Controlling Bureaucracies: Dilemmas in Democratic Governance*. Berkeley, CA: University of California Press.

Gulick, L. (1937) *Papers on the Science of Administration*, New York, Institute of Public Administration.

Guy, Mary E. (2003) "Ties that Bind: The Link between Public Administration and Political Science." *The Journal of Politics*, 65(3): 641-655.

Habermas, J. (1984) *The Theory of Communication Action*. Two Vol. Trans. T. McCarthy, Boston: Beacon Press.

Halachmi, A. and P. B. Boorsma, eds. (1997) *Inter and Intra Government Arrangement for Productivity: An Agency Approach*. Boston: Kluwer Academic Publishers.

Haldane of Cloan, Viscount. (1918) Chmn. *Report of the Machinery of Government Committee*. London: The His Majesty's Stationery Office.

Hall, P. and R. C. R. Taylor. (1996) "Political Science and the Three New Institutionalism." *Political Studies* 44: 936-957.

Halvorsen, K. E. (2003) "Assessing the Effects of Public Participation." *Public Administration Review* 63(5): 535-543.

Hamburger, Henry. (1979) *Games as Models of Social Phenomena*. New York: W. H. Freeman and Company.

Hammond, T. J. and G. J. Miller. (1987) "The Core of the Constitution." *American Political Science Review* 81: 1155-1174.

Hammond, T. J. and J. H. Knott. (1996) "Who Controls the Bureaucracy?: Presidential Power, Congressional Dominance, legal Constraints, and Bureaucratic Autonomy in a Model of Multi-Institutional Policy Making." *The Journal of Law, Economics and Organization* 12(1): 119-166.

Hansen, Kasper M. and Niels Ejersbo. (2002) "The Relationship between Politicians and Administrators – A Logic of Disharmony." *Public Administration*, 80(4): 733-750.

Haqu, Akhlaque. (2001) "GIS, Public Service, and the Issue of Democratic Governance." *Public Administration Review*, 61(3): 259-265.

Haque, M. S. (2001) "The Diminishing Publicness of Public Service under the Current Mode of Governance." *Public Administration Review* 61(1): 65-82.

Hardin, R. (1991) "Trusting Persons, Trusting Institutions," in *The Strategy of Choice*, R. J. Zechhauser, ed. Cambridge, MA: MIT Press.

Hardin, R. (2002) "Street-Level Epistemology and Democratic Participation." *The Journal of Political Philosophy* 10(2): 212-229.

Harrison, J. S. and C. H. St. John. (1998) *Strategic Management of Organizations and Stakeholders: Concepts and Cases*. Cincinnati, OH: South-Western College Pub.

Harsanyi, J. C. (1969) "Rational-Choice Models of Political Behavior vs. Functionalist and Conformist Theories." *World Politics* 21: 513-538.

Haskell, J. (2000) *Direct Democracy or Representative Government? Dispelling the Populist Myth*. Westview Press.

Hay, C. (2004) "Theory, Stylized Heuristic or Self-fulfilling Prophecy? The Status of Rational Choice Theory in Public Administration." *Public Administration*, 82(1): 39-62.

Heath, J. (2001) *Communicative Action and Rational Choice*. Cambridge, MA: MIT Press.

Heath, J. (2001) *Communicative Action and Rational Choice*. Cambridge, MA: Massachusetts Institute for Technology.

Heclo, H. (1999) "OMB and the Presidency-the Problem of 'Neutral Competence.'" In *The Managerial Presidency*, J. P. Pfiffner, ed. College Station, TX: Texas A & M Press, originally published in Heclo, H. (1975) "OMB and the Presidency-the Problem of 'Neutral Competence.'" Public Interest, 38(Winter): 80-89.

Hedlund, Stefan, ed. (1987) *Incentives and Economic Systems*. New York: New York University Press.

Hedstrom, Peter and Richard Swedberg, eds. (1998) *Social Mechanisms: An Analytical Approach to Social Theory*. Cambridge, NY: Cambridge University Press.

Hempel, C. (1966) *Philosophy of Natural Science*. Englewood Cliffs, NJ: Prentice-Hall.

Hill, J. S. and J. E. Brazier. (1991) "Constraining Administrative Decisions: A Critical Examination of the Structure and Process Hypothesis." *The Journal of Law, Economics, & Organization* 7(2): 373-400.

Hinich, Melvin J. (1981) "Voting as an Act of Contribution." *Public Choice*, 36: 135-40.

Hirschman, A. O. (1977) *The Passions and the Interests*. Princeton, NJ: Princeton University Press.

Hirschman, A. O. (1992) *Rival Views of Market Society and Other Recent Essays*. Cambridge, MA: Harvard University Press.

Hisschemoller, M. and R. Hoppe, eds. (2001) *Knowledge, Power, and Participation in Environmental Policy Analysis*. New Brunswick: Transaction Publishers.

Hochschild, J. L. (2003) "Editor's Note: Introduction and Observations." *Perspectives on Politics*, 11: 1-4.

Hodge, Graema A. and Ken Coghill. (2007) "Accountability in the Privatized State." *Governance: An International Journal of Policy, Administration, and Institutions*, 20(4): 675-702.

Holden, M., Jr. (1996) *Continuity and Disruption: Essays in Public Administration*. Pittsburgh, PA: The University of Pittsburgh Press.

Holden, M., Jr. (2000) "The Competence of Political Science: 'Progress in Political Research' Revisited (Presidential Address, APSA 1999)" *American Political Science*

Review, 94(1): 1-19.

Holmes, S. (1990) "The Secret History of Self-Interest." In *Beyond Self-interest*, Jane J. Mansbridge, ed. Chicago, IL: University of Chicago Press.

Holmstrom, B. (1982) "Moral Hazard in Team." *Bell Journal of Economics*, 13: 324-340.

Hondeghem, Annie. (1998) *Ethics and Accountability in a Context of Governance and New Public Management: EGPA Yearbook* (International Institute of Administrative Sciences Monographs, Vol. 7), IOS Press.

Hood, C. (1991) "A Public Management for All Seasons?" *Public Administration* 69(Spring): 3-19.

Hood, Christopher and David Heald, eds. (2006) *Transparency: The Key to Better Governance?* Proceedings of the British Academy, 135, Oxford: Oxford University Press.

Hood, Christopher. (2006) "Transparency in Historical Perspective." In *Transparency: The Key to Better Governance?* Hood, Christopher and David Heald, eds. Proceedings of the British Academy, 135, Oxford: Oxford University Press.

Horn, M. J. (1995). *The Political Economy of Public Administration*. New York: Cambridge University Press.

Horn, M. J. and K. A. Shepsle. (1989) "Commentary on 'Administrative Arrangements and the Political Control of Agencies': Administrative Process and Organizational Form as Legislative Responses to Agency Costs." *Virginia Law Review* 75: 499-508.

Horn, M. J. (1995) *The Political Economy of Public Administration: Institutional Choice in the Public Sector*. New York: Cambridge University Press.

Horton, Sylvia. (2006) "The Public Service Ethos in the British Civil Service: An Historical Institutional Analysis." *Public Policy and Administration*, 21(1): 32-48.

Hotelling, H. (1929) "Stability in Competition." *The Economic Journal*, 39: 41-57.

Huber, J. and C. R. Shipan. (2000) "The Costs of Control: Legislators, Agencies and Transaction Costs." *Legislative Studies Quarterly* 25(1): 25-52.

Huber, J. and G. B. Powell, Jr. (1994) "Congruence Between Citizens and Policymakers in Two Visions of Liberal Democracy." *World Politics*, 46: 291-326.

Huber, John D. and Charles R. Shipan. (2002) *Deliberate Discretion: The Institutional Foundations of Bureaucratic Autonomy*. New York: Cambridge University Press.

Hughes, O. E. (1994) *Public Management and Administration*. London: Macmillan.

Hummel, R. P. (1987) *The Bureaucratic Experience*. 3rd ed. New York: St. Martin's

Press.

Huntington, S. P. (1952) "The Marasmus of the ICC: The Commission, the Railroads, and the Public Interest." *Yale Law Journal* 62(April): 467-509.

Huntington, S. P. (1993) *The Third Wave: Democratization in the Late Twentieth Century*. Norman, OK: University of Oklahoma Press.

Huntington, Samuel P. (1968) *Political Order in Changing Societies*. New Haven: Yale University Press.

Hurwicz, L. (1973) "The Design of Mechanisms for Resource Allocation." *American Economic Review* 63(2): 1-30.

Ignatieff, M. (1995) "The Myth of Citizenship," in *Theorizing Citizenship*, R. Beiner, ed. Albany, NY: State University of New York Press.

Immergut, E. M .(1992) "The Rules of the Game: The Logic of Health Policy-making in France, Switzerland, and Sweden." In *Structuring Politics: Historical Institutionalism in Comparative Analysis*, Sven Steinmo, Kathleen Thelen and Frank Longstreth, eds. New York: Cambridge University Press.

Ingraham, P. W. and C. Ban. (1988) "Politics and Merit: Can They Meet in a Public Service Model?" *Review of Public Personnel Administration*, 8(2): 7-19.

Ingraham, P. W. (1993) "Of Pigs in Pokes and Policy Diffusion: Another Look at Pay-for-Performance." *Public Administration Review*, 53(4): 348-356.

Ingraham, P. W., P. G. Joyce, and A. K. Donahue. (2003) *Government Performance: Why Management Matters*. Baltimore, MD: The Johns Hopkins University Press.

IPC. (2002) *Opening the Window to Government: How e-RD/AD Promotes Transparency, Accountability and Good Governance*, Ontario, Canada: Information and Privacy Commission. http://www.icp.on.ca/english/pubpres/papers/erdad.htm, accessed 2002/10/10.

Jacobson, G. C. (1990) *The Electoral Origins of Divided Government*. Boulder, CO: Westview Press.

Jenkins-Smith, H. C. (1990) *Democratic Politics and Policy Analysis*. New York: Harcourt Brace College Publishers.

Johnson, J. (1993) "Is Talk Really Cheap?" *American Political Science Review* 87: 74-87.

Jones, T. M. (1980) "Corporate Social Responsibility Revisited, Redefined." *California Management Review* 22(2): 59-67.

Juan J. Linz and Alfred Stepan (1996) *Problems of Democratic Transition and Consolidation: Southern Europe, South America, and Post-Communist Europe*. Baltimore,

MD: The Johns Hopkins University Press.

Kaboolian, L. (1998) "The New Public Management: Challenging the Boundaries of the Management vs. Administration Debate." *Public Administration Review*, 58(3): 189-193.

Kasemir, B. and others, eds. (2003) *Public Participation in Sustainability Science: A Handbook*. New York: Cambridge University Press.

Kasza, G. J. (2001). "Perestroika: For an Ecumenical Science of Politics." *PS: Political Science & Politics*, 34: 597-99.

Katzenelson, I. and H. V. Milner. (2002) *Political Science: the State of the Discipline*. New York: W. W. Norton and Washington, D. C.: American Political Science Association.

Katznelson, I. and Barry R. Weingast, ed. (2005) *Preferences and Situations: Points of Intersection Between Historical and Rational Choice Institutionalism*. New York: Russell Sage Foundation.

Kaufman, H. (1990). "The End of an Alliance: Public Administration in the Eighties." In *Public Administration: The State of the Discipline*, Naomi B. Lynn and A. Wildavsky, eds. Chatham, NJ: Chatham House.

Kaufman, Herbert. (1956) "Emerging Conflicts in the Doctrines of Public Administration." *The American Political Science Review*, 50(4): 1057-1073.

Kazandjian, V. A. (2002) *Accountability through Measurement: A Global Healthcare Imperative*, ASQ Quality Press.

Kearney, R. C. and C. Sinha. (1988) "Professionalism and Bureaucratic Responsiveness: Conflict or Compatibility?" *Public Administration Review* 48(1): 571-579.

Kearns, K. P. (1996) *Managing for Accountability: Preserving the Public Trust in Public and Nonprofit Organization*. San Francisco, CA: Jossey-Bass Publishers.

Keller, L. and M. Spicer. (1997) "Political Science and American Public Administration: A Necessary Cleft?" *Public Administration Review* 57(3): 270-271.

Kelman, S. (1987) "'Public Choice' and Public Spirit." *Public Interest* 87(spring): 81-94.

Kettl, D. F. (2002) *The Transformation of Governance: Public Administration for Twenty-First Century America*. Baltimore, MD: The Johns Hopkins University Press.

Kettl, D. F. 2nd ed. (2005) *The Global Public Management Revolution*. Washington, DC: Brookings Institution Press.

Kettl, D. F. (1994) "Beyond the Rhetoric of Reinvention: Driving Themes of the Clinton Administration's Management Reforms." *Governance*, 7(3): 307-314.

Kettl, D. F. (1999) "The Future of Public Administration." *Journal of Public Affairs Education*, 54(April): 127-133.

Kettl, D. F. (2000a) *The Global Public Management Revolution: A Report on the Transformation of Governance*. New York: The Brookings Institution.

Kettl, D. F. (2005) *The Global Public Management Revolution*. Washington, DC: Brookings Institution.

Kettl, Donald F. (2000b) "Public Administration at the Millennium: The State of the Field." *Journal of Public Administration Research and Theory*, 10(1): 7-34.

King, C. S., K. M Feltey, B. O. Susel. (1998) "The Question of Participation: Toward Authentic Public Participation in Public Administration." *Public Administration Review* 58(1): 317-326.

Kingdon, J. W. (1984) *Agendas, Alternatives, and Public Policy*. Boston: Little, Brown.

Kingdon, J., 2nd ed. (1995) *Agendas, Alternatives, and Public Policies*. New York: Harper Collins.

Kjaer, Anne Mette. (2004) *Governance: Key Concepts*. Polity.

Klitgaard, R. (1998) *Controlling Corruption*. Berkeley, CA: University of California Press.

Knight, Barry, Hope Chigudu, and Rajesh Tandon. (2002) *Reviving Democracy: Citizens at the Heart of Governance*. Earthscan Publications Ltd.

Knight, J. and J. Johnson. (1999) "Inquiry into Democracy: What Might a Pragmatist Make of Rational Choice Theories?" *American Journal of Political Science* 43(2): 566-589.

Knott, J. H. and Gary J. Miller. (1987) *Reforming Bureaucracy: The Politics of Institutional Choice*. Englewood Cliffs, NJ: Prentice-Hall.

Knott, J. H. and T. H. Hammond. (2003) "Formal Theory and Public Administration." In *Handbook of Public Administration*, B. Guy Peters and Jon Pierre, eds. Sage Publication, pp. 138-148.

Knott, Jack H. and Gary J. Miller. (2008) "When Ambition Checks Ambition: Bureaucratic Trustees and the Separation of Powers." *The American Review of Public Administration*, 38(4): 387-411.

Kobrak, P. ed. 2nd (2001) *The Political Environment of Public Management*. New York, NY: Longman.

Kotler, P. and E. L. Roberto. (1989) *Social Marketing: Strategies for Changing Public Behavior*. Free Press.

Krause, George A. and Kenneth J. Meier, eds. (2005) *Politics, Policy, and Organiza-*

tions: Frontiers in the Scientific Study of Bureaucracy. Ann Arbor: University of Michigan Press.

Krehbiel, K. (1991) *Information and Legislative Organization.* Ann Arbor: Michigan University Press.

Krehbiel, K. (1988) "Spatial Models of Legislative Choice." *Legislative Studies Quarterly.* 13: 259-319.

Kreps, D. M. (1991) *Game Theory and Economic Modeling.* Oxford: Oxford University Press.

Kreps, D. (1989) "Nash Equilibrium." In *The New Palgrave Dictionary of Economics: Game Theory*, John Eatwell, Murray Milgate, and Peter Newman, eds. New York: W. W. Norton.

Kreps, D. (1990) "Corporate Culture and economic Theory." In *Perspectives on Positive Political Economy*, James E. Alt and Kenneth A. Shepsle, eds. New York: Cambridge University Press.

Kreps, David M. (1997) "Intrinsic Motivation and Extrinsic Incentives." *The American Economic Review*, 87(2): 359-364.

Krislov, S. and D. H. Rosenbloom (1981) *Representative Bureaucracy and the American Political System.* New York: Praeger Publishers.

Kuhn, T. S. 2nd ed. (1970) *The Structure of Scientific Revolutions*, Chicago: University of Chicago Press.

Kumar, Sushil and Shashi Kant. (2006) "Organizational Resistance to Participatory Approaches in Public Agencies: An Analysis of Forest Department's Resistance to Community-based Forest Management." *International Public Management Journal*, 9(2): 141-173.

Kymlicka, W. and W. Norman. (1995) "Return of the Citizen: A Survey of Recent Work on Citizenship Theory," in *Theorizing Citizenship*, R. Beiner, ed. Albany: State University of New York Press.

Laird, Frank N. (1993) "Participatory Analysis, Democracy, and Technological Decision Making," *Science, Technology & Human Values*, 18(3): 341-361.

Lakatos, I. (1978) *The Methodology of Scientific Research Programmes: Philosophical Papers Volume 1.* New York: Cambridge University Press.

Landau, M. (1969) "Redundancy, Rationality, and the Problem of Duplication and Overlap." *Public Administration Review*, 29(4): 346-358.

Lane, Jan-Erik. (2005) *Public Administration and Public Management: The Principal-agent Perspective.* London: Routledge.

Laver, M. and N. Schofield. (1990) *Multiparty Government: The Politics of Coalition in Europe*. New York: Cambridge University Press.

Lawler, E. E. (1987) "Pay for Performance: A Motivational Analysis." In *Incentives, Cooperation and Risk Sharing: Economic and Psychological Perspective on Employment Contract*, H. R. Nalbantian, ed. Totowa, NJ: Rowman & Littlefield, pp. 69-86.

Lawler, E. E. (1986) *High-involvement Management*. San Francisco, CA: Jossey-Bass.

Leach, William D. and Paul A. Sabatier. (2005) "To Trust an Adversary: Integrating Rational and Psychological Models of Collaborative Policymaking." *American Political Science Review*, 99(4): 491-503.

Ledyard, John O. (1981) "The Paradox of Voting and Candidate Competition: A General Equilibrium Analusis." In *Essays in Contemporary Fields of Economics*. G. Horwich and J. Quirk, eds. West Lafayette, ID: Purdue University Press, pp. 54-80.

Ledyard, John. (1984) "The Pure Theory of Large Two-Candidate." *Public Choice*, 44: 7-41.

Levine, C. H. (1984) "Citizenship and Service Delivery: The Promise of Coproduction." *Public Administration Review* 44: 178-187.

Levine, C. H., B. G. Peters and F. J. Thompson. (1990) *Public Administration: Challenges, Choices, Consequences*. Glenview, IL: Scott, Foresman/ Little Brown Higher Education.

Levine, M.E., and C.R. Plott. (1977) "Agenda Influence and Its Implications." *Virginia Law Review*, 63(May): 561-604.

Levitan, David M. (1942) "The Neutrality of the Public Service." *Public Administration Review* 2(4): 317-323.

Levitan, David M. (1943) "Political Ends and Administrative Means." *Public Administration Review*, 3(4): 353-359.

Lichbach, M. I. (2003) *Is Rational Choice Theory All of Social Science?* Ann Arbor, MI: University of Michigan Press.

Lijphart, Arend. (1997) "Unequal Participation: Democracy's Unresolved Dilemma." *American Political Science Review*, 91(1): 1-14.

Lincoln, J. F. (1951) *Incentive Management*. Cleveland 17, OH: The Lincoln Electric Company.

Lippman, W. (1922) *Public Opinion*. New York: Macmillan.

Lippman, W. (1925) *The Phantom Public*. New York: Brace Harcourt.

Lipset, S. M. (1997) *American Exceptionalism: A Double-Edged Sword*. New York, NY: W. W. Norton & Company.

List, C. and R. E. Goodin. (2001) "Epistemic Democracy: Generalizing the Condorcet Jury Theorem." *Journal of Political Philosophy*, 9(3): 277-306.

List, C. (2002) "Democracy and Epistemic Justification," Lectures at the International Summer School on Philosophy and Probability, University of Konstanz, from http://personal.lse.uk/LIST/PDF.files/KonstanzLectures.pdf, accessed 12/25/2003.

Little, D. (1991) "Rational-Choice Models and Asian Studies." *Journal of Asian Studies* 50: 35-52.

Long, N. (1962) *The Polity*. Chicago: Rand McNally.

Long, Norton E. (1993) "The Ethics and Efficacy of Resignation in Public Administration." *Administration & Society*, 25(1): 3-11.

Lowi, T. J. (1993) "The State in Political Science: How We Became What We Study." *American Political Science Review* 86(1): 1-7.

Lukacs, J. (2004) "The Triumph and Collapse of Liberalism." *Chronicle of Higher Education*, 12/10/2004.

Lupia, A and M D. McCubbins. (1998) *The Democratic Dilemma: Can Citizens Learn What They Need to Know?* New York: Cambridge University Press.

Lupia, A. (2001) "Institutions as Informational Crutches? Using Rational Choice Theory to Improve Civic Competence." Forthcoming in *Politics from Anarchy to Democracy*, I. Morris, J. A. Oppenheimer, and K. Soltan, eds. From http://www-personal.umich.edu/~lupia/, accessed 5/25/2002.

Luton, L. S. (2007) "Deconstructing Public Administration Empiricism." *Administration & Society*, 39(4): 527-544.

Lynn, L. E. (1981) *Managing the Public's Business*. New York: Basic Books.

Lynn, L. E., Jr., C. J. Heinrich, and C. J. Hill. (2000) "Studying Governance and Public Management: Challenges and Prospects." *Journal of Public Administration Research and Theory* 10(2): 233-261.

Lyons, W. E. and D. Lowery. (1989) "Government Fragmentation Versus Consolidation: Five Public-Choice Myths about How to Create Informed, Involved, and Happy Citizens." *Public Administration Review* 49(6): 533-543.

MacDonald, Jason A. (2007) "Agency Design and Post Legislative Influence over the Bureaucracy." *Political Research Quarterly* 60 (December): 683-695.

Macho-Stadler, Inés and J. D. Pérez-Castrillo, translated by R. Watt, 2nd ed., (2001) *An Introduction to the Economics of Information: Incentives and Contracts*. Oxford: Oxford University Press.

Mackie, G. (2001) "Is Democracy Impossible?: Riker's Mistaken Accounts of Antebellum Politics." Working papers W91, 19, June Social and Political Theory Program, Research School of Social Science, Australian National University, accessed 2002/2/28, http://socpol.anu.edu.au/papers.html.

Mackie, G. (2003) *Democracy Defended*. New York: Cambridge University Press.

Mackie, G. (1998) "All Men Are Liars: Is Democracy Meaningless?" in *Deliberative Democracy*, J. Elster, Ed. Cambridge, NY: Cambridge University Press.

Mahrer, Harald and Robert Krimmer. (2005) "Towards the Enhancement of e-democracy: Identifying the Notion of the 'Middleman Paradox.'" *Information Systems Journal*, 15: 27-42.

Mansbridge, J. (1999) "On the Idea That Participation Makes Better Citizens." In *Citizen Competence and Democratic Institutions*, S. L. Elkin and K. E. Soltan, eds. University Park, PA: Penn State University Press.

March, J. G. and J. P. Olsen. (1989) *Rediscovering Institutions: The Organizational Basis of Politics*. New York: Free Press.

March, James G. and Johan P. Olsen. (1995) *Democratic Governance*. New York: Free Press.

Marcus, G. E. and R. L. Hanson, eds. (1993) *Reconsidering the Democratic Public*. University Park, PA: The Penn State University Press.

Margolis, H. (1982) *Selfishness, Altruism and Rationality*. Cambridge: Cambridge University Press.

Marini, F., ed. (1971) *Toward a New Public Administration: The Minnowbrook Perspective*, New York: Chandler Publishing Company.

Mascarenhas, R. C. (1993) "Building an Enterprise Culture in the Public Sector: Reform of the Public Sector in Australia, Britain and New Zealand." *Public Administration Review*, 53(4): 319-328.

Mashaw, Jerry L. (1997) *Greed, Chaos, & Governance: Using Public Choice to Improve Public Law*. New Haven, MA: Yale University Press.

Maske, K. and G. Durden. (2003) "The Contributions and Impact of Professor William H. Riker." *Public Choice* 117: 191-220.

McAdam, R. and R. Reid. (2000) "A Comparison of Public and Private Sector Perceptions and Use of Knowledge Management." *Journal of European Industrial Training*, 24(6): 317.

McAvoy, G. E. (1999) *Controlling Technocracy: Citizen Rationality and the NIMBY Syndrome*. Washington, D.C.: Georgetown University Press.

McCombs, M. E. and D. L. Shaw. (1972) "The Agenda-setting Function of Mass Media." *Public Opinion Quarterly*, 36: 176-187.

McCoy, M L. and P. L. Scully. (2002) "Deliberative Dialogue to Expand Civic Engagement: What Kind of Talk Does Democracy Need?" *National Civic Review*, 91(2): 117-135.

McCubbins, M. D. and T. Schwartz. (1984). "Congressional Oversight Overlooked: Police Patrols versus Fire Alarms." *American Journal of Political Science* 28: 165-79.

McCubbins, M., R. Noll and B. Weingast. (1987) "Administrative Procedures as Instruments of Political Control." *Journal of Law, Economics and Organizations* 3: 243-279.

McCubbins, M., R. Noll and B. Weingast. (1989) "Structure and Process, Politics and Policy: Administrative Arrangements and the Political Control of Agencies." *Virginia Law Review* 75: 431-483.

McIvor, Ronan, Marie McHugn and Christine Cadden. (2002) "Internet Technologies: Supporting Transparency in the Public Sector." *The International Journal of Public Sector Management*, 15(3): 170-187.

McKay, D. (2001) "William Riker on Federalism: Sometimes Wrong but More Right than Anyone Else." Paper before the William H. Riker Conference on Constitutions, Voting and Democracy, Washington University at St. Louis, December 7-8, accessed 2002/2/28. http://cniss.wustl.edu/Rikerpapers/mckaypaper.html.

McKelevy, R. D. (1976) "Intransitivities in Multidimensional Voting Models and Some Implications for Agenda Control." *Journal of Economic Theory*, 12: 472-82.

McLean, I, C. List, J. Fishkin, and R. Luskin. (2000) "Can Deliberation Induce Greater Preference Structuration? Evidence for Deliberative Opinion Polls." Paper prepared for the presentation to the Conference on "Deliberating about Deliberative Democracy," University of Texas, Austin, 4-6, February.

McLean, I. (2002) "William H. Riker and the Invention of Heresthetic(s)" *British Journal of Political Science*, 32: 535-558.

McLean, I. and A. B. Urken, eds. and translated. (1995) *Classics of Social Choice*. Ann Arbor, MI: Michigan University Press.

McLean, I. and C. Bustani. (1999) "Irish Potatoes and British Politics: Interests, Ideology, Heresthetic and the Repeal of the Corn Laws." *Political Studies*, 47(5): 817-836.

McLean, I. And F. Hewitt. (1994) *Condorcet: Foundations of Social Choice and Political Theory*. Edward Elgar.

McLean, I. (1987) *Public Choice: An Introduction*. Blackwell Publisher.

McNollgast. (1999) "The Political Origins of the Administrative Procedure Act." *Journal of Law, Economics and Organization* 15(1): 180-221.

Meier, K. (2007) "(The 2006 John Gaus Lecture) The Public Administration of Politics or What Political Science Could Learn from Public Administration." *PS: Political Science and Politics* 40 (January): 3-9.

Meier, K. and L. R. Keiser. (1996) "Public Administration as a Science of the Artificial: A Methodology for Prescription." *Public Administration Review*, 56(5): 459-466.

Meier, K. J. and L. J. O'Toole, Jr. (2007) "Deconstructing Larry Luton or What Time is the Next Train to Reality Junction?" *Administration & Society*, 39(6): 786-796.

Meier, K. (1997) "Bureaucracy and Democracy: The Case for More Bureaucracy and Less Democracy." *Public Administration Review*, 57(3): 193-199.

Meier, Kenneth and Laurence J. O'Toole, Jr. (2009) "The Proverbs of New Public Management: Lessons from an Evidence-Based Research Agenda." *American Review* of *Public Administration* 39(1): 4-22.

Meier, Kenneth J. and Laurence J. O'Toole, Jr. (2006) *Bureaucracy in a Democratic State: A Governance Perspective*. Baltimore: The Johns Hopkins University Press.

Meltsner, A. J. (1972) "Political Feasibility and Policy Analysis." *Public Administration Review* 32(6): 859-867.

Meltsner, A. J. (1976) *Policy Analysts in the Bureaucracy*. Berkeley, CA: University of California Press.

Meuller, D. C. (2003) *Public Choice III*. New York: Cambridge University Press.

Michels, R. (1962) *Political Parties: A Sociological Study of the Oligarchical Tendencies of Modern Democracy*. New York: Free Press.

Michaud, N. (2002) "Bureaucratic Politics and the Shaping of Policies: Can We Measure Pulling and Hauling Games?" *Canadian Journal of Political Science*, 35(2): 269-300.

Michels, Robert. (1958) *Political Parties*. New York: Collier Books.

Miewald, Robert D. (1984) "The Origins of Wilson's Thought: The German Tradition and the Organic State." In *Politics and Administration: Woodrow Wilson and American Public Administration*, Jack Rabin and James S. Bowman, eds. CRC Press.

Milgram, P. and J. Roberts. (1987) "Informational Asymmetries, Strategic Behavior, and Industrial Organization." *American Economic Review* 77(2): 184-193.

Milgram, P. and J. Roberts. (1988) "An Economic Approach to Influence Activities in Organizations." *American Journal of Sociology* 94(Issue Supplement): S154-S179.

Milgram, P. and J. Roberts. (1992) *Economics, Organization and Management*. Englewood Cliffs, NJ: Prentice Hall.

Milgrom, P. and J. Roberts. (1986) "Relying on the Information of Interested Parties." *Rand Journal of Economics* 17(1): 18-32.

Miller, A. H., C. Tien and A. A. Peebler. (1996) "The American Political Science Review Hall of Fame: Assessments and Implications for an Evolving Discipline." *PS: Political Science & Politics* 291: 78.

Miller, D. W. (2001). "Storming the Palace in Political Science." *The Chronicle of Higher Education* 48(04): A. 16.A.

Miller, G. and A. B. Whitford. (2006) "The Principal's Moral Hazard: Constraints on the Use of Incentives in Hierarchy." *Journal of Public Administration Research and Theory*, 17: 213-233.

Miller, G. J. (2005) "The Political Evolution of Principal-Agent Models." *Annual Review of Political Science*, Volume 8: 203-226.

Miller, G. J. (2000) "Above Politics: Credible Commitment and Efficiency in the Design of Public Agencies." *Journal of Public Administration Research and Theory* 10(2): 289-327.

Miller, G. J. (1992) *Managerial Dilemmas: The Political Economy of Hierarchy*. New York: Cambridge University Press.

Miller, G. J. (1997) "The Impact of Economic on Contemporary Political Science." *Journal of Economic Literature* 35(3): 1173-1204.

Miller, Hugh T. and Charles J. Fox., revised edition (2006) *Postmodern Public Administration*, M.E. Sharpe.

Mintzberg, H. (1996) "Managing Government, Governing Management." *Harvard Business Review*, 74(3): 75-83.

Mitchell, R. K., B. R. Agle, and D. J. Wood. (1997) "Toward a Theory of Stakeholder Identification and Salience: Defining the Principle of Who and What Really Counts." Academy of Management Review, 22(4): 853-886.

Mitchell, W. C. and R. T. Simmons. (1994) *Beyond Politics: Markets, Welfare, and the Failure of Bureaucracy*. Boulder, CO: Westview Press.

Mitroff, I. I. (1983) *Staleholders of the Organizational Mind*. San Francisco, CO: Jossey-Bass.

Moe, T. M. (1990a) "Political Institutions: The Neglected Side of the Story." *Journal of Law, Economics and Organization* 6(Special Issue): 213-253.

Moe, T. M. (1990b) "The Politics of Structural Choice: Toward a Theory of Public Bureaucracy." In *Organization Theory: From Chester Barnard to the Present and Be-*

yond, O. E. Williamson, ed. Oxford: Oxford University Press.

Moe, T. M. (1984) "The New Economics of Organization." *American Journal of Political Science,* 28(4): 739-777.

Moe, Ronald C. (1987) "Exploring the Limits of Privatization." *Public Administration Review*, 47(6): 453-60.

Molho, I. (1997) *The Economics of Information: Lying and Cheating in Markets and Organization.* Oxford: Blackwell Publishers.

Monroe, K. R. (2005) *Perestroika!: The Raucous Rebellion in Political Science.* New Haven: Yale University Press.

Moore, M. H. (1995) *Creating Public Value: Strategic Management in Government.* Cambridge, MA: Harvard University Press.

Morrell, M. E. (1999) "Citizens' Evaluations of Participatory Democratic Procedures: Normative Theory Meets Empirical Science." *Political Research Quarterly* 52(2): 293-322.

Morris, I. L. and J. A. Oppenheimer. (2004) "Chapter 1: Rational Choice and Politics." In *Politics from Anarchy to Democracy*, I. L. Morris, J. A. Oppenheimer, and K. E. Soltan, eds. Stanford, CA: Stanford University Press, pp. 1-36.

Morrow, J. D. (1994) *Game Theory for Political Scientists*, Princeton, NJ: Princeton University Press, pp. 16-50.

Morton, R. B. (1999) *Methods and Models: A Guide to the Empirical Analysis of Formal Models in Political Science.* New York: Cambridge University Press.

Mosher, F. C. (1982) *Democracy and Public Service*, 2nd ed. New York: Oxford University Press.

Mosher, F. C. (1968) *Democracy and the Public Service.* Oxford: Oxford University Press.

Mosher, Frederick C. (1956) "Research in Public Administration: Some Notes and Suggestions." *Public Administration Review*, 16(3): 169-78.

Mueller, D. C. (2003) *Public Choice III.* New York: Cambridge University Press.

Mueller, D. C. (1989) *Public Choice II.* New York: Cambridge University Press.

Munger, M. C. (2000a) "Five Questions: An Integrated Research Agenda for Public Choice." *Public Choice*, 103: 1-12.

Munger, M. C. (2000b) *Analyzing Policy: Choices, Conflicts, and Practices.* New York: W. W. Norton.

Nachmias, D., and D. H. Rosenbloom. (1980) *Bureaucratic Government USA.* New York: St. Martin's Press.

Nagel, J. H. (1993) "Populism, Heresthetics and Political Stability: Richard Seddon and the Art of Majority Rule." *British Journal of Political Science*, 23(2): 139-174.

Neuman, W. R. (1986) *The Paradox of Mass Politics: Knowledge and Opinion in American Electorate*. Cambridge, MA: Harvard University Press.

Niemi, R. and H. Weisberg. (1968) "A Mathematical Solution for the Probability of the Paradox of Voting." *Behavioral Science*, 13: 317-323.

Niemi, Richard G. (1976) "Costs of Voting and Nonvoting." *Public Choice*, 41: 115-19.

Niemi, Richard G. and Herbert F. Weisberg, eds. (1993). *Classics in Voting Behavior*. Washington, DC: Congressional Quarterly Press.

Niskanen, W. A. (1971) *Bureaucracy and Representative Government*. Chicago: Aldine-Atherton.

Noll, R. G. and B. R. Weingast. (1991) "Rational Actor Theory, Social Norms, and Policy Implementation: Applications to Administrative Processes and Bureaucratic Culture," in *The Economic Approach to Politics: A Critical Reassessment of the Theory of Rational Action*, K. R. Monroe, ed. New York: Harper Collins.

North, D. C. (1981) *Structure and Change in Economic History*. New York: W. W. Norton & Company.

North, D. C. and B. R. Weingast. (1989). "Constitutions and Commitment: The Evolution of Institutions Governing Public Choice in Seventeenth-Century England." *The Journal of Economic History*, 49(4): 803-832.

Northcote, Stafford H. and Charles E. Trevelyan. (1854) *Report on the Organisation of the Permanent Civil Service, together with a Letter from the Rev. B. Jowett*. London: The Her Majesty's Stationery Office.

O'Toole, L. J. Jr. (1995) "Rational Choice and Policy Implementation: Implications for Inter-organizational Network Management." *The American Review of Public Administration*, 25(1): 43-57.

O'Donnell, Guillermo A. (2007) "The Perpetual Crises of Democracy." *Journal of Democracy*, 18(1): 5-11.

OECD. (1996) "Ethics in the Public Service: Current Issues and Practice." PUMA Public Management Occasional Papers: No. 14.

OECD. (2000) *Trust in Government: Ethics Measures in OECD Countries*. Paris: OECD.

OECD. (2002) *Public Sector Transparency and Accountability: Making it Happen*. A Report from OECD and OAS (organization of American States) in Latin American Forum on Ensuring Transparency and Accountability in the Public Sector. Paris:

OECD.

OECD. (2001) *Citizens as Partners: OECD Handbook on Information, Consultation and Public Participation in Policy-making*. Paris: OECD.

Okun, A. (1975) *Equality and Efficiency: The Big Tradeoff*. Washington, DC: The Brookings Institution.

Oliver, R. W. (2004) *What is Transparency?* New York: McGraw-Hill.

Olsen, M. (1965) *The Logic of Collective Action*. Cambridge, MA: Harvard University Press.

Ordeshook, Peter. (1997a) "The Spatial Analysis of Elections and Committees: Four Decades of Research." In *Perspectives on Public Choice: A handbook*, Dennis C. Mueller, ed. New York: Cambridge University Press.

Ordeshook, Peter. (1997b) *Lessons for Citizens of a New Democracy*. Fairfax, VG: The Locke Institute.

Orlans, Harold. (1975) "Neutrality and Advocacy in Policy Research." *Policy Sciences*, 6(2): 107-119.

Osborne, D. and P. Plastrik. (1998). *Banishing Bureaucracy*. New York: A Plume Book.

Osborne, D. and T. Gaebler. (1992) *Reinventing Government: How the Entrepreneurial Spirit Is Transforming the Public Sector*. New York: Plume.

Ostrom, E. (1990) *Governing the Common*. New York: Cambridge University Press.

Ostrom, V. 2nd ed (1989) *The Intellectual Crisis in American Public Administration*. Tuscaloosa, AL: University of Alabama Press.

Ostrom, V. and E. Ostrom.(1971) "Public Choice: A Different Approach to the Study of Public Administration." *Public Administration Review* 31(2): 203-216.

Ostrom, V. (1974) *The Intellectual Crisis in American Public Administration*, Tuscaloosa, AL: University of Alabama Press.

Ostrom, V. (1977) "Some Problems in Doing Political Theory: A Response to Golembiewski's 'Critique of Democratic Administration and Its Supporting Ideation.'" *American Political Science Review*, 71(4): 1508-1525.

Overeem, Patrick. (2005) "The Value of the Dichotomy: Politics, Administration, and the Political Neutrality of Administrators." *Administrative Theory & Praxis*, 27(2): 311-329.

Paine, S. C. (1989) "Persuasion, Manipulation, and Dimension." *The Journal of Politics*, 51(1): 36-49.

Palfrey, T. R. (2002) "Implementation Theory," in *Handbook of Game Theory: with Economic Application, Vol. III*, R. Aumann and S. Hart eds. Amsterdam: North-

Holland.

Palfrey, Thomas R. and Howard Rosenthal. (1983) "A Strategic Calculus of Voting." *Public Choice*, 41: 7-35.

Palfrey, Thomas R. and Howard Rosenthal. (1985) "Voter Participation and Strategic Uncertainty." *American Political Science Review*, 79: 62-78.

Perry, M. and P. J. Reny. (1999) "A General Solution to King Solomon's Dilemma." *Games and Economic Behavior* 26: 279-285.

Peters, B. G. (1996) *The Future of Governing*. Lawrence, KS: University Press of Kansas.

Peters, B. G. and J. Pierre, eds. (2001) *Politicians, Bureaucrats and Administrative Reform*, London: Routledge.

Peters, B. Guy and John Pierre. (1998) "Governance without Government? Rethinking Public Administration." *Journal of Public Administration Research and Theory*, 8(2): 223-243.

Peters, B. Guy. (1978) *The Politics of Bureaucracy*. New York: Longman.

Peters, G. Guy. (1987) "Politicians and Bureaucrats in the Politics of Policy-making." In *Bureaucracy and Public Choice*, Jan-Erik Lane, ed., Sage Publication, pp. 256-82.

Petracca, M. P. (1991) "The Rational Actor Approach to Politics: Science, Self-interest, and Normative Democratic Theory," in *The Economic Approach to Politics: A Critical Reassessment of the Theory of Rational Action*, K. R. Monroe, ed. New York: Harper Collins.

Pettit, P.(2003)"Deliberative Democracy, the Discursive Dilemma, and Republican Theory." In *Debating Deliberative Democracy*. Fishkin, J. and P. Laslett, eds. Oxford: Blackwell Publishing.

Pharr, Susan J. and Robert D. Putnam, eds. (2000) *Disaffected Democracies: What's Troubling the Trilateral Countries?* Princeton, NJ: Princeton University Press.

Pierre, Jon and B. Guy Peters (2000) *Governance, Politics, and the State*. New York: Palgrave Macmillan.

Pierson, Paul. (2000) "Increasing Returns, Path Dependence, and the Study of Politics." *American Political Science Review* 94(2): 251-67.

Pierson, Paul. (2004) *Politics in Time: History, Institutions, and Social Analysis*. Princeton, NJ: Princeton University Press.

Piotrowski, S. J. and D. H. Rosenbloom (2002) "Nonmission-Based Values in Results–Oriented Public Management: The Case of Freedom of Information." *Public Administration Review*, 62(6): 643-657.

Polanyi, M. (1967) *The Tacit Dimension*. New York: Doubleday & Company.

Pollitt, C. and G. Bouckaert. (2000) *Public Management Reform: A Comparative Analysis*. Oxford: Oxford University Press.

Popper, K. (1963) *Conjectures and Refutations: the growth of Scientific Knowledge*. London: Routledge and Paul.

Powell, G. Bingham, Jr. (1982) *Contemporary Democracies: Participation, Stability, and Violence*. Cambridge: Cambridge University Press.

Powell, G. Bingham, Jr. (2004) "The Chain of Responsiveness." *Journal of Democracy*, 15(4): 91-105.

Protess, D. L. and M. McCombs, eds. (1991) *Agenda Setting: Readings on Media, Public Opinion and Policymaking*. LEA Publishers.

Przeworski, A., S. C. Stokes, and B. Manin, eds. (1999) *Democracy, Accountability and Representation*. New York: Cambridge University Press.

Pugach, N. (1973) "Embarrassed Monarchist: Frank J. Goodnow and Constitutional Development in China, 1913-1915." *Pacific Historical Review*, 42(4): 499-517.

Pullin, Len and Ali Haidar. (2003) "Managerial Values in Local Government – Victoria, Australia." *The International Journal of Public Sector Management*, 16(4): 286-302.

Putnam, H. (1995) *Renewing Philosophy*. Harvard: Harvard University Press.

Putnam, Robert (1995) "Bowling Alone: America's Declining Social Capital." *Journal of Democracy*, 6: 65-78.

Putnam, Robert (2001) *Bowling Alone: The Collapse and Revival of American Community*. New York: Simon & Schuster.

Putnam, Robert D. (1973) "The Political Attitudes of Senior Civil Servants in Western Europe: A Preliminary Report." *British Journal of Political Science*, 3: 257-290.

Racfliff, B. (1993) "Liberalism, Populism, and Collective Choice." *Political Research Quarterly*, 46(1): 127-142.

Radcliff, Benjamin. (1993) "The Structure of Citizen Preferences." *Journal of Politics*, 55: 714-19.

Rachal, J. R. (1998) "Well Never Turn Back: Adult-education and the Struggle for Citizenship in Mississippi's Freedom Summer." *American Educational Research Journal*, 35(2): 167-198.

Radcliff, B. and E. Wingenbach. (2000) "Preference Aggregation, Functional Pathologies, and Democracy: A Social Choice Defense of participatory Democracy." *The Journal of Politics*, 62(4): 977-998.

Radin, B. A. (2000) *Beyond Machiavelli: Policy Analysis Comes of Age*. Washington, D. C. : Georgetown University Press.

Radnitzky, G. and P. Bernholz. (1986) *Economic Imperialism: The Economic Approach Applied Outside the Field of Economics*. A Professors World Peace Academy Book.

Rainey, H. G., R. W. Backoff and C. H. Levine. (1976) "Comparing Public and Private Organizations." *Public Administration Review* 36(2): 233-246.

Rainey, Hal G. (1979) "Perceptions of Incentives in Business and Government: Implications for Civil Service Reform." *Public Administration Review*, 39(5): 440-448.

Rainey, Hal G. (1990) "Public Management Recent Developments and Current Prospects." In *Public Administration: The State of the Discipline*, Naomi Lynn and A. Wildavsky, eds. Chatham, NJ: Chatham House Publishers.

Rapaport, A (1967) "Escape from Paradox." *Scientific American*, 217: 50-56.

Rasmusen, E. (1989) *Games and Information: An Introduction to Game Theory*. Oxford, UK: Blackwell.

Rawls, J. (1971) *A Theory of Justice*. Cambridge, MA: Harvard University Press.

Redford, Emmette S. (1969) *Democracy in the Administrative State*. New York: Oxford University Press.

Reich, M. R. (1996) "Applied Political Analysis for Health Reform," from http://www. hsph.harvard.edu/faculty/reich, accessed on 02/22/2002.

Reich, R. B. (1988) "Policy Making in a Democracy." In *The Power of Public Ideas*, Robert B. Reich, ed. Cambridge, MA: Harvard University Press.

Rhoads, S. E. (1985) *The Economist's View of the World: Government, Markets and Public Policy*. New YIrk: Cambridge University Press.

Rhodes, R. A. W. (1994) "The Hollowing out of the State," *Political Quarterly* 65: 138-51.

Richard, D. (1997) *The Civil Service under the Conservatives 1979-97: Whitehall's Political Poodles?* Brighton: Sussex Academic Press.

Richard, D. and Martin J. Smith. (2000) "The Public Service Ethos and the Role of the British Civil Service." *West European Politics*, 23(3): 45-66.

Ridley, M. (1996) *The Origins of Virtue: Human Instincts and the Evolution of Cooperation*. Penguin USA.

Riemer, Neal (1996) *Creative Breakthroughs in Politics*. Westport, Connecticut: Praeger.

Riker, W. H. (1953) *Democracy in the United States*. New York: The MacMillan Company.

Riker, W. H. (1955) "The Senate and American Federalism." *American Political Science*

Review 492: 452-469.

Riker, W. H. (1962) *The Theory of Political Coalition*. Westport, CT: Greenwood Press.

Riker, W. H. (1964) *Federalism: Origin, Operation, Maintenance*. Boston: Little-Brown.

Riker, W. H. (1965) "Theory and Science in the Study of Politics: A Review." *Journal of Conflict Resolution*, 93: 375-380.

Riker, W. H. (1975) "Federalism." In *Handbook of Political Science: Vol. 5, Governmental Institutions and Process*, Fred Greenstein and Nelson Polsby, eds. Reading, MA: Addison-Wesley.

Riker, W. H. (1976) "The Number of Political Parties: A Reexamination of Duverger's Law." *Comparative Politics* 9: 93-106.

Riker, W. H. (1977) "The Future of a Science of Politics." *American Behavioral Scientist* 211: 11-38.

Riker, W. H. (1980) "Implications from the Disequilibrium of Majority Rules for the Study of Institutions." *American Political Science Review* 74: 423-447.

Riker, W. H. (1982a) "The Two-Party System and Duverger's Law: An Essay on the History of Political Science." *American Political Science Review* 764: 753-766.

Riker, W. H. (1982b) *Liberalism against Populism: A Confrontation between the Theory of Democracy and the Theory of Social Choice*, San Francisco, W. H. Freeman and Co.

Riker, W. H. (1983) "Political Theory and the Art of Heresthetics." In *Political Science: the State of the Discipline*, A. W. Finifter ed., Washington, DC: American Political Science Association APSA.

Riker, W. H. (1986) *The Art of Political Manipulation*. New Haven: Yale University Press.

Riker, W. H. (1987) *The Development of American Federalism*. Boston: Kluwer Academic Publishers.

Riker, W. H. (1988) "The Place of Political Science in Public Choice." *Public Choice* 573: 247-257.

Riker, W. H. (1990) "Political Science and Rational Choice." In *Perspectives on Positive Political Economy*, James E. Alt and Kenneth A. Shepsle, eds. New York: Cambridge University Press.

Riker, W. H. (1992a) "Applications of Political Theory in the Study of Politics: Introduction." *International Journal of Political Science* 131: 5-6.

Riker, W. H. (1992b) "The Entry of Game Theory into Political Science." In *Toward a History of Game Theory*, E. Roy Weintraub, ed. Durham, NC: Duke University

Press.

Riker, W. H. (1992c) "The Justification of Bicameralism." *International Journal of Political Science* 131: 81-100.

Riker, W. H. (1992d) "Commentary: The Merits of Bicameralism." *International Review of Law and Economics* 12: 166-168.

Riker, W. H. (1993) "Comment on Radcliff's 'Liberalism, Populism, and Collective Choice.'" *Political Research Quarterly*, 46(1): 143-149.

Riker, W. H. (1995) "The Experience of Creating Institutions: The Framing of the United States Constitution." In *Explaining Social Institutions*, Jack Knight and Itai Sened, eds. Ann Arbor, NC: The University of Michigan Press.

Riker, W. H. (1996) *The Strategy of Rhetoric: Campaigning for American Constitution*, Randall L. Calvert, John Muller, and Rick K. Wilson, eds. New Haven, MA: Yale University Press.

Riker, W. H. and P. C. Ordeshook. (1968) "A Theory of the Calculus of Voting." *American Political Science Review* 62: 25-43.

Riker, W. H. and P. C. Ordeshook. (1973) *An Introduction to Positive Political Theory.* Englewood Cliffs, NJ: Prentice-Hall.

Riker, W. H., ed. (1993) *Agenda Formation.* Ann Arbor, MI: University of Michigan Press.

Riley, J. (2001) "Silver Signals: Twenty-five Years of Screening and Signaling." *Journal of Economic Literature* 39: 432-478.

Roberts, Alasdair S. (2000) "Less Government, More Secrecy: Reinvention and the Weakening of Freedom of Information Law Many" *Public Administration Review*, 60(4): 308-320.

Roberts, Alasdair. (1994) "Demonstrating Neutrality: The Rockefeller Philanthropies and the Evolution of Public Administration, 1927-1936." *Public Administration Review*, 54(3): 221-228.

Rodgers, Robert and Nanette Rodgers. (2000) "Defining the Boundaries of Public Administration: Undisciplined Mongrels versus Disciplined Purists." *Public Administration Review*, 60(5): 435-45.

Rodrik, D. and R. Zeckhauser. (1988) "The Dilemma of Government Responsiveness." *Journal of Policy Analysis and Management*, 7(4): 601-620.

Rohr, John A. (1986) *To Run a Constitution: The Legitimacy of the Administrative State.* Lawrence, KS: University Press of Kansas.

Romzek, B. S. and M. Dubnik. (1987) "Accountability in the Public Sector: Lessons from the Challenger Tragedy." *Public Administration Review* 47(May/June): 227-238.

Rouban, L., ed. (1999) *Citizen and the New Governance: Beyond New Public Management*. Amsterdam: IOS Press.

Rozell, Mark J. (1994) *Executive Privilege: The Dilemma of Secrecy and Democratic Accountability*. Baltimore, MD: The Johns Hopkins University Press.

Rubinstein, Ariel. (1998) *Modeling Bounded Rationality*. Cambridge, MA: MIT Press.

Saal, F. E., R. G. Downey, and M. A. Lahey. (1980) "Rating the Ratings: Assessing the Psychometric Quality of Rating Data." *Psychological Bulletin*, 88(2), 413-428.

Sabater, J. and C. Sierra (2005) "Review on Computational Trust and Reputation Models." *Artificial Intelligence Review* 24(1): 33-60.

Saebo, Oystein, Jeremy Rose and Leif Skiftenes Flak. (2008) "The Shape of eParticipation: Characterizing an Emerging Research Area." *Government Information Quarterly*, 25: 400-428.

Saltzstein, G. H. (1985) "Conceptualizing Bureaucratic Responsiveness." *Administration & Society*, 17(3): 283-306.

Samuelson, P. A. (1954) "The Pure Theory of Public Expenditure." *Review of Economics and Statistics*, 36: 386-89.

Sandman, P. M. (1991) "Informing the Public: Two-way Environmental Education." *EPA Journal*, 17(4): 39-41.

Saxon, W. (1993) "William H. Riker, 72, Who Used Mathematics to Analyze Politics." *New York Times* June 29, D. p. 23, C5.

Schachter, Hindy L. (2007) "When Political Science Championed Public Service Training." *The American Review of Public Administration*, 37(3): 362-375.

Schattschneider, E. E. (1960) *Semi-sovereign People: A Realist's View of Democracy in America*. New York: Holt, Rinehart and Winston.

Schelling, T. C. (1992) "Self-Command: A New Discipline," in *Choice Over Time*. George Loewenstein and Jon Elster, eds. New York: Russell Sage Foundation.

Schelling, T. (1960) *The Strategy of Conflict*. Cambridge, MA: Harvard University Press.

Schelling, T. C. (1992) "Self-Command: A New Discipline." In *Choice over Time*. George Loewenstein and Jon Elster, eds. New York: Russell Sage Foundation.

Schelling, Thomas. (1978) "Micromotives and Macrobehavior." In *Micromotives and Microbehavior*, T. Schelling, eds. New York: Norton.

Schiemann, J. W. (2000) "Meeting Halfway Between Rochester and Frankfurt: Generative Salience, Focal Points, and Strategic Interaction." *American Journal of Politi-*

cal Science 44(1): 1-16.

Schultze, C. (1977) *The Public Use of Private Interest*. Washington, DC: Brookings Institution.

Schumpeter, Joseph A. (1942) *Capitalism, Socialism and Democracy*. New York: Harper Torchbooks.

Schwartz, Thomas. (1987) "Your Vote Counts on Account of the Way It Is Counted." *Public Choice* 54: 101-21.

Sen, A. (1977) "Rational Fools: A Critique of the Behavioral Foundations of Economic Theory." *Philosophy and Public Affairs* 6: 317-344.

Shafritz, J. M., ed. (1998) *International Encyclopedia of Public Policy and Administration*. Westview Press.

Shapley, L.S. and M. Shubik. (1954) "A Method for Evaluating the Distribution of Power in a Committee System," *American Political Science Review* 48: 787-792.

Shepsle, K. A. (1986) "Institutional Equilibrium and Equilibrium Institutions." In *Political Science: The Science of Politics*, ed. H. Weisenberg. New York: Agathon.

Shepsle, K. A. (1992) "Congress Is a 'They,' Not an 'It': Legislative Intent as Oxymoron." *International Review of Law and Economics* 122: 239-256.

Shepsle, K. A. (2003) "Losers in Politics and How They Sometimes Become Winners: William Riker's Heresthetic." *Perspective on Politics* 12: 307-315.

Shepsle, K. A. and M. S. Bonchek. (1997) *Analyzing Politics: Rationality, Behavior, and Institutions*. New York: W. W. Norton & Company.

Shepsle, K. A.(1979) "Institutional Arrangement and Equilibrium in Multidimensional Voting Models," *American Journal of Political Science*, 23: 27-59.

Shepsle, K. A. (1986) "Institutional Equilibrium and Equilibrium Institutions." In *Political Science: The Science of Politics*, ed. H. Weisenberg. New York: Agathon.

Shepsle, K. A. (1991) *Models of Multiparty Electoral Competition*. New York: Harwood Academic.

Simon, H. A. (1947) *Administrative Behavior*. New York: Macmillan.

Simon, H. A. (1946) "The Proverbs of Administration." *Public Administration Review* 6: 53-67.

Simon, H. A. (1983) *Reason in Human Affairs*. Stanford, CA: Stanford University Press.

Simon, H. A., P. F. Drucker, and D. Waldo. (1952) "Development of Theory of Democratic Administration: Replies and Comments." *American Political Science Review*, 46(2): 494-503.

Simon, Herbert. (1997) "Designing Organizations for an Information-Rich World." In

The Economics of Communication and Information, Donald M Lamberton, ed. Cheltenham, UK: Edward Elgar.

Skinner, B. F. (1948) *Walden Two*. London: The MacMillan Company.

Skocpol, T. (2003) *Diminished Democracy: From Membership to Management in American Civic Life*, Norman: University of Oklahoma Press.

Slovic, P, B. Fischhoff and S. Lichtenstein. (1979) "Rating the Risks." *Environment* 21(3): 12-20, 35-39.

Slovic, P, B. Fischhoff and S. Lichtenstein. (1980) "Facts and Fears: Understanding Perceived Risk." In R. C. Schwing and W. A. Albers, eds., *Societal Risk Assessment: How Safe is Safe Enough?* New York: Plenum Press.

Smith, Steven and Michael Lipsky. (1993) *Nonprofits for Hire*. Cambridge, MA: Harvard University Press.

Smith, Munroe. (1886) "The Domain of Political Science," *Political Science* Quarterly, 1(1): 1-8.

Sniderman, P. M. (1993) "The New Look in Public Opinion Research." In *Political Science: The State of the Discipline II*, Ada Finifter, Washington, D.C.: American Political Science Association.

Snyder, David Pearce. (2004) "Five Meta-Trends Changing the World." *Future Survey*, 26(7): 325-327.

Spence, A. M. (1974) *Market Signaling: Informational Transfer in Hiring and Related Screening Processes*. New York: Cambridge University Press.

Spence, David B. (2005) "The Benefits of Agency Policy-making: Perspectives from Positives from Positive Theory." In *Politics, Policy, and Organizations: Frontiers in the Scientific Study of Bureaucracy*, George A. Krause and Kenneth J. Meier, eds. Ann Arbor, MI: The University of Michigan Press.

Spence, M. (1973) "Job Market Signaling." *Quarterly Journal of Economics* 87: 355-374.

Spiller, Pablo T. (1990) "Agency and the Role of Political Institutions." In *Information and Democratic Processes*, John A. Ferejohn and James H. Kuklinski, eds. Urbana, IL: University of Illinois Press.

Starling, G. 3rd ed. (1986) *Managing the Public Sector*. Chicago: Dorsey Press.

Starling, G., 7th ed. (2005) *Managing the Public Sector*. Belmont: CA: Thomson Higher Education.

Stearns, M. L. (2000) *Constitutional Process: A Social Choice Analysis of Supreme Court Decision Making*. Ann Arbor, MI: University of Michigan Press.

Stigler, George. (1972) "Economic Competition and Political Competition." *Public Choice*, 13: 91-106.

Stiglitz, J. (1987) "Principal and Agent." In J. Eatwell, M. Milgate, and P. Newman, eds., *The New Palgrave: A Dictionary of Economics*. London: The Macmillan Press Limited.

Stinchcombe, A. L. (1991) "The Conditions of Fruitfulness of Theorizing about Mechanisms in Social Science." *Philosophy of the Social Sciences*, 21(3): 367-88.

Stirton, Lindsay and Martin Lodge. (2001) "Transparency Mechanisms: Building Publicness into Public Services." *Journal of Law and Society*, 28(4): 471-489.

Stolp, A. and others. (2002) "Citizen Values Assessment: Incorporating Citizen's Value Judgments in Environmental Impact Assessment." *Impact Assessment and Project Appraisal* 20(1): 11-23.

Stone, D. (1997) *Policy Analysis: The Art of Political Decision Making*. New York: W. W. Norton & Company.

Strom, G. S. (1990) *The Logic of Lawmaking: A Spatial Theory Approach*. Baltimore: MD: The Johns Hopkins University Press.

Strom, K. (1992) "Democracy as Political Competition." *American Behavioral Scientist*, 35(4/5): 375-396.

Suleiman, E. (2003) *Dismantling Democratic States*. Princeton, NJ: Princeton University Press.

Susskind, L. and P. Field. (1996) *Dealing with an Angry Public: The Mutual Gains Approach to Resolving Dispute*. New York: The Free Press.

Svara, James H. (1985) "Dichotomy and Duality: Reconceptualizing the Relationship between Policy and Administration in Council-Manager Cities." *Public Administration Review*, 45(1): 221-232.

Svara, James H. (1985) "Political Supremacy and Administrative Expertise." *Management Science and Policy Analysis*, 3(1): 3-7.

Svara, James H. (1999) "Complementarity of Politics and Administration as a Legitimate Alternative to the Dichotomy Model." *Administration & Society*, 30(6): 676-705.

Svara, James H. (2001) "The Myth of the Dichotomy: Complementarity of Politics and Administration in the Past and Future of Public Administration." *Public Administration Review*, 61(2): 176-183.

Svara, James H. (2006) "Complexity in Political-Administrative Relations and the Limits of the Dichotomy Concept." *Administrative Theory & Praxis*, 28(1): 121-139.

Svara, James H. (2009) *The Facilitative Leader in City Hall: Reexamining the Scope and Contribution*. New York: CRC Press.

Sviokla, J. J. and B. P. Shapiro, eds. (1993) *Keeping Customers*. Cambridge, MA: Harvard Business Review Book.

Taagepera, R. and M. S. Shugart. (1989) *Seats and Votes: The Effects & Determinants of Electoral Systems*. New Haven, MA: Yale University Press.

Tang, Ching-Ping, (2004) "When New Public Management Runs into Democratization: Taiwan's Public Administration in Transition," *Issues & Studies* 40 (3/4): 59-100.

Taylor, C. (1992) "Atomism," in *Communitarianism and Individualism*. Avineri, S. and A. de-Shalit, eds. Oxford: Oxford University Press.

Taylor, Frederick W. (1911/1998) *The Principles of Scientific Management*. New York: Dover Publications, Inc.

Terchek, R. J. (1984) "Positive Political Theory and Heresthetics: The Axioms and Assumptions of William Riker." *The Political Science Reviewer*, pp. 43-66.

Tesh, S. N. (1999) "Citizen Experts in Environmental Risk." *Policy Sciences*, 32(1): 39-59.

The World Bank (1994) *Governance: The World Bank Experience*, The World Bank.

Thomas, J. C. (1995) *Public Participation in Public Decision: New Skills and Strategies for Public Manager*. San Francisco: Jossey-Bass Publishers.

Thomas, R. M. (1978) *The philosophy of British Administration*. London: Longman.

Thompson, Grahame F. (2003) *Between Hierarchies and Markets: The Logic and Limits of Network Forms of Organization*. New York: Oxford University Press.

Treisman, Daniel. (2007) *The Architecture of Government: Rethinking Political Decentralization*. New York: Cambridge University Press.

Tsebelis, G. (1990) *Nested Games: Rational Choice in Comparative Politics*. Berkeley, CA: University of California Press.

Tullock, G. (1967) "The General Irrelevance of the General Impossibility Theorem." *Quarterly Journal of Economics*, 81: 256-270.

Tullock, G. (1981) "Why So Much Stability?" *Public Choice* 372: 189-202.

Tullock, G., A. Seldon, and G. L. Brady. (2002) *Government Failure: A Primer in Public Choice*. Washington, DC: Cato Institute.

Tullock, G. (1965) *The Politics of Bureaucracy*. Washington, DC: Public Affairs Press.

Tullock, G. (1981) "Why So Much Stability?" *Public Choice* 37(2): 189-202.

Tullock, Gordon. (1967) *Toward a Mathematics of Politics*. Ann Arbor, MI: University of Michigan Press.

Turner, Jonathan, 5th ed. (1991) *The Structure of Sociological Theory*. Florence, KY:

Wadsworth Publishing Company.

Uhlaner, Carole J. (1989) "Rational Turnout: The Neglected Role of Groups." *American Journal of Political Science*, 33: 390-422.

United Nations. (2003) Global E-government Survey 2003. UN Department of Economic and Social Affairs (UNDESA) and Civic Resource Group (CRG), http://www.unpan1.un.org/intradoc/groups/public/documents/un/unpan016066.pdf, accessed 2004/5/28.

Van Riper, Paul P. (1984) "The Politics-Administration Dichotomy: Concept or Reality?" In *Politics and Administration: Woodrow Wilson and American Public Administration*, Jack Rabin and James S. Bowman, eds. CRC Press.

Vedung, E. (2000) *Public Policy and Program Evaluation*. New Brunswick: Transaction Publishers.

Verheijen, T., ed. (1999). *Civil Service Systems in Central and Eastern Europe*. Cheltenham, UK: Edward Elgar.

Veseth, M. (1984) *Public Finance*. Reston, Virginia: Reston Publishing Co.

Vigoda, E. (2002) "From Responsiveness to Collaboration: Governance, Citizens, and the Next Generation of Public Administration." *Public Administration Review* 62(5): 527-540.

Vigoda-Gadot, E. (2003) *Managing Collaboration in Public Administration: The Process of Alliance among Governance, Citizens and Businesses*. Westport, CT: Praeger Publishers.

Vile, M. J. (1998). *Constitutionalism and the Separation of Powers*. Indianapolis: Liberty Fund.

von Hayek, F. A. (1945) "The Use of Knowledge in Society." *American Economic Review* 35(4): 519-531.

von Neumann, J. and O. Morgenstern (1944) *The Theory of Games and Economic Behavior*. Princeton, NJ: Princeton University Press.

von Wangenheim, Georg. (2004) *Games and Public Administration: The Law and Economics of Regulation and Licensing*. Cheltenham, UK: Edward Elgar.

Vroom, V. H., & Yetton, P. W. (1973) *Leadership and Decision Making*. Pittsburgh, PA: University of Pittsburgh Press.

Wagenheim, G. D. and J. H. Reurink. (1991) "Customer Service in Public Administration." *Public Administration Review*, 51(3): 263-269.

Waldo, Dwight. (1952) "Development of Theory of Democratic Administration." *The American Political Science Review*, 46(1): 81-103.

Waldo, Dwight. (1977) *Democracy, Bureaucracy and Hypocrisy*. Berkeley, CA: Institute of Governmental Studies.

Waldo, Dwight. (1981). *The Enterprise of Public Administration*. Novato, CA: Chandler & Sharp Publishers, Inc.

Waldo, Dwight. (1984) "The Perdurability of the Politics-Administration Dichotomy: Woodrow Wilson and the Identity Crisis in Public Administration." In *Politics and Administration: Woodrow Wilson and American Public Administration*, Jack Rabin and James S. Bowman, eds. CRC Press.

Waldo, Dwight. (1990) "A Theory of Public Administration Means in Our Time a Theory of Politics Also." In *Public Administration: The State of the Discipline*, N. B. Lynn and A. Wildavsky, eds. Chatham, NJ: Chatham.

Wamsley, Gary L., Robert N. Bacher, Charles T. Goodsell, Philip S. Kronenberg, John A. Rohr, Camilla M. Stivers, Orion F. White, and James F. Wolf, (1990) *Refounding Public Administration*. Newbury Park, CA: Sage Publications.

Waterman, R. W. and K. J. Meier. (1998) "Principal-Agent Models: An Expansion?" *Journal of Public Administration Research and Theory*. 8: 173-202.

Weale, A. (1984) "Social Choice versus Populism? An Interpretation of Riker's Political Theory." *British Journal of Political Science*, 14(3): 369-385.

Weale, Albert. (1995) "William Riker and the Theory of Democracy", *Democratization*, 2: pp. 377-395.

Weaver, R. Kent (1986), "The Politics of Blame Avoidance," *Journal of Public Policy* 6, 4: 371-398.

Weber, D. (1986) "Analyzing Political Feasibility: Political Scientists' Unique Contribution to Policy Analysis." *Policy Studies Journal* 14(4): 545-553.

Weimer, D. L. (1992) "Claiming Races, Broiler Contracts, Heresthetics, and Habits- 10 Concepts for Policy Design." *Policy Sciences*, 25(2): 135-159.

Weimer, D. L. (1992) "Political Science, Practitioner Skill, and Public Management." *Public Administration Review*, 52(3): 240-245.

Weimer, D. L. (2005) "Institutionalizing Neutrally Competent Policy Analysis: Resources for Promoting Objectivity and Balance in Consolidating Democracies." *Policy Studies Journal*, 33(2): 131-148.

Weimer, D. L., ed. (1995) *Institutional Design*. Boston, MA: Kluwer Academic Publishers.

Weimer, David L. and Aidan R. Vining, 3rd ed. (1999) *Policy Analysis: Concepts and Practice*. Upper Saddle River, NJ: Prentice Hall.

Weimer, D. L. and A. R. Vining, 4th ed. (2005) *Policy Analysis: Concepts and Practice.* Upper Saddle River, NJ: Pearson/Prentice Hall.

Weingast, B. and M. Moran. (1983) "Bureaucratic Discretion or Congressional Control? Regulatory Policymaking by the Federal Trade Commission." *Journal of Political Economy*, 91: 765-800.

Weingast, B. R. (1984) "The Congressional Bureaucratic System: A Principal-Agent Perspective (with Applications to the SEC)." *Public Choice* 44: 147-191.

Weingast, B. R. (1998) "Political Stability and Civil War: Institutions, Commitment, and American Democracy." In *Analytic Narratives*, R. H. Bates, A. Greif, M. Levi, J-L Rosenthal, and B. R. Weingast, eds. Princeton, NJ: Princeton University Press.

Weingast, B. R. (1996) "Political Institutions: Rational Choice Perspectives," in *New Handbook of Political Science*, R. E. Goodin and H-D Klingemann, eds. Oxford: Oxford University Press.

Weingast, B. R. (1996) "Political Institutions: Rational Choice Perspectives," in *New Handbook of Political Science*, R. E. Goodin and H-D Klingemann, eds. Oxford: Oxford University Press.

Weiss, A. M., E. Anderson, and D. J. MacInnis (1999) "Reputation Management as a Motivation for Sales Structure Decisions." *Journal of Marketing*, Vol. 63, No. 4 (Oct., 1999), pp. 74-89.

Weiss, Janet A. (2002) "Public Information." In *The Tools of Government: A Guide to the New Governance*, Lester M. Salamon, ed. Oxford: Oxford University Press.

Whicker, M. L., R. A. Strickland, and D. Olshfski. (1993) "The Troublesome Cleft: Public Administration and Political Science." *Public Administration Review* 53(6): 531-541.

White, W. D. (1992) "Information and the Control of Agents." *Journal of Economic Behavior and Organization*, 18: 111-117.

Wiatr, Jerzy J. (1995) "The Dilemmas of Re-organizing the Bureaucracy in Poland during the Democratic Transformation." *Communist and Post-communist Studies*, 28(1): 153-160.

Wicksell, Knut. (1896) *A New Principle of Just Taxation.* Finanztheoretische Untersuchungen, Jena.

Wiebe, R. H. (1967). *The Search for Order: 1877-1920.* New York: Hill and Wang.

Wildavsky, A. (1987) "Choosing Preference by Constructing Institutions: A Cultural Theory of Preference Formation." *American Political Science Review*, 18(1): 3-21.

Wildavsky, Aaron. (1998) *Federalism & Political Culture.* D. Schleicher and B. Swedlow, eds. New Brunswick, NJ: Transaction Publishers.

Wilenski, P. (1986) "Administrative Reform: General Principles and the Australian Experience." *Public Administration*, 64(3): 257-276.

Williamson, O. E. (1975). *Markets and Hierarchies: Analysis and Antitrust Implications*. New York: Free Press.

Williamson, O. E. (1997) "Transaction Cost Economics and Public Administration." In *Public Priority Setting: Rules and Costs*, P. B. Boorsma, K. Aarts and A. E. Steenge, eds. Boston: Kluwer Academic Publishers, pp. 19-37.

Williamson, Oliver E. (1996) *The Mechanisms of Governance*. New York: Oxford University Press.

Williamson, O. E. (1985) *The Economic Institutions of Capitalism*. New York: Free Press.

Wilson, J. Q. (1989) *Bureaucracy*. New York: Basic Books.

Wilson, W. (1887) "The Study of Administration." *Political Science Quarterly* 2: 197-220.

Wintrobe, R. (1991) "Political Competition and the Rise of Dictatorship." In *The Competitive State*, Albert Breton and others, eds. Boston, MA: Kluwer Academic Publishers.

Wintrobe, Ronald. (1998) *The Political Economy of Dictatorship*. New York: Cambridge University Press.

Wong, Wilson and Eric Welch. (2004) "Does E-government Promote Accountability? A Comparative Analysis of Website Openness and Government Accountability." *Governance: An International Journal of Policy, Administration, and Institutions*, 17(2): 275-97.

Wood, B. Dan and Joh Bohte. (2004) "Political Transaction Costs and the Politics of Administrative Design." *The Journal of Politics*, 66(1): 178-202.

World Bank. (1996) *The World Bank Participation Sourcebook*. Washington, D.C.

Wu, Jaushieh Joesph. (1998) "Institutional Aspect of Democratic Consolidation: A Taiwan Experience." *Issues & Studies*, 34(1): 100-128.

Yang, Kaifeng. (2005) "Public Administrators' Trust in Citizens: A Missing Link in Citizen Involvement Efforts." *Public Administration Review*, 65(3): 273-285.

Yankelovich, D. (1991) *Coming to Public Judgment: Making Democracy Work in a Complex World*. Syracuse, NY: University of Syracuse Press.

Zaller, J. R. (1992) *The Nature and Origins of Mass Opinion*. New York: Cambridge University Press.

Zuurmond, Arre. (1998) "From Bureaucracy to Infocracy: Are Democratic Institutions Lagging Behind?" In *Public Administration in an Information Age: A Handbook*, Ig Snellen and Wim van de Donk, eds. Amsterdam: IOS Press.

索引

五劃

代表性　45, 47, 50, 51, 161, 253, 267, 269, 351

代理人　22, 48, 50, 55, 93, 94, 95, 96, 99, 108, 130, 134, 139, 195, 213, 219, 221, 222, 270, 304, 348, 349, 351, 352, 360, 373, 378, 381, 387, 401, 405, 415, 428, 436

代理人問題　195, 360, 405

代理人理論　48, 50, 55, 93, 94, 95, 96, 99, 108, 130, 134, 139, 222, 270, 304, 348, 349, 351, 373, 381, 401, 428

代議　32, 45, 51, 69, 72, 137, 138, 155, 224, 229, 290, 336, 342, 343, 347

代議民主　45, 51, 69, 72, 138, 155, 224, 342, 347

代議政府　69

功績　22, 39, 45, 71, 84, 130, 257, 258, 259, 260, 272

功績制　39, 45, 71, 84, 258, 272

去中心化　33, 35, 36, 55

可信承諾　266, 275

可理解性　352, 355, 363, 367, 423

可統治性　346

可證為否性　234

囚犯困境　100, 142, 143, 152, 236, 373

外部成本　156, 247, 296, 297, 298, 309, 312

外部誘因　129, 130

巨靈　107, 200, 342, 345

市場化改革　261

市場失靈　135, 144, 147, 201

市場價格　202, 206, 376, 377

市場機制　193, 198, 199, 201, 202, 203, 204, 248, 347, 348, 377, 381

市場競爭　144, 201, 202, 203, 205, 366, 406

平等　23, 29, 36, 115, 149, 164, 165, 167, 188, 200, 202, 207, 208, 212, 221, 226, 288, 290, 304, 309, 311, 312, 366, 398, 426

平頭主義　385

正回饋　43

正當性　8, 10, 22, 24, 27, 28, 29, 32, 35, 51, 58, 68, 72, 73, 74, 94, 101, 102, 114, 117, 131, 148, 149, 151, 152, 155, 157, 162, 165, 168, 172, 174, 180, 187, 209, 215, 220, 221, 226, 246, 253, 263, 294, 296, 298, 309, 334, 345, 346, 356, 357, 422, 426, 428

正義　71, 116, 152, 188, 202, 356, 424, 425, 426, 427, 434

民主　1, 2, 3, 4, 5, 6, 7, 8, 9, 10, 11, 12, 13, 14, 15, 16, 17, 18, 19, 21, 22, 23, 24, 25, 26, 27, 28, 29, 30, 31, 32, 33, 34, 35, 36, 37, 38, 40, 41, 42, 43, 44, 45, 46, 47, 48, 49, 50, 51, 52, 53, 54, 55, 57, 58, 59, 60, 61, 62, 64, 65, 67, 69, 72, 74, 75, 76, 77, 78, 79, 82, 83, 84, 85, 86, 87, 88, 89, 91, 92, 93, 94, 100, 102, 104, 105, 106, 109, 111, 114, 115, 116, 117, 118, 119, 120, 121, 124, 125, 126, 127, 129, 130, 131, 133, 134, 138, 144, 145, 146, 147, 149, 150, 151, 152, 154, 155, 156, 157, 158, 161, 162, 163, 164, 165, 166, 167, 168, 169, 170, 171,

六劃

十四劃

十五劃

十六劃

十七劃

國家圖書館出版品預行編目資料

民主治理：公共行政與民主政治的制度性調和
／陳敦源著. －－三版. －－臺北市：五南，
2019.09
　　面；　公分
ISBN 978-957-763-621-8 (平裝)

1.公共行政　2.民主政治

572.7　　　　　　　　　108013921

1PT5

民主治理：
公共行政與民主政治的制度性調和

作　　　者 — 陳敦源（252.6）

發 行 人 — 楊榮川

總 經 理 — 楊士清

總 編 輯 — 楊秀麗

副總編輯 — 劉靜芬

責任編輯 — 林佳瑩、陳采婕

封面設計 — 佳慈創意設計、姚孝慈

出 版 者 — 五南圖書出版股份有限公司

地　　　址：106台北市大安區和平東路二段339號4樓

電　　　話：(02)2705-5066　　傳　　　真：(02)2706-6100

網　　　址：http://www.wunan.com.tw

電子郵件：wunan@wunan.com.tw

劃撥帳號：01068953

戶　　　名：五南圖書出版股份有限公司

法律顧問　林勝安律師事務所　林勝安律師

出版日期　2009年10月初版一刷
　　　　　2012年 9 月二版一刷
　　　　　2019年 9 月三版一刷

定　　　價　新臺幣580元

經典永恆・名著常在

五十週年的獻禮 —— 經典名著文庫

五南，五十年了，半個世紀，人生旅程的一大半，走過來了。
思索著，邁向百年的未來歷程，能為知識界、文化學術界作些什麼？
在速食文化的生態下，有什麼值得讓人雋永品味的？

歷代經典・當今名著，經過時間的洗禮，千錘百鍊，流傳至今，光芒耀人；
不僅使我們能領悟前人的智慧，同時也增深加廣我們思考的深度與視野。
我們決心投入巨資，有計畫的系統梳選，成立「經典名著文庫」，
希望收入古今中外思想性的、充滿睿智與獨見的經典、名著。
這是一項理想性的、永續性的巨大出版工程。
不在意讀者的眾寡，只考慮它的學術價值，力求完整展現先哲思想的軌跡；
為知識界開啟一片智慧之窗，營造一座百花綻放的世界文明公園，
任君遨遊、取菁吸蜜、嘉惠學子！